U0367707

2025 中国汽车市场展望

国家信息中心　编

机 械 工 业 出 版 社

本书是研究中国汽车市场2024年状况与2025年发展趋势的权威性书籍，是汽车及相关行业众多专家、学者分析研究成果的集萃。全书分为宏观环境篇、市场预测篇、细分市场篇、市场调研篇、专题篇及附录（与汽车行业相关的统计数据等）六大部分。

本书全面系统地论述了2024—2025年中国汽车市场的整体态势和重、中、轻、微各型载货汽车，大、中、轻、微各型载客汽车，高级、中级、普通级、微型等各种档次轿车市场的发展态势，以及汽车市场的重点需求地区和主要需求区域的市场运行特征。

集研究性、实用性、资料性于一体的《2025中国汽车市场展望》，是政府部门、汽车整车制造商、零部件制造商、汽车研究部门、汽车相关行业、金融证券等领域研究了解中国汽车市场和汽车工业发展趋势的必备工具书。

图书在版编目（CIP）数据

2025中国汽车市场展望 / 国家信息中心编. -- 北京：机械工业出版社，2025. 4. -- ISBN 978-7-111-78099-1

Ⅰ. F724.76

中国国家版本馆CIP数据核字第20255ZD699号

机械工业出版社（北京市百万庄大街22号　邮政编码100037）
策划编辑：贺　怡　　责任编辑：贺　怡
责任校对：韩佳欣　李　婷　　封面设计：马精明
责任印制：郜　敏
中煤（北京）印务有限公司印刷
2025年4月第1版第1次印刷
184mm×260mm · 34.25印张 · 1插页 · 565千字
标准书号：ISBN 978-7-111-78099-1
定价：180.00元

电话服务　　网络服务
客服电话：010-88361066　　机　工　官　网：www.cmpbook.com
010-88379833　　机　工　官　博：weibo.com/cmp1952
010-68326294　　金　书　网：www.golden-book.com
封底无防伪标均为盗版　　机工教育服务网：www.cmpedu.com

《2025 中国汽车市场展望》
主办单位

国家信息中心
东风汽车有限公司
神龙汽车有限公司
东风日产乘用车公司
一汽－大众销售有限责任公司
一汽解放汽车有限公司
上海汽车集团股份有限公司乘用车公司
上海大众汽车有限公司
上汽通用汽车有限公司
广汽传祺汽车销售有限公司
广汽本田汽车有限公司
重庆长安汽车股份有限公司
比亚迪汽车有限公司
奇瑞汽车销售有限公司
浙江吉利控股集团销售公司
长安马自达汽车有限公司
江西五十铃汽车有限公司
安徽江淮汽车集团股份有限公司
北京北辰亚运村汽车交易市场有限公司
中国汽车流通协会
中国公路车辆机械有限公司
中国汽车技术研究中心
机械工业农用运输车发展研究中心
江苏省汽车流通协会
河南新未来投资有限公司
安徽汽车商会
重庆市汽车商业协会
中国机电产品进出口商会
上海自贸区汽车进出口流通协会
国机汽车股份有限公司

《2025 中国汽车市场展望》
编委会成员

主 任 委 员　徐　强　国家信息中心主任

副主任委员　徐长明　国家信息中心正高级经济师

委　　　员　（排名不分前后）

刘　明　国家信息中心信息化和产业发展部副主任

卢　晓　上汽通用汽车有限公司总经理

吴迎凯　一汽－大众汽车有限公司（商务）副总经理

姜智勇　一汽解放汽车有限公司战略管理部高级主任

傅　强　上海上汽大众汽车销售有限公司总经理

尚顺事　东风日产乘用车公司商品规划总部副总部长

邓振斌　江西五十铃汽车有限公司规划部部长

尹高武　北京北辰亚运村汽车交易市场有限公司总经理

刘景安　上汽乘用车营销运营管理部总监

袁小华　广汽本田汽车有限公司副总经理

赵　鹏　神龙汽车有限公司数字运营中心总经理

刘国强　广汽集团传祺营销本部市场部部长

吴　涛　重庆长安汽车股份有限公司总裁助理兼战略规划部总经理

张亚磊　长城汽车股份有限公司市场研究部部长

路　天　比亚迪汽车王朝网销售事业部总经理

李学用　奇瑞汽车股份有限公司执行副总裁

袁志雄　长安品牌事业部副总经理

蒋　腾　吉利汽车市场研究部部长

秦光宇　江淮商用车营销事业部竞品分析部部长

邓智涛　长安马自达汽车有限公司执行副总裁

孙　勇　中国汽车流通协会专家、网上车市集团总编辑

叶永青　上海自贸区汽车进出口流通协会高级顾问

王永强　中国公路学会客车分会理事长

聂秀欣　国机汽车股份有限公司董事会办公室（战略投资部）主任

《2025 中国汽车市场展望》
编辑工作人员

主　　编　徐长明

副 主 编　刘　明　潘　竹

编辑人员　马　莹　杨卓荦　赵君怡　谢国平　殷　丹
黄立栋　丁　燕　李　强　黄玉梅　胡　清

前　言

2024 年，我国汽车销量为 3143. 6 万辆，同比增长 4. 5%。2024 年，我国汽车市场运行呈现两大特点：第一，新能源汽车销量再创新高，销量为 1286. 6 万辆，同比增长 35. 5%，新能源汽车销量占汽车总销量的比例高达 40. 9%；第二，汽车出口再创新高，出口 585. 9 万辆，同比增长 19. 3%。

2024 年，全球经济在经历数年的不确定性后，逐渐显现出复苏迹象，然而，复苏之路并非一帆风顺。全球经济复苏仍面临地缘政治局势紧张、供应链运行不畅、通货膨胀压力大及债务高企等多重挑战，外部环境复杂多变的形势仍然存在。2024 年，国内经济也正处在结构调整转型的关键阶段，周期性矛盾和结构性矛盾相互交织，调整的阵痛正在释放。但是，面对经济运行中出现的新情况、新问题，党中央总揽全局，正视困难，科学决策，及时加强宏观调控，极大地增强了市场信心，激发了市场活力，支持国内经济筑底回升。2025 年，外部环境的复杂性、严峻性、不确定性仍然存在，国内经济运行也仍存在堵点，我国将继续推出有利于经济稳定的政策。在如此复杂的宏观形势下，汽车市场如何发展？会出现哪些亮点？这些问题需要大家共同探讨。

2023 年，我国超越日本成为全球第一大汽车出口国，2024 年，我国汽车（尤其是新能源汽车）仍保持强劲的发展势头，出口规模再创新高。主流汽车企业纷纷加快国际化步伐，加速海外布局、深化国际合作、加强出海体系化能力建设。在此过程中，汽车企业会面临怎样的国际形势？如何应对当前的竞争态势？这些问题需要共同探讨。我国新能源汽车产业在政策暖风频吹、电池技术突破、配套服务相继完善等多重激励下，行业景气指数持续上升，实现了从探索阶段到规模化阶段的跃迁。在新质生产力的推动下，发展新能源汽车更显必要性，产业下一步将如何发展需要共同研究。此外，2024 年我国出台了一系列鼓励汽车消费的政策，如优化汽车贷款最高发放比例、加大以旧换新支持、完善新能源汽车保险保障体系等，下一步政策方向如何，需要共同探讨。

为使社会各界对 2025 年我国汽车市场的发展趋势有一个深入的认识和了解，国家信息中心组织编写了《2025 中国汽车市场展望》，期望本书能为汽车行业主管部门和生产、经销企业提供有价值的决策参考依据。本书将汽车市场与宏观经济运行环境紧密地结合在一起，采用定量与定性相结合的研究方法，从不同角度对 2024 年的汽车市场进行了深入分析和研究。由于水平有限，书中难免有疏漏之处，敬请读者批评指正。

2025 年 1 月 12 日

目　　录

细分市场篇

市场调研篇

专题篇

附　录

宏观环境篇

2024 年我国宏观经济形势分析及 2025 年展望

2024 年以来，面对复杂多变的内外环境，党中央科学决策，加大宏观调控力度，着力深化改革开放、扩大国内需求、优化经济结构，我国经济运行呈现总体平稳、稳中有进、质效向好的态势，顺利完成全年预期增长目标。展望 2025 年，当今世界动荡不安、冲突频发，贸易摩擦风险显著上升，国内仍面临需求不足、转型阵痛、企业内卷、房地产市场调整等问题，但是，在政策加力、改革发力、开放助力、转型给力、增长潜力等多力协同作用下，国内经济将延续稳中有进态势，新质生产力加快形成，物价水平温和回升，预计我国经济将增长 4.8% 左右。

一、2024 年宏观经济运行总体平稳、稳中有进

2024 年以来，在政策效应持续释放、新质生产力加快发展、外需好于预期等因素作用下，我国经济运行总体平稳、稳中有进、质效向好，呈现出“前高、中低、后升”态势。

1. 经济运行总体平稳

宏观经济稳定增长。2024 年，我国国内生产总值（GDP）同比增长 5.0%，在主要经济体中居于前列，仍然是全球经济增长的重要引擎。分季度看，一季度开局良好、增长 5.3%，二季度有所回落、增长 4.7%，三季度逐步企稳、增长 4.6%，随着一揽子增量政策持续发力显效，支撑四季度经济企稳回升、增长 5.4%，全年呈现出“前高、中低、后升”态势，经济社会发展主要目标任务顺利完成。

就业形势总体稳定。经济总体平稳为稳定扩大就业总量提供了支撑，叠加就业优先政策持续发力，就业市场总体稳定。2024 年，城镇新增就业超过 1200 万人，完成全年预期目标。全国城镇调查失业率平均为 5.1%，比上年下降 0.1 个百分点。

物价水平低位运行。居民消费价格温和上涨，2024 年，消费者物价指数（CPI）同比上涨 0.2%，已连续 22 个月低于 1%，其中核心 CPI 同比上涨 0.5%。工业品价格持续走低，生产者物价指数（PPI）同比下降 2.2%，已连续 27 个月下跌，其中生产资料价格下降 2.5%、生活资料价格下降 1.1%。经济总体价格下跌，GDP 平减指数同比下降 0.7%，已连续 7 个季度为负。

国际收支总体平衡。2024 年，我国经常账户顺差与 GDP 比值约为 2%，自 2011 年以来一直处于合理均衡区间。金融市场开放稳步推进，跨境投融资便利化水平持续提升，吸引境外中长期资本稳定流入。外汇储备余额稳定在 3.2 万亿美元，有效发挥维护国家经济金融稳定的压舱石作用。人民币汇率在合理均衡水平上保持基本稳定，人民币兑美元汇率中间价平均为 7.1218，较上年下降 1.1%。

2. 经济结构稳中有进

（1）产业结构更趋均衡　2024 年，随着人工智能等新技术广泛应用赋能实体经济，新旧动能加快转换，产业结构不断优化。产业转型升级持续深化，制造业高端化、智能化、绿色化步伐加快。三次产业对经济增长的贡献率分别为 5.2%、38.6% 和 56.2%，较上年更加均衡。

工业生产成为推动经济增长的重要产业。2024 年，规模以上工业增加值同比增长 5.8%，增幅同比加快 1.2 个百分点。政策拉动、外需改善以及基数等因素带动工业生产稳中向好。一是“两新”政策拉动了人工智能芯片、服务器等设备工器具和汽车、家电等消费品生产快速增长。二是工业品出口交货值增长由负转正，规模以上工业企业实现出口交货值增长 5.1%，增幅同比加快 9.0 个百分点。三是低基数因素推动工业生产。2020—2022 年规模以上工业增加值年均增长 5.3%，而 2023 年仅为增长 4.6%，因而低基数因素推高了 2024 年工业生产增速。

服务业生产稳定增长。2024 年，服务业增加值同比增长 5.0%，增幅放缓 1.3 个百分点，低于 2020—2023 年 5.3% 的平均增速。其中信息传输软件和信息技术服务业，租赁和商务服务业，交通运输、仓储和邮政业生产态势良好，分别增长 10.9%、10.4% 和 7.0%。服务业生产指数同比增长 5.2%，增幅放缓 2.9 个百分点。

（2）需求结构更加协调　2024 年，外需好于预期，外需对经济增长的贡献由负转正，内外需结构以及需求内部结构不断优化。2024 年，最终消费支出、固定资本形成、净出口对经济增长的贡献率分别为44.5%、25.2%和30.3%。

投资平稳增长、结构不断优化。2024年，固定资产投资增长3.2%，低于2020—2023年4.0%的平均增速。制造业高端化、智能化、绿色化稳步推进，投资结构不断优化。“两新”（推动大规模设备更新和消费品以旧换新）政策带动设备工器具购置和消费品制造投资增长15.7%和14.7%；新质生产力培育壮大，带动高技术产业投资同比增长8.0%；“两重”（国家重大战略实施和重点领域安全能力建设）建设加快推进，基础设施投资同比增长4.4%。

消费稳定增长、热点消费较旺。2024年，社会消费品零售总额增长3.5%，低于2020—2023年3.7%的平均增速。新业态、服务类、政策类消费旺盛，直播带货、即时零售等新业态活跃，实物商品网上零售额增长6.5%，占社会消费品零售总额的比重为26.8%；文旅消费、展演消费等服务消费快速增长，服务消费零售额同比增长6.2%；消费品以旧换新政策效应加快释放，特别是投入1500亿元支持资金以来，家电、家居、新能源车等重点商品销售明显好转。2024年，全国汽车以旧换新超过了680万辆，8大类家电以旧换新产品超过5600万台，家装厨卫“焕新”补贴产品约6000万件，电动自行车以旧换新超过138万辆。消费品以旧换新带动相关产品销售额超过1.3万亿元。

外贸出口韧性十足、增长好于预期。2024年，我国出口额同比增长7.1%（以人民币计价，下同），增幅较上年加快6.5个百分点。资本密集型、技术密集型的高附加值产品出口持续增长，机电产品出口同比增长8.7%，占我国出口总额的59.4%。集成电路、汽车、船舶等出口额分别增长18.7%、16.5%和58.7%。东盟、欧盟、美国是我国前三大贸易伙伴，对其进出口额分别同比增长9.0%、1.6%和4.9%，占我国进出口总额的15.9%、12.8%和11.2%。外贸“主力军”民营企业进出口增长8.8%，占我国外贸进出口的比重提升至55.5%。数字贸易蓬勃发展，跨境电商进出口增长10.8%。

3. 经济发展质效向好

2024年，我国经济在实现量的合理增长的同时，高质量发展取得新进展，科技创新引领新质生产力加快形成。

创新发展取得新成效。2024年，高新技术制造业增加值增长8.9%，增幅高于整体工业3.1个百分点。集成电路制造、光电子器件制造、半导体器件专用设备制造等行业增加值分别增长18.3%、18.1%、16.7%。信息传输、软件和信息技术服务业增长10.9%。全社会研发投入不断增加，对推动高科技产业发展，增强创新能力发挥重要作用。世界知识产权组织报告显示，我国创新指数位居全球第 11 位，较上年上升 1 位，拥有 26 个全球百强科技创新集群，位居世界第一。

协调发展水平持续改善。京津冀协同发展、长江经济带发展、粤港澳大湾区建设、长三角一体化发展、黄河流域生态保护和高质量发展等重大战略推进实施，区域协调发展迈向更高水平。南水北调、西气东输、西电东送、东数西算等重大工程显著改善了区域发展格局。2024 年，城乡居民人均可支配收入分别实际增长 4.4% 和 6.3%，城乡居民收入比由 2023 年的 2.39 缩小至 2.34，居民收入差距进一步缩小。

绿色发展取得新成效。清洁能源体系加快建设，重点领域节能降碳有序推进，清洁能源占能源总量的比重稳步提高。2024 年，新能源汽车达 1316.8 万辆，同比增长 38.7%，产量连续 10 年居全球首位，我国成为全球首个新能源汽车年产量超千万辆的国家；汽车用锂离子动力电池、光伏电池、充电桩产量分别增长 23.4%、15.7% 和 58.7%。清洁电力占比达 32.6%，同比提高 2.0 个百分点。

高水平对外开放深入推进。制造业外资准入限制“清零”，免签国家范围继续扩大，外国人来华经商、旅游观光、探亲访友热度攀升。2024 年，共建“一带一路”国家占我国进出口的比重首次超过了 50%。我国对共建国家进出口增长 6.4%，占我国进出口总值的 50.3%，其中出口、进口分别增长 9.6%、2.7%。免签入境外国人 2011.5 万人次，增长 112.3%。

共享发展取得新进步。守住兜牢民生底线，做好应届高校毕业生、农民工、脱贫人口、零就业家庭等重点人群就业工作，惠民生政策有力支撑了就业和民生改善。全国居民人均可支配收入名义增长 5.3%，快于 GDP 名义增速 1.1 个百分点。

二、2025 年我国经济发展环境更趋复杂

展望 2025 年，世界经济将保持温和增长，通货膨胀水平继续回落，主要经济体货币政策转向宽松有助于经济“软着陆”。我国经济基础稳、优势多、韧性强、潜能大，长期向好的支撑条件和基本趋势没有变，宏观政策逆周期调节力度持续加码，经济运行中积极因素增多，推动经济增长持续回升向好。同时，当前外部环境变化带来的不利影响加深，贸易壁垒、投资限制、科技围堵等因

素增多；国内需求不足，部分企业生产经营困难，群众就业增收面临压力，风险隐患仍然较多，经济运行仍面临不少困难和挑战。

1. 世界经济延续温和增长，贸易投资科技壁垒增多

从有利因素看，一是世界经济总体延续复苏态势，发展中经济体保持较快增长，发达经济体增长趋稳。国际货币基金组织（IMF）报告预计，2024、2025年世界经济分别增长3.2%和3.3%（见表1），低于3.4%的历史平均水平，也低于21世纪头20年3.7%的平均增速。二是通货膨胀压力稳步缓解，美国、欧元区、英国、加拿大等经济体进入降息周期，全球融资环境进一步宽松，有助于支撑经济增长。IMF预计，2024、2025年，全球平均通货膨胀率分别为5.7%和4.2%，高于21世纪头20年3.8%的平均增速。经济合作与发展组织（OECD）预计，2025年多数G20经济体的通货膨胀率将回到各中央银行的目标水平。三是贸易复苏保持韧性，世界贸易组织（WTO）预计全球贸易将温和扩张，2024、2025年世界商品贸易量将分别增长2.7%和3.0%。

表1 世界及主要经济体GDP增长率 （%）

国家或地区	实际年均		预测	
	2000—2019年	2020—2023年	2024年	2025年
世界经济	3.7	2.6	3.2	3.3
发达经济体	1.9	1.6	1.7	1.9
美国	2.1	2.3	2.8	2.7
欧元区	1.4	0.9	0.8	1.0
日本	0.8	0.3	-0.2	1.1
新兴经济体	5.4	3.4	4.2	4.2
中国	9.0	4.7	4.8	4.6
印度	6.4	4.6	6.5	6.5
俄罗斯	3.7	1.3	3.8	1.4
巴西	2.4	1.8	3.7	2.2
南非	2.7	0.3	0.8	1.5
世界贸易量	4.8	1.9	3.4	3.2
世界消费价格	3.8	5.8	5.7	4.2
石油价格	6.3	7.0	-1.9	-11.7

注：资料来源于IMF，2025年1月《世界经济展望》。

从不利因素看，一是特朗普再次执政带来新的不确定性和国际环境深刻变化。特朗普坚持的美国优先、逆全球化，对内减税、对外加税，退出国际协定等都会带来重大挑战。同时，特朗普主张对自中国进口商品加征高额关税，将会引发新一轮贸易摩擦，对我国出口形成压力。美国对跨境投资的审查和限制日益增多，并加大对我国高科技领域的围堵打压。二是全球孤立主义、单边主义和保护主义升级，提高关税、反倾销、反补贴调查等投资贸易限制措施不断增多，导致全球投资贸易成本显著增加，降低市场效率，拖累世界投资贸易与经济增长。三是全球地缘政治冲突和民粹主义对全球治理的影响日益加大，巴以、黎以、伊以冲突复杂交织，乌克兰危机延宕，全球产业链供应链安全风险显著上升，航运费用和生产成本等增加，大宗商品和金融市场不稳定因素增多。

2. 国内经济运行积极因素增多，内需不足仍是最大掣肘

从有利因素看，一是宏观政策将会持续加力。财政货币政策将会进一步加大逆周期调节力度，宏观政策基调更加积极有为。实施更加积极的财政政策，合理扩大赤字规模，保持必要的财政支出强度；较大规模增加债务额度，支持地方化解隐性债务，地方可以腾出更多精力和财力空间来促发展、保民生；发行特别国债支持国有大型商业银行补充核心一级资本，提升商业银行抵御风险和信贷投放能力，更好地服务实体经济发展；合理扩大地方政府专项债券支持范围，发挥专项债券对经济发展的积极作用。实施适当扩张的货币政策，2025年还有一定的降准降息空间，保持合理的货币流动性，降低实体经济融资成本；结构性政策工具将会加大制造业、科技创新、中小微企业、三农、房地产等重点领域的金融支持；证券、基金、保险公司互换便利、股票回购增持专项再贷款等金融政策创新，有助于提振市场信心、激活资本市场。此外，财政、金融、消费、投资、房地产、资本市场等各领域政策协调性、一致性进一步增强，政策红利有望逐步释放，推动经济持续平稳健康发展。二是新质生产力加快形成。各地加快培育发展战略性新兴产业和未来产业，实体经济与数字经济、先进制造业与现代服务业正在融合发展，高技术产业保持较快增长，新业态和新模式展现出较强活力，持续推动新旧动能加快转换。三是改革开放进一步深化。全面落实党的二十届三中全会精神，300 多项重磅改革举措将陆续落地显效，将持续激发全社会内生动力和创新活力。制度型开放逐步深化，制造业外资准入限制“清零”，服务业对外开放逐步扩大，高水平对外开放格局加速形成，为高质量发展塑造新动能、新优势。四是社会预期稳步改善。在宏观调控政策加力、深化改革开放和经济增长趋稳带动下，社会投资和居民消费预期逐步改善，资本市场活力明显提升，房地产市场逐步止跌企稳。

从不利因素看，一是内需不足制约经济恢复。经济“供强需弱”矛盾仍然突出，地方政府隐性债务负担较重，财政收支压力依然较大。企业和居民面临较高的实际利率，投资、消费的意愿和能力仍然不强，内需增长动能尚不稳固。二是新旧动能转换存在阵痛。我国正处在转变发展方式、优化经济结构、转换增长动力的关键期，在传统产业增速放缓的背景下，高新技术产业等新动能虽然增长较快但规模仍较小，短期内尚难以完全弥补传统动能减少的缺口。三是部分行业内卷加剧。一些传统产业调整趋势加剧，部分行业产能过剩矛盾较突出，工业产能利用率和营业收入利润率偏低，导致微观企业内卷式竞争加剧，生产经营困难仍较大。四是房地产调整压力依然较大。居民对房价下跌预期尚未明显改善，购房有效需求难以释放。房地产投资资金受限、意愿偏低，仍是投资增长的拖累。

三、2025 年经济运行将延续稳中有进态势

综合国内外发展环境研判，在政策加力、改革发力、开放助力、转型给力、增长潜力等多力协同作用下，国内经济将延续稳中有进态势，新质生产力加快形成、高质量发展扎实推进、物价水平温和回升，预计 2025 年我国经济将增长 4.8% 左右，CPI 将上涨 1.0% 左右（见表2）。

表 2　2024—2025 年我国主要宏观经济指标预测表　（%）

时间	2024 年实际值	2025 年预测值
GDP	5.0	4.8
第一产业	3.5	3.9
第二产业	5.3	5.0
第三产业	5.0	4.8
规模以上工业增加值	5.8	5.2
固定资产投资	3.2	4.3
房地产开发投资	-10.6	-6.0
社会消费品零售总额	3.5	4.1
出口（美元计价）	5.9	3.0
进口（美元计价）	1.1	2.0
居民消费者价格	0.2	1.0
工业生产者出厂价格	-2.2	-0.5

1. 生产供给稳定增长

工业生产将较快增长，新动能加快培育。各地因地制宜培育发展战略性新兴产业和未来产业，新质生产力加快形成。传统产业改造升级与绿色低碳转型稳步推进，促进产业结构不断优化升级。工业生产能力持续提升，随着宏观政策持续加力显效，在“两重”“两新”政策带动下，企业生产景气程度有所改善，将对工业增速构成一定支撑。同时，也应看到经济“供强需弱”矛盾依然存在，工业企业效益还不佳，抑制工业生产增长。初步预计，2025年规模以上工业增加值将增长5.2%左右。

服务业将保持平稳增长，信息服务业快速壮大。我国大力推动网络、算力、人工智能等新型信息基础设施建设，5G等信息技术行业应用已融入76个国民经济大类，数字经济等服务业新兴领域加快发展。发展型、享受型服务需求旺盛，文化旅游、体育娱乐、健康养老、托育家政等生活服务业保持较快增长势头。随着不断加大科技创新、资本市场趋于回暖，以及商贸会展活跃，生产服务业保持良好势头。当然，居民收入增长预期较弱、消费信心不足，以及房地产市场调整等因素抑制相关服务业发展。初步预计，2025年服务业增加值将增长4.8%左右。

2. 内需稳定恢复，外需面临较大压力

居民消费需求将较快恢复。从有利因素看，消费品以旧换新等促消费政策持续发力带动大宗商品消费，成为稳定消费增长的重要支撑；消费特别是服务消费业态模式持续创新、融合升级带来更多满足个性化、体验化需求的产品和服务，成为激发新需求的重要动力；资本市场向好有利于居民财富恢复，进一步巩固消费能力。从不利因素看，疤痕效应仍未完全消除，消费能力、消费意愿仍有待恢复提升，各类消费领域限制性政策和环境设施短板不利于消费意愿释放。初步预计，2025年我国社会消费品零售总额增长4.1%左右。

固定资产投资将稳定增长。一是基建投资保持较快增长。2025年是“十四五”规划收官之年，一系列重大工程项目将会加快推进，“两重”建设将持续大力推进，优化实施合理扩大地方政府专项债券支持范围，以及一揽子化债方案将减轻地方政府债务压力等因素，将有力支撑基建投资增长，但仍然存在土地出让收入增长较慢、地方政府财政收支压力较大等问题。二是房地产投资跌幅有望收窄。随着房地产需求端政策优化带来销量恢复、房企融资支持政策进一步见效，房地产市场止跌回稳态势逐步显现，房企投资积极性将有所回升，但受制于资金、预期等多方面因素，房地产投资恢复仍较缓慢。三是制造业投资保持较好增势。在“两新”“两重”政策持续发力，高新技术、装备制造保持快速增长，以及企业资产负债表不断修复、融资环境进一步宽松优化等因素的影响下，制造业投资意愿和投资能力将进一步好转，但制造业订单不足、加征关税等外需风险加大，企业效益不佳等抑制制造业投资。初步预计，2025 年我国固定资产投资增长 4.3% 左右。

外贸出口面临较大压力。世界经济延续温和增长、外部需求保持基本稳定，我国出口商品提质升级、竞争力较强，近年来人民币走弱有助于出口，我国对共建“一带一路”国家、东盟国家等地区贸易合作进展顺畅。但美欧加征关税等贸易摩擦显著增加，“小院高墙”围堵打压，经贸问题政治化不利于我国出口。初步预计，2025 年我国外贸出口将增长 3.0% 左右。

3. 物价水平将温和回升

消费价格有望温和回升。一是国内货币政策转向支持性带动物价上涨。2025 年我国将有望继续实施降准、降息系列政策，持续加大货币流动性投放，国内有效需求不足问题将得到缓解，带动物价实现温和回暖。二是主要经济体货币政策进入降息周期，全球流动性将有所改善，大宗商品价格有望回升，输入性价格上升。三是猪肉价格步入新一轮周期的上行阶段，支撑食品价格上行。四是服务消费需求较旺将推动服务消费价格稳中有升。但是，国内需求依然不足、消费信心不强等抑制居民消费价格上涨空间。初步预计，2025 年 CPI 将温和上涨 1.0% 左右。

PPI 降幅有望逐步收窄。在房地产市场止跌企稳趋势下，黑色金属及建筑材料价格将有所企稳；制造业景气度回升，将带动有色金属等生产资料价格呈现上涨态势。但是，工业企业生产经营仍面临不少困难挑战，工业品需求仍然偏弱抑制价格上涨；2025 年“欧佩克 +”成员国结束自愿减产，特朗普政府支持石油等化石能源生产，全球石油市场面临供过于求，国际油价存在较大下行压力。初步预计，2025 年 PPI 将下降 0.5% 左右。

（作者：张宇贤　牛犁　闫敏　邹蕴涵　陈彬　韩瑞栋　李佳）

2024年世界经济形势分析及2025年展望

一、2024年全球经济形势分析

1. 全球经济实现软着陆，但区域与国别之间分化趋势明显

根据国际货币基金组织（IMF）的数据，2024年全球经济实现3.2%的增长。在高通货膨胀背景下，意味着全球经济实现了软着陆。不过，这一增速比2023年的3.3%有所回落，也低于新型冠状病毒肺炎疫情（简称疫情）暴发前30年的平均水平。同时，区域与国别之间的经济增长分化明显。

在发达经济体中，只有美国经济一枝独秀。2024年经济增长2.8%，但日本和欧元区仅增长0.1%与0.9%，其中德国经济下滑0.2%。需要指出的是，2023年德国经济已经出现0.3%的衰退，持续两年负增长。

在新兴和发展中经济体中，亚洲表现较好，2024年增长5.3%，其中印度增长6.7%；越南增长7.1%，比2023年提高2个百分点；东盟五国增速虽然只有4.5%，但比2023年提高0.5个百分点，呈现上升态势，与全球增速下滑形成鲜明对比。欧洲新兴和发展中经济体2024年增长3.2%，与全球水平一致。拉丁美洲和加勒比地区2024年只有2.1%的增长，其中巴西增长3.4%，比2023提高0.5个百分点，呈现向好趋势，但墨西哥2024年仅增长1.5%，而2023年增长3.2%，出现明显回落趋势。

2. 发达国家工业生产低迷，新兴市场经济体相对繁荣

从美国情况来看，2023年工业生产总值下降0.42%，2024年前三季度同比分别增长-0.24%、0.02%和-0.55%，继续保持衰退或低迷状态。日本与美国保持同步，只不过幅度更大，2023年下降1.33%，2024年前两季度同比分别下降4.35%和2.96%，7月份实现了2.02%的增长，但8、9月份又出现6.53%和4.27%的下降。欧洲情况与美国和日本相似，2024年前7个月工业生产总值同比下降幅度在1.3%和6.5%之间，只有8月份实现了0.1%的微弱增长。

与发达国家形成鲜明对比的是，以亚洲为代表的新兴经济体工业生产保持良好的增长态势。2024 年前三季度，越南工业生产总值累计同比增长 8.64%。2024 年前 7 个月，印度同比增幅在 4.21% 和 6.25% 之间，只有 8 月份出现了 0.14% 的小幅下降。马来西亚前 8 个月同比增幅保持在 2.40% 和 6.12% 之间。作为拉丁美洲新兴经济体的代表，巴西前 8 个月只有 3 月和 5 月出现小幅下降，其余 6 个月同比增幅在 2.2% 和 8.4% 之间。

3. 服务业引领经济复苏，旅游业表现尤甚

在发达国家工业生产低迷乃至衰退的情况下，GDP 仍然保持增长，意味着服务业自然而然成了引领经济复苏的主要力量。在服务业中，旅游表现尤为突出。世界旅游理事会（WTTC）的年度报告显示，2024 年全球每 10 美元消费中就有 1 美元用于旅行，创下历史新高，由此导致旅游业对全球 GDP 的贡献将达到创纪录的 11.1 万亿美元，占全球 GDP 的 10%，同比增长 12.1%；从就业方面来看，预计 2024 年旅游业将提供近 3.48 亿个就业岗位，比 2019 年（疫情前最高纪录）多出 1360 万个。

这一现象并非疫情之后突发现象，根据日本经产省的数据，2019 年访日国际游客的消费约为 4.6 万亿日元，同年汽车和半导体出口约 12 万亿日元和 4 万亿日元，换言之，当年海外游客对日本出口的影响仅次于汽车已位居第二位。2024 年，日本旅游业空前繁荣，日本国家旅游局统计显示上半年，累计接待外国游客约 1778 万人次，远超历史同期水平，预计全年将达到 3500 万人次。WTTC预计，2024 年日本旅游业收入将占 GDP 的 7.5%。

4. 全球货物贸易出现反弹，服务贸易持续稳步增长

根据世界贸易组织发布的报告，2023 年全球货物贸易出现 1.1% 的衰退，2024 年上半年全球货物贸易量同比增长 2.3%，下半年和 2025 年将继续保持复苏态势。预计 2024 年全球货物贸易量将增长 2.7%，不过这一复苏并非均衡的。由于汽车产品和化学品需求下滑，预计 2024 年欧盟出口额将下降 1.4%；相反，亚洲地区的出口额将增长 7.4%，远超其他地区。与商品贸易形成对比的是服务贸易稳步快速增长。根据 WTO 的报告，2023 年全球服务贸易强劲增长 9%，达到 7.54 万亿美元；2024 年第一季度服务贸易同比增长 8%，第二季度仍将保持相对强劲增长。

5. 通货膨胀压力明显缓解，但服务价格上涨压力仍存

2024 年 9 月份，美国和日本 CPI 同比涨幅回落到 2.4% 和 2.5%，10 月份欧元区也回落到 2%，全球通货膨胀压力已经较 2022 年最高点时明显缓解。但是美国和欧洲服务价格上涨压力仍存，9 月份美国服务价格指数同比上涨 4.7%，10 月份欧元区上涨 3.9%。此外，新兴经济体中的巴西、印度和俄罗斯 9 月 CPI 同比上涨 4.4%、5.5% 和 8.6%，仍然位居高位。

目前，欧美服务价格上涨问题仍可以由经典的结构性通货膨胀理论解释。经济可以简单地区分为贸易与非贸易部门，贸易部门的价格主要由国际市场决定，非贸易部门劳动生产率增速缓慢，其通货膨胀水平主要由工资水平决定，这往往表现为非贸易部门具有较强的提价能力。事实上，这一问题早已出现，2021 年以来，欧美国家低收入服务行业工人跳槽及货车司机短缺成为工资成本上升的先导，餐饮、运输、仓储、电力等非贸易部门价格率先上涨，然后再传导至其他部门。众所周知，服务业大多属于非贸易部门。

6. 就业市场持续繁荣，经济低增长与低失业率并存

2024 年 9 月，欧元区的失业率为 6.3%，为 2000 年有该项统计指标以来最低水平，同期美国和日本失业率分别为 4.1% 和 2.5%。新兴和发展中经济体就业压力高于发达国家，但也有明显改善现象，例如 9 月份巴西失业率为 6.3%，创 2013 年 12 月份以来的最好水平。不过，在就业市场持续繁荣的同时经济增速却相对较低，出现这种背离现象的主要原因是劳动密集型的服务业，尤其是生活性服务业的快速发展促进了就业增长，由于服务业劳动生产率较低导致行业增加值增长速度有限。

二、2025 年世界经济发展影响因素分析及展望

1. 2025 年全球经济发展的主要影响因素分析

（1）高成本制约经济发展　即使未来全球通货膨胀水平回到各国中央银行调控目标，全球也将进入高成本时代。以美国为例，从 CPI 来看，2024 年 9 月份比 2020 年同期上涨了 21.1%；从房价指数来看，根据美国联邦住房企业监督办公室的数据，2024 年二季度比 2020 年同期上涨了 50.1%，比 2014 年同期上涨了 101.9%。换言之，即使 2025 年物价稳定，居民也不得不承受比过去更高

的生活成本，住房价格的上涨也必然带动房租价格的上涨从而提高企业生产成本。

（2）高债务制约财政支出空间并带来潜在风险　近年来，许多国家实施宽松财政政策，这导致财政赤字率不断上升，根据IMF的报告，2024年全球公共债务达到100万亿美元，占全球GDP的93%。巨额财政赤字无疑制约了未来财政支出空间并形成了全球经济的潜在风险，其中美国情况尤甚。美国财政部2023年12月份的数据显示，当年联邦政府负债已突破34万亿美元；2024年10月份数据显示，2024财年联邦赤字将达到1.834万亿美元，为后疫情时代最高水平，政府总支出为6.752万亿美元，较2023财年增长11%，其中支出的最大增长来自公共债务利息，增长了34%，达到9500亿美元。历史经验表明，债务推动的经济繁荣不具有可持续性，未来高负债国家债务风险加大。

（3）保护主义浪潮加剧和地缘政治风险　近年来投资、贸易和技术保护主义浪潮呈现不断加剧现象，一是以美国为代表的发达国家的保护力度不断加大；二是保护广度在不断扩大，美国在长臂管辖的基础上又联合欧盟、日本、英国等发达国家实施保护策略；三是发展中国家也出现跟风现象。保护主义让全球生产链和供应链的布局不再遵循效率最高、成本最低的市场原则，同时无疑会提高全球生产和消费成本，必将对全球经济复苏带来较大冲击。尤其是特朗普赢得总统大选后，可能引发全球新一轮贸易摩擦，必将对全球经济增长带来较大冲击。另外，持续的地缘冲突无疑对全球贸易和供应链造成较大负面影响。

（4）全球进入降息周期　尽管一些国家的价格压力仍然存在，但大多数国家的通货膨胀率将陆续回落到各国中央银行调控目标附近，这为主要各国中央银行放松货币政策铺平了道路。2024年开始，全球进入降息周期，这直接降低了政府和企业的债务成本，为经济增长创造了良好的金融环境。

（5）金融市场对经济的支持仍然强劲　2024年以来，截至11月1日，纳斯达克综合指数和标准普尔指数分别上涨了21.51%和20.10%，日本经济平均指数上涨了13.71%，欧洲斯托克50指数上涨了7.88%，德国DAX指数上涨了14.94%，股市上涨的财富效应扩大了消费，有力地支持了经济增长。尤其值得指出的是，德国经济2023年出现了0.3%的负增长，是主要经济体中唯一出现衰退的国家，但德国DAX指数全年仍上涨了20%，2024年以来又仍实现了15%左右的上涨，换言之，两年不到的时间上涨了38%，对经济稳定的贡献功不可没。预计2025年金融市场对经济发展的支持仍然强劲。

（6）科技创新仍然是推动全球经济增长的重要力量　当前，科技创新方兴未艾，相关投资及下游产业的发展有力促进了全球经济增长。最为典型的是人工智能领域的大量投资推动了半导体和电子产品需求的激增，从而带动了经济增长。据国际半导体设备与材料组织预计，受益于人工智能的持续高增需求，2025 年全球半导体设备市场将实现 17% 的增长，增至 1280 亿美元。

2. 2025 年世界经济增长趋势判断

从以上分析可以看出，2025 年全球经济发展会出现新的有利因素，但不利因素影响仍然较大，据此本文认为 2025 年世界经济仍将处于周期调整之中。2024 年 10 月 IMF 发布的《世界经济展望》预计，2025 年全球经济增长 3.2%，与 2024 年持平；全球货物与服务贸易稳步回升，预计 2025 年增长 3.4%，比 2024 年提高 0.3 个百分点；全球通货膨胀压力继续下降，预计 2025 年全球 CPI 约为 4.3%，比 2024 年回落 1.5 个百分点，其中发达国家将回落到 2% 的各国中央银行调控目标。

三、政策建议

一是提高入境中国的便利性与吸引力，促进服务业的对外开放。积极提升文化、旅游、教育、科技、医疗等服务领域的对外开放水平，进一步试行扩大单方面免签国家范围，提高入境中国的便利性，吸引更多外籍人员来华旅游、学习、经商和考察，强化中外人员之间的联系和交往，同时将进一步彰显我国深化对外开放的信心和决心。

二是加强国际沟通合作维护外部环境稳定。以我国超大规模的市场和完整的产业链、供应链为吸引力，持续扩大与广大南方国家的合作“朋友圈”，利用好上海合作组织、金砖国家、区域全面经济伙伴关系协定（RCEP）、“一带一路”等合作平台和机制，积极争取加入全面与进步跨太平洋伙伴关系协定（CPTPP）、数字经济伙伴关系协定（DEPA）等，有效应对美西方对我国的遏制打压和部分发展中国家贸易保护主义升温的势头。应稳步推进“一带一路”高质量发展，形成“你中有我、我中有你”的利益共同体，通过合作共赢化解分歧和矛盾。

三是实施更强有力的刺激内需政策。2025 年特朗普上台后可能对我国实施高关税和进一步遏制打压，将对冲我国一揽子增量政策效果，影响市场预期和社会信心。应围绕稳增长、扩内需、化风险，强化宏观政策逆周期调节力度，坚定实施扩大内需战略，在惠民生、促消费的同时，加大助企帮扶力度，帮助企业渡过难关，增强经济持续回升向好态势。

四是加强风险防控，维护经济和金融安全。统筹发展和安全，加强经济安全风险预警、防控机制和能力建设，实现关键领域安全可控。在金融领域，保持人民币币值稳定，加快推动外汇储备多元化，在金砖国家内部讨论和研究建立独立跨境结算系统的可行性。

（作者：程伟力）

2024 年金融运行分析及 2025 年展望

一、2024 年金融运行情况及特点

1. 货币政策宽松推动社会流动性扩张

2024 年，稳健的货币政策进一步宽松，综合运用多种政策工具，推动社会流动性扩张。数量调控方面，2024 年年初以来两次降准共 1 个百分点；公开市场 7 天逆回购操作和中期借贷便利（MLF）总体滚动续作；新设多项结构性货币政策工具，包括 5000 亿元科技创新和技术改造再贷款、3000 亿元保障性住房再贷款、股票回购增持专项再贷款以及证券、基金、保险公司互换便利等。由于国内有效需求不足导致货币需求趋弱，货币政策逆周期调节无法完全对冲货币供给内生性收缩压力，货币供应量余额与社会融资规模存量增速小幅下行。11 月末，广义货币（M2）余额同比增长 7.1%，增速比上年同期低 2.9 个百分点；狭义货币（M1）余额同比下降 3.7%，比上年同期增长 1.3%；社会融资规模余额同比增长 7.8%，比上年同期低 1.6 个百分点。中国人民银行（简称央行）决定自统计 2025 年 1 月份数据起，启用新修订的 M1 统计口径。修订后的 M1 包括流通中货币（M0）、单位活期存款、个人活期存款、非银行支付机构客户备付金。预计此次统计口径调整后，M1 增速将较原统计口径下的增速上升，同时波动幅度下降。

2. 居民短期贷款与企业中长期贷款少增较多

2024 年前 11 个月，人民币贷款增加 17.1 万亿元，比上年同期少增 4.48 万亿元。分部门看，居民和企业贷款同比少增均较多。前 11 个月，住房贷款增加 2.37 万亿元，同比少增 1.74 万亿元；企（事）业单位贷款增加 13.84 万亿元，同比少增 3.18 万亿元；非银行业金融机构贷款增加 2286 亿元，同比多增 452 亿元。分期限看，各期限贷款均同比少增，居民短期贷款和企（事）业单位中长期贷款少增较多。前 11 个月，居民短期贷款增加 4144 亿元，同比少增 1.29 万

亿元；居民中长期贷款增加 1.95 万亿元，同比少增约 4538 亿元；企（事）业单位短期贷款和票据融资增加 3.75 万亿元，同比少增约 4248 亿元；企（事）业单位中长期贷款增加 10.04 万亿元，同比少增 2.67 万亿元。分用途看，9 月末，固定资产投资贷款余额同比增长 11.3%，经营性贷款余额增长 9%，增速分别比上年同期回落 2.5 个和 5.6 个百分点。普惠、绿色和科创等重点领域贷款保持较高增长，但增速水平也有不同程度的回落。9 月末，普惠小微贷款余额同比增长 14.5%，绿色贷款余额同比增长 25.1%，科技型中小企业贷款余额增长 20.8%，较上年同期分别回落 9.6 个、11.7 个和 2 个百分点。房地产贷款仍未摆脱颓势，9 月末同比下降 0.2%。

3. 人民币贷款少增拖累社会融资规模增长

2024 年前 11 个月，社会融资规模增量累计为 29.4 万亿元，比上年同期少 4.24 万亿元。其中，对实体经济发放的人民币贷款增加 16.21 万亿元，同比少增 4.91 万亿元；对实体经济发放的外币贷款折合人民币减少 3241 亿元，同比多减 1670 亿元。表外融资（委托贷款、信托贷款和未贴现的银行承兑汇票）持续低迷，前 11 个月累计增加 1304 亿元，同比少增 250 亿元。超长期特别国债和地方专项债发行导致政府融资多增较多，前 11 个月政府债券净融资 9.54 万亿元，同比增加 8668 亿元。企业直接融资总体同比减少，前 11 个月企业债券净融资 1.93 万亿元，同比增加 257 亿元；非金融企业境内股票融资 2416 亿元，同比减少 5007 亿元。

4. 央行降息引导市场利率与贷款利率下行

央行于 2024 年 7 月和 9 月两次下调 7 天逆回购和 1 年期 MLF 操作利率，通过降低政策利率引导货币市场和债券市场利率下行，进而推动贷款利率下降。货币市场利率上半年区间波动，下半年走低。11 月份同业拆借加权平均利率为 1.55%，质押式回购加权平均利率为 1.59%，分别比上年同期低 0.34 个和 0.39 个百分点。债券市场利率不断下行。12 月 13 日，1 年期和 10 年期国债到期收益率为 1.17% 和 1.78%，分别比上年同期低 1.17 个和 0.86 个百分点。Wind（万得）数据显示，11 月份国债和地方债招投标利率分别为 1.72% 和 2.24%，比上年同期低 0.68 个和 0.67 个百分点；公司债和企业债发行利率分别为 2.50% 和 2.41%，比上年同期低 0.85 个和 1.09 个百分点。

政策推动贷款利率降至历史低位。1 年期和 5 年期贷款市场报价利率

(LPR) 由 2023 年 12 月的 3.45% 和 4.2% 降至 2024 年 11 月的 3.1% 和 3.6%。2024 年 9 月，企业新发放贷款加权平均利率约为 3.5%，比上年同期低 0.31 个百分点；新发放个人住房贷款利率约为 3.32%，比上年同期低 0.78 个百分点。2024 年上半年手工补息等高息揽储方式被管理层叫停，10 月份国有大型银行牵头开启新一轮存款利率下调。

5. 人民币对美元汇率小幅贬值

2024 年年初以来，人民币兑美元即期汇率小幅走贬，由 1 月初的 7.132 下行至 7 月中旬的 7.267，7 月下旬至 9 月出现一波较快升值，9 月末人民币兑美元即期汇率升至 7.016，随后有所回调。截至 12 月 13 日，人民币兑美元即期汇率回落至 7.280，较上年末贬值 2.58%。美联储降息节奏不及预期，叠加特朗普胜选触发“特朗普交易”，美元指数在四季度走出强劲升势，截至 12 月 13 日，较 9 月末累计升幅达 6.68%。人民币跟随美元对非美货币普遍升值。截至 12 月 13 日，人民币对欧元、日元即期汇率较上年末累计升值 2.79% 和 5.88%。由于人民币对主要货币升值居多，中国外汇交易中心（CFETS）人民币汇率指数累计升值 2.97%。

外汇市场运行平稳。前三季度境内人民币外汇市场交易量总计 30.27 万亿美元，同比增长 10.1%。前 10 个月，银行代客涉外收支顺差 356 亿美元，银行结售汇逆差 1030 亿美元。企业、个人等非银行部门跨境收支净流入，银行结售汇则呈现逆差，显示居民和企业汇率预期偏向于持有外汇。前三季度，衡量企业结汇意愿的外汇收入结汇率为 62.1%，同比下降 4.3 个百分点，衡量企业购汇意愿的外汇支出售汇率为 68.9%，与上年持平。

二、2025 年金融运行面临的环境和突出问题

1. 特朗普政策成为我国经济金融稳定最大外部变数

特朗普再次当选美国总统，2025 年是其任期第一年。相比拜登民主党政府和共和党控制众议院的“分裂国会”，特朗普政府和共和党掌握参众两院的“共和党全胜”局面将强化特朗普主要政策推进的可能性。若特朗普竞选时宣称的政策主张全面兑现，我国经济金融运行将受到较大冲击。特朗普主要经济政策有：一是大幅加征对华关税。特朗普威胁，对所有美国进口的商品征收 10% ~ 20% 的关税，并对从中国进口的商品加征 60% 的关税，或取消中国贸易最惠国

待遇（相当于平均关税水平由 19% 左右升至 32%）。2018 年特朗普发动对华贸易摩擦后，中国对美国出口金额占全部出口的比重已由 2017 年的 19.0% 降至 2023 年的 14.8%。若上述美国对华加征关税措施落地，中美经贸关系将进一步加速“脱钩”，加大我国出口下行风险。二是施压美联储降息。特朗普在前次任内曾多次公开向美联储施压降息，此次竞选时也表示要大幅降低美国利率。2024 年 9 月，美联储降息 0.5 个百分点，开启了本轮降息周期。根据最新的美联储对联邦基金利率的预测，2025 年可能还有四次降息。未来特朗普可能会再次干涉美联储政策，督促其加快降息。三是持“弱美元”立场。与美联储降息阶段相伴随的往往是弱势美元。特朗普对“弱美元”更是情有独钟，多次表示将推行美元贬值政策以提振美国出口。虽然特朗普胜选后美元指数在四季度出现强势上涨，但从前次“特朗普交易”情况看，强美元并不具有可持续性。2017 年特朗普就任美国总统后，当年美元指数由升转降，当年下跌 9.9%。美联储降息叠加“弱美元”可能带来一定人民币升值压力。

2. 国内有效需求不足问题制约融资需求释放

国内有效需求不足，尤其是消费不振是当前制约我国经济发展的主要问题。2024 年前三季度全国居民人均消费支出实际增长 5.3%，增速比上年全年下降 3.7 个百分点；2024 年前 10 个月，社会消费品零售总额累计同比增长 3.5%，同比低 3.4 个百分点。上海、北京、广州、天津、重庆五个城市社会消费品零售总额占全国比重超 13%，其中北京同比下降 1.3%、上海同比下降 2%、天津同比下降 2.7%、广州仅同比增长 0.1%、重庆同比增长 3.8%。2024 年 9 月底以来，一揽子增量政策接力推出，相关政策效应将在 2025 年进一步释放，对大规模设备更新和消费品以旧换新的“两新”支持政策也有望再加力，但扩内需和促消费仍面临较强约束。一是居民就业与收入不稳、预期和信心不足影响消费。受房价和股价下跌拖累，前三季度全国居民人均财产净收入同比增长 1.2%，增速降至历史低位，明显低于同期工资性收入（5.7%）和经营净收入（6.4%）增速。部分企业裁员、降薪导致居民消费信心和意愿降低，前三季度城镇居民消费倾向（人均消费支出/人均可支配收入）为 0.62，而 2019 年前三季度为 0.64。二是财政收支矛盾上升约束地方政府支出。社会消费品零售总额包括销售给机关、社会团体、部队等社会团体的商品。前三季度社会消费品零售总额累计同比增速低于全国居民人均商品支出（人均消费支出 - 人均服务性消费支出）累计同比增长 1.4 个百分点，而上年同期为高出 3.1 个百分点。这表明政府商品消费低迷拉低了社会消费品零售总额增长。政府消费走弱的主因是税收减少和土地财政萎缩加大财政收支矛盾。前10个月，财政“两本账”收入（一般公共预算+政府性基金）合计同比下降4.7%，支出同比增加1.8%。在党政机关要习惯过紧日子和地方政府要“砸锅卖铁”全力化解地方债务风险的要求下，政府支出难免受到约束。国内有效需求不足不仅带来通货紧缩压力，造成实际利率被动抬高，还拖累融资需求导致社会流动性扩张势头走弱。前10个月CPI仅同比上涨0.3%、PPI同比下降2.7%，前三季度GDP平减指数累计同比下降0.7%。尽管贷款名义利率下行，但剔除物价因素后，金融机构人民币贷款加权平均实际利率为4.4%，与上年第四季度持平。

3. 房地产市场调整施压房地产金融

作为支柱行业，房地产业对宏观经济、金融运行有较大影响。2024年前三季度，房地产业和建筑业增加值占GDP的11.9%，加上关联产业占GDP的比重在25%左右；房地产专项税种税收和国有土地使用权出让收入合计占地方本级财政收入的31.8%。房地产是银行信贷的重要投向领域，三季度末，人民币房地产贷款余额52.9万亿元，同比下降1%，占全部贷款比重达20.9%。本轮房地产市场调整时间和幅度均超过以往周期。9月底以来，宏观政策对房地产支持力度加大，中共中央政治局会议首次提出“要促进房地产市场止跌回稳”。近期政策产生了一些积极影响，但在房地产市场供求关系发生重大变化之下，无法彻底扭转市场颓势。从先行指标走势看，2025年房地产将延续调整势头。一是房价仍未明显走出下行周期。中指研究院数据显示，2024年10月，100个城市新建住宅平均价格环比上涨0.29%，同比上涨2.08%；二手住宅平均价格环比下跌0.6%，同比下跌7.27%。二是居民购房意愿仍显不足。2024年前10个月，新建住宅销售面积同比下降17.7%，销售额下降22.0%；房地产开发企业到位资金中，定金及预收款下降27.7%，个人按揭贷款下降32.8%。三是房地产开发企业拿地意愿有待提升。2024年前10个月，土地购置费同比下降7.4%，降幅比上半年扩大1.3个百分点。

4. 银行业经营压力有所上升

在有效信贷需求偏弱、净息差收窄压力下，2024年银行业经营压力有所上升。一是扩表力度减弱。三季度末，银行业金融机构总资产和总负债均同比增长7.3%，分别比上年同期下降2.2个和2.4个百分点。二是净息差收窄。三季度末，商业银行净息差为1.53%，比上年同期下降0.2个百分点，处于历史低位。央行降息引导LPR降低及存量房贷利率下调等政策因素是拉低净息差的主要因素。未来净息差还会下降，但降幅将有所收窄。三是盈利能力有所下降。利息收入在银行业营业收入构成中占据了绝对的主导地位，2023年占比超过80%。净息差收窄叠加银行扩表放缓，前三季度商业银行实现净利润1.9万亿元，同比仅增长0.5%，增幅比上年同期下降8.5个百分点，其中大型商业银行和民营银行净利润同比下降1.3%和8.9%。四是对债券投资依赖度上升。三季度末，银行业金融机构以债券投资为主的投资业务增长8.4%，在总资产中的比重有所上升。前三季度，A股42家上市银行的利息净收入减少3.2%，手续费及佣金收入减少10.8%；而投资收益则增长23.9%。几乎所有上市银行均公告称，2024年盈利增长主要依赖于债券市场。五是银行不良风险有上升倾向。银行资产质量表现稳健，三季度末，商业银行不良贷款余额3.38万亿元，比上年末增加1513亿元，同比少增903亿元；不良率为1.56%，同比低0.05个百分点。不良贷款中，二级贷款较上年末减少331亿元，但可疑类贷款和损失类贷款增加206亿元和1638亿元。三季度末，关注类贷款（贷款出现逾期、违约等异常情况，但尚未发生实际损失）比上年末增加4718亿元，占贷款比重为2.28%，同比提高0.08个百分点，显示不良贷款存在反弹压力。

三、2025年金融调控政策建议

1. 货币政策持续加大逆周期调节力度

按照中央经济工作会议部署安排，2025年要“实施更加积极有为的宏观政策”，货币政策基调由“稳健”调整为“适度宽松”。货币政策坚持支持性的政策立场，把促进物价合理回升作为重要考量，加大逆周期调节的力度和强度，提高货币政策调控的精准性。把握好信贷与债券两个最大融资市场的关系，保持社会流动性合理充裕，通过适当下调人民币法定存款准备金率、发挥好结构性货币政策工具作用等政策手段，保持社会融资规模、货币供应量同经济增长和价格水平预期目标相匹配。坚持以我为主的利率政策，择机适当下调公开市场操作和MLF利率等央行政策利率，引导企业和居民融资成本下行。充分发挥利率自律机制作用，推动银行负债成本稳中有降。

2. 加强财政政策和货币政策协调配合

按照中央经济工作会议部署安排，2025年实施更加积极的财政政策，确保财政政策持续用力、更加给力。赤字率和赤字规模、超长期特别国债和新增专项债发行规模均将有所扩大，发行特别国债补充国有大型商业银行核心一级资本工作将稳步推进。货币政策需加强协调，强化对政府债券发行的流动性支持，配合国债和地方债发行节奏，前瞻性通过降准、MLF、国债买卖和逆回购等多种工具，加大流动性投放，保持银行间市场流动性平稳充裕。加强信贷政策、结构性货币政策工具等定向调控手段与特种国债、专项债等财政政策工具的配合，发挥协同效应，加大对“两重”“两新”、房地产“三大工程”建设（保障性住房建设、“平急两用”公共基础设施建设、城中村改造）等重点领域的资金支持。

3. 稳步推进各项金融体制改革

党的二十届三中全会对进一步深化金融体制改革做出重大部署。2025 年需稳步推进各项改革措施，通过加快完善中央银行制度、深化利率汇率市场化改革和健全投资融资相协调的资本市场功能，畅通货币政策传导机制。完善货币政策的执行机制、目标体系、基础货币投放机制。健全市场化利率形成、调控和传导机制。完善以市场供求为基础、参考一揽子货币进行调节、有管理的浮动汇率制度，保持汇率弹性，发挥汇率调节宏观经济和国际收支自动稳定器功能，坚决防范汇率超调风险。加快多层次债券市场发展，提升债市定价功能和市场稳健性。加强股票市场投资端建设，支持长期资金入市，加快融资端制度改革，全面落实上市公司退市制度，完善上市公司分红激励约束机制，健全投资者保护机制。

（作者：李若愚）

2024 年工业形势分析及 2025 年展望

2024 年我国工业经济整体呈现稳中有进态势，规模以上工业增加值比上年增长 5.8%，增速较 2023 年加快 1.2 个百分点，工业生产活动保持稳定的增长态势。随着扩大内需等政策落地，国内市场需求有望进一步释放，将推动工业生产规模扩大。但我国工业生产也面临部分行业需求不足，出口交货值较去年同期下滑等问题和挑战，需要政府、企业等各方共同发力，通过精准有效的政策举措和积极的市场应对策略加以解决，以保障工业经济能够健康稳定发展。

一、2024 年工业经济形势分析

工业生产平稳向好。2024 年 12 月，全国规模以上工业增加值同比增长 6.2%；剔除季节因素，规模以上工业增加值环比增长 0.46%。三大门类中，制造业增加值同比增长 7.4%，连续 4 个月回升，有力支撑工业生产平稳向好；采矿业增长 2.4%，电力、热力、燃气及水生产和供应业增长 1.1%。2024 年，规模以上装备制造业增加值较上年增长 7.7%，增速高于全部规模以上工业 1.9 个百分点；增加值占全部规模以上工业比重达 34.6%，较上年提升 1.0 个百分点，连续 22 个月保持在 30% 以上，"压舱石"作用不断凸显。

工业品出口明显回升。2024 年 12 月，规模以上制造业生产增速继续加快，工业品出口明显回升，推动全国规模以上工业生产平稳向好。12 月，全国规模以上工业企业出口交货值为 14394 亿元，较上年同期增长 8.8%，为 2022 年 8 月以来各月最高增速。主要出口行业中，专用设备、金属制品、铁路、船舶、航空、航天行业出口交货值同比保持两位数增长。

经济景气水平延续回升向好态势。2024 年 12 月，制造业采购经理指数（PMI）为 50.1%，连续三个月保持在临界点以上，较上年同期增长 1.1 个百分点。生产指数为 52.1%，较上年同期上升 1.9 个百分点。新订单指数为 51.0%，较上年同期上升 2.3 个百分点。主要原材料购进价格指数和出厂价格指数分别下降 3.3% 和 1%，制造业市场价格总体水平有所下降。

PPI呈稳定向好变动趋势。2024年12月，PPI同比下降2.3%，降幅比上月收窄0.2个百分点；环比下降0.1%，较上年同期收窄0.2个百分点。2024年全年，PPI下降2.2%，降幅比上年收窄0.8个百分点。

企业效益状况有所改善。随着政策效应持续释放，规模以上工业生产加快，带动企业当月营业收入由降转增。1—11月，规模以上工业企业累计营业收入保持增长，较去年同期增长3个百分点，营业收入连续两个月回升。11月，在大规模设备更新相关政策带动下，专用设备制造业利润同比增长36.7%。其中，电子和电工机械专用设备制造，采矿、冶金、建筑专用设备制造，化工、木材、非金属加工专用设备制造等行业利润快速增长，同比分别增长110.6%、90.4%、35.7%。

二、当前工业经济运行面临的主要问题

2024年，尽管我国工业经济在诸多方面有着积极的发展态势，但仍面临着一些不容忽视的问题，对工业经济的持续健康运行构成挑战。

1. 需求不足问题依然突出

在外需方面。一是出口增长后续乏力。据海关总署数据，2024年上半年我国货物贸易进出口总值21.17万亿元，同比增长6.1%，出口端同比增速持续回升至6.9%，但下半年形势复杂，外需增势并不稳固，2024年9—12月，我国制造业新出口订单指数分别为47.5%、47.3%、48.1%、48.3%，持续处于荣枯线以下。二是贸易壁垒阻碍出口。全球贸易保护主义抬头，贸易壁垒增多，如欧盟的碳边境调节机制、美国的涉华关税政策等，使得我国部分工业产品出口受限。以光伏产业为例，欧盟对我国光伏产品发起反倾销和反补贴调查，导致我国光伏产品在欧洲市场的份额受到一定影响，出口压力增大。

在内需方面。一是消费市场增长缓慢。2024年社会消费品零售总额增速较缓，特别是耐用品消费增长乏力。如汽车市场，虽新能源汽车销量保持增长，但整体汽车消费增速较往年有所下降，2024年汽车类零售额下降0.5%，较2023年下滑6.4个百分点。二是房地产市场持续低迷。2024年新建商品房销售面积97385万平方米，同比下降12.9%。2024年新建商品房销售额为96750亿元，同比下降17.1%，降幅较1—11月收窄1.9个百分点。根据央行数据，2023年1—11月个人住房贷款余额增速为8.5%，而到了2024年1—11月，个人住房贷款余额增速较去年同期放缓至4.2%，下降0.5个百分点。房地产开发

贷款投放量明显减少，2024 年 1—11 月房地产开发贷款投放量较去年同期减少 0. 2 个百分点。三是投资需求动力不足。由于市场需求不足和预期减弱，如制造业投资中，部分传统制造业由于产能过剩、利润空间压缩，投资意愿不强；基础设施投资虽有一定增长，但面临资金来源有限、项目回报率低等问题，可持续性面临挑战，2024 年我国固定资产投资增速放缓。

2. 企业经营压力仍较大

一是企业经营面临成本上升困难。1—11 月，全国规模以上工业企业受成本增速快于营收增速影响，企业毛利下降，对利润增长支撑不足，导致利润总额下降。1—11 月，全国规模以上工业企业实现利润总额 66674. 8 亿元，同比下降 4. 7%。同时，原材料价格波动频繁和劳动力成本上升等因素，进一步加重了企业的成本负担，压缩了利润空间。特别是中小微企业处于产业链末端，叠加国内劳动力成本刚性上升，成本压力更为严峻。二是企业资金周转困难。市场需求疲软导致企业销售收入减少，资金回笼速度减慢，而企业维持生产和经营又需要不断投入资金，资金缺口不断扩大。部分企业不得不通过增加债务融资来缓解资金紧张的局面，从而增加了财务成本和偿债风险。2024 年三季度流动比率平均值较 2023 年同期下降 0. 2 个百分点左右，速动比率出现类似幅度的下滑，企业整体的流动性趋于紧张，可用于即时偿债和维持日常运营的资金相对减少，对正常生产经营活动产生了负面影响。三是应收账款拖欠严重。企业应收账款拖欠现象普遍存在，一些企业面临资金回笼缓慢的困境，导致其流动性紧张，影响了企业的资金周转和生产经营。部分企业虽资产负债表看似健康，但实际运营却因资金链紧绷而举步维艰，严重影响了企业的发展活力和创新能力。2024 年 1—10 月，规模以上工业企业应收账款平均回收期为 66. 7 天，同比增加 3. 9 天，直接影响企业资金正常周转。从部分行业来看，如混凝土与水泥行业，2024 年 1—10 月全行业应收账款净额高达 10256 亿元，比上年同期增长 4. 05%，包括华新水泥股份有限公司、安徽海螺水泥股份有限公司、甘肃上峰水泥股份有限公司等 14 家水泥上市公司应收账款高达 1504. 63 亿。大量的应收账款占用了企业的资金，影响了企业的资金周转和正常经营，也增加了坏账风险。

三、2025 年工业经济发展形势展望

尽管 2025 年我国工业经济发展面临着诸多难题，但是工业经济发展仍具有较多的积极因素。一是政策效应加快释放，2025 年将是全面部署党的二十届三

中全会的深化改革的第一年，一系列改革举措将加快推进，激发全社会内生动力和创新活力。2024 年 9 月中央政治局会议以来的一系列政策效果将逐步显现，为工业经济发展营造更有利环境。二是设备更新动力较强，伴随“两新”政策效应逐步释放，2025 年企业技术改造与设备更新需求将继续提振，对投资增长形成有力支撑。三是 2025 年作为“十四五”收官之年，超长期特别国债将继续发行，将加快重大项目开工、落地，“两重”项目也将继续稳步推进，加快转化为实际投资。预计 2025 年我国工业经济将继续保持稳定增长的态势，制造业增加值占 GDP 比重保持基本稳定，制造业投资持续扩大，产业结构进一步优化升级。高技术制造业和战略性新兴产业将继续保持快速发展的势头，在工业经济中的占比将进一步提高，成为推动工业经济高质量发展的重要力量。传统制造业将加快转型升级的步伐，通过技术创新、管理创新等方式提高生产效率和产品附加值，实现绿色化、智能化发展。中小企业将在政策支持和市场机遇的双重作用下继续保持良好的发展态势，为工业经济的发展注入新的活力。

四、推动工业经济持续好转建议

1. 持续扩大内需市场

一是促进消费升级。通过提高居民收入水平、完善社会保障体系、优化消费环境等措施，进一步释放国内市场的消费潜力。鼓励企业加大对新产品、新技术的研发投入，推出更多符合消费者需求的高品质、智能化、绿色化产品，促进消费升级。二是加强基础设施建设。加大对基础设施建设的投资力度，特别是新型基础设施建设、交通基础设施建设、能源基础设施建设等领域。同时，要注重基础设施建设的质量和效益，提高基础设施的智能化、绿色化水平。

2. 加大企业支持力度

一是落实助企纾困政策。继续落实好前期出台的各项助企纾困政策，充分释放政策效用。加强对政策落实情况的监督检查，确保政策落到实处，让企业真正受益。同时，根据企业的实际需求和市场变化情况，适时出台新的助企纾困政策，帮助企业解决实际困难。二是降低企业成本。支持工业企业参与电力市场调节，减少不同电力用户之间的交叉补贴，进一步完善分时电价，引导企业错峰生产，降低用电成本；优化物流配送体系，降低物流成本；加大对金融机构的引导和监管力度，降低企业的融资成本。

3. 推动产业创新发展

一是加强科技创新投入。加大对工业科技创新的投入力度，建立多元化的科技投入体系，鼓励企业、高校、科研机构等加大研发投入。加强对关键核心技术的攻关，特别是在半导体、先进计算、航空航天、先进材料、人工智能、生物技术等高技术领域，集中力量突破一批关键核心技术。二是促进产业协同创新。加强产业链上下游企业的协同创新，建立产业联盟、创新联合体等合作机制，促进企业之间的技术交流和合作。加强产学研用深度融合，促进科技成果的转化和应用。

4. 优化工业经济发展环境

一是持续优化营商环境。进一步简化行政审批程序，提高政务服务效率，为工业企业提供更加便捷、高效的服务。建立健全公平竞争的市场环境，保护企业的合法权益。二是加强人才培养和引进。加大对工业领域人才的培养和引进力度，建立健全人才培养体系。要优化人才发展环境，吸引更多的高端人才和海外人才回国创业就业，为工业经济的发展提供人才支撑。

（作者：冯利华）

2024 年对外贸易形势分析及 2025 年展望

2024 年，我国对外贸易平稳发展，贸易结构持续改善，对经济增长形成有力支撑。展望 2025 年，全球经济发展不确定性增加、贸易壁垒进一步加码、地缘政治紧张局势延续等不利因素将影响我国进出口增速，但国内经济发展整体向好、新质生产力加速形成、稳外贸政策持续加码等积极因素将推动我国对外贸易优化升级，预计 2025 年我国对外贸易将基本延续平稳发展态势。应进一步加力支持外贸主体出海拓市，培育贸易发展新动能，促进我国对外贸易保稳提质。

一、2024 年我国对外贸易发展主要特征

1. 对外贸易有力支撑我国经济增长

2024 年，受国际需求回暖、2023 年基数较低等因素影响，我国外贸总体呈现平稳增长态势。2024 年，进出口总额同比增长 3.8%（以美元计价，下同），增幅较 2023 年同期提高 8.8 个百分点。其中，出口增长 5.9%，增幅同比提高 10.6 个百分点；进口增长 1.1%，增幅同比提高 6.6 个百分点。对外贸易的平稳发展有力支撑了我国经济增长，2024 年货物和服务净出口对 GDP 累计同比贡献率为 30.3%，较 2023 年同期增长 41.7 个百分点，其中第四季度贡献率为 45.8%，较 2023 年同期增长 49.1 个百分点，对外贸易成为推动我国经济增长的重要动力。

2. 贸易结构持续改善

从进出口产品看，我国高端产品贸易额进一步增长。出口方面，随着我国制造业升级，出口结构持续改善，重点出口商品的资本、技术密集度明显提升。2024 年，机电产品占出口比重为 59.4%，出口金额同比增长 7.5%，增幅较 2023 年同期增长 9.9 个百分点。从出口“新三样”来看，由于近期欧盟对我国出口的纯电动汽车加征关税，而对混合动力汽车尚未加征，加之混合动力汽车

可充电可加油，比较适合国外充电基础设施尚不完善的市场，我国混合动力汽车出口增势相较于纯电动汽车更为迅猛，2024 年我国电动载人汽车出口额同比增长 12%，增速较 2023 年下降 61.4 个百分点，其中非插电式混合动力乘用车同比增长 183.4%，插电式混合动力乘用车同比增长 87.1%；受价格下降影响，太阳能电池、锂离子蓄电池出口金额同比分别下降 30%、6%，增速较 2023 年同期分别下降 24.3 个、33.8 个百分点，但出口数量（个）同比增长 38.2%、8.1%。进口方面，我国大规模设备更新持续推进，国内市场对智能化升级相关产品的需求持续增长，带动高新技术产品进口增长较快。2024 年，我国高新技术产品进口同比增长 10.7%，机电产品进口同比增长 6.2%，分别较 2023 年同期增长 21 个、16.9 个百分点。

从经营主体结构看，民营企业对外贸易发展保持较好势头，成为推动我国外贸增长的重要引擎。2024 年，我国民营企业出口同比增长 8.6%，进口同比增长 6.9%，分别高于整体增速 2.7 个、5.8 个百分点，较 2023 年同期分别提高 8 个、4.7 个百分点。我国民营企业贸易规模持续壮大，外贸主力军地位持续巩固，2024 年我国民营企业进出口占我国贸易总额比重达到 54.5%，较 2023 年同期提升 2.1 个百分点。

从主要市场看，我国与新兴国家和发达国家贸易额均呈现积极态势。随着 RCEP 政策红利持续释放，我国与东盟国家经贸合作逐步加深，贸易往来越发密切，东盟继续稳居我国第一大贸易伙伴地位。2024 年我国对东盟贸易额占我国对外贸易总额的 15.9%，同比增长 7.8%，增速较 2023 年同期提升 12.7 个百分点。欧盟、美国分别为我国第二、第三大贸易伙伴，我国对欧、美贸易额分别占我国对外贸易总额的 12.8%、11.2%。2024 年下半年，我国对发达国家贸易形势转好，对欧、美贸易规模扭转了 2024 年上半年负增长态势。2024 年我国对欧盟贸易额同比增长 0.4，增速较上半年增长 4.1 个百分点；对美贸易额同比增长 3.7%，增速较上半年增长 3.9 个百分点。

二、2025 年我国对外贸易发展趋势展望

1. 国际环境不确定性上升

（1）全球经济下行风险仍存　2024 年，全球经济增速放缓。根据国际货币基金组织（IMF）的最新预测，2024 年全球经济增长率为 3.2%，较 2023 年实际增速下降 0.1 个百分点。需求侧方面，全球总需求增速整体放缓，美、日等

主要经济体居民消费增速较 2023 年出现回落，2024 年 1—11 月美国、日本零售销售额增速较 2023 年同期下降 0.05 个、3.5 个百分点。供给侧方面，2024 年 7—10 月全球 PMI 持续处于低景气区间，工业生产呈现低迷态势，11 月出现好转，PMI 上升 0.6 个百分点至 50，12 月再次下降至 49.6，回落至低景气区间。通胀方面，全球压力明显缓解，美国、欧元区等主要经济体通货膨胀呈现波动下行趋势。2025 年，全球经济将延续温和增长态势，增速保持低位运行。IMF 最新预测 2025 年全球经济增长 3.3%，较 2024 年提高 0.1 个百分点。2025 年全球经济增长存在诸多下行风险，一方面，由于部分国家保护主义抬头，全球贸易成本将显著抬升，全球经济将面临通货膨胀反弹压力；另一方面，地缘政治局势延续紧张态势，全球平稳发展环境持续遭到破坏，战乱地区经济复苏难度加大，全球发展分化势头越发明显。同时，美欧等发达国家地区债务负担加重、全球金融市场不确定性上升等不利因素将对全球经济增长造成威胁。

（2）贸易壁垒持续加码　近年来，各国贸易壁垒不断加码，全球贸易摩擦持续升级。WTO 公布的相关数据显示，截至 2024 年 10 月中旬的 12 个月内，WTO 成员共推出 169 项新贸易限制措施，涉及贸易额约为 8877 亿美元，较上一年度增长 5506 亿美元。2025 年特朗普就任美国总统后，大概率采取较为激进的贸易政策，届时全球贸易发展将受到更大阻碍。目前特朗普贸易政策可能有：对华政策主要包括加征 60% 及以上关税、逐步停止自华进口必需品、取消最惠国待遇等；对其他经济体贸易政策包括加征 10% ~20% 关税、对在贸易结算中不使用美元的经济体征收 100% 关税等。贸易壁垒加码不仅影响我国产品出口，也限制了全球贸易的健康发展，导致世界贸易体系紊乱。一方面，关税整体增加将抬高出口至美国的商品价格，增加美国居民生活成本，降低美国居民消费需求，全球产品出口数量将有所下降。美国是世界最大的消费市场，2023 年规模达到 18.6 万亿美元，是我国的 2.7 倍，位居全球第一，如果美国居民需求收缩，全球贸易将受到广泛影响。另一方面，美国针对我国的激进政策将严重阻碍我国对外贸易发展。美国是我国第三大贸易伙伴，2024 年中美贸易额占我国进出口总额的 11.2%，另外，我国出口至新兴经济体的部分产品只是转口，最终市场仍为美国，如果美国实施加强原产地限制等贸易政策，将显著制约我国对外贸易增长。

（3）全球地缘政治紧张局势延续　当前，全球区域间冲突呈现多点爆发态势，部分国家内乱频出，世界和平发展之路受到严重冲击，其外溢效应将阻碍全球经济平稳发展。巴以冲突、伊以冲突、乌克兰危机持续蔓延，叙利亚政局变化，地缘政治紧张局势进一步升级。在朝鲜半岛问题上，朝韩之间对立和冲突持续不断，韩国内部政坛出现动荡。美日菲等国联合海上军演，南海局势再度升温。尽管全球贸易发展似乎对区域冲突逐渐脱敏，但其带来的潜在影响仍不容忽视。一是全球供应链中断。地缘政治紧张局势导致关键运输路线中断，进而导致全球航运价格飙升，抬高企业物流成本，进而扰乱全球经贸往来，冲击全球供应链稳定性。二是大宗商品价格攀升。战争导致石油、粮食等大宗商品供应短缺、价格飙升，推高世界通货膨胀水平，加剧全球经济衰退风险，部分国家面临粮食危机、能源危机。三是加大国际贸易投资的不确定性。国际政治纷争和军事冲突多点爆发将降低投资者信心，可能导致投资减少，影响全球贸易和经济发展。

2. 国内发展形势积极因素较多

一是国内经济发展整体向好有力支撑对外贸易平稳发展。2024 年，我国经济运行总体呈现平稳回升态势。随着大规模设备更新和消费品以旧换新政策的持续推进，以及超长期特别国债和地方政府专项债的发行使用，我国投资和消费等内需增长动力持续恢复。从投资看，我国固定资产投资稳定增长，2024 年我国全国固定资产投资（不含农户）同比增长 3.2%，扣除房地产开发投资后固定资产投资增长 7.2%。其中，基础设施投资同比增长 4.4%，制造业投资增长 9.2%。从消费看，我国消费需求平稳回升，2024 年社会消费品零售总额同比增长 3.5%，网上零售额同比增长 7.2%，服务零售额同比增长 6.2%。2025 年我国经济将延续回升态势，消费市场活力持续恢复，推动供给端提质增效，对扩大我国进口规模、提升出口竞争力产生积极影响。

二是新质生产力激发对外贸易发展动能。当前，我国新质生产力正在加速形成。工业方面，2024 年高技术制造业增加值同比增长 8.9%，快于全部规模以上工业增加值 3.1 个百分点。其中，部分高新技术产品如新能源汽车、工业机器人、集成电路等产量实现较快增长，同比分别增长 38.7%、14.2%、22.2%。服务业方面，2024 年信息传输、软件和信息技术服务业生产增加值同比增长 10.9%，快于全国服务业增加值整体 5.9 个百分点，反映出我国企业数字转型和数实融合步伐加快，为推动新质生产力的加快形成提供坚实力量。新质生产力的快速发展将为我国外贸扩规模、优结构提供更为强大的动力。一方面，新质生产力将提升我国出口产品和服务的数量和质量，提高计算机、新能源汽车等高技术和知识密集型出口产品规模，促进服务贸易向数字化、网络化和智能化方向发展，推动我国贸易结构优化升级；另一方面，新质生产力将提高我国贸易效率，人工智能、大数据等先进技术作用于物流、仓储、海关等贸易环节，加速信息、货物等要素的运转，在减少企业经营成本的同时也为政府监管降低了行政成本。同时，新质生产力催生数字服务、跨境电商等新业态，增加中小企业参与国际贸易合作的机会，进一步激发我国外贸的潜在动力。

三是稳外贸政策红利逐步释放。近期多项稳外贸政策相继出台，将进一步完善我国对外贸易政策支持体系，为解决外贸企业实际困难提供切实帮助。《关于促进外贸稳定增长的若干政策措施》涉及扩大出口信用保险承保规模和覆盖面、加大对外贸企业的融资支持力度、优化跨境贸易结算等九个方面内容，为我国外贸发展提供重要支撑。《中共中央办公厅 国务院办公厅关于数字贸易改革创新发展的意见》提出本阶段我国数字贸易重点任务：一是支持数字贸易细分领域和经营主体发展，二是推进数字贸易制度型开放，三是完善数字贸易治理体系。同时对我国数字贸易发展提出具体目标：到 2029 年，可数字化交付的服务贸易规模占我国服务贸易总额的比重提高到 45% 以上，2035 年达 50% 以上。此项政策为我国数字贸易发展指明了方向，为促进数字贸易发展提供指导。随着这些政策红利的释放，2025 年我国贸易将平稳增长，能够更好地顺应贸易数字化、绿色化趋势。

3. 2025 年我国对外贸易发展预测

展望 2025 年，我国进出口增速将出现回落。一是由于 2024 年对外贸易增速显著提升，高基数效应影响 2025 年对外贸易增速。二是由于发达国家对我国加征关税影响，部分产品出口可能受到影响。但是，我国国内经济发展整体向好、新质生产力加速形成、稳外贸政策持续加码等积极因素将推动我国贸易结构优化升级，贸易质量与效益逐步提升，贸易规模仍将保持平稳增长，预计全年出口增长 3% 左右、进口增长 2% 左右。

三、政策建议

1. 进一步优化贸易结构

一方面，优化贸易方式。做强一般贸易，提升产品附加值，提升外贸企业关键产品供给能力，进一步扩大一般贸易规模。提升加工贸易技术含量，延长产业链，由加工组装向微笑曲线两端延伸，鼓励加工贸易企业参与技术、品牌、营销等环节。发展其他贸易，调整完善边民互市进口商品负面清单，支持地方建立边民互市贸易进口商品落地加工产业园区，培育发展边境贸易商品市场和商贸中心。进一步整合优化海关特殊监管区域，推动保税物流与保税加工同步发展。另一方面，优化区域布局。鼓励加工贸易向中西部和东北地区梯度转移，完善对接机制，加强当地企业产业承接能力，有效对接沿海地区产业转移，充分发挥中欧班列、西部陆海新通道的作用，充分利用当地资源和劳动力优势，同时应做到因地制宜，引进适应当地发展情况的产业，激发承接地贸易发展潜能，促进区域经济协调发展。

2. 支持外贸主体出海拓市

一是支持企业开拓多元化市场。促进贸易便利化，推进与更多国家商签互免签证协定，便利商务人员跨境往来，优化跨境贸易结算，完善市场采购贸易政策体系，推动中小企业国际化。进一步完善海外智慧物流平台、跨境电商服务平台等外贸服务平台建设。加强金融支持，拓展出口信用保险承保覆盖面，加大对中小微外贸企业融资支持力度。强化外贸企业法律保障服务，减少企业在出海过程中因不熟悉海外规则、缺乏专业法律顾问而遭遇海外经营风险。二是加强外贸企业品牌培育。鼓励外贸企业创新发展，满足海外客户多元化需求，提高产品国际竞争力，加强对侵犯专利等不法行为的打击力度。办好用好中国国际服务贸易交易会、中国进出口商品交易会等平台，为更多的外贸品牌企业提供推介品牌产品的机会，提高我国出口产品国际市场知名度。三是加强贸易沟通，为外贸企业出海拓市提供良好的国际环境。对于发达国家对我国出口管制的领域，应加强沟通交流，以磋商谈判方式解决贸易争端。加强贸易风险防控，及时发布相关国别贸易指南及贸易风险预警，减少企业海外投资风险。

3. 培育贸易发展新动能

一是推动跨境电商高质量发展。完善跨境电商零售出口管理模式，探索建设跨境电商服务平台，加快跨境电商领域标准建设，推广建设跨境电商进出口信息化系统、跨境电商公共分拨中心等跨境电商综合试验区的优秀实践案例做法。二是推动服务贸易高质量发展。促进服务贸易与高端制造业融合发展，推进国际运输、旅游等服务贸易重点领域创新发展。持续优化数字服务贸易，丰富数字服务贸易场景，促进数字金融、在线教育创新发展。三是推动绿色贸易高质量发展。加快建设绿色贸易公共服务平台，制定外贸产品绿色低碳标准，积极拓展绿色低碳领域国际经贸合作，加强政策宣传，组织开展相关业务培训，增强企业绿色低碳发展意识，提升外贸企业绿色低碳发展能力。

（作者：李佳）

2024 年固定资产投资分析及 2025 年展望

2024 年，固定资产投资同比增长 3.2%，较上年同期提高 0.2 个百分点，各季度同比增速呈现出“前高中低后稳”的特点。设备更新带动制造业投资增长明显加快，水利建设提速带动基础设施投资增长小幅加快，市场深度调整导致房地产开发投资降幅有所扩大，民间投资延续低迷态势。展望 2025 年，固定资产投资增速有望稳步回升，全年增长 4.5% 左右。建议聚焦增强投资增长平衡性、加强投资工具创新、加大重点领域投资等三大方向，增强投资增长后劲。

一、2024 年固定资产投资增长“前高中低后稳”

在 2024 年国民经济和社会发展计划草案中，投资的主基调定位为“积极扩大有效投资”（见表 1），并部署了加力提效用好政府投资、完善投融资机制、持续向民间资本推介项目、推动各类生产服务设备更新和技术改造、加强投资服务管理等重点工作。

表 1　我国投资政策的主基调表述

年份	政府工作报告	国民经济和社会发展计划报告	固定资产投资增长速度（%）
2012 年	不断优化投资结构	进一步优化投资结构	18.4
2013 年	充分发挥投资的关键作用	发挥好投资对经济增长的关键作用，优化投资结构	17.3
2014 年	把投资作为稳定经济增长的关键	促进投资稳定增长和结构优化	13.8
2015 年	增加公共产品有效投资	着力保持投资平稳增长	9.0
2016 年	发挥有效投资对稳增长调结构的关键作用	着力补短板调结构，提高投资有效性	7.3
2017 年	积极扩大有效投资	精准扩大有效投资	6.4
2018 年	促进有效投资，发挥投资对优化供给结构的关键性作用	聚焦重点领域优化投资结构	5.9
2019 年	合理扩大有效投资	聚焦关键领域促进有效投资	5.4
2020 年	扩大有效投资	积极扩大有效投资	2.9

（续）

年份	政府工作报告	国民经济和社会发展计划报告	固定资产投资增长速度（%）
2021 年	扩大有效投资	增强投资增长后劲	4.9
2022 年	积极扩大有效投资	积极扩大有效投资	5.1
2023 年	政府投资和政策激励要有效带动全社会投资	积极扩大有效投资	3.0
2024 年	积极扩大有效投资	积极扩大有效投资	3.2

2024 年，全国固定资产投资额 51.4 万亿元，按可比口径计算同比增长 3.2%，较上年提高 0.2 个百分点。固定资产投资增速走势如图 1 所示。剔除价格因素后，固定资产投资实际增长 4.8%。总体来看，在“两重”项目（国家重大战略实施和重点领域安全能力建设）启动实施、“两新”政策（大规模设备更新和消费品以旧换新政策）支持设备工器具购置投资、一揽子增量政策发力显效等因素的综合作用下，投资实现稳定增长，各季度同比增速呈现出“前高中低后稳”的态势，分别为 4.5%、3.5%、2.5% 及 2.6%。分主要领域看，设备更新带动制造业投资增长明显加快，水利建设提速带动基础设施投资增长小幅加快，市场深度调整导致房地产开发投资降幅有所扩大，民间投资延续低迷态势。

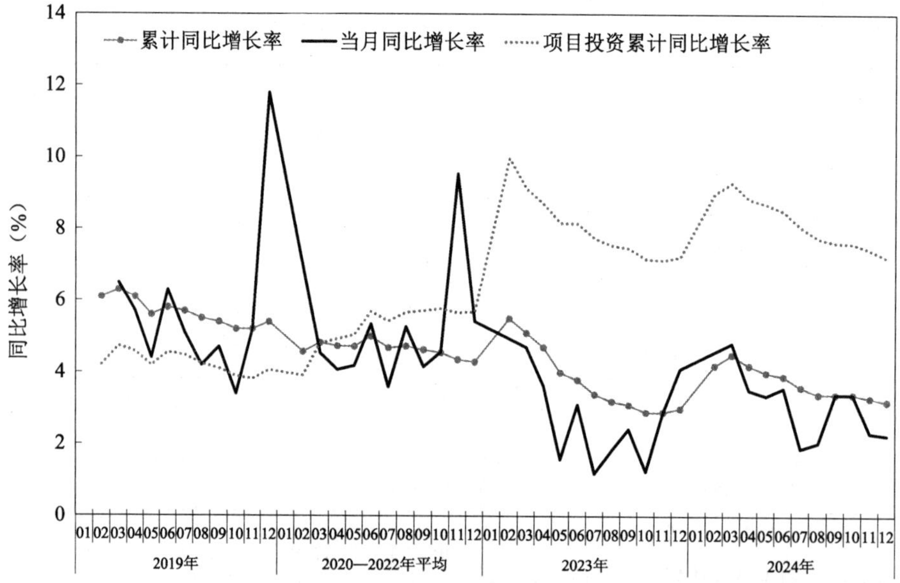

图 1 固定资产投资增速走势

近年来，投资调控始终遵循“时度效”的要求，坚持促进有效投资和防范债务风险并举，根据国内消费、全球外需的形势进行“相机调控”，发挥着对经济增长的托举筑底作用。2019 年、2020—2022 年平均、2023 年、2024 年资本形成总额对经济增长的拉动作用分别为 1.7 个、1.5 个、1.4 个、1.3 个百分点。同时，投资“调结构”有力推进，制造业、基础设施、科技创新、绿色发展等重点领域和薄弱环节投资均实现较快增长。

1. 制造业投资增长明显加快

制造业投资同比增长 9.2%，增速比总体投资高 6 个百分点，较上年同期加快 2.7 个百分点；对总体投资增长的贡献率超过七成。制造业投资累计同比增速走势如图 2 所示。支撑制造业投资实现更快增长的积极因素主要有：一是“两新”政策带动设备购置和消费品换新需求。设备工器具购置投资同比增长 15.7%，消费品制造业投资同比增长 14.7%。二是外贸出口明显改善。2024 年世界经济稳定增长、外需有所改善，带动我国出口实现正增长，货物贸易出口额（美元计价）、工业企业出口交货值分别同比增长 5.9%、5.1%，2023 年则分别为 -4.7%、-3.9%。三是工业企业重回主动补库存阶段。2024 年 11 月末工业企业存货同比增长 2.4%，较上年同期提高 2.0 个百分点，存货变动同比增长 104.1%。四是金融资金大力支持实体经济发展。2024 年末制造业中长期贷款余额同比增长 11.9%，远高于全部贷款增速（7.6%）。

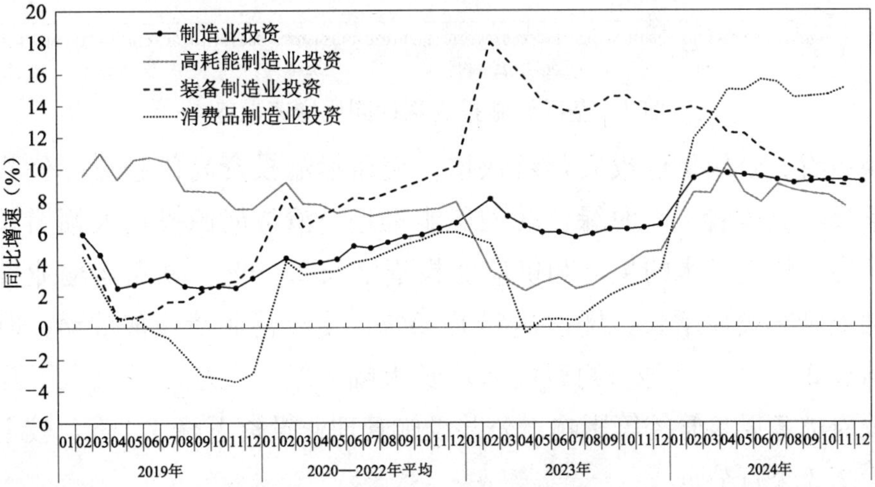

图 2　制造业投资累计同比增速走势

分行业看，2024 年 1—11 月，高耗能制造业投资增长 7.6%，同比提高 2.9

个百分点；装备制造业投资增长 9.0%，同比回落 4.8 个百分点；消费品制造业投资增长 15.1%，同比大幅提升 12.3 个百分点。

2. 基础设施投资增长小幅加快

基础设施投资（大口径，包括电力、热力、燃气及水的生产和供应业）同比增长 8.4%，增速比总体投资高 5.2 个百分点，较上年同期加快 0.8 个百分点，对总体投资增长的贡献率超过六成。基础设施投资累计同比增速走势如图 3 所示。其中，水利管理业投资同比增长 41.7%，较上年同期加快 36.5 个百分点，多拉升基础设施投资增速 2.1 个百分点。从资金支持看，政府债务资金发行节奏“前慢后快”，全年新增发行国债 4.51 万亿元，前 11 个月新增发行地方政府专项债券 4 万亿元。

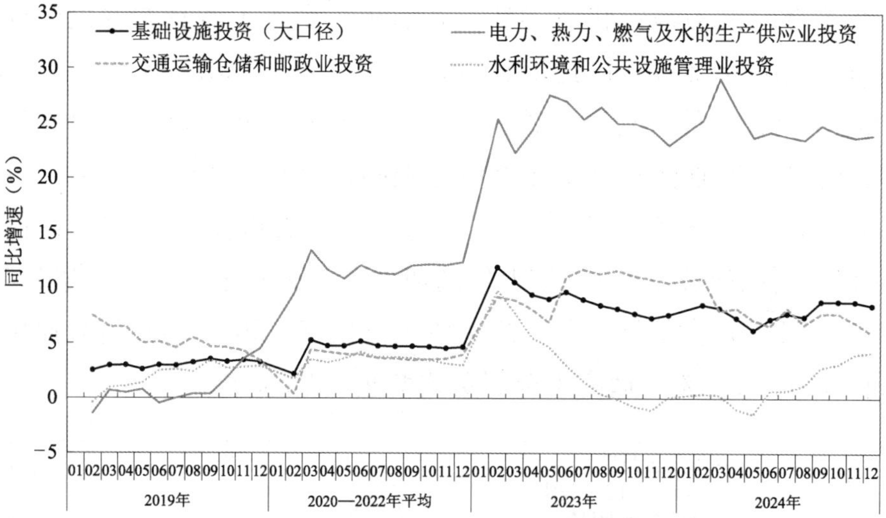

图 3　基础设施投资累计同比增速走势

分领域看，公用事业投资延续快增，交通运输投资高位趋缓，公共设施投资持续下降。具体看，能源绿色转型稳步推进，清洁能源投资大幅增长，带动电力、热力、燃气及水的生产和供应业投资增长 23.9%。铁路运输业投资在高基数基础上延续较快增长、增速达到 13.5%；受经营业绩改善带动，航空运输业投资增长 20.7%。受地方财政收入增长大幅放缓、土地出让收入下降以及加强地方政府债务风险管控等影响，公共设施管理业投资下降 3.1%，较上年同期降幅扩大 2.3 个百分点。

3. 房地产开发投资降幅有所扩大

房地产开发投资额 10 万亿元，同比下降 10.6%，降幅较上年扩大 1 个百分点，下拉总体投资增速 2.4 个百分点。房地产开发投资占总体投资的比重为 19.5%，同比回落 2.6 个百分点。尽管 2024 年 5 月、9 月两次集中出台房地产金融支持政策组合，房地产市场仍未能摆脱调整下行状态。从市场销售看，商品房销售面积、商品房销售额同比降幅扩大至两位数，叠加商品房待售面积（现房）规模高达 7.5 亿平方米，导致现房平均去化周期超过 30 个月。从价格指标看，商品住宅价格同比下降 4.1%，70 个大中城市新建商品住宅价格环比上涨的城市个数，一季度平均为 10 个，二、三季度分别平均为 4 个、2 个，四季度为 16 个，但价格企稳的可持续性仍有待观察。从融资贷款看，2024 年 9 月末房地产贷款余额同比下降 1.0%，占各项贷款余额的比重下降至 20.9%，较峰值水平（2019 年 12 月末）低 8.1 个百分点。其中，占比超七成的个人购房贷款余额同比下降 2.3%，在房地产"白名单"项目融资机制支持下，房地产业中长期贷款余额同比增长 5.5%。

房地产市场持续深度调整，相关实物量指标已经回调至 2015—2016 年，甚至是 2010 年之前的水平（见表 2），开发投资额、商品房销售额等价值量指标回调至 2015—2016 年水平。住房价格方面，二手房价格跌幅大于一手房，分别较各自价格峰值累计下跌了 16.4% 和 9.7%，并且均呈现出一线城市跌幅较小、二线城市跌幅次之、三线城市跌幅较大的局面。

表 2　房地产相关实物量、价值量指标回调情况

指标	该指标峰值及年份	2024 年值	接近值年份
房地产开发投资	14.8 万亿元（2021 年）	10.0 万亿元	2016 年
土地购置费	4.4 万亿元（2020 年）	3.5 万亿元（1—11 月）	2018 年
房屋新开工面积	22.7 亿 m^2（2019 年）	7.4 亿 m^2	2006 年
房屋施工面积	97.5 亿 m^2（2021 年）	73.3 亿 m^2	2015 年
房屋竣工面积	10.7 亿 m^2（2014 年）	7.4 亿 m^2	2010 年
住宅竣工套数	766 万（2014 年）	500 万左右	2008 年
商品房销售面积	17.9 亿 m^2（2021 年）	9.7 亿 m^2	2009 年
商品房销售额	18.2 万亿元（2021 年）	9.7 万亿元	2015 年
商品房待售面积	7.5 亿 m^2（2024 年）	7.5 亿 m^2	2015 年
住宅销售套数	1369 万（2021 年）	710 万左右	2009 年
70 个城市新建商品住宅价格指数	100（2021 年 8 月）	90.28	2019 年 5 月
其中：一线城市	100（2023 年 5 月）	95.11	2021 年 5 月
其中：二线城市	100（2021 年 8 月）	92.75	2020 年 2 月

（续）

指标	该指标峰值及年份	2024 年值	接近值年份
其中：三线城市	100（2021 年 7 月）	87.52	2019 年 3 月
70 个城市二手住宅价格指数	100（2021 年 7 月）	83.65	2017 年 4 月
其中：一线城市	100（2023 年 4 月）	88.72	2020 年 6 月
其中：二线城市	100（2021 年 7 月）	84.58	2017 年 9 月
其中：三线城市	100（2021 年 6 月）	82.32	2017 年 7 月

注：价格指数中的价格峰值 = 100，作者计算。

4. 民间投资延续低迷态势

民间投资额 25.8 万亿元，同比下降 0.1%，降幅较上年收窄 0.3 个百分点。民间投资占总体投资的比重为 50.1%，创下 2004 年有统计以来的最低值。民间投资低迷主要受房地产开发领域民间投资的拖累。剔除房地产开发后，民间项目投资同比增长 6.0%，较上年回落 3.2 个百分点。分产业行业看，2024 年 1—11 月，第一产业、第二产业民间投资增速均高于对应产业的总体投资，第三产业民间投资同比下降 9.2%，降幅较第三产业投资高出 8.2 个百分点，建筑业，交通运输、仓储和邮政业等门类行业民间投资增长相对较慢。2024 年 1—11 月门类行业民间投资增长情况如图 4 所示。

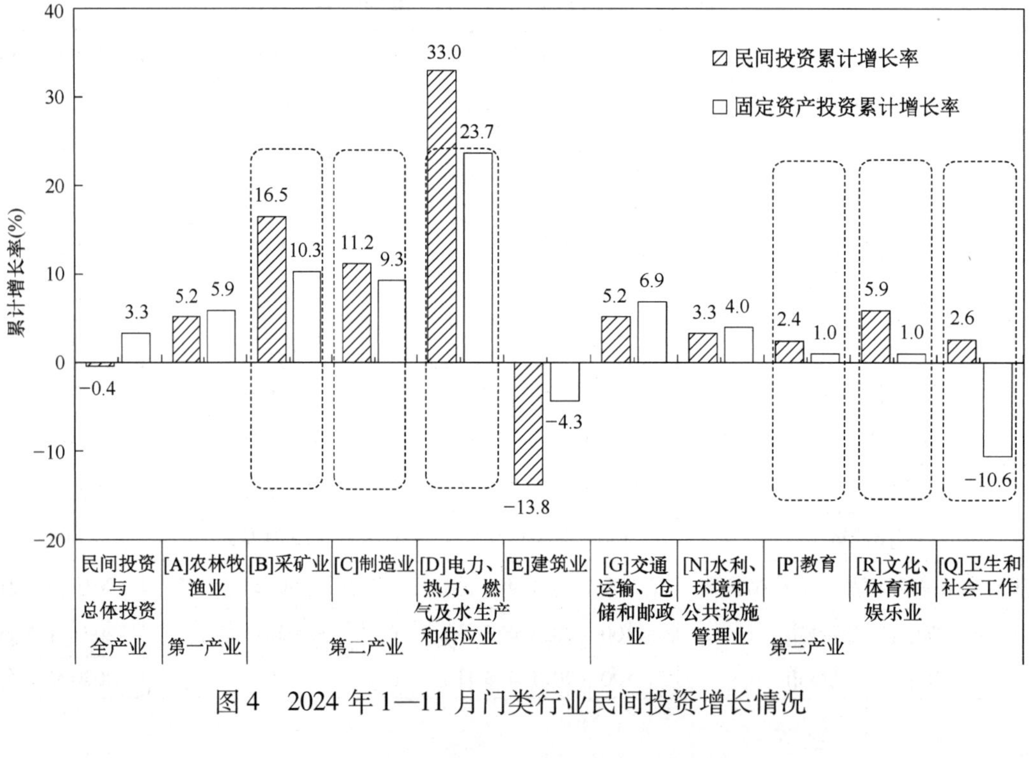

图 4　2024 年 1—11 月门类行业民间投资增长情况

5. 中部地区投资领跑全国

受房地产开发投资降幅扩大的拖累，东部地区投资增速有所回落，仅同比增长1.3%，较上年回落3.1个百分点；中部地区投资同比增长5.0%，东北地区投资同比增长4.2%，增速均快于全国平均水平。西部投资同比增长2.4%，比上年提高2.3个百分点。

2024年1—11月，6个经济大省的投资增速简单算数平均值为1.6%，明显低于全国平均增速（3.3%），其中江苏1.5%、四川1.5%、浙江0.4%、广东 -4.6%。投资同比下降的省份还有广西（-5%）、贵州（-2.3%）、云南（-10.4%）。分省市固定资产投资和房地产开发投资增长率如图5所示。

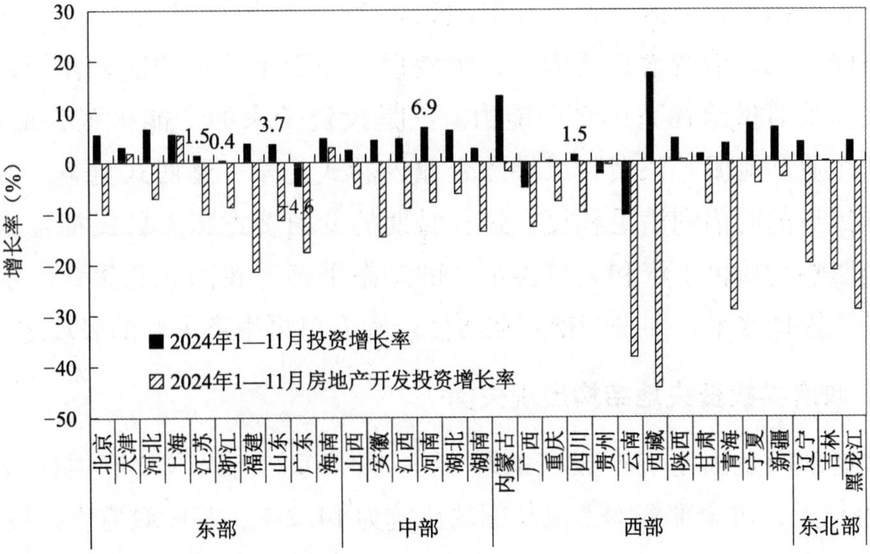

图5 分省市固定资产投资和房地产开发投资增长率

二、当前投资领域需要关注的问题

当前社会上关于投资的讨论较多，有的观点片面把扩大有效投资简单地等同于保经济增长，忽视投资孕育新动能、增强发展后劲的作用。有的观点只关注投资的经济效益，无视投资的社会效益、生态效益、安全效益。有的观点只关注当前、不关注长远，过于强调逆周期调节时期投资经济效益下滑的问题，没有看到平滑经济波动本身就具有重大价值。因此，要客观评价和正确认识当前投资的重要性，既体现在对冲消费缓慢复苏带来的经济下行压力，也体现在孕育发展战略性新兴产业、未来产业，还体现在增厚薄弱环节带来的综合效益。在此基础上，为进一步提高投资有效性、促进投资可持续，需要重点关注投资消费比例关系出现失衡、政府类投资央地结构出现失衡、投资项目全周期管理机制缺失等问题。

1. 投资消费比例关系出现失衡

投资消费比例关系是国民经济重大比例关系，是统筹好当前发展和长远发展关系的重要手段，本质上还可以映射为投资于物和投资于人的权衡。改革开放以来，我国投资消费比例关系总体呈现出“高投资低消费”格局，相对偏高的投资率为我国抓住经济全球化机遇、建设完整产业体系、加快推进工业化提供了重要保障。但是，我国投资率已经连续20年高于40%，过长时期维系“高投资低消费”衍生出越来越多的副产品，影响经济高质量发展。一是项目建设的摊子越铺越大，低效、无效投资项目增多，建设周期拉长，投资的经济效益明显下降。二是消费增长乏力、升级缓慢，抑制了消费的能动作用，不利于发挥消费需求对供给体系的牵引能力。三是投资带来的产能扩张叠加消费低迷，或导致企业产能闲置浪费，或导致企业内卷式竞争、逐底式竞争。四是消费对应着居民当前的福利满足程度，过长时期的低消费意味着居民福祉水平提升有限，会影响物质再生产和人口再生产的动态平衡。我国总和生育率水平过快下滑且处于极低水平，即是当前物质再生产和人口再生产失衡的表现之一。

2. 政府类投资央地结构出现失衡

政府部门是固定资产投资的重要主体，2022年我国政府类投资资金高达7.38万亿元，占全部资本形成总额的比例为14.2%，其中政府直接投资6.35万亿元，转移给企业的投资补助资金1.03万亿元。近年来，政府类投资的审核权限日益向中央政府集中，导致地方在报送项目时没有内生动力去遴选优质项目，更愿意包装美化项目、大批量推送项目、偏好大项目，将中央类投资视为“免费的午餐”开展争夺，诱发中央资金的“公地悲剧”。具体来说，政府类投资的资金来源中，地方政府专项债规模日渐庞大、达到3.9万亿元规模，但具体项目审核权限由中央政府相关部门掌握。中央预算内投资0.7万亿元，超长期特别国债1万亿元等均由中央相关部门负责审核具体项目。粗略计算，近年来随着特别国债的发行以及地方土地出让金收入的大幅下滑（从2021年的8.7万亿元下降到2024年的约4.6万亿元），中央类投资占政府类投资的比重一度高达70%以上。政府类投资央地结构失衡，导致未能发挥好地方政府贴近项目、获取信息便利的优势，进而无法充分调动中央、地方两个积极性。

3. 投资项目全周期管理机制缺失

投资效益不仅取决于施工建设阶段的精益求精，更大程度上取决于建成后的可持续运营。根据现行的管理机制，项目建设阶段由国家发展和改革委员会（简称发改委）、国家住房和城乡建设部等行业主管部门监管，投资资金不能用于项目建成后的运营环节，项目运营阶段主要由行业主管部门监管，两个阶段未能形成有效联结。一方面，建设阶段对运营考虑不充分，容易出现脱离实际需求，随意扩大项目规模的情况。另一方面，运营管理不到位，会影响建成项目的良性运行，损害全周期效益。当前形势下，随着地方财政收入增长放缓、土地出让收入大幅下滑以及化债压力，地方政府可用财力明显吃紧，为保障"三保"支出往往倾向于减少对社会民生、基础设施领域的运营补贴，导致部分新建项目在起步期运营举步维艰。

此外，国际环境更趋复杂严峻，世界经济不稳定性、国际政治不确定性增大，个别国家对我国的遏制打压可能升级，国内消费增势仍然较弱，一些企业困难加重，稳外需及至稳经济的难度将有所加大。这对运用投资调控的主动权、掌握投资的"时度效"提出了更高要求。

三、2025 年固定资产投资增速有望稳步回升

展望 2025 年，固定资产投资增速有望稳步回升，预计全年增长 4.5% 左右。其中，基础设施投资增长 8.0%，制造业投资增长 7.0%，房地产开发投资下降 4.0%。

一是国内宏观政策取向更加积极。国家近期出台的一揽子增量政策含金量高、成色较足，具有"力度大、针对性强、提前发力、工具创新、仍有后招"的特点。中央经济工作会议也再次明确 2025 年实施超常规逆周期调节，提出财政政策更加积极、货币政策适度宽松，反映出宏观政策取向更加积极、更具创新。这些都为投资稳定增长提供了积极的宏观环境。

二是一揽子化债方案减轻地方偿债压力。未来五年地方政府需消化的隐性债务总额从 14.3 万亿元大幅降至 2.3 万亿元，当期隐性化债压力得到显著缓释，付息支出累计减少 6000 亿元左右。这将有利于改善地方政府投资能力，市政建设、民生环保等领域投资将有所加快，支撑基础设施投资保持较快增长。此外，因地方政府欠款导致的三角债务问题也将得到化解，建筑施工企业的资金面紧张情况有所缓解，资产负债表持续修复，也有利于社会资金流动和经济循环畅通。

三是房地产市场有望止跌回稳。当前，房地产及时止跌回稳是决定一揽子增量政策成败的关键所在，也是国民经济重回平稳健康发展路径的关键所在。在“四个取消、四个降低、两个增加”政策组合拳（取消限购、限售、限价，以及普通住宅和非普通住宅标准；降低住房公积金贷款利率、降低住房贷款首付比例、降低存量贷款利率、降低“卖旧买新”换购住房税费负担；通过货币化安置等方式新增实施100万套城中村改造和危旧房改造，以及2024年年底前将“白名单”项目信贷规模增加到4万亿元）的合力支持下，房地产市场呈现出积极变化，市场信心有所恢复。2024年第四季度商品房销售面积同比增幅为0.4%，当年内各季度同比增速首次从两位数跌幅转正；2024年12月份一线城市新建商品住宅价格指数年内首次环比上涨0.2%。经过三年多的下行调整，商品房销售面积较峰值水平已经跌去近一半，也已经低于稳态需求水平，促进房地产市场止跌回稳的前提条件更加成熟，可能性也更大。房地产市场回稳将带动开发投资降幅显著收窄、有望重回个位数。

四是大项目支撑作用较强。2024年，计划总投资亿元及以上项目投资同比增长7.0%，增速比全部投资高3.8个百分点；2024年11月末，施工项目计划总投资同比增长3.1%。项目结转下年建设，将对投资增长形成支撑。2025年将以更大力度实施“两新”“两重”政策，政策效能加速释放，铁路、机场、城市更新、高标准农田、“双一流”高校、重点领域节能降碳改造、生态保护等重大项目加快建设。

五是投资价格有望由负转正。2025年宏观经济平稳运行，加上央行已经明确把促进物价合理回升作为把握货币政策的重要考量，可以合理预计，包括投资价格在内的综合物价水平有望回升，进而拉高固定资产投资名义增速。

四、政策建议

建议2025年固定资产投资工作围绕“增强投资增长后劲”的思路展开，着力增强各领域投资增长的平衡性，促进房地产市场止跌回稳，改善民间资本、服务业等薄弱环节的投资环境；着力加强投资服务管理工具的创新，更好适应新形势新要求，提高投资项目全周期效益；着力维持对重点领域的投资支持力度，实现制造业、基础设施、科技创新、绿色发展等领域投资较快增长。

1. 增强各领域投资增长的平衡性

一是促进房地产市场止跌回稳。加力落实房地产系列支持政策，充分满足房企合理融资需求，积极支持居民满足刚性和改善性住房需求，扩大使用货币化安置方式，切实扭转销售惯性下滑态势。重启土地储备专项债券收回收购存量闲置土地，稳定土地供求关系，改善房企资金流动性。推进保障性住房、城中村改造和“平急两用”公共基础设施等“三大工程”建设，加快构建房地产发展新模式。二是加大力度支持民间投资。积极向民间资本推介重大项目、产业项目和特许经营项目等三张项目清单，超长期特别国债资金、预算内投资、地方政府专项债券在支持上述项目时，明确不低于一定比例用于支持民营资本控股的项目。引导金融机构逐步提升民营企业贷款占比，提高服务民营企业相关业务在绩效考核中的权重。加强对民间投资项目的服务管理和要素保障，督促地方压实本地区民间投资占比、基础设施民间投资增速的工作责任。三是完善支持服务业发展政策体系。锚定服务业恢复偏慢的问题，显著提高服务业扶持政策力度，拉平服务业与制造业支持政策上的差异，提高政策普惠性。将固定资产加速折旧优惠政策的适用范围从制造业以及信息传输、软件和信息技术服务业扩大至制造业以及全部服务业领域；将研发费用加计扣除政策适用范围扩大至所有行业（即增加住宿和餐饮业、批发和零售业、房地产业、租赁和商务服务业、娱乐业、烟草制造业），加计扣除比例统一为100%。

2. 加强投资服务管理工具的创新

一是适当下放投资项目决定权。发挥地方政府贴近基层实际的优势，将投资补助资金的分配决定权更多下放至地方政府，让更多小零散投资项目可以得到投资补助资金，提高投资补助资金的普惠性。同时也可以提高地方政府遴选优质项目的积极性，防止“公地悲剧”发生在中央基本建设支出领域。二是优化政府投资资金支持方式。对于预算内投资、专项债、超长期特别国债支持的项目，要坚持实事求是原则，在客观评价运营收益的前提下，允许配备特定时长（比如建成竣工后三年内）、特定额度或比例的运营补助资金，支持项目建成起步初期的顺利运营，实现投资、运营一体化部署。三是提高项目可行性研究质量。加强对政府及国有企业投资项目可行性研究报告科学性、合理性、完成性的审查考核，按照投资金额、项目归属地区分类组织开展可行性独立审查，提供第三方客观意见，提高投资科学决策水平。四是建立投资项目责任延伸制度。压实发展改革、财政、行业主管部门责任，开展项目建设－运营全周期效益管理。改变当前对项目运营效益评价采用原则表述、定性表述的做法，根据项目领域分类设置1～3个定量效益指标，在项目建成运营一段时间内据实出具项目全周期效益评估报告。

3. 维持对重点领域的投资支持力度

一是保持制造业投资平稳增长。加大对战略性新兴产业、未来产业的投资布局，支持以先进生产线和设备更新、绿色化转型、清洁化安全化生产、数字化智能化升级等为内容的技术改造投资。二是推动专项债资金扩围提质。合理扩大地方政府专项债券支持范围，适当扩大用作资本金的领域、规模、比例，更大程度发挥其对经营性投资项目的带动作用。三是继续加大对科技基础设施、绿色发展、农业农村、社会民生等领域的投资支持。

五、固定资产投资上年基数逐月核减情况

国家统计局共开展了两轮固定资产投资数据修订工作，第一轮发生在 2018 年 12 月末至 2021 年 11 月末，历时 36 个月，核减项目投资数据，累计压减投资规模约 23.2 万亿元。第二轮发生在 2023 年 3 月末至今，已有 22 个月，核减项目投资、房地产开发投资数据，累计压减投资规模约 9.1 万亿元。

2024 年，固定资产投资额为 514374 亿元，按可比口径计算同比增长 3.2%。据此测算的 2023 年可比口径的投资额为 498424 亿元，较原公布值（503036 亿元）核减了 4612 亿元，相当于原公布值的 0.9%。分行业投资额的核减情况如下：一是整体核减了 2023 年固定资产投资额的 0.9%、民间投资额的 1.7%，核减比例总体呈收窄态势。二是与上一轮核减操作仅发生在项目投资统计不同，此次核减操作同步对房地产开发投资统计也进行了核减。2024 年 6 月末以来房地产开发投资数据已经不再核减，累计压减房地产开发投资规模 0.93 万亿元。三是第一产业投资核减幅度较大。第一产业、第二产业、第三产业投资核减比例分别为 7.8%、1.4% 和 0.5%（见表 3）。

表 3 核减 2023 年同期投资基数的情况 （%）

核减比例	固定资产投资	民间投资	第一产业投资	第二产业投资	第三产业投资	房地产开发投资
1—2 月	-8.9	-9.4	-20.6	-11.9	-7.3	-4.8
1—3 月	-10.8	-12.3	-26.3	-13.8	-8.8	-6.1
1—4 月	-6.7	-7.4	-19.1	-7.7	-5.8	-3.5
1—5 月	-4.3	-4.1	-15.7	-4.2	-3.9	-1.1

（续）

核减比例	固定资产投资	民间投资	第一产业投资	第二产业投资	第三产业投资	房地产开发投资
1—6 月	-2.9	-1.1	-14.5	-2.3	-2.7	基本无核减
1—7 月	-2.9	-1.5	-14.3	-2.1	-2.9	基本无核减
1—8 月	-2.6	-0.7	-13.8	-1.9	-2.6	基本无核减
1—9 月	-2.3	-1.0	-13.4	-1.1	-2.4	基本无核减
1—10 月	-2.4	-1.1	-13.4	-2.0	-2.2	基本无核减
1—11 月	-2.1	-0.3	-11.8	-1.8	-2.0	基本无核减
1—12 月	-0.9	1.7	-7.8	-1.4	-0.5	基本无核减

（作者：胡祖铨）

2024年消费形势分析及2025年展望

2024年以来，国内消费市场活力有所增强，消费热度有所提升，消费总体延续温和增长态势。其中，耐用品消费增势明显向好，服务消费加速壮大，消费市场两大增量表现亮眼，给消费增长带来了新动力。当前，居民就业和增收仍面临一定压力，消费外流压力进一步加大，服务消费潜力释放仍有障碍，耐用品回收报废环节存在新风险，持续影响消费恢复。初步预计2025年社会消费品零售总额同比增长4.3%左右。

一、2024年以来消费延续恢复态势

2024年以来，国内消费市场活力有所增强，消费热度有所提升，消费总体延续温和增长态势。其中，耐用品消费增势明显向好，服务消费加速壮大，消费市场两大增量表现亮眼，给消费增长带来了新动力。

1. 消费温和增长中存在波动性

2024年以来，国内消费市场活力有所增强，消费热度有所提升，消费总体延续温和增长态势。前三季度，全国居民人均消费支出实际增长5.3%，低于上年同期3.5个百分点。其中，城镇居民人均消费支出实际同比增长4.8%，低于上年同期3.3个百分点，农村居民人均消费支出实际同比增长6.2%，高于总消费增速1.4个百分点，低于上年同期2.8个百分点。前三季度，社会消费品零售总额累计同比增长3.3%，低于上年同期3.5个百分点。其中，商品零售同比增长3%、低于上年同期2.5个百分点，餐饮收入同比增长6.2%、低于上年同期两年平均增速0.2个百分点。在消费保持温和增长的同时，二季度以来增长波动性有所加大。2024年前9个月，社会消费品零售总额的月度增速分别为5.5%（1、2月合计）、3.1%、2.3%、3.7%、2%、2.7%、2.1%和3.2%，月度增速最高值和最低值相差3.5个百分点，且有一半的月份增速在3%以下，可见消费恢复的韧性有待进一步增强。

2. 重点品类增长态势向好

耐用品消费增势向好。2024 年以来，消费品以旧换新政策效果显著，特别是 7 月第二轮加力支持政策实施以来，汽车、家电、家居等重点商品销售环比明显向好。中国汽车工业协会数据显示，前三季度汽车销量同比增长 2.4%，7 月以来呈现加速态势，8 月和 9 月汽车销量环比增速分别达到 8.5%、14.5%。国家统计局数据显示，9 月限额以上单位汽车类零售额同比增长 0.4%，扭转了连续 6 个月下降的态势。中国汽车流通协会数据显示，自 7 月以来，中国汽车消费指数连续三个月走高，9 月达到 85.4，为 22 个月以来新高。9 月，限额以上家用电器和音像器材类零售额增长 20.5%，增速比上月加快 17.1 个百分点，其中高能效等级和智能家电零售额均为两位数增长。

服务消费加速壮大。2024 年以来，文旅消费、展演消费等服务消费快速增长，持续激发服务消费潜力。前三季度，服务消费零售额同比增长 6.7%，增速高于同期商品零售额 3.7 个百分点，成为拉动消费增长的主要动力。前三季度，全国居民人均教育文化和娱乐支出同比增长 10.1%，高于上年同期两年平均增速 2.1 个百分点。其中，演唱会、音乐节等演出热度明显上升，新业态、新空间演出明显增多，中国演出行业协会发布的数据显示，三季度全国营业性演出场次较上年同期增长 16.3%，票房收入增长 41.1%，观众人数增长 17.5%。从餐饮消费看，2024 年以来月度增速呈现逐步放缓的态势，但是餐饮业的"假期效应"进一步凸显，"国潮"美食、文化主题饭店、绿色饭店等新消费模式快速增长，形成餐饮增长新动力。

3. 消费市场两大增量表现亮眼

2024 年以来，消费市场两大增量表现亮眼，给消费增长带来了新动力。入境游消费快速增长。国家移民管理局数据显示，三季度全国各口岸入境外国人同比上升 48.8%，其中，通过免签入境同比上升 78.6%。部分地区入境人数翻倍增长，前三季度北京口岸出入境外国人同比增长 156.6%，江苏口岸免签入境外国旅客较上年同期增长 15 倍。支付宝数据显示，2024 年上半年入境宾客用支付宝消费金额同比增长 8 倍，国庆假期前四天，入境游客用支付宝消费金额相比上年同期增长约 120%。值得注意的是，2024 年入境游客年轻化、客源地多样化特征更加突出，具有更强消费意愿。"北上"消费快速增长。得益于粤港澳大湾区软硬联通便利、供给需求市场匹配、汇率折算、内地消费市场品质提升等因素共同影响，港澳居民北上游延续快速增长态势，并且以深圳、广州为核心，加快向大湾区内地城市自然流动、深度融合，带来消费热潮。香港入境事务处统计数据显示，2024 年暑期 2 个月时间里，超过 900 万人次香港人入境深圳，平均每位香港人入境深圳 1.2 次，其中仅 7 月就有超过 468 万人次香港居民北上，估算消费金额达到 40 亿港元。美团数据显示，广州、深圳是香港人北上消费最热门城市，其中在深圳到店消费前五的品类依次是美发、游戏厅、KTV、医疗整形和美甲。

二、四大问题影响消费恢复力度

当前，居民就业和增收仍面临一定压力，消费外流压力进一步加大，服务消费潜力释放仍有障碍，耐用品回收报废环节存在新风险，这些问题需引起高度重视，否则将持续影响消费恢复力度。

1. 消费能力基础有待进一步夯实

对消费来说，就业和收入两大因素直接影响消费恢复速度和强度。一是居民总体就业压力有所缓释，但重点群体就业压力依然较大。2024 年以来，全国城镇调查失业率波动下行，9 月降至 5.1% 的水平，显示出总体就业压力有所减轻。但是青年就业压力依然较大，16～24 岁（不含在校生）群体的调查失业率在 8 月达到 18.8%，为此项数据调整发布以来的新高，虽然 9 月降至 17.6%，但仍高于总调查失业率 12.5 个百分点。智联招聘数据显示，2024 届普通高等院校本科毕业生工作签约率为 43.9%，硕博毕业生工作签约率仅为 33.2%、较上年下降 17 个百分点，就业压力尤为突出。与此同时，部分互联网大厂、汽车行业开始以加强内部考勤、提高 KPI（关键绩效指标）考核等方式，进行内部员工调整，中青年失业风险有所增加。二是收入增长快于 GDP，但回补“疤痕”效应仍有压力。前三季度，全国居民人均可支配收入实际增长 4.9%，高于 GDP 增速 0.1 个百分点，但低于二季度累计增速 0.4 个百分点，低于一季度增速 1.3 个百分点，收入增长显现放缓态势。从结构看，工资性收入、经营净收入、财产净收入和转移净收入分别同比增长 5.7%、6.4%、1.2% 和 4.9%，分别低于上年同期 1.1 个、0.3 个、2.5 个和 0.9 个百分点，特别是工资性和财产性收入累计增速放缓更加明显。如果假定 2020 年以来居民可支配收入按照正常趋势水平增长、未受冲击影响，则大致估算可得，2023 年底全国居民可支配收入的原趋势水平比当前水平高 2.6% 左右。因此，当前的收入增速尚不能完全抵消疤痕效应影响，居民增收仍需持续加力。

2. 将消费留在国内面临新挑战

自2020年以来，在海南自由贸易港和离岛免税相关政策的支持下，海南离岛免税进入快速增长期，我国境内消费吸引力有所提高，消费外流状况有所缓解。但是2024年以来，海南免税购物出现较大跌幅。据海口海关统计，三季度海南离岛免税购物金额同比下降35.6%，其中免税销售客单价同比下降11.6%，这与2023年海南离岛免税购物金额同比增长25.4%的状况显著不同。受海南免税购物低迷拖累，中国免税品（集团）有限责任公司三季度营业收入同比下降21.5%，净利润同比下降52.5%。究其原因，出境游客流快速增长、境外消费明显增多的影响不容忽视。一方面，赴海南旅游游客仍增长较快，但更少去免税店购物。据海南文旅厅统计，前三季度全省接待旅游人次同比增长9.3%，较2019年增长24.9%。但据海口海关统计，三季度海南免税购物人数下降27.2%。2024年二季度以来，海南省酒店企业经营状况急转直下，行业数据显示国庆假期三亚五星级酒店的整体出租率同比下滑10%左右。另一方面，出境游强劲增长，国外消费吸引力提升。携程数据显示，国庆出境的签证办理量同比增长七成，出境游订单超过2019年同期。叠加日本等旅游热门目的地汇率变化等因素，境外免税消费吸引力进一步提升。日本国家旅游局报告显示，2024年二季度中国游客在日本消费同比增长186.9%，为所有入境游客消费的最快增速。总的来看，国内消费市场吸引力仍有待进一步提升，留住中高端消费者的困难依然较大。

3. 服务消费释放潜力仍有障碍

当前，服务消费领域仍然存在一些较多制约消费供给和需求潜力释放的障碍，既影响了消费企业的业务创新和发展，也影响了消费者意愿的实现。一是新业态新模式监管有待与时俱进。在一些消费新领域新市场的起步发展过程中，部分监管政策有待及时更新。比如集餐饮、商超、电商于一体的生鲜零售连锁超市在落地过程中，由于目前没有明确法规指引，各地对于新业态门店出具何种类型食品经营许可证并不统一，造成企业困惑和申请难题。另外，实际执法水平有待进一步提升。部分消费市场新内容、新特点的跨地域经营连锁企业经常面临此地行得通、另地被判定为违规的问题。总的来看，监管仔细甄别业务合法合规性的精准度、不同地区执法尺度同一性还不足。二是入境游便利化水平有待进一步提高。在涉外住宿方面，尽管国家已经取消涉外酒店资质审核等规定，但在实践中，由于非中国身份证入住酒店的过程相对烦琐、登记出现纰漏还可能被罚款等原因，经济型酒店、民宿和国际青年旅社无法或者拒绝接待境外游客，较难满足入境游散客化、个性化和年轻化的住宿需求。在景区预约方面，国外组团社上架的旅游产品通常在一年前就确定了线路，但现在国内景区预约周期通常在 3 天到 1 周，易造成之前确定的点位因为预约不到门票，影响入境旅游感受。

4. 耐用品回收报废环节存在新风险

随着消费品以旧换新规模不断扩大，汽车和家电等的回收报废等相关环节面临一定潜在风险，需引起重视。一是非正规或者非法报废厂可能“死灰复燃”。过去几年来，报废黑作坊等一系列违法厂家在严格监管下明显减少。但本轮汽车、家电报废数量显著增多，存在较大盈利吸引力，一旦监管不到位，非法汽车拆解小企业可能再次兴起，造成安全隐患。二是电池等拆解不规范存在风险。电池拆解对专业技术要求很高，而黑作坊不具备无害化处理能力，容易造成电池中有害物质泄漏。特别是汽车动力电池，不仅含有多种重金属，而且电解液中的六氟磷酸锂在空气中容易水解产生五氟化磷等有害物质，易造成二次环境污染。特别是一些拆旧动力电池流入黑作坊后被制成小型充电宝，或经简单加工后直接应用于两轮电动车、储能等领域，相关产品安全风险较高。总的来看，如何做好消费品以旧换新的后续监管工作，如何保证淘汰消费品不再次流入市场带来安全隐患，需引起重视。

三、预计 2025 年消费将保持温和增长

从有利因素看，消费品以旧换新等促消费政策持续发力带动大宗商品消费，成为稳定消费增长的重要支撑；消费，特别是服务消费业态模式持续创新，融合升级带来更多满足个性化、体验化需求的产品和服务，成为激发新需求的重要动力；房地产市场和资本市场优化调整有利于居民财富恢复，进一步巩固消费能力。从不利因素看，疤痕效应仍未完全消除，消费能力仍有待更大幅度、更大力度的恢复提升，消费领域存在部分限制性障碍和短板弱项也不利于消费意愿释放。总的来看，消费总体将呈现温和增长的态势。预计 2025 年社会消费品零售总额同比增长 4.3% 左右。

1. 进一步激发耐用品消费

一是推动消费品以旧换新政策扩围提质。进一步扩大消费品以旧换新补贴范围，实施更加普惠性的消费品以旧换新，进一步扩大新能源汽车以旧换新支持范围；在目前规定的八大类家电补贴产品的基础上，增加空气净化器、净水器等家电产品，进一步扩大家装建材产品补贴范围，对于助起器等适老化产品给予更高补贴标准。二是放宽汽车消费限制。加快优化北京等超大城市汽车购买限制政策，包括但不限于提高年度摇号次数、直接给予摇号一定年限内（比如3年或5年）摇号不中的“无车家庭”购车指标、进一步增加新能源车牌年度指标等。三是加大回收报废环节监管。重点加强对汽车、家电等以旧换新重点领域的监管力度，着重对非法拆解报废企业、废旧家电作坊等进行专项整治，对不合规、不合法的企业处以关停惩罚。对耐用品零部件市场进行抽查，避免报废车辆零部件流入正规市场，特别是对以旧换新规模较大的地区予以特别关注。

2. 着力夯实消费能力基础

一是大力促进低收入群体就业增收。重点在劳动力市场改革、技能培训、公共服务和社会保障方面出台一系列针对性举措，创造条件让更多低收入群体进入中等收入群体行列。建立劳务对接信息平台，深入构建城乡一体化就业服务体系，鼓励人力资源服务机构参与企业间、地区间劳动力余缺调剂政策引导。二是持续做好青年就业工作。把推动青年就业工作放在重要位置，鼓励各地加强在地高校的大学生就业服务平台建设，加强与国家大学生就业服务平台、高校就业网站、国聘平台等国家有关部门平台的对接联系，提升大学生就业服务水平。在国家实施的青年专项技能培训计划之外，进一步推出面向高校毕业生的就业技能培训、新职业培训、岗位技能提升培训、企业新型学徒制培训等，提升技术技能，并给予一定职业培训补贴。为青年创业提供公共创业服务机构的创业服务，给予咨询辅导、政策落实、融资等服务。

3. 着力提升国内消费吸引力

一是着力提升海南免税购物吸引力。引导经营主体组成联合体，获得更大的议价话语权，获取更低的进货价格，有利于海南离岛免税品在零售端具备更大的价格优势。借鉴免税牌照分类做法，将免税店分为大、中、小三种类型，形成各具特色、相互竞争、互为补充的多层次免税销售市场格局。提升海南免税销售的全流程服务水平，体积较小的免税商品可以在候机区域采用扫码自助取货方式，利用人工智能、VR（虚拟现实）等技术，使顾客的线上体验更加逼真，进一步完善线上销售模式。二是进一步优化市内免税店相关政策。调整市内免税店仅允许“店内下单、机场提货”的规定，进一步简化市内免税店购物提货操作流程，研究进一步放宽购物限制、增加商品品类等方面内容，研究推出本国居民离境网上免税购物业务，增强国民在本国免税店消费热情。

4. 进一步减少各类限制性政策

鼓励引导地方优化调整境外游客住宿登记管理程序，对于已安装涉外登记系统的酒店，进一步优化升级系统；对于未安装涉外登记系统的民宿等住宿场所，建立统一的境外游客线上住宿报备小程序，简化报备流程，鼓励符合要求的民宿和国际青年旅社接待外宾，满足入境游散客化、个性化和年轻化的住宿需求。优化景区预约制度，特别是增加故宫等热门景区的售票数量，为入境游游客提供时间更长、手续更加便捷的预约程序。加强消费领域“高效办成一件事”改革。推进消费类活动审批“一口制”相关工作，实现“一次批、免勘验、网上办”，简化消费场景创新活动审批程序。结合线上线下融合、多领域跨界融合，以及平台化发展的新趋势和新特点，加强管理的综合性、协调性和柔性。推广广东“一照通行”模式，通过营业执照归集各类许可信息，减少审批发证，推进电子证照应用，实现“一照通行”，减轻企业审批负担。推广深圳的“证照联办”模式，对市场主体登记和食品、药品、特种设备、农业、畜牧业、工业产品等行政许可事项推行“证照联办”改革，实现办理流程“一网受理、联合审批、一次办结”的服务。

（作者：邹蕴涵）

2024—2025 年区域经济发展分析

2024 年，在以习近平同志为核心的党中央坚强领导下，各地区各部门认真贯彻落实党中央、国务院决策部署，坚持稳中求进工作总基调，全面贯彻新发展理念，扎实推动高质量发展，加大宏观调控力度，有效应对风险挑战，国民经济运行总体平稳，区域协调性增强。2025 年，在一系列增量宏观调控政策引导下，我国经济有望保持平稳增长，东部发达地区对经济增长的引领作用将进一步凸显。

一、2024 年区域经济增长特点

1. 区域发展协调性不断增强

在各项区域发展战略推动下，我国构建了主体功能明确、优势互补、高质量发展的区域经济布局和国土空间体系，区域协调发展整体效能稳步提升。东部地区持续发挥创新引领作用，加快培育世界级先进制造业集群，引领新兴产业和现代服务业发展。中部地区积极构建现代化产业体系，培育和发展新兴产业，通过优势互补、产业融合、协同发展，形成推动高质量发展的合力。西部地区在一系列优惠政策和措施的作用下，综合经济实力不断提升。东北部地区提升产业链、供应链稳定性和竞争力，加快全面振兴。京津冀协同发展取得积极成效，长江经济带建设跨区域协同推进，粤港澳大湾区建设迈出坚实步伐，长三角一体化引领作用显著增强。整体看，区域发展的相对均衡性增强较为明显，区域经济发展相对差距有所缩小。东部地区仍然占据我国经济总量的半壁江山，但其他地区也在快速发展。基本公共服务均等化水平不断提高，人民基本生活保障水平区域间逐步接近。无论是以人均 GDP 还是以人均可支配收入计算的区域差异系数 2014 年以来稳步下降（见图 1）。

2. 东部发达地区经济增幅领先

2024 年前三季度，从增速看，西藏、重庆、甘肃等 18 个省（自治区、直辖

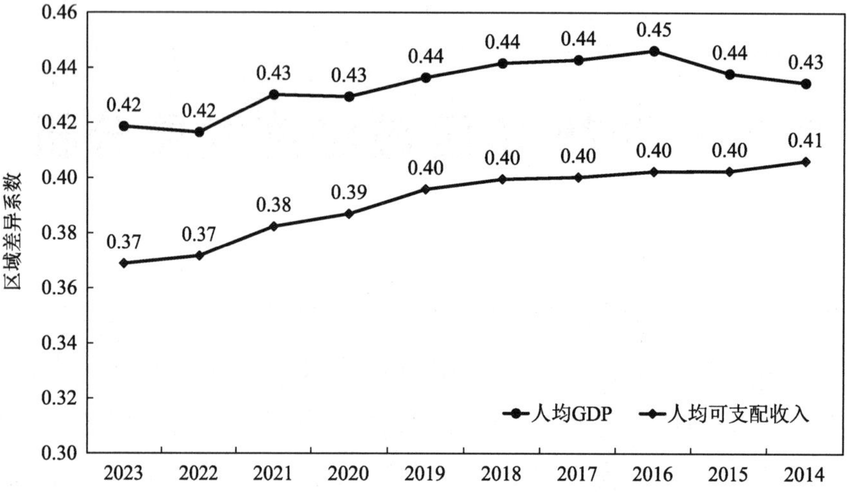

图 1　区域差异系数

市）前三季度的 GDP 同比增速高于全国水平（4.86%），反映出多数地方经济加快回暖，对全国经济恢复向好起到了重要的支撑作用。其中，西藏前三季度 GDP 同比增速达到 6.2%，位列第一位。重庆和甘肃均为 6%，并列第二，随后是内蒙古，为 5.8%，体现出“盘子小”“增量大”的特点。13 个省份前三季度的 GDP 同比增速低于全国水平，其中最低的山西为 1.8%。

从总量看，广东前三季度 GDP 达 99939.18 亿元，接近 10 万亿元大关，稳居全国榜首。紧随其后的江苏也超过 9 万亿元，前三季度 GDP 达 97744.3 亿元。山东和浙江分列第三位和第四位，GDP 均超过 6 万亿元。广东、江苏等经济大省稳居全国 GDP 总量前列。一是其拥有较为完善的产业链和强大的制造业基础，产业基础雄厚，能够支撑经济的持续增长。二是丰富的人力资源在科技创新和研发投入上具有优势，区域创新能力强，推动了新兴产业的发展，增强了经济的内生动力。

分区域看，2024 年以来，东部发达地区经济增幅持续高于平均增幅（见表 1），但增速呈逐季下降趋势，一季度经济增幅高于全国平均水平 0.3 个百分点，上半年增幅高于全国平均水平 0.17 个百分点，前三季度增幅高于全国平均水平 0.08 个百分点。西部地区上半年略低于全国平均增幅，前三季度已经略高于全国平均水平。中部地区经济增幅稳步攀升，但受山西低增幅拖累，增速低于东、西部地区。东北部地区尽管从上年开始与平均水平差距缩小，但由于黑龙江仅增长 2.3%，因此整体增幅仍然垫底。总体看，当前南北、东西区域经济差异依然存在，但呈现缩小趋势。

表1 四大区域累计生产总值增速 (%)

地区	2023年				2024年		
	第一季度	前两季度	前三季度	全年	第一季度	前两季度	前三季度
全国平均	4.39	5.46	5.19	5.31	5.26	4.99	4.86
东部	4.17	6.07	5.41	5.41	5.56	5.16	4.94
中部	4.35	4.43	4.68	4.95	4.66	4.76	4.79
西部	4.70	5.00	5.29	5.55	5.23	4.96	4.91
东北部	5.56	5.84	4.72	4.78	4.86	4.29	4.06

二、2025年影响区域经济发展的因素

展望2025年区域经济发展，主要要考虑如下因素：

1. 新质生产力

发展新质生产力，作为推动经济高质量发展的重要途径，已成为当前及未来一段时间内的核心任务。新质生产力的发展，有助于推动经济从高速增长转向高质量发展，实现经济结构的优化升级和产业的深度转型升级，提升国际竞争力。新质生产力对人才、创新能力、发展环境、产业生态营造和供应链体系的要求与传统产业大相径庭，过去依靠大量消耗自然资源和投入劳动力创造价值的发展逻辑已经改变。特别是数字化网络空间的出现，为区域经济在更大尺度空间推进经济布局、实施区域规划、配置要素资源创造了条件，也为跨区域和大区域间的经济合作与协同发展提供了可能。这些变化，拓展了区域发展空间，破除了旧有的理念约束。2024年前三季度，新质生产力加快成长，高技术产业销售收入同比增长11.6%。其中，高技术服务业、高技术制造业同比分别增长13.7%和8.6%，数字经济核心产业销售收入同比增长7.7%。新能源、节能、环保等绿色技术服务业同比分别增长22.5%、18.7%和6%，新能源车制造业同比增长31.8%。新质生产力已经成为我国经济增长的主要动力。2025年，各区域经济发展如何，很大程度上将取决于新质生产力的发展状况。

厦门大学发布的《新质生产力发展指数报告（2024）》显示，中国新质生产力发展出现较明显的区域聚集性。北京的新质生产力发展程度排在第一位，显著高于其他地区，经济比较发达的东南沿海地区新质生产力发展程度也普遍较高。其中，新质农业发展相对比较均衡。中部省份有亮眼表现。新质工业发展

具有规模效应的特点。除上海、北京等直辖市外，排名靠前的广东、江苏、安徽、湖北、四川、湖南、浙江、福建等省份，其第二产业规模均名列前茅。这些工业强省依托工业规模优势，通过自我强化和规模效应，逐渐扩大在新质工业方面的优势地位，成为新质工业发展的“头部省份”。在新质服务业发展上，上海、福建、北京明显领先其他地区，其他地区的总体差异不大。另外，北京及东南沿海地区的新质生产力基础建设领先于其他地区，且排名靠后的地区与上游排名地区的差距较大。电子科技大学（深圳）高等研究院新质生产力发展研究中心发布的《中国新质生产力区域发展评估报告（2024）》也显示，在省级层面，北京、广东、江苏、上海、浙江、山东六个省级行政区位居第一梯队，属于领先发展类。

总体来看，东部地区新质生产力水平最高，中部其次，西部和东北部地区相对较低。东部地区具有地理禀赋和经济基础，其新质生产力增长模式具有较强竞争力；中部地区的传统产业不断转型升级，为新质生产力的发展提供了越来越强劲的产业基础；而西部和东北部地区在各方面仍具有较大的发展空间。

2. 资本市场

资本市场作为现代金融体系的核心组成部分，不仅是企业筹集资金、优化资源配置的重要平台，也是推动经济增长、促进产业结构升级的关键力量。在区域经济发展中，资本市场发挥着举足轻重的作用，可以为区域产业发展提供融资功能，通过资源配置引导区域内比较优势产业的发展壮大。央行表示，将创设新的货币政策工具支持股票市场稳定发展。一是创设证券、基金、保险公司互换便利，支持符合条件的证券、基金、保险公司通过资产质押，从央行获取流动性，这项政策将大幅提升机构的资金获取能力和股票增持能力。二是创设股票回购、增持专项再贷款，引导银行向上市公司和主要股东提供贷款，支持回购和增持股票。发改委表示，将采取有力有效的综合措施，大力引导中长期资金入市，打通社保、保险、理财等资金入市堵点，支持上市公司并购重组，稳步推进公募基金改革，研究出台保护中小投资者的政策措施，努力提振资本市场。可见，2025 年，资本市场在经济增长中将扮演重要角色。

从 2023 年末各省市累计 A 股上市企业数量看，作为一直以来我国经济发展的领头羊——广东、浙江和江苏排名前三，特别是广东，以 872 家的数量遥遥领先（见表 2）。北京和上海作为我国的两大直辖市，虽然在经济总量上不及前三名，但在资本市场上的表现同样抢眼。山东、安徽、四川、福建和湖北等省份也都有不错的表现，但和前面的省市相比，还有一定的差距。从区域来看，东南沿海地区以及北京是全国上市公司最多的地方，其次是西部的四川和中部的安徽、湖北，长三角所有省份全部位列上市公司数量十强。从累计 A 股上市企业总市值看，北京以 20. 86 万亿元的总市值高居榜首，紧随其后的是广东，总市值约为 13. 09 万亿元，上海和浙江分别位列第三和第四，江苏省位列第五。从 2023 年新增首发上市公司数量看，江苏、广东、浙江、上海、北京这五个地区加起来，占了近 65% 的比例，说明我国的经济重心主要集中在这些地区。从 2023 年新增首发上市公司总市值看，江苏、广东和上海这三个省市的上市公司总市值占据了前三名，说明这三个地区的经济发展势头较好，企业活力充沛，资本市场表现活跃。总之，东中部特别是东部沿海地区资本市场明显占据先发优势，不仅反映其经济发展实力，同时对未来经济增长也会产生一定的影响。

表 2　2023 年末各省市 A 股上市企业十强排行

累计 A 股上市企业数量			累计 A 股上市企业总市值			2023 年新增首发上市公司数量			2023 年新增首发上市公司总市值		
排名	地区	数量/家	排名	地区	市值/亿元	排名	地区	数量/家	排名	地区	市值/亿元
10	湖南、湖北	146	10	安徽	18579. 97	10	湖北	8	10	湖南	624. 72
9	福建	171	9	贵州	25030. 32	9	重庆	9	9	重庆	632. 04
8	四川	173	8	四川	26638. 42	8	江西	11	8	四川	865. 17
7	安徽	175	7	福建	29347. 7	7	安徽	13	7	山东	929. 2
6	山东	307	6	山东	34875. 17	6	山东	18	6	安徽	1136. 46
5	上海	440	5	江苏	64151. 8	5	北京	20	5	浙江	2071. 39
4	北京	475	4	浙江	67294. 63	4	上海	26	4	北京	2183. 16
3	江苏	689	3	上海	72839. 46	3	浙江	47	3	上海	2790. 73
2	浙江	701	2	广东	130932. 99	2	广东	51	2	广东	3339. 07
1	广东	872	1	北京	208636. 45	1	江苏	58	1	江苏	3360. 05

3. 地方债务

地方政府债务资金可以用于基础设施建设、城市发展、公共服务等方面，提高公共资源配置效率，改善城市基础设施和社会福利水平，从而促进经济增长。但地方政府债务过大可能导致债务偿还压力加大，影响地方政府财政健康，进而影响经济增长。2022 年下半年开始，受多种因素影响，一些地方出现了债务风险隐患。《国务院办公厅关于金融支持融资平台债务风险化解的指导意见》（35 号文）明确界定了 12 个债务高风险重点省份：天津、内蒙古、辽宁、吉林、黑龙江、广西、重庆、贵州、云南、甘肃、青海、宁夏。其中青海、贵州、天津、吉林负债率已超过警戒线，天津、吉林、云南、辽宁债务率已突破橙档警戒线。35 号文规定，除了若干特殊、重大项目外，金融机构原则上不得向融资平台提供新增融资用于新建（含改扩建和购置）政府投资项目。《重点省份分类加强政府投资项目管理办法（试行）》（47 号文）规定，在大部分常规领域内，原则上不得新建政府投资项目。因此，如果这些地区所承受的债务负担太大，必将影响其经济发展。

2024 年 10 月 12 日，在国务院新闻办公室新闻发布会上，财政部披露即将陆续推出一揽子有针对性增量政策举措内容，具体包括：加力支持地方化解政府债务风险，较大规模增加债务额度，支持地方化解隐性债务；发行特别国债支持国有大型商业银行补充核心一级资本；叠加运用地方政府专项债券、专项资金、税收政策等工具，支持推动房地产市场止跌回稳；加大对重点群体的支持保障力度等。陆续实施的政策，是近年来出台的支持化债力度最大的一项措施，将大大减轻地方化债压力，腾出更多的资源发展经济，提振经营主体信心，对冲经济下行压力，有效带动投资、扩大内需。不过，中央财政政策的支持，并不会改变各地区债务存量的基本格局，债务压力比较大的地区仍将受到一定的影响。

4. 全国统一大市场

2022 年印发的《中共中央、国务院关于加快建设全国统一大市场的意见》提出，加快建立全国统一的市场制度规则，打破地方保护和市场分割，打通制约经济循环的关键堵点，促进商品要素资源在更大范围内畅通流动，加快建设高效规范、公平竞争、充分开放的全国统一大市场。党的二十大报告提出，构建全国统一大市场，深化要素市场化改革，建设高标准市场体系。2024 年 8 月 1 日起，《公平竞争审查条例》正式施行，标志着我国在构建全国统一大市场方面迈出了重要一步。同时，国家发展和改革委员会宣布一项重大决策，即着手制定全国统一大市场建设的详细指引，旨在进一步打破地方保护主义的壁垒，消除市场分割现象，为经济一体化进程注入强心剂。此举不仅彰显了国家层面对市场经济体系优化升级的决心，也为地方经济发展新格局带来深远影响。2024

年 10 月 18 日，国务院常务会议研究部署深入推进全国统一大市场建设的相关举措，指出要把推进全国统一大市场建设与实施一揽子增量政策结合起来。随着全国统一大市场建设的加速，地区经济发展政策高地效应将减弱，地方招商引资更加依赖于当地的营商环境和高级要素积累。要素在地区之间的流动将更加通畅，尤其是高级生产要素将会在全国范围内重新配置。国内的横向产业集聚将会加快发展，形成多个产业链集群，未来的产业竞争将表现为各地区之间产业链集群的竞争。

区域经济学理论和实践都证明，区域一体化水平与区域发展格局之间存在明显的“倒 U”关系，即随着区域一体化水平的提高，区域发展差距将呈现先扩大、后缩小的特征，其内在逻辑是区域一体化水平的提高，往往意味着阻碍各类生产要素自由流动的地区壁垒会加速缩小，这在短期内将极大增强优势地区对各类生产要素的吸附能力并最终使得区域发展差距开始拉大。

5. 平台经济

平台经济是经济发展新动能、新形态，为扩大需求提供了新空间，为创新发展提供了新引擎，为就业、创业提供了新渠道，为公共服务提供了新支撑。近年来，我国平台经济快速发展，在发展全局中的地位和作用日益凸显。平台经济吸纳了超过 2 亿灵活就业人员，截至 2023 年 6 月底，市场价值超过 10 亿美元、超过 100 亿美元的平台企业分别有 148 家、26 家，总市值规模达到 1.93 万亿美元。特别是，平台经济打造了前所未有的全新创新生态，集聚了大量的创新资源，成为前沿技术的策源地和试验场，成为推动通用人工智能等前沿技术变革的关键力量。同时，平台型企业成为消费市场新的载体，是否有平台型企业、是否有广阔的市场腹地、是否有直播等新型市场引流方式等成了支撑消费市场的基石和来源。由于受地域条件限制较少、劳动力成本存在差异等原因，平台经济被认为是一条缩短发达地区与偏远落后地区差距的新赛道。目前，以北京、上海、深圳、杭州等发达城市为代表的东南沿海地区发展活跃，稳居平台经济的领跑地位。同时，在各种利好政策推动下，近年来中西部等地区平台经济发展也进入快车道。总体来看，目前我国平台型企业高度集中于大城市，很多传统工业城市或中小型城市整体转型较慢、平台型企业缺失，使得城市的消费流量不断流入平台型企业所在的城市。消费流出对城市需求的影响成了比人口流出影响更深远的因素。

三、2025年区域经济发展判断

1. 东西部地区外贸增长相对较好

据海关统计，2024年前三季度，我国进出口32.33万亿元人民币，同比增长5.3%。其中，出口18.62万亿元，增长6.22%；进口13.71万亿元，增长4.06%（见表3）。同时，市场多元化稳步推进，与全球160多个国家和地区贸易实现增长。对共建“一带一路”国家进出口15.21万亿元，增长6.3%，占比提升到47.1%。对RCEP其他成员国进出口9.63万亿元，增长4.5%。对欧盟、美国分别进出口4.18万亿元和3.59万亿元，增长0.9%、4.2%。特别是这几年一直保持我国第一大贸易伙伴地位的东盟，今年前三季度，我国对东盟进出口5.09万亿元，增长9.4%，增速高于全国整体4.1个百分点。其中，出口3.02万亿元，增长12.3%；进口2.07万亿元，增长5.4%。民营企业灵活应变的经营特点，以及在外贸领域逐渐做大、做优、做强的发展态势，为外贸发展不断注入了新的活力。前三季度，我国民营企业进出口17.78万亿元，增长9.4%，增速高出全国整体4.1个百分点，对整体外贸增长的贡献率达到了93.8%。分区域看，2024年前三季度，西部地区进出口增长明显领先，顺差同比增长率也最高。

表3 2024年1—9月份各区域进出口情况

地区	进出口同比增长率（%）	出口同比增长率（%）	进口同比增长率（%）	顺差/万人民币	顺差同比增长率（%）
地区合计	5.30	6.22	4.06	490429452.2	12.75
东部	5.92	7.44	3.93	372955105.1	19.45
中部	-3.24	-7.68	5.64	70055132.45	-20.87
西部	8.95	11.08	5.73	64427612.95	21.95
东北部	2.69	5.57	0.74	-17008398.32	-8.73

2025年，外部环境改善的可能性不大。2024年10月22日，国际货币基金组织（IMF）在《世界经济展望报告》更新内容中预测，2024年和2025年的全球经济增速稳定在3.2%，其中发达经济体两年的增速预期均为1.8%，新兴市场和发展中经济体两年的增速预期均为4.2%，世界经济增长保持平稳。特别是部分国家频繁对我国产品采取贸易限制措施，比如部分国家对“新三样”加征

关税，这将给我国外贸发展带来一定的压力。预计 2025 年外贸增幅将会有所下降。分区域看，西部地区打造外贸高速路，陆海新通道建设推动了沿线地区开发开放，2025 年将继续发挥作用。东部地区由于民营经济活跃，在《中华人民共和国民营经济促进法》实施的助推下，东部地区进出口仍然是我国进出口的基石，维持相对稳定的增长。

2. 居民消费需求增幅差异不大

尽管各地区居民收入水平差异比较大，但分四大区域看，人均消费支出增长差异相对较小。2024 年前三季度，全国人均消费支出增长 5.62%，其中东部地区增长 5.85%、中部地区增长 5.28%、西部地区增长 5.72%、东北部地区增长 5.24%。可支配收入是影响消费的第一因素，可支配收入又可分为工资性收入和财产性收入，前者相对较为稳定，后者受金融市场和房地产周期的影响较大，波动也较大。因此，在金融化程度较高、财产性收入占比较高的东部发达地区，消费受到周期影响也比较大。2025 年，预计金融市场和房地产周期的影响相比前几年有所改善，因此，东部发达地区的人均消费支出增长相对会高一点。但考虑到居民人均可支配收入增幅各区域间差异并不大，因此四大区域人均消费支出增幅差距不大。2024 年前三季度各地区居民消费支出与增长率如图 2所示。

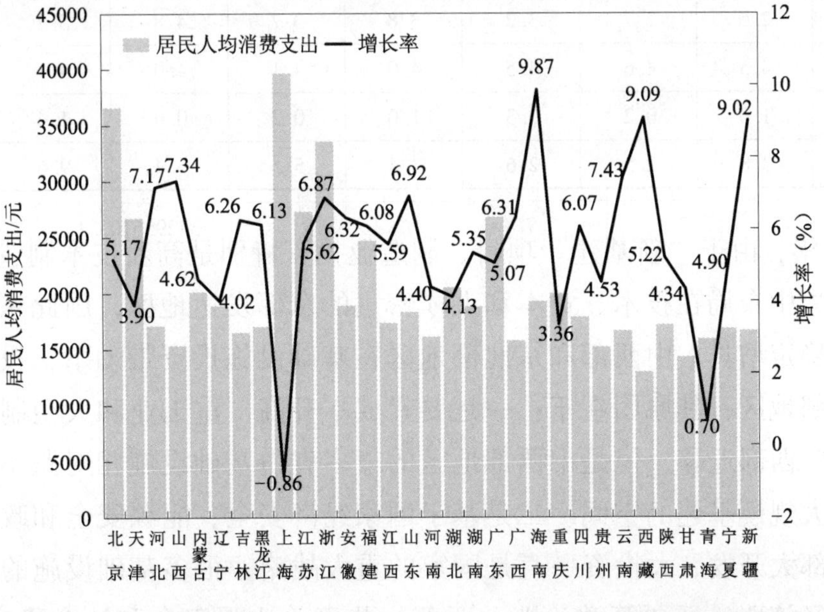

图 2　2024 年前三季度各地区居民消费支出与增长率

3. 固定资产投资增幅差异较大

2024 年 1—9 月数据显示，各省市固定资产投资增幅差异很大。西藏以 20.6% 的增速领跑全国，显示出其在固定资产投资方面的强劲动力；内蒙古紧随其后，以 11% 的增速位列第二。这两个地区在基础设施建设、产业升级以及新型城镇化等方面的投资力度较大，为经济增长提供了有力支撑。北京固定资产投资同比增长 7.8%，位列第三，其设备购置投资是主要拉动因素，设备购置投资在电子制造、信息服务等领域项目带动下增长 30% 以上。上海固定资产投资增长 6.7%，位列第四，其中一个重要原因在于在全国其他地区房地产投资基本为负的情况下，上海房地产投资增长 7.8%。但也有一些地区的固定资产投资增速相对较低，如四川、重庆、吉林、青海、贵州、广东、广西和云南，增速分别为 1.9%、1.8%、1.4%、0.7%、0.0%、-3.4%、-7.9% 和 -11.4%。总体来看，2024 年 1—9 月各省市的固定资产投资增速呈现出一定的区域差异，但整体上保持了稳定增长的态势。分四大区域看，中部地区投资增速相对稳健，且增速领先；东部和东北部地区投资呈现前高后低走势；西部地区投资一直低位徘徊，增速垫底（见表4）。

表 4 2024 年各区域固定资产投资累计增速 (%)

地区	9 月	8 月	7 月	6 月	5 月	4 月	3 月	2 月
东部	2.5	2.7	3.2	3.8	3.7	4.8	5.7	5.9
中部	4.5	4.6	4.5	4.0	4.1	4.0	4.1	4.2
西部	1.0	0.2	0.3	1.0	0.2	0.6	1.4	3.9
东北部	3.8	2.5	2.6	3.4	5.5	6.4	9.6	13.8

2025 年，由于“新基建”项目、制造业投资特别是高新技术制造业投资项目，大多集中布局在技术、资本和人才密集的东部发达地区，因此东部地区投资将保持稳定增长。中西部和东北部地区在基础设施投资带动下，投资增幅有望高于东部地区，其原因在于：一是要素成本升高，重工业和大型制造业产业链开始向中西部迁移，但是中西部地区的很多省份基础设施相对跟不上，因此客观上有大规模基建的空间。二是基于国家经济安全、能源安全和政治安全的考虑，西部大开发、大投资一直是国家的重大战略，很多基础设施的投资不能简单地算经济账，还要算政治账。西部一些事关边疆安全和社会稳定的省份，需要国家从战略上进行基础设施的投入。同时，随着国家战略资源自东向西转

移，产业转移也将带动相关行业的投资。

4. 产业结构与转型

总体看，区域经济产业结构差异依然较为明显，东部沿海地区以制造业和服务业为主，产业结构较为多元化，特别是高端制造业、电子信息、金融、物流等产业发展迅速，产业结构向高端制造业、现代服务业等领域发展。中西部地区多以资源、能源和重工业为主，产业结构相对单一，同时通过产业转移和加强基础设施建设，承接了东部地区的一些劳动密集型和资源密集型产业，如四川、重庆的电子信息产业、汽车产业等发展迅速。从三次产业结构看，东部的第三产业，中西部的第二产业、东北部地区的第一产业占比更高（见表5）。从三次产业的增长轨迹看，第一产业增速一般低于平均水平，第二产业增长过去增幅最高，但随着经济的发展，第三产业增幅逼近第二产业甚至开始超过第二产业，因此从产业结构看，东部地区具有一定的优势。不过，由于东部发达地区 GDP 规模基数较大，传统的产业链在向海外新兴经济体或中西部迁移，产业结构在向轻资产、第三产业转型，增长速度也不大可能超出其他地区太多。

表5　各区域2023年产业结构以及人均生产总值

地区	第一产业占比（%）	第二产业占比（%）	第三产业占比（%）	人均 GDP/元
全国	7.18	38.29	54.53	88799.92
东部	4.47	37.92	57.62	115202.25
中部	8.30	39.69	52.01	74169.42
西部	11.33	38.63	50.04	70385.12
东北部	13.11	34.57	52.33	62021.51

从产业转型看，过去十年是从工业经济向数字经济快速转型的十年，大量传统产业进入了转换期，利润率不断降低（见表6）。分区域来看，经济高速增长阶段，中国东部发达省份进行了更多的非关联性移植，实现了产业发展的路径突破，因此新兴产业发展较好，对经济增长形成一定支撑。尽管大多数中西部地区主要进行关联性移植，但在共同富裕的大背景下，中西部地区中低等收入群体数量大、未来收入增长较快，可以利用接近市场的优势，发展增长潜力大的非关联性产业与新兴产业，实现产业新旧动能转换。同时，由于发展阶段的差异以及稳增长的要求，中西部地区传统产业仍然需要保持一定的增长。综合而言，四大区域工业增幅差距不大。

表 6　规模以上工业企业资产利润率　（%）

地区	2023 年	2022 年	2021 年	2020 年	2019 年	2018 年	2017 年	2016 年	2015 年
全国	4.59	5.25	6.34	5.25	5.46	5.85	6.68	6.62	6.47
东部	4.45	4.73	6.14	5.57	5.73	6.15	7.30	7.67	7.54
中部	4.36	5.34	6.82	5.60	6.28	6.22	7.19	7.03	6.71
西部	5.52	7.01	7.00	4.76	4.61	5.22	5.49	4.62	4.32
东北部	3.22	3.60	4.16	2.87	3.38	4.03	3.57	3.06	3.81

5. 总体判断

从需求端看，外贸进出口增长东部地区仍然具有比较优势，消费需求各区域相差不多，固定资产投资方面中西部地区增幅会略高一些。从生产端看，东部地区不仅具有产业结构优势，同时新兴产业发展较好，东部地区增长会领先其他地区。总的来看，2025 年，东部地区经济增幅会再次领先。

四、促进区域协调发展的建议

尽管我国区域协调发展迈出坚实步伐、取得明显成效。但区域发展不平衡、不充分问题依然存在，区域协调发展还面临不少困难和挑战，区域发展改革任务依然十分艰巨。

1. 统筹安排优化新质生产力布局

发展新质生产力是中国式现代化和高质量发展的必然要求，社会各界已形成高度共识。但并不是所有地区都具备发展新质生产力的条件，因此发展新质生产力不能遍地开花、一哄而上、同质化竞争。目前，新质生产力主要布局于创新能力强、经济发展水平高的发达地区，特别是中心城市，而欠发达地区一般不具备全面发展新质生产力的条件。科教水平、人才存量、创新能力、数字技术与战略性新兴产业发展水平等方面的区域新质生产力差距比区域发展水平差距更大，这无疑会在一定程度上为区域经济协调发展增添新的困难。中央与地方政府在规划新质生产力发展与布局时必然要面对这一新挑战。因此，应以建设全国统一大市场为契机，做好优化新质生产力布局的顶层设计，引导地方因地制宜有序发展新质生产力，畅通新质生产力在地区间的流动，避免地区间新质生产力重复建设以及由此产生的区域冲突。在有序引导发达地区追踪或引领全球技术创新潮流的同时，重点支持欠发达地区与老工业基地的新质生产力培育。建立整合发达地区与欠发达地区的利益共同体，提升区域经济一体化水平；建立上下游地区间、地理毗邻的发达地区与欠发达地区间的高质量发展联动机制，科学制定规范的区域间横向利益补偿机制，以协调不同主体功能区间的利益关系。

2. 协同推进全国统一大市场建设与区域协调发展战略

高度重视全国统一大市场建设对区域经济格局产生的动态影响，在可能会导致区域发展差距拉大的发展阶段，提前谋划相关举措。在此基础上，要坚持长期思维，围绕区域协调发展的长期目标，将区域协调发展的战略举措与全国统一大市场建设有机结合，在不断提高全国统一大市场水平的同时，确保区域协调发展效果的稳步提升。首先，从法律层面为协同推进全国统一大市场建设与区域协调发展战略提供支撑，研究制定《区域关系法》，明确地方在参与区域经济活动、区域经济合作、区域重大战略中的义务和责任，为地方参与自身辖区内的经济活动和跨区域的经济活动提供清晰的行为规范。针对性地修订《中华人民共和国反垄断法》《中华人民共和国反不正当竞争法》，加大对地方竞争行为的约束力度。其次，深化财税体制改革，根据发展需要和不同领域的实际情况，以充分发挥中央和地方两大主体的积极性为目标，厘清权责关系。优化政府间事权和财权划分，加快形成实现权责利相统一、支出责任与财政事权相适应的央地财政关系，从源头遏制地方无序追逐经济利益的冲动。探索地方之间经济指标分成与税收收入分享的办法，鼓励地方政府通过做大蛋糕来多分蛋糕。再次，优化政绩考核制度，根据地区的不同国土空间功能定位，因地制宜选择适宜的考核指标。

3. 把就业容量大的产业作为区域经济转型的重点

目前，中国广大中西部地区仍处于工业化发展阶段，在新增劳动力就业压力仍然很大的情况下，对现有工作岗位产生的替代如果不引起高度重视，将会影响社会稳定和城乡居民福祉。所以要坚持就业优先的宏观经济政策，在区域发展中把发展就业容量大的产业作为重点，对一些吸纳就业人口较多的传统产业发展与升级改造给予必要支持。特别是在高质量发展阶段，一些颠覆性产业部门出现，将另外一些产业部门淘汰，导致产业结构性衰退与失业。这时地方政府要制定相应社会政策与就业政策，为失业人群提供保障，对失业人群进行再培训，推动技能转换，使失业人员能够转移到新兴产业之中。政策上要把握好新产业就业创造与旧产业就业岗位减少之间的平衡，掌握好政策力度与节奏。

4. 推动各区域协同发展

针对各区域发展阶段、发展水平不同的实际，着力发挥先行地区高质量发展的探索示范作用，推动形成区域发展联动格局。深入推进城市群、都市圈内部的经济社会一体化发展，通过中心辐射、以点带面、以强带弱、以城带乡等举措，打通区域经济发展“经络”，形成区域联动格局，实现重大区域内部、城市群内部、现代化都市圈内部的协调、协同发展。推动城市组团式发展，形成多中心、多层级、多节点的网络型城市群结构。建立健全区域战略统筹、市场一体化发展、区域合作互助、区际利益补偿等机制，促进各类要素资源自由流动，整体提升资源配置效率，更好促进发达地区和欠发达地区共同发展。利用好已经成为区域创新极的城市或城市群，加强区间协同合作，搭建高层次平台和探索多渠道沟通，积极促进区域创新极的创新成果和经验向其他地区高效溢出。

（作者：胡少维）

市场预测篇

2024 年汽车市场分析及 2025 年展望

2024 年，我国汽车内需销量 2626 万辆，销量较 2023 年同比增长 1.0%。汽车内需能够实现正增长，主要是由乘用车推动的。2024 年，我国乘用车内需销量 2300 万辆，较 2023 年同比增长 2.7%。商用车内需销量则出现下滑，2024 年，我国商用车内需销量为 298 万辆，销量较 2023 年下滑 9.2%。2025 年，我国汽车市场在长期趋势、宏观经济、鼓励政策等因素综合作用下，销量还将继续稳步上升，预计全年汽车内需销量小幅增长 2.0% 左右。

一、2024 年我国汽车市场评价

2024 年，我国汽车市场走势呈现三个显著特点：一是下半年汽车市场表现好于上半年；二是新能源车销量表现明显好于燃油车；三是乘用车市场表现明显好于商用车。

1. 下半年汽车市场表现好于上半年

2024 年，我国汽车市场内需销量为 2626 万辆，较 2023 年增长 1.0%，实现连续第二年正增长（见图 1）。

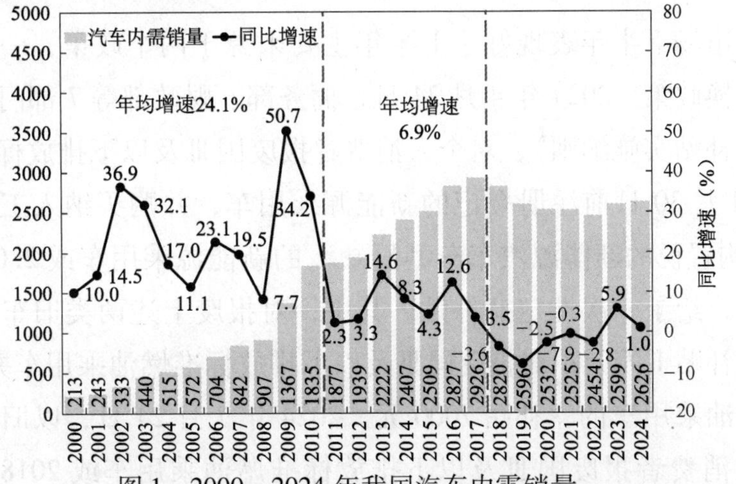

图 1　2000—2024 年我国汽车内需销量

（注：内需 = 国产批发 + 进口 − 出口，汽车包含乘用车、商用车、微型客车）

但汽车销量在上、下半年的表现有所分化。2024年上半年，我国汽车市场内需销量为1155万辆，较2023年同期增长0.7%；2024年下半年，我国汽车市场内需销量为1471万辆，较2023年同期增长1.3%，下半年表现好于上半年，增速差值为0.6%。从汽车终端零售销量口径看，上、下半年的分化则表现得更为明显，上、下半年销量同比增速分别为3.1%和10.0%，增速差值为6.9%。分月来看，最能直观反映市场消费情况的终端零售销量口径显示，我国汽车市场2024年销量则是从9月开始企稳向好。

2024年下半年汽车总体市场的优秀表现主要是乘用车带来的。我国乘用车上、下半年内需销量分别较2023年提升0.9%和4.0%（见图2），差值为3.1%。商用车2024年上半年零增长，下半年则出现深度负增长。

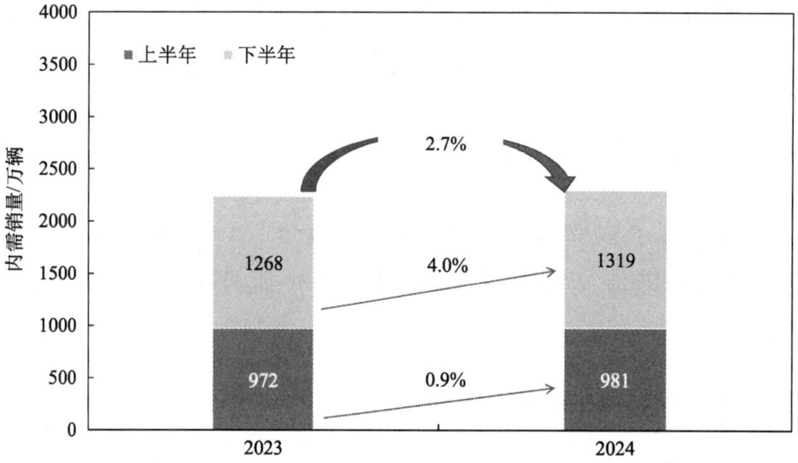

图2　2023—2024年上下半年乘用车内需销量

乘用车市场下半年表现好于上半年主要来源于两个政策，一是报废更新政策，二是置换政策。2024年4月24日，商务部、财政部等7部门联合印发《汽车以旧换新补贴实施细则》，对个人消费者报废国Ⅲ及以下排放标准燃油乘用车或2018年4月30日前注册登记的新能源乘用车，并购买纳入工业和信息化部《减免车辆购置税的新能源汽车车型目录》的新能源乘用车或2.0L及以下排量燃油乘用车，给予一次性定额补贴。其中，对报废上述两类旧车并购买新能源乘用车的，补贴1万元；对报废国Ⅲ及以下排放标准燃油乘用车并购买2.0L及以下排量燃油乘用车的，补贴7000元。2024年7月24日，以旧换新补贴额度升级，个人消费者报废国Ⅲ及以下排放标准燃油乘用车或2018年4月30日（含当日）前注册登记的新能源乘用车，并购买新能源乘用车可补贴2万元，个人消费者报废国Ⅲ及以下排放标准燃油乘用车并购买2.0L及以下排量燃油乘用车可补贴1.5万元；同时补贴还扩围至老旧营运货车，补贴额度更高。2024年8月开始，很多省、直辖市陆续发布汽车置换补贴政策，到9月，31个省市全面铺开，新能源车平均补贴1.5万元左右，燃油车平均补贴1万元左右。两项政策叠加出台之后，政策效果显著提升，带来我国汽车市场销量显著回升。2024年4月24日至7月25日新政出台前的3个月内，商务部共收到36万份报废更新申请，7月26日至7月31日6天内，就收到6万份报废更新申请，日均1万份。2024年8月地方置换补贴逐步铺开后，申请量更是逐月增加，8月、9月平均每天收到1.3万份申请，10月平均每天收到1.5万份申请，11月每天接近2万份申请，12月更多。据国家信息中心测算，两项政策共带来200万辆左右的销量提升，其中报废更新政策带来100万辆左右的销量提升，地方置换更新政策带来100万辆左右的销量提升，极大地推动了下半年我国乘用车销量的增长。

两项政策的出台对我国汽车市场产品结构影响也很大。2017年到2023年间，我国汽车消费额增速始终高于汽车零售量增速，反映出我国汽车市场平均单价是逐年走高的，从乘用车市场分价位年度增速、份额也可以看出来。2017年20万元以上乘用车份额为18.4%，之后逐年提升，到2022年达到32.6%。10万~20万元乘用车份额亦在增长，从2017年的44.1%提升到2023年的49.7%，两者共同挤压10万元以下乘用车市场。

分价位乘用车市场增速也是如此，2017—2023年间，20万元以上乘用车市场销量增速常年处于高位，10万~20万元乘用车市场增速次之，10万元以下乘用车市场增速则常年呈现深度负增长态势。但2024年，两项补贴政策的出台对低价位汽车更为利好，带来了汽车市场销量结构的逆转，全年来看，10万元以下乘用车销量增速出现了2017年以来的首次正增长，且增速飙升至25.3%，份额比2023年显著回升（见图3和图4）。

2024年，我国汽车零售量增速为6.9%，远高于汽车消费额-0.5%的增速，表明2024年我国汽车市场单车平均价格是下降的。分月来看，汽车零售量增速开始超过汽车消费额增速也是从政策效果显现的7月开始的。

2. 新能源车销量表现明显好于燃油车

2024年，我国新能源汽车内需销量为1160万辆，较2023年增长39.6%，增速远高于燃油车的-17.0%，新能源汽车销量增长是乘用车和商用车共同增长所带来的。2024年，新能源乘用车销量为1097.5万辆，同比增长39.1%，新

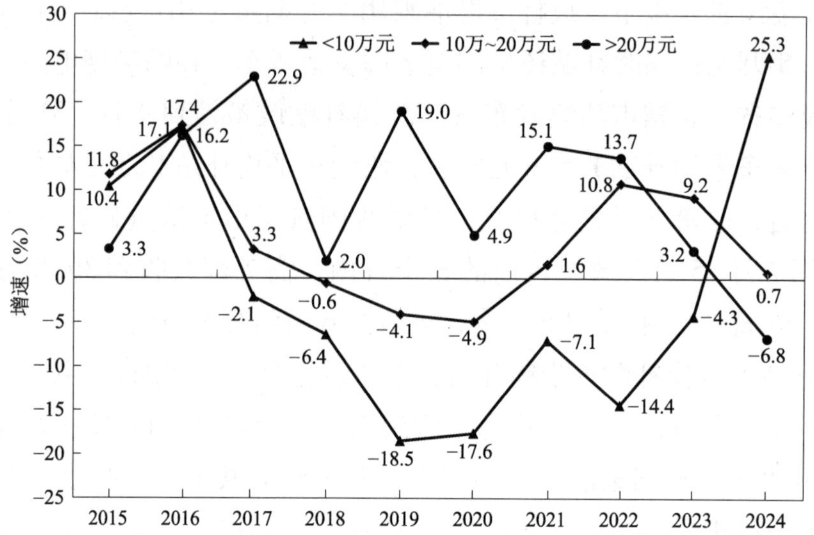

图 3　2015—2024 年乘用车分价位年度增速（内需）

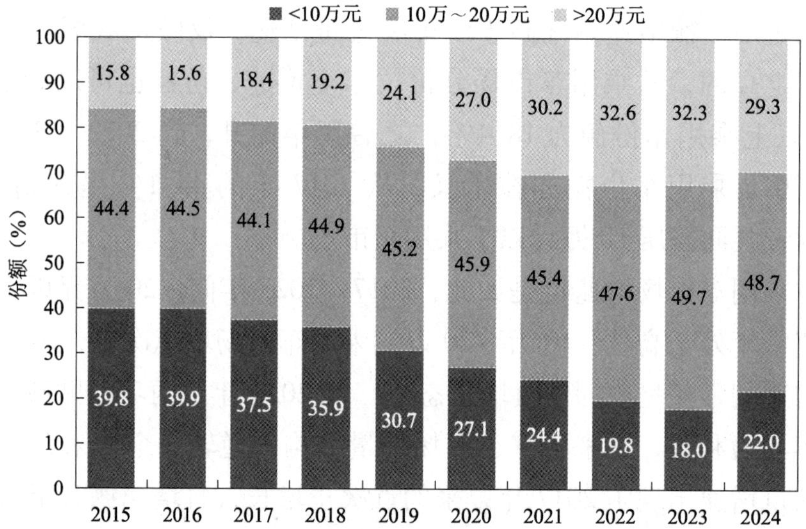

图 4　2015—2024 年乘用车分价位年度份额（内需）

能源商用车销量为 53.8 万辆，同比增长 35.9%。与之相对，2024 年，燃油乘用车和燃油商用车销量分别同比下降 17.2% 和 15.4%。新能源车销量大幅增长的原因有两方面，一是趋势性增长，二是新能源汽车增量政策的发力显效。

2024 年，新能源汽车的增长延续了趋势惯性。从汽车市场的增长趋势来看，新能源汽车从 2021 年开始出现快速增长的势头（见图 5），销量年均增长 260 万辆左右，新能源汽车以其省钱、科技、政策利好多的特点受到越来越多消费者的关注和认可，2024 年也延续了这一增长惯性。与之相对，我国燃油车销量持续下降，4 年间共下降 938 万辆，年均下降 235 万辆。

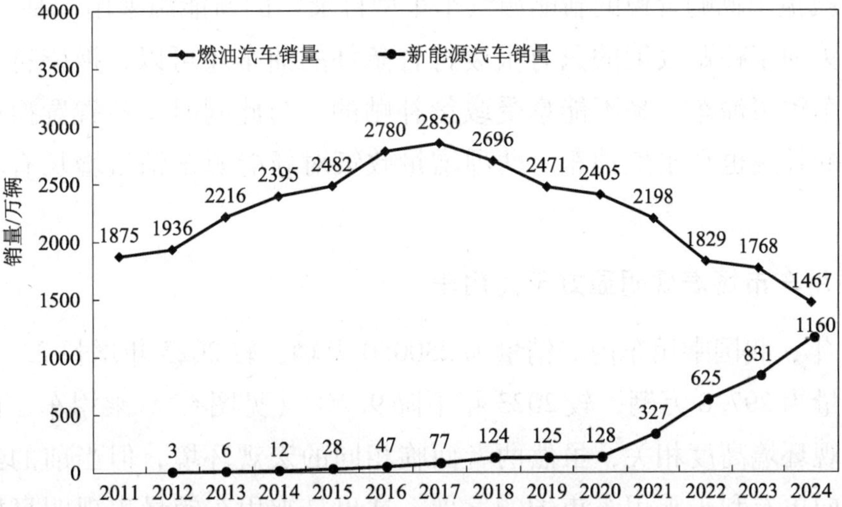

图 5　2011—2024 年燃油汽车和新能源汽车销量走势（内需）

这种趋势性变化主要是乘用车所带来的，2021—2024 年，我国新能源乘用车销量累计增长 982 万辆，平均每年提升 245 万辆左右，燃油乘用车销量平均每年萎缩 165 万辆左右。新能源商用车虽然也展现出逐年提升的态势，但增量幅度远不及乘用车。新能源汽车的大幅增长也带来渗透率的快速提升，2024 年，我国新能源汽车渗透率已提升至 44. 2%，其中新能源乘用车渗透率为 47. 7%，新能源商用车渗透率为 18. 0%。分省来看，已有 6 个省 2024 年的新能源乘用车渗透率超过 50%，分别是海南 63%、广西 56%、天津 54%、浙江 52%、重庆 51%、河南 50%。鼓励新能源汽车消费的政策仍在持续显效。在购置环节，2024 年 1 月 1 日至 2025 年 12 月 31 日期间购买新能源乘用车的消费者仍能享受不超过 3 万元的车辆购置税免税额。在使用环节，除免征车船税外，消费者还可享受便宜的充电费用，暂时还没对充电征收类似成品油消费税的税种，用电费用低也是支撑消费者购买新能源车的重要因素。此外，路权也是消费者青睐新能源汽车的重要原因。

此外，2024 年新出台的报废更新和置换政策都对新能源乘用车更加有利，这是 2024 年新增加的政策。以报废政策为例，对新能源乘用车更加有利的支撑体现在两个方面：一是补贴额度，个人消费者报废政策规定内的车型并购买新能源乘用车可补贴 2 万元，购买 2. 0L 及以下排量燃油乘用车可补贴 1. 5 万元，新能源乘用车获得的补贴额度更大；二是补贴条件，报废国Ⅲ及以下排放标准燃油乘用车或2018年4月30日（含当日）前注册登记的新能源乘用车，并购买纳入《减免车辆购置税的新能源汽车车型目录》的新能源乘用车都享受补贴，而享受购买油车补贴政策的只有报废符合条件的油车才可以，报废符合条件的新能源汽车购买油车，是不能享受政策补贴的。与此同时，各省置换政策给予新能源车的补贴也高于燃油车。两项增量政策对新能源车销量增长有较好的支撑作用。

3. 乘用车市场表现明显好于商用车

2024年，我国乘用车内需销量为2300.0万辆，较2023年增长2.7%，商用车内需销量为297.8万辆，较2023年下降9.2%（见图6）。乘用车、商用车走势都与宏观环境高度相关，虽然两者面临相同的宏观环境，但当前的经济结构与政策取向更有利于乘用车市场的发展，这也是乘用车销量表现明显好于商用车的根本原因。

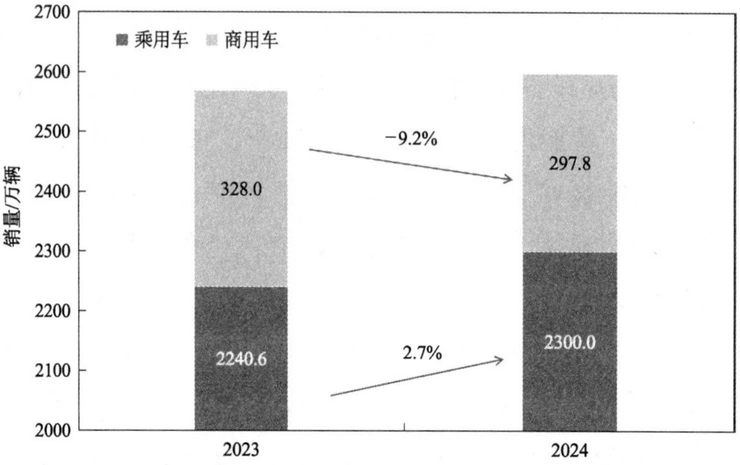

图6 2023—2024年乘用车和商用车内需销量

从宏观经济看，乘用车和商用车市场都面临着相同的宏观环境，2024年我国GDP实际增速为5.0%，高于4.2%的名义增速。这种名义GDP增速小于实际GDP增速的现象是历史年份较为少有的，近些年中，仅在2015年、2023年出现过。在相同的宏观大环境下，经济结构差异促成乘用车、商用车表现相异，这种经济结构差异对汽车市场的影响主要体现在投资需求上。2024年，我国固定资产投资年度增速为3.2%。分三大类投资看，制造业投资和基础设施建设投资表现较为稳定，年累计同比增速分别为9.2%和4.4%，但房地产投资表现较差，年累计同比增速仅－10.6%，连续第3年负增长。房屋新开工面积、商品房销售面积近几年也连续下降，2024年两者同比增速分别为－23.0%和－12.9%。房地产投资对商用车需求的影响非常直接，2024年商用车市场中的货车需求不景气与此高度相关，重型货车、轻型货车、微型货车内需销量同比分别下滑4.5%、6.4%和30.9%。

从鼓励政策看，无论是报废更新政策还是置换补贴政策，都对乘用车市场的拉动作用更大。报废更新政策出台前，报废更新乘用车占购车的比例仅有3.3%，政策出台后，报废更新乘用车占购车的比例提升到20%左右。置换更新政策出台前，置换更新乘用车占购车的比例仅有24.1%，政策出台后，置换更新乘用车占购车的比例提升到37.2%。由于商用车报废更新补贴仅适用于特定细分市场，仅惠及营运货车、公交车和新能源冷藏车等少数车型，同时作为生产工具必须以货运需求为主要购车驱动，在货运需求不足的情况下补贴政策的拉动作用也受限，而各地方并没有出台商用车方面的置换更新补贴。因此，2024年“两新”政策对商用车的拉动作用远不及乘用车，全年合计拉动商用车纯增量为3万辆左右。

二、2025年我国汽车总体市场预测

2025年，我国汽车市场需求主要受三方面因素的影响：一是长期趋势，二是宏观经济形势，三是政策环境。长期趋势决定了汽车市场的潜在增长水平，宏观经济形势会导致汽车市场需求增速在潜在增长水平的基础上上下波动，政策环境更多影响短期车市，在一定时间内刺激或者抑制汽车消费需求。

1. 乘用车市场预测

长期趋势：目前，我国乘用车市场处于波动式缓慢增长阶段。从国际规律来看，一国乘用车市场需求增长的转折点一般在乘用车千人保有量150辆左右。即按四口之家算，250个家庭保有150辆车，再考虑其中10%的家庭属于复数保有，相当于一半家庭有车。一般来说，一国乘用车千人保有量在150辆之前，市场都呈现出单边上涨的态势，千人保有量达到150辆左右，汽车市场开始进入波动式发展阶段，汽车先导国家如德国、日本、韩国都是如此。德国于1965年进入需求平台期，当年乘用车千人保有量131辆，接近150辆，经过2年下滑后开始回升，回升第二年即超过1965年的销量水平，之后继续增长（见图7）。

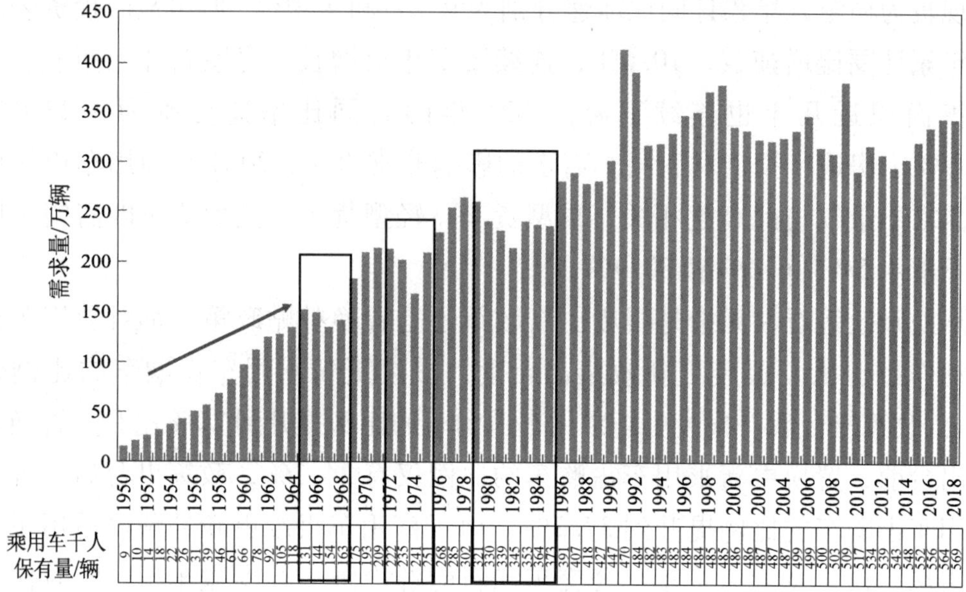

图 7 1950—2018 年德国乘用车需求量

日本乘用车普及时间晚于德国，是在 1973 年千人保有量 133 辆时进入需求平台期，波动下滑 2 ~ 3 年后，又花费 3 年时间超过 1973 年的水平，之后继续增长（见图 8）。

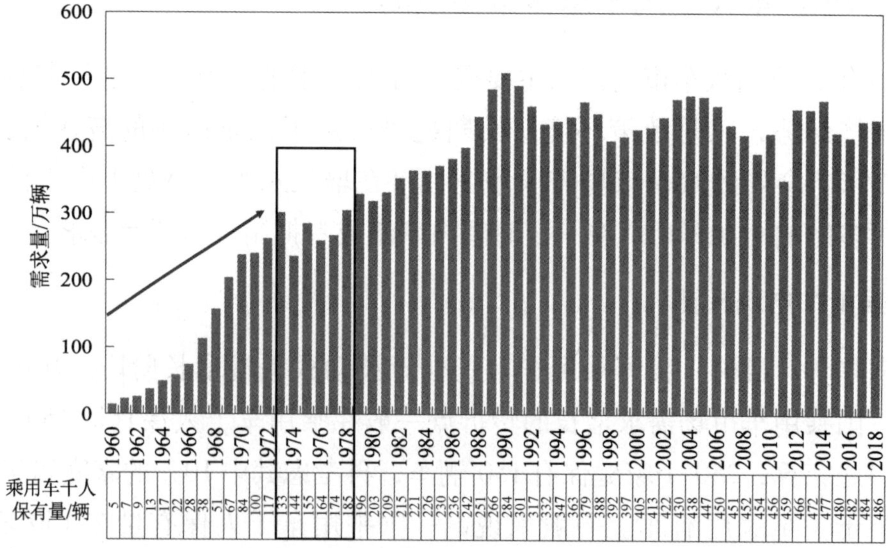

图 8 1960—2018 年日本乘用车需求量

乘用车普及较晚的韩国是在 1997 年乘用车千人保有量 166 辆时进入波动式增长阶段，经 2 年需求下滑后，又历经 1998—2002 年 4 年时间恢复到接近 1997

年的水平，之后继续增长（见图9）。可见，当乘用车普及进入到后一半家庭时，普及速度都会慢下来，而且进入波动式增长阶段。

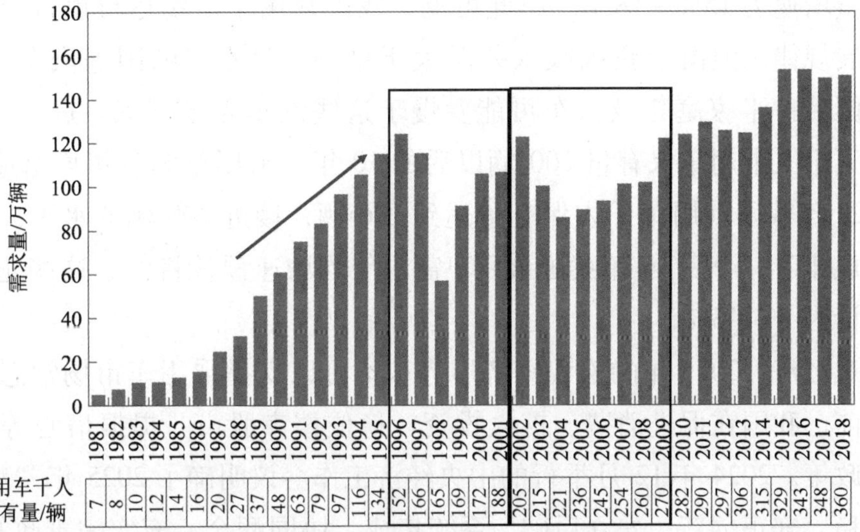

年份	1981	1982	1983	1984	1985	1986	1987	1988	1989	1990	1991	1992	1993	1994	1995	1996	1997	1998	1999	2000	2001	2002	2003	2004	2005	2006	2007	2008	2009	2010	2011	2012	2013	2014	2015	2016	2017	2018
乘用车千人保有量/辆	7	8	10	12	14	16	20	27	37	48	63	79	97	116	134	152	166	165	169	172	188	205	215	221	236	245	254	260	270	282	290	297	306	315	329	343	348	360

图9 1981—2018 年韩国乘用车需求量

从我国乘用车市场发展历程看，2018 年，我国乘用车千人保有量达到 135 辆，接近 150 辆，市场开始进入波动式发展阶段，先历经 3 年销量下滑并在 2020 年达到谷底，2021 年后逐步恢复（见图 10）。

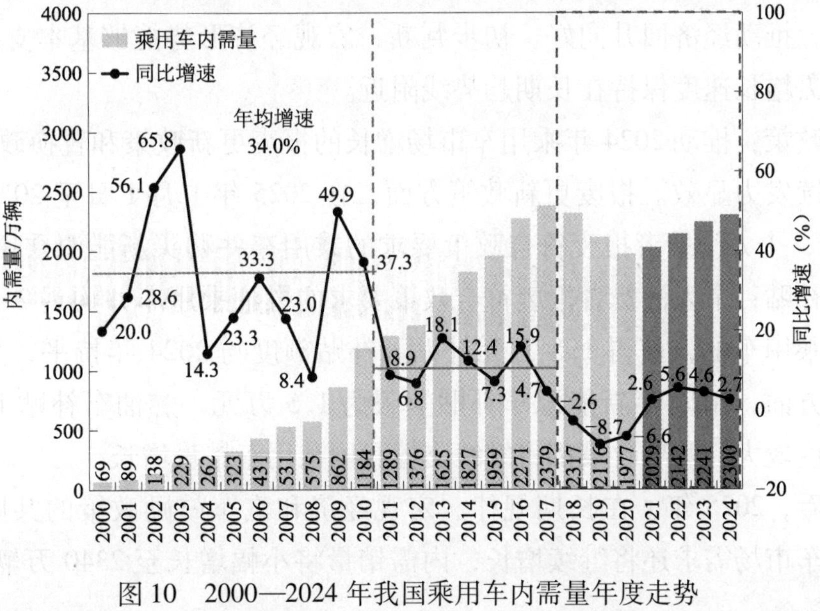

图10 2000—2024 年我国乘用车内需量年度走势

从 2000 年我国乘用车批量进入家庭开始到 2017 年，经历了连续十几年的持续性中高速增长，特别是2000—2010年间，乘用车市场年均增速高达34%，个别年份甚至高达50%~60%。2011—2017年间，市场年均增速为10.5%，高的年份销量增速为15%~18%。由此可见，我国乘用车市场运行也符合先导市场汽车发展规律。但由于我国收入差距大于德国、日本、韩国等汽车先导国家，因此我国后一半家庭普及汽车可能要慢于这些汽车先导国家。进一步发展看，这些国家千人乘用车保有量200辆以后的10年，乘用车销量年均增速在5%左右。2023年我国乘用车千人保有量达到196辆，接近200辆的水平，从先导市场发展规律看，今后10年我国乘用车需求年均增速预计将低于这些先导国家水平，预计为2%~3%。

宏观经济：2025年的宏观经济形势基本可以支撑乘用车市场常态化平稳运行。当前，我国在促进消费、扩大投资、稳住楼市股市、提振信心等方面出台了若干政策。2024年12月举行的中央经济工作会议明确了2025年“稳中求进、以进促稳，守正创新、先立后破，系统集成、协同配合，充实完善政策工具箱，提高宏观调控的前瞻性、针对性、有效性”的工作总基调，我国货币政策取向从“稳健”调整为“适度宽松”，并提出“适时降准降息”，这是基于当前经济形势需要和2025年经济工作谋划提出的工作方向，并配套大力提振消费、提高投资效益，全方位扩大国内需求，以科技创新引领新质生产力发展，建设现代化产业体系等九大重点任务。政策力度加码有助于增强逆周期调节效果，提振市场信心，推动经济回升向好。初步判断，宏观经济形势能够基本支撑2025年乘用车内需增长速度保持在长期趋势线附近。

鼓励政策：推动2024年乘用车市场增长的报废更新政策和置换政策在2025年还将继续发力显效。报废更新政策方面，在2025年1月1日至2025年12月31日期间，个人消费者报废符合政策要求的乘用车并购买新能源乘用车的，获得2万元补贴；个人消费者报废符合政策要求的燃油乘用车并购买2.0L及以下排量燃油乘用车的，获得1.5万元补贴。补贴额度与2024年持平，力度仍大。置换政策方面，2025年新能源车补贴上限为1.5万元，燃油车补贴上限为1.3万元，力度较大，两项政策都将继续支撑我国乘用车销量增长。

综合看，2025年，在长期规律、宏观经济和汽车鼓励政策的共同作用下，我国乘用车市场需求还将继续增长，内需销量将小幅增长至2340万辆，同比增速为1.7%。

2. 商用车市场预测

长期趋势：从长期趋势线看，未来商用车市场常态化平稳运行是主线。从商用车与乘用车内需发展变化来看，2000—2010 年期间二者保持同步快速增长。2010 年之后，乘用车需求依然维持增长的总体趋势，虽然 2017 年到达阶段性高点之后有所回落，进入第一个平台期，但是自 2021 年之后又重拾增长，当前乘用车发展阶段决定了未来较长时间内依然有增长空间。然而，2010 年之后商用车需求增长动力明显减弱，在政策影响下需求发展一波三折，但需求总规模基本处于 300 万～400 万辆之间。商用车内需增长动能减弱的背后是经济发展阶段的变化。2010 年后，我国 GDP 增速逐步有所减缓，影响商用车需求。同时，为实现高质量发展，我国政府积极推动产业结构升级，高能耗、低附加值产业发展变缓，高端制造业和服务业占比增加，单位 GDP 所需的货物运输量减少，从而导致商用车需求进入常态化发展。

中期趋势：2025 年商用车仍处在前期政策消化期，运力过剩的状态依然对需求存在抑制。在商用车常态化发展阶段，2017—2021 年商用车需求重回高位主要是政策因素起作用，包括 2016 版 GB 1589 实施，以及随之而来的超载治理，席卷全国大部分区域的国Ⅲ营运货车提前淘汰，高速公路由计重收费向按轴收费改革，疫情期间高速公路阶段性免费通行，重型柴油车国Ⅵ排放升级等，密集的政策实施激发了大量新车购买需求，使得商用车市场超经济增长速度而发展，同时也透支后续几年的购车需求，成为 2022—2024 年需求低位的重要原因，2025 年仍将处在前期政策消化的尾期，车多货少的运力过剩状态对新车需求依然存在压制作用。

年度变化：从年度来看，经济、政策和市场因素都呈现出积极变化，支撑 2025 年商用车内需实现小幅正增长。首先，经济基本面对商用车市场支持力度有所好转，而且与商用车密切相关的宏观政策较多，包括：实施提振消费专项行动，推动中低收入群体增收减负，提升消费能力、意愿和层级；加力扩围实施“两新”政策；更大力度支持“两重”项目；适度增加中央预算内投资，加强财政与金融的配合，以政府投资有效带动社会投资；及早谋划“十五五”重大项目；大力实施城市更新；持续用力推动房地产市场止跌回稳等，这些都将有利于商用车市场的平稳运行。其次，2025 年 1 月 8 日国家发展改革委和财政部联合发布《2025 年加力扩围实施大规模设备更新和消费品以旧换新政策的通知》中明确，在落实 2024 年支持政策基础上，将老旧营运货车报废更新补贴范围扩大至国Ⅳ及以下排放标准营运货车，将明显扩大受益群体。截至 2024 年末，总质量 12t 以上国Ⅲ中重型货车保有量约有 40 万辆，而国Ⅳ保有量约有 80 万辆。国Ⅳ保有大省与新车销量大省基本重叠，都集中在山东、江苏、河北、广东、河南等区域，更有利于以旧换新行为实现，而国Ⅲ保有大省多分布在东北、西北和西南省份，与新车销量大省形成错位，制约 2024 年政策效果。2024 年老旧营运货车报废更新补贴政策在 7 月 30 日发布，而 2025 年 1 月即发布，意味着生效时间更长。第三，库存低位奠定回升基础。2024 年下半年商用车行业整体处于去库存状态，7—11 月连续 5 个月国内批发量和终端零售量减差均为负值，为 2025 年国内批发量的增长积蓄了力量，基数偏低利于增长，也给 2025 年补库留有可能空间。

总体来看，2025 年商用车国内需求有望恢复至 319 万辆规模，实现 7.1% 的增长，增长速度有望高于乘用车。

综合乘用车和商用车分析，2025 年我国汽车内需总量将达到 2685 万辆，同比增长 2.2%。

三、新能源汽车市场走势预判

1. 新能源乘用车市场走势预判

我国新能源汽车连续多年保持跨越式发展，2020 年，我国新能源汽车销量仅有 127.6 万辆，到 2021 年达到 326.6 万辆，2022 年达到 624.9 万辆，2023 年和 2024 年分别达到 831.4 万辆和 1159.6 万辆。新能源汽车的跨越式发展主要是新能源乘用车带来的。2024 年，我国新能源乘用车销量为 1097.5 万辆，较 2023 年增长 308.6 万辆，同比增速为 39.1%，全年渗透率高达 47.7%，分月来看，下半年连续 6 个月超过 50%（见图 11）。

2022 年以前我国新能源乘用车增长主要是由纯电动汽车所带动，而 2023 年以来，新能源乘用车增长动力正在发生变化，主要是 PHEV（含 REEV）增长所带动的。2024 年 PHEV（含 REEV）渗透率达到 21.1%，较 2023 年提升了 9.0 个百分点（见图 12）。从增量贡献度来看，2024 年 BEV 对增量的贡献度为 30.4%，而 PHEV（含 REEV）对增量的贡献度达到 69.6%（见图 13）。

新能源汽车增长动力转变、PHEV（含 REEV）快速发展并成为主要推动力，主要有三方面的原因：

第一，供给侧推动。大量 PHEV（含 REEV）产品投放市场令消费者认知发

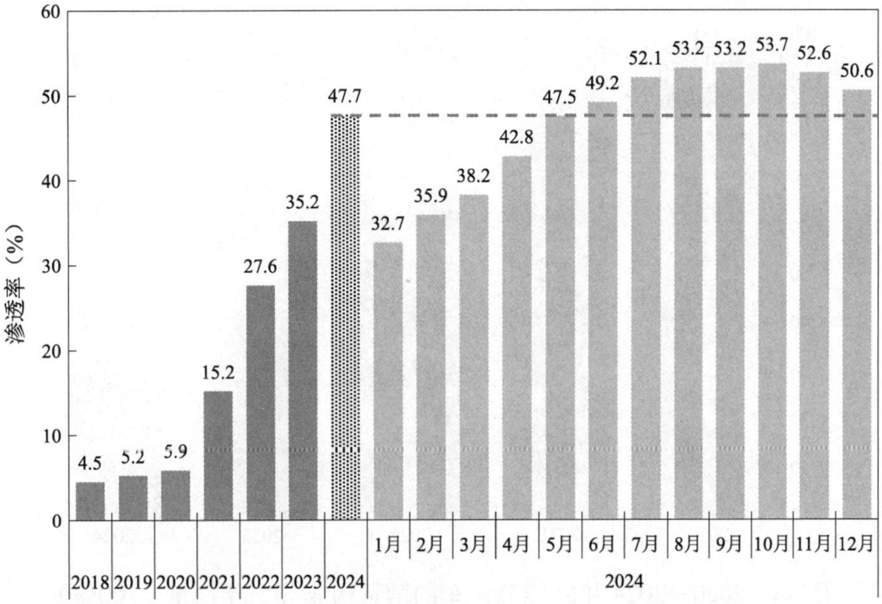

图 11　2018—2024 年新能源乘用车渗透率（内需口径）

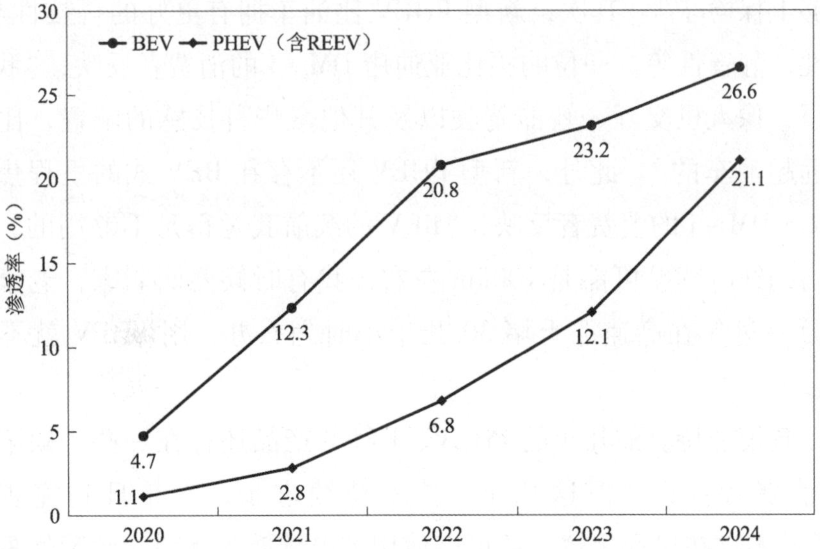

图 12　2020—2024 年 BEV 和 PHEV 的渗透率（PV 总体 = 100%）

生了变化，比亚迪让中国消费者认可了 PHEV 是很好的产品，理想和问界让中国消费者认可了 REEV，并且 REEV 成为消费者心目中的高端产品。

第二，消费者需求偏好拉动。我国新一代 PHEV 产品确实展示出较高的产品品质和价值。首先，新型 PHEV 产品比纯油车具备更强的使用经济性。在国家信息中心开展的消费者调研中，有消费者反映，“当初买秦 PLUS DM - i 的时

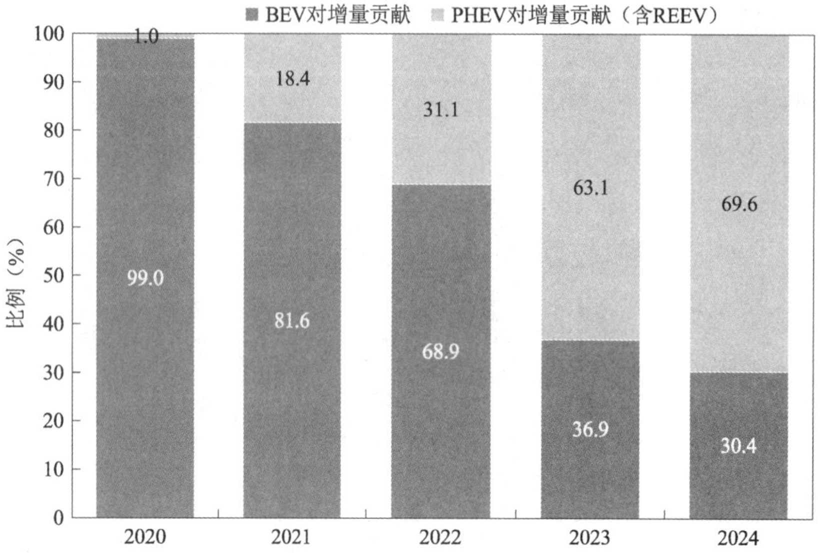

图 13　2020—2024 年新能源汽车的增量构成（当年增量 = 100%）

候，原本是计划买油车的，但油车油耗较高，综合考虑每年使用成本，电车省下的钱足够上保险了”。其次，新型 PHEV 比油车拥有更好的科技性和驾驶感，比如动力性、静音性等。一位购买比亚迪唐 DM－i 的消费者反映，“我觉得油车已经落伍了，像人机交互、智能驾驶以及其他豪华科技感的配置，比亚迪的丰富度都是远超油车的”。此外，新型 PHEV 还不存在 BEV 式的里程焦虑。一位购买秦 PLUS DM－i 的消费者反映，“BEV 的续航我觉得是不够用的，比如当前市场比较高的纯电续航可能是 700km 左右，我有时候要回老家，老家那边没有充电桩，万一过年在高速路上堵 30 几个小时怎么办，用 PHEV 就不会有这种担忧。”

第三，政策加持。前几年的 PHEV、REEV 产品还存在一些小缺陷，可能会令一部分消费者忧虑，但这几年，技术持续进步，产品日趋完善，PHEV、REEV 凭借其不存在里程焦虑，还可以使用纯电续航等优势，政策优惠对消费者购买此类产品的加持力量就明显变强了。在购车时，同价位油车需要缴纳接近车价 10% 的车辆购置税，但 PHEV、REEV 产品目前还是全免的。此外，养路费、车船税等也享受很大幅度的优惠。

众所周知，发展新能源汽车是我国从汽车大国迈向汽车强国的必由之路，2025 年各种政策基本没有变化，因此，我国新能源乘用车在政策和市场双重作用下，仍将保持较好的发展势头。

2. 新能源商用车市场走势预判

过去几年新能源商用车销量也是跨越式发展，2024 年新能源商用车内需量和渗透率均达到历史新高，新能源商用车内需渗透率提升了 5.9 个百分点到 18.0%（见图 14）。

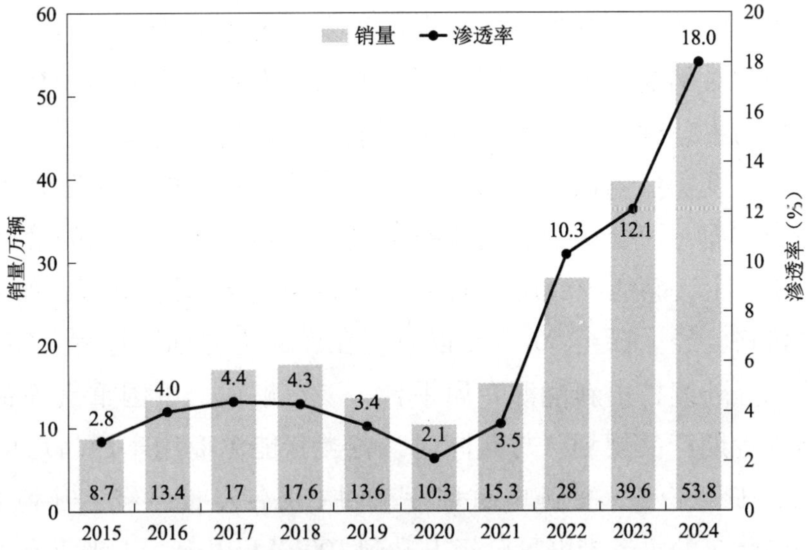

图 14　2015—2024 年新能源商用车销量及渗透率（内需）

中重型货车、轻型货车、微型货车、轻型客车、大中型客车的新能源渗透率在 2024 年均有明显提升。但是和乘用车相比，2024 年新能源商用车渗透率还相差近 30 个百分点，主要因为二者的市场驱动力不同，政策驱动力二者差异不大。未来几年新能源商用车在政策和市场双轮驱动下，还会保持快速发展。

第一，从政策角度看，商用车电动化是大势所趋。从政策出发点看，新能源商用车政策主要考虑减碳、环保和石油消费。当前商用车新能源政策效果非常明显。在制造业中，工业环保分级管理政策效果最好，当前钢铁、水泥、焦化行业对企业进行环保分级管理，将产业链上下游的碳排放和氮氧化物排放纳入评价体系，评级结果与重污染天气的产能关停措施及政策支持力度挂钩。政策要求进出厂区的原燃料采用铁路、水路、管道、管状带式输送机、皮带通廊等清洁方式运输比例不低于 80%，达不到的企业，汽车运输部分全部采用新能源或国Ⅵ排放标准车辆，环保重点区域还要求原燃料清洁运输比例达不到 80% 的部分采用新能源汽车替代。在此政策影响下，河北作为钢铁、焦化大省，又处于环保重点区域核心，新能源中重型货车销量连续几年都位居全国之首，

2024 年达到 1.1 万辆规模。未来工业环保分级管理将向更多行业扩展。另外，公共领域车辆全面电动化先行区试点政策逐渐落地，公务用车、城市公交、环卫、邮政快递、城市物流配送、机场等领域用车电动化趋势加速。此外，北京、深圳、四川、上海、浙江等地也在不断出台相关政策，对新能源商用车销量或占比提出明确目标和具体的推广措施。

第二，市场驱动力将成为新能源商用车发展的重要推手。当前新能源商用车市场驱动力相对偏弱，主要体现在新能源商用车价格仍远高于燃油车，产品以油改电车型为主，续航里程有限和载重能力弱，适应场景有限，使得用户对新能源车的接受度仍然偏低。未来几年，新能源商用车的市场驱动力将明显增强。在价格力方面，随着竞争加剧和技术进步，新能源商用车的价格未来降价空间较大，事实上，新能源商用车的价格 2024 年已经明显下探，如 423kWh 纯电牵引车的价格已经下探至 50 万元以下。在产品力方面，远程、宇通、江铃、东风等企业已经陆续推出新能源专属平台，一汽解放、中国重汽等企业已经将专属平台纳入近期产品规划。与此同时，各类新能源商用车产品均呈现“大电量”和“长续航”趋势，如纯电重型货车的主流带电量已经上升到 400kWh 以上，纯电轻型货车的主流带电量已经上升到 100kWh 以上，未来仍有更大电量的产品上市。价格竞争力和产品力的提升，将增强新能源商用车经济性和场景适应性，从而带来用户偏好的提升，给市场带来增量影响。

（作者：徐长明）

2024 年客车市场分析及 2025 年展望

一、2024 年客车市场现状

1. 市场总量恢复增长

2024 年，我国客车统计信息网的 30 家企业累计销售 5m 以上客车 169524 辆，同比增长 24.5%，其中，座位客车增长 18.63%，校车下降 37.24%，公交客车增长 34.9%，其他客车增长 43.57%（见表 1）。24 家有新能源客车销量，5m 以上新能源客车销量为 64861 辆，同比增长 40.77%。传统客车销量为 104663 辆，整体增长 16.18%，其中座位客车增长 14.14%、公交客车增长 15.44%。总销量中，大型客车销量为 65818 辆，同比增长 23.5%；中型客车销量为 49653 辆，同比增长 43.36%；轻型客车销量为 54053 辆，同比增长 12.06%。

表 1　2023—2024 年客车销量同比情况

比较项目	车型	总计	$L > 12m$	$11m < L \leq 12m$	$10m < L \leq 11m$	$9m < L \leq 10m$	$8m < L \leq 9m$	$7m < L \leq 8m$	$6m < L \leq 7m$	$5m < L \leq 6m$
2023 年销量/辆	合计	136161	10050	22538	20704	3730	22953	7951	6585	41650
	座位客车	76191	5186	15008	7879	1472	8630	5638	2476	29902
	校车	3829	—	97	949	793	184	864	247	695
	公交客车	44608	4823	7244	11695	1300	13822	670	3533	1521
	其他	11533	41	189	181	165	317	779	329	9532
2024 年销量/辆	合计	169524	12301	30691	22826	4604	31542	13507	10593	43460
	座位客车	90385	7824	21803	8263	2156	9640	9280	3398	28021
	校车	2403	129	8	390	630	154	712	122	258
	公交客车	60178	4319	8767	12591	1526	21364	2330	6574	2707
	其他	16558	29	113	1582	292	384	1185	499	12474

（续）

比较项目	车型	总计	L>12m	11m<L≤12m	10m<L≤11m	9m<L≤10m	8m<L≤9m	7m<L≤8m	6m<L≤7m	5m<L≤6m
差额/辆	合计	33363	2251	8153	2122	874	8589	5556	4008	1810
	座位客车	14194	2638	6795	384	684	1010	3642	922	-1881
	校车	-1426	129	-89	-559	-163	-30	-152	-125	-437
	公交客车	15570	-504	1523	896	226	7542	1660	3041	1186
	其他	5025	-12	-76	1401	127	67	406	170	2942
同比增速（%）	合计	24.5	22.4	36.17	10.25	23.43	37.42	69.88	60.87	4.35
	座位客车	18.63	50.87	45.28	4.87	46.47	11.7	64.6	37.24	-6.29
	校车	-37.24	—	-91.75	-58.9	-20.55	-16.3	-17.59	-50.61	-62.88
	公交客车	34.9	-10.45	21.02	7.66	17.38	54.57	247.76	86.07	77.98
	其他	43.57	-29.27	-40.21	774.03	76.97	21.14	52.12	51.67	30.86

2024 年客车市场持续恢复，且呈现上扬趋势，并且呈现出以下特点：

一是座位客车表现突出，依然是客车市场的销售支柱，占总销量的 53.32%。客车市场享受到旅游市场复苏带来的“红利”，带动了旅游公路客车需求的明显增长，为推动我国客车行业整体市场的增长提供了强有力的支持。对客车产品的需求也呈现出了新的特点，舒适化、定制化、个性化、节能化的产品会越来越“吃香”。

二是出口延续快速增长态势，对我国客车整体市场的增长起到了有力的推动作用。国内市场内卷严重，企业把重心都放在利润更大的海外市场，这也使得中国客车更好的“走出去”，在国际上抢占有利地位，形成良好循环，促进出口市场健康发展。值得注意的是，新能源客车是国内客车龙头企业在海外市场“攻城略地”的杀手锏，近几年也一直保持稳步增长态势。

三是 2024 年以来国家支持农村客货邮融合发展的力度较大，使得我国农村客车呈现了高速增长的势头。国家密集出台的支持农村客货邮融合发展的政策，成为促进农村客车增长的“推进器”。作为基础性公共服务，公路客运未来仍会在交通出行结构中保持一定比例。中短途公路客车在接驳、“最后 1km”接送等领域具有竞争优势；9m 以下农村公路客车发展势头强劲，一定程度上推高了中小型公路客车市场的发展。

四是公交客车显著增长，新能源客车需求明显增加，特别是新能源城市公交车及动力电池更新补贴细则落地后，2024 年下半年公交客车市场明显好转。

再加上环保与排放标准趋严，新能源客车发展潜力无限。

国家相关支持政策包括：2024 年 1 月，交通运输部、工业和信息化部、公安部等九部门联合发布《关于加快推进农村客货邮融合发展的指导意见》（以下简称“意见”）。意见提出打造因地制宜的农村客货邮融合发展形势，力争到 2027 年，具备条件的县级行政区实现农村客货邮融合发展全覆盖，全国县乡村三级客货邮站点数量达 10 万个以上，农村客货邮合作线路达 2 万条以上，基本建成“一点多能、一网多用、功能集约、便利高效”的农村运输服务新模式，全国农村运输服务水平和可持续发展能力显著提升。2024 年 3 月，为贯彻落实指导意见，做好农村客货邮融合发展适配车型征集工作，为农村客运经营者提供更多车型选择。在《农村客货邮融合发展适配车辆选型技术要求（试行）》的基础上，中国公路学会客车分会发布了《关于开展农村客货邮融合发展适配车辆选型工作》的通知，开始农村客货邮车型的申报和选型工作。2024 年 6 月，交通运输部办公厅印发《农村道路客运运营服务指南（试行）》。在车辆方面，指南中表明鼓励具备条件的地区统一农村道路客运车辆选型、统一车身标识，推广使用新能源、清洁能源等节能环保车辆等内容，对进一步推动今后我国农村客货邮融合发展利好。2024 年 8 月，交通运输部发布《农村客货邮运营服务指南（试行）》，对站点设置、运营线路、运营车辆、作业流程等进行了规范。提出鼓励优先利用县级汽车客运站、邮政快递分拨中心、货运场站、物流园区等设施，通过功能拓展或改造提升等方式，打造县级客货邮站点，建设县级共同配送中心，实现统一仓储、统一分拣、统一配送。上述一系列政策文件从硬件、软件双方面规范和促进农村客货邮融合发展，有助于推广客货兼顾、经济适用的农村客运车型，是全面推进乡村振兴的重要举措。

2024 年 3 月，国务院发布《推动大规模设备更新和消费品以旧换新行动方案》，在汽车方面，到 2027 年，报废汽车回收量较 2023 年增加约一倍，二手车交易量较 2023 年增长 45%。此外提出了汽车以旧换新，持续推进城市公交车电动化替代，推动二手车市场发展等内容。一直到 2024 年 6 月，交通运输部、工业和信息化部、财政部等十三部门印发了《交通运输大规模设备更新行动方案》，其中提出城市公交车电动化替代行动：鼓励老旧新能源公交车及动力电池更新。鼓励有条件的地方在保障城市公交稳定运营的基础上，因地制宜制定新能源公交车及动力电池更新计划，引导退役动力电池所有方将退役动力电池交售至综合利用企业，积极推广小型化公交车辆、低地板及低入口城市公交车辆。

鼓励各地推动10年及以上老旧城市公交车辆更新。研究制定新能源公交车辆动力电池更换有关政策。最终于2024年7月24日，国家发展和改革委员会、财政部联合印发《关于加力支持大规模设备更新和消费品以旧换新的若干措施》。在加大设备更新支持力度中提到：优化设备更新项目支持方式、支持老旧营运货车报废更新、提高农业机械报废更新补贴标准、提高新能源公交车及动力电池更新补贴标准、提高设备更新贷款财政贴息比例等方面。在加力支持消费品以旧换新方面提到支持地方提升消费品以旧换新能力与提高汽车报废更新补贴标准等。2024年7月29日，交通运输部与财政部联合印发《新能源城市公交车及动力电池更新补贴实施细则》，对城市公交企业更新新能源城市公交车及更换动力电池，给予定额补贴。每辆车平均补贴6万元，其中，对更新新能源城市公交车的，每辆车平均补贴8万元；对更换动力电池的，每辆车补贴4.2万元。2024年9月24日，交通运输部、国家发展和改革委员会、财政部联合发布《关于进一步做好新能源城市公交车及动力电池更新工作的补充通知》，鼓励有条件的地方统筹利用中央财政安排的城市交通发展奖励资金，支持新能源公交车及动力电池更新。利用超长期特别国债资金，对更新新能源城市公交车的每辆车平均补贴8万元，对更换动力电池的每辆车补贴4.2万元。对于更换动力电池的，每辆车补贴金额原则上不得高于新购动力电池价格的50%。

2024年4月，交通运输部办公厅印发《2024年适老化无障碍交通出行服务扩面提质增效等5件民生实事工作方案》，方案旨在持续推进城市公共汽电车、城市轨道交通、出租汽车等领域适老化无障碍服务提升。方案提出加快低地板及低入口城市公共汽电车推广应用，新打造敬老爱老城市公共汽电车线路500条。

2024年5月，工业和信息化部等五部门发布《关于开展2024年新能源汽车下乡活动的通知》，旨在促进农村地区新能源汽车的推广使用，提升绿色安全出行水平，支持美丽乡村建设和乡村振兴。国务院发布了《2024—2025年节能降碳行动方案》，对于汽车领域，政策提到将加快淘汰老旧机动车，提高营运车辆能耗限值准入标准，逐步取消新能源汽车购买限制，推动公共领域车辆电动化等。

2024年8月11日，国务院发布《关于加快经济社会发展全面绿色转型的意见》，大力推广新能源汽车，推动城市公共服务车辆电动化替代。到2035年，新能源汽车成为新销售车辆的主流。此外，意见提到积极扩大绿色消费，开展新能源汽车等节能产品下乡。

2024 年 11 月 14 日，财政部发布《关于提前下达 2025 年节能减排补助资金预算的通知》，金额合计 98.86 亿元。其中新能源汽车推广应用补助资金 82.61 亿元（清算资金 59.53 亿元，预拨资金 23.08 亿元），燃料电池汽车示范应用第二年度奖励资金 16.25 亿元。

以上政策不断刺激并主导着客车市场的发展，城市公交电动化、智能化进程将持续加速。客车企业需要不断调整产业链的战略布局，加速自身数字化转型，谋求适合自己的发展之路，方可在目前的市场格局中脱颖而出。

15 家主流企业中，12 家增长，3 家下降，基本代表了客车行业的整体状态（见表 2）。15 家主流企业销量同比增长 24.38%，与行业整体水平持平。从销量数据来看，增幅超过 50% 的企业有中车时代、江铃晶马、吉利商用车、扬州亚星和中通客车，三龙两通福田依旧稳居前茅，宇通一家的销量甚至比三条龙和中通的总和还略高一点，充分彰显其行业地位。并且前 3 位企业累计销量总和为 83501 辆，占前 15 位企业总销量的 52.1%。这表明客车市场的集中度越来越高，充分显示行业龙头企业的强韧性。

表 2　2024 年累计销量前 15 位企业情况

序号	企业名称	2024 年销量/辆	2023 年销量/辆	同比增量/辆	同比增速（%）
1	宇通客车股份有限公司	46834	36426	10408	28.57
2	北汽福田汽车股份有限公司北京欧辉客车分公司	22994	23488	-494	-2.10
3	金龙联合汽车工业（苏州）有限公司	13673	10793	2880	26.68
4	厦门金龙旅行车有限公司	11576	9078	2498	27.52
5	中通客车股份有限公司	11409	7531	3878	51.49
6	厦门金龙联合汽车工业有限公司	10049	7888	2161	27.40
7	江西江铃集团晶马汽车有限公司	7033	4333	2700	62.31
8	东风汽车股份有限公司	6588	7294	-706	-9.68
9	中车时代电动汽车股份有限公司	5937	3575	2362	66.07
10	安徽安凯汽车股份有限公司	5837	4295	1542	35.90
11	比亚迪汽车工业有限公司	5580	4705	875	18.60
12	浙江吉利商用车集团客车事业部	3903	2420	1483	61.28
13	扬州亚星客车股份有限公司	3372	2096	1276	60.88
14	南京金龙客车制造有限公司	2749	2915	-166	-5.69
15	东风特种汽车有限公司	2728	2011	717	35.65
合计		160262	128848	31414	24.38

5m 以上客车市场已经形成了较为稳固的市场格局，这也表明由“政策驱动”转向“市场驱动”后，虽然市场一直在不断洗牌，竞争持续加剧，大部分市场需求被头部企业消化，并且这种市场格局仍有进一步强化的趋势，国内客车行业已经进入红海市场，且呈现寡头垄断市场格局。

2024 年的旅游客车市场及出口市场繁荣，更高的需求也要求更高的品质。这些无疑将推动客车行业不断前行，引领行业向更高水平不断探索。

2. 新能源客车格局重塑

2024 年，5m 以上新能源客车销量为 64861 辆（其中新能源公交 48859 辆，占 75. 33%）同比增长 40. 77%，其中新能源座位客车增长 61. 99%，公交客车增长 40. 39%（见表 3）。

表 3 2024 年新能源客车销量与 2023 年同比情况

比较项目	车型	总计	$L>12$m	11m $<L\leq12$m	10m $<L\leq11$m	9m $<L\leq10$m	8m $<L\leq9$m	7m $<L\leq8$m	6m $<L\leq7$m	5m $<L\leq6$m
2023 年销量/辆	合计	46076	3161	6086	10507	451	14099	1506	4159	6107
	座位客车	7154	227	1384	2089	33	1088	400	640	1293
	校车	—	—	—	—	—	—	—	—	—
	公交客车	34803	2910	4701	8384	408	13008	605	3315	1472
	其他	4119	24	1	34	10	3	501	204	3342
2024 年销量/辆	合计	64861	3692	8890	11725	1283	22040	3155	6562	7514
	座位客车	11589	425	3268	3226	18	2439	842	263	1108
	校车	199	129	—	—	70	—	—	—	—
	公交客车	48859	3114	5616	8491	1153	19599	2189	6004	2693
	其他	4214	24	6	8	42	2	124	295	3713
差额/辆	合计	18785	531	2804	1218	832	7941	1649	2403	1407
	座位客车	4435	198	1884	1137	-15	1351	442	-377	-185
	校车	199	129	—	—	70	—	—	—	—
	公交客车	14056	204	915	107	745	6591	1584	2689	1221
	其他	95	—	5	-26	32	-1	-377	91	371

（续）

比较项目	车型	总计	L > 12m	11m < L≤12m	10m < L≤11m	9m < L≤10m	8m < L≤9m	7m < L≤8m	6m < L≤7m	5m < L≤6m
增长率（%）	合计	40.77	16.8	46.07	11.59	184.48	56.32	109.5	57.78	23.04
	座位客车	61.99	87.22	136.13	54.43	-45.45	124.17	110.5	-58.91	-14.31
	校车	—	—	—	—	—	—	—	—	—
	公交客车	40.39	7.01	19.46	1.28	182.6	50.67	261.82	81.12	82.95
	其他	2.31	—	500	-76.47	320	-33.33	-75.25	44.61	11.10

从2020年开始，新能源客车销量逐渐回升并趋于稳定（见图1），表明新能源客车市场逐渐走向成熟。随着经济逐渐回暖，全球对于清洁能源的关注程度不断上升，从2024年国家出台的政策来看，无论是客货邮车辆还是以旧换新行动方案，都为新能源市场提供了更多机遇，由此可见新能源依旧占据主要地位。未来新能源客车市场可能会在技术创新和市场竞争的推动下，继续稳步发展。

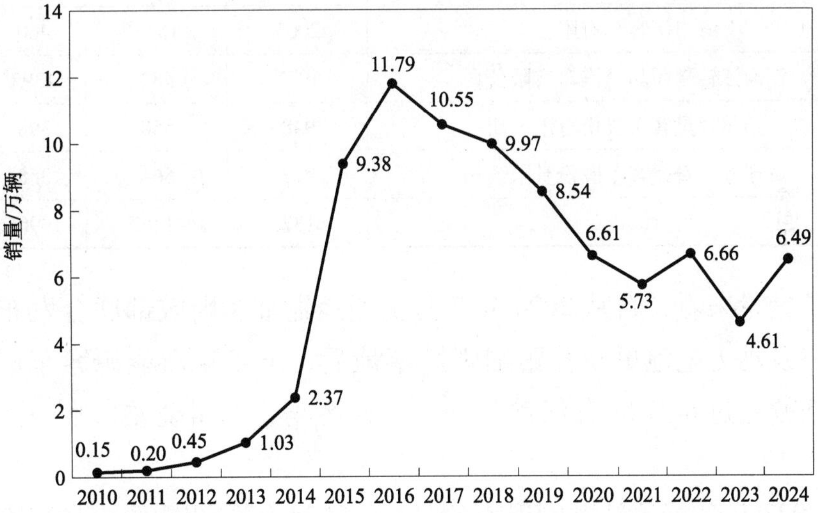

图1 2010—2024年我国新能源客车销量情况

在新能源客车市场中，各企业的市场表现差异较大。销量前15家企业中，14家增长，1家下降，总销量同比增长48.00%（见表4），相比前三季度大幅提升，明显好于行业整体水平，不仅是“两新”政策刺激的结果，同时也说明前15强企业发展更加稳定，已经奠定行业地位。市场集中度较高，头部企业占据较大市场份额，但部分新兴企业也有较强的增长势头。

表 4　2024 年新能源客车销量前 15 名企业情况

序号	企业名称	2024 年销量/辆	2023 年销量/辆	同比增量/辆	同比增速（%）
1	宇通客车股份有限公司	14909	7802	7107	91.09
2	中车时代电动汽车股份有限公司	5863	3564	2299	64.51
3	金龙联合汽车工业（苏州）有限公司	5805	3175	2630	82.83
4	比亚迪汽车工业有限公司	5580	4705	875	18.60
5	厦门金龙旅行车有限公司	4179	3713	466	12.55
6	厦门金龙联合汽车工业有限公司	4152	3034	1118	36.85
7	浙江吉利商用车集团客车事业部	3903	2420	1483	61.28
8	北汽福田汽车股份有限公司北京欧辉客车分公司	3204	3202	2	0.06
9	南京金龙客车制造有限公司	2749	2915	-166	-5.69
10	中通客车股份有限公司	2738	2208	530	24.00
11	安徽安凯汽车股份有限公司	2439	1488	951	63.91
12	上海申沃客车有限公司	2005	1545	460	29.77
13	江西江铃集团晶马汽车有限公司	1977	582	1395	239.69
14	扬州亚星客车股份有限公司	948	550	398	72.36
15	奇瑞万达贵州客车股份有限公司	922	564	358	63.48
合计		61373	41467	19906	48.00

从累计销量来看，自从 2024 年 7 月交通运输部和财政部联合发布《新能源城市公交车及动力电池更新补贴细则》落地后，下半年新能源客车市场明显有所好转。增幅超过 80% 的有江铃晶马、宇通客车、苏州金龙，唯一下降的是南京金龙。

相比 2023 年新能源补贴刚退市的时候，2024 年的新能源市场略有好转，随着“以旧换新”等利好政策的相继出台，新能源客车市场正踏入一个历史性的转折点。综合实力、创新能力、定位准确、布局完善的车企更容易脱颖而出，新能源客车发展前景将会越发明朗。

3. 传统客车增长显著

2024 年，传统客车累计销量 104663 辆，同比增长 16.18%，其中，座位客车增长 14.14%，校车下降 42.44%，公交客车增长 15.44%，其他客车增长 66.5%（见表 5）。

表 5　2024 年传统客车销量及同比情况

比较项目	车型	总计	$L>12m$	$11m<L\leq12m$	$10m<L\leq11m$	$9m<L\leq10m$	$8m<L\leq9m$	$7m<L\leq8m$	$6m<L\leq7m$	$5m<L\leq6m$
2023 年销量/辆	合计	90085	6889	16452	10197	3279	8854	6445	2426	35543
	座位客车	69037	4959	13624	5790	1439	7542	5238	1836	28609
	校车	3829	—	97	949	793	184	864	247	695
	公交客车	9805	1913	2543	3311	892	814	65	218	49
	其他	7414	17	188	147	155	314	278	125	6190
2024 年销量/辆	合计	104663	8609	21801	11101	3321	9502	10352	4031	35946
	座位客车	78796	7399	18535	5037	2138	7201	8438	3135	26913
	校车	2204	—	8	390	560	154	712	122	258
	公交客车	11319	1205	3151	4100	373	1765	141	570	14
	其他	12344	5	107	1574	250	382	1061	204	8761
差额/辆	合计	14578	1720	5349	904	42	648	3907	1605	403
	座位客车	9759	2440	4911	-753	699	-341	3200	1299	-1696
	校车	-1625	—	-89	-559	-233	-30	-152	-125	-437
	公交客车	1514	-708	608	789	-519	951	76	352	-35
	其他	4930	-12	-81	1427	95	68	783	79	2571
增长率（%）	合计	16.18	24.97	32.51	8.87	1.28	7.32	60.62	66.16	1.13
	座位客车	14.14	49.2	36.05	-13.01	48.58	-4.52	61.09	70.75	-5.93
	校车	-42.44	—	-91.75	-58.9	-29.38	-16.3	-17.59	-50.61	-62.88
	公交客车	15.44	-37.01	23.91	23.83	-58.18	116.83	116.92	161.47	-71.43
	其他	66.5	-70.59	-43.09	970.75	61.29	21.66	281.65	63.2	41.53

旅游客车订单和出口的大幅增长是传统客车市场利好的主要原因。尤其是大中型传统动力客车已成为推动大中型客车整体市场增长的最大动力。

校车是传统客车的重灾区。尤其在出现“通学公交车”这一代替品的当下，校车行业更显艰难。不过 2024 年又有新能源校车出口海外，也是为整个校车市场点亮一盏明灯，之后校车发展到底何去何从还得看最后的政策法规如何引导。

传统客车是客车行业的基本盘，基本盘的稳定更能实现客车行业的健康发展。在脱离新能源补贴政策之后，传统客车蓬勃发展，尤其在大中型客车市场中，传统动力成为促进增量当之无愧的“扛把子”。

2024 年，传统客车的市场呈现出三个特点：一是 2024 年，市场销量前 15

家企业有 13 家同比增长，2 家同比下降，前 15 名企业合计销量同比增长 16.11%（见表6），市场份额几乎全部集中在这 15 家企业中。增幅超过 50% 的企业有 5 家，分别是一汽解放、依维柯、上海申龙、中通客车、扬州亚星，可见 2024 年以来，传统客车仍然是客车市场的主力，旅游客运已经成为客车市场的主要需求来源。二是宇通依旧掌握校车半壁江山，销量 1309 辆，占校车总销量的 54.47%。值得注意的是，比亚迪有 199 辆新能源校车出口海外，这是一个积极信号，我国校车有望突破新能源壁垒，校车市场或将迎来调整洗牌。三是城乡交通处于发展上升期，目前交通运输管理部门正在组织城乡交通运输一体化等示范创建工作，持续推进城乡交通运输基础设施、客运服务、货运与物流服务一体化建设。对于适合城乡客运发展的车型，都可能成为下一个增长点。

表 6　2024 年传统客车销量前 15 名企业情况

序号	企业名称	2024 年销量/辆	2023 年销量/辆	同比增量/辆	同比增速（%）
1	宇通客车股份有限公司	31925	28624	3301	11.53
2	北汽福田汽车股份有限公司北京欧辉客车分公司	19790	20286	-496	-2.45
3	中通客车股份有限公司	8671	5323	3348	62.90
4	金龙联合汽车工业（苏州）有限公司	7868	7618	250	3.28
5	厦门金龙旅行车有限公司	7397	5365	2032	37.88
6	东风汽车股份有限公司	6133	7088	-955	-13.47
7	厦门金龙联合汽车工业有限公司	5897	4854	1043	21.49
8	江西江铃集团晶马汽车有限公司	5056	3751	1305	34.79
9	安徽安凯汽车股份有限公司	3398	2807	591	21.05
10	扬州亚星客车股份有限公司	2424	1546	878	56.79
11	东风特种汽车有限公司	1941	1376	565	41.06
12	南京依维柯汽车有限公司	1505	602	903	150.00
13	一汽解放汽车有限公司长春智慧客车分公司	1495	111	1384	1246.85
14	潍柴（扬州）亚星新能源商用车有限公司	512	352	160	45.45
15	上海申龙客车有限公司	283	118	165	139.83
合计		104295	89821	14474	16.11

4. 客车出口势头强劲

2024 年，客车出口总数达到 61820 辆（见图 2），比 2023 年同期增长 41.10%。其中，大中型客车出口 44472 辆，同比增长 36.91%。2024 年我国客车分车型出口情况见表 7。

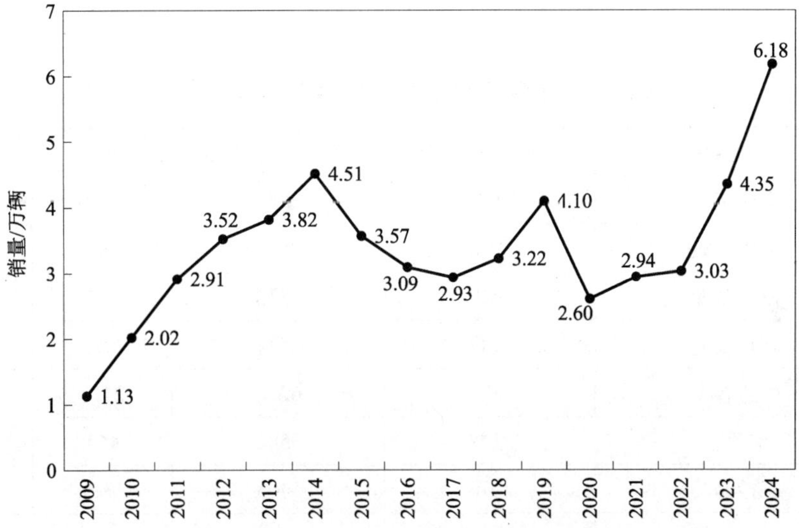

图 2 2009—2024 年我国客车出口销量情况

表 7 2024 年我国客车分车型出口情况表

车型分类	2023 年销量/辆	2024 年销量/辆	同比增量/辆	同比增速（%）
大型客车	25011	32152	7141	28.55
其中：公交	13667	16675	3008	22.01
中型客车	7472	12320	4848	64.88
其中：公交	3840	4616	776	20.21
轻型客车	11330	17348	6018	53.12
其中：公交	299	1549	1250	418.06
合计	43813	61820	18007	41.10
其中：座位	24296	34803	10507	43.25
公交	17806	22840	5034	28.27
校车	272	420	148	54.41
其他	1439	3757	2318	161.08

出口前 10 强企业实现全部正增长，特别是福田欧辉的增幅超过 100%。增

幅超过50%的企业有5家，福田欧辉、扬州亚星、安凯客车、江铃晶马和中通客车（见表8）。这些数据充分显示出我国客车企业在国际市场中的拓展能力。宇通客车累计出口14000辆，也是行业唯一累计出口超一万辆的车企，虽然增长率跑输大盘，但仍强势夺冠，市场占比22.65%大中型客车出口更是喜人，占大中型客车总量的38.51%，这意味着几乎每生产2辆大中型客车，就有1辆出口海外。

表8 2024年我国客车出口销量前10名企业情况

序号	企业名称	2023年销量/辆	2024年销量/辆	同比增量/辆	同比增速（%）
1	宇通客车	10165	14000	3835	37.73
2	厦门金旅	6946	8584	1638	23.58
3	厦门金龙	6629	7432	803	12.11
4	苏州金龙	5247	6534	1287	24.53
5	中通客车	3804	6220	2416	63.51
6	比亚迪	3148	3582	434	13.79
7	江铃晶马	2076	3405	1329	64.02
8	福田欧辉	1365	3304	1939	142.05
9	扬州亚星	1323	2340	1017	76.87
10	安凯客车	1212	1991	779	64.27
合计		41915	57392	15477	36.92

大型客车和中型客车出口量大幅增长，前10名出口企业销量同比增长36.92%，略低于总体增长幅度。销量前10企业基本稳定，但排位争夺依然激烈。客车出口总量总体呈上升趋势，预计未来几年这种增长态势将继续保持，特别是随着更多企业拓展海外市场和新能源客车技术的愈加成熟，出口市场也将更加多元化。

我国新能源客车出口企业，占出口总量的24.98%。新能源客车实现出口15444辆，同比增长28.33%，虽然比不上总体增长幅度，但仍然有很大的发展空间，随着全球对环保和节能减排的重视，新能源客车在国际市场上的需求逐渐增加。现在除了比亚迪出口车型100%是新能源客车外，宇通新能源客车出口占比仅为19.29%，金龙系新能源客车出口占比仅为19.25%，福田客车新能源出口占比仅为16.16%，从乐观的角度来讲，凭借我国在新能源客车领域有技术和成本优势，未来新能源客车出口市场还有很大的提升空间，一旦这些主流强势企业加大了新能源客车出口，那么，新能源客车出口的总量将会明显提升。2024 年我国新能源客车出口企业情况见表 9。

表 9　2024 年我国新能源客车出口企业情况

序号	企业名称	2023 年销量/辆	2024 年销量/辆	同比增量/辆	同比增速（%）
1	比亚迪	3148	3582	434	13.79
2	宇通客车	1463	2700	1237	84.55
3	苏州金龙	1272	1897	625	49.14
4	厦门金旅	2120	1394	-726	-34.25
5	江铃晶马	217	1113	896	412.90
6	厦门金龙	556	1051	495	89.03
7	中车时代	221	1031	810	366.52
8	福田欧辉	716	534	-182	-25.42
9	东风特汽	76	475	399	525.00
10	中通客车	481	419	-62	-12.89
11	安凯客车	159	293	134	84.28
12	扬州亚星	472	283	-189	-40.04
13	亚星商用车	589	218	-371	-62.99
14	奇瑞万达	9	131	122	1355.56
15	上海申沃	—	100	100	—
16	成都客车	—	100	100	—
17	南京金龙	—	79	79	—
18	吉利商用车	8	36	28	350
19	丹东黄海	36	7	-29	-80.56
20	东风汽车	—	1	1	—
21	一汽解放	484	—	-484	-100
22	广西申龙	8	—	-8	-100
合计		12035	15444	3409	28.33

高质量共建“一带一路”倡议，将给客车海外出口带来更多机会。我国也在积极参与国际标准的制定，进而促进客车出口的规范化和标准化。中国品牌客车产品在国际市场的竞争力得到持续提升，同时这些主流客车企业在海外投资模式不断进行创新。客车出口市场同比领涨国内市场一定程度上也证明了客车海外出口市场的机遇可能更多。

二、对 2025 年客车市场的基本预测

2025 年，在国家加大扩围实施“以旧换新”等利好政策的推动下，我国客车市场可能恢复到疫情前水平，迎来更好的发展。具体判断如下：全年 5m 以上客车销量 19.5 万辆，同比增长 15%；座位客车总销量为 10 万辆，同比增长 10%；公交客车总销量为 7.5 万辆，同比增长 25%；校车销量为 0.3 万辆，同比增长 20%。其中，新能源客车同比增长 20%，总销量为 7.8 万辆左右。客车出口同比增长 15%，出口量为 7.1 万辆左右。

随着全球经济的逐步复苏以及对公共交通基础设施建设的持续投入，预计 2025 年客车市场规模将在波动中保持一定的增长。主要判断依据有以下几点：

2024 年底，交通运输部“交通物流降本提质增效”特别强调要创新农村客货邮融合等物流组织新模式，进一步推动农村客运市场的发展。这是继 2024 年国家层面多次发布利好政策支持农村客运市场发展的又一次力挺，由此产生的政策累积效应将更加明显，必将助力 2025 年我国农村客运市场的持续发展。

2024 年 12 月，《关于加快推动班车客运定制服务创新发展的通知》的发布也将给 2025 年我国公路客运市场注入新动能，大概率会增加对公路客车的需求，同时进一步满足旅客对公路客运市场个性化需求，提升公路客运市场竞争力。通知的及时出台，反映了国家层面对定制客运创新发展的高度重视，将推动 2025 年公路客运行业增量市场的发展。

《城市公共交通条例》作为我国第一部城市公共交通领域法规，其发布和实施不仅明确了城市公交客运服务的战略地位，保证其能获得更多的政策支持，还规范了运营标准，进一步推动城市公交客运智能化、定制化方向发展，也为今后我国城市公交客运行业可持续发展提供了强有力的保障。

旅游市场持续增长，随着各地文旅部门的强势发力，交旅融合跨越式发展。旅游包车、景区摆渡车等旅游客运市场对客车的需求将随之增加，特别是高端、舒适、智能化的旅游客车将受到市场青睐。

海外出口市场仍将保持增长态势。亚洲、非洲、南美洲等新兴市场国家经济的快速发展以及城市化进程的加速，带动基础设施建设和公共交通需求的增长。这些地区对性价比高、适用性强的客车产品需求旺盛，为我国客车企业拓展海外市场提供了广阔空间。欧美等发达国家则更关注车辆的技术创新、安全性和环保性。氢燃料电池客车、自动驾驶辅助系统等高端技术应用将成为市场

竞争的关键因素。我国客车企业若能在技术研发和产品质量上取得突破，有望在发达国家市场中占据一席之地。

基于以上政策及市场导向，具有技术研发实力、品牌影响力和市场渠道优势的头部企业将继续占据主导地位。它们凭借丰富的产品线、优质的产品质量和完善的售后服务体系，市场份额有望进一步扩大。部分中小企业也能通过聚焦细分市场、提供差异化产品和服务来谋求生存与发展，或在特定地区建立竞争优势，与头部企业形成互补的市场格局。

2025 年，客车市场既面临着市场需求增长、技术创新带来的发展机遇，也面临着竞争加剧、政策法规严格等挑战。客车企业需要密切关注市场动态，加大技术研发投入，优化产品结构，提升服务质量，以适应市场变化，在激烈的竞争中立于不败之地。同时，加强国际合作与交流，拓展海外市场，也是客车企业实现可持续发展的重要途径。总体来说，客车市场正在往好的方向发展，恢复至疫情前水平计日程功。

（作者：马琦媛）

2024 年微型车市场分析及 2025 年展望

一、2024 年微型车市场总体表现

1. 微型车市场创近年新低

（1）微型车市场总体销量创新低　微型车市场在 2023 年反弹后再次下滑，预计将创 2001 年以来年度销量新低。2024 年 1—10 月，微型车市场累计销售 57.8 万辆，同比下滑 19.8%，预计全年累计销售 69 万辆左右，同比下滑 22.9%（见图 1）。

其中：微型客车市场（交叉车型）容量小幅回升，2024 年 1—10 月微型客车市场累计销售 20.5 万辆，同比下滑 4.4%，预计全年累计销售 27 万辆，同比上升 2.2%。

微型货车市场销量大幅下滑，2024 年 1—10 月微型货车累计销售 37.3 万辆，同比下滑 26.3%，预计全年累计销售 42 万辆，同比下滑 33.3%。

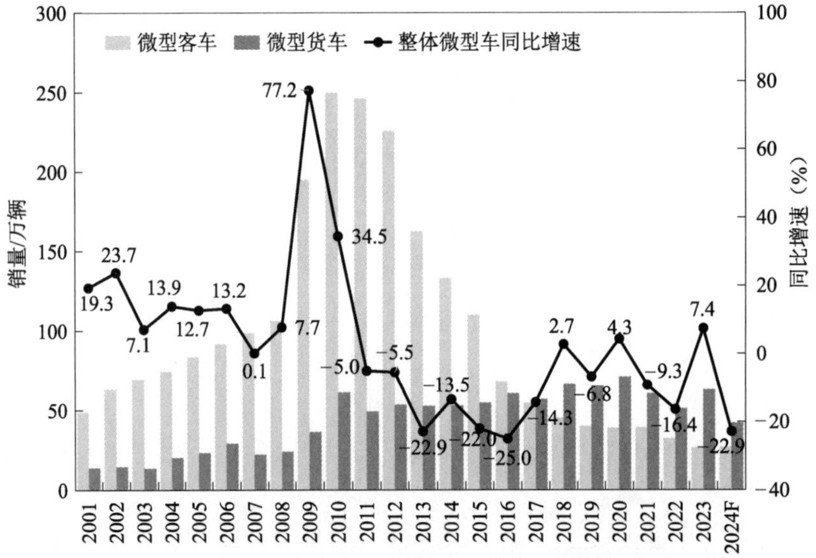

图 1　2001—2024 年微型车市场销量走势图

（2）从月度趋势来看，上半年走势与2023年基本一致，但从6月开始持续弱于2023年同期　2024年1—5月微型车市场销量略好于2023年同期，6月开始呈现持续下滑趋势，同时与2023年同期销量差距逐月拉大（见图2）。

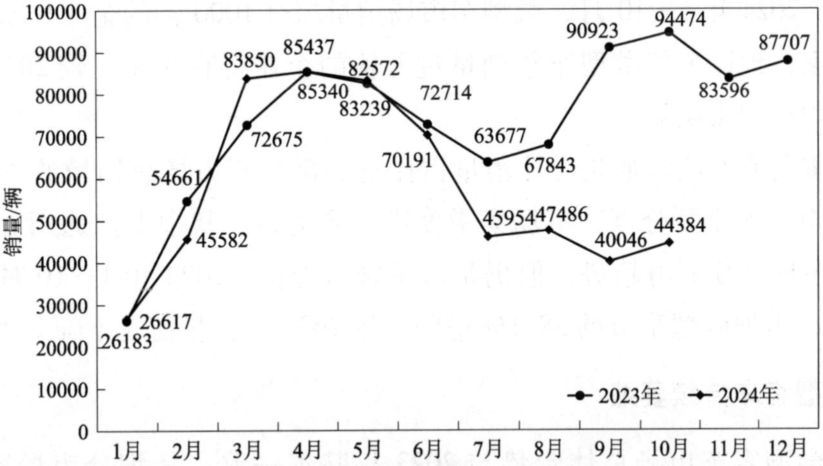

图2　2023—2024年微型车市场逐月销量走势图

（3）对比商用车其他细分市场来看，微型车市场是2024年同比表现最差的细分市场　具体来看，微型客车同比表现差于客车市场的其他细分市场；微型货车同比表现差于货车市场的其他细分市场。2024年商用车各细分市场销量及同比表现见表1。

表1　2024年商用车各细分市场销量及同比表现

商用车细分市场	2024年1—10月销量/辆	2023年1—10月销量/辆	同比增速（%）
货车	2785659	2914443	-4.4
微型货车	372722	505545	-26.3
轻型货车	1556119	1529157	1.8
中型货车	107520	91869	17.0
重型货车	355031	349888	1.5
半挂牵引车	394267	437984	-10.0
客车	404476	388846	4.0
轻型客车	316691	318485	-0.6
中型客车	36363	28971	25.5
大型客车	51422	41390	24.2
微型客车（交叉型乘用车）	204827	214310	-4.4
微型车小计（微型客车+微型货车）	577549	719855	-19.8
大商用车合计（含微型客车）	3394962	3517599	-3.5

（4）从行业地位来看，微型车销量占比同比下滑　2024 年 1—10 月，微型车市场销量在整体汽车市场的占比为 2.35%，较 2023 年下滑 0.61%。

（5）从参与者来看，微型车市场仍是寡头独占市场的态势，上汽五菱延续下滑趋势　2024 年 1—10 月，微型车市场销量超过 1000 辆的企业 9 家，较 2023 年较少 1 家，预计今年微型车年销量过万辆的企业将有 9 家，较 2023 年持平，其余企业均有淘汰风险。

销量排名前五位的企业合计销量占比达到微型车市场总销量的 90.6%，较 2023 年上升 3.5 个百分点，市场集中度进一步提升。其中上汽通用五菱在微型车市场的占比延续下滑趋势，但仍是寡头独占地位。2024 年 1—10 月累计销量 33.5 万辆，占据微型车市场 58.1% 份额，较 2023 年销量占比下降 2 个百分点。

2. 微型客车持续萎缩

（1）微型客车市场总体走势与 2023 年基本一致　从细分市场容量来看，2024 年 1—10 月微型客车累计销售 20.5 万辆，同比下滑 4.4%，延续同比下滑趋势。

从月度趋势来看，2024 年微型客车市场趋势与 2023 年基本一致（见图 3），一季度走势较弱，二季度小幅回升，拉通上半年基本与 2023 年持平，下半年延续弱势表现。

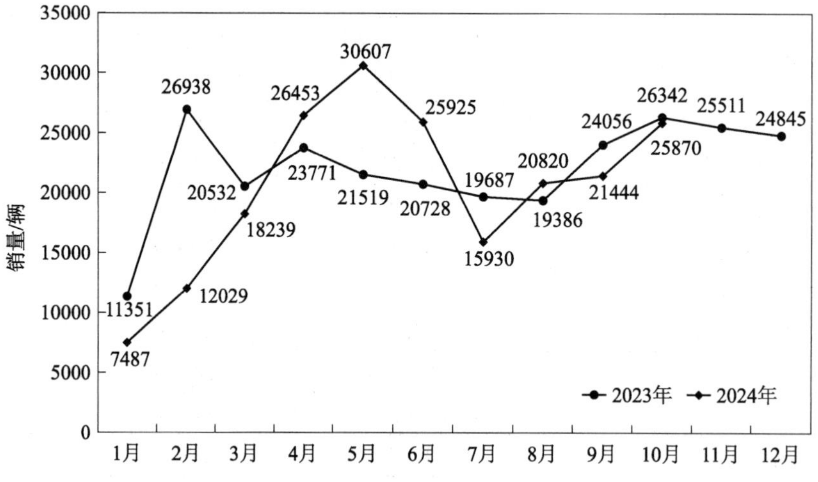

图 3　2023—2024 年微型客车市场逐月销量走势图

（2）微型客车市场竞争格局未变，华晨鑫源同比大幅下滑是细分市场下滑的主要原因　2024 年微型客车市场销量前四大企业（上汽通用五菱、长安汽车、东风小康、华晨鑫源）合计占据99.4%的市场份额，与2023年持平，市场集中度非常高，市场内其余企业基本淘汰。

其中，2024年1—10月，上汽通用五菱累计销量为14.9万辆，同比上升10.9%；长安累计销量为1.5万辆，同比上升14.5%；东风小康累计销量为0.97万辆，同比上升3.8%；华晨鑫源累计销量为3万辆，同比下滑46.3%，是细分市场同比下滑的主要原因。

（3）新能源车型快速提升　2024年1—10月，微型客车市场中新能源车型销量5.5万辆，新能源车渗透率达到27%。

3. 微型货车大幅下滑

（1）市场总体趋势前强后弱　从细分市场容量来看，2024年1—10月，微型货车累计销售37.3万辆，同比下滑26.3%，市场容量下滑较大。

从月度趋势来看，2024年1—10月市场呈现“三连增，七连降”（见图4）；一季度表现好于2023年同期，4月开始呈现持续下滑趋势，同时与2023年同期销量差距逐步拉大。

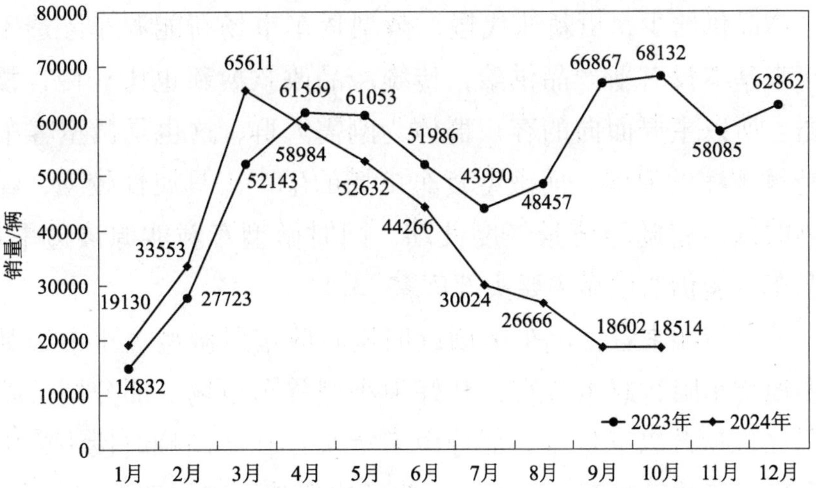

图4　2023—2024年微型货车市场逐月销量走势图

（2）市场竞争格局小幅变化，长安汽车逆势增长　2024年微型货车市场中销量过万辆的企业有6家，较2023年持平，长安汽车反超山东凯马排位上升至第二位，奇瑞汽车反超东风汽车排位上升至第四位，销量前五位的企业（上汽通用五菱、长安汽车、山东凯马、奇瑞汽车、东风汽车）合计占据95.9%的市场份额，较2023年下降1.7个百分点，市场集中度仍然较高。

其中，2024 年 1—10 月，上汽通用五菱累计销量为 18. 7 万辆，同比下滑 38. 2%，是细分市场同比下滑的主要原因，长安汽车累计销量为 6. 6 万辆，同比上升 32. 7%，山东凯马累计销量为 5. 2 万辆，同比下滑 3. 9%；奇瑞汽车累计销量为 3. 3 万辆，同比下滑 11. 9%，东风汽车累计销量为 2. 1 万辆，同比下滑 21. 3%。

二、2025 年微型车市场展望

第一，市场预计表现为两极分化。微客市场（交叉乘用车）未来发展仍然受需求萎缩和部分乘用车市场（小型 MPV 和小型 SUV 市场）的功能性替代影响，市场将延续弱势趋势。微型货车市场作为典型的“工具车”市场，2024 年的下滑主要受当前经济景气度走弱的影响较大，随着近期一揽子稳经济增量政策加力推出，预计 2025 年将逐步回升，同时也有望带动微型货车市场需求释放。

第二，市场竞争格局基本稳定，落后企业逐步淘汰。2024 年销量排名前五位的企业合计销量占比达到微型车市场总销量的 90. 6%，较 2023 年上升 3. 5 个百分点，市场集中度进一步提升，其余企业均有被淘汰的风险。

第三，产品供给少，更新迭代慢，微型货车市场新能源车渗透不足。微型车市场近年来基本没有新产品供给，传统产品改款焕新也比较慢，整体产品力在持续减弱，所以主要面向的客户群体为刚需人群，这也是微型客车市场（交叉车型）持续萎缩的原因，而微型货车市场的生产工具属性较强，经济敏感度较高，市场的发展将随经济景气度波动。同时微型车新能源渗透率仍然较低，未来新能源车发展仍要依靠主要头部厂家。

第四，从政策端来看，汽车市场以旧换新政策对微型客车市场刺激作用逐步显现，多地货车限行政策放宽，利好中小型货车市场。部分城市陆续对中型及以下货车（轻型及以下货车、部分中型货车）在非高峰时段不受限制，可以在市区范围通行等政策放宽。此外，一些城市取消了特定路段的货车限行政策，这将逐步刺激中小型货车市场需求释放。同时以旧换新等促销费政策预计将持续刺激微型客车市场销量提升。

总体来看，虽然 2024 年内部表现分化，但随着一系列政策的带动和 2025 年经济景气度的回升，微型车市场销量也将迎来修复。

（作者：冉碧林）

2024年中重型货车市场分析及2025年展望

2024年，宏观经济对市场的支撑走弱，内需拉动不足，导致公路货运需求低迷，对中重型货车市场需求造成负面影响，中汽协数据显示，2024年中重型货车市场较2023年小幅下降，1—11月实现销量93.4万辆（其中重型货车81.8万辆，中型货车11.6万辆），较2023年同期下降2.7%（见图1）。

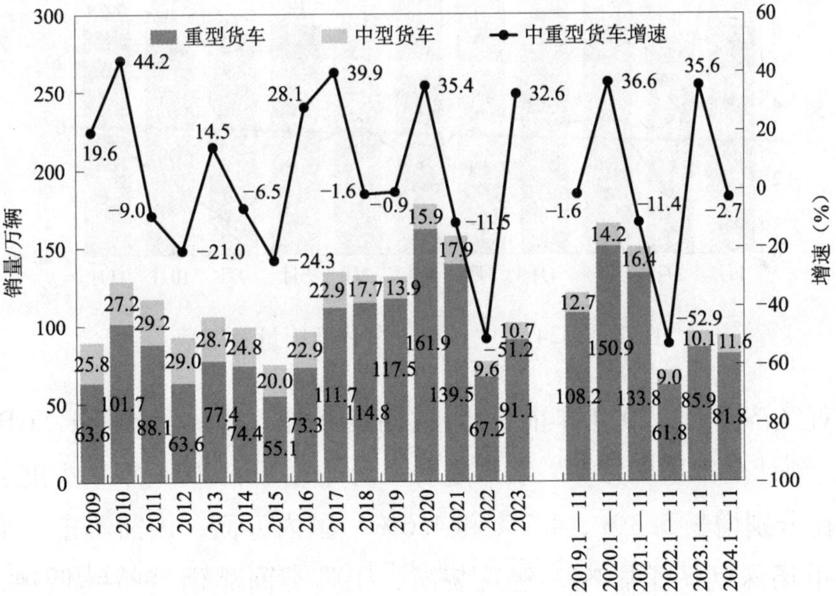

图1　2009—2024年中重型货车市场销量及增速

（注：数据来源于中国汽车工业协会）

一、2024年中重型货车市场回顾

1. 市场概况

2024年1—11月，中重型货车市场规模为93.4万辆，同比下降2.7%，中重型货车市场仍处于低位水平。其中，重型货车市场规模为81.8万辆，同比下降4.8%；中型货车市场规模为11.6万辆，同比增长1.5%。从整体趋势看，除2024年1月受同期低基数影响取得较大增幅外，自2月起市场表现均不理想。2024年前11月中，有7个月同比负增长，且有4个月降幅较大。2024年中重型货车月度销量及增速见图2。影响市场发展的因素主要有两方面，即宏观经济和政府政策导向。

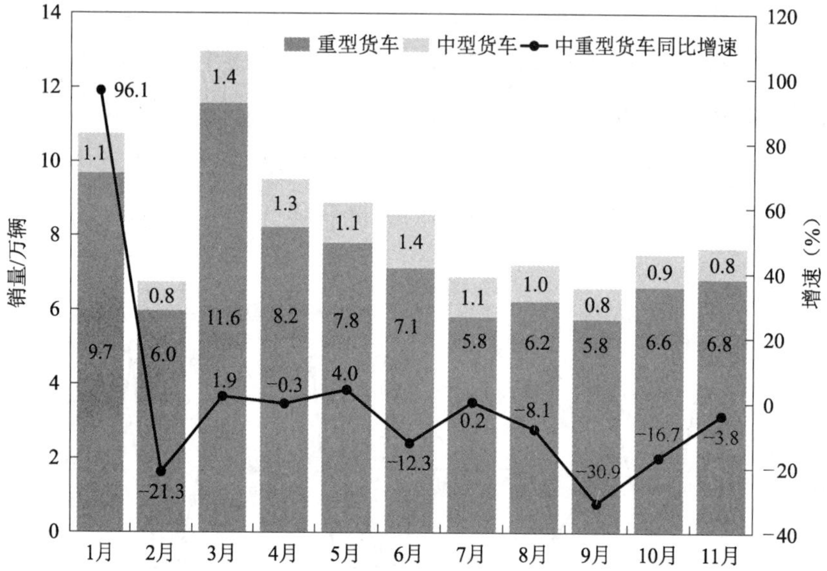

图2　2024年中重型货车月度销量及增速

在宏观经济方面，2024年前三季度，我国经济总体运行平稳，GDP同比增长4.8%，预计全年呈现“V”字形走势。分季度看，2024年一季度、二季度、三季度同比分别增长5.3%、4.7%和4.6%。国内方面，内需不定，消费偏弱。受房地产市场深度调整影响，建筑装潢、家具类商品消费持续低迷，2024年1—10月分别同比下降3%和增长1.9%。虽然消费品以旧换新政策带动家电、通信器材等商品消费增长，2024年1—10月分别同比增长7.8%和12.2%，但整体对物流行业带动有限，公路货运量整体表现平平。从2024年3—10月货运量及公路货运量情况来看，公路货运增速总体较低，且明显低于GDP增速（见图3），货运量不足是导致中重型货车销量低迷的最重要因素。在投资方面，房地产投资持续负增长，基建投资表现不及预期，在消费对经济支撑不足的情况下，投资未能充分发挥稳增长作用，也未能对工程类中重型车需求产生积极影响。

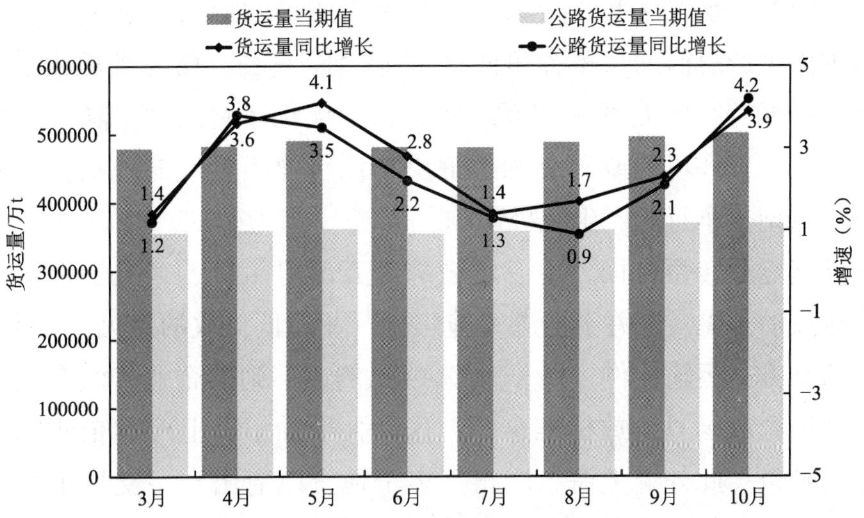

图3　2024 年 3—10 月货运量及公路货运量情况

（注：数据来源于国家统计局）

在外部环境方面，2024 年全球经济延续弱复苏态势，通胀压力得以缓解，全球贸易回暖，国际货币基金组织预测全年经济增速为 3.2%。

在政府政策方面，2024 年政府出台了多个鼓励和推动商用车行业发展的政策，包括设备更新、物流发展和新能源转型等多个领域，其中对中重型货车支撑力度最大的是交通运输设备大规模更新政策。2024 年 3 月 13 日，国务院印发《推动大规模设备更新和消费品以旧换新行动方案》，明确提出加快淘汰国Ⅲ及以下排放标准营运类柴油货车；2024 年 5 月 31 日，交通运输部等十三部门印发《交通运输大规模设备更新行动方案》进一步明确交通运输设备更新行动的具体细节，在商用车领域开展以旧换新行动并给予补贴，涉及城市公交车电动化、国Ⅲ和国Ⅳ柴油货车淘汰更新、邮政末端配送车更新等。2024 年 7 月 31 日，交通运输部、财政部给出报废更新的补贴标准，报废老旧营运货车并新购新能源重型货车最高补 14 万元，报废老旧营运货车并新购国Ⅵ重型货车最高补 11 万元。该政策整体利好中重型货车市场需求，同时对新能源中重型货车需求增长形成较强支撑。此外，上海等地对国Ⅳ柴油车淘汰更新也给予补贴，进一步带动了部分置换需求。

在促进物流发展方面，政策以降低物流成本为主。2024 年 2 月 23 日，中央财经委第四次会议上研究提出“有效降低全社会物流成本”。2024 年 11 月 12 日，交通运输部、国家发展和改革委员会发布《交通物流降本提质增效行动计划》，明确提出，到 2027 年，交通物流降本提质增效取得显著成效，社会物流总费用与国内生产总值的比率力争降低至 13.5% 左右。在网络货运平台的监管上，交通运输部持续督促平台规范经营行为，优化运营规则，降低过高抽成比例。物流行业经营环境的改善有利于解决物流行业不景气的现状，行业的健康发展将对中重型货车行业产生积极影响。

在促进新能源转型方面，生态环境部等五部门印发了《关于推进实施水泥行业超低排放的意见》《关于推进实施焦化行业超低排放的意见》，要求两类行业企业的清洁方式运输比例不低于 80%，比例达不到的企业，汽车运输部分需全部采用新能源或国Ⅵ排放标准车辆，这大大增加了以上两类企业购买新能源重型货车的数量。此外，上海、广州等多个地方政府出台了支持重型氢燃料电池货车推广或推动氢能产业发展的政策，也为氢燃料重型货车的推广提供有力的推力。

总体来看，宏观经济进入新常态导致 2024 年中重型货车需求减少，虽然各类政策的出台有利于中重型货车行业发展，但效果仍然有限。

2. 细分市场表现

2024 年 1—11 月，终端零售数据显示中重型货车销量为 57.1 万辆，预计 2024 年全年销量为 61.6 万辆，同比下降 6.2%（见图 4）。

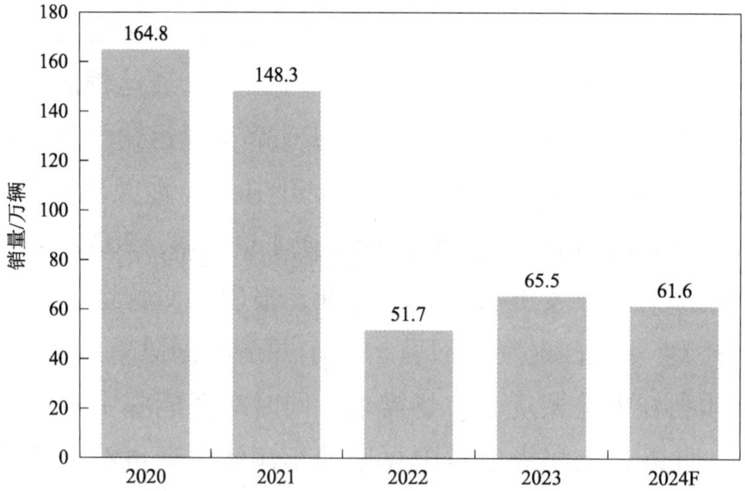

图 4　2020—2024 年中重型货车销量

（数据来源：终端零售数据）

2024 年 1—11 月，牵引车同比下降 6.8%，载货车下降 7.6%，未能延续

2023 年的增长势头，但好于 2022 年，反映当前物流环境已有改善但仍未摆脱低位运行的现状。自卸车下降 2%，专用车下降 10.2%，体现出整体工程运输仍较为惨淡，短期内未见改善（见图 5）。

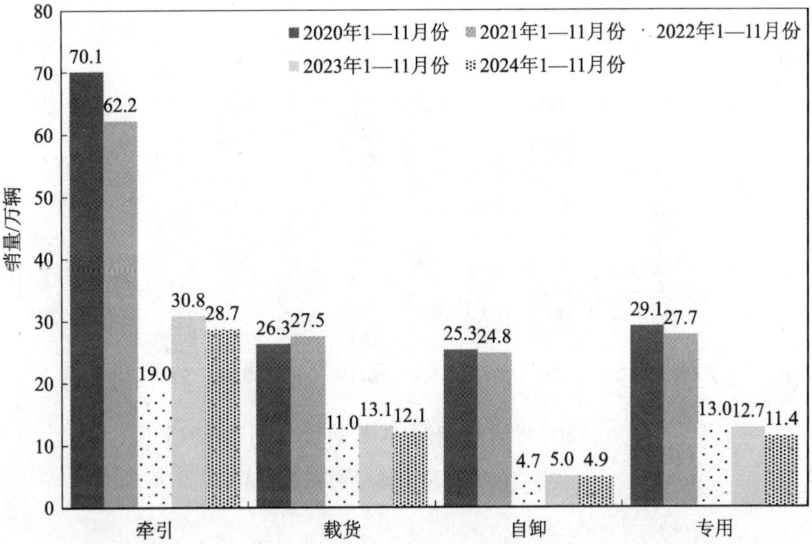

图 5　2020—2024 年 1—11 月份中重型货车分品系销量

（注：数据来源于终端零售数据）

2024 年，中重型货车市场的亮点是新能源车型。2024 年 1—11 月，新能源中重型货车销量为 6.9 万辆，同比增长 134.7%，实现超预期增长。

从月度数据看，销量总体呈波动上升趋势，并在 11 月突破万辆（见图 6）。市场的主要驱动因素是政策支撑、产品力提升及产品价格下降。在政策方面，工业环保分级管理逐渐深入，报废更新政策也极大利好新能源。在产品方面，“大电量”和“长续航”的趋势使得新能源车型应用场景增多，用户接受度提高。在价格方面，“价格战”同样波及新能源板块，使得用户购车成本下降，相较传统能源车的 TCO 优势也得以增强。

分品系看，除载货车外，牵引车、自卸车和专用车均有较大幅度增长。其中，牵引车增长接近 200%，体现出新能源车型正快速向物流行业渗透（见图 7）。

二、2025 年中重型货车市场需求判断

从中长期看，经济增长、政策导向、出口变化、技术进步等将影响中重型货车的需求。预计 2025 年中重型货车销量将温和回暖，销量预计达到 105 万辆

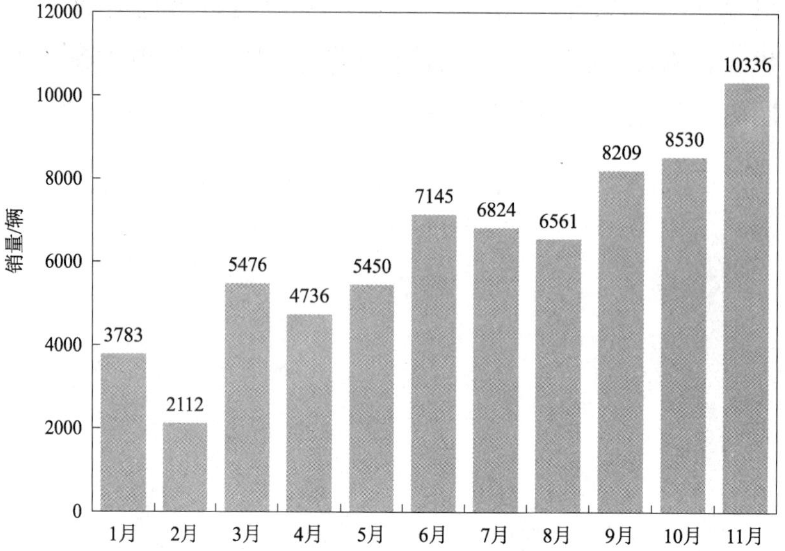

图 6　2024 年新能源中重型货车月度销量

（注：数据来源于终端零售数据）

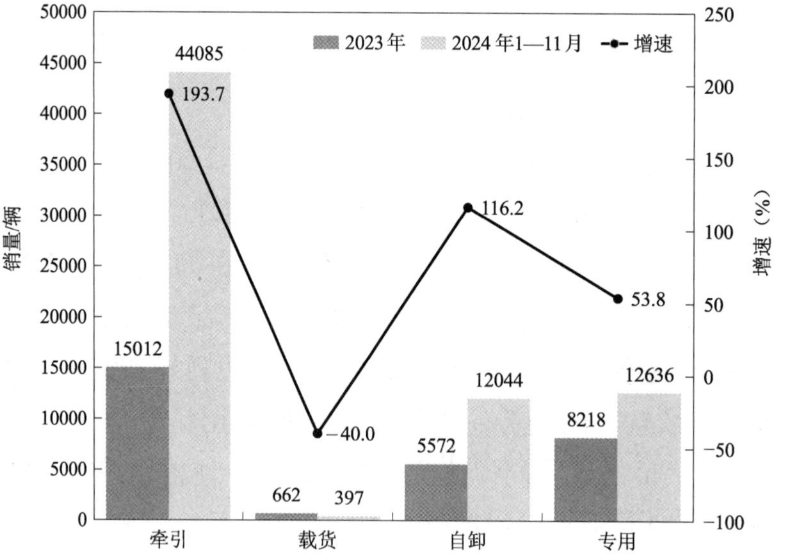

图 7　2023 年、2024 年 1—11 月新能源中重型货车分品系销量及增速

左右，同比增长 5% 左右。

在经济方面，2025 年一揽子增量政策效应将逐步呈现，同时具备进一步加力的空间，有望推动国内需求回升和居民信心恢复，预计 2025 年 GDP 增长 5% 左右。消费方面，预计消费增速将有小幅回升。消费品以旧换新政策的效果进一步显现，同时该项政策有望在 2025 年延续并加力。随着政策进一步加码，消费

品将实现较快增长，带动整体货物周转率提升，利好物流行业，有利于中重型货车行业。投资方面，基建投资有所改观，一是2024年发行的专项债将在2025年持续发挥调节作用，缓解地方政府压力；二是2025年超长期特别国债规模预计达1万亿元，将进一步推动基建投资发展；三是2025年是“十四五”收官之年，主要基建领域未完成的项目预计将加快建设，完成“十四五”既定目标。

在政策方面，国Ⅲ、国Ⅳ老旧柴油货车淘汰持续推进。2023年12月7日，国务院印发《空气质量持续改善行动计划》，这是国务院继2013年《大气污染防治行动计划》、2018年《蓝天保卫战三年行动计划》两个国家级大气污染治理行动计划后出台的第三个重大治理行动计划，当前已有多个省市出台对应的地方政策，限制高污染车辆的路权，这将利于车辆向清洁车辆更新。此外，设备更新和以旧换新政策将在2025年持续，部分省市已率先开展国Ⅳ中重型货车淘汰，政策的双重叠加将为2025年中重型货车市场带来正面影响，尤其利好新能源中重型货车需求提升。2024年11月，中共中央办公厅、国务院办公厅印发了《有效降低全社会物流成本行动方案》，提出深化体制机制改革、促进产业链供应链融合发展、健全国家物流枢纽与通道网络、加强创新驱动和提质增效、加大政策支持引导力度等多方面重点任务，公转铁水等政策将进一步发力，对公路干线物流产生一定负向影响。

在出口方面，预计2025年全球经济增速与2024年基本相当。从需求端来看，主要经济体财政政策整体将逐渐趋于正常化，欧美央行货币政策步入降息周期，中国中重型货车出口的主要区域东南亚、南美、墨西哥等区域，外来直接投资也将增加，有利于这类地区的经济恢复，对中重型货车需求形成正向支撑。从供给端来看，中国主机厂都将继续加大出口业务力度，以弥补国内市场长期不振的局面。各大企业持续提升海外市场重要性，加大对出口业务人、财、物的投入，但随着海外市场竞争加剧，企业可能采取“以价换量”的方式来抢夺市场。从出口地区看，“一带一路”倡议沿线国家仍将是我国中重型货车出口的主要市场。

在技术方面，新能源与智能网联技术仍将是汽车产业发展的主流趋势。电驱桥、固态电池、燃料电池等多个领域技术均取得较大发展，同时随着新能源商用车的持续渗透，新能源技术也将不断进步。电池容量不断突破，续航里程持续增长也使得新能源车型的应用场景越来越多。智能网联汽车“车路云一体化”试点、智能网联汽车试验场的建成和使用都将为车辆的智能化应用创造有利条件。总体而言，新能源和智能网联技术有利于提升物流行业绿色化、智能化、信息化水平，不断提升运输效率。

综合来看，2025 年中重型货车需求较 2024 年将有小幅提升，经济、政策、出口、技术等多个方面都将不同程度促进市场需求提升以及行业健康发展。

（作者：姜智勇　白鑫）

2024 年轻型货车市场分析及 2025 年展望

我国的物流场景主要分为城配物流和城际物流两大类，多数轻型货车在城配物流场景中比重较大，包括城区、城乡、乡镇、农村等场景，轻型货车还可以用于小型工程作业、环卫冷藏等多种专用车场景，是中国商用汽车的主力车型。

根据公共安全行业标准（GA）分类，依据《道路交通管理机动车类型》（GA 802—2019），轻型载货汽车是指车长小于 6000mm 且总质量小于 4500kg 的载货汽车，但不包括微型载货汽车和低速汽车（三轮汽车和低速货车的总称）；依据此标准，中国汽车工业协会在行业统计口径上包含皮卡和轻型卡车。在国家标准 GB/T 15089《机动车辆及挂车分类》中，将货车分为 N1、N2、N3 类，其中 N1 类是指最大设计总质量不超过 3500kg 的载货车辆；N2 类是指最大设计总质量超过 3500kg，但不超过 12000kg 的载货车辆；N3 类是指最大设计总质量超过 12000kg 的载货车辆。N2 类蓝牌轻型货车是轻型卡车的核心市场。

本文所用的车型范围有三层，轻型货车（包括皮卡和轻型卡车）、轻型卡车、N2 类蓝牌轻卡，其关系为：轻型货车 > 轻型卡车 > N2 类蓝牌轻卡；其中轻型载货车和轻型卡车的数据来源主要为中国汽车工业协会，N2 类蓝牌轻卡的数据来源为终端销量数据整理。

一、2024 年轻型货车市场回顾

1. 整体轻型货车市场走势

2024 年我国商用车总销量为 387. 3 万辆，同比下降 3. 9%；货车销售完成 336. 2 万辆，同比下降 5%；其中，轻型货车销售 189. 9 万辆，同比增长 0. 2%。2024 年轻型货车在商用车市场与货车市场的占比分别为 49% 和 56. 5%，对于整体市场走势举足轻重。通过观察轻型货车市场近 20 年市场走势（见图 1），其高峰出现在 2020 年和 2021 年，分别为 219. 9 万辆和 211. 0 万辆，其他年份呈现波形走势，反映出轻型货车市场正处于 220 万辆的平台期。

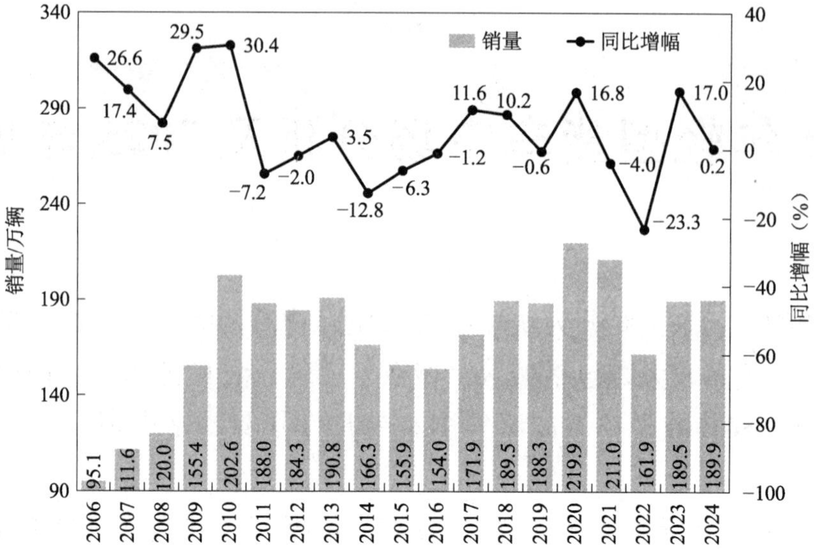

图 1　2006—2024 年轻型货车市场销量走势

（注：资料来源于中国汽车工业协会）

2. 轻型卡车市场年度走势

2024 年轻型卡车市场（在轻型货车基础上扣除皮卡销量）销售 135. 1 万辆，同比下降 1. 7%。2024 年轻型载货车的市场构成中轻型卡车和皮卡的比例约为 7:3。在商用车市场整体下滑 3. 9% 以及货车市场下降 5% 的大背景下，轻型卡车这一表现可谓跑赢大市，如果考虑这一销量表现是在没有报废更新和以旧换新的“两新”政策支持下（除新能源冷藏车以外）取得的，轻型卡车市场的表现可谓可圈可点，反映出城配物流市场的活力，也预示在 2025 年这一市场将继续平稳运行。

通过观察近 20 年的轻型卡车市场走势（见图 2），其高峰出现在 2010 年和 2020 年，分别为 164. 8 万辆和 170. 8 万辆，其他年份呈现波形走势，反映出轻型卡车市场已经处于 170 万辆内的平台期，预计未来几年将保持在这一规模之内。

3. 轻型卡车市场月度走势

受经济大环境影响，从第一季度到第三季度的经济下行压力逐步加大。2024 年上半年轻型卡车市场的月度销量同比保持正增长（见图 3），但是增幅逐步回落；2024 年下半年的月度同比进入负数阶段。2024 年 7 月 24 日，《关于加

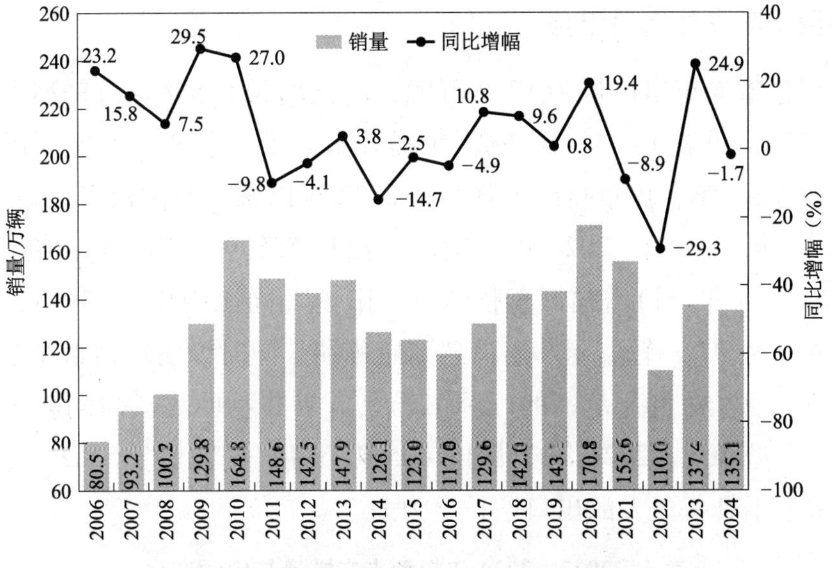

图 2　2006—2024 年轻型卡车市场销量规模走势

（注：资料来源于中国汽车工业协会）

力支持大规模设备更新和消费品以旧换新的若干措施》正式发布，加大对汽车“两新”的补贴力度。但是在整体层面上，对乘用车的力度大于商用车，而在商用车中对中重型货车的支持力度最大，轻型卡车基本没有得到支持，所以下半年轻型卡车的走势基本反映了市场供需情况，也反映出投资领域下行的基本情况。

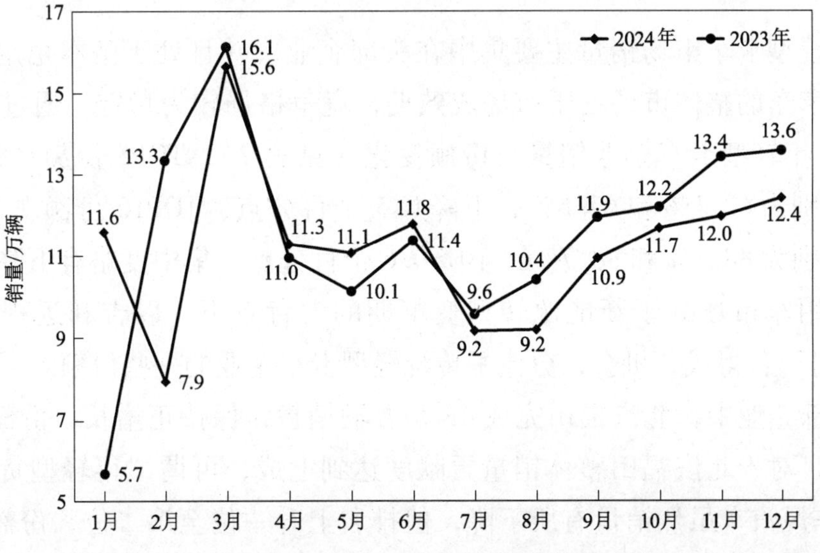

图 3　2023—2024 年轻型卡车月度市场销量

（注：资料来源于中国汽车工业协会）

4. 轻型卡车海外出口走势

2024 年轻型卡车出口量为 17. 9 万辆，同比增长 8. 5%，占轻型卡车销量的比重为 13. 2%（见表 1），相比 2023 年提升 1. 2 个百分点。而反观国内轻型卡车销量则下降 3. 1%，比重持续下降。从 2022 年以来，我国汽车出口持续提升，成为汽车出口第一大国。2024 年中国汽车出口 585. 9 万辆，同比增长 19. 3%。但轻型卡车 2024 年出口增幅低于整体出口市场（同比增长 17. 5%），在出口总量中的比重仅为 3%，轻型卡车出口遇到瓶颈期；同时说明轻型卡车是具有东亚特色的一种车型，在更大范围的国际市场上需求并不明显。与同属于轻型货车范畴的皮卡车型相比，2024 年皮卡出口 25. 4 万辆，同比增长 53. 2%，更加说明轻型卡车未来不具备更大的出口增长潜力。

表 1 2022—2024 年轻型卡车销量与份额变化

类型	2024 年销量/万辆	2023 年销量/万辆	2022 年销量/万辆	2024 年份额（%）	2023 年份额（%）	2022 年份额（%）
出口销售	17. 9	16. 5	10. 5	13. 2	12. 0	9. 6
国内销售	117. 2	120. 9	99. 5	86. 8	88. 0	90. 4
整体销售	135. 1	137. 4	110. 0	100. 0	100. 0	100. 0

注：资料来源于中国汽车工业协会。

5. 轻型卡车市场企业格局

我国轻型卡车市场销量主要集中在头部企业，并且处于基本稳定态势，反映出轻型卡车的整体市场处于市场成熟期，竞争格局较为稳定。通过对比 2023 年与 2024 年轻型卡车企业销量与份额变化（见表 2），TOP5 份额在 2024 年和 2023 年分别为 67. 1% 和 67. 6%，下降 0. 5 个百分点；TOP10 份额在 2024 年和 2023 年分别为 88. 1% 和 88. 7%，下降 0. 6 个百分点。集中度略有下降的主要原因是在商用车市场处于新能源转型变革期的大背景下，以吉利远程为代表的“新势力们”获得成长机会，分流了传统轻型卡车企业的一些份额。

在头部企业中，北汽福田完成 43. 5 万辆销售，保持正增长，份额上升 1. 1 个百分点，对于北汽福田整体销量贡献度达到七成，可谓“得轻型货车者得商用车”。东风汽车虽然销量有所下降，但排名上升一位至第二位，份额下降 0. 2 个百分点。重庆长安连续两年销量下降，同时排名下降到第三位。表现最亮眼的是鑫源汽车，销量大幅上升 37. 6%，排名上升一位至第五位。第六位的中国重汽和第九位的中国一汽销量均有上升。在前十名企业中，有六家企业销量下降，反映出其转型之路任重道远。

表 2　2023—2024 年轻型卡车企业销量与份额变化

序号	企业简称	2024 年销量/辆	2023 年销量/辆	同比增长率（%）	2024 年份额（%）	2023 年份额（%）	变化百分点
1	北汽福田	435465	426671	2.1	32.2	31.1	1.1
2	东风汽车	151414	155960	-2.9	11.2	11.4	-0.2
3	重庆长安	127826	165709	-22.9	9.5	12.1	-2.6
4	江淮汽车	104041	115575	-10.0	7.7	8.4	-0.7
5	鑫源汽车	88772	64520	37.6	6.6	4.7	1.9
6	中国重汽	87373	82595	5.8	6.5	6.0	0.5
7	吉利远程	73605	75086	-2.0	5.4	5.5	-0.1
8	江铃汽车	61932	62832	-1.4	4.6	4.6	-0.1
9	中国一汽	39693	35827	10.8	2.9	2.6	0.3
10	上汽大通	20387	33568	-39.3	1.5	2.4	-0.9
其他		161277	155589	3.7	11.9	11.3	0.6
总计		1351785	1373932	-1.6	100.0	100.0	0.0

注：资料来源于中国汽车工业协会。

6. 轻型卡车动力类型格局

在动力结构方面，2024 年的轻型卡车市场已经出现结构性变化，通过对近两年的 N2 类蓝牌轻型卡车分动力类型的份额变化分析（见表 3），新能源车渗透率在 2024 年和 2023 年分别为 16.8% 和 9.1%，大幅提升 7.7 个百分点，其中纯电动提升 7.3 个百分点，插电式混合动力提升 0.6 个百分点，而燃料电池略有下降。纯电动和插电式混合动力都有约一倍的销量增速，但由于纯电基础大，基本占据了新能源绝对主力的地位。反观传统燃料的销量表现呈现 8.6% 的降幅，市场份额下降 7.8 个百分点；在商用车新能源转型的背景下，传统燃料轻型卡车进入到下降通道，新能源轻型卡车在进入 2025 年之前，已经突破“市场鸿沟”进入到快速发展期。

表 3　2023—2024 年 N2 类蓝牌轻型卡车分动力类型份额变化　（%）

动力类型	份额变化		销量变化	
	2024 年	2023 年	变化百分点	同比增长
传统燃料	83. 1	90. 9	-7. 8	-8. 6
纯电动	15. 3	8. 0	7. 3	91. 3
插电式混合动力	1. 3	0. 7	0. 6	85. 7
燃料电池	0. 3	0. 4	-0. 1	-25. 0
总计	100	100	0	0

注：资料来源于中国汽车工业协会。

7. 轻型卡车区域格局

通过对 2024 年 N2 类蓝牌轻型卡车分区域市场份额与销量变化的分析（见图 4），销量主要集中在广东、山东、河北、河南、湖北、江苏、浙江、安徽、四川、云南等地，这 10 个区域在 2024 年和 2023 年的集中度分别为 65. 5% 和 66. 0%，基本保持稳定；其中，除了河北、广东、四川和云南销量有所增长外，其他区域均有不同程度的下降。在全部省、市、自治区中，增速超过 20% 的为广东、陕西、江西、吉林和天津，降幅超过 10% 的为河南、江苏、安徽、上海和青海。整体来看，排名没有出现较大变化，反映出轻型卡车的区域分布保持稳定，而且与各区域经济体量和发展水平为正相关的关系。

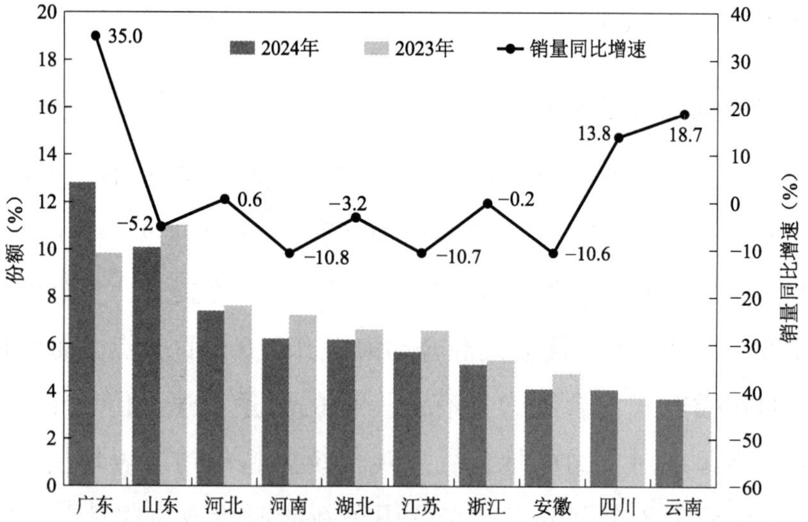

图 4　2024 年 N2 类蓝牌轻型卡车分区域市场份额与销量变化

（注：资料来源于终端销售数据）

8. 新能源轻型卡车区域格局

在2024年N2类蓝牌轻型卡车的新能源车渗透率统计中（见表4），超过全国平均水平的有12个省、市、自治区。这12个省、市、自治区对全国新能源车市场的贡献度达到68%，其中广东一省就占了34%，反映出2024年新能源轻型卡车处于市场爬坡阶段，区域分布并不平衡。观察这12个省、市、自治区的区域分布，华南3个、西南3个和华东2个，同时四个直辖市全部进入TOP12队伍，反映出2024年新能源轻型卡车市场主要在南部地区与直辖市，正在呈现从南向北的发展趋势。

表4　2024年N2类蓝牌轻型卡车TOP12新能源车渗透率与市场份额

序号	省、市、自治区	新能源车渗透率（%）	新能源车市场份额（%）	所在区域
1	广东	44.6	33.9	华南
2	海南	43.4	2.1	华南
3	北京	38.4	5.1	华北（直）
4	重庆	31.6	2.5	西南（直）
5	天津	31.5	2.7	华北（直）
6	四川	28.6	6.9	西南
7	江西	23.7	3.3	华东
8	湖南	20.2	2.7	华中
9	上海	20.1	0.9	华东（直）
10	吉林	19.8	2.1	东北
11	广西	18.0	2.1	华南
12	云南	17.5	3.9	西南
其他地区合计		8.3	31.9	—
全国		16.8	100.0	

注：资料来源于终端销售数据。

二、2025年轻型货车市场展望

1. 2025年轻型货车市场环境影响因素分析

（1）经济环境　我国经济发展已由高速增长阶段转向高质量发展阶段，消费成为内需和经济增长的主动力。受经济发展驱动要素的影响，我国商用车市场规模进入到平台期。在这种情况下，轻型货车市场发展必须依靠调结构，寻找结构性增长机会。

2025 年宏观经济政策将更加积极有为，这是 2024 年 12 月中央经济工作会议确定的主基调，将对商用车需求形成利好。预计在积极的财政政策、适度宽松的货币政策、扩大内需政策（消费、投资）、稳住楼市股市政策的综合作用下，将有利于经济持续回升向好，有利于基建投资、消费、房地产销售领域增长，将有利于城配物流的发展，拉动相关商用车需求。

快递物流持续发展，有利于轻型货车需求量增加。2025 年 1 月，根据全国邮政工作会议上的信息，2024 年我国快递业务量达到 1745 亿件、快递业务收入 1.4 万亿元，同比分别增长 21%、13%。预计 2025 年行业仍将继续保持稳步上升态势，快递业务量将达到 1900 亿件、快递业务收入将达到 1.5 万亿元。

（2）政策与法规环境　“两新”补贴政策对轻型货车基本没有影响，但新能源汽车购置税退坡将有利于促进 2025 年新能源轻型货车渗透率增加。2025 年 1 月，正式公布 2025 年版加力扩围实施“两新”政策（大规模设备更新和消费品以旧换新）且政策作用时间长于 2024 年，预计对商用车需求拉动强于 2024 年。但从补贴车型上看，在保持对营运类中重型货车与新能源冷藏车支持的基础上，扩大了对新能源公交车的支持，但仍没有对轻型货车的政策支持。2025 年的轻型货车将以市场需求驱动为主。结构性机会将是新能源轻型货车，由于新能源汽车购置税全免政策保持到 2025 年底，2026 年开始切换为减半征收，预计 2025 年下半年将出现新能源轻型货车的前置购车需求。

新能源轻型货车在公共领域用车仍有上升空间。从 2023 年 11 月工信部、交通部等八部门印发《关于启动第一批公共领域车辆全面电动化先行区试点的通知》一年以来，原计划十五个城市用三年时间推广 60 万辆，以目前进度预计会超过 100 万辆，这其中城配物流车占 1/4。目前第二批试点城市正在申报中，预计 2025 年将公开发布，将对新能源轻型货车产生积极影响。

货车合规生产与运营的执法趋严，将对轻型货车总量产生一定影响。2024 年 11 月，中共中央办公厅、国务院办公厅印发了《有效降低全社会物流成本行动方案》，明确提出“货物运输结构进一步优化，铁路货运量、铁路货运周转量占比力争分别提高至 11%、23% 左右”以及“依法加大对货运车辆非法改装、大吨小标等行为打击力度”，随着政策执行落地实施将对轻型货车的市场总量产生一定影响。2025 年 1 月，工信部宣布《货车类道路机动车辆产品上装委托加装管理实施细则》（以下简称为“实施细则”）将于 2025 年 7 月 1 日起正式实施。《实施细则》的出台，标志着我国对平板（含栏板）、仓栅、厢式和自卸四类货车产品的上装委托加装行为将实行更加严格的规范与监管。《实施细则》强调经销运营商不得根据用户需求自行找改装厂改装二类底盘的行为，这一规定将有利于减少“大吨小标”、非法改装、超限超载等违法违规行为。

（3）社会与生态环境　货运网络平台化发展，带来的负面效应将在一定程度上抑制新能源货车的正常市场秩序。许多传统货运公司利用互联网道路货运平台拓展业务，货源更加丰富的同时竞争变得更加激烈，运价不断被压低进而导致驾驶人的收入减少。在当前经济环境下行压力持续增加的环境下，就业压力不断提升，吸引了大量劳动力进入货运行业，由于缺乏对货运行业的了解，在很多地方出现所谓包装的新能源货车运营平台，依靠低首付高贷吸引很多驾驶人盲目入行，加剧了低价竞争的现象。这种现象导致很多新能源物流车包括新能源轻型货车中途弃贷被闲置。2024 年和 2025 年初，金融监管机构一再加强对高价高贷的监管，将逐步缓解这一恶性高风险金融现象。

驾驶人队伍年轻化，将对轻型货车产品提出更高要求。随着 90 后、95 后甚至 00 后涌入物流行业，驾驶人群体呈现年轻化趋势。相比老一代货运驾驶人，年轻一代驾驶人学历明显提升，对生活品质和工作环境要求提升。由于社会经济转型，从事货车驾驶的职业还包含了企业职工（白领）、社会服务人员、学生等，另外，外卖员、快递员、网约车驾驶人及代驾驾驶人等新型灵活就业者也有部分人群选择转行成为货车驾驶人。前几年新进入货运物流行业的驾驶人，起步多是新能源封闭式物流车（VAN 类），如今能坚持下来的少数将逐步转向装载量更大的新能源轻型货车，将有利于新能源轻型货车的结构性增量。

（4）技术环境　在电动化方面，纯电技术路线成为主流，大电量成为军备竞赛新赛道。在 2015 年 1 月工信部的 391 批公告中，公示了 69 款轻型货车整车公告，其中新能源公告 34 款（纯电 32 款 + 天然气增程 1 款 + 氢燃料 1 款），在 32 款纯电轻型货车中，100kWh 及以上电量车型占到 97%，120kWh 及以上电量车型占比为 83%。2024 年由于电池原材料成本持续下降，纯电车型成本降低，导致纯电轻型货车价格降低，促进新能源轻型货车销量增加；预计 2025 年纯电轻型货车将继续在城市 200km 左右市内或城市群商超配送、快递运输等场景加速对传统轻型货车的渗透，而 2026 年后插电式混合动力、增程式将持续发力，燃料电池将在2030年后开始进入市场主流。

高级辅助驾驶技术带入，L2级智驾将成为主流，无人驾驶正在萌发。2024年上市的新能源轻型货车已经宣传L2级设计冗余，预计未来2~3年L2及以上级别的驾驶辅助系统等安全配置也成为轻型货车主流。2024年9月，郑州市250辆无人驾驶公交、清扫车、轻型货车试点上路，预计未来将有更多新能源轻型货车企业踏入无人驾驶开发行列。

智能座舱孕育商机，将成为争夺年轻驾驶人的主赛道。随着技术进步和驾驶人对驾乘体验要求的提升，气囊座椅、自动档、中控触摸大屏、液晶仪表盘、后视镜电调加热、倒车影像等功能配置正在成为主流标配，有利于促进轻型货车产品的更新迭代。

2. 2025年轻型货车市场销量预测

综合对2025年轻型货车市场环境影响因素的分析，虽然国内经济形势依旧严峻，但宏观经济调控“更加积极有为”的政策基调将重点在消费领域和投资领域发力，带动轻型货车规模的恢复性增长，尤其是新能源轻型货车将成为结构性增长的亮点。

综合研判，2025年整体轻型货车口径将达到200万辆，增长5.3%；整体轻型卡车口径将达到140万辆，增长3.6%；国内轻型卡车销量预计达到123万辆，增长5%。其中新能源轻型卡车将达到31万辆，渗透率将提升到25%。

（作者：穆天宇）

2024 年皮卡市场分析及 2025 年展望

一、2024 年皮卡市场分析

1. 我国宏观经济运行状况

2024 年，前三季度 GDP 同比增长 4.8%，其中一、二、三季度分别增长 5.3%、4.7%、4.6%。2024 年 9 月以来，随着一揽子增量政策持续显效，大规模的财政、货币刺激政策的出台，经济保持回升向好态势。2024 年中国经济答卷来之不易。向外看，百年变局加速演进，全球经济增长乏力，外部环境复杂性、严峻性、不确定性上升。向内看，国内需求不足、社会预期偏弱，结构调整带来阵痛，我国经济强大韧性，坚实基础的基本面没有发生变化。一系列存量政策和增量政策协同发力、持续显效，助力经济筑底企稳、持续向好。2024 年前三季度，国民经济运行总体平稳、稳中有进，全国规模以上工业增加值同比增长 5.8%。分产品看，新能源汽车、集成电路、3D 打印设备产品产量同比分别增长 33.8%、26.0%、25.4%，制造业高端化、智能化、绿色化发展，驱动产业链供应链稳定性持续增强。2024 年前三季度，制造业对经济增长的贡献率达 32.2%，同比提高 11.2 个百分点。2024 年前三季度，社会消费品零售总额同比增长 3.3%。按消费类型分，商品零售额 314149 亿元，增长 3.0%；餐饮收入 39415 亿元，增长 6.2%。通信器材类、体育娱乐用品类商品零售额分别增长 11.9%、9.7%。2024 年 9 月出台以旧换新的汽车、家电政策，拉动汽车、家电等商品销售向好。

我国经济正处于转型升级的关键阶段，新增长方式将注重国内的消费市场，注重培养未来的核心竞争能力，比如，碳中和转型、科技、数据资本等，以应对整个全球经济的不确定性。预计 2025 年宏观政策将保持积极，财政政策和货币政策将更加给力。财政政策可能会适度提高赤字率，以提振信心、改善预期。货币政策将继续保持支持性立场，降低债务成本，调降利息和存款准备金率。

2025 年预期经济增速目标依然会设定在 5% 左右。2025 年预计：①通胀，2025 年物价有望温和回升，从政策方向来看，重点是加力支持地方化债、促进房地产市场止跌回稳，加大对居民端补贴力度，增强居民的消费能力。②出口，2025 年我国出口增速预计维持在 3% 左右。③消费，随着国家促消费和各种补贴政策的执行，促进低收入群体增收，预计社会消费品零售增速有望回升至 5.0% 左右。④投资，展望 2025 年，预计固定资产投资同比增长 5.5% 左右，其中，基建投资同比增长 7.0% 左右，制造业投资同比增长 6.0% 左右，房地产开发投资同比增长 -8.0% 左右。考虑当前国际形势日趋严峻复杂、居民消费倾向偏弱、房地产行业尚未完全企稳，中国将实施更加积极的财政政策和适度宽松的货币政策，加强超常规逆周期调节，打好政策“组合拳”，稳外贸、稳外资，防范化解重点领域风险，以支持国内经济恢复。

2. 我国皮卡市场整体运行状况

2024 年 1—10 月，汽车累计销量为 2462.4 万辆，同比增长 2.7%，其中，国内市场销量 1976.9 万辆，同比下降 1.4%，出口销量 485.5 万辆，同比增长 23.8%；2024 年 1—10 月，新能源汽车销售 975 万辆，同比增长 33.9%，市场占有率达到 39.6%。2024 年 1—10 月，商用车销量为 319 万辆，同比下降 3.4%，国内皮卡在 1—10 月开票量为 44.8 万辆，销量上涨 5.6%；其中，国内上牌保险量为 234248 辆，同比下降 16.6%，出口 207572 辆（达到行业总量的 46.3%），同比上升 44.0%（见图 1）。皮卡出口对公司运营效益和行业排位产生重大影响，江淮、长安、上汽大通凭借强劲的出口，赶超江西五十铃和郑州日产，销量分别攀升至第三、第四、第五。

从国内皮卡市场分析，全国前四家皮卡生产厂家终端销售 192663 辆，市场集中度为 82.2%（2019 年 TOP4 的集中度为 72.4%，2021 年 TOP4 的集中度为 77.7%，2023 年 TOP4 的集中度为 81.3%）。在品牌终端销量榜中，皮卡前四强的表现好于排名靠后的皮卡企业，TOP4 市场集中度明显提升。TOP4 销量呈现分化，江铃福特 Ranger 凭借超强越野性能和高端户外品牌打造，新增月均销量 1000+辆助力江铃皮卡份额冲击 20%，对长城皮卡、江西五十铃等原有格局进行洗牌，而江西五十铃因产品推出节奏减缓，终端促销大减，市场份额由 9.1% 下降至 7%，长城皮卡由 48.5% 下降 46.9%，但长城一超多强的市场格局短期难以撼动，随着吉利雷达、长安猎手、比亚迪等新能源皮卡进入，将对皮卡格局、皮卡生态圈层产生深远影响。2020—2024 年 1—10 月国内皮卡终端销量见表 1。

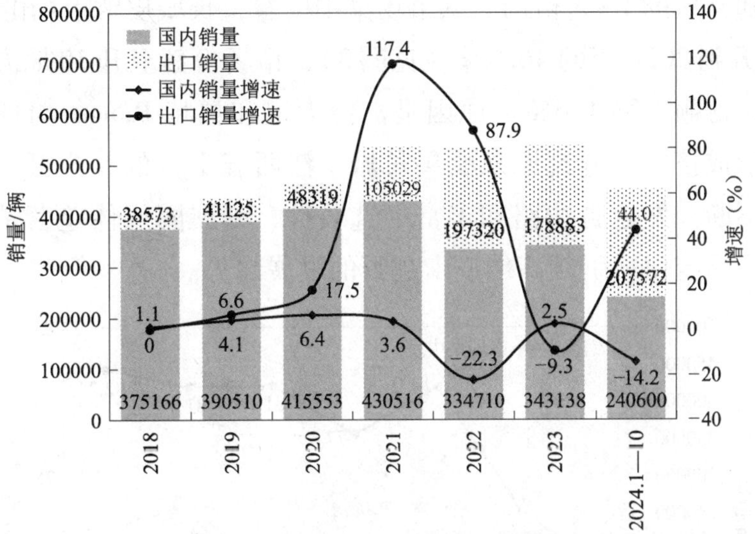

图1　2018—2024 年我国皮卡销量情况

表1　2020—2024 年 1—10 月国内皮卡终端销量

皮卡企业	2020 年销量/辆	2021 年销量/辆	2022 年销量/辆	2023 年销量/辆	2024 年 1—10 月销量/辆	同比增速（%）
长城	200282	186084	151046	160858	109819	-19.4
江铃汽车	59771	62378	51557	52275	46027	11.9
郑州日产	38881	44572	35636	31047	20356	-20.7
江西五十铃	37529	41787	33390	30640	16462	-35.4
江淮汽车	14038	13447	10901	12617	7850	-24.4
北汽福田	13360	16817	11894	12585	9485	-0.2
上汽大通	11478	14510	12188	11373	5962	-34.0
长安凯程	10601	7992	5761	4136	5314	55.3
河北中兴	10239	7167	4635	3659	1555	-50.2
庆铃皮卡	8990	7360	6109	5399	2987	-34.7
雷达皮卡	—	—	523	4682	4045	16.1
上汽五菱	0	21600	7876	5067	1501	-67.0
其他	—	6802	3194	4919	2886	-33.5
合计	415553	430516	334710	339257	234248	-16.6

注：来源于上牌保险数据和保险数。

2020—2024 年，皮卡前四强市场集中度分别为 81.0%、77.8%、81.1%、81.0%、82.2%（见图 2），已经多年保持长城一家独大，江铃、郑州日产、江西五十铃紧随其后的 1 +3 格局。从市场集中度看，长城皮卡市场份额由 2019 年的 36.8% 上升到 2024 年的 46.8%（见图 3），市场份额上升 10%，但同比 2023 年 1—10 月，份额下降 1.6%。原因是江铃大道和福特 Ranger 对商用炮、乘用炮、越野炮形成挤压，分流原来购买长城、江西五十铃的客户群；同时福特纵横新渠道，不断开发越野线路和丰富的选装件，开展圈层体验营销，树立高端越野皮卡的产品定位，引领高端皮卡越野的发展趋势。

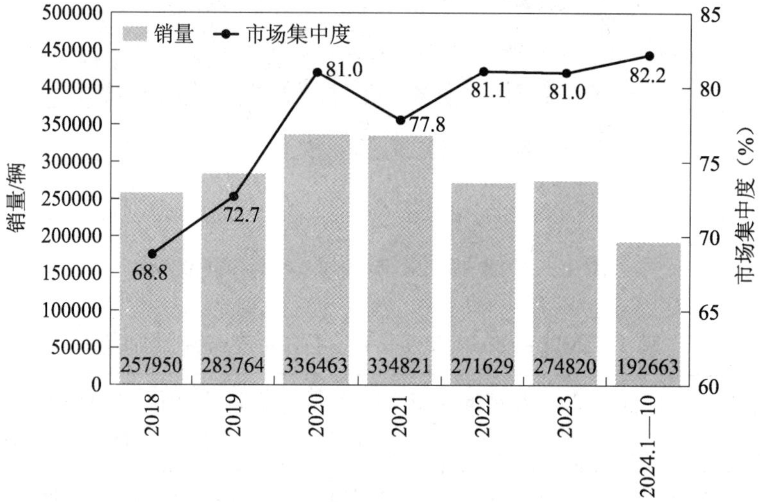

图 2　2018—2024 年皮卡 TOP4 企业销量及市场集中度情况

（注：来源于上牌数据和保险数）

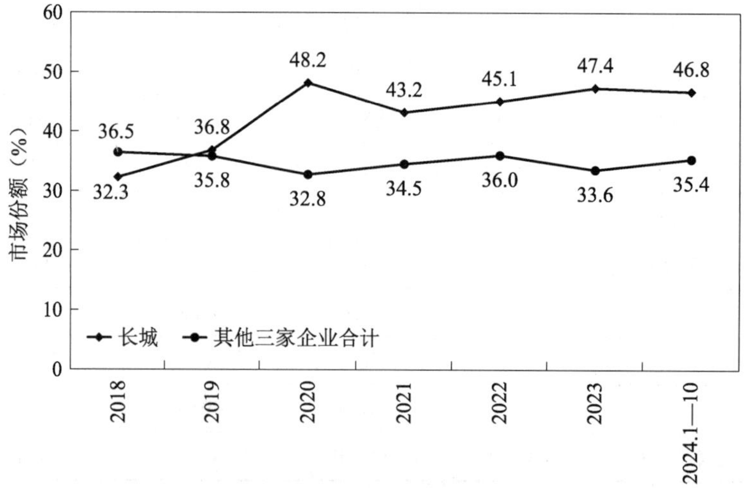

图 3　2018—2024 年皮卡销量 TOP4 企业竞争态势

（注：来源于上牌数据和保险数）

在国际市场，皮卡市场容量约为500万辆，远高于国内皮卡容量。我国皮卡出海普遍与海外大型贸易集团进行主导式合作，随着各国关税政策调整，采用KD件组装到本地化生产、海外并购逐步增多。以整车企业为龙头，零部件与整车抱团出海效果显著，上汽、吉利、长城、奇瑞等取得巨大的成功。自主整车出口从买断模式基本全面转向经销模式，奇瑞等自主整车品牌建设海外本土化的商务管控中心，全面监督当地提升销售服务网点的体系能力，自主品牌在当地市场的口碑越来越好。

2024年1—10月，皮卡出口共207572辆，比2023年同期增长44%。增长原因：一是我国皮卡在造型、内饰乘用化、智能化方面具有优势，受到全球市场的青睐；二是全球消费萎靡，购买力下降，而我国皮卡高性价比，满足非洲、南美、东南亚等国家的需求；三是在发达国家市场，我国皮卡出口依靠新能源皮卡，逐步进入欧盟市场。

2024年1—10月，出口前三名品牌就占了整体出口量的60.4%。江淮以44185辆居第一（见表2），增速高达27%，长城以41934辆居第二，同比增长10%。第三名是长安皮卡，出口39201辆，同比增速157%。各皮卡企业结合自身产品特性，海外渠道采取不同的海外市场策略，长城在泰国、俄罗斯多地投资建厂，CKD零件出口的比率在上升；而江淮以子公司直销和当地代理商经销为主。

表2　2023—2024年1—10月我国皮卡出口分品牌情况

品牌	2023年1—10月	2024年1—10月	同比增速（%）
江淮	34921	44185	27
长城	37970	41934	10
长安	15229	39201	157
大通	33756	37718	12
江铃	7431	14128	90
福田	8581	13834	61
中兴	4748	8592	81
其他	1224	7980	552
小计	143860	207572	44

3. 主流皮卡产品趋势分析

（1）动力为王，尽显硬汉本色　2024年长城皮卡换芯，在商用炮、乘用炮、越野炮全面推出 2.4T 柴油发动机 + 9AT 变速箱的全新动力，动力由 2.0T 柴油发动机（120kW/400N · m）提升到柴油 2.4T（137kW/480N · m），匹配 850W 高性能冷却风扇和大电池，其中商用炮加价 6000 元，乘用炮加价 2000 元。

此外，基于坦克平台打造，原厂标配双油箱（可独立供油、独立油量显示）的山海炮穿越版在成都车展亮相，配备博格华纳 4A + MLOCK 智能四驱系统、前后竞技金属杠、涉水喉、18in 越野 AT 胎、K－MAN 氮减（选装）等越野装备。

上汽大通的星际 X，搭载上汽 π plus2.5T 发动机 + 8AT 变速箱，功率为 165kW/520N · m，在动力方面再次刷新了国产柴油皮卡的扭矩上限，成为高性能柴油皮卡新标杆。底盘方面上汽大通星际 X 开创性采用带大梁的承载式车身结构，通过硬连接（30 个固定点对称分布）将车身与底盘相连。此外，作为合资品牌产品，江西五十铃 D－MAX、福特 Ranger 的动力系统，都已经开始向 500N · m 进发。

（2）场景化皮卡风起云涌　针对细分市场所打造的“强场景化”车型孕育而生，为满足个性化、场景化需求的皮卡风起云涌。其中自主品牌具有代表性的产品有：长城炮高寒版、长城炮茶王版、长城山海炮性能版；江铃大道山地版、江铃大道极寒版；江淮悍途山猫版、江淮皮卡沿海定制版；福田火星 9 穿越版、福田火星 9 越野版；吉利雷达科创版、吉利雷达创业版等。与此同时，合资品牌如郑州日产锐骐 7 虎啸和山林版、江西五十铃牵引版和工程版。

（3）新能源皮卡元年　2024 年 1—10 月，我国电动皮卡销量为 8692 辆，增速高达 51%，其中，电动皮卡 5584 辆（标杆车型为吉利雷达），增城皮卡 3108 辆（典型车型为长安猎手）。2025 年，将是中国新能源皮卡的启动元年，供给端产品不断增加，上汽大通发布星际 X 纯电皮卡（海外命名为 Terron 9）采用 GST 专有新能源平台，长城山海炮 Hi4－T 整车基于长城 Hi4－T 越野超级混动架构打造，配备 2.0T 汽油发动机 + P2 电机的动力组合，搭载 9HAT 变速箱，可提供最大功率突破 300kW，峰值扭矩能够达到 750N · m。郑州日产元野 Z9 PHEV 版是一款全新的乘用化大皮卡，PHEV 版本将采用纵置后驱平台打造，配备前后双电机 +4 档 DHT 混动变速箱，发动机则配备东风集团当家产品马赫动力，预计 2025 年进入皮卡市场。此外，比亚迪混合动力皮卡搭载方程豹同款 DM－O 混动系统和同款内饰，包括 12.3in 全液晶仪表盘和 15.6in 的中控触摸屏。福田火星皮卡搭载 2.0T 柴油发动机 + 48V 混合动力，最大马力为 163Ps，峰值扭矩可达450N·m。在48V混合动力技术加持下，也让福田火星皮卡拥有着较低的整车油耗。

随着供给端新能源产品增多，2025年新能源皮卡对C端用户吸引力提升，新能源将在12万~20万元的商乘两用车市场发力，产品实现路径将呈现出百花齐放的局面，注重产品性能的同时，“油电同价”的高性能皮卡迎来井喷行情，新能源皮卡的市场份额有望达到7%。

4. 皮卡销售流向分析

2024年，国内皮卡（终端客户上险数）出现断崖式下滑，预计全年上险量为28万辆，只有高峰期（2021年）的2/3。与建筑、工程强相关的工具类皮卡随着各地房地产工地停工，开发体量下降，低端皮卡需求急剧萎缩，而商乘两用的中端皮卡，出口不振，批发市场受到电商冲击，市场需求出现下降，只有越野休闲类的高端皮卡受消费者青睐，销量有所上升。从2022—2024年看，销量TOP10的榜单非常稳定，市场表现受各地经济、地理条件的制约有所分化，如新疆再次摘得皮卡销售冠军，但西北整体还是出现下降，尤其是甘肃、宁夏，西南区域出现此消彼长，云贵等山区销量下滑好于行业平均，四川严重拖累西南市场，销量下滑明显，而新能源皮卡在四川表现较好；华北区域的内蒙古、河北、山西等地，销量下滑明显；而广东、浙江、河南、福建等传统出口的皮卡销量跟随行业同步出口回落，销量排名相对稳定（见表3）。

表3 2022—2024年1—10月各地皮卡销量情况 （单位：辆）

区域	2022年	2023年	2024年1—10月
新疆	19027	25886	17645
云南	20757	20224	15318
内蒙古	21909	21827	14669
四川	21300	21392	14531
山东	20665	19209	12653
河北	18202	18352	12321
广东	16578	14625	10182
黑龙江	13075	13302	10050
湖北	14363	13282	9782
浙江	12614	12796	8728
湖南	11993	11873	8403

（续）

区域	2022 年	2023 年	2024 年 1—10 月
广西	12502	11042	7974
河南	11661	10764	7317
辽宁	10649	9766	7079
贵州	8707	9477	6978
江苏	9381	10129	6946
福建	10353	9228	6452
安徽	9195	9950	6421
江西	10248	9620	6202
陕西	8357	8797	6044
西藏	4849	7120	5385
重庆	7093	7830	5365
甘肃	8547	8754	5302
山西	8351	8217	5110
吉林	6138	5803	3716
海南	4206	4562	3304
北京	3065	4061	3103
宁夏	4955	4977	3024
青海	2718	3382	2120
上海	1608	1633	1156
天津	1644	1377	968
总计	334710	339257	234248

二、2025 年皮卡市场展望

1. 宏观经济和细分市场走势

2025 年全球化面临逆流，贸易保护和单边主义加剧，使得中国出口增长面临的不确定性进一步增加。

2025 年受地产问题、消费者信心下滑和地方政府应对债务问题的影响，中国经济面临的困难和挑战依然较多，房地产下行会抑制投资，失业率上升居民收入增速预期仍低于疫情前水平，政府将加大政策实施力度来扩大内需。出口在关税上涨的背景下，将有所放缓。

2. 产品趋势

皮卡产品力全面增强，尤其是新能源皮卡的加入，将引领皮卡未来发展的趋势。

（1）皮卡品类不断扩容，新进企业通过新能源产品切入皮卡市场　皮卡市场容量持续增长，也吸引更多乘用车企业的关注，在吉利雷达通过纯电动皮卡进入赛道后，2025 年上半年，新能源皮卡将加速上市，郑州日产全新的元野新能源皮卡、上汽大通纯电皮卡将闪亮登场，在 2025 年下半年比亚迪方程豹混动皮卡预计都投放国内市场，将带动更多的油改电皮卡入局，2025 年，将成为新能源皮卡元年，搭载全新平台的纯电、混合动力产品同台竞争，新能源皮卡将在 12 万～14 万元商用车乘用车两用市场，以及 15 万元以上的乘用车和越野车市场，对传统皮卡形成挑战。

部分企业把出口作为优先策略，如比亚迪 DMO 皮卡率先在墨西哥投放，上汽大通皮卡换标 MG 在欧盟车展亮相，预示着出海是未来新能源皮卡的重要一环，新能源化、智能化、乘用化为我国皮卡在海外竞争提供技术优势。

（2）皮卡场景化由乘用向越野改装拓展　在皮卡乘用化不断深入，乘用/越野市场份额由 2023 年的 10.6% 提升到 2024 年的 13.1%。越来越多的用户开始选择皮卡作为家用代步车甚至越野大玩具，各皮卡厂商精准识别场景化需求，推出高性能越野皮卡和原厂改装成为皮卡企业吸引客户流量和提升品牌形象的重要手段。

2024 年成都车展，长城两款越野皮卡发布，其中 2.4T 越野炮正式上市，配 9AT 变速箱，发动机采用 850W 高性能散热风扇 + AGM 大容量蓄电池（92Ah），售价为 17.88 万～18.88 万元；山海炮穿越版开启预售，整车搭载 2.4T +9AT 动力系统，原厂标配双油箱，可独立供油、支持独立油显，9 种全地形驾驶模式，预售价 24.98 万元。江铃 2024 年推出大道极寒版、江铃大道山地版、山地扬帆版。郑州日产锐骐 7 山林在锐骐 7 柴油四驱的基础上打造，售价 14.28 万～16.18 万元。江淮围绕悍途推出各种细分车型，如江淮悍途乘用版，售价为 15.48 万～18.78 万元，山猫乘用版采用多连杆悬架、涉水喉、前后竞技杠、绞盘、氮气减震配置，预售价为 19.18 万～20.18 万元。

（3）车身宽体化、风格硬朗的方盒子造型成为高端皮卡的主流 随着越野和泛户外活动的方兴未艾，车身宽大美式皮卡的硬朗风格逐步替代原来的日式皮卡，高大威猛、线条硬朗的方盒子皮卡成为趋势，而车身宽度 1960mm 和车长 5600mm 成为高端越野皮卡的标签.

福田火星 9 越野刀锋版换装六边形中网格栅，与两侧大灯组相连提升整体视觉冲击力和硬派气息，车身尺寸为 5617mm × 2090mm × 1910mm。高端皮卡新车型如长城山海炮性能版/穿越版，外观设计更是充满了硬派气息，外形尺寸为 5462mm ×1992mm ×1960mm，具有极强的视觉冲击力。此外，长安猎手骑士版车身尺寸为 5380mm ×1980mm ×1875mm。将在 2025 年上半年投产的郑州日产新品牌元野，基于全新 P20 平台打造，尺寸为 5520mm × 1960mm × 1950mm，未来越野车型车宽将达 2m，给人以较强的视觉冲击力。江铃大道敢探者车身宽度达 2055mm，匹配涉水喉、金属前保，硬派越野风格，为其带来了出色的视觉观感。

3. 市场趋势

2025 年在经济平稳增长的前提下，预计国内皮卡市场容量维持 2024 年水平，皮卡市场的发展速度呈现前高后低的特点，市场规模约 28 万辆。其中，新能源皮卡市场渗透率有望从 4.2% 上升到 5.5%，燃油皮卡将下降 2%。增程式皮卡上涨 40%，EV 皮卡增长 20%，CNG 皮卡将呈现上升趋势。

2025 年，汽车政策将对皮卡市场产生重大影响。在国家“汽车以旧换新的政策”中，北京、湖南等地已首次将皮卡纳入以旧换新的补贴范围，该政策将对工具类皮卡市场产生影响，反应敏捷的厂家如能抓住皮卡置换契机，制定有针对性的销售政策将提升市场份额。伴随着轻商油耗法规和行人保护法规的强制实施，将拉高皮卡成本，对各企业运营和毛利影响苦乐不均，技术落后和规模小企业将面临更大压力。

皮卡企业将逐步洗牌，长城炮在攀升到 49% 的最高市场份额后，预计市场份额在江铃皮卡和郑州日产的冲击下逐步回落。江铃在大道皮卡和福特 Ranger 助力下，销量将稳步上升，而郑州日产将在元野 Z9 上市后和 Navara 柴油版上市后，加上锐骐 7 + 锐骐 6 的年度改款，形成高中低全系产品出击，以及市场渠道的优化调整，市场份额将突破 10%。

在出口方面，皮卡国际化是皮卡品牌向上的必由之路。全球经济放缓，全球主要经济体央行降息，各国海外用户的消费和购买力下降，我国皮卡在造型、新能源、智能网联和舒适性方面做得更好，在海外具有较高的性价比优势，预计在2025年世界整体经济下滑的背景下，维持10%～15%的增长。美欧国家将继续采取贸易保护或高额关税等措施，新能源皮卡将是进入欧美市场的重要车型。

（作者：邓振斌）

2024年豪华车市场分析及2025年展望

一、2024年豪华车市场总览

1. 乘用车市场波动增长，再创历史新高

2024年我国乘用车市场高开低走，颓势一直延续至二季度末。第三季度开始复苏，10月出现爆发式增长（见表1）。2024年1—10月销量累计同比增长5.9%。2024年，宏观经济面临下行压力，消费意愿不强、房地产深度调整、股市下跌，面对这种不利形势，我国乘用车市场依然实现了接近6%的增长，汽车“以旧换新”政策可谓功不可没，政策有效地加速了车辆的更新换代，对新能源汽车需求的释放效果尤为显著。

表1　2020—2024年我国乘用车市场销量情况　（单位：辆）

月份	2020年	2021年	2022年	2023年	2024年
1月	1928225	2357777	2262369	1293962	2221901
2月	203036	1294698	1156228	1285407	1103488
3月	1071170	1746102	1475758	1645804	1578959
4月	1411512	1643239	1005754	1610653	1555052
5月	1585468	1687376	1322149	1759415	1707876
6月	1638325	1690303	1933150	1972485	1772886
7月	1642983	1646781	1791236	1783225	1818669
8月	1735481	1594821	1887388	1920721	1972740
9月	1993301	1717245	1863691	1970665	2164836
10月	1937442	1678206	1656309	1948195	2310933
11月	2024468	1765534	1619799	1981912	—
12月	2673969	2264954	2524671	2531730	—
合计	19845380	21087036	20498502	21704174	18207340

注：来源于保险上牌数。

自主豪华车和高端新势力品牌分流效应显著，传统豪华车品牌渗透率持续下滑。

在乘用车市场整体回暖的大环境下，2024 年传统豪华车品牌销量却出现较大幅度下滑，1—10 月累计销量同比降幅达到 11.1%，与乘用车大盘的增长形成鲜明对比，与此同时，渗透率下降的趋势仍在延续（见表 2）。但是，如果将自主豪华车和高端新势力与传统豪华车品牌合并统计，我国豪华车市场总量不但没有下滑，反而实现了 5.2% 的增长，渗透率也呈明显的上升态势。

表 2　2020—2024 年我国乘用车市场豪华车销量及渗透率情况

时间	乘用车销量/辆	豪华车销量/辆	豪华车市场渗透率（%）	包含自主豪华车和高端新势力的豪华车销量/辆	包含自主豪华车和高端新势力的豪华车市场渗透率（%）
2020 年	19845380	3183343	16.0	3407614	17.2
2021 年	21087036	3195017	15.2	3700065	17.5
2022 年	20498502	2998661	14.6	3766250	18.4
2023 年	21704174	3074346	14.2	4319467	19.9
2023 年 1—10 月	17190532	2512488	14.6	3443315	20.0
2024 年 1—10 月	18207340	2233266	12.3	3624069	19.9

注：来源于保险上牌数。

上述反差，让我们不得不重新定义我国的豪华车市场，从原有的 BBA 等传统豪华车品牌，延伸至近几年飞速发展起来的自主豪华车品牌和高端新势力品牌，只有这样，才能真正把握豪华车市场的基盘特征。

综上，我国乘用车市场呈现出消费升级的趋势，豪华车市场总体未见萎缩，仍处于理性增长的周期内，但内部竞争格局却已出现颠覆性的改变，传统豪华车品牌面临来自自主豪华车品牌和高端新势力品牌的强烈冲击，品牌优势正在逐渐减弱。

来自自主豪华车品牌和高端新势力品牌的销量分流趋势之所以愈演愈烈，是新能源汽车快速发展和消费人群演变的必然结果，与此同时，我国乘用车市场的消费观念也正经历着从品牌导向到价值导向的过渡。以年轻人为主体的购车人群对于豪华车品牌的认知已经有了翻天覆地的变化，他们对于品牌沉淀并不敏感，也不追求品牌忠诚度，首要购车因素是产品力。他们向往的是新科技、新性能、新设计和新理念，关注的是性价比，而性价比正是自主豪华车品牌和高端新势力品牌的优势所在，高级的用料配上先进的智能驾驶系统，外加亲民的价格，这与当下年轻人的购车需求完全契合。

情绪价值是当下年轻人热衷追求的目标，对他们而言，车辆已不再仅仅是代步工具，驾驶属性也不是唯一关注点，因此，如何在以科技感及舒适感等为代表的产品力和以服务及社群等为代表的用户体验上多下功夫，从而说服消费者支付品牌溢价，这是当前传统豪华车品牌必须做好的答卷。

2. 传统豪华车品牌几乎全军覆没，仅雷克萨斯实现销量增长

由于自主豪华车品牌和新势力品牌的快速崛起，再加上自身电动化转型未达预期，致使传统豪华车品牌销量停滞不前或快速下滑，被迫以价换量。BBA 燃油车与新能源车纷纷加入降价大军，产品不仅限于入门级车型，就连高端车型也难以幸免。二线豪华车品牌中则出现“五折凯”“六折虎”“七折豹”。

然而降价并未扭转传统豪华车品牌销售的颓势。从 2024 年 1—10 月销售数据来看，传统豪华车品牌中，只有雷克萨斯实现增长，增幅为 6%（见表 3），与总体乘用车市场增速基本持平。一线品牌中降幅最小的是奥迪，与奔驰和宝马的销量差距有所减小。二线品牌中，除沃尔沃、路虎和捷豹外，降幅均超过 20%，玛莎拉蒂和英菲尼迪降幅分别高达 70% 和 55%。

表 3　2023 年 1—10 月、2024 年 1—10 月传统豪华车品牌销量情况

品牌	2023 年 1—10 月销量/辆	2024 年 1—10 月销量/辆	同比增速（%）
奔驰	654766	589298	-10
宝马	654122	558583	-15
奥迪	566758	542523	-4
雷克萨斯	139493	148546	6
沃尔沃	132474	121428	-8
凯迪拉克	143483	100772	-30
路虎	67444	59582	-12
保时捷	66166	43968	-34
林肯	59034	47279	-20
捷豹	20178	18073	-10
英菲尼迪	4667	2109	-55
玛莎拉蒂	3729	1105	-70
讴歌	174	—	-100

注：来源于保险上牌数。

一线品牌的品牌优势尚且无法支撑其在豪华车市场的霸主地位，二线品牌就更显尴尬了。从品牌价值来看，二线品牌的知名度本就处于弱势，难以满足用户需求。加之受来自一线品牌的价格打压和自主豪华车及高端新势力品牌的产品打压，二线品牌面临最为严峻的市场竞争。那些在销量规模上不具优势的二线品牌注定面临要么降级为普通品牌，要么退出中国市场的残酷选择。特别是那些年销量不足一万辆的品牌，这样的销量远不足以支撑起一个健康的销售网络，从而陷入销量下滑、市场投入不足的恶性循环，品牌总部对中国市场的信心也会因此而动摇。由于经营不善和市场调整，部分品牌已经出现经销商关闭门店的情况。比如，宝马北京东五环首家5S店——北京星德宝，因资金压力而关闭，突显出传统豪华车品牌在中国市场的脆弱现实。

3. 传统豪华车品牌的国产和进口车型均呈现低迷态势

传统豪华车品牌国产车型销量的高速增长在2024年画上句号，从2024年1—10月销售数据来看，传统豪华车品牌无论是国产车型还是进口车型均出现两位数下滑，进口车型降幅略高于国产车型（见表4）。

表4 2023年1—10月、2024年1—10月传统豪华车品牌分产地销量情况

车辆来源	2023年1—10月销量/辆	2024年1—10月销量/辆	同比增速（%）
国产	1974330	1763857	−10.7
进口	538158	469409	−12.8
总计	2512488	2233266	−11.1

注：来源于保险上牌数。

这一结果的显现，源于传统豪华车品牌产品竞争力的逐渐式微。原本还可以依赖国产车型巩固市场地位的时代已经终结，传统豪华车品牌必须放弃对品牌价值的过高期待，转而依靠丰富产品线布局、提升产品性能和装备竞争力，才能重新夺回与自主豪华车和高端新势力品牌竞争中的主导权。

4. 传统豪华车品牌车型呈高端化趋势，自主豪华车品牌和高端新势力品牌则表现为价格下探；SUV车型继续受到热捧，特别是新能源SUV；在SUV市场，25万~50万元的车型受到来自25万元以下车型的猛烈冲击

从2024年1—10月的销售数据来看（见表5），在传统豪华车品牌中，25万元以下的入门车型市场有所下滑，而25万~50万元车型市场份额则有所增长，车型高端化趋势明显。而当我们把品牌范围扩大之后，数据发生明显逆转，份额增加的细分市场由 25 万～50 万元转变为 25 万元以下，这种改变显然来自于自主豪华车和高端新势力品牌。

表 5　2023 年、2024 年 1—10 月传统豪华车、含自主豪华车品牌和高端新势力品牌的豪华车分价位段销量占比　（%）

价位段	2023 年传统豪华车销量占比	2024 年 1—10 月传统豪华车销量占比	2023 年含自主豪华车品牌和高端新势力品牌的豪华车销量占比	2024 年 1—10 月含自主豪华车品牌和高端新势力品牌的豪华车销量占比
25 万元以下	4. 6	3. 4	8. 6	22. 5
25 万～50 万元	78. 4	80. 8	79. 2	67. 1
50 万元以上	17. 0	15. 8	12. 2	10. 4

注：来源于保险上牌数，新车价格监控报告。

结合自主豪华车品牌和高端新势力品牌的销量可以看出，我国消费者对 SUV 车型的偏好并没有改变。空间大、投影面积小、适合家用的 SUV 车型始终是消费者最爱。传统豪华车品牌 SUV 份额的减少，更多是因为它们的车型在与相似价位段的特斯拉、理想、问界、蔚来的 SUV 车型竞争中被分流。25 万～50 万元价位区间的 SUV 仍占据 SUV 市场榜首（见表 6），且继续保持其最大单一细分市场的地位，但其份额却有所萎缩，受到来自 25 万元以下车型的冲击。

表 6　2023 年、2024 年 1—10 月豪华车市场分车身类型及价位段市场份额情况（%）

车身类型及价位段	2023 年	2024 年 1—10 月
25 万～50 万元 SUV	44. 4	36. 0
25 万～50 万元轿车	34. 2	30. 7
25 万元以下 SUV	3. 0	17. 6
50 万元以上 SUV	8. 7	7. 6
25 万元以下轿车	5. 5	4. 9
50 万元以上轿车	3. 4	2. 4
25 万～50 万元其他车型	0. 6	0. 5
50 万元以上其他车型	0. 1	0. 4

注：来源于保险上牌数，新车价格监控报告。

5. 新能源车头部玩家地位巩固，以特斯拉、理想、问界和蔚来为代表的自主豪华车和高端新势力品牌强势增长，对传统豪华车品牌客群实现明显分流

从 2024 年 1—10 月销售数据来看，自主豪华车和高端新势力品牌的表现亮眼，品牌增速均跑赢乘用车大盘，与传统豪华车品牌的全线颓势形成鲜明的对比，其中问界表现得尤为突出，短短一年时间，销量已经远超蔚来，直逼理想。特斯拉、理想、问界和蔚来的累计销量均已超过二线豪华车品牌（见表7）。

表7　2023年1—10月、2024年1—10月分品牌类型销量情况

品牌类型	品牌	2023年1—10月销量/辆	2024年1—10月销量/辆	同比增速（%）
传统豪华车	奔驰	654766	589298	-10
	宝马	654122	558583	-15
	奥迪	566758	542523	-4
	雷克萨斯	139493	148546	6
	沃尔沃	132474	121428	-8
	凯迪拉克	143483	100772	-30
	路虎	67444	59582	-12
	保时捷	66166	43968	-34
	林肯	59034	47279	-20
	捷豹	20178	18073	-10
	英菲尼迪	4667	2109	-55
	玛莎拉蒂	3729	1105	-70
	讴歌	174	0	-100
自主豪华车和高端新势力	特斯拉	469556	504473	7
	理想	284778	395887	39
	问界	48976	323335	560
	蔚来	127517	167108	31

注：来源于保险上牌数。

特斯拉依靠单一车型Model Y的市场热度，已经拉开了与二线豪华车品牌以及其他自主豪华车和高端新势力品牌的距离。理想和蔚来发挥稳定，均实现较大幅度的增长（见表8）。除理想ONE之外，理想各款车型销售相对均衡发展，2024年前十个月累计销量已经超过其老对手蔚来一倍以上。而产品线更丰富的蔚来，却未能享受丰富产品线带来的销售红利，尚无一款车型达到10万辆量级。与市场表现中规中矩的理想和蔚来相比，问界则以黑马的姿态后来居上，以仅有的三款车型，销量迅速跃升至30万辆以上，把蔚来远远甩下。

表 8 2023 年、2024 年 1—10 月自主豪华车和高端新势力品牌分车型销量情况

（单位：辆）

品牌	车型	2023 年销量	2024 年 1—10 月销量
特斯拉	Model 3	148332	127499
	Model S	1419	244
	Model X	5134	1205
	Model Y	459190	375525
理想	理想 L6	—	139688
	理想 L7	134935	110566
	理想 L8	119006	64089
	理想 L9	114256	72228
	理想 MEGA	2	9314
	理想 ONE	10085	2
问界	问界 M5	33331	33720
	问界 M7	59039	170994
	问界 M9	249	118621
蔚来	蔚来 EC6	11078	22352
	蔚来 EC7	3664	2575
	蔚来 ES6	55899	62354
	蔚来 ES7	6883	1803
	蔚来 ES8	13671	7885
	蔚来 ET5	46398	22893
	蔚来 ET5 Touring	16534	41146
	蔚来 ET7	6016	6100

注：来源于保险上牌数。

6. 传统豪华车品牌向新能源车转型的路径讨论

在全球新能源化的大趋势下，面对来自于自主豪华车和高端新势力品牌的残酷竞争，传统豪华车品牌也在向新能源汽车转型。从新能源车型渗透率来看，目前处于领先地位的是宝马、沃尔沃和保时捷（见表 9）。

表 9　2024 年 1—10 月传统豪华车品牌新能源汽车销量及渗透率

品牌	新能源汽车销量/辆	总销量/辆	新能源汽车渗透率（%）
奔驰	29305	589298	5
宝马	83322	558583	15
奥迪	18355	542523	3
雷克萨斯	5333	148546	4
沃尔沃	11182	121428	9
凯迪拉克	3466	100772	3
路虎	156	59582	0
林肯		47279	0
保时捷	3426	43968	8
捷豹	—	18073	0
英菲尼迪	—	2109	0
玛莎拉蒂	1	1105	0
总计	154546	2233266	7

注：来源于保险上牌数。

一线品牌奔驰、宝马和奥迪的新能源车型占到了传统豪华车品牌新能源车型总销量的 85%，处于绝对领先地位，宝马新能源车型渗透率远高于其他两家。二线品牌中沃尔沃和保时捷在新能源车型销售方面也有不错表现，两者合计占豪华车品牌新能源车型总销量的 9%。这些领先品牌采取的策略基本可以分为两类：以奔驰 EQ 系列为代表的独立新能源产品线，以及在燃油车型基础上衍生出的新能源车型。

目前来看，无论哪种转型策略，都未能帮助传统豪华车品牌摆脱燃油车的烙印。目前传统豪华车品牌所面临的最大问题是其潜在消费者中考虑新能源车型的比例不高，而且即使是这部分客户也不愿为新能源车型支付额外的溢价。如果是与燃油车有明显渊源的纯电车型，消费者甚至可能期望获得价格折让。

从 BBA 在售的新能源车型数量来看，奔驰有 8 款纯电动车型和 5 款插电式混合动力车型，宝马有 7 款纯电动车型和 4 款插混车型，奥迪有 5 款纯电动车型。其新能源产品矩阵不可谓不丰富，但其车型在价格和产品力上却始终无法与自主豪华车和高端新势力品牌相抗衡。

在新能源汽车领域，传统豪华车品牌车型尚存的优势是操控体验。但在如今这个越来越强调辅助驾驶、自动驾驶的时代，操控体验愈发不被关注。那些没有太多驾驶经验的年轻人很难感受到驾乘操控的差异，所以就连这一点仅存的优势也变得微弱。而在新能源汽车最受关注的技术创新这一卖点上，传统豪华车品牌却又远远落后于自主和高端新势力品牌。

对于传统豪华车品牌而言，冗长的决策链与固化的架构，都是其电动化深度转型的掣肘。而缓慢变革的供应链与技术体系，又使降本成为难题。正是这些因素导致传统豪华车品牌车型价格和产品力在当前的严酷竞争中败下阵来。

尽管如此，传统豪华车品牌仍未放弃对新能源车转型的持续探索。与自主和高端新势力品牌在智电领域公式化的对标打法不同，传统豪华车品牌试图展现其自身的差异化。2024 年的豪华车品牌方向更为明确，无论是再言“何以奔驰”的奔驰，反复强调“驾趣”定位的宝马，还是重塑品牌、全面合作、力图“突破科技”的奥迪，都展现了传统豪华车品牌期望打破过往的刻板转型理念，续写豪华车品牌价值的期望。

在转型的各种尝试中，与中国汽车产业链合作，正在成为豪华车品牌新的发展思路。依靠中国研发团队或直接与中国企业合作，通过技术的快速输入，迅速缩短与自主豪华车和高端新势力品牌的差距。奥迪就是典型范例，借助上汽的纯电平台及智舱智驾，结合奥迪的设计、调校及总体把控，从而实现针对中国消费者的市场化研发与应用。

二、2024 年豪华车市场总结

2024 年，我国乘用车市场消费升级趋势明显，豪华车市场潜力显现，需求稳定增长，但竞争也因此而变得更加激烈，竞争格局发生巨变。尽管德系品牌仍占据主导，但自主品牌和高端新势力品牌发展势头猛烈，在新能源车这个细分市场向传统豪华车品牌发起争夺战。

购车人群和购车观念的转变带来多样化的需求。年轻消费者逐渐成为购车主力。他们更偏爱智能化、高性价比和个性化的汽车。“90 后”和“00 后”对于汽车的关注点已从单纯的品牌向智能化、环保性能转变。活力满满的年轻消费者乐于投身于共创的氛围中，因此，汽车企业在设计和营销策略上，应更加注重与年轻消费者的互动与共鸣。

传统豪华车品牌向新能源车的转型仍在继续，他们尝试采用差异化的战略，来树立自己独有的新能源品牌形象，变原有的被动追随为另辟蹊径，这不失为一种全新的解题思路。

换个角度来看，从自主品牌和高端新势力品牌的高速增长不难看出，逐渐成熟的中国汽车消费者用自身的行动证明，他们愿意为质量、口碑、产品力、科技感、用户体验这些需要时间和精力积累的竞争力买单，这是稳住基盘实现增长的切入点，喘息过后的传统豪华车品牌着实应该在这些方面多下苦功。

三、2025 年豪华车市场展望

展望2025 年的豪华车市场，预期将继续保持温和增长的总体态势，但不同品牌的表现则可能大相径庭，品牌分化进一步加剧。

豪华车市场继续向电动化和智能化发展的大趋势不会改变，自主豪华车品牌和高端新势力品牌仍在发展上升期，在这一背景下，传统豪华车品牌面临的不仅是市场份额的减少，还有品牌形象与消费者忠诚度的挑战。摆脱价格内卷，重拾“技术与价值”，成为传统豪华车品牌必须坚持的战略方向。其根本原因在于，当智能座舱和智能驾驶成为标配，当新鲜事物变得习以为常，汽车终将回归本质——良好的机械素质和颠覆性的智能体验缺一不可。

在消费者声音日益重要的时代，只有那些能够认清趋势、顺应市场变化的品牌，才能在激烈的竞争中脱颖而出。

（作者：叶永青）

2024 年 SUV 市场分析及 2025 年展望

在面临经济下行、市场周期调整及国际环境复杂等多重挑战下，2024 年乘用车市场展现出强大韧性和复苏态势。市场层，企业加快新技术普及、新车型研发，优质供给持续放量，价格战异常激烈。政策层，国家陆续出台一揽子促消费政策，如实施汽车以旧换新补贴、8 月地方政策跟进落地，进一步托底汽车市场，汽车消费潜力进一步释放。汽车出口保持快速增长，对拉动市场增长贡献显著。

2024 年 1—11 月，我国乘用车销量为 2419 万辆（见图 1），同比增长 5.6%，全年将突破 2700 万辆，再创历史新高。分品类看，轿车销量为 1019.7 万辆，微增 0.7%，增势显著放缓；SUV 市场销量为 1298.1 万辆，同比增长 10.9%（见图 2）；MPV 市场销量为 101.2 万辆，同比下滑 6.0%，低端工具型市场拖累增速。

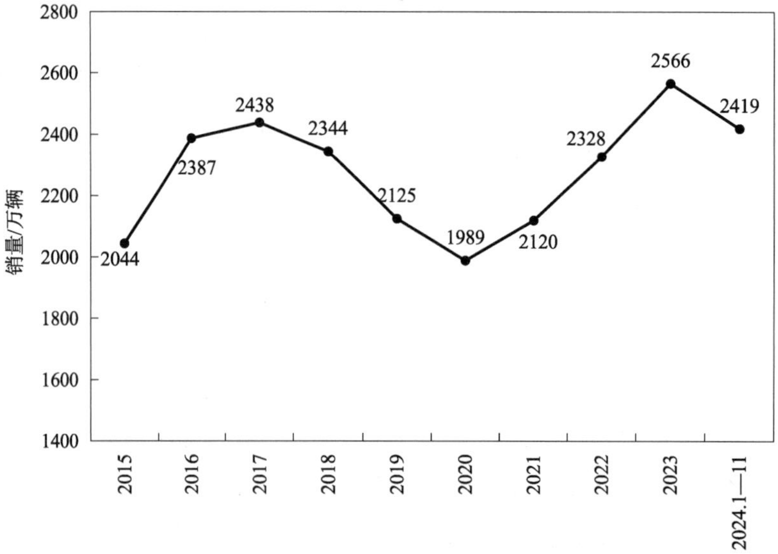

图 1　2015—2024 年乘用车整体市场规模走势

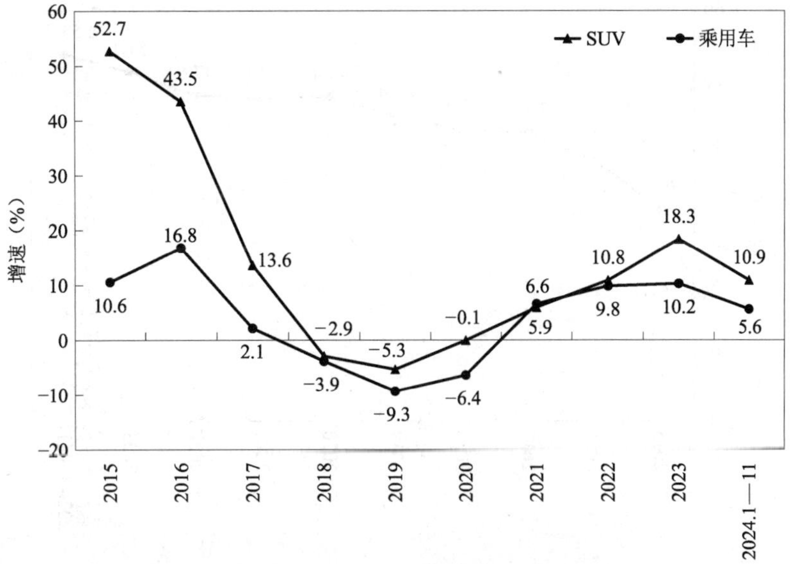

图 2　2015—2024 年 SUV 与乘用车同比增速对比

（注：数据来源于乘用车市场信息联席会，下同）

一、2024 年 SUV 市场特征

1. 整体 SUV 市场分析

2023 年，SUV 走出连续三年平台期，市场份额首次突破 50%（见图 3）。2024 年 SUV 发展趋势依旧强劲，1—11 月累计销量 1300 万辆，几乎持平 2023 年全年；同比保持两位数增长，以一己之力拉动行业整体增长；市场份额 53.7%，较 2023 年同期增长 2.6 个百分点，与轿车份额剪刀差逐渐拉大。

2. 燃料类型分析

2024 年，传统能源汽车加速退场，新能源汽车高速发展，8 月起，新能源乘用车销量迈上百万辆新台阶，渗透率跨过 50% 里程碑。各品类走势基本与乘用车一致，2024 年 1—11 月传统 SUV 同比下滑 4.3%，短暂反弹后，重回下行趋势。新能源 SUV 销量 530.0 万辆，同比劲增 41.9%（见图 4），新能源 SUV 渗透率达到 40.8%（见图 5）。

纯电动车增速放缓，插电式混合动力成为新能源汽车的增长主力。2024 年 1—11 月，轿车、SUV 插电式混合动力车均保持 80% 以上高位增长，纯电动车则放缓至 10% ~15%。但在技术路线方面存在明显差异，轿车纯电动发展程度

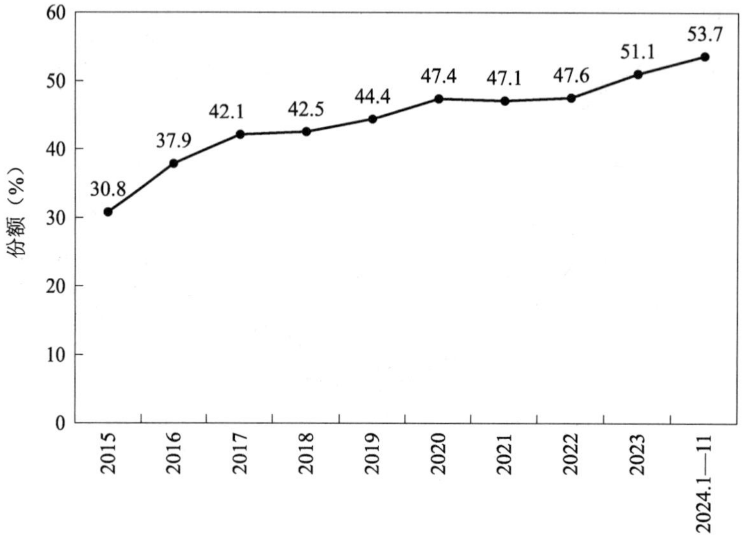

图 3　2015—2024 年 SUV 市场份额

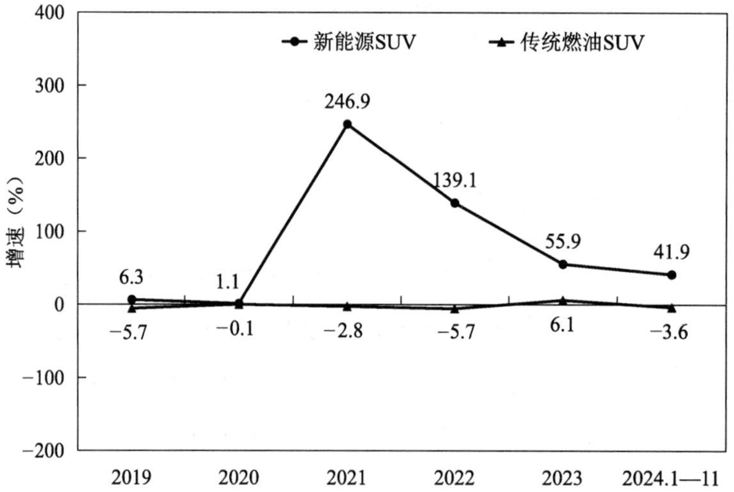

图 4　2019—2024 年新能源 SUV 与传统燃油 SUV 销量同比增速

更高，纯电动和插电式混合动力占比约 7:3；SUV 纯电动、插电式混合动力并举发展，插电式混合动力 SUV 后来居上，占比 52. 0%（见图 6）。

3. 各级别 SUV 表现

各级别基本延续以往趋势，即“级别越大，增速越快，新能源渗透率越高”。具体来说，B 级及以上同比增速 20% 以上、新能源渗透率均超六成，颠覆传统车主导地位；A 级小幅下滑，新能源快速崛起；A0 规模萎缩，新能源严重

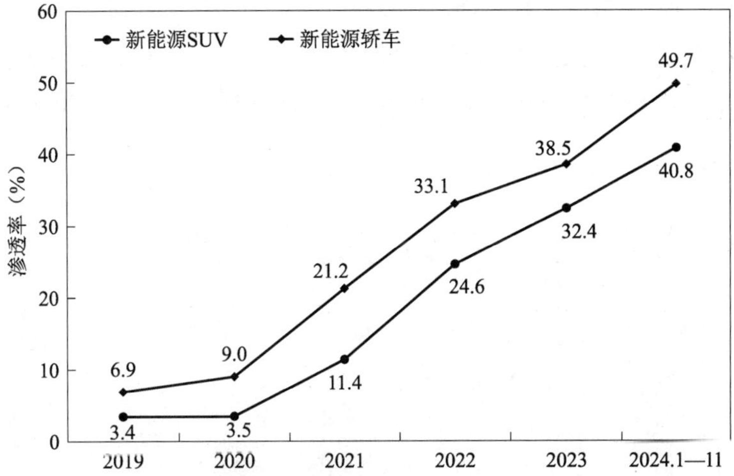

图 5　2019—2024 年新能源轿车与新能源 SUV 渗透率

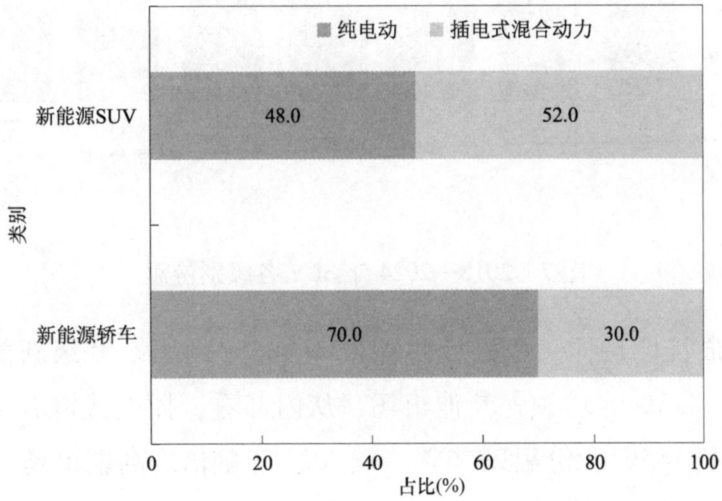

图 6　新能源 SUV 和新能源轿车内部结构占比

受限。

A0 进入长期下行阶段，供需疲软。传统车主要降价应对销量下滑，锋兰达、锐放、逍客等合资产品下沉至 10 万元以内。新能源受成本影响，发展滞缓，仅有元 UP、ICAR V23 等少量纯电车型供应。

A 级逐渐由存量博弈转入缩量下行，份额首次低于五成（见图 7）。首购人群规模减少是主因，叠加购买力下降、消费信心不足，导致有效需求不足。新能源转型加速，渗透率接近四成。插电式混合动力市场，比亚迪宋系列一枝独秀，竞争企业百花齐放。银河、深蓝、奇瑞、哈弗等通过高性价比、智能驾驶、方盒子等策略，差异化竞争。纯电动车发展放缓，内部产品结构升级，元PLUS、埃安 Y 为代表的家庭代步车，向银河 E5、深蓝 S05 为代表的家庭主力车转变，同等价位下，尺寸加长、配置丰富、用料扎实、智能化水平领先，对标杆车型产生威胁。

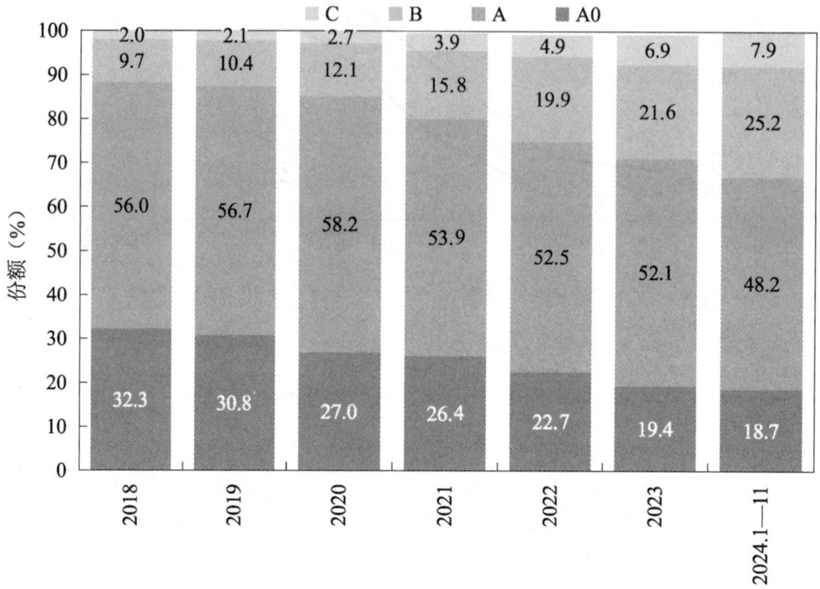

图 7　2018—2024 年 SUV 各级别份额

B 级当前成长性最佳、增幅最快。2024 年 1—11 月，B 级新能源车渗透率 59.9%，涨幅 14.3%，均领先其他市场。从内部看，插电式混合动力贡献主要增量，同比增长 165%，份额 28.6%，较 2023 年翻倍。高端市场由理想 L6，以及坦克、方程豹等硬派越野带动，低端市场由零跑、捷途山海系列、星途系列带动。纯电动增速放缓至 20%，但供给持续增加，竞争升级，尤其新势力 2024 年下半年集中推出智界 R7、极氪 7X、阿维塔 07、乐道 L60、智己 LS6、岚图知音等，围攻 Model Y。

C 级保持 20% ~25% 年均增速，新能源车渗透率超六成（见图 8）。插电式混合动力表现突出，问界、理想两分天下，问界 M7 增补 PRO 版本、ULTRA 版，搭载华为最新座舱、智驾系统，销量拔地而起。此外，魏牌作为第二梯队排头兵，进军细分市场，全新蓝山智驾版产品全面升级，机械素质、动力性能进一步优化，补齐智能座舱、智能驾舱方面短板，月销量冲至 6000 辆以上，站稳 30 万元级混动大六座市场。

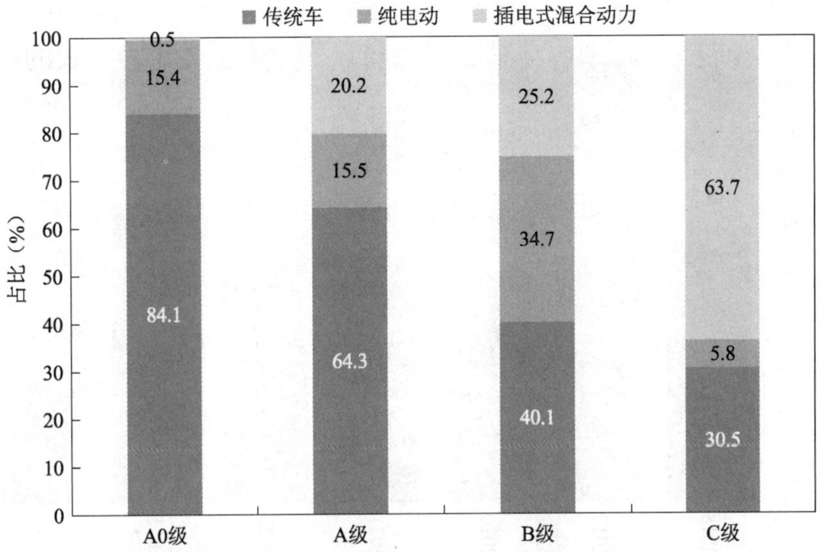

图 8　2024 年 SUV 各级别内部不同燃料类型占比

4. 各系别 SUV 表现

在电动化、智能化浪潮推动下，传统燃油时代形成的品牌格局被打碎，新的品牌格局正在重塑。中国品牌凭借在智电技术、成本控制、产品升级方面的优势，继续蚕食海外品牌市场份额。

中国品牌加速崛起，市场份额稳步攀升。2024 年 1—11 月，中国品牌同比增长 22.0%，持续领跑市场，份额提升至 69.4%，较 2023 年提升 10.1 个百分点（见图 9），显示出中国品牌在国内市场崛起势头。中国品牌借助电动化先发优势，以及完善的供应链体系，不断取得市场主导权与定价权；同时，中国品牌在智能化领域遥遥领先，加固护城河，消费者对中国品牌的认可度不断提升。

日系燃油全面失守，新能源战略落地。2024 年 1—11 月，日系份额降至 10.3%，持续向下。燃油车领域，收缩在华燃油业务，削减车型数量、削减产能、下调销量目标，以价换量。电动化领域，丰田坚持油电混动路线，旗下产品全面 HEV 化。本田积极探索电动化，推出全新纯电品牌“烨 P”，基于全新电动平台、全新技术、全新架构。日产持续深耕中国市场，与华为合作研发智能座舱，联合 Momenta 打造高阶智驾系统，首款车型 N7 将搭载城市 NOA。

欧系品牌集体迷失，加速电动化、智能化转型。传统豪华品牌量价皆失，2024 年上半年以价换量，盈利水平下降。2024 年 7 月，宝马“降量保价”宣布退出价格战，8 月销量腰斩，9 月被迫重返价格战，销量才企稳回升。BBA 强行

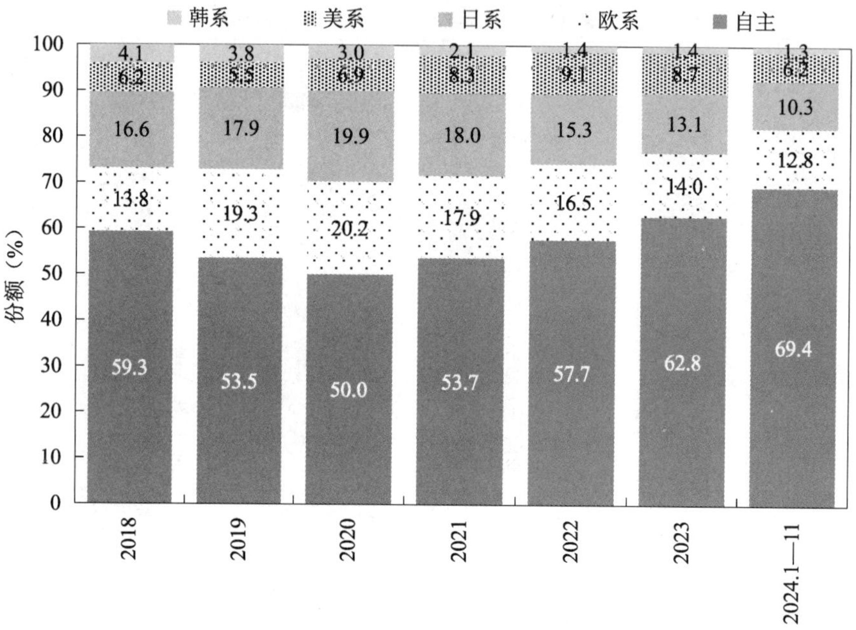

图9　2018—2024年SUV各系别份额

保价失败，表明传统豪华车在燃油车时代的溢价能力一去不返，缺少技术创新、产品升级的保价策略是失败的。在此背景下，主动求变，奥迪发布智能电动新品牌“AUDI”，智能驾驶与华为合作。大众主力车型推出“PRO”版，实现“油电同智”，智能化接近同级自主平均水平；新能源节奏加快，大众安徽首款车型ID. UNYX加入20万元以上纯电动市场。

美系特斯拉增速放缓，福特、通用震荡下滑。Model Y自身产品老化、外部竞争升级，Model Y销量面临瓶颈，短期以“5年0息”策略过渡，2025年进行大改款。福特调整产品结构，高举高打，逐步停产中低端产品，保留高单价、高利润产品。通用旗下三大品牌别克、雪佛兰、凯迪拉克同比降幅60%以上，短期采用“一口价”促销活动，未来基于更多新能源技术和“油电同智”的智能网联技术，推出更多满足本土消费者需求的新产品。

5. 终端价格走势

（1）SUV平均成交价　2023年以来，新能源内卷升级，价格战“白热化”，叠加国家以旧换新政策的促进，入门级车型占比提升，乘用车均价上行的趋势被中断。

2024年初，头部势力为清理库存、提升市场占有率、为新品让路，再次发动价格战，众多品牌被动应战，掀起新一轮价格战，均价快速下降。2024 年 1—11 月，SUV 平均成交价 18.5 万元，同比下滑 0.4 万元（见图 10），降幅达 2.1%；轿车平均成交价 13.8 万元，降幅达 7.4%；MPV 竞争强度相对较小，均价相对平稳。

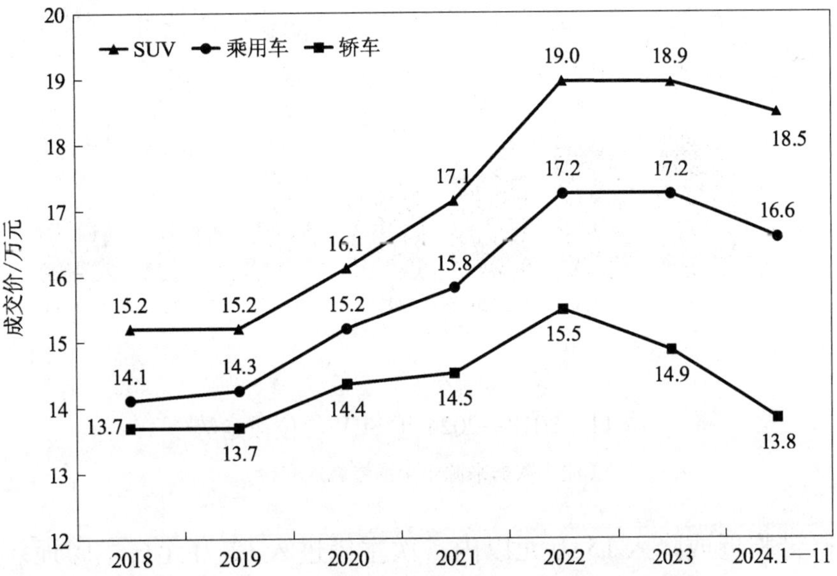

图 10　2018—2024 年乘用车和 SUV 终端成交价走势

（注：数据来源于全国终端成交价）

（2）SUV 价格段走势　2023 年以来，乘用车市场竞争白热化，价格战愈演愈烈，最终量变产生质变，局部细分市场或车型突破原有边界，进入下沉市场，造成不同价区销量波动。

10 万～15 万元呈“波折式”上行，电动化转型再提速（见图 11）。2024 年 1—11 月新能源车渗透率为 44%，较 2023 年上涨 23.5%，增幅最大。其中，插电式混合动力市场呈现“一超多强”格局，比亚迪寡头垄断，宋系列搭载最新 DM－i 技术，进入第二代产品周期。吉利、奇瑞、长安、零跑等第二梯队全面对标比亚迪，银河 L7、风云 T9、深蓝 S07、零跑 C 系列率先落地 15 万级市场；2024 年四季度起，星舰 7、银河 L5、零跑 B 系列逐步落地 10 万级市场。纯电内部结构升级，吉利、深蓝补齐纯电产品，银河 E5、深蓝 S05 尺寸右移，配置越级，智能化程度高，满足家庭主力用车需求，月销 1.5 万辆以上的销量表现，竞争元 PLUS、埃安 Y 等家庭代步车型。

15 万～20 万元市场同比微增，份额小幅下降。合资燃油量价齐跌，主力车

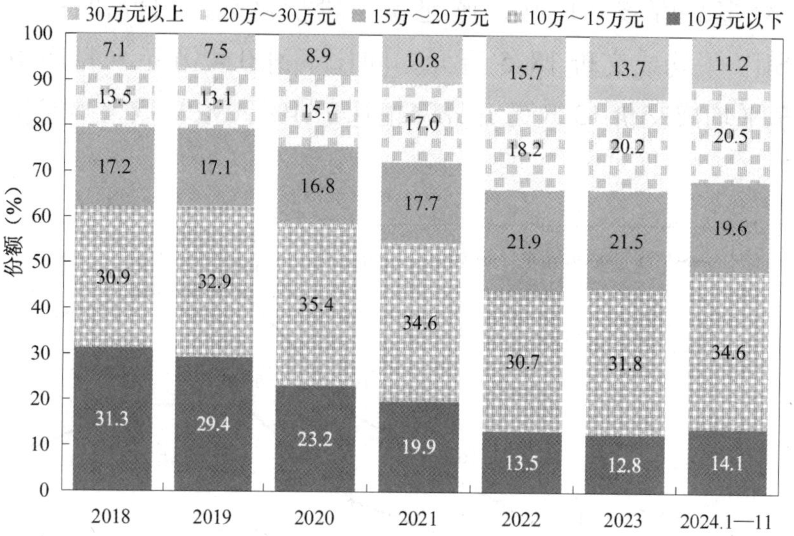

图 11　2018—2024 年 SUV 价位段走势

（注：数据来源于全国终端成交价）

型主销价格带临近或降入 15 万元以内，次主销进入 12 万元自主腹地。面对竞争变化，合资积极求变，在座舱、智驾方面进行升级；在产品矩阵上，由“一车两款”到“两代同堂”策略，拓展产品线。新能源结构调整、腾笼换鸟，原有 A 级插混、A0 纯电等主流家用产品下探至 15 万元以内，仅留下哈弗猛龙、山海 T1 等少量泛越野。B 级逐步填补市场空白，唐、领克 08 下探进入，零跑 C16、东风奕派 008 等大 6 座新品上市，深蓝 G318、山海 T2 主打泛越野，丰富消费者选择。

20 万～30 万元规模和份额平稳增长，新能源车渗透率超六成。细分市场是竞争最激烈的市场，新势力、自主高端、传统豪华车均在布局。在纯电方面，新势力、自主高端车激烈角逐，智界 R7、极氪 7X、阿维塔 07、乐道 L60、智己 LS6 密集推出，围攻 Model Y。插混市场，理想 L6 占位 25 万级市场，上市即爆款，月销 2.5 万辆；问界 M7 改款后，销量拔地而起，月销 1.7 万辆。2025 年将迎来中大型混动潮，吉利系、长安系、奇瑞系、比亚迪、上汽、广汽几乎全部自主均在布局。

自主高端车取得突破，传统豪华车下降趋势严峻。30 万元以上是唯一下滑市场，同比下降 13.4%，份额降至 11.2%。一方面，传统豪华车市场规模加速萎缩，另一方面，Model Y、小鹏 G9、宝马 ix3 等纯电动车降价影响仍在。问界、理想抓住电动化、智能化机遇，引领中国品牌占比超过六成，打破豪华车品牌垄断，尤其问界 M9 定位 50 万元以上，月销 1.5 万辆，力压奔驰 GLE、宝马 X5 等同级车型，成为现象级爆款产品。

在百年未有之大变革行业环境下，电动化、智能化为 SUV 注入新的活力，SUV 再次展示出强大的生命力、向上力，不仅走出需求平台期，而且几乎成为拉动行业增长的唯一引擎。SUV 规模增长的同时，内部也在经历深刻变革。新能源对燃油车替代加速，插混增速持续领先纯电；级别延续大型化趋势，各级别内部尺寸“加长”；价格体系重塑，新能源车掌握定价权，新的价格体系正在形成；旧的品牌格局被打破，新的品牌格局重塑，合资衰退，自主崛起。

二、2025 年 SUV 市场展望

1. 经济因素

尽管面临经济增长动能偏弱、有效需求不足等诸多问题，拖累经济复苏步伐，但我国经济仍然展现出强大的韧性和增长潜力，2024 年全年 GDP 增速预计在 5.0% 左右，顺利完成预期目标。2025 年我国国内有效需求仍待提振。但 2025 年是“十四五”收官之年，政治局会议提出实施“适度宽松的货币政策和更积极的财政政策”，以应对经济挑战，强化逆周期调节，稳定预期，改善经济基本面，总体上中国经济持续向好的基本面不会改变，预计 2025 年 GDP 增速将保持在 4.5% ~5%。

2. 政策因素

当前经济面临放缓风险，内需不足，投资不旺，汽车作为国民第二大经济产业，也是我国刺激消费的主要抓手，预计中央和地方政府会持续推出包括现金补贴在内的消费政策，鼓励汽车消费。“以旧换新”政策时间将于 2024 年 12 月到期，但参考历史规律，刺激政策后通常有一年左右缓冲期，以减轻政策透支效应，预计 2025 年“以旧换新”政策大概率延续，补贴力度有所退坡。同时，2025 年底新能源车购置税全免政策到期，带来需求前置，有效拉动全年销量增长。

3. 需求因素

随着电动化、智能化加速发展，智能驾驶、智慧底盘、空气悬架等智能化

配置大面积应用，极大程度上减弱了传统 SUV 操控性、舒适性的劣势，其大空间、通过性好的优势进一步放大，SUV 适用人群得到拓展。增换购取代首购成为车市新引擎，其客群以 80 后、90 后为主，作为家庭用车，对空间、多座有刚性需求，购买力较强，能应对 SUV 相对较高的溢价。而且 SUV 购车高峰期用户也进入增换购周期，对 SUV 偏好度更高，更倾向再次选购 SUV。新业态、新场景蓬勃兴起，更加追求个性化、差异化、多样化的生活新方式，自驾游、露营成为新的时尚风潮，越来越多消费者倾向于选择 SUV。

4. 供给因素

近年来，随着新能源车市场渗透率的快速攀升，新势力、传统品牌纷纷加速布局新能源汽车市场。新产品密集上市，平均两天推出一款全新车型。产品类型丰富，覆盖从纯电到混动，A 级到 D 级、中低端到高端的全市场。造型风格多样，从经典风格，到硬派越野、方盒子造型、跨界风格，满足市场多样化需求。2025 年仍然是 SUV 强产品周期，纯电市场，极氪 7X、智界 R7 新车放量，Model Y 大改款、小米 YU7 万众期待、理想推出 i 系列；混动市场，是各品牌激烈争夺市场，几乎每个品牌都规划一到两款产品，并以中大型混合动力产品为主，供给丰富，竞争趋于白热化，产品售价或持续下移，进一步刺激 SUV 需求潜力。

5. 出口因素

近年来，中国汽车出口进入高速增长期。2023 年全年出口 491 万辆，同比增长 58%，超越日本，成为全球最大汽车出口国。2024 年，汽车出口延续高增长态势，同比增速超 20%，全年有望冲击 600 万辆新高。2025 年，在关税挑战升温等因素影响下，汽车出海不确定性增加，预计 2025 年出口增速放缓至 10% 左右。

6. 总结

近年来，我国乘用车市场进入波动式缓慢增长阶段，目前正处于上升期，为各品类创造了良好的外部环境。消费政策托底、市场需求旺盛、多元产品供给、智能技术加持，多重利好因素共振，均利于 SUV 品类发展，SUV 将迎来一段黄金发展期，未来几年将保持较快发展。综上，预计 2025 年乘用车市场销量 2785 万辆，同比增长 2.0%；SUV 销量 1515 万辆，同比增长 3.5%。

（作者：张亚磊）

2024 年 MPV 市场分析及 2025 年展望

一、MPV 市场整体发展趋势

2024 年 MVP 市场销量为 91.6 万辆，近几年 MPV 市场销量维持在 100 万辆左右（见图 1），在乘用车市场中占比为 5% 左右。MPV 结构仍然持续大型化趋势，中大型 MPV 持续增长，紧凑型 MPV 和中型 MPV 份额继续萎缩。

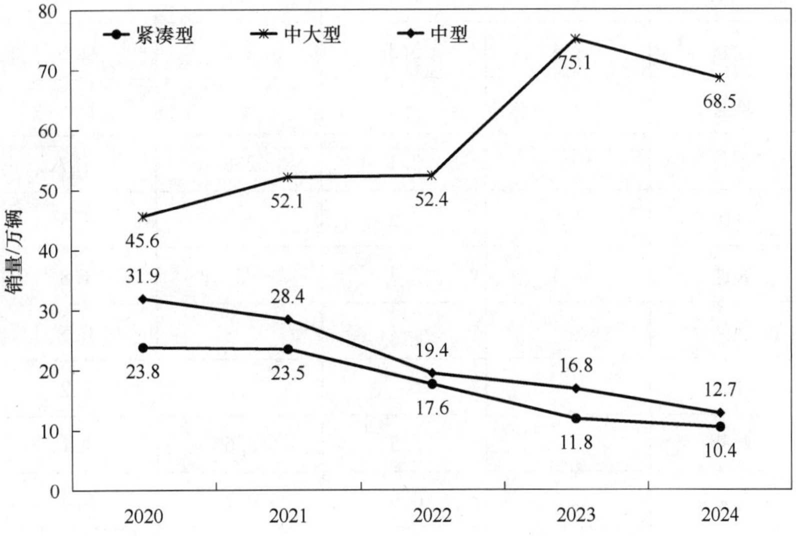

图 1　2020—2024 年分车型级别 MPV 市场销量走势

从新能源车渗透率变化看，MPV 市场近几年保持快速新能源化趋势，预估 2024 年新能源 MPV 销量近 35 万辆，市场渗透率约为 35%。

从品牌竞争格局看，从 2022 年开始，MPV 市场竞争格局发生快速变化，丰田先后国产化了赛那和格瑞维亚，腾势 D9 开始带动了 MPV 市场快速新能源化转型。至 2024 年，传统“一超多强”的局面发生较大改变，日系品牌车依靠家用双车赛那和格瑞维亚占据品牌市场占有率第一的位置，广汽、上汽通用通过燃油车和新能源车组合，仍然保持头部份额，腾势、岚图等新能源品牌正快速崛起。2020—2024 年主要 MPV 品牌市场占有率变化情况见表 1。

表 1　2020—2024 年主要 MPV 品牌市场占有率变化情况　（%）

序号	品牌	2020 年	2021 年	2022 年	2023 年	2024 年
1	丰田	6. 7	5. 3	19. 0	19. 5	23. 4
2	广汽	7. 3	12. 4	11. 2	13. 7	16. 0
3	别克	34. 2	30. 1	22. 8	18. 2	13. 1
4	腾势	—	—	2. 1	14. 2	11. 5
5	本田	18. 1	18. 7	14. 5	8. 9	6. 5
6	岚图	—	—	1. 6	2. 7	5. 7
7	小鹏	—	—	—	0. 2	2. 9
8	极氪	—	—	—	2. 5	2. 6
9	江淮	6. 8	5. 5	3. 3	2. 2	1. 9
10	大众	2. 4	3. 3	3. 7	2. 6	1. 7
11	理想	—	—	—	—	1. 5
12	现代	—	2. 1	2. 8	1. 7	1. 4
13	奔驰	3. 6	3. 2	2. 7	1. 8	1. 2
14	大通	3. 4	2. 7	2	1. 8	1. 2
15	魏派	—	—	—	0. 5	0. 8
16	红旗	—	—	1. 2	1. 2	0. 7
17	五菱	—	3. 5	2. 6	1. 1	0. 7
18	雷克萨斯	0. 6	0. 9	0. 7	0. 4	0. 5
19	荣威	2. 2	3. 0	2. 1	1. 0	0. 5
20	起亚	—	0. 9	0. 5	0. 3	0. 2
21	沃尔沃	—	—	—	—	0. 2

从主要车型分布看，2024 年，在紧凑型 MPV 市场中，五菱宏光仍然占据绝对市场份额（见表 2），但销量规模在持续萎缩中。在中型 MPV 市场中，传祺 M6 超过五菱佳辰成为 TOP1（见表 3），极狐考拉、极氪 MIX 为细分市场带来新物种，目前看满足了特定部分人群的需求，保持了一定的销量规模，但可持续性需进一步观察。在中大型 MPV 市场中，日系赛那和格瑞维亚、腾势、梦想家、GL8 系列占据了近 70% 的份额（见表 4）。

表 2　2024 年紧凑型 MPV 主要车型情况

序号	车型	能源形式	月均销量/辆	市场份额（%）	个人购买占比（%）
1	五菱宏光	燃油车	5855	62.0	88
2	五菱宏光	BEV	2968	31.4	89
3	奔腾 NAT	BEV	1626	17.2	16
4	欧诺	燃油车	1021	10.8	89
5	比亚迪 D1	BEV	76	0.8	15
6	风光	燃油车	61	0.6	90

表 3　2024 年中型 MPV 主要车型情况

序号	车型	能源形式	月均销量/辆	市场份额（%）	个人购买占比（%）
1	传祺 M6	燃油车	3752	32.6	80
2	五菱佳辰	燃油车	2480	21.6	91
3	考拉	BEV	1499	13.0	64
4	大通 G50	燃油车	1081	9.4	75
5	比亚迪 e6	BEV	777	6.8	—
6	五菱宏光 Plus	燃油车	729	6.3	85

表 4　2024 年中大型 MPV 主要车型情况

序号	车型	能源形式	月均销量/辆	市场份额（%）	个人购买占比（%）
1	赛那	燃油车	7219	11.6	84
2	腾势 D9	PHEV	6779	10.9	60
3	格瑞维亚	燃油车	5947	9.6	84
4	传祺 M8 宗师	燃油车	4120	6.6	74
5	岚图梦想家	PHEV	3122	5.0	57
6	GL8 25S/28T	燃油车	2919	4.7	47
7	GL8 ES PHEV	PHEV	2807	4.5	63
8	传祺 E8	PHEV	2702	4.3	73
9	奥德赛	燃油车	2504	4.0	91
10	GL8 ES	燃油车	2366	3.8	53
11	小鹏 X9	BEV	1798	2.9	71
12	传祺 E8	燃油车	1723	2.8	94
13	菱智	燃油车	1633	2.6	76
14	极氪 009	BEV	1573	2.5	48

（续）

序号	车型	能源形式	月均销量/辆	市场份额（%）	个人购买占比（%）
15	艾力绅	燃油车	1562	2.5	91
16	ALPHARD	燃油车	1369	2.2	46
17	传祺 M8	燃油车	1214	2.0	54
18	NG GL8 ES	燃油车	1176	1.9	66
19	传祺 E9	PHEV	1156	1.9	56
20	威然	燃油车	1056	1.7	62

从价格及层级城市分布趋势看，2024年，紧凑型MPV和中型MPV由于新车型投放，如极氪MIX等，在价格战的大环境下均价有所提升，但总体均价仍处于“工具车”范畴。中大型MPV在激烈厮杀的背景下，多款主力车型降价增配，均价结束了过去几年持续上升的势头，下降至32万元附近。2024年MPV层级城市销量分布规律同2023年基本持平，中大型MPV主要分布在一线、二线城市，而其他MPV则更多分布在三线、四线、五线城市。

二、中大型MPV的竞争格局变化

如上所述，MPV市场的总体发展主要由中大型MPV来决定。因此，对这个细分市场的分析可以帮助大家更好地理解当下的竞争格局。

中大型MPV经历了2023年的高速发展，2024年进入了存量竞争和新能源转化阶段，新能源MPV渗透率快速提升至36%（见图2），相应地，燃油车销量规模开始萎缩，从2023年月均5.6万辆锐减至月均4.6万辆，2024年1—11月总体市场仅保持1%同比增长率。预计中远期随着经济运行改善、新竞品不断投放及迭代，总量规模将温和增长，但新能源车渗透率依旧保持高速增长，预计至2027年左右将超过50%。

（1）主要车型销量此消彼长　2023—2024年市场月销量规模基本保持6.2万辆不变，月销量增加的车型基本为新能源车型。如别克GL8从燃油车向PHEV转型，小鹏X9、理想MEGA带动BEV市场增长，但赛那、格瑞维亚依靠日系基盘用户及极致的实用属性，依然取得增长。同比下降的车型如M8、艾力绅、威然则主要为燃油车型或生命周期末端车型。

（2）价格战依然持续　中大型MPV过往一直罕见折扣，而自2023年以来，市场竞争陡然加剧，折扣率不断扩大，尤其是30万元以下折扣率快速提升，高

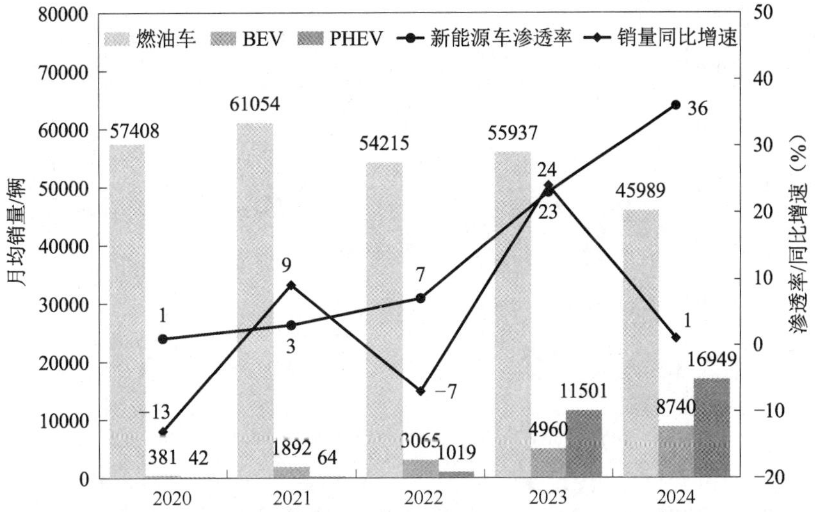

图 2　2020—2024 年中大型 MPV 月均销量、同比增速及新能源车渗透率

价位段埃尔法也基本告别加价时代。除折扣扩大外，新能源竞品如岚图梦想家、极氪 009 等更是通过新款直接降低指导价、提升配置来扩大市场份额。

在价格战的驱动下，中高端新能源 MPV 正在对传统能源 MPV 形成自上而下的层层挤压效应，腾势 D9 从 35 万元以上为主，变为 30 万 ~35 万元占一半销量，赛那、GL8 ES 主销价位区间则逐渐向 25 万 ~30 万元趋近，下位车型如 M8 宗师、奥德赛也同样出现价格区间不断下压的趋势。

从 2024 年中大型 MPV 分价位段月销规模来看（见图 3），20 万 ~45 万元中大型 MPV 是主要销售区间，各价位段月均销量规模均在 1 万辆左右。每个价位段只要有强势新能源产品，其新能源车渗透率就会快速提升，在 30 万元以下，2023 年新能源车渗透率仅为个位数，而 2024 年随着传祺 E8 的持续上量，20 万 ~25 万元价格区间新能源车渗透率快速拉升至 34%；随着理想 MEGA 的进入和极氪 009 的产品迭代，50 万 ~70 万元价格区间新能源车渗透率也快速提升至 62%。而 25 万 ~35 万元、70 万元以上价位的高端市场，由于当前缺少主力产品，新能源车渗透率仍在低位，未来或将成为各大车企布局发力的重点。

1. 45 万元以上高端价位段 MPV 竞争格局及关键产品分析

2024 年，高端市场总量规模基本维持不变，所有主力燃油车如埃尔法、奔驰 V 等均出现同比销量下滑，而极氪 009 通过降价增配获取大幅份额提升，理想 MEGA 也通过极强的产品力保持近 1000 辆的月销规模。2024 年 45 万元以上高端价位段 MPV 车型销量排名见表 5。

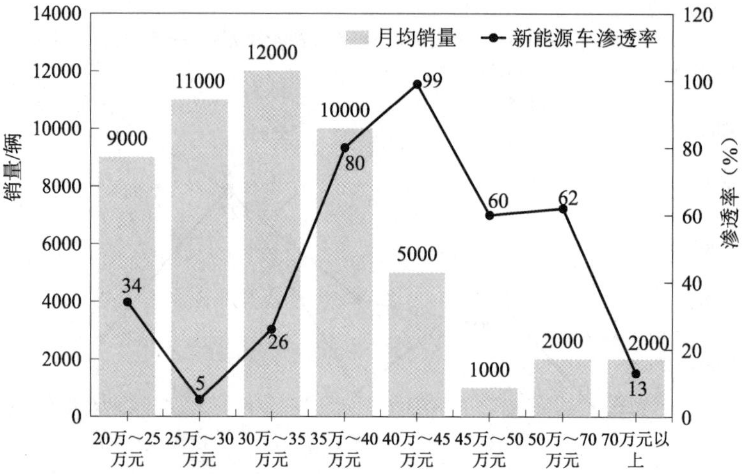

图 3　2024 年分价格段中大型 MPV 月均销量及新能源车渗透率

表 5　2024 年 45 万元以上高端价位段 MPV 车型销量排名

序号	主要车型	能源形式	月均销量/辆	市场份额（%）	均价/元
1	ALPHARD	燃油车	1369	24.2	1054049
2	极氪 009	BEV	1339	23.7	517996
3	理想 MEGA	BEV	927	16.4	542783
4	世纪	燃油车	857	15.1	507981
5	奔驰 V 级	燃油车	568	10.0	526158
6	LEXUS LM	燃油车	307	5.4	1674226
7	沃尔沃 EM90	BEV	159	2.8	818000

全新极氪提供 800V 快充/900km 续航、六座行政版/七座过道版多种选择，解决产品主要槽点和问题，产品力全面升级，座舱舒适性提升，智能化及场景模式升级，新增儿童守护 APP、无痕模式等。升级后的配置梯度简单，入门即高配，舒适/科技配置梯度仅为二三排座椅差异。续航升级，140kWh 电池版本最长 900km 超长续航；补能升级，800V 5C 超快充，10min 补能 500km。六座版宽扶手无中通道，主打商务行政调性；七座版窄扶手带中通道，宜商又宜家。

理想基于 Whale 平台打造的首款 BEV 车型 MEGA，定位超级奶爸车，外观辨识度极高，内饰采用 L 系列风格。其智舱采用了高通骁龙 8295P（60TOPS）+ Mind GPT + 二排座椅 4D 震动单元 + 21 * 扬声器（2160W），舒适性满配：Nappa 真皮座椅 + 主驾坐垫智能软硬调节 + 一二排 16 点座椅按摩/通风/加热/腿托加热/二排双扶手加热 + 三排座椅加热/36°靠背电调 + 一三排通话功能。智驾系统则采用了 AD MAX + 2 * Orin - X（508TOPS）+1 * 激光雷达 +11 * 摄像头 +12 * 超声波雷达 +1 * 毫米波雷达，支持城市/高速 NOA + LCC + 代客泊车。同时标配双腔空悬 + CDC、2.5kW 对外放电、5C 充电功率≥520kW，能够在 12min 充满 500km。

2. 30 万～45 万元主流价位段 MPV 竞争格局及关键产品分析

2024 年，主流价位段市场总量规模基本维持不变，市场最大的内部结构变化在于岚图梦想家通过降价增配及营销手段的大量资源投放，销量及份额大幅提升，挤压了部分腾势 D9 和 GL8 PHEV 的份额。该价位区间为 PHEV 绝对主导，小鹏 X9 上市后销量始终为 1000～2000 辆，未能改变 BEV 的竞争优势。2024 年 30 万～45 万元主流价位段 MPV 车型销量排名见表 6。

表 6　2024 年 30 万～45 万元主流价位段 MPV 车型销量排名

序号	主要车型	能源形式	月均销量/辆	市场份额（%）	均价/元
1	腾势 D9	PHEV	6743	24.8	390049
2	赛那	燃油车	4271	15.7	332494
3	格瑞维亚	燃油车	3414	12.6	323014
4	岚图梦想家	PHEV	2928	10.8	354779
5	GL8 ES PHEV	PHEV	2807	10.3	403455
6	小鹏 X9	BEV	1798	6.6	388511
7	GL8 ES	燃油车	1754	6.5	332563
8	NG GL8 ES	燃油车	1175	4.3	319900
9	传祺 E9	PHEV	1156	4.3	349470

全新岚图梦想家外观小改，内饰大变，智能和舒适性配置全面升级，华为鸿蒙座舱及乾崑 ADS 3.0 加持，加上传播和营销端大力投入，销量提升明显。其 PHEV 版起售价 32.99 万元，比老款低 1 万元，而 EV 版舍去了老款长续航版，只保留超长续航版，各型号均加配降价，性价比进一步提高。同时岚图与华为合作，引入华为乾崑 ADS 3.0 及鸿蒙座舱，成为同级率先搭载华为系统的产品，对提升品牌形象，吸引人气有着极大帮助。

小鹏 X9 是 MPV 市场第一款突破传统概念的科技智能纯电产品。造型突破传统，配置性价比极其突出，兼顾乘坐舒适与驾驶操控，采用了后轮转向、CDC + 双腔空簧、全域 800V 高压平台、二排零重力航空座椅、三排电动翻坑设计、头枕及靠背电调，智舱智驾采用了 XOS 天玑智能座舱系统、21.4in 后排吸顶屏，支持 L2 ++ 级辅助驾驶。

然而，纯电动形式当下仍然存在长途里程焦虑、充电麻烦、电池安全等诸多限制因素，因此，BEV 在该细分市场的渗透仍需要电池技术、基础设施、消费者心态合力提升，才能得到更长足的发展。

3. 20 万 ~30 万元主流入门价位段竞争格局及关键产品分析

2024 年，20 万 ~30 万元主流入门价位段 MPV 市场总量规模基本维持不变，2024 年 20 万 ~30 万元主流入门价位段 MPV 车型销量排名见表 7。

表 7　2024 年 20 万 ~30 万元主流入门价位段 MPV 车型销量排名

序号	主要车型	能源形式	月均销量/辆	市场份额（%）	均价/元
1	传祺 M8 宗师	燃油车	3644	17.8	249427
2	赛那	燃油车	2940	14.3	273064
3	传祺 E8	PHEV	2702	13.2	227614
4	GL8 25S/28T	燃油车	2696	13.1	226921
5	格瑞维亚	燃油车	2533	12.4	269616
6	奥德赛	燃油车	1614	7.9	237277
7	艾力绅	燃油车	1562	7.6	261218
8	威然	燃油车	670	3.3	273381
9	GL8 ES	燃油车	611	3.0	278940

传祺 E8 于 2023 年投产后，作为入门 MPV 的黑马，在 20 万 ~30 万元价位区间对本田双车奥德赛和艾力绅造成了冲击，2024 年第三季度上市 HEV 车型后，价位打到 20 万元以下，取代了老款 M8 的份额。截至 2024 年底，传祺 E8 月销量已冲至 6000 + 辆，充分说明 20 万 ~30 万元入门价位区间 MPV 车型用户对 PHEV、HEV 能够提供的经济性价值是非常高的。

三、2025 年 MPV 市场竞争展望

1. 玩家更多，赛道更加拥挤

MPV 占乘用车全市场的比例一直小于 5%，然而从 2022 年以来，大量新车型开始进入，且主要以新能源车型为主（见表 8），2024 年有 17 款新车或车型换代，而总销量仍维持每年约 80 万辆的规模不变，因此竞争愈发激烈，产品力及营销能力不足的品牌、车型面临生死存活考验压力继续增加。在快速新能源

化的趋势下，汽车需抓住 PHEV/EREV 转化燃油车的机遇期，同时对打造 BEV MPV 的竞争力和当前用户需求的匹配度作正确评估，以在拥挤的赛道中保持份额。

表 8　2022—2024 年 MPV 新发车型

序号	2022 年新发车型	能源形式	2023 年新发车型	能源形式	2024 年新发车型	能源形式
1	传祺 M8 宗师	燃油车	传祺 E8	PHEV	GL8 ES PHEV	PHEV
2	腾势 D9	PHEV	传祺 E9	PHEV	传祺 E8	燃油车
3	风行游艇	燃油车	极氪 009	BEV	星海 V9	PHEV
4	岚图梦想家	PHEV	高山	PHEV	红旗 HQ9	PHEV
5	红旗 HQ9	燃油车	腾势 D9	BEV	瑞风 RF8	PHEV
6	世纪	燃油车	合创 V09	BEV	LEVC L380	BEV
7	大通 G90	燃油车	大通 G70	燃油车	沃尔沃 EM90	BEV
8	荣威 iMAX8	BEV	大通 MIFA 7	BEV	风行游艇 V9	PHEV
9	岚图梦想家	BEV	五菱征程	BEV	瑞风 RF8	燃油车
10	大通 MIFA 9	BEV	—	—	大通 MIFA 7	PHEV
11	瑞风	BEV	—	—	领途 M8	燃油车
12	格瑞维亚	燃油车	—	—	大通 MIFA 9	PHEV
13	—	—	—	—	领途 E－M8	BEV
14	—	—	—	—	荣威 imax8	PHEV
15	—	—	—	—	风行游艇	PHEV
16	—	—	—	—	瑞风	PHEV
17	—	—	—	—	NG GL8 ES	燃油车

2. 家用需求或成新增长引擎

2024 年，受经济环境、中小企业经营状态等影响，单位购买中大型 MPV 的数量及份额都出现萎缩，个人购买驱动细分市场增长。截至 2024 年第四季度，个人购买比例已高达 74%，且在 25 万～35 万元价位段购买比例接近 80%。随着政策对多胎生育的支持，预计未来大家庭购买 MPV 仍将持续增加。这也将持续考验整车制造商对于 MPV 商务属性与家用属性的平衡把握及清晰的型谱差异定位。

3. 强势竞品蓄势待发

2024 年广州车展，比亚迪夏亮相，这是继腾势 D9 后比亚迪推出的第二款

25 万~35 万元价位区间的 MPV。比亚迪夏有机会争取赛那和格瑞维亚的市场份额，因为赛那和格瑞维亚能源形式老旧，且产品内饰等粗糙点较多，智能化程度偏低，同时该细分市场上鲜有一款专门锚定该价格段的智电产品拓宽用户选择。

比亚迪夏同腾势 D9 一样来自比亚迪 BLP 平台，以 DM－i、云撵 C 等为技术品牌底座，带来了与时俱进的智能化体验和精致内饰，同时复刻赛那沉坑三排标签。通过极佳空间灵活性和与时俱进的智电体验吸引这个价格带的用户。

除比亚迪夏外，未来尊界品牌可能推出高端 EREV MPV，主打行政级调性和华为智能座舱和智能驾驶加持，新势力品牌如蔚来、智己、极氪等也可能相继推出更多 MPV 车型。经历过 SUV、轿车领域厮杀的新势力品牌，大概率会将最强能力投入到高端 MPV 车型中。传统车企 MPV 车型唯有保持危机感、从用户需求和竞争形势两方面着手进行产品快速迭代和营销传播上发力，才能继续保持市场领先地位。

（作者：王钦）

2024 年 PHEV 市场分析及 2025 年展望

2024 年，在我国汽车工业发展历程中，注定是会被记录的一年。新能源乘用车历时 16 年发展，在 2024 年下半年，月度销量超越燃油车。新能源乘用车迎来全面发展的时代，而 PHEV 成为新能源车发展普及最重要的力量。

2024 年 1—11 月，新能源乘用车累计销售 1065. 0 万辆，预计全年将突破 1200 万辆，新能源乘用车迎来首个千万销量年；其中 PHEV 车型累计销售 448. 4 万辆，预计全年将突破 500 万辆（见图 1）。

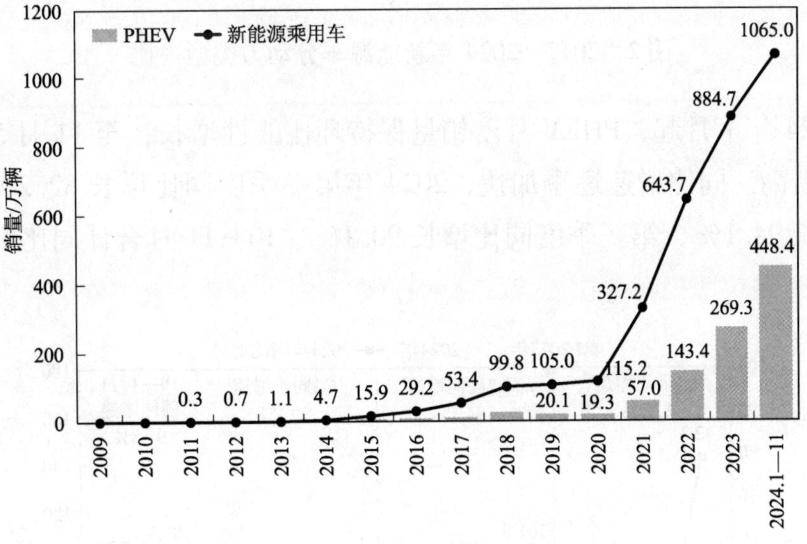

图 1　2009—2024 年新能源乘用车与 PHEV 销量

一、2024 年 PHEV 市场特征

1. PHEV 持续加速发展，促进新能源汽车销量及渗透率再创新高

2024 年 1—11 月，BEV 累计销售 616. 7 万辆，同比增长 14. 3%，同比增量 77 万辆；PHEV 累计销售 448. 4 万辆，同比增长 91. 9%，同比增量 214. 7 万辆，增速大幅高于 BEV，是新能源乘用车最大的增量来源。PHEV 占新能源乘用车的

份额达 42.1%，较 2023 年提升 11.7%（见图 2）。

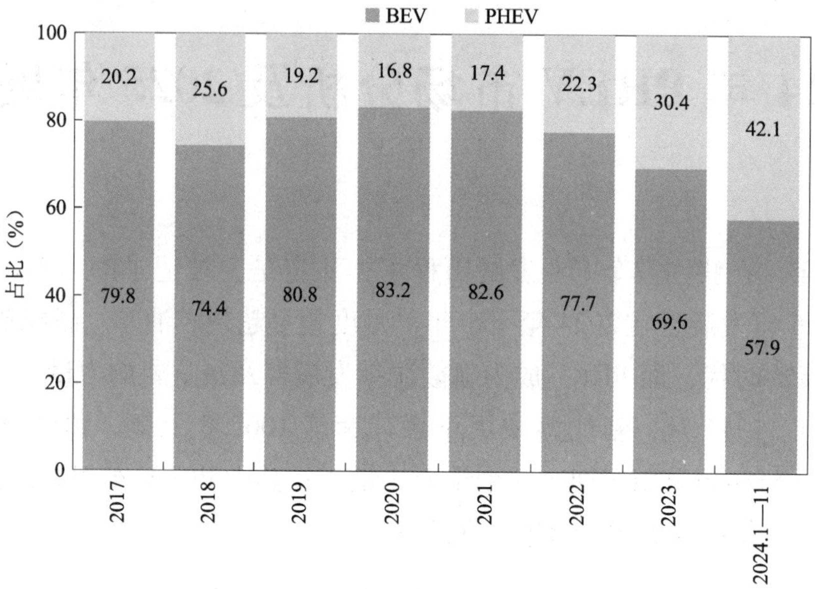

图 2 2017—2024 年新能源车分动力类型占比

从 2024 年 1 月起，PHEV 月度销量保持环比线性增长，至 11 月 59.9 万辆，达到历史新高。同比增速逐季加快，2024 年第一季度同比增长 82.2%，第二季度同比增长 94.1%，第三季度同比增长 90.1%，10—11 月合计同比增长 98.8%（见图 3）。

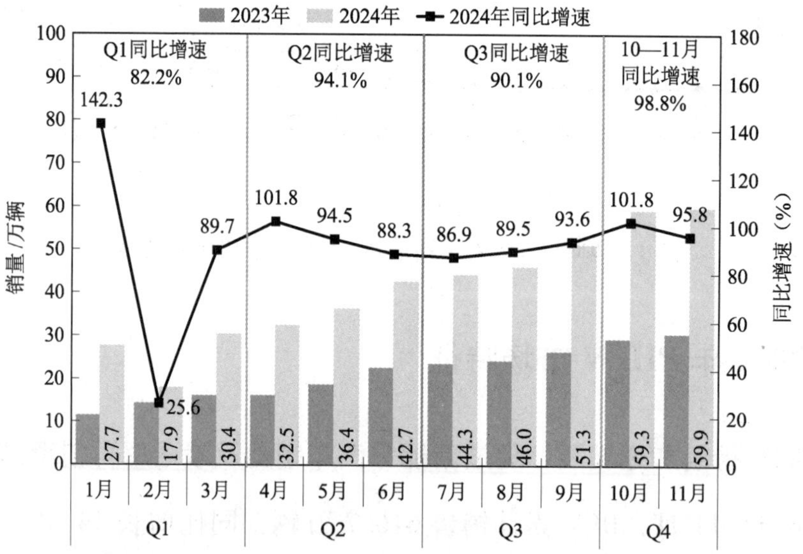

图 3 2023—2024 年 PHEV 月度销量及同比增速

2. PHEV 产品全球竞争力强，出口同步实现高增长

PHEV 车型不仅在国内爆发式增长，出口表现同样突出。中国 PHEV 车型在全球市场有极强的产品竞争力，且欧盟对中国只是加征进口纯电动车型的关税，同时出口市场较多元化，因此 PHEV 出口同样实现超高增长。

2024 年 1—11 月，PHEV 出口 22.6 万辆，同比增长 264.5%（见表 1）；2024 年下半年，单月出口量除 8 月、9 月，其他月份均高于 2 万辆（见表 2）。

表 1　PHEV 国内、出口销量及增速情况

分类	2023 年 1—11 月销量/万辆	2024 年 1—11 月销量/万辆	同比增速（%）
国内	227.5	425.8	87.2
出口	6.2	22.6	264.5
合计	233.7	448.4	91.9

表 2　PHEV 月度出口销量及增速情况

月份	2023 年销量/万辆	2024 年销量/万辆	同比增速（%）
1 月	0.15	1.61	973.3
2 月	0.21	1.45	590.5
3 月	0.38	2.11	455.3
4 月	0.64	2.45	282.8
5 月	0.64	2.06	221.9
6 月	0.76	2.13	180.3
7 月	0.68	2.52	270.6
8 月	0.51	1.96	284.3
9 月	0.24	1.86	675.0
10 月	1.07	2.28	113.1
11 月	0.90	2.16	140.0

3. 家庭多场景用车需求引领 PHEV 市场增长，其中 A 级市场受益最大

2024 年，PHEV 全场景多用途的优势进一步突显，A 级新能源车成为家庭用户的首选，全面引领 PHEV 增长。具体增量来源，A 级市场同比增长 103.7%，新增 120.7 万辆；B 级市场同比增长 87.3%，新增 40.6 万辆；C 级市场同比增长 68.5%，新增 41.1 万辆；D 级市场同比增长 118.0%，新增 11.8 万辆（见表 3）。

2024 年 1—11 月，PHEV 个人市场累计销量为 353 万辆，同比增长 102.8%，份额达到 89.6%，较 2023 年提升 3%；单位销量为 38.8 万辆，同比增长 52.0%；出租租赁市场累计销量为 2.2 万辆，同比增长 26.3%。

表 3　2023 年 1—11 月、2024 年 1—11 月 PHEV 乘用车分级别销量情况

级别	2023 年 1—11 月销量/万辆	2024 年 1—11 月销量/万辆	同比增速（%）	同比增量/万辆
A0 级	0.7	1.2	71.4	0.5
A 级	116.4	237.1	103.7	120.7
B 级	46.5	87.1	87.3	40.6
C 级	60.0	101.1	68.5	41.1
D 级	10.0	21.8	118.0	11.8
总计	233.6	448.3	91.9	214.7

4. 各线城市全线增长，低线城市增速更高，PHEV 加速向下沉市场渗透

2024 年，PHEV 在各线城市的市场均表现突出，其中三线至五线城市（低线城市）在完成用户教育，产品、渠道及营销下沉之后，体现出巨大的增长潜力和空间。2024 年 1—11 月，一线城市同比增长 81.4%，占全国份额 9.9%，减少 0.8%；新一线城市同比增长 74.2%，占全国份额 26.9%，减少 3.3%；二线城市同比增长 88.6%，占全国份额 22.3%，减少 0.8%；三线城市同比增长 111.6%，占全国份额 21.8%，提升 1.6%；四线城市同比增长 131.4%，占全国份额 12.3%，提升 1.9%；五线城市同比增长 149.1%，占全国份额 6.8%，提升 1.4%。三线至五线城市增速均在 1 倍以上，远高于新一线、一线城市（见表 4）。

表 4　2023 年 1—11 月、2024 年 1—11 月 PHEV 乘用车分城市级别上险情况

城市级别	2023 年 1—11 月上险量/万辆	2024 年 1—11 月上险量/万辆	同比增速（%）	2024 年 1—11 月销量份额（%）	份额变化（%）
一线	21.5	39.0	81.4	9.9	-0.8
新一线	60.8	105.9	74.2	26.9	-3.3
二线	46.6	87.9	88.6	22.3	-0.8
三线	40.5	85.7	111.6	21.8	1.6
四线	21.0	48.6	131.4	12.3	1.9
五线	10.8	26.9	149.1	6.8	1.4

另外，PHEV 在高海拔和高寒地区发展迅速，普及优势明显。截至 2024 年 11 月，PHEV 在东北（黑龙江、辽宁、吉林）、华北（天津、内蒙古）、西北（陕西、甘肃、宁夏、新疆、青海及西藏）当地的销量已超越 EV。

5. 插电式混合动力与增程技术路线同步发展，插电式混合动力抢占 A—B 级市场，增程抢占 C—D 级市场

2024 年，插电式混合动力与增程技术双路线整体保持同步发展，但侧重的细分市场不同。2024 年 1—11 月，插电式混合动力同比增长 95.0%，其中 A 级同比增长 107.2%，B 级同比增长 107.2%，C 级同比增长 34.4%；增程同比增长 97.7%，其中 B 级同比增长 71.0%，C 级同比增长 102.5%，D 级同比增长 107.1%；插电式混合动力更多是抢占 A—B 级市场，并上探到 C 级市场，而增程更多抢占 C—D 级市场，并开始下沉 A 级市场。从各细分市场插电式混合动力与增程的占比可以看出，插电式混合动力在 A—B 市场为绝对主导，分别占 99.2%，70.8%；增程在 C—D 为绝对主导，分别占 62.4%，97.0%。（见表 5）。

表 5 2023 年 1—11 月、2024 年 1—11 月 PHEV 乘用车分动力类型上险情况

合并级别	2023 年 1—11 月		2024 年 1—11 月					
	插电式混合动力上险数/万辆	增程上险数/万辆	插电式混合动力上险数/万辆	增程上险数/万辆	插电式混合动力同比增速（%）	增程同比增速（%）	插电式混合动力占比（%）	增程占比（%）
A0 级	0.4	—	1.5	—	—	—	100.0	—
A 级	94.1	0.1	194.8	1.6	107.1	—	99.2	0.8
B 级	27.6	13.8	57.2	23.6	107.2	71.0	70.8	29.2
C 级	26.4	29.0	35.5	58.8	34.4	102.5	37.6	62.4
D 级	—	9.9	0.6	20.6	—	107.1	3.0	97.0
总计	148.5	52.8	289.6	104.6	95.0	97.7	73.5	26.5

6. 用户对 PHEV 车型纯电续航里程的需求逐步回归理性，中低纯电续航里程（100km 以内）占比持续提升

2024 年 1—11 月，中低纯电续航里程（100km 以内）销量占比 44.2%，提升 6.3%，连续三年回升。其中低于 50km 占 10.2%，50 ~ 100km 占 34.1%，分别提升 1.9%、4.5%。高纯电续航里程（100km 以上）销量占比 55.8%，减少 6.3%，其中 100 ~ 150km 占比 26.0%，150 ~ 200km 占比 24.9%，分别较 2023

年下滑 5.2%、4.8%，仅 200km 以上增长，占比 4.9% 提升 3.7%，中大型车 200km 以上纯电续航里程需求提升（见表 6）。

表 6　2017—2024 年 PHEV 纯电续航里程占比　　（%）

纯电里程 /km	2017 年	2018 年	2019 年	2020 年	2021 年	2022 年	2023 年	2024 年	2024 年占比变化
<50	0.1	—	3.5	2.4	0.5	4.3	8.3	10.2	1.9
50~100	93.9	93.8	89.2	74.8	54.0	24.7	29.6	34.1	4.5
100~150	6.1	6.2	7.3	22.4	43.9	58.9	31.2	26.0	-5.2
150~200	—	—	0.0	0.4	1.6	11.8	29.7	24.9	-4.8
>200	—	—	—	—	—	0.3	1.2	4.9	3.7
中低续航（<100）	93.9	93.8	92.7	77.2	54.5	28.9	37.9	44.2	6.3
高续航（>100）	6.1	6.2	7.3	22.8	45.5	71.1	62.1	55.8	-6.3

二、2024 年 PHEV 市场格局

1. 中国品牌全面引领，新势力保持稳定；合资品牌继续掉队，借中方的新能源核心技术及平台，加快产品布局

中国品牌在新能源及 PHEV 市场全面领先，不仅在销量上，还包括技术、产品、品牌及渠道布局。2021 年，新能源赛道刚起步时，中国品牌就全力聚焦新能源赛道，通过新品牌、新系列、新网络的模式，快速进行终端渠道战略扩张；到 2024 年，中国品牌在新能源布局已经进入第二阶段，除奇瑞外，主流的集团（吉利、长安、长城、广汽、上汽）均开始由战略扩张进入战略整合优化阶段。通过战略整合，减少内耗，进一步提升品牌及产品布局，提升品牌及终端的竞争力。同时，经过多年的技术积淀，中国品牌纷纷迭代出全新一代以电为主，且成本更低的 PHEV 技术平台，不仅技术领先，且产品更具性价比。最终体现在市场上，就是销量持续领先。

合资品牌也在积极求变，除加快技术平台和车型自研，也开始借助合资公司中方股东的技术平台，来实现产品快速上新，如马自达 EX-6 与长安深蓝 SL03 同平台。但总体上，合资品牌在 2024 年暂没有太多的产品布局，因此销量仍处于较低水平。

2024 年 1—11 月，传统中国品牌累计销售 355.5 万辆，同比增长 91.7%，占 PHEV 份额 79.3%，同比提升 0.5%。新势力累计销售 86.2 万辆，同比增长 98.2%，占 PHEV 份额 19.2%，基本持平；合资品牌累计销售 6.6 万辆，同比增长 41.0%，占 PHEV 份额 1.5%，同比减少 0.4%，其中，仅美系在 PHEV 中大型 MPV、SUV 取得成效（GL8、探界者），2024 年 1—11 月累计销售 2.98 万辆，占 PHEV 份额从不到 0.1% 提升至 0.7%。

2. 新品牌不断加入，PHEV 阵营扩大，头部品牌加快产品迭代，确立领导地位，PHEV 品牌竞争加剧，格局快速变化

2024 年，红旗、阿维塔、智界、东风奕派、雪佛兰、马自达等品牌也纷纷推出 PHEV 车型，加入到 PHEV 阵营。与此同时，比亚迪、奇瑞、吉利、长安、长城等头部品牌发布新一代插电式混合动力技术平台，并基于新平台推出全新一代车型，产品性能提升，价格下探，全面强化在 PHEV 市场的产品竞争力。

PHEV 品牌及车型品类更加全面，市场竞争升级，以大打小、高配低价成为各品牌的竞争策略，品牌排名迅速变化。2024 年 1—11 月，品牌累计销量排名，比亚迪以全产品布局牢牢稳居首位；理想通过 L6 将 PHEV 中大型 SUV 价格下探到 20 万元区间，牢牢占据中大型 SUV 市场，品牌排名第二名；问界品牌由于 M9 及新 M7 的成功，排名重回第三位；排名在前十品牌依次还有领克、深蓝、银河、奇瑞（含风云）、腾势、坦克、启源，其中奇瑞、坦克、启源为首次进入品牌前十名；在前十五品牌中，奇瑞、捷途品牌异军突起，主打 PHEV 且高性价风云系列车型的成功上市，使奇瑞排名迅速提升 32 位，达到第 7 位。而捷途（含山海）品牌，以全新的山海系列车型，开拓 PHEV 高性价比硬派越野市场，排名迅速提升 21 位，达到第 12 位（见表 7）。

表 7　2022—2024 年 1—11 月 PHEV 乘用车 TOP15 品牌销量情况

排名	2022 年 TOP15 品牌	2022 年销量/万辆	2023 年 TOP15 品牌	2023 年销量/万辆	2024 年 1—11 月 TOP15 品牌	2024 年 1—11 月销量/万辆	2024 年 1—11 月同比增速（%）
1	比亚迪	93.6	比亚迪	131.7	比亚迪	203.6	71.9
2	理想	13.3	理想	37.6	理想	43.2	32.8
3	问界	7.0	腾势	11.4	问界	33.5	443.5

（续）

排名	2022 年 TOP15 品牌	2022 年销量/万辆	2023 年 TOP15 品牌	2023 年销量/万辆	2024 年 1—11 月 TOP15 品牌	2024 年 1—11 月销量/万辆	2024 年 1—11 月同比增速（%）
4	领克	3.6	深蓝	10.9	领克	14.6	200.8
5	名爵	3.0	问界	9.0	深蓝	12.9	34.6
6	吉利	2.7	银河	8.3	银河	12.8	78.6
7	奔驰	2.5	领克	6.3	奇瑞	11.5	22294.4
8	深蓝	2.2	哈弗	5.4	腾势	9.6	-7.2
9	宝马	1.8	WEY	4.2	坦克	9.5	268.7
10	WEY	1.7	欧尚	4.1	启源	8.6	274.6
11	荣威	1.6	岚图	4.0	五菱	8.2	1419.7
12	岚图	1.5	荣威	3.8	捷途	7.4	8574.1
13	本田	1.3	零跑	3.8	长安	7.3	140.2
14	长安	1.2	坦克	3.4	哈弗	7.1	52.1
15	哈弗	1.0	启源	3.3	岚图	6.7	111.1

3. PHEV 爆发式上新，加快对燃油车的替代，A～B 级市场已抢占头部并继续抢攻，C 级以上市场已全面占领，并从油车和混合动力之争转向混合动力之间的竞争

2024 年是 PHEV 的产品大年，且以中大型车为主，2024 年上市的全新车型达到 67 款，是历年之最，其中 A 级全新车 14 款，B 级及以上全新车达到 53 款。2024 年 PHEV 在巩固现有市场份额的同时，重点突破中型轿车、中大型 MPV 及 SUV 等细分市场。2024 年 1—11 月，A 级市场 PHEV 渗透率 20.6%，同比提升 10.5%；B 级市场 PHEV 渗透率 14.5%，同比提升 5.8%；C 级及以上市场 PHEV 渗透率 40.5%，同比提升 11.9%，超越燃油车 35.6% 的渗透率，成为主流需求，占细分市场最大份额（见表 8）。

从车型排名看，PHEV 已在各细分市场对燃油车取得竞争优势，占据头部，在 C 级及以上市场，前 10 车型排名中，燃油车更是成为少数派（见表 9）。

表 8　2023 年 1—11 月、2024 年 1—11 月 A 级及以上乘用车分动力类型渗透率

（%）

级别	车型类型	2023 年 1—11 月渗透率	2024 年 1—11 月渗透率	渗透率变化
A 级	燃油车	76.3	65.6	-10.7
	EV 车型	13.6	13.8	0.2
	PHEV 车型	10.1	20.6	10.5
	新能源车合计	23.7	34.4	10.7
B 级	燃油车	64.6	56.1	-8.5
	EV 车型	26.8	29.5	2.7
	PHEV 车型	8.6	14.4	5.8
	新能源车合计	35.4	43.9	8.5
C 级及以上	燃油车	53.9	35.6	-18.3
	EV 车型	17.5	23.9	6.4
	PHEV 车型	28.6	40.5	11.9
	新能源车合计	46.1	64.4	18.3

表 9　2024 年 1—11 月 A ~ D 级乘用车销量 TOP10 车型

（单位：万辆）

排名	A 级轿车		A 级 SUV		B 级轿车		B 级 SUV	
	车型	销量	车型	销量	车型	销量	车型	销量
1	轩逸	29.9	宋 PLUS DM - i	34.4	Model 3	32.8	Model Y	49.5
2	秦 PLUS DM - i	27.0	瑞虎 8	27.9	秦 L DM - i	24.2	星越 L	22.9
3	新朗逸	25.8	元 PLUS	27.7	海豹 06 DM - i	20.9	奔驰 GLC	13.7
4	驱逐舰 05	24.3	瑞虎 7	26.8	帕萨特	20.7	奥迪 Q5L	13.1
5	速腾	22.8	宋 Pro DM - i	24.9	迈腾	16.5	唐 DM	12.3
6	新帝豪	16.8	长安 CS75	19.8	奔驰 C 级	14.8	宝马 X3	9.7
7	星瑞	15.5	哈弗 H6	16.4	红旗 H5	14.0	昂科威	9.7
8	逸动	14.7	博越	15.9	宝马 3 系	12.9	红旗 HS5	8.4
9	艾瑞泽 8	13.6	丰田 RAV4	15.5	雅阁	12.8	深蓝 S07 REEV	7.5
10	秦 PLUS EV	13.2	捷途 X70	15.5	奥迪 A4	10.0	领克 08 PHEV	7.4

（续）

排名	C 级轿车		C&D 级 SUV		B 级以上 MPV	
	车型	销量	车型	销量	车型	销量
1	奥迪 A6L	16.8	问界 M7 REEV	18.0	腾势 D9 DM - i	8.9
2	汉 DM	14.5	理想 L6	16.4	赛那 HEV	7.7
3	奔驰 E 级	12.9	问界 M9 REEV	12.6	格瑞维亚	6.5
4	小米 SU7	11.4	理想 L7	12.1	传祺 M8	5.3
5	极氪 001	9.2	宝马 X5	7.9	梦想家 PHEV	4.2
6	红旗 E - QM5	8.4	理想 L9	7.8	传祺 E8 PHEV	4.0
7	汉 EV	8.0	理想 L8	6.9	别克 GL8	3.8
8	宝马 5 系	7.6	途昂	4.2	奥德赛锐 · 混动	3.8
9	凯迪拉克 CT5	3.7	蓝山	3.7	别克 GL8 PHEV	2.5
10	银河 E8	3.0	智己 LS6	3.2	菱智 M5EV	2.1

三、2024 年 PHEV 市场驱动力

2024 年，PHEV 市场全面爆发，是需求、技术、产品和政策等多重因素驱动的结果。

1. 用户需求偏好拉动是 PHEV 市场高增长的基础

新能源车已连续超高速增长 4 年，且在 2024 年下半年月度渗透率连续超过 50%，但在 A—B 级市场的新能源车渗透率一直偏低。原因在于 A—B 级市场的用户既要求低购车价格，又要求高使用经济性，且能跑得远；PHEV 车型完美契合上述用户需求偏好，与同级燃油车相比，具有相同甚至更低的购置价格及超强经济性（油电同价、省油），没有纯电动车的里程焦虑，还比燃油车有更好的科技感。因此成为保有一辆车家庭（首购或换购家庭）的首选，推动 A—B 级

PHEV 市场的超高增长。

2. 新技术及新产品是 PHEV 市场高增长的核心

2024 年 1—11 月，PHEV 同比增量 214.7 万辆，其中全新车型增量 145.1 万辆，占全部增量的 67.6%。新技术、新产品是促进 PHEV 高增长的核心。

以比亚迪 DM5.0 技术为例，历经 17 年研发，5 次迭代，发布引领插电式混合动力新篇章的革命性技术，实现油耗与续航再次突破极限，NEDC 百公里馈电油耗是燃油车的 1/3，满油满电综合续航是燃油车的 3 倍，开启全新的插混时代。创新三大架构，以电为主的动力架构，行业首个全温域整车热管理架构，以及基于“璇玑”平台的智电融合电子电气架构。

在核心技术上，插混专用高效发动机热效率突破 46.06%，并且优化了 EHS 电驱系统和刀片电池，不仅增强了性能，还提高了安全性和使用寿命。此外，12V 磷酸铁锂启动电池与整车同寿命，减少了用户的维护成本。全温域整车热管理架构则进一步强化了车辆在各种温度条件下的稳定性和舒适性，而多合一动力域控的深度集成更是推动了硬件和软件的高度协同工作，从而达到极致的油耗和用户体验。

3. 国家及地方政策是 PHEV 市场的助推剂

2024 年 4 月 24 日，国家出台报废更新补贴政策，新能源乘用车补贴金额 1 万元/辆；2024 年 7 月 24 日，报废更新单车补贴金额翻倍，新能源乘用车补贴金额提升到 2 万元/辆，并且中央直接向地方安排 1500 亿元左右超长期特别国债资金，用于落实“支持地方提升消费品以旧换新能力”等方面；2024 年 8 月底，地方配套 1500 亿置换补贴陆续发布。结合 PHEV 个人增换购率的趋势可以看出，国家及地方以旧换新政策对 PHEV 市场的增量推动明显。

2023 年没有以旧换新政策，PHEV 各月的个人增换购率稳定在 42% ~ 45% 区间，没有大幅波动；而 2024 年，月度的个人增换购率随着以旧换新政策的出台及加码，不断提高。2024 年一季度月度个人增换购率最高仅到 50.5%，二季度月度个人增换购率最高到 53.4%；2024 年 8 月达到 55.9%，9 月为 64.5%，10 月为 69.7%，11 月达到 70.7% 的峰值（见图 4）。

2024 年 1—11 月，PHEV 个人增换购率达到 58.1%，同比 2023 年增加 14.0%。分购车情形，个人增换购销量为 205.0 万辆，同比增长 166.9%；个人非增换购销量为 148.1 万辆，同比增长 52.2%，非增换购增速仅是增换购增速

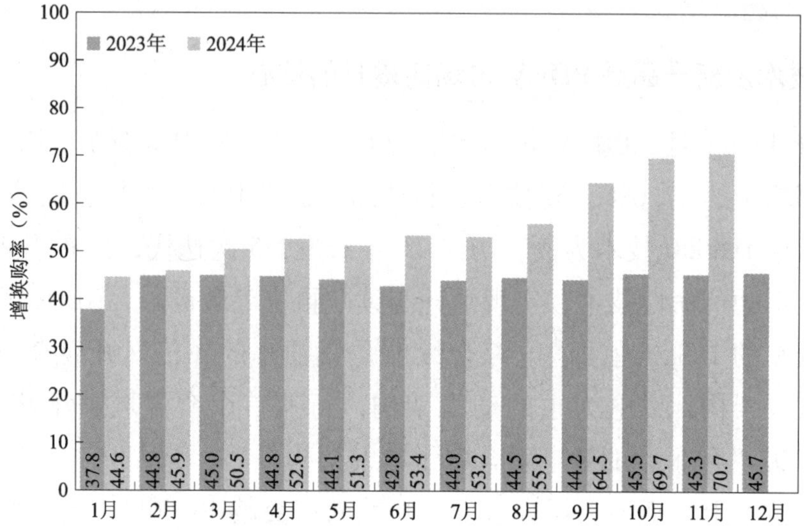

图 4　2023—2024 年 PHEV 个人增换购率

的 1/3（见表 10）。

表 10　2023 年 1—11 月、2024 年 1—11 月个人分购车类型上险数统计

类别	2023 年 1—11 月	2024 年 1—11 月	同比增长
增换购率（%）	44. 1	58. 1	14. 0
增换购上险数/万辆	76. 8	205. 0	166. 9
非增换购上险数/万辆	97. 3	148. 1	52. 2

四、2025 年 PHEV 趋势展望

2025 年，国际主流机构对我国 GDP 增速预测保持在 4. 5% 左右，经济增长水平仍足以支撑 2025 年乘用车增速保持在长期趋势线附近。

国家以旧换新政策无缝延续，且进一步扩大符合报废更新的旧车范围。汽油乘用车扩至 2012 年 6 月 30 日前，柴油及其他燃料乘用车至 2014 年 6 月 30 日前，新能源乘用车扩至 2018 年 12 月 31 日前，初步测算，新增符合条件的车型约 1300 万辆，加上还有 1200 万辆国Ⅲ及以下排放的乘用车，可申请汽车报废更新补贴的旧车规模超过 2500 万辆。根据商务部数据，2024 年全年汽车报废更新超过 290 万辆，置换更新超 380 万辆，合计带动以旧换新 670 万辆。参考 2024 年的数据成效，商务部预计 2025 年汽车以旧换新有望超过 1400 万辆。

展望 2025 年，PHEV 市场预计将呈现如下趋势：

趋势一：PHEV 将保持超高速增长并与 EV 平分秋色。预计 2025 年同比增速将超过 60%，在新能源乘用车的占比预计也将从当前的 40% 提升至 50% 左右。

趋势二：PHEV 市场竞争全面白热化。次级梯队品牌将全面对标与头部品牌竞争，而处于尾部的合资品牌将全面布局 PHEV 市场，合资中方也将加快向合资外方转移技术及产品。

趋势三：PHEV 中大型市场需求持续爆发。2025 年仍是 PHEV 的产品大年，而中大型车是产品布局的重点。根据现有公开数据，2025 年计划上市的中型及以上全新 PHEV 车型超过 20 款，随着各品牌新车计划的陆续发布，中大型新车的数量将会大幅增加，极大地推动 2025 年中大型 PHEV 市场需求的爆发。

趋势四：PHEV 将开启全民智驾时代；根据乘用车联席会监测数据，2024 年 1—10 月，新能源乘用车 L2 的装车渗透率达到 55.6%（2023 年同期为 40.7%），L2+（高速/城区 NOA）装车渗透率达到 11.5%（2023 年同期为 6.2%），相比 2023 年同期装车渗透率均大幅增长。经过多年的技术迭代及用户教育，L2+的渗透率已然接近新技术普及的临界点，预计 2025 年新能源 L2+的渗透率将大幅提升，包括 PHEV 市场在内，将进入全民智驾时代。

（作者：钟志华）

2024 年三轮汽车市场分析及 2025 年展望

2024 年是三轮汽车在国内经济持续稳健增长的大前提下，按照排放法规进一步升级产品，适应市场需求变化的一年，三轮汽车企业为主动应对原材料价格波动和市场需求变化等因素，继续采取了以销定产的稳健经营，产销量较 2023 年前 9 个月小幅下降近 2 个百分点。

一、2024 年三轮汽车市场分析

2024 年前三季度三轮汽车市场走势在经历 2023 年的回升后，总产销量表现为小幅下降。经统计，2024 年前 9 个月三轮汽车总产量为 85.44 万辆，同比下降 1.88%。从月度销售数据看，与 2023 年相比，2024 年 1 月至 9 月表现为波动中略为下降的状况，第 1 月、4 月、5 月、7 月、8 月三轮汽车销量同比上升，1 月增幅最大，同比上升 45.2%，第 2 月、3 月、6 月、9 月三轮汽车销量同比下降，其中 2 月降幅最大，同比下降 53.5%。这与农业农村生产运输的市场需求变化和主要原材料价格显著波动等因素综合作用相关，另外，第 1 月、2 月同比的变化主要与春节所处的月份变化有关。月度生产数据也表现出与销售数据相同的趋势，2022 年、2023 年、2024 年前三季度三轮汽车月产量见图 1。从产销量情况来看，2024 年前 9 个月中，三轮汽车总产量呈现略高于销量的基本平衡趋势，以应对三轮汽车市场的变化。其中，2024 年 5 月产量大于销量最大，高出 0.14 万辆，占当月销量的 1.49%，6 月销量大于产量最大，高出 0.12 万辆，占当月销量的 1.61%，9 月产销量达到最高，产销量均超过 12.8 万辆（见图 2）。这主要是生产企业针对原材料价格波动和三轮汽车市场需求变化等因素，在三季度采取了严格以销定产、控制存量的谨慎经营对策的结果。结合往年情况预计 2024 年第四季度三轮汽车产销量将表现为上涨后的回落走势。

从市场集中度看，三轮汽车行业处于高度集中的稳定状态。2024 年前三个季度，三轮汽车产量前 3 位的企业与 2023 年相同，产量之和为 85.44 万辆，占全行业的 99.1%。其中，山东五征集团有限公司的产销量位列第一，2023 年

1—9 月产销量超过全行业的五成。

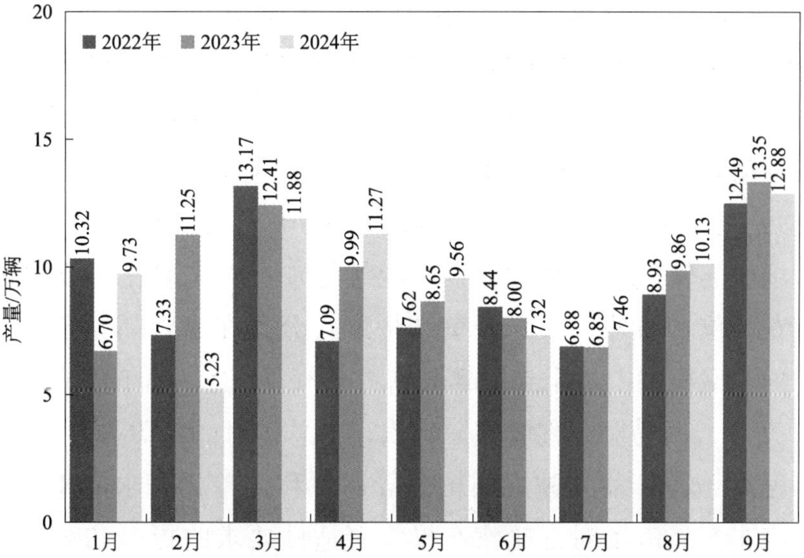

图 1　2022—2024 年前三个季度三轮汽车月产量走势图

（注：数据来源于中国农机工业协会农用运输车辆分会）

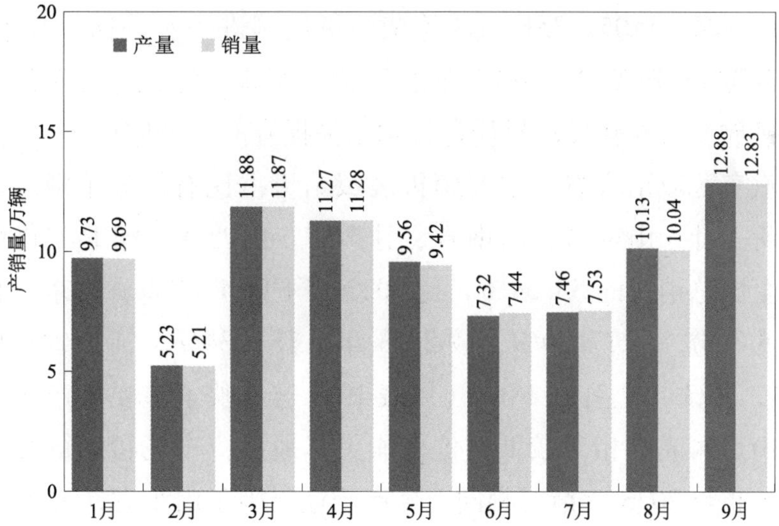

图 2　2024 年前三个季度三轮汽车月产销量走势图

（注：数据来源于中国农机工业协会农用运输车辆分会）

从产品结构看，三轮汽车产品结构特点需求一致。在额定载质量、操作方式、启动方式、传动方式几方面仍然以载质量 500kg、方向盘式、电启动、皮带 + 连体产品为主。其中，按额定载质量分，在 200kg、300kg、500kg、750kg 及以上四种载质量的机型中，载质量 500kg 的三轮汽车占总销量的 89.92%，比 2023 年上升了 6.36%，载质量 750kg 及以上的三轮汽车占总销量的10.08%，载质量300kg及以下的三轮汽车占比为0；按操纵方式分，在方向把式和方向盘式两种操纵方式的机型中，方向盘式三轮汽车占总销量的97.08%，比2023年上升了0.90%；按启动方式分，在手摇启动和电启动两种启动方式的机型中，电启动三轮汽车占总销量的98.64%，比2023年下降了0.94%；按传动方式分，在皮带+链条、皮带+连体、轴传动三种传动方式的机型中，皮带+连体三轮汽车占总销量的96.70%，比2023年下降了0.23%。这表明了市场对三轮汽车大型化的需求继续增加，对三轮汽车操纵舒适性要求的基本稳定在高位。另外，按驾驶室结构形式分，在半封闭、全封闭和简易棚式三种类型驾驶室机型中，全封闭驾驶室三轮汽车占总销量的26.92%，比2023年上升了2.75%，简易棚式驾驶室三轮汽车占总销量的8.76%，比2023年上升了1.74%；三轮汽车产品驾驶室结构向舒适性和简单化需求的相对增多，体现了农村三轮汽车产品市场对三轮汽车操纵舒适性要求的提升和对三轮汽车产品价格敏感的两种不同群体需求的分化。

从三轮汽车配套柴油机看，与2023年的情况相同，超过九成产品配套单缸柴油机，1115、24、1105、35B、28等柴油机比例进一步均衡，其中1115型柴油机占比上升至14.79%，比2023年上升了4.26%，这也是三轮汽车适应柴油机第四阶段排放要求配套发动机质量技术水平提升的一个体现。

从三轮汽车区域销售看，主要销售区域销售占比有微量下滑，非主要区域销售占比有所上升。山东省、河南省、甘肃省、山西省、河北省仍然是主要销售地区，占全国总销量的55.54%，比2023年下降1.07%，山东省再次成为销售比例最高的省份，占17.30%，较2023年上升2.34%，河南省销售比例占比处于第二，较2023年上升0.18%（见表1）。这反映了主要生产区域与销售区域重合的省份运输成本相对较低，价格能更好地适应市场价廉的需求。三轮汽车生产区域分布与2023年情况相同，生产企业集中于山东省，占99.42%。

表1 2020—2024年前三季度三轮汽车按区域分布的销售占比（前5位）

（%）

年份	山东省	河南省	甘肃省	山西省	河北省
2020年	24.68	12.19	12.86	10.01	8.53
2021年	21.06	10.77	9.64	8.08	7.21
2022年	19.71	12.71	6.98	10.47	7.02
2023年	14.96	15.20	8.98	10.36	7.11
2024年	17.30	15.38	8.70	8.01	6.15

二、2025 年三轮汽车市场展望

2025 年三轮汽车生产企业将进一步优化升级产品，主动适应柴油机第四阶段排放要求升级改造产品，积极应对广大农村生产运输市场需求的变化。

从供需关系方面看，原材料价格的波动直接影响三轮汽车的产销市场。三轮汽车是微利产品，购买者对其价格变化敏感程度比其他汽车产品明显。2024 年由于钢材等原材料价格显著波动造成三轮汽车生产成本的明显波动，表现为三轮汽车价格的波动和产销量的明显波动，这是三轮汽车产销量第 3 月、4 月、8 月、9 月产销数据上升的一个主要因素。另外，由于季节性生产运输的需求量不同，三轮汽车的市场需求也表现为一定的季节性，表现为春季和秋季的三轮汽车市场需求相对于其他月份较高。由于上述两个因素的叠加，也进一步放大了三轮汽车各月度市场需求的波动。在 2025 年这一状况仍将明显作用三轮汽车的产销市场。

从政策措施方面看，三轮汽车应对柴油机第四阶段排放要求升级发动机和完善动力匹配仍然需要一定时间消化成本增加的影响。三轮汽车柴油机第四阶段排放要求实施以来，为解决产品排放标准对三轮汽车动力性、可靠性、使用经济性、维修方便性和产品成本上升等方面的影响，对三轮汽车的配套柴油机进行了升级和整机动力匹配优化，主要生产企业也采用了更为谨慎地以销定产经营措施，这也将在 2025 年继续影响三轮汽车产销量的增长。

从竞争性产品市场看，市场产销状况不尽相同。中国汽车工业协会数据显示，2024 年 1—9 月，货车产品产销量分别为 246.7 万辆和 253.1 万辆，同比下降 3.6% 和 2.4%，其中轻型货车产销量微增，微型货车产销量下降。另据中国摩托车商会数据显示，2024 年 1—9 月，三轮摩托车产销累计分别完成 182.99 万辆和 183.47 万辆，同比增长 4.17% 和 4.37%。竞争性产品的产销数据说明我国小吨位的货运需求增量趋缓。

受我国农村货运需求的季节性波动和原材料价格波动的影响，三轮汽车生产企业将采取更为谨慎稳妥的方式进一步消化吸收柴油机第四阶段排放要求实施对产品整体质量性能和生产成本的影响，以巩固其相对于微型货车、轻型货车、三轮摩托车等在农村的货运机动车的性价比优势，更好地服务“三农”。预计 2025 年三轮汽车产销量会与 2024 年大体持平。

（作者：张琦）

2024 年专用汽车市场分析及 2025 年展望

目前，我国经济仍存在国内需求不足、部分企业生产经营困难等不利因素，对专用汽车市场增长带来一定挑战。2024 年 1—11 月，我国六大类专用汽车累计销量为 108 万辆，同比下降 2%，普通自卸汽车销量为 6 万辆，同比增长 7.6%。同时，我国经济长期向好的支撑条件和基本趋势没有变，2025 年我国经济运行有望总体回升，对各类专用汽车的需求有所增长，预计 2025 年六大类专用汽车销量约为 125 万辆，普通自卸汽车销量为 7.5 万辆。

一、2024 年专用汽车市场走势

1. 专用汽车市场销量走势

（1）六大类专用汽车销量走势　2023 年，我国六大类专用汽车累计销量为 119.5 万辆，同比增长 3.6%。2024 年 1—11 月，六大类专用汽车累计销量为 108.0 万辆，同比下降 2.0%（见图 1）。

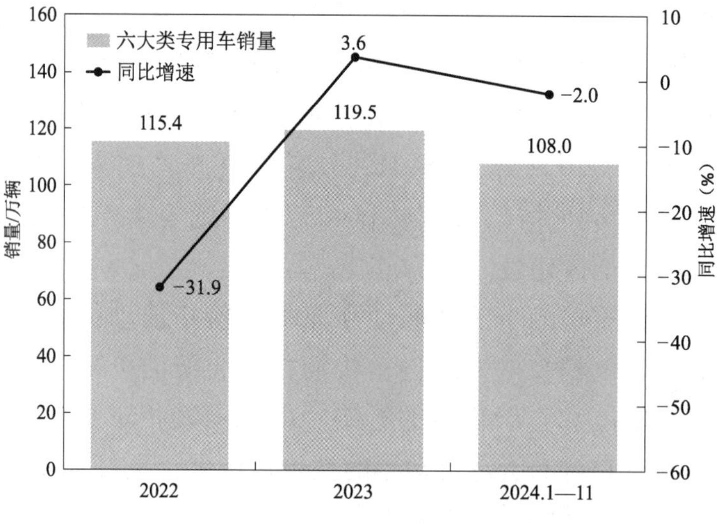

图 1　2022—2024 年六大类专用车销量走势

（注：数据来源于中汽数据有限公司终端销量数据，下同）

近年来，由于政策大力支持新能源汽车应用，新能源汽车用车环境不断完善、产品竞争力显著提升，老旧车辆淘汰进程加快，使新能源专用车市场需求大幅增长。同时，社会消费品零售总额小幅提升、公路货运量和快递货运量需求有所增长，带动城市配套服务类、市政类车辆销量同比显著增长。但另一方面，由于房地产开工不足等原因，导致土建工程车等车辆需求大幅下降。

六大类专用汽车中，2024 年 1—11 月，厢式、仓栅、罐式、特种、自卸、举升汽车占比分别为 64.4%、18.7%、4.8%、6.1%、3.1%和 2.9%。从同比增速来看，2024 年 1—11 月，自卸汽车同比增长 18.9%，特种汽车同比增长 7.8%，仓栅汽车同比增长 1.6%，厢式汽车同比下降 2.8%，罐式汽车同比下降 11.5%，举升汽车同比下降 23.2%。2022—2024 年六大类专用汽车销量如图 2 和图 3 所示。

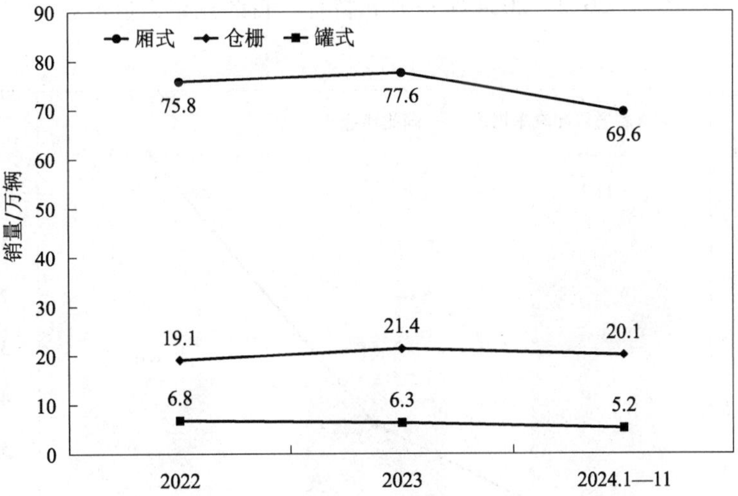

图 2　2022—2024 年厢式、仓栅、罐式汽车销量走势

（2）普通自卸汽车销量走势　近两年自卸车的市场销量比 2022 年大幅下降，市场整体处于低位。2024 年 1—11 月，普通自卸车销量仅为 6.0 万辆，同比增长 7.6%（见图 4），市场略有回暖。2024 年 1—11 月，普通自卸车中纯电动自卸车销量为 10572 辆，同比增长 137%，成为重要的市场增长动力。

2. 专用汽车吨位结构

（1）六大类专用汽车吨位结构　2024 年 1—11 月，六大类专用汽车中重型汽车销量为 19.3 万辆，中型汽车销量为 4.0 万辆，轻型汽车销量为 81.8 万辆（见图 5），微型汽车销量为 2.9 万辆。从增速来看，微型汽车同比增长 35.4%，

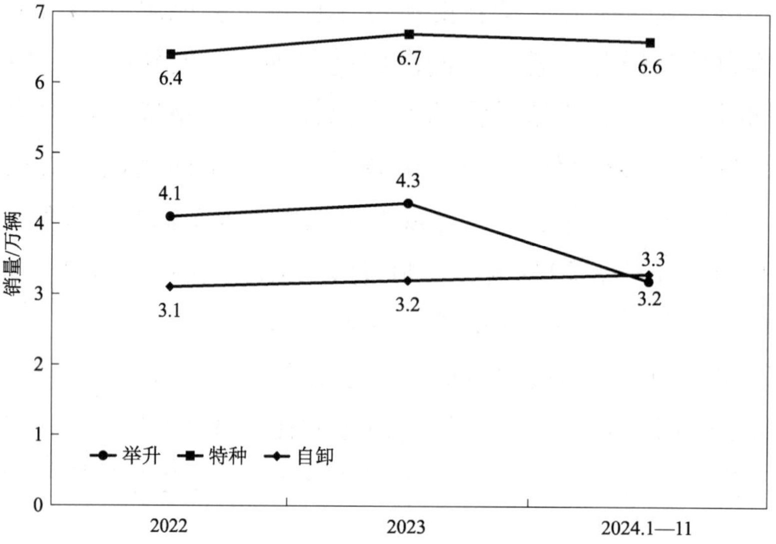

图 3　2022—2024 年举升、特种、自卸汽车销量走势

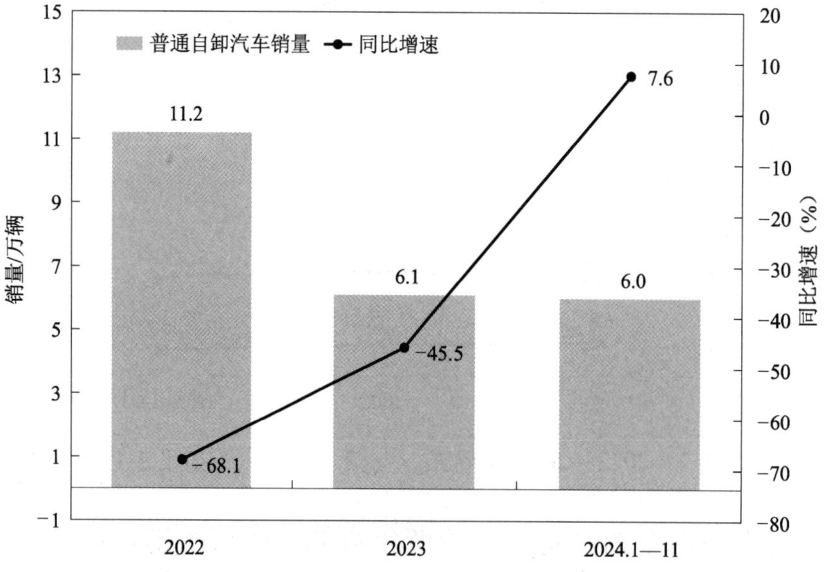

图 4　2022—2024 年普通自卸汽车销量走势

轻型汽车同比下降 0.7%，中型汽车同比下降 8.1%，重型汽车同比下降 9.8%。从各吨位车型占比来看，2024 年 1—11 月，微型汽车占比增加 0.7%，为 2.7%，轻型汽车占比增加 0.8%，为 75.7%，中型汽车占比下降 0.2%，为 3.7%，重型汽车占比下降 1.3%，为 17.9%。

（2）普通自卸汽车吨位结构　2024 年 1—11 月，重型普通自卸车销量为 4.2 万辆，同比下降 4.2%，中型普通自卸车销量为 6048 辆，同比增长 0.8%，

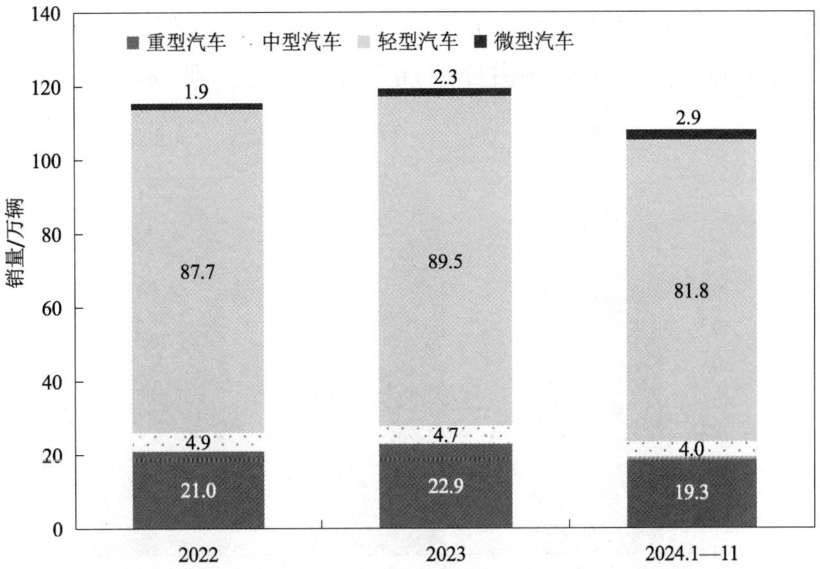

图 5　2022—2024 年六大类专用汽车吨位结构销量

轻型普通自卸车销量为 1.2 万辆，同比增长 97.4%。从各吨位车型占比来看，重型车销量占比下降 8.2%，为 69.7%（见图 6），中型车销量占比下降 0.7%，为 10.0%，轻型车占比增长 8.8%，为 20.3%。

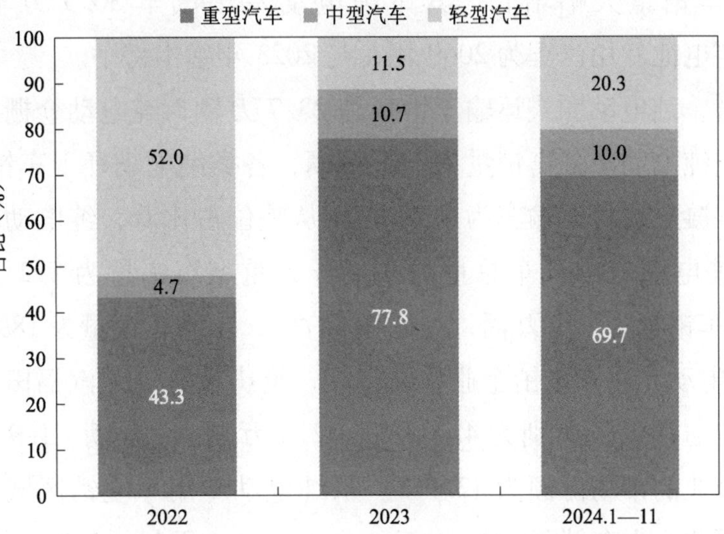

图 6　2022—2024 年普通自卸汽车吨位结构销量占比

3. 专用汽车分燃料类型走势

（1）专用汽车燃料结构　2024 年 1—11 月，六大类专用汽车中，柴油车销量占比下降 2.3%，为 47.4%（见图 7），汽油车占比下降 6.1 个百分点至

20.4%，混合动力占比为0.7%，天然气占比为3.2%，我国专用车电动化进程显著加快，新能源专用汽车市场占比增加7.6%，已达到28.3%。

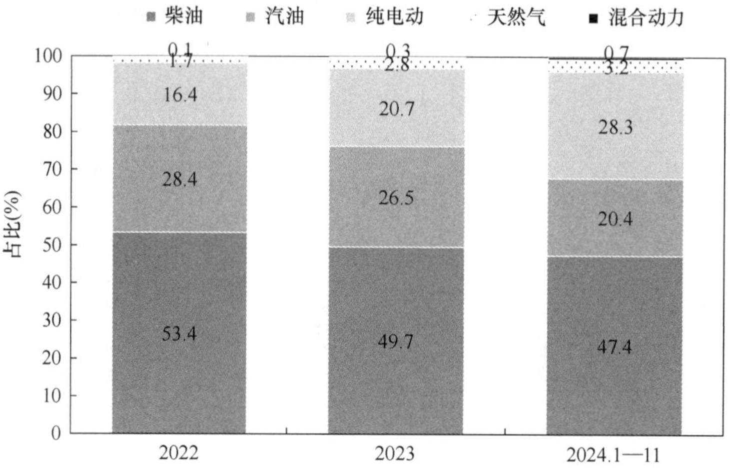

图7　2022—2024年专用汽车燃料结构销量占比

（2）新能源专用汽车销量　受新能源汽车利好政策和技术水平快速提高、用户认知度提升、充换电基础设施不断完善的影响，2024年1—11月，我国新能源专用汽车销量大幅增长，其中纯电动专用汽车30.5万辆，同比增长36.9%，燃料电池专用汽车为2069辆，与2023年基本持平。

从车型看，纯电动厢式运输车销量为23.7万辆，纯电动仓栅式运输车销量为3.1万辆，纯电动冷藏车销量为1.1万辆，各类纯电动环卫车销量为7700余辆，纯电动混凝土搅拌运输车为6932辆。从吨位占比看，纯电动轻型车销量为28万辆，占纯电动专用汽车总量的91.8%，重型车销量为1.2万辆，占比为3.8%，微型车销量为1.1万辆，占比为3.7%，中型车销量为1897辆，占比为0.6%。从纯电动专用车主销企业看，吉利、重庆瑞驰、北汽福田、上通五、东风股份销量位居前五，分别为4.7万辆、2.6万辆、2万辆、1.9万辆、1.8万辆，前五名企业的市场份额为42.9%。从纯电动专用车主销区域看，广东、浙江、江苏、河北、山东销量位居前五，分别为9.4万辆、1.9万辆、1.8万辆、1.6万辆和1.5万辆。

4. 专用汽车月度销量走势

（1）六大类专用汽车月度销量　从整体来看，专用汽车月度销量呈现一定的周期性波动。2024年1—5月，除了春节所在的2月，其他月份销量呈现一定的增长态势。而2024年6月及以后，专用汽车市场呈现一定的同比下滑（见图8）。

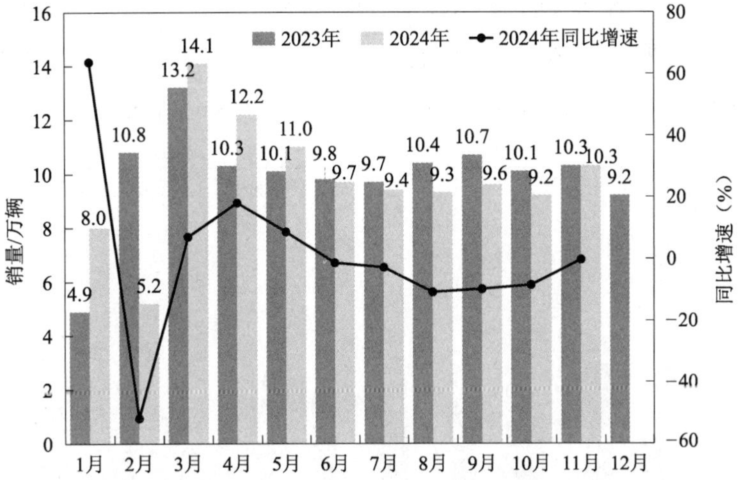

图8　2023—2024年六大类专用汽车月度销量及同比增速

（2）普通自卸汽车月度销量　2024年除了春节所在的2月以及3月，其余月份的自卸汽车市场呈现一定的增长态势（见图9）。

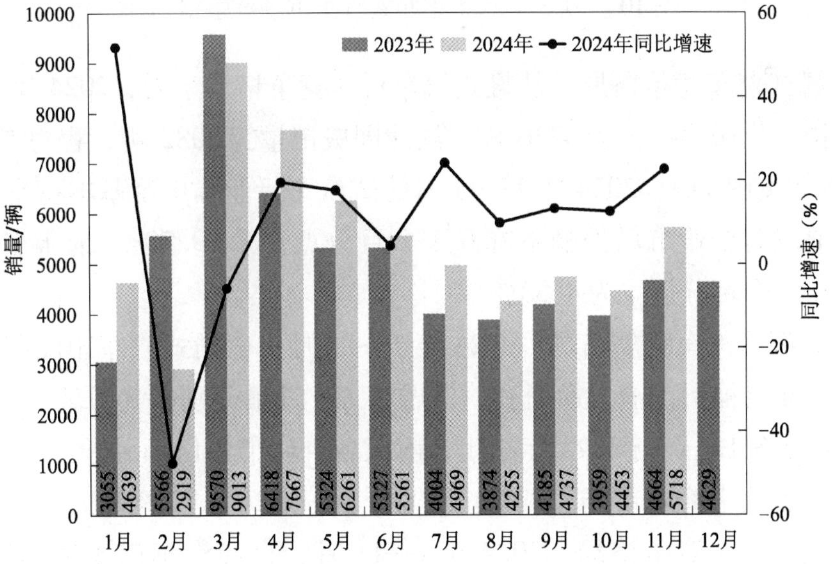

图9　2023—2024年普通自卸汽车月度销量及同比增速

5. 专用汽车行业竞争格局

（1）厢式汽车竞争格局　从厢式汽车行业竞争格局来看，北汽福田连续多年位居第一，2024 年 1—11 月销量为 9.9 万辆（见图 10），上汽通用五菱销量位居第二，销量为 5.8 万辆，江铃汽车销量为 3.4 万辆。从行业集中度来看，2024 年 1—11 月，厢式汽车前三名企业市场份额为 27.5%，比 2023 年下降 0.4 个百分点，前十名企业市场份额为 54.5%，比 2023 年下降 3.5 个百分点。

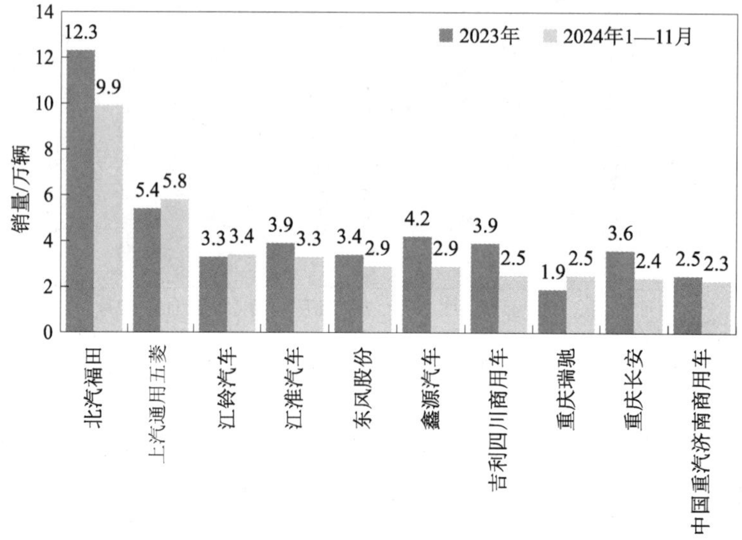

图 10 2023—2024 年厢式汽车市场竞争格局

（2）罐式汽车竞争格局 从罐式汽车行业竞争格局来看，2024 年 1—11 月，三一汽车销量位居第一，为 4246 辆，湖北同威销量为 3082 辆，程力专用车销量为 2919 辆（见图 11）。2024 年 1—11 月罐式汽车行业集中度基本持平，与 2023 年相比，前三名企业市场份额下降 0.3 个百分点，为 19.7%，前十名企业市场份额下降 0.5 个百分点，为 46.3%。

（3）仓栅式汽车竞争格局 2024 年 1—11 月，仓栅式汽车市场格局较为稳定，一汽、北汽福田、上汽通用五菱位居前三，销量分别为 3 万辆、2.5 万辆和 2.4 万辆（见图 12）。与 2023 年相比，前三名企业市场份额增长 2.4 个百分点，为 39.4%，前十名企业市场份额增长 0.8 个百分点，为 72.9%。

（4）自卸汽车竞争格局 2024 年 1—11 月，自卸汽车市场格局变化不大，中联重科、程力、凯力专用车销量位居前三，分别为 4818 辆和 1917 辆、1400 辆（见图 13）。2024 年 1—11 月，自卸汽车行业集中度有小幅下降，前三名企业市场份额比 2023 年下降 4.4 个百分点，为 24.4%，前十名企业市场份额比 2023 年下降 3.6 个百分点，为 46.1%。

（5）举升汽车竞争格局 近两年举升汽车市场竞争格局基本稳定，2024 年

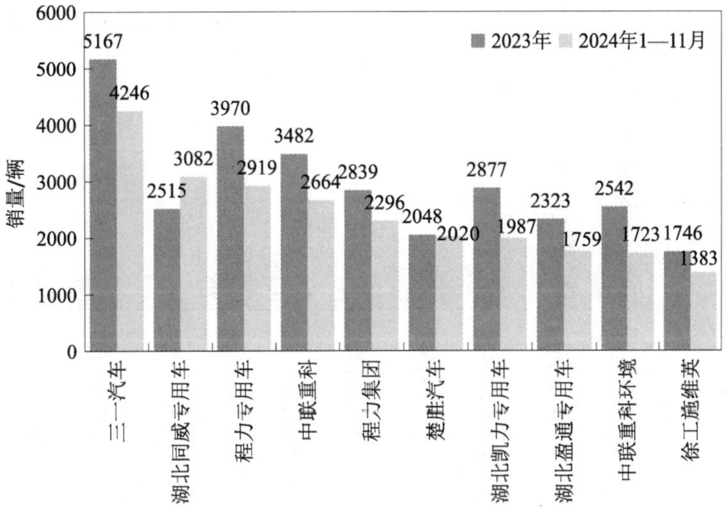

图 11　2023—2024 年罐式汽车市场竞争格局

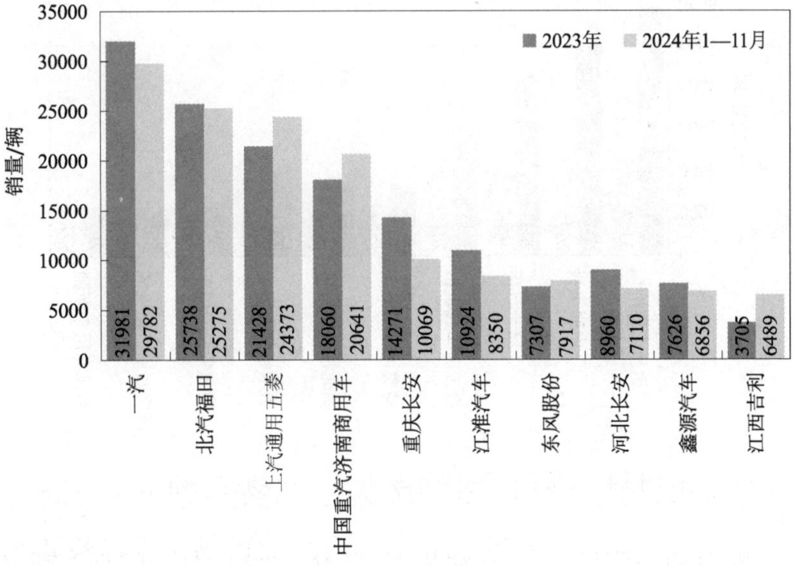

图 12　2023—2024 年仓栅式汽车市场竞争格局

1—11 月，举升汽车前三名企业分别为徐州工程机械、中联重科、三一汽车，销量分别为 3357 辆、2695 辆和 2676 辆（见图 14）。从行业集中度来看，前三名企业市场份额比 2023 年下降 7. 3 个百分点，为 27. 7%，前十名企业市场份额比 2023 年下降 3. 1 个百分点，为 60. 2%。

（6）特种汽车竞争格局　2024 年 1—11 月，特种汽车前三名企业分别为中

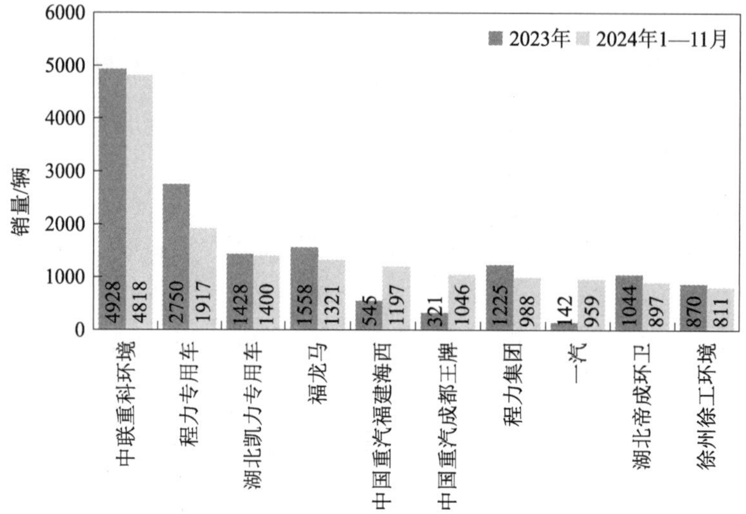

图 13　2023—2024 年自卸汽车市场竞争格局

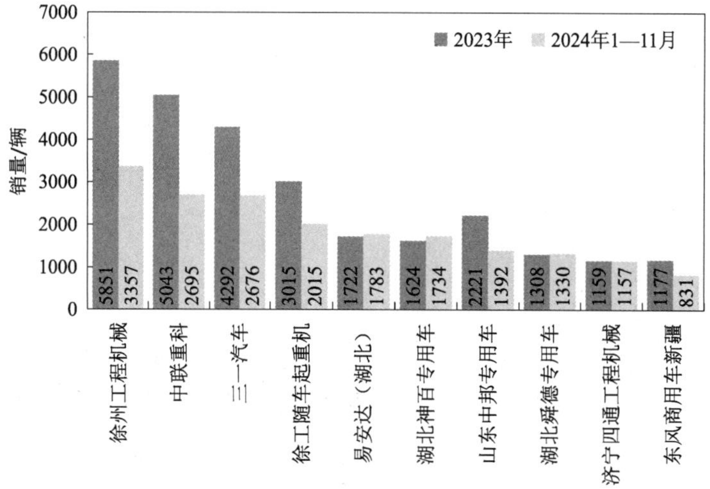

图 14　2023—2024 年举升汽车市场竞争格局

联重科环境、程力和一汽，销量分别为 3707 辆、2935 辆和 2187 辆（见图 15）。从行业集中度来看，前三名企业市场份额比 2023 年下降 2.6 个百分点，为 13.4%，前十名企业市场份额比 2023 年下降 2.3 个百分点，为 30.4%。

（7）普通自卸汽车竞争格局　2024 年 1—11 月，普通自卸汽车销量前三名企业分别是北汽福田、陕汽、一汽，销量分别为 8324 辆、5462 辆和 4207 辆（见图 16）。从行业集中度来看，前三名企业市场份额比 2023 年下降 0.1 个百分点，为 29.9%，前十名企业市场份额比 2023 年下降 1.2 个百分点，为 63.7%。

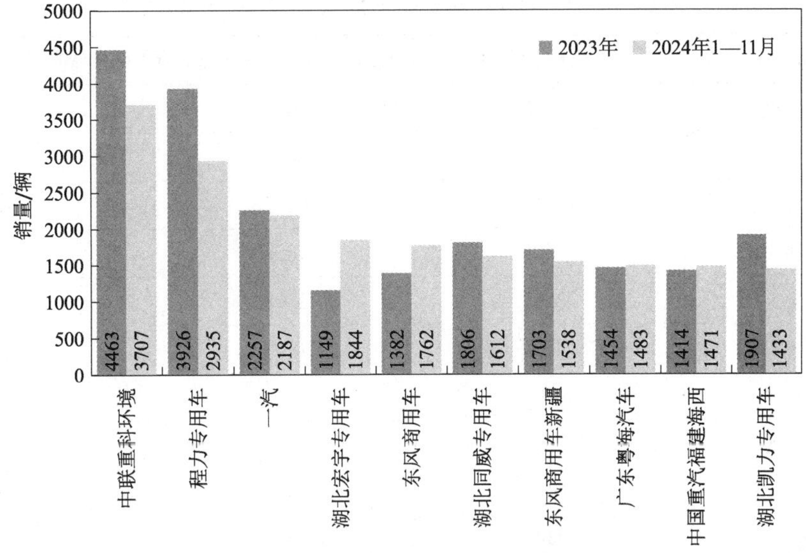

图 15　2023—2024 年特种汽车市场竞争格局

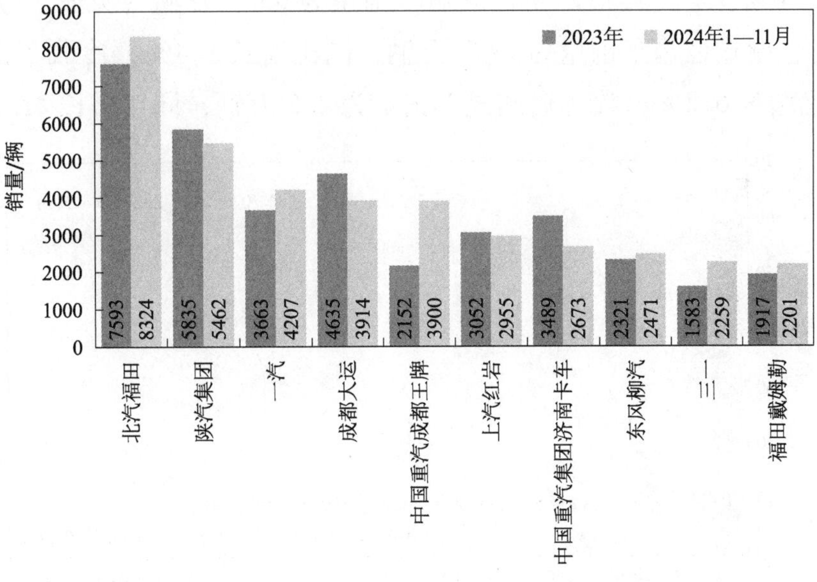

图 16　2023—2024 年普通自卸汽车市场竞争格局

6. 分用途专用汽车销量走势

2024 年 1—11 月，公路物流类、环卫类、土建工程类、医疗救护类、警用军用类专用车销量呈现一定下滑，而城市服务类、市政类、危化品运输类、消防类专用车同比呈增长态势（见表 1）。

表 1 2023—2024 年主要用途专用汽车销量走势

用途	2023 年销量/辆	2024 年 1—11 月销量/辆	同比增速（%）
公路物流类	921325	842847	-1.0
城市服务类	66363	66402	11.4
环卫类	77218	63825	-10.0
土建工程类	67506	50583	-20.2
市政类	22568	23983	16.1
危化品运输类	17069	16485	4.7
消防类	6734	6800	13.8
医疗救护类	11290	5096	-51.8
警用军用类	3951	2965	-15.9
其他	746	834	19.1

（1）公路物流类专用车 2024 年 1—11 月，公路物流类专用车销量为 84.3 万辆，同比下降 1%。其中，厢式运输车销量为 53.4 万辆（见图 17），同比下降 4.5%；仓栅式运输车销量为 19.8 万辆，同比增长 1.4%；冷藏车销量为 5.3 万辆，同比增长 6.2%；翼开启厢式车销量为 2.5 万辆，同比增长 21.5%。

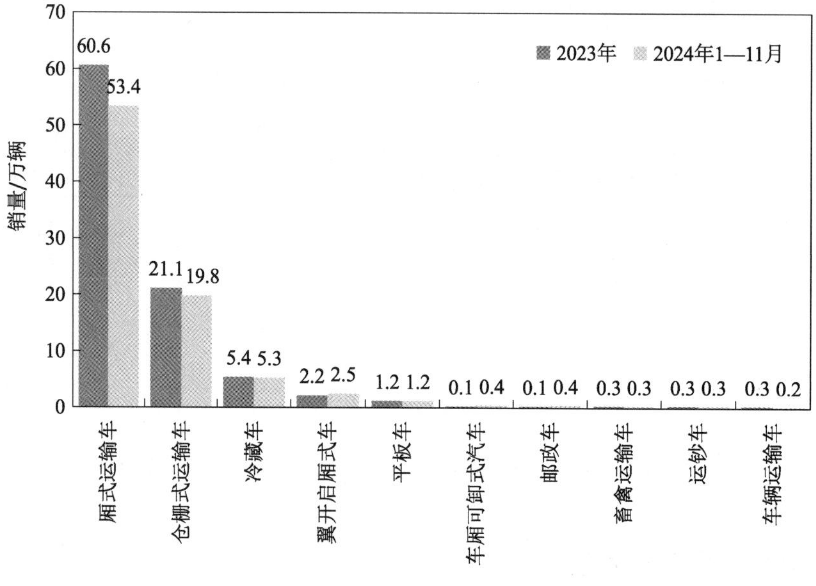

图 17 2023—2024 年主要公路物流类专用车销量

（2）环卫类专用车 由于 2024 年经济下行压力较大，部分地方缩减了地方财政出资购买环卫车的采购计划，导致市场销量显著下滑。2024 年 1—11 月，环卫类专用车销量为6.4万辆，同比下降10%。其中，车厢可卸式垃圾车销量为9859辆（见图18），同比增长17.2%；压缩式垃圾车销量为9718辆，同比增长4.2%；绿化喷洒车销量为8515辆，同比下降23.2%；洗扫车销量为5096辆，同比下降12.1%；抑尘车销量为4233辆，同比下降33.2%。

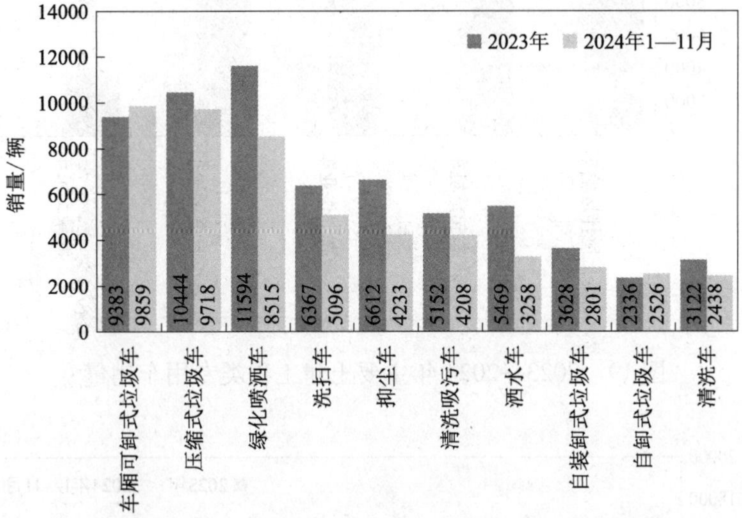

图18　2023—2024年主要环卫类专用车销量

（3）土建工程类专用车　2024年，由于全国房地产开发投资同比大幅下降，各类土建工程类专用车的市场需求明显下降。2024年1—11月，土建工程类专用车销量为5.1万辆，同比下降20.2%。其中，混凝土搅拌运输车销量为1.4万辆（见图19），同比下降13.4%；汽车起重机车销量为1.2万辆，同比下降34.5%；高空作业车销量为1万辆，同比下降3.7%；随车起重运输车销量为9220辆，同比下降23.7%；混凝土泵车销量为2302辆，同比下降34%。

（4）城市服务类专用车　2024年1—11月，城市服务类专用车销量为6.6万辆，同比增长11.4%左右。其中，教练车销量为1.8万辆（见图20），同比增长203.3%；旅居车销量为1.1万辆，同比下降19.1%；商务车销量为9639辆，同比下降23.2%；工程车销量为5316辆，同比下降3.5%；服务车销量为4001辆，同比增长22.6%；宿营车销量为3627辆，同比增长416.7%。

（5）市政类专用车　2024年1—11月，市政类专用车销量为2.4万辆，同比增长16.1%。其中清障车销量为1.8万辆（见图21），同比增长16.8%；路面养护车销量为2682辆，同比增长15.5%；救险车销量为1714辆，同比下降3.1%。

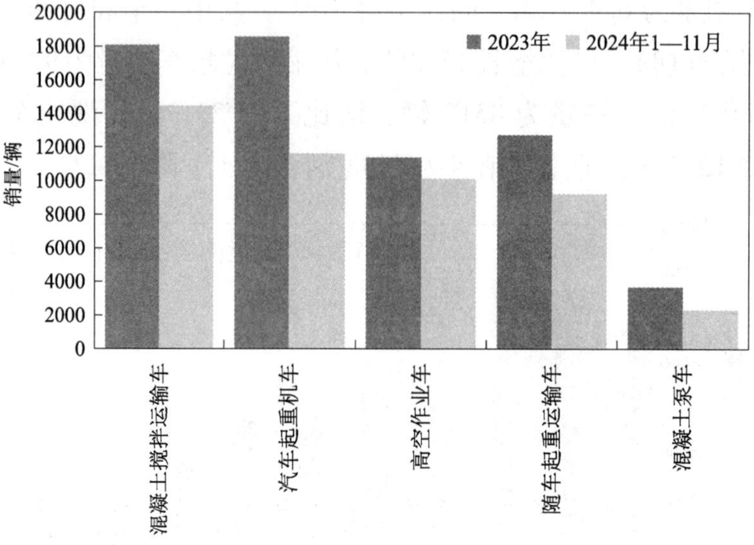

图 19　2023—2024 年主要土建工程类专用车销量

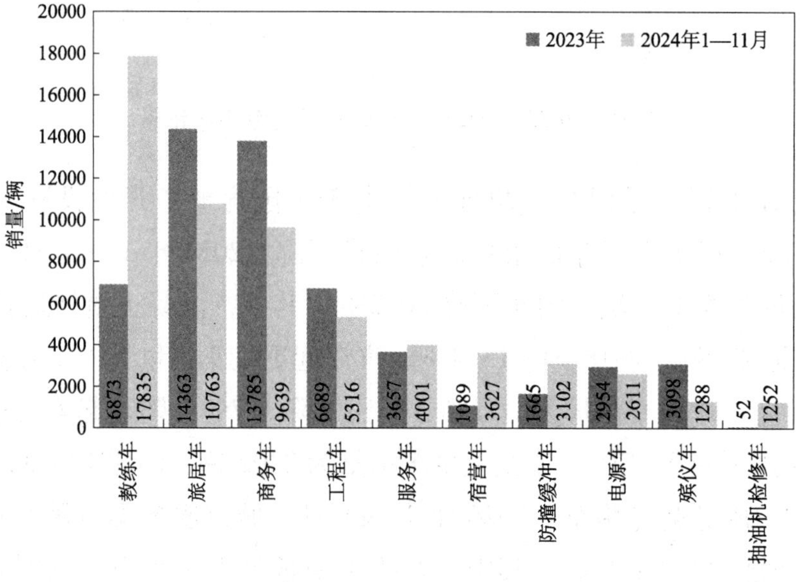

图 20　2023—2024 年主要城市服务类专用车销量

7. 专用汽车区域销量分布

（1）六大类专用汽车区域销量分布　专用汽车作为生产资料，其销量与各区域的经济、人口规模、产业结构等息息相关，2024 年 1—11 月，六大类专用汽车主销区域包括广东、山东、河北、湖北、云南等地，销量分别为 17.6 万辆、7.6 万辆、7.0 万辆、6.7 万辆、6.0 万辆（见图 22）。

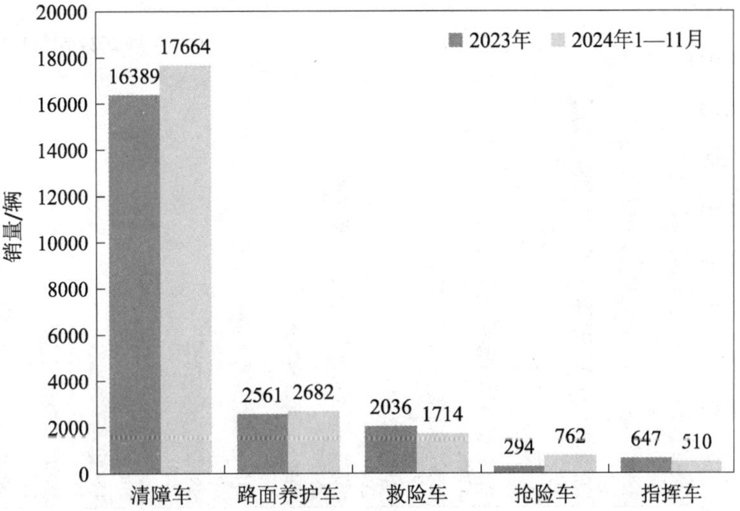

图 21　2023—2024 年市政类专用车销量

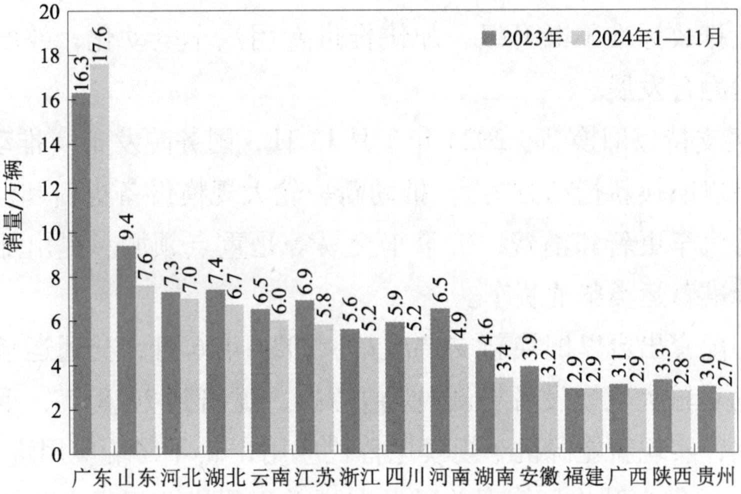

图 22　2023—2024 年专用汽车主销区域销量

（2）普通自卸汽车区域销量分布　2024 年 1—11 月，普通自卸汽车的主销区域包括浙江、河北、四川、云南、广东等地，销量分别为 4715 辆、4569 辆、4195 辆、3631 辆和 3365 辆（见图 23），多个区域销量均呈大幅增长态势。

二、专用汽车市场主要影响因素

1. 政策因素

2024 年，我国出台多项专用汽车行业支持政策，积极支持专用汽车以旧换

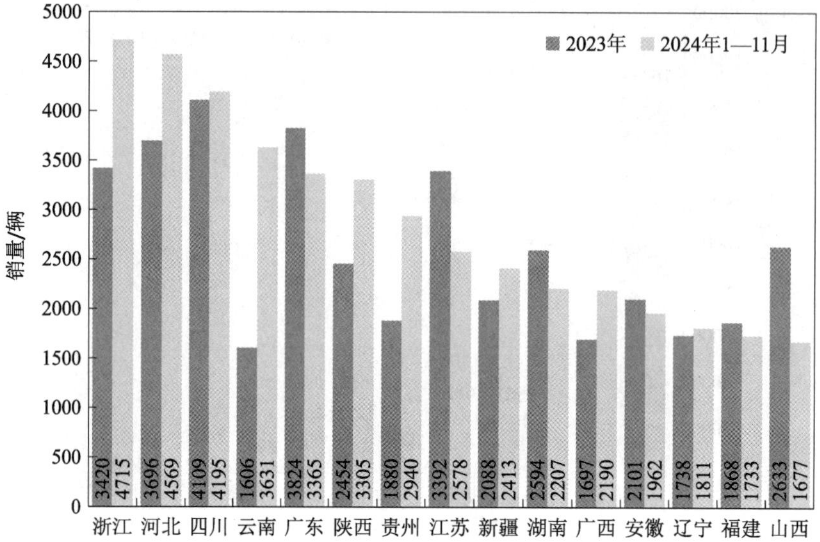

图23 2023—2024年普通自卸汽车主销区域销量

新，引导行业排放标准不断升级，加快推进专用汽车电动化，鼓励专用汽车与智能网联技术融合发展。

（1）积极支持以旧换新 2024年3月13日，国务院发布《推动大规模设备更新和消费品以旧换新行动方案》，推动新一轮大规模设备更新和消费品以旧换新，其中支持汽车更新和消费、二手车交易等是重点领域。提出加快淘汰国Ⅲ及以下排放标准营运类柴油货车。

多个部门配套出台以旧换新支持政策。2024年6月，交通运输部等十三部门印发《交通运输大规模设备更新行动方案》，提出到2028年，重点区域老旧机车基本淘汰，实现新能源机车规模化替代应用，北斗终端应用进一步提升等。2024年9月，国家金融监督管理总局发布《关于促进非银行金融机构支持大规模设备更新和消费品以旧换新行动的通知》，鼓励非银行机构支持大规模设备更新和消费品以旧换新行动。

全国多个省、市、自治区纷纷落实并制定配套政策，将专用汽车作为重点内容。北京提出推进环卫作业车辆更新为新能源车，大力推动中重型燃油车辆更新，加快推进国Ⅳ排放标准营运柴油货车淘汰和电动化、氢能化更新。上海提出环卫、邮政以及公交车、巡游出租车等公共领域，新增或更新车辆原则上全部使用新能源车。山东提鼓励混凝土搅拌车更新时，优先使用新能源车。湖南鼓励货车、工程作业用车等领域加快节能与新能源车型替代。广东推进城市物流配送、邮政快递、机场转运车辆等电动化替代。河南提出加快公共领域车辆绿色替代，扩大新能源汽车在公共交通、环境卫生、邮政快递、城市物流等领域的应用。

（2）老旧车辆加快淘汰　2024 年 8 月，交通运输部办公厅、公安部办公厅、财政部办公厅、商务部办公厅联合印发《关于进一步做好老旧营运货车报废更新工作的通知》，加快推动老旧车辆排放。目前，全国各地对淘汰车辆的排放要求不一致，许多省份和城市已经出台淘汰国Ⅳ柴油车的相关政策规划，明确国Ⅳ退出时间表。

2024 年 7 月，北京市交通委员会印发《北京市加快国四排放标准营运柴油货车淘汰促进更新轻型新能源货车方案（2024—2025 年）》的通知。北京明确提出，加快推进国Ⅳ排放标准营运柴油货车淘汰和电动化，推进环卫作业车更新为新能源车，鼓励更新购置智能化、无人化环卫作业机具设备。

2024 年 10 月，上海市人民政府关于印发《上海市加快推进绿色低碳转型行动方案（2024—2027 年）》的通知，提出环卫、邮政等公共领域新增或更新车辆原则上使用新能源车辆；有序推广新能源中重型货车，积极推动燃料电池重型货车、卡车等应用。推进绿色机场、绿色港口建设，新增和更新作业机械、场内设备和车辆原则上采用清洁能源或新能源。此外，上海还明确提出推动国Ⅳ柴油车、国Ⅱ非道路移动机械的淘汰，并鼓励进行新能源化更新。

此外，广东提出全面实施重型柴油车国Ⅵ排放标准和非道路移动柴油机械国Ⅳ排放标准。浙江提出到 2025 年基本淘汰国Ⅲ及以下老旧营运柴油货车，到 2027 年累计淘汰国Ⅳ及以下排放标准营运柴油货车 16000 辆。山西提出加快淘汰老旧营运类柴油货车，采取经济补偿、限制使用和加强监管执法等综合性措施，推动国Ⅳ及以下排放标准营运类柴油货车淘汰。

（3）新能源专用汽车支持政策　国家通过税收减免、引导技术升级、推进充换电基础设施建设，不断完善新能源汽车产业发展环境，引导产业发展提质增效。

2024 年 5 月，工业和信息化部等三部门联合发布《关于调整享受车船税优惠的节能 新能源汽车产品技术要求的公告》，调整了新能源货车和专用车的技术要求，包括 BEV 续驶里程、PHEV 纯电续驶里程、BEV 装载动力电池系统能量密度、BEV 单位载质量能量消耗量、作业类 BEV 吨百公里电耗等技术指标。燃料电池商用车方面，明确提出：燃料电池系统的额定功率、系统额定功率与驱动电机的额定功率比值、启动温度、燃料电池电堆额定功率密度、系统额定功率密度、纯氢续驶里程等技术要求。政策正不断引领新能源专用车的技术水平升级。

2024 年 4 月，财政部、工信部和交通运输部三部门联合发布《关于开展县域充换电设施补短板试点工作的通知》，在 2024—2026 年，开展“百县千站万桩”试点工程，中央财政将安排奖励资金支持试点县开展试点工作，加强重点村镇新能源汽车充换电设施规划建设，完善各类新能源专用车的用车环境。

在国家政策支持下，2024 年全国多个省、市、自治区纷纷发布构建高质量充电基础设施体系的实施方案，并明确了到 2025 年充电基础设施建设的目标和任务，我国将全面建成支撑新能源专用车规模化应用的充电基础设施体系。

（4）新能源汽车与电网、可再生能源融合发展支持政策　2024 年 1 月，国家发展和改革委员会、国家能源局等四部门联合发布《加强新能源汽车与电网融合互动的实施意见》，明确推进新能源汽车与电网融合互动的发展目标和重点任务，提出参与试点示范的城市 2025 年全年充电电量 60% 以上集中在低谷时段。探索新能源汽车与园区、楼宇建筑等场景高效融合双向充放电应用模式。优先打造一批面向环卫、公交等公共领域车辆双向充放电示范项目。

2024 年 10 月，国家发展和改革委员会等六部门发布《关于大力实施可再生能源替代行动的指导意见》，提出大力实施可再生能源替代。加快交通运输和可再生能源融合互动。鼓励在具备条件的高速公路休息区、铁路车站、汽车客运站、机场和港口推进光储充放多功能综合一体站建设。

（5）智能网联汽车与专用车融合发展支持政策　随着智能网联汽车技术快速提升，专用汽车与智能网联技术融合发展成为多个地方政府积极探索的方向。

2024 年 7 月，《开展工业和信息化领域北斗规模应用试点城市遴选的通知》，提出试点城市加快在汽车、船舶、航空器、机器人等重点领域推广北斗应用。鼓励依托车联网、智能网联相关平台建设，全面扩大重点营运车辆、公共领域车辆、商用车和乘用车北斗搭载比例。

2024 年 8 月，中央网信办、国家发展和改革委员会、工业和信息化部等 10 部门联合发布《数字化绿色化协同转型发展实施指南》，提出：建设高效智能化交通设施网络，加快智慧公路、铁路、民航、港口和航道建设，完善交通运行监测体系，加快交通运输装备数字化应用，推动交通数字化、便利化应用，推广部署智慧绿色综合能源场站，发展绿色智慧交通，建设数字物流平台，推进绿色智慧出行。

多个省、市、自治区出台智能网联汽车支持政策，并积极与商用车融合发展。北京政策先行区开放智能网联重型货车商业化试点申请，未来智能网联重型货车场景建设将有序融入京沪高速（北京—天津段）干线物流运输网络。未来专用汽车的智能网联化成为提升运营和作业效率的重要方向。

2. 经济因素

（1）全社会固定资产投资　2024 年 1—11 月，全国固定资产投资（不含农户）46. 6 万亿元，同比增长 3. 3%（按可比口径计算）（见图 24），增速有所下降。2024 年 1—11 月，全国房地产开发投资 9. 4 万亿元，同比下降 10. 4%（按可比口径计算）（见图 25），房地产开发投资市场下降对产业链上下游形成连锁反应，使工程类专用车的需求有所减弱。

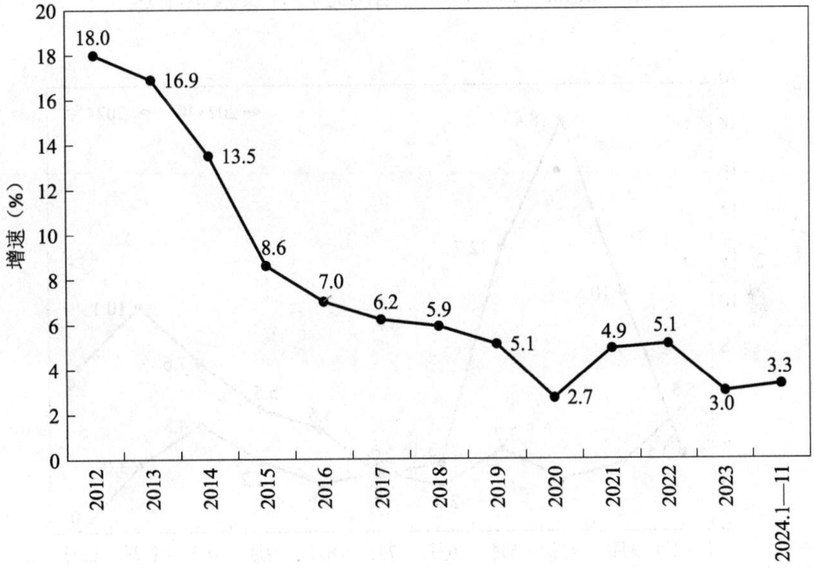

图 24　2012—2024 年全社会固定资产投资额（不含农户）增速

（注：数据来源于国家统计局，下同）

（2）社会消费品零售总额　2024 年 1—11 月，社会消费品零售总额 44. 27 万亿元，同比增长 3. 5%，增速比 2023 年放缓。从月份来看，2024 年多数月份社会消费品零售额增速低于 2023 年（见图 26）。预计随着国家刺激消费政策支持力度增大，2025 年消费信心将逐步回升，社会消费品零售额将迎来持续增长。

（3）公路货运量与国内快递量　2024 年 1—11 月，我国完成公路货运量

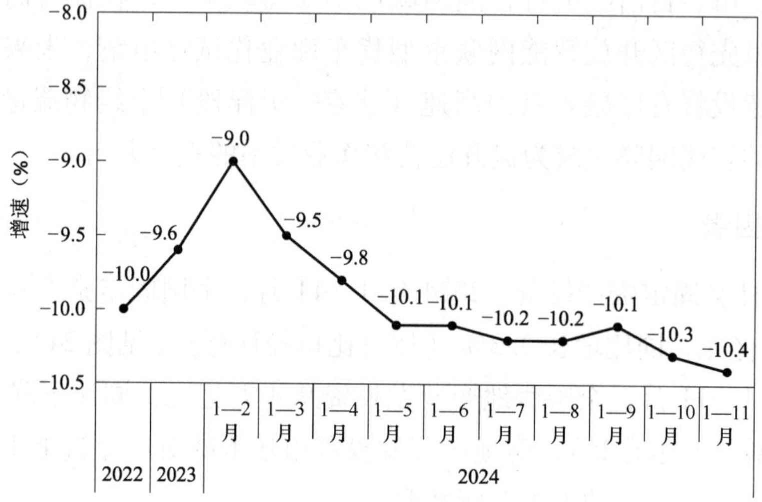

图 25　2022—2024 年全国房地产开发投资增速

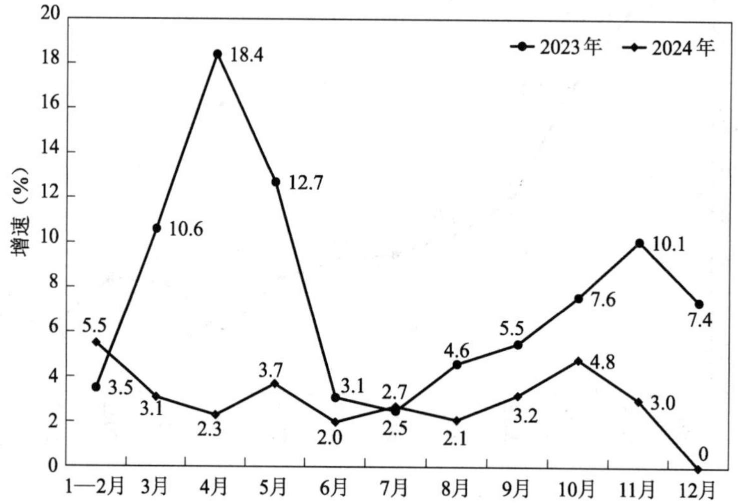

图 26　2023—2024 年各月份社会消费品零售总额增速

381.1 亿 t，同比增长 3.3%，增速比 2023 年显著下降。从各月份来看，2024 年 3 月以来，各月份公路货运量比 2023 年均有一定幅度的增长（见图 27），但增幅明显收窄，导致公路物流车辆的终端需求有所下降。

2024 年 1—11 月，全国快递业务量累计完成 1572.9 亿件，按可比口径计算同比增长 21.4%。快递业务持续稳定增长，对公路物流车辆形成利好。2023—2024 年各月份国内快递量同比增速见图 28。

（4）制造业采购经理指数　2024 年多个月份的制造业采购经理指数（PMI）

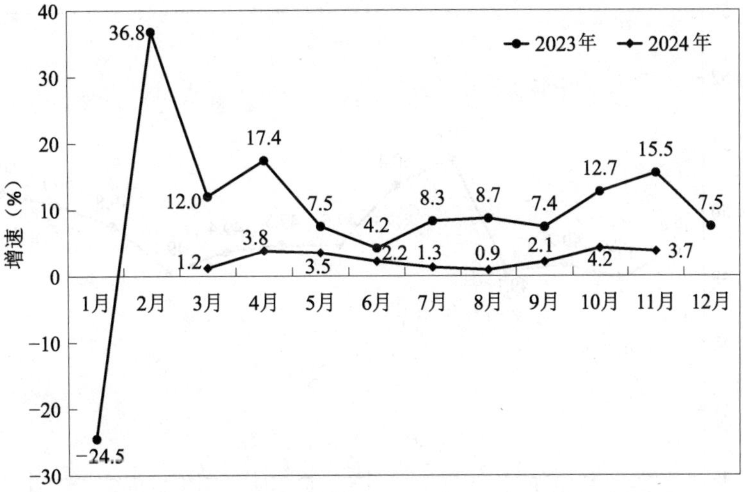

图 27　2023—2024 年各月份公路货运量同比增速

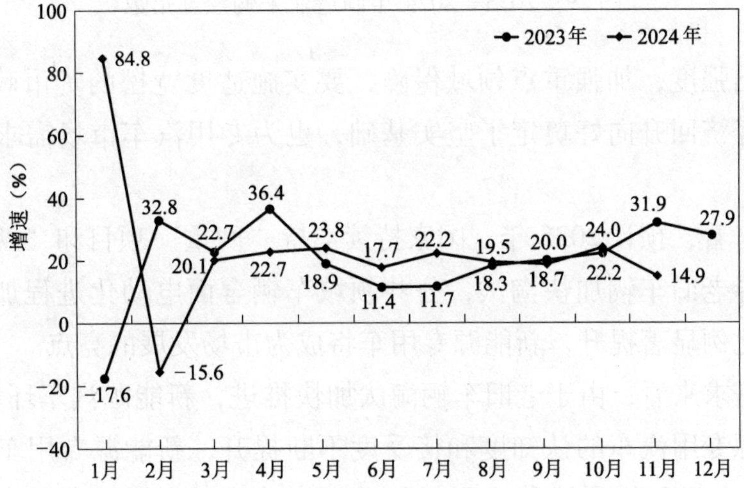

图 28　2023—2024 年各月份国内快递量同比增速

低于临界点，显示出制造业景气水平较低。随着国家一系列利好政策出台，经济前景向好，制造业采购经理指数开始回升（见图 29）。

三、2025 年专用汽车市场趋势预测

1. 六大类专用汽车市场趋势预测

中央经济工作会议指出，我国经济基础稳、优势多、韧性强、潜能大，长期向好的支撑条件和基本趋势没有变。2025 年，要实施更加积极的财政政策；

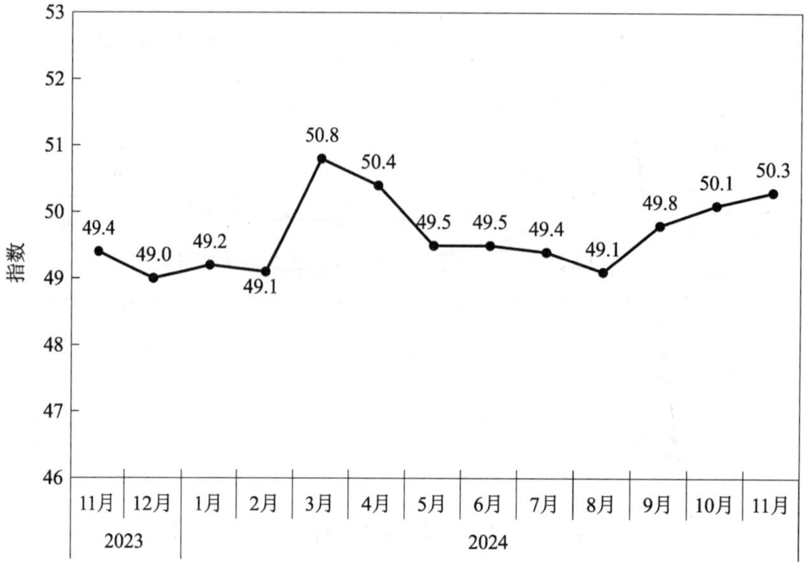

图 29　2023—2024 年制造业采购经理指数

加大财政支出强度，加强重点领域保障，要实施适度宽松的货币政策。这一系列举措，为经济回升向好奠定了坚实基础，也为专用汽车市场需求提供了政策保障。

从政策来看，预计 2025 年，国家持续支持“两重”项目和“两新”政策实施，继续引导老旧车辆加快淘汰，公共领域车辆全面电动化进程加快，重型专用车电动化比例显著提升，新能源专用车将成为市场发展的亮点。

从市场需求来看，由于老旧车辆淘汰加快推进，新能源汽车环境不断完善，用户对新能源专用汽车的认知度和接受度不断提升，新能源专用车成为市场的强劲增长点。“两重”项目和“两新”政策实施显著促进消费需求，我国社会零售品消费额、公路货运量、快递量等有望保持持续快速增长，对各类物资的运输需求增加，公路物流车辆的需求旺盛。此外，中央经济工作会议强调实施更加积极的财政政策，实施适度宽松的货币政策，积极支持地方债务化解，地方政府惠民生、促消费的支出将有望增加，市政类、消防类、环卫类专用车将明显回暖，城市服务类专用车等车辆的增长空间仍然较大。预计房地产新开工仍然较为低迷，使土建工程类专用车的市场需求仍然有限。

综上，预计 2025 年六大类专用汽车销量将同比增长 6% 左右，全年销量预计在 125 万辆左右（见图 30）。

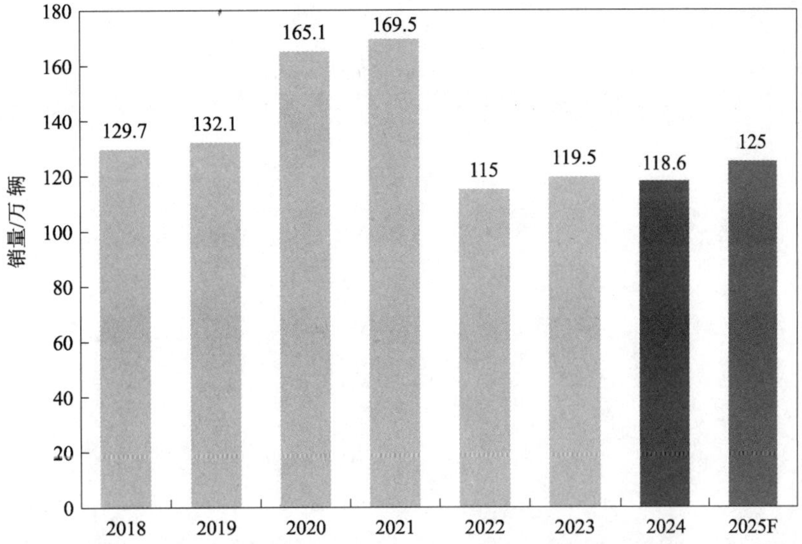

图 30　2018—2025 年六大类专用汽车市场

2. 普通自卸汽车市场趋势预测

2025 年我国经济运行有望回升向好，老旧车辆淘汰加快推进，公路货物运输需求保持增长，基础设施建设规模逐步回升，房地产投资降幅有望收窄，预计 2025 年普通自卸汽车销量会有小幅增长，全年销量在 7.5 万辆左右（见图 31）。

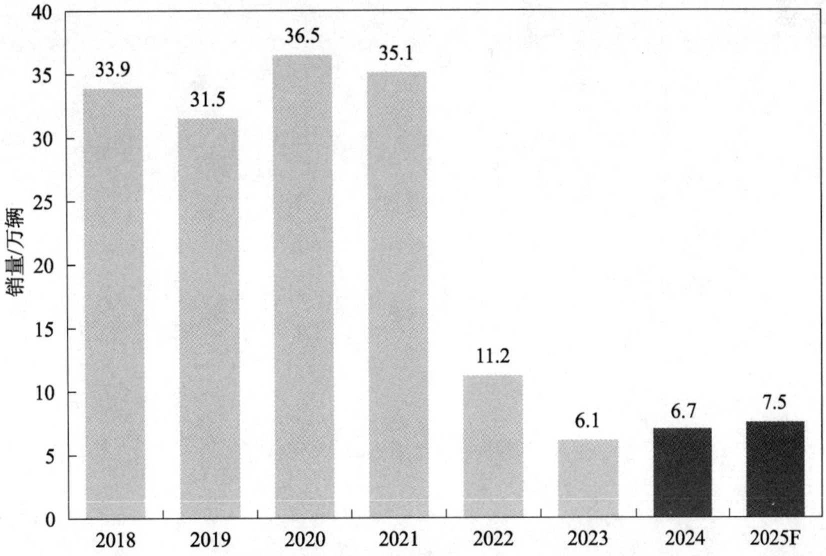

图 31　2018—2025 年普通自卸汽车市场

（作者：任海波　张秀丽）

细分市场篇

2024 年北京市汽车市场分析及 2025 年展望

一、2024 年北京市汽车市场回顾

2024 年，面对复杂多变的外部国际环境，我国经济发展面临挑战，在国家系列政策调整、积极应对下，我国经济呈现稳中有进，逐步向好发展。2024 年北京市汽车消费趋势同全国趋势一样，既经历了低谷也迎来了爬坡过坎，处在结构调整和转型升级的关键阶段。国家各层面都在共同努力稳经济、促发展、促消费。北京市政府也出台了汽车消费补贴、二手车经销商补贴、增加新能源汽车购车指标等一系列促消费政策，厂家和经销商也通过价格战刺激汽车销售。2024 年北京市汽车消费市场整体发展呈现复杂态势，新车销量前低后高，逐季度增长，持续恢复；月度增长率呈两头高中间低，累计增长率持续下降的趋势，2024 年新车销量同比增长率只有 2% 左右；二手车交易全年受新车价格战及政策影响，消费需求持续低迷，1—11 月销量同比下降 3.34%。

2024 年影响汽车消费的最大因素是价格战，春节后比亚迪打响价格战第一枪，引发了新能源汽车价格新一轮洗牌，也迫使传统燃油车不得不跟进，奔驰、宝马、奥迪等合资高端品牌也卷入其中。新能源车企“掀桌子”，更是将二手车价格掀翻在地，甚至出现新旧车价格倒挂现象。2024 年北京市二手车消费需求始终处于低迷状态。价格战不仅没有促进新车销量的增长，反而使消费者出现持币待购的观望现象，2024 年三季度随着价格竞争态势趋于平稳，同时国家各项稳经济、促发展、促销费政策的逐步实施，以及受北京市购车指标的集中发放和相关汽车更新补贴政策出台的影响，2024 年三季度、四季度北京市新车消费市场总体消费需求才呈现回升态势，2024 年 11 月新车销售更是实现同比 16.37% 的快速增长。2024 年北京市新能源汽车的市场竞争优势越发明显，在相关政策和市场需求的双重推动下，市场销量和占有率持续保持快速上升势头，全年新能源汽车销量首次超过传统燃油车，市场占比达到 50.68%，实现历史性突破。但合资品牌在自主品牌新能源汽车围剿下则突显颓势，市场份额不断萎

缩，面临巨大经营压力。

2024 年下半年北京市新旧车消费需求基本实现了稳步回升，全年预计实现新车销售 69 万辆，同比小幅增长；二手车预计实现销售 66 万辆，同比降幅缩小到 2.4% 左右。2024 年北京市汽车消费市场实现了稳增长，但汽车销售额与销量之间形成鲜明反差，“增量不增收、增收不增利”成为汽车市场普遍存在的现象。行业企业赤字经营的风险不断加剧，汽车流通企业关店、退网时有发生。“内卷”成为 2024 年汽车行业的热词，也是北京市汽车流通行业的真实写照。在价格战的倒逼下，整个汽车行业都处于变革之中。

需求不足已经成为现阶段乃至今后一段时期汽车市场的最大问题，而汽车市场“内卷”还在延续，并且进一步体现为价格的内卷、金融的内卷和流量的内卷，品牌间竞争态势更是趋于白热化，汽车厂家深陷以降价换取市场份额的循环之中，而从市场反馈看，以降价作为刺激销量的手段已经逐渐乏力，产生的负面影响远远超出预期。

1. 北京市新车市场整体情况

2024 年在各项政策加持下确保了北京市汽车消费需求的稳定增长。2024 年 1—11 月北京市新车交易达到 62.34 万辆（见图 1），同比增长 2.57%，增幅略低于全国 1.13 个百分点。预计 2024 年北京市新车交易量将超过 69 万辆，同比新车销量增幅在 2% 左右，2024 年销量有望保持增长的态势。新车销量将继

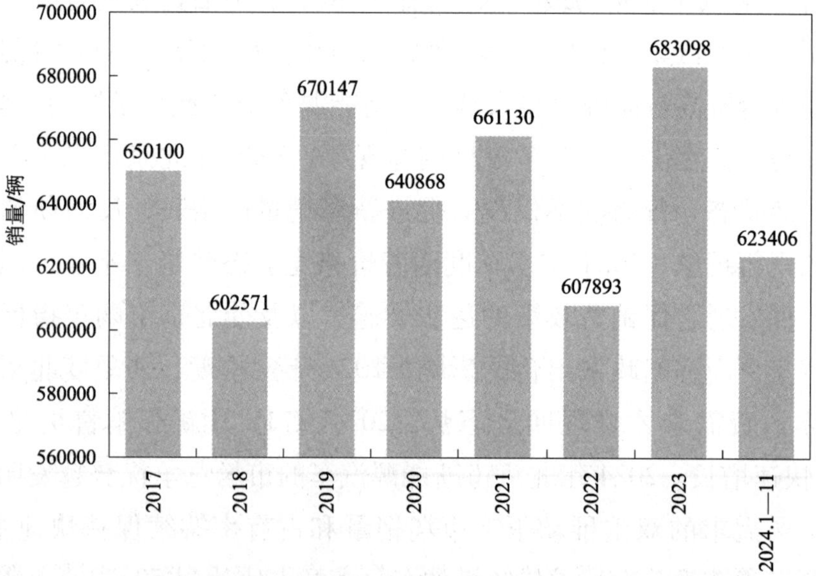

图 1　2017—2024 年北京市新车销量

2023 年后再次超越疫情前 2019 年全年 67 万辆的新车销售水平，实现北京市限购后新车年度销售的全新纪录。

从北京市新车月度销量变化来看（见图 2），受市场竞争和国家政策影响，呈现出前低后高的态势，2024 年一季度销售新车 14. 2 万辆，二季度销售新车 17. 3 万辆，三季度销售新车 18. 6 万辆，四季度销售新车预计超过 19 万辆；2024 年新车销量逐季度攀升，增长趋势明显。主要因素在于北京市每年的购车指标都在 5 月底发放，下半年购车消费需求旺盛，同时下半年各项政府补贴政策释放到位，极大地刺激了下半年汽车消费者的购车欲望，特别是在年底，在政策收尾效应的影响下，汽车消费需求得到提前释放。从新车销售同比增幅来看，则呈现出高开低走，两头高中间低的态势。2024 年一季度同比增长 16. 82%，二季度同比下降 3. 56%，三季度同比下降 5. 73%，四季度 10 月、11 月同比增速恢复到 11. 75%。

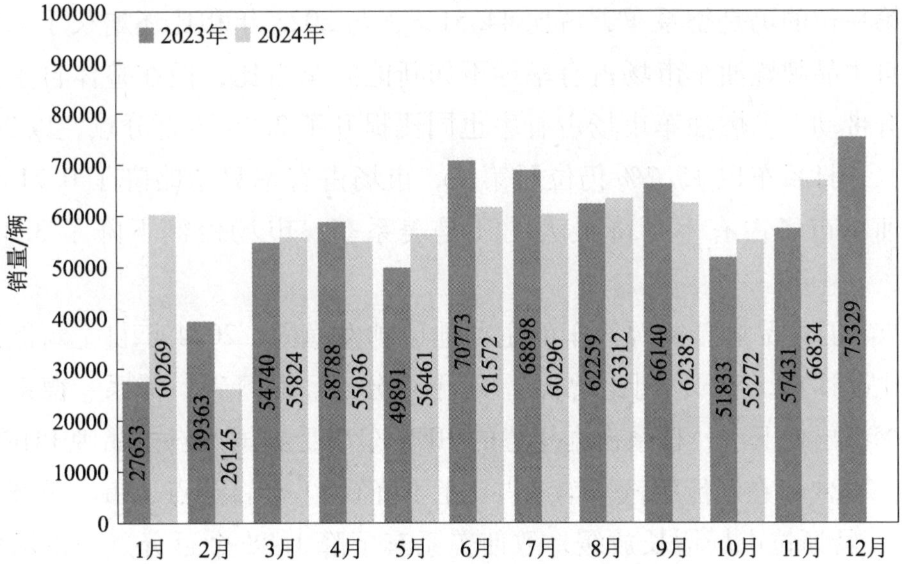

图 2　2023—2024 年北京市新车月度销量

2024 年，国产新能源汽车的强势崛起，自主品牌占据半壁江山，而合资品牌则全面下滑。2024 年北京市乘用车市场基本是自主品牌和德系、日系、美系的天下，四家市场占有率合计达到 96. 94%，其中自主品牌同比猛增 11. 73 个百分点，达到 50. 2%。德系车保持第二的位置，但同比下降了 4. 81 个百分点，只有 22. 9%；日系车继续位居第三，同比下降了 3. 56 个百分点，只占 14. 03%；靠特斯拉 2023 年曾一举提升到 12. 48% 的美系车 2024 年没能超越日系车，继续在第四的位置，特斯拉的市场表现明显不再一枝独秀，美系车下降了 2.67 个百分点，占 9.81%。瑞典、英国、法国、韩国品牌被进一步边缘化，同比下降了 0.7 个百分点，其中韩系车下降了 0.61 个百分点，市场占有率已不足 1%（见表 1）。

表 1　2022—2024 年北京市各国产乘用车市场占有率　（%）

年份	中国	德国	日本	美国	韩国	瑞典	英国	法国
2022 年	38.27	28.55	19.16	9.29	1.73	1.48	0.51	0.37
2023 年	38.47	27.71	17.59	12.48	1.56	1.37	0.59	0.24
2024 年	50.2	22.9	14.03	9.81	0.95	1.37	0.48	0.26
2024 年占有率变化	11.73	-4.81	-3.56	-2.67	-0.61	0	-0.11	0.02

各国产乘用车市场占有率的变化主要受新能源汽车崛起的影响，单从传统燃油车销量来看，原有市场格局变化并不明显，外资品牌仍占主导地位。市场占有率第一位的仍是德系车，占比 44.51%，与 2023 年相比还增长了 1.2 个百分点。自主品牌燃油车市场占有率远不如新能源车占比，但在整体自主品牌影响力提升带动下，燃油车市场占有率也同比提升了 2.84 个百分点，以 24.52% 位居第二；日系车以 15.2% 仍位居第三，市场占有率只是略降了 0.71 个百分点，燃油车市场占有率下降最大的还是美系车，市场份额下降了 3.31 个百分点。

北京市自主品牌新能源汽车的主导地位越发稳固，2024 年自主新能源汽车销量占比已达 72.07%，同比增长 9.04 个百分点。而日系、美系、德系汽车市场占有率都出现下滑，日系占据优势的 HEV 车型受到国产自主品牌 PHEV 车型的挤压，2024 年在新能源汽车销量占比上下降 6.81 个百分点，市场份额下降到 13.05%；特斯拉市场增长放缓，致使美系车下降 1.88 个百分点，市场份额下降到 9.97%；德系车在新能源汽车竞争力上仍处于追赶位置，2024 年销量占比再次下降了 2.24 个百分点，市场份额下降到 4.47%。

从消费者购买车型比例来看，SUV 车型和轿车仍是消费者购买的主流车型，SUV 车型占比持续增长，2024 年市场占比为 49.33%，已经接近一半；轿车占比 41.61%，下降了 2.57 个百分点。MPV 车型市场份额略有增长，保持在 8.67%；而以微型客车为主的交叉型汽车则在北京市的市场空间越来越小，2024 年市场份额继续萎缩，整体份额只剩下 0.39%。

从不同驱动乘用车类型来看，SUV 车型不管是新能源汽车还是传统燃油车在占比中都呈现上升趋势，且占比相差不大，都接近50%的市场份额；而轿车则都呈现下降趋势，而新能源轿车的下降幅度会比传统燃油车下降幅度更快一些，2024年新能源轿车的占比为40.98%，同比下降3.22个百分点，比燃油轿车占比低1.38个百分点。新能源车与燃油车市场变化区别最大的在MPV车型，从2024年的消费者购买喜好看，购买新能源MPV车型的比例提升了1.4个百分点，达到9.27%，而燃油车MPV市场份额则下降了0.46个百分点，体现出随着各新能源汽车品牌在MPV车型上的发力，消费者越来越喜欢购买大型的新能源MPV车型。

2. 北京市进口车销售情况

2024年1—11月北京市进口车累计交易3.27万辆，同比下降18.38%，降幅超过全国进口车终端销售水平，预计2024年北京市进口车交易量不足3.6万辆，同比降幅接近20%，与疫情前的2019年销量相比，降幅已经超过54%。北京市进口车销量大幅下滑突显当前汽车消费需求的转变，国内新能源汽车快速发展，进口车品牌有所下降，同时在经济增长放缓的大环境下，购买高端进口车的需求也受到抑制。2022—2024年北京市进口车月度销量见图3。

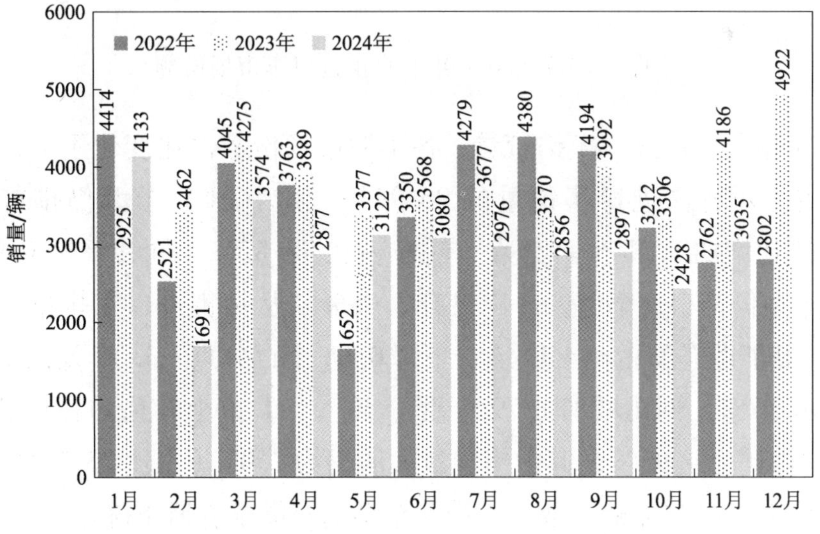

图3　2022—2024年北京市进口车月度销量

2024年北京市进口车销量占比继续呈下行趋势，与2023年同期相比市场占有率又下降1.34个百分点，只有5.24%（见图4）。影响进口车市场占有率下滑的主要因素，除进口车消费需求下降外，另一个主要因素仍是国内新能源汽车市场的快速发展，很难有适合的新能源汽车满足国内消费需求，北京市进口新能源汽车销量只占新能源汽车整体销量的 1.58%，与 2023 年同期的 2.37% 相比，再降 0.79 个百分点。虽然进口燃油车销量仍占燃油车销量的 9.98%，但燃油车在北京市的整体销量已经下降到不足 50%，也同步带动了进口车整体销量的下滑。

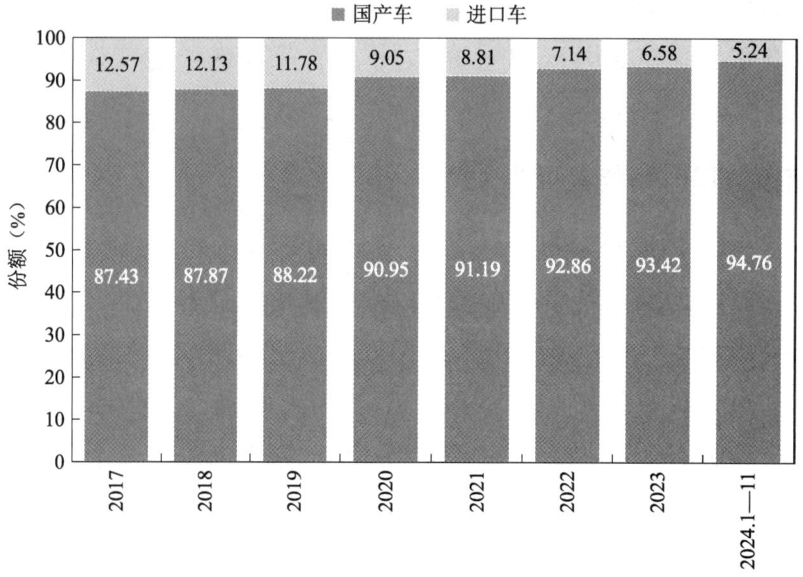

图 4 2017—2024 年北京市进口车市场份额

从 2024 年北京市进口车销量看，各车型市场份额占比变化不大，仍以 SUV 及轿车为主，两者占进口车销量的 96.92%，其中 SUV 车型仍排首位，占比 53.10%，同比增加 1.21 个百分点；轿车占比 43.82%，同比下降 0.98 个百分点。MPV 车型仍是小众车型，占比只有 3.08%。从销售进口车排量上看，整体变化不大，新能源车型占比 4.08%，下降 0.38 个百分点，3.0L 及以下排量燃油车，占比 90.97%，同比增加 1.79 个百分点，3.0L 以上车型占比同比下降 1.4 个百分点，占比为 4.96%，其中销量最大的仍为 2.0T（占比 33.75%）及 3.0T（占比 29.77%）两个排量车型。大排量车型消费需求有所下降。

从动力类型上看，2024 年新能源汽车占北京市进口车销量的 15.24%，同比略有增长。虽然从 2022 年起，进口新能源汽车呈现增长趋势，但市场份额增幅微小，三年才增长了 1.58 个百分点。进口新能源汽车主要以油电混合动力车型为主，2024 年进口车销量占比达到 11.29%，比 2023 年同期增长 1.73 个百分点，而纯电动车型占比保持在 4.07%。

从进口车销量排名来看（见图5），2024 年 1—11 月北京市销量前十的品牌与 2023 年相比没有什么变化，但排名先后有所改变。2023 年排名前三的是奔驰、奥迪、宝马，2024 年，奔驰以 6347 辆保住了进口车销量第一的位置，奥迪、宝马被雷克萨斯超越居第三位和第四位。雷克萨斯是前十位品牌中唯一销量增长的品牌，虽然只增长了 1.5%，但力压销量下降 27% 的奥迪和下降 31.4% 的宝马而上升到第二位。

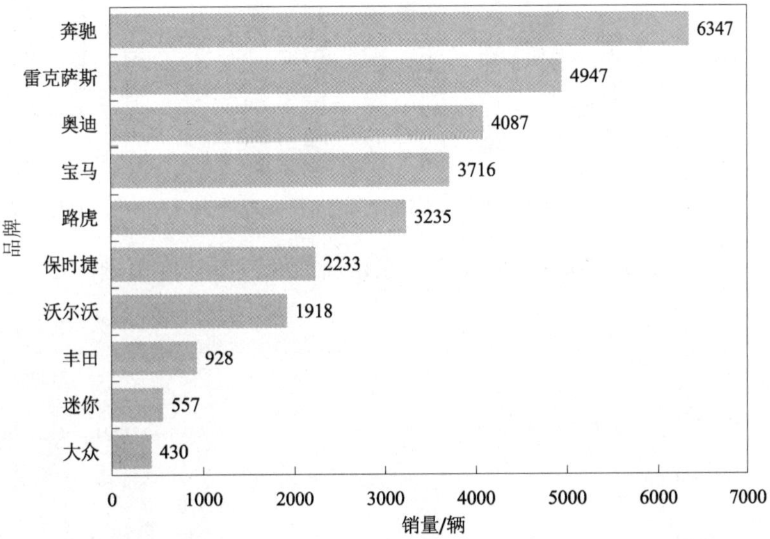

图5　2024 年 1—11 月北京市进口车销量前十名品牌

3. 北京市新能源汽车销售情况

2024 年北京市新能源汽车在政策推动下继续保持快速增长势头，一季度销量为 5.6 万辆，同比增长 27.93%；二季度销量为 8.96 万辆，同比增长 28.93%；三季度销售 10.33 万辆，增长 23.62%，首次单季度销量突破 10 万辆；11 月销量为 3.7 万辆（见图 6），同比增长 54.18%，再创北京市新能源汽车单月销售增长纪录。2024 年 1—11 月销量为 31.6 万辆（见图 7），同比增长 31.15%。连续第五年销量增长率保持在 25% 以上，预计 2024 年北京市新能源汽车销量超过 35 万辆。2024 年北京市发放新能源汽车指标 9 万个，随着新能源汽车技术快速提升，消费者越来越接受使用新能源汽车，2024 年置换购买新能源汽车的比例已经超过 75%。

从 2019 年开始，北京市新能源汽车销售占比逐年快速增长，市场份额由 2019 年的 15.22% 增长到 2024 年的 50.68%，其中，2022 年受新能源汽车国家

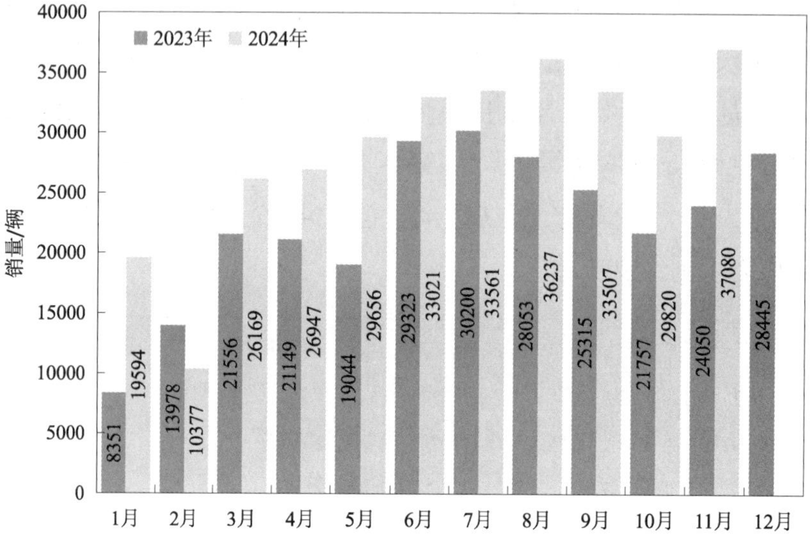

图6 2023—2024年北京市新能源汽车月度销量

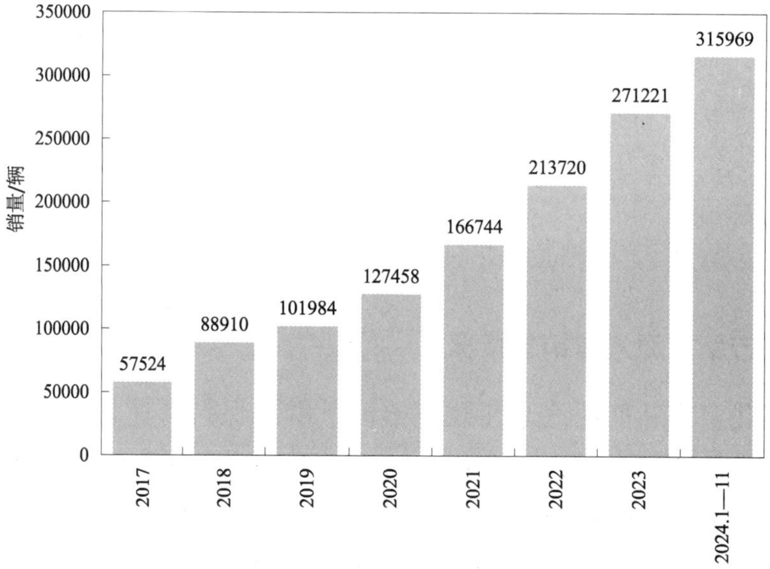

图7 2017—2024年北京市新能源汽车销量

补贴即将取消的影响，提高了10.28个百分点，达到35.16%；2024年，国家和北京市政府推出报废补贴和置换补贴政策，对于报废或者置换老旧车而购买新能源汽车的消费者给予1.5万~2万元的购车补贴，新能源汽车大幅降价及不断推出新产品、新技术，激发了消费者购买新能源汽车的积极性，2024年北京市新能源汽车销量同比增长30%，市场份额提升了10.98个百分点，新能源汽车市场份额超过传统燃油车市场份额，达到50.68%（见图8）。

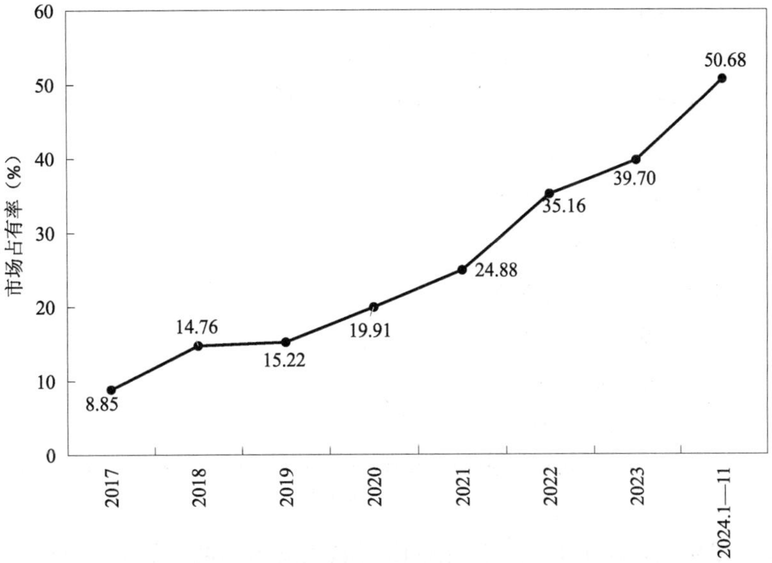

图 8　2017—2024 年新能源汽车市场占有率

2024 年初，比亚迪打响了新车价格战第一枪，旗下两款插电式混合动力车型上市，最低售价 7.98 万元。小米新车上市定价又推动价格新一轮洗牌，各品牌为了生存发展纷纷应战。从北京市 2024 年 1—11 月新能源汽车销量排行来看（见图 9），比亚迪以 6.83 万辆一骑绝尘，同比销量增长 43%，继续稳居第一；丰田依靠 HEV 车型继续稳住了新能源汽车销量第二的排名，但销量同比只增长了 8.96%，远低于新能源汽车 30% 的平均增速；特斯拉市场份额继续下降，销量不升反降，同比下降 1.47%，虽仍稳居第三的位置，但市场影响力已明显不如往日。传统造车新势力的蔚来、理想、小鹏，继续进入前十的排名，理想以 1.49 万辆位居第四，同比增长 10.59%；蔚来以 1.09 万辆位居第六，同比增长 36.86%；小鹏以 0.66 万辆位居第十，同比增长 4.09%。2024 年有 ARCFOX、问界、极氪三个品牌进入北京市新能源汽车销量排行榜前十，ARCFOX 以 1.35 万辆位居第五；北汽新能源受同为北汽品牌的 ARCFOX 分流影响，2024 年排名下降到第五位；问界作为华为系新能源汽车的代表首次进入排行榜前十，以 0.94 万辆位居第八；极氪汽车也是首次进入前十排行榜，位居第九。而 2023 年进入排行榜前十的本田（第六）、大众（第八）、日产（第十）三大合资品牌 2024 年则退出了前十榜单，突显出合资品牌在新能源汽车上的竞争力不断在弱化。

从 BEV 车型销量看，自主品牌的市场地位越发强势，前十品牌中自主品牌

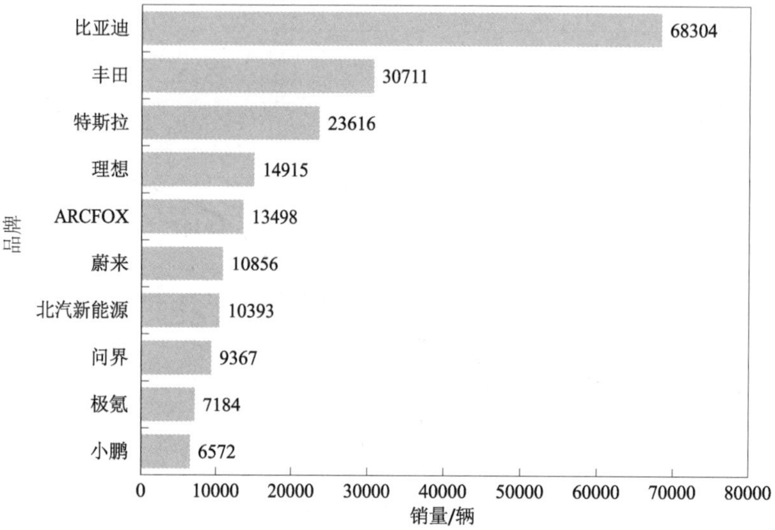

图9 2024年1—11月北京市新能源乘用车销量前十名品牌

有7个（见表2），合资品牌只有3个，特斯拉仍位居BEV车型销量排行第二，大众从第五下降到第八，宝马从第八下降到第十。2023年第十位的传祺掉出前十位，挤出传祺的正是一上市就自带光环的小米汽车。日系车依然坚持HEV路线，丰田、本田、日产分别占据HEV车型销售排行榜的第一位、第二位和第三位。丰田更是一家独大，2024年1—11月丰田在北京市销售HEV新能源汽车2.76万辆，占到HEV车型销量的68.33%。但2024年HEV新能源汽车受国内自主品牌PHEV新能源汽车的冲击，市场份额大幅降低。尤其比亚迪推出的秦L等PHEV车型，更是颠覆了原有市场格局，深受消费者喜爱。2024年1—11月，比亚迪以3.42万辆超过理想汽车，占据了PHEV车型销量排行第一的位置。2024年是PHEV车型快速发展的一年，各品牌新车纷纷发力，品牌销量排名变化巨大，除比亚迪和理想互换了位置外，问界、魏派、赛力斯、坦克，位居PHEV销售排行的第三~第六位，腾势则从第三位下跌到第七位；领克汽车则从第四位下跌到第十位。长安汽车则从第五位跌出了前十排名。

2024年北京市新能源汽车构成继续向混合动力方向转变，2024年BEV车型占比55.29%，市场份额下降5.45个百分点。HEV车型占比下降到13.60%，同比下降6.71个百分点。PHEV车型占比大幅增长到31.02%，两年时间市场份额增长了23.76个百分点。PHEV车型对HEV及BEV车型都呈现出明显的替代趋势。

表2　2024年1—11月BEV、HEV和PHEV车型销量排名

（单位：辆）

品牌	BEV销量	品牌	HEV销量	品牌	PHEV销量
比亚迪	34057	丰田	27566	比亚迪	34247
特斯拉	23616	本田	4032	理想	14045
ARCFOX	13205	日产	2716	问界	8092
蔚来	10856	林肯	1524	魏派	4477
北汽新能源	9651	传祺	1439	赛力斯	2990
极氪	7184	—	—	坦克	2805
小鹏	6572	—	—	腾势	2713
大众	6143	—	—	银河	2404
小米	5748	—	—	岚图	2224
宝马	4395	—	—	领克	2176

4. 北京市商用车销售情况

北京市商用车市场从2020年开始呈现下降趋势，随着国家对促进国内经济发展的政策力度不断加大，2024年北京市商用车市场出现回暖迹象，2024年1—11月，北京市商用车累计销售4.1万辆，同比增长21%，尤其是11月，北京市单月销售新能源汽车0.67万辆（见图10），同比增长1.05倍。

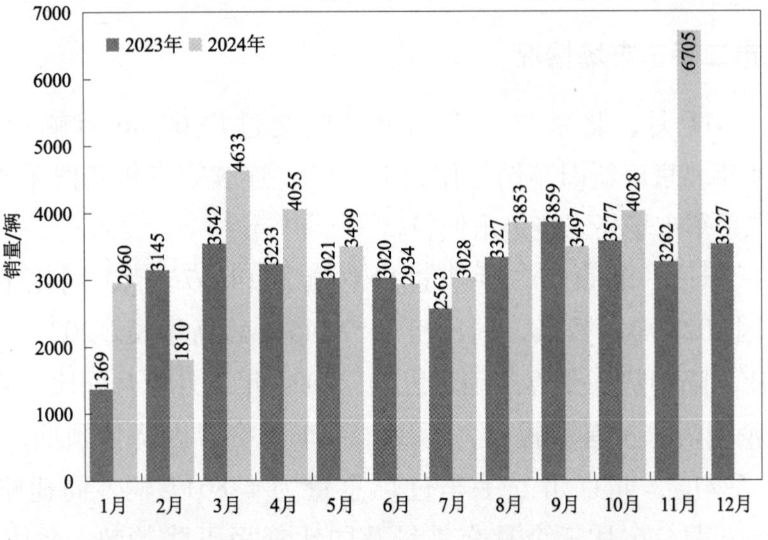

图10　2023—2024年北京市商用车月度销量

2024 年北京市商用车市场份额出现小幅提升，除 1 月、2 月、10 月三个月市场份额同比略有下降外，其他各月商用车市场占比都有所提高，特别是 10 月，商用车市场份额提高到 10.03%。2024 年 1—11 月北京市商用车市场份额同比增长 1.1 个百分点，市场占有率恢复到 6.58%。

从 2024 年北京市商用车车型来看，专用车占商用车市场份额的 54.21%，货车占比 30.02%，客车占比 15.77%，呈持续下降趋势。从具体车型类别看，占北京市商用车市场份额最大的是轻型货车和重型货车，对于北京市这样的巨型城市，物流运输一直是轻型货车的主要市场需求，占商用车市场份额的 50.49%；2024 年北京市重型货车需求猛增，市场份额占到 20.65%，同比增加 5.7 个百分点。而中型货车和微型货车则需求不足，中型货车占比 2.7%，微型货车只有 0.16%；客车则以轻型客车为主，市场占有率达到 18.32%；大型客车和中型客车分别占 5.09% 和 2.59%。

从 2024 年北京市商用车动力类型看，以汽油为动力的商用车占比持续下降，2024 年汽油车占比 25.28%，同比再降 7.82 个百分点，柴油动力因其在重型车和专用车中的无可替代性，占比不降反升，市场份额仍占 39.54%；与乘用车不同，新能源商用车主要受政府政策导向影响，纯电动车仍是新能源商用车的主流，2024 年市场占比 27.93%，同比增加 5.15 个百分点，而 HEV 和 PHEV 型商用车则基本被放弃，市场占比只有 0.29%；FCV 车型则出现持续增长，2024 年占比 6.95%，同比增长 2.8 个百分点。

5. 北京市二手车市场情况

2024 年 1—11 月，北京市二手车累计成交过户 60.46 万辆次，同比下降 3.34%。2024 年北京市新旧车销量比为 1:0.97，连续第三年新旧车比已低于1:1，显示北京市二手车市场还未能走出低谷。

2024 年一季度，北京市二手车过户总量为 146375 辆，同比下降 9.03%。2024 年 1 月因 2023 年基数低，同比出现 75.45% 的高增长。2024 年 2 月、3 月呈现大幅同比下降趋势。受春节因素影响，2024 年 2 月单月同比下降超过 58%，2024 年 3 月消费需求虽有所提升，不少二手车消费者因降价预期，出现持币待购。2024 年二季度，北京市二手车过户总量为 178617 辆，同比略涨 0.05%。2024 年 4 月、5 月、6 月三个月交易量及同比都呈下降趋势，4 月二手车交易 63595 辆（见图 11），同比增长 4.21%，5 月二手车交易 58596 辆，同比增长 0.68%，6 月二手车交易 56426 辆，同比负增长 4.84%。2024 年二季度、三季度受国家报废补贴政策影响，部分老旧二手车放弃交易转而采取报废的形式处理，从而影响了二手车交易价格和市场份额，二手车交易量逐月下降，随着2024 年 8 月底北京市出台了置换补贴政策才扭转了二手车交易的尴尬处境。2024 年三季度，北京市二手车交易总量为 172019 辆，同比下降 3.02%。2024 年 7 月二手车交易 6.07 万辆，同比下降 2.46%。2024 年 8 月二手车交易 5.54 万辆，同比下降 7.17%。2024 年 9 月二手车成交过户 5.59 万辆，同比增长 0.83%。2024 年 7 月、8 月、9 月三个月交易量变化受政策影响明显。政府虽然出台了置换补贴政策，但 2024 年 10 月、11 月两月受新车价格冲击影响，并未呈现爆发趋势，新车价格的不断下调及政府补贴的增加使二手车的价格优势受到挑战，影响了年底的二手车交易走势，2024 年 10 月二手车交易 52436 辆，同比下降 1.68%，2024 年 11 月交易二手车 55157 辆，同比下降 0.44%。

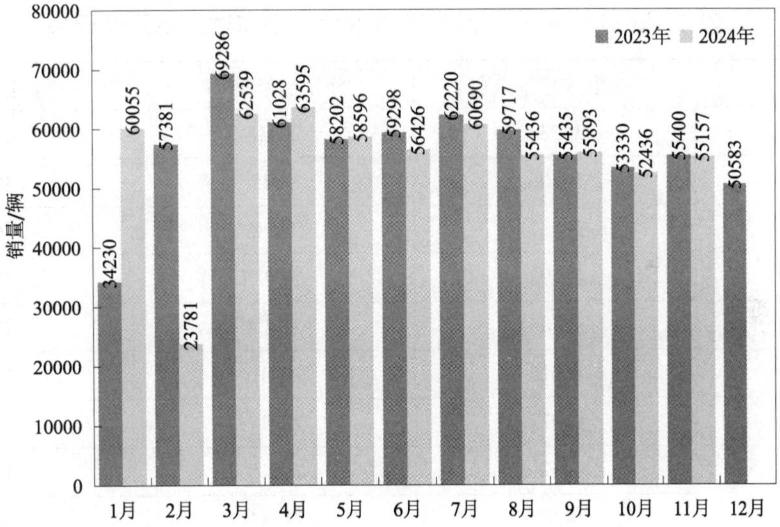

图 11　2023—2024 年北京市二手车月度销量

2024 年 1—11 月，北京市本地二手车过户量累计为 37.77 万辆，同比增长 0.66%，高于二手车整体增速，本市过户占总交易量的 62.48%。2024 年 1—11 月，北京地区外迁过户总量累计为 22.69 万辆，同比下降 9.35%，外迁量增速低于本地交易量增速 10.01 个百分点。外迁数量下降是影响北京市整体二手车交易数量下降的主要因素。2024 年 1—11 月，北京市二手车外迁率为 37.52%。北京市二手车外迁率从 2019 年达到 51.66% 的高峰后，逐年下滑，2024 年是连续下滑的第五年。随着全国汽车消费市场的发展，北京市二手车原有的车况好、性价比高、车源丰富等竞争优势逐步被其他地区的二手车资源所取代。北京市对国Ⅴ标准二手车的限迁政策，使北京市二手车市场相对封闭，从而推高了二手车收车价格，也降低了北京市二手车对外销售的价格竞争力。而原有鼓励二手车外迁补贴政策的取消，也是北京市二手车外迁率下降的一个原因。从各月外迁率变化来看，2024 年对北京市外迁率影响最大的是以旧换新补贴政策。受此政策影响，部分老旧汽车放弃交易，选择直接报废，2024 年 4 月，北京市二手车外迁率降到 35.85%（见表 3），为全年最低；2024 年 8 月，受国家报废补贴标准上调政策影响，使刚有所恢复的外迁率又下降到 37.01%；直到 2024 年 9 月北京市置换补贴政策的出台，提升了北京市二手车交易的活跃度。更多的老旧但价值较高的二手车选择交易而不是报废，增加了北京市的二手车外迁销量，2024 年 9 月，北京市二手车外迁率回升到 38.49%，2024 年 11 月更是回升到 39.00%。

表 3　2024 年 1—11 月北京市本地二手车过户量及外迁率

月份	本市过户量/辆	外迁过户量/辆	外迁率（%）
1 月	35337	24718	41.16
2 月	14706	9075	38.16
3 月	39857	22682	36.27
4 月	40798	22797	35.85
5 月	37185	21408	36.54
6 月	36016	20410	36.17
7 月	37973	22717	37.43
8 月	34921	20515	37.01
9 月	34382	21511	38.49
10 月	32913	19523	37.23
11 月	33647	21510	39.00

2024 年 1—11 月，北京市二手车累计交易额为 592.2 亿元，同比下降 9.89%。从 2023 年开始，北京市二手车交易价格就深受新车价格战之苦。除新车价格不断下调之外，北京市各区汽车消费券的发放以及以旧换新补贴也造成消费者购买新车实际价格的再次降低，新车价格甚至低于在售二手车，二手车不得不亏本销售，造成 2024 年北京市二手车单车销售平均价格不断下行。2024 年，北京市二手车平均交易单价呈下降趋势，从 1 月的平均单价 11.26 万元下降到 11 月的 9.11 万元，10 月更是创下平均单价 8.75 万元的纪录。2024 年 1—11

月，北京市二手车平均单价为9.79万元，同比下降6.85%。

从北京市二手车主要外迁省份来看，2024年外迁地区仍主要是北京市周边地区和东北、西北各地（见图12）。内蒙古继续以18.0%的占比位居北京市二手车迁出地第一的位置，河北17.8%、辽宁11.3%、山东9.4%、吉林7.7%继续稳居第二~第五位。新疆作为我国二手车对外出口的内陆口岸地区，近两年北京市二手车外迁到新疆的占比一直在提升，2024年新疆以7.2%超过山西位居第六，山西以5.7%退居第七位。

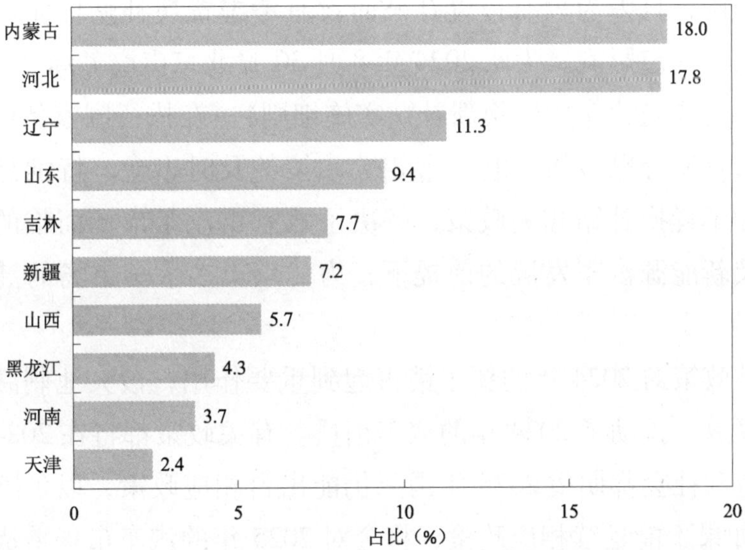

图12　2024年北京市二手车外迁地占比排行

二、2025年北京市汽车市场展望

2024年北京市政府高度重视汽车市场发展，面对下行压力，在前期出台一系列汽车市场结构性改革政策基础上，又及时出台了稳定和扩大汽车消费的多项有力措施，“真金白银”的惠民政策直达消费者并持续加码支持力度，对拉动汽车消费起到了积极的推动作用。2024年国家及北京市政府出台的促销费政策将在年底到期，2025年相关政策能否延续将直接影响2025年北京市汽车消费市场的整体走势。

2024年4月24日商务部、财政部等7部门发布《汽车以旧换新补贴实施细则》（以下简称《细则》）。自《细则》印发之日至2024年12月31日期间，报废国Ⅲ及以下排放标准燃油乘用车或2018年4月30日前注册登记的新能源乘用车，并购买符合节能要求乘用车新车的个人消费者，可享受一次性定额补贴。其中，对报废上述两类旧乘用车并购买符合条件的新能源乘用车的，补贴1万元；对报废国Ⅲ及以下排放标准燃油乘用车并购买2.0L及以下排量燃油乘用车的，补贴7000元。2024年8月15日，又将补贴标准由购买新能源乘用车补1万元、购买燃油乘用车补7000元，分别提高至2万元和1.5万元。相关政策的出台对促进全国新车消费市场起到巨大作用，更是促进了全国新能源汽车的快速增长，但因北京市早已经实施过相关政策，因此对北京市的新车销售促进作用明显小于全国，且因为只有报废补贴而没有考虑置换补贴反而对北京市的二手车交易造成了一定影响。为此2024年8月30日北京市商务局等8部门联合下发《北京市加力支持汽车以旧换新补贴实施细则》。在执行国家新的报废补贴标准外增加本市置换补贴政策。北京市相关政策的及时出台，特别是在报废补贴的基础上增加了置换补贴相关政策，解决了北京市汽车市场面临的问题，在促进新车消费及新能源汽车发展的前提下，为北京市二手车市场的健康发展增添了动力。

相关补贴政策对2024年的新车销售起到重要作用，极大地刺激了潜在汽车消费的提前释放，拉动了2024年的汽车销量。有关政策都将在2024年12月31日终止，行业和社会都期望2025年国家仍能出台相应政策，以延续政策支持力度。2025年如果不能延续相应政策，将会对2025年的汽车市场造成冲击，在补贴降低的情况下，消费者购车成本将会上升，从而影响购车消费需求。而保经济平稳发展，促进汽车消费仍将是2025年政府的主要工作方向，相关政策大概率还会延续，但补贴标准有可能会调整。

北京市作为汽车限购城市截止到2023年底，民用汽车保有量637.6万辆，增加11.9万辆。其中，私人汽车543.1万辆，增加10.6万辆。私人汽车中，载客汽车507.3万辆，其中新能源载客汽车52.8万辆，增加9.1万辆。机动车保有量为758.9万辆，比2022年增加46.2万辆，上升6.48%。截至2024年11月，全市机动车总量达787.0万辆，再增加28.1万辆。全市驾驶人数达到1252.5万人。

2024年北京市通过审核的在申请购车指标的个人和企业超过400万。2024年北京市小客车指标配额为10万个，其中普通指标额度2万个，新能源指标额度8万个。2024年7月面向无车家庭又定向增发2万个新能源小客车指标。对比2023年，小客车指标配额为12万个总数没变，但普通指标额度与新能源指标额度配比发生了明显变化，新能源指标由2023年的9万个增至10万个，而汽油车指标由3万个削减到2万个。2024年是北京市实行限购以来第二次额外增加新能源汽车指标配额。北京市新增2万个新能源购车指标极大地促进北京市四季度新车消费市场需求，特别是进一步推进纯电动汽车的消费，但对于传统燃油车厂商来说将进一步突显市场的艰难，转型迫在眉睫。

2025年北京市新车购车指标大概率应还会保持2024年的10万个基础指标配额，传统燃油车是否还会进一步缩减还难以确认，在10万个指标之外是否还会新增新能源购车指标还需看汽车消费市场整体发展情况。但从北京市对新能源汽车购买、使用的政策导向不断加强来看，2025年传统燃油车在北京市的市场空间不断缩小将是大趋势，汽车生产和流通企业需尽快制定转型和应变对策。

2025年北京市新车销售受政策变化和消费需求影响，全年新车销售将维持2024年销量水平。2025年上半年汽车消费需求仍会面临较大压力，尤其是一季度受春节因素和补贴政策空置期及消费潜力提前释放等因素影响，2025年下半年预计将会逐步复苏好转，全年新车销量保持在68万~70万辆。2025年国家会继续加强对新能源汽车消费的支持力度，2024年北京市新能源汽车销量同比增长30%，市场占有率首次超过50%，2025年，新能源汽车市场占有率将进一步提升，全年新能源汽车销量有望超过40万辆。2025年PHEV车型的消费需求增速仍会超过BEV和HEV车型，各品牌在PHEV车型上的市场竞争也会更加激烈。

2025年在汽车消费降级和自主品牌升级的大趋势下，进口车销售仍难以有好的市场表现，在新能源汽车已经占据北京市汽车销量一半市场份额的大趋势下，仅靠传统汽油车市场的进口车销售将明显处于弱势，2025年北京市进口车消费需求还将集中在一些豪华车品牌或有特色的车型上，市场份额会继续下降，占比在4%左右，全年销量预计不足3.5万辆。

随着北京市经济的逐步复苏，在物流、货运、旅游需求增长的带动下，2025年北京市商用车消费需求有望进一步复苏，全年商用车销量有望超过5万辆，但与2019年的10万辆相比还相差巨大。

北京市对二手车流通高度重视，2024年针对二手车流通行业出台了相关置换补贴政策和二手车经营企业支持政策，但面对行业变革和市场结构调整及新车价格战，北京市的二手车销售需求未能快速复苏，二手车经营企业更是处于经营困境中。2025年北京市二手车市场发展仍处于困境中，急需继续出台相关政策给予支持和帮助，2025 年北京市二手车销量有望小幅提升，全年销量达到 68 万辆。新能源二手车的占比将在二手车交易量中占更大的比重，传统二手车流通企业需要适应新能源二手车的交易挑战。

2025 年，北京市汽车流通模式和网点布局仍将处于剧烈变革时期，随着新能源汽车和燃油车销量的此消彼长，新能源汽车品牌以及传统燃油车品牌都进入淘汰期。2025 年汽车厂家的营销模式、网点布局、销售政策、管理模式仍将继续快速调整、变革，以应对更加激烈的市场变革和竞争趋势。2024 年因价格战而损失惨重的汽车流通企业，在 2025 年将面对更大的生存压力。2025 年对很多汽车流通企业来说将是挑战与机遇并存的一年。

（作者：郭咏）

2024 年上海市乘用车市场分析及 2025 年预测

一、2024 年上海市区域市场分析

1. 2024 年上海市经济情况

2024 年上海市认真贯彻落实党中央、国务院决策部署和市委、市政府工作要求，牢牢把握高质量发展首要任务，坚持稳中求进工作总基调，持续推动经济实现质的有效提升和量的合理增长。2024 年前三季度，上海市经济保持稳定运行，产业转型升级持续优化，新动能持续壮大，就业和物价保持稳定，民生保障进一步改善，高质量发展扎实推进，推动经济回升向好的积极因素累积增多。

2024 年前三季度，上海市实现地区生产总值 34389.18 亿元，按不变价格计算，同比增长 4.7%。其中，第一产业增加值 60.78 亿元，同比增长 5.5%；第二产业增加值 8032.81 亿元，增长 1.2%；第三产业增加值 26295.59 亿元，增长 5.8%，服务业引领增长。

2024 年前三季度，上海市固定资产投资平稳增长，固定资产投资同比增长 6.7%。分领域看，工业投资有力支撑，工业投资增长 10.9%，房地产开发投资增长 7.8%。新建商品房销售面积 1205.88 万 m^2，同比下降 5.9%。上海市社会消费品零售总额 13313.82 亿元，同比下降 3.4%。从类别看，限额以上通信器材类、家具类、体育及娱乐用品类零售额分别增长 22.6%、33.5%、37.7%，限额以上粮油、食品类零售额增长 7.7%，限额以上服装、鞋帽、针纺织品类零售额下降 3.0%。从业态看，限额以上无店铺零售额增长 4.8%，其中，限额以上网上商店零售额增长 3.4%。

2024 年 9 月末，上海市中外资金融机构本外币存款余额 21.99 万亿元，同比增长 9.8%；中外资金融机构本外币贷款余额 12.04 万亿元，增长 9.2%。2024 年前三季度，上海市金融市场成交额 2633.57 万亿元，同比增长 3.4%。其中，银行间市场成交额增长 0.2%，上海证券交易所有价证券成交额增长 4.8%，

上海期货交易所成交额增长 24.5%。

2024 年前三季度，上海市居民人均可支配收入同比增长 4.2%，低于 2023 年同期的 7.1%。其中，城镇常住居民人均可支配收入增长 4.1%，2023 年同期为 7.0%，增速明显下降；农村常住居民人均可支配收入增长 6.1%，2023 年同期为 8.3%，增速降幅略小。就业形势总体稳定，2024 年前三季度，全市城镇调查失业率平均值为 4.2%。2024 年前三季度，上海市居民消费价格与 2023 年同期持平。其中，消费品价格下降 0.4%，服务价格上涨 0.5%。扣除食品和能源价格的核心 CPI 上涨 0.2%。2024 年前三季度，上海市工业生产者出厂价格比 2023 年同期下降 1.1%，降幅高于 2023 年同期的 0.2%。

随着各项稳增长政策举措持续加大力度，积极因素不断积累，政策效应加快显现，上海市高质量发展扎实推进，经济运行总体平稳，发展质量稳步提升。但当前国际环境仍然复杂严峻，经济回升向好基础仍需不断巩固。

2. 2024 年上海市乘用车市场情况

（1）上海市乘用车保有情况　据相关部门的统计数据估算，截至 2023 年底，上海市乘用车保有量约为 614 万辆（含上海市注册及长期在沪的外省市号牌小客车），其中本地注册的小客车保有量为 494 万辆（见图 1）。在新能源车保有量增长的推动下，2023 年上海市乘用车保有量增加约 29 万辆。在 2023 年上海市乘用车保有量中外地牌照占比为 19.6%，占比小幅下降（见图 2）。

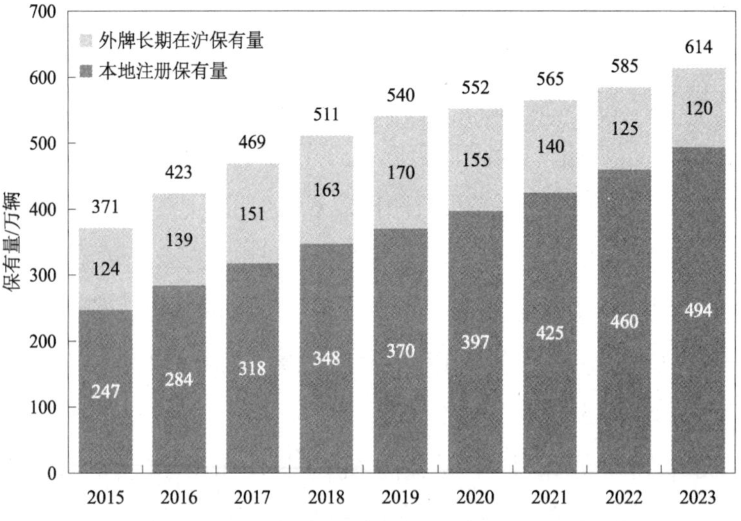

图 1　2015—2023 年上海市乘用车保有量

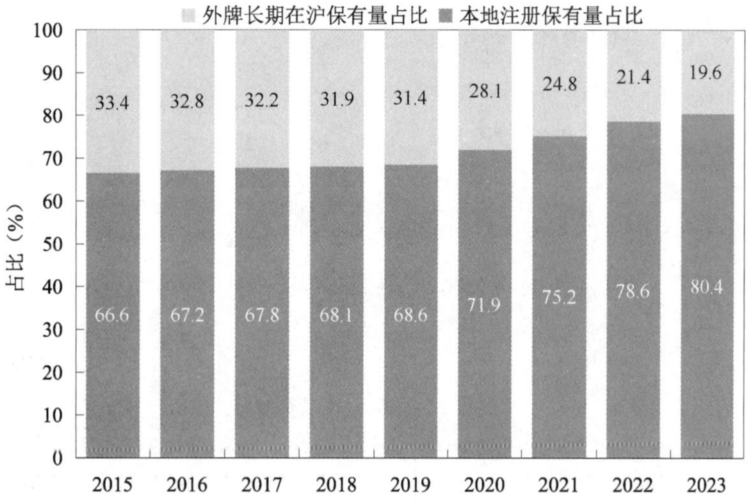

图 2　2015—2023 年上海市乘用车保有量结构

（2）上海市乘用车需求情况　2024 年上海市乘用车全年总体市场需求（上险量）为61.4 万辆（见图3），同比增速 -17.6%；其中本地注册乘用车需求量预计为46.4 万辆，同比增速预计为 -21.9%，外牌需求同比基本持平。2024 年上海市新能源车、燃油车需求都出现了明显下降，新能源车需求 2020 年以来首次出现了下降（见图 4）。

图 3　2015—2024 年上海市乘用车需求量

2024 年上海市月度乘用车需求走势比较平稳（见图 5），9 月底开始普陀、徐汇、闵行、浦东新区、松江等多个区推出可与国家、市级叠加的 1000 ~ 4000 元促进汽车消费补贴，2024 年 11 月 1 日《上海市进一步加力支持汽车以旧换新

图4　2015—2024年上海市乘用车分能源需求量

补贴政策实施细则》允许外牌车在上海市以旧换新享受上海市的消费补贴，推动了2024年末上海市乘用车需求上升。2024年上海市乘用车分能源类型月度需求量见图6。

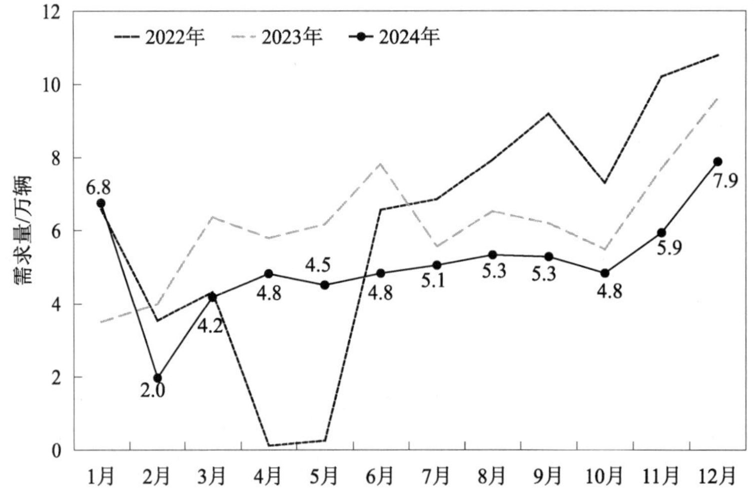

图5　2022—2024年上海市乘用车需求量月度走势

1）外资在上海市经济中占比较高，2024年由于外资出现了收缩，给上海市经济运行带来了一些压力，居民收入水平下降，影响了消费需求，上海市社会消费品零售总额同比下降3.4%；上海市满足报废更新条件的老旧车占比较低，受益国家报废更新补贴程度较低；上海市国Ⅵ车置换更新不能享受置换补贴，导致上海市乘用车2024年需求增速明显下降。

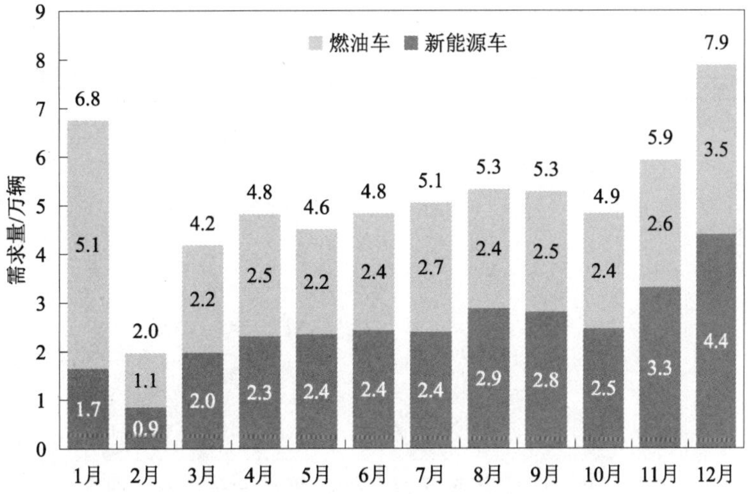

图6　2024 年上海市乘用车分能源类型月度需求量

2）2024 年由于绿牌政策收紧，上海市新能源车需求增速明显下降。

全国新能源车市场 2024 年需求增速高达 47%，达到 1075 万辆；上海市新能源车需求量仅为 29.9 万辆（见图 7），同比增速为 -18.0%，增速大幅低于全国。

上海市 2023 年 12 月中旬发布修订的《上海市鼓励购买和使用新能源汽车实施办法》，有效期为 2024 年 1 月 1 日至 2024 年 12 月 31 日。要求申请人从上一轮政策的个人名下没有使用绿牌的新能源汽车，调整为申请人名下“既无新能源车，也无燃油车（沪 C 号段车辆除外）”。且对持有《上海市居住证》的来沪人员，由上一轮政策要求“申请之日前 24 个月内累计缴纳社会保险或者个人所得税满 12 个月”，调整为“申请之日前 36 个月在本市连续缴纳社会保险或者个人所得税”。政策调整后申请绿牌的门槛明显提高，申请使用免费绿牌的 BEV 需求大降 27.9%（见图 8），带动上海市 2024 年新能源车需求降幅较大。

2023 年开始购买插电式混合动力（含增程式）汽车不再发放专用牌照额度，PHEV 需求大幅下降之后，2024 年 PHEV 需求量为 5.6 万辆（见图 9），需求出现明显恢复。

3）2024 年上海市区传统能源牌照额度发放量仅为 10.2 万个，参与竞拍个人客车牌照的人次同比下降 56.6%，2024 年 2 月竞拍中签率达到 23.2%。

2024 年 10.2 万个牌照额度发放数量中，个人客车额度仅为 8.2 万个（见图 10），比 2023 年减少 7.4 万个，降幅达到 -47.4%；单位客车额度发放数量基本稳定在 2 万个左右。

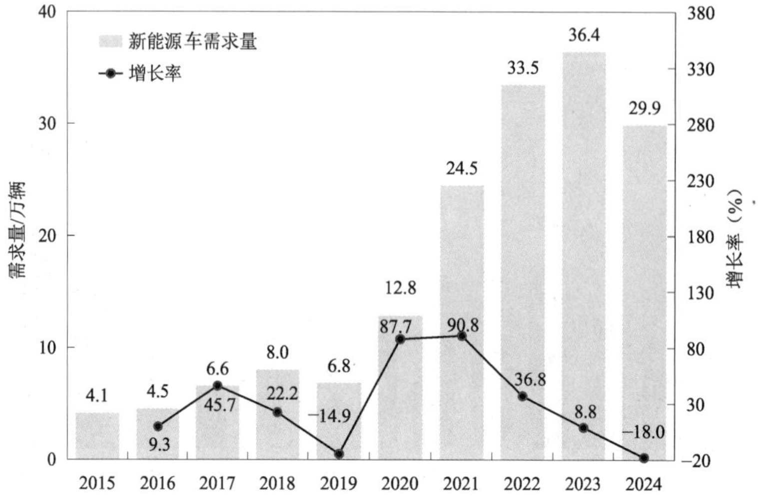

图 7　2015—2024 年上海市新能源车需求量和增长率走势

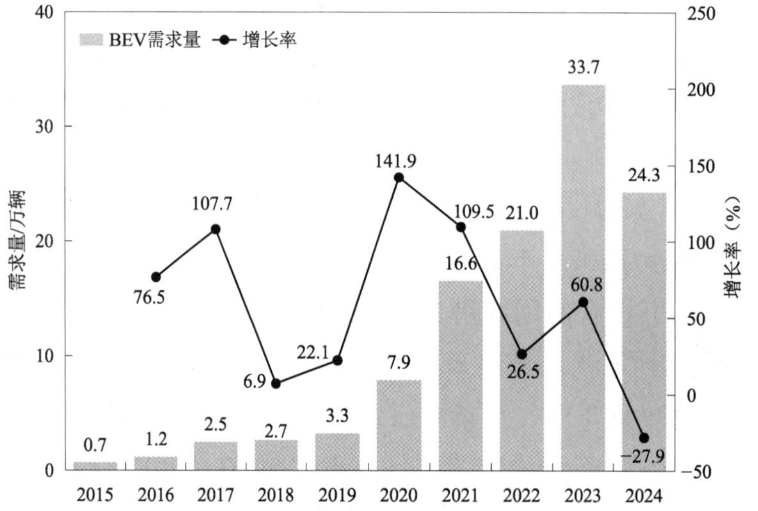

图 8　2015—2024 年上海市新能源 BEV 需求量和增长率走势

2024 年上海市区个人客车额度的投标人次为 53.5 万，同比下降了 56.6%，月度竞拍人数一路下滑，12 月仅为 40796 人。全年平均中标率为 15.3%。2024 年 3 月投标人数低于 5 万之后，投放拍卖的月度个人客车额度数量持续下降，从 1、2 月的近 1.2 万个/月降到了 2024 年 12 月的 4051 个。减少拍卖的个人额度数后，中标率从 2 月高点 23.2% 降到了 2024 年 12 月的 9.9%（见图 11）。

（3）2024 年上海市乘用车新车需求结构

1）上海市乘用车新车需求中豪华型比例全国最高，进口车比例也比较高，

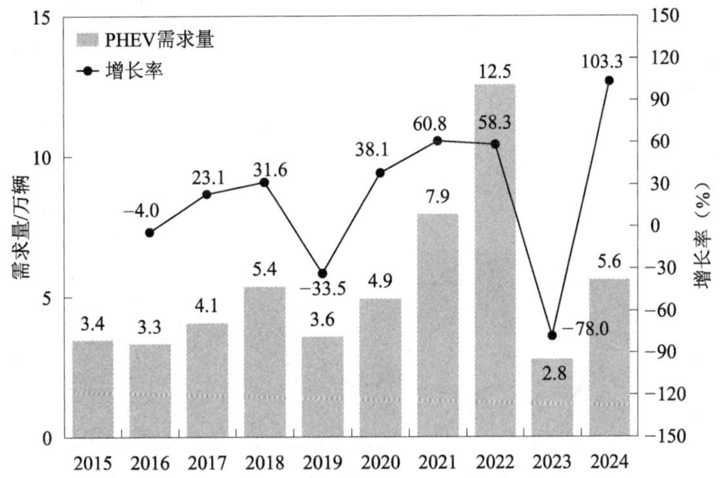

图 9　2015—2024 年上海市新能源 PHEV 需求量和增长率走势

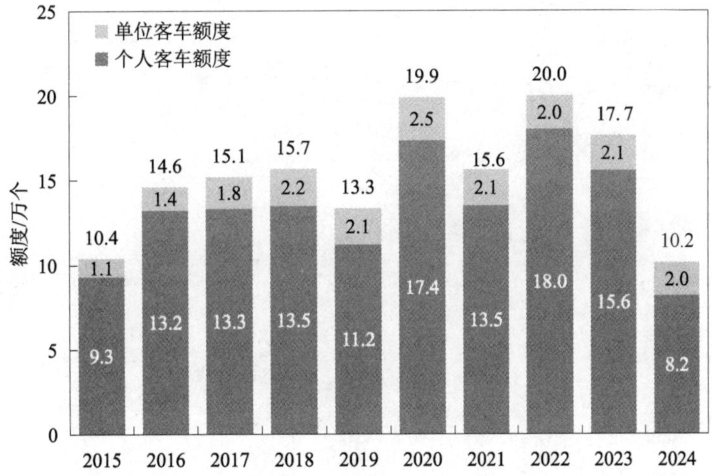

图 10　2015—2024 年上海市客车额度

市场高端化特征明显。

2024 年上海市车型档次结构中豪华型的比例达到 33. 1%，为全国最高，远高于同期全国豪华型的占比 16. 9%（见图 12）；2024 年上海市进口车比例为 6. 2%，明显高于同期全国的进口车比例 2. 8%（见图 13）。

2）2024 年全国新能源车渗透率大幅提高到了 46. 3%（见图 14），上海市新能源车渗透率为 48. 7%（见图 15），新能源车渗透率增长出现了停滞，分省新能源车渗透率从 2023 年的第 2 位跌倒了第 8 位（见图 16）。

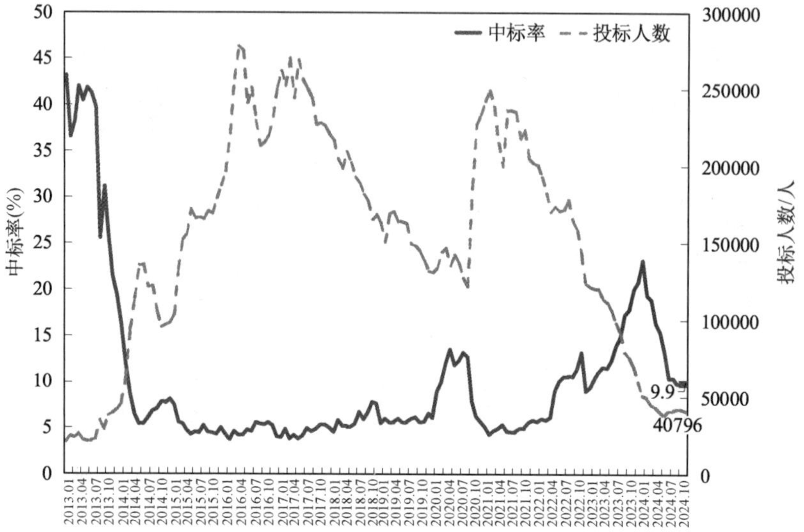

图 11　上海市个人客车牌照投标人数及中标率

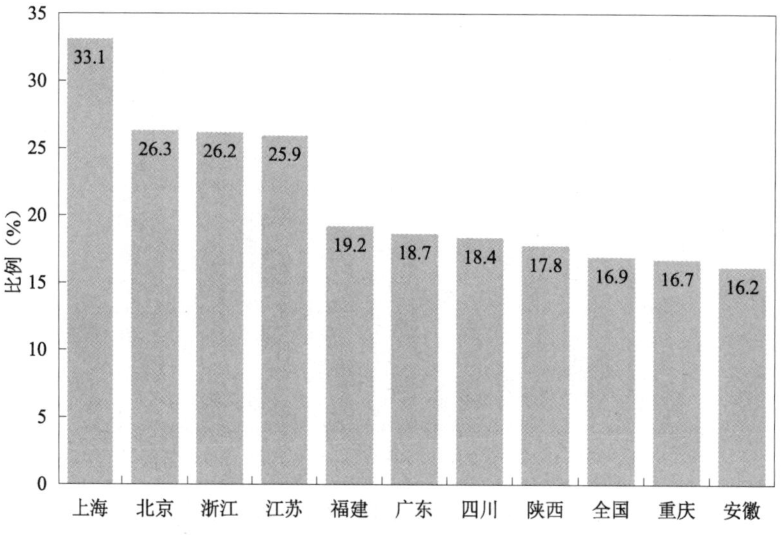

图 12　2024 年全国乘用车新车需求中豪华型比例及 TOP10 省市情况

二、2025 年上海市区域市场预测

1. 2025 年上海市经济态势

2024 年 12 月 11—12 日中央经济工作会议在北京举行，会议强调实施更加积极的财政政策和适度宽松的货币政策。提出 2025 年经济工作的九大任务：一是大力提振消费、提高投资效益，全方位扩大国内需求；二是以科技创新引领

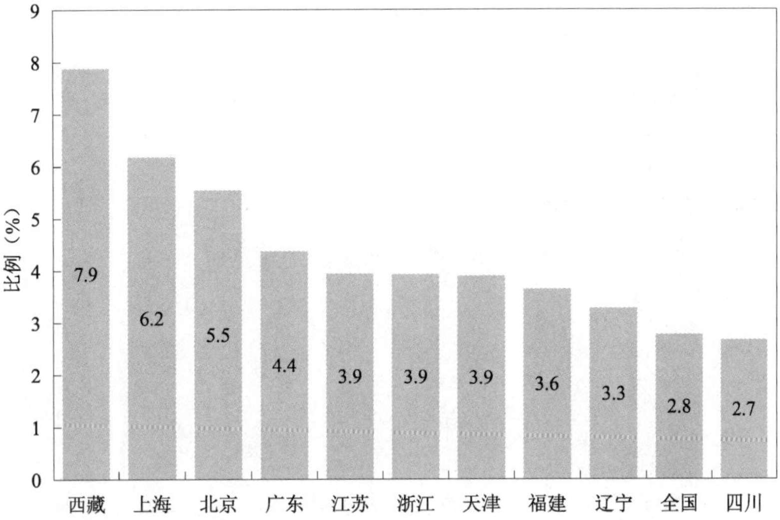

图 13 2024 年全国进口车比例及 TOP10 省份情况

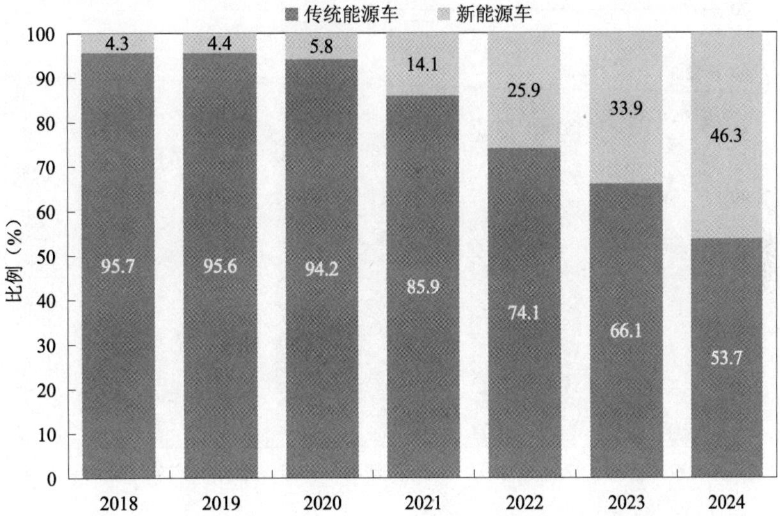

图 14 2018—2024 年全国新能源车、传统能源车结构

新质生产力发展，建设现代化产业体系；三是发挥经济体制改革牵引作用，推动标志性改革举措落地见效；四是扩大高水平对外开放，稳外贸、稳外资；五是有效防范化解重点领域风险，牢牢守住不发生系统性风险底线；六是统筹推进新型城镇化和乡村全面振兴，促进城乡融合发展；七是加大区域战略实施力度，增强区域发展活力；八是协同推进降碳、减污、扩绿增长，加紧经济社会发展全面绿色转型；九是加大保障和改善民生力度，增强人民群众获得感、幸福感、安全感。

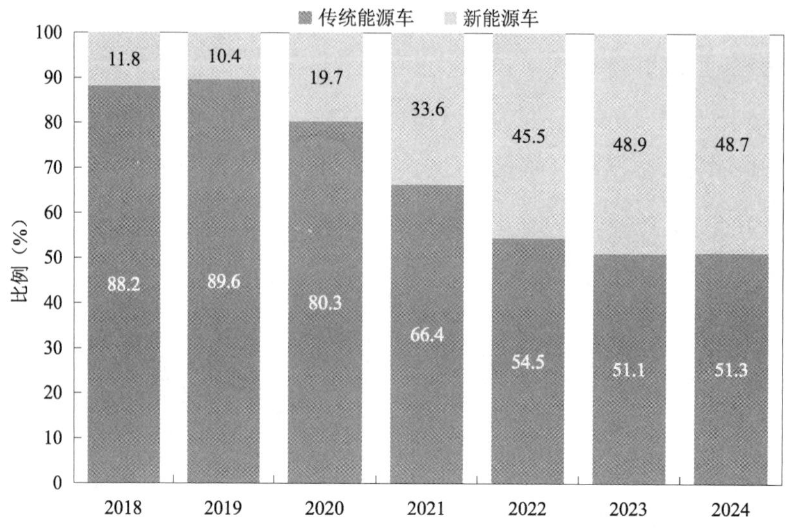

图 15　2018—2024 年上海市传统能源车、新能源车结构

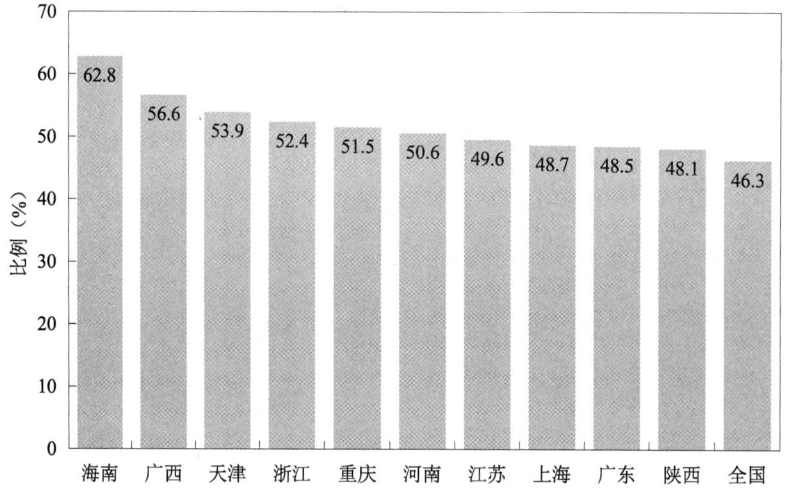

图 16　2024 年全国新能源车比例及 TOP10 省市情况

当前全球经济形势复杂多变，地缘政治风险、国际贸易摩擦以及全球供应链的不稳定性等因素，对我国经济发展带来较大挑战。同时伴随中国经济高质量发展，消费升级已成为满足人民美好生活需求、增进民生福祉的重要手段。因此，扩大国内需求不仅有助于提升经济的自主性和韧性，同时也是提升国民生活水平、实现经济高质量发展的必由之路。

中央经济工作会议将“全方位扩大国内需求”放到了九项重点工作中的首位，足见未来扩大内需工作的重要性与必要性。在 2025 年对外贸易可能受到冲击的情况下，扩大内需是最有效的解决方法。未来我国将向注重内需驱动，特别是消费驱动的高质量发展模式转变。这是双循环新发展格局的必然要求。

提振消费是扩大内需最关键的一环，也是最难解决的一环。一方面，需要提升居民整体的收入水平，从而提升其消费能力与消费意愿；另一方面，要适应消费结构变化、增强消费新态势的供需适配。会议中提及消费的重点工作包括：一是实施提振消费专项行动，推动中低收入群体增收减负，提升消费能力、意愿和层级；二是适当提高退休人员基本养老金，提高城乡居民基础养老金，提高城乡居民医保财政补助标准；三是加力扩围实施“两新”政策，创新多元化消费场景，扩大服务消费，促进文化旅游业发展；四是积极发展首发经济、冰雪经济、银发经济。预计2025年将出台更丰富、更有力的促进消费政策。

上海市召开2025经济领域工作思路座谈会，谋划2025年发展举措。上海市2025年将加快“五个中心”建设，深化浦东综合改革试点，推进自贸试验区临港新片区建设，提升虹桥国际开放枢纽能级，深化国资、国企改革，更大力度培育新质生产力。要增强抓整体、促协同的系统观念，全面落实扩大内需战略，进一步激发有潜能的消费、扩大有效益的投资；加快优化外贸结构，着力做大新业态，积极发展新伙伴，培育壮大外贸增长点。要增强防风险、守底线的责任意识，持续加强重点领域安全能力建设，扎实做好对各类经营主体的服务保障。

2. 2025年上海市乘用车市场影响因素及总量预测

（1）上海市绿牌政策2025年有所优化，上海市新能源车2025年需求预计将小幅上升　2024年12月31日晚，上海市发改委等五部门制定的《上海市鼓励购买和使用新能源汽车实施办法》（简称《实施办法》）对外公布，2025年上海市绿牌政策再次修订，支持多车车主在一定条件下，通过以旧换新方式申领绿牌。本次《实施办法》新增第六条“支持以旧换新”条目，对名下同时拥有“使用本市非营业性客车额度注册登记机动车和在本市注册登记的非营业性新能源小客车”或者拥有“两辆及以上在本市注册登记的非营业性新能源小客车”的个人用户，转让或报废名下使用新能源汽车专用牌照额度注册登记的新能源小客车，并且通过以旧换新方式购买纯电动汽车新车的，支持免费申领新能源汽车专用牌照额度。本次《实施办法》修订后，个人名下拥有新能源车，且有多辆车的车主，如果想购买纯电新车，可通过以旧换新方式申领绿牌。

另外，本次《实施办法》还优化了部分个人用户的申领要求。对持有《上海市居住证》的来沪人员，由上一轮政策要求“自申请之日前 36 个月在本市连续缴纳社会保险或个人所得税”，调整为“自申请之日前 48 个月在本市累计缴纳社会保险或个人所得税满 36 个月”。

上海市作为超大城市，平衡汽车增长和缓解道路拥堵矛盾是一项必须长期坚持的任务。在坚定不移支持新能源汽车应用前提下，需要持续研判行业发展趋势，把握新能源汽车不同发展阶段应用特征，不断完善相关政策，统筹新能源汽车应用与城市交通管理要求。新的《实施办法》自 2025 年 1 月 1 日起施行，有效期至 2025 年 12 月 31 日。上海市相关部门已就后续政策启动研究，期间将广泛听取社会各方意见，依法依规发布信息，确保相关安排平稳有序衔接。

（2）上海市非营业性客车额度拍卖政策放松，非营业性客车额度 2025 年需求预计有所恢复　2024 年 12 月 30 日，经过前期公开征求意见，上海市政府印发了修订后的《上海市非营业性客车额度拍卖管理规定》。调整后的规定中社保或个税连续缴纳要求从 3 年变为 1 年，预计将提升参与竞拍额度的人数；非营业性客车额度可用于新能源车上绿牌，而且新修订的免费绿牌政策的有效期再次定为 1 年，提高了非营业性客车额度持有人保有额度的意愿。

（3）由于上海市存量保有的用户总量持续上升，2025 年更新需求预计将保持小幅上升　2025 年上海市乘用车销量（上险量）预计将止跌回升，预计将达到 65.0 万辆，同比增速为 5.9%（见图 17）。

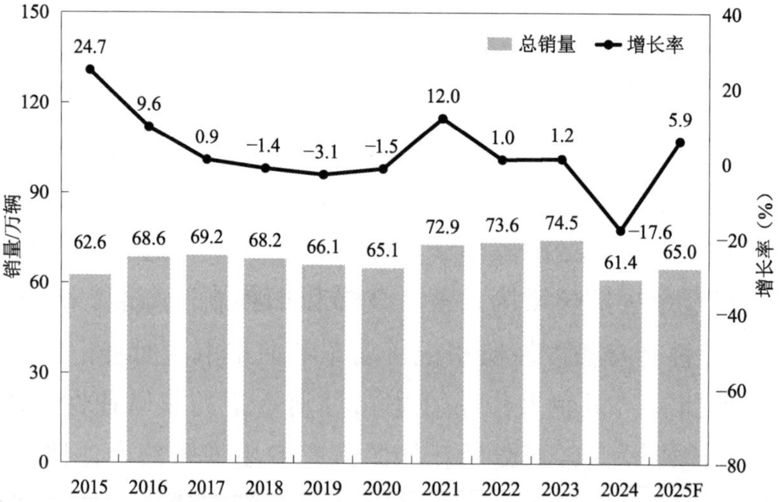

图 17　2015—2025 年上海市乘用车市场销量走势预测

（作者：俞滨）

2024 年河北省汽车市场分析及 2025 年展望

河北省内环京津、东临渤海，连接东北、西北、中原、华东四大经济区，承担着拱卫首都安全的政治责任和服务京津发展大局的重任。河北省地域广阔、人口众多。省域面积 18.8 万 km^2，全国排名第 12 位；2023 年常住人口 7393 万人，全国排名第 6 位。河北省经济发展水平相对偏慢。2023 年全省地区生产总值 4.4 万亿元，全国排名第 12 位；人均 GDP5.9 万元，排名第 26 位，显著低于 8.9 万元的全国水平。

河北省汽车普及较早、普及水平较高。2023 年河北省汽车保有量为 2017.9 万辆，汽车千人保有量为 273 辆/千人，全国排名第 8 位，高于 233 辆/千人的全国水平。河北省汽车工业发展较早，是汽车生产大省，2023 年河北省汽车产量为 84.1 万辆，全国排名第 16 位。河北省还是我国重要的汽车消费市场。2023 年河北省汽车销量规模为 130.8 万辆，其中乘用车 106.5 万辆，位列百万级大市场之一，排名全国第 7 位。

一、2024 年河北省汽车市场发展态势分析

1. 整体市场

2024 年前三季度，河北省实现乘用车销量 79.0 万辆，同比增长 6.8%，较全国市场快 2.5 个百分点；占全国市场份额 5.0%，销量规模排名保持第 7 位。2024 年河北省汽车市场增长较快，主要有两方面原因：一是宏观经济支撑增强；二是“以旧换新”政策刺激效果明显。

（1）宏观经济支撑增强　2024 年前三季度，河北省实现地区生产总值 3.2 万亿元，同比增长 5.0%，增速高于全国 0.2 个百分点。河北省经济增长较快的原因重点在工业和投资两方面。一方面工业生产增长快于全国 1.2 个百分点。重点行业中，黑色金属矿采选业，石油、煤炭及其他燃料加工业，金属制品业，汽车制造业，黑色金属冶炼和压延加工业，化学原料和化学制品制造业 6 个行业对规模以上工业贡献率超过七成。另一方面投资增长较全国快 3.2 个百分点。

基础设施和工业投资均实现较快增长，分别拉动全部投资增长 7.2 个百分点和 5.4 个百分点。大规模设备更新政策显效，雄安新区、沧州渤海新区、北京大兴国际机场临空经济区（廊坊片区）投资带动作用明显。

（2）“以旧换新”政策效果明显 2024 年中央出台汽车“以旧换新”政策。2024 年 7 月 24 日政策升级后，报废一辆符合要求的旧车，购买新能源车补贴 2 万元，购买燃油车补贴 1.5 万元。2024 年 9 月 14 日，河北省商务厅等 7 部门印发《河北省 2024 年进一步推动汽车以旧换新工作方案》，对售出旧车并购买新能源乘用车的补贴 1.5 万元，对售出旧车并购买燃油乘用车的补贴 1 万元。补贴所需资金，中央配套 90%，地方配套的 10% 全部由省级财政负担。

“以旧换新”政策出台后，河北省汽车市场明显加速，乘用车月均销量从 1—7 月的 8.0 万辆，提升到 8—10 月的 12.7 万辆，增长 58.1%。1—7 月河北省市场占全国的份额为 4.8%，8—10 月达到 6.0%，快速提升了 1.2 个百分点。

“以旧换新”政策符合河北省市场需求特征。补贴金额固定，低价位车辆获取的补贴比例就更高。河北省地处平原、城镇密集、路网发达，对车辆性能要求不高，消费者又比较关注经济性，导致当地市场对低价位、低级别车辆有较高的接受度。“以旧换新”政策加码后，河北省市场中 A00 级别细分市场增长明显，2024 年 7 月、8 月、9 月的同比增速分别为 -1.6%、9.3% 和 22.1%；占河北省整体乘用车销量的份额分别为 4.2%、6.3% 和 7.4%，拉动效果突出。

2. 新能源市场

2024 年前三季度，河北省共销售新能源乘用车 32.4 万辆，同比增长 63.7%，快于全国 45.1% 的水平。前三季度，河北省新能源渗透率达到 41%，较 2023 年大幅提升 12 个百分点，比全国水平低 3.3 个百分点，各省排名第 20 位。

2024 年河北省新能源市场的快速增长主要由插电产品带动。2024 年前三季度河北省乘用车市场，纯电增长 31.8%、插电增长 113.4%，增速均快于全国水平，但插电明显更快。河北省市场纯电、插电渗透率，2023 年还分别为 18% 和 10.9%；2024 年前三季度已经变化为 20.1% 和 20.9%，插电渗透率已经超过纯电。

插电产品更符合河北省市场需求特点。新能源车在使用中排放更少、使用成本比燃油车更低，但购买成本相对较高，因此政府对购买新能源车提供了包含免征购置税在内的一系列税费优惠。2024 年伊始，新能源头部企业推出了

“荣耀版”系列产品，大幅拉低了插电产品的价格，“电比油低”引燃了插电市场。插电产品使用成本更低、购买成本更低，没有里程焦虑，非常符合河北省消费者追求经济实用的消费观念，快速获得市场认可。

3. 区域市场

河北省下辖 11 个地级市，从市场规模看可分为三个梯队。第一梯队是省会石家庄，2023 年销量规模 25.6 万辆；第二梯队是保定、邯郸、唐山等中心城市，2023 年销量规模分别为 15.9 万辆、11.5 万辆和 11.3 万辆；第三梯队是其他地市，如沧州 9.6 万辆、廊坊 8.8 万辆等。

2024 年前三季度各地市表现差异较大，唐山、沧州、保定车市均实现了两位数增长，增速分别为 17.2%、15.0%、10.8%。石家庄车市出现了 -0.2% 的小幅下滑。其余 7 个地市呈现个位数增长，邯郸 8.7%、廊坊 8.4%、承德 7.0%、张家口 6.6%、邢台 5.7%、秦皇岛 5.2%、衡水 1.1%。

汽车市场区域表现主要受区域经济影响。2024 年前三季度，河北省地区生产总值名义增速为 3.6%，大部分地市的增速在全省增速附近，为汽车市场发展提供支撑。相对而言，承德、保定经济增速最为突出，分别为 6.2% 和 4.5%，相应两地的汽车市场增速均快于全省水平。而邢台、衡水前三季度名义地区生产总值同比增速排名靠后，仅为 1.7% 和 2.2%，对应汽车市场增速均低于全省水平。

政策对区域市场也有明显影响。石家庄 2024 年前三季度汽车市场的负增长，与 2023 年政策鼓励出租车和网约车集中更新，造成基数偏高因素有关。2024 年 1—9 月，石家庄乘用车销量中法人需求同比下滑 43.4%，而私人需求同比增长 7.0%，私人市场增速表现与全省车市表现基本一致。

二、2025 年河北省汽车市场发展趋势展望

2025 年河北省汽车市场主要受汽车发展阶段、当地经济发展水平和“以旧换新”等刺激政策三方面因素影响，其中宏观经济是关键。

1. 汽车发展阶段

河北省汽车市场的潜在增长水平较全国更低。根据乘用车普及规律，千人保有量 150 辆到 200 辆是乘用车市场的普及后期，需求增速相比千人 150 辆之前明显下台阶；千人 200 辆以上是复数保有期，车市的需求增速平台进一步下滑。

2023 年，河北省乘用车千人保有量为 218 辆/千人，高于全国（194 辆/千人），已经处于复数保有期。

2. “以旧换新”等政策刺激

河北省汽车市场以经济型产品居多，政策刺激的效果更明显。2025 年汽车市场有两个重要政策：一个是新能源车购置税优惠在 2026 年面临退坡，会在 2025 年形成一定的提前购买，透支一部分 2026 年的销量；另一个是“以旧换新”政策延续，将继续对河北省汽车市场形成更强的带动作用。

3. 宏观经济发展

2025 年河北省经济有望延续 2024 年的增长态势，预计经济增长不低于全国平均水平。2025 年我国经济将面临外部环境变化的不确定性，以及中央加大宏观经济支持政策的确定性。河北省经济外向型程度不高，受外需不确定性的负向影响相对更小。河北省承担雄安新区建设、京津冀协同发展等重大国家战略，受“两重”政策支持的力度大；河北省人口众多、消费潜力大、升级空间足，受“两新”政策的带动明显。预计 2025 年河北省投资保持稳定增长，消费继续保持底部反弹状态，产业转型升级步伐加快，新兴产业快速增长，新动能持续增强，经济增长速度有望继续快于全国水平。

综上所述，2025 年河北省汽车市场有望在经济和政策“双轮驱动”下继续呈现较快增长，增长速度有条件继续快于全国整体水平，其中新能源市场将继续成为河北省汽车市场的增长亮点。

（作者：包嘉成）

2024 年山西省乘用车市场分析及 2025 年展望

山西省地处黄河流域中部，东有巍巍太行山作天然屏障，与河北省为邻；西、南部以黄河为堑，与陕西省、河南省相望；北跨绵绵长城，与内蒙古自治区毗连。全省纵长约 682km，东西宽约 385km，总面积 15.67 万 km^2，占全国土地面积的 1.6%。2023 年山西省常住人口 3466 万，占全国总人口的 2.5%，居全国第 18 位；城镇化率 65.0%，低于全国平均水平，居第 16 位。

山西省分布有丰富的矿产资源，是资源开发利用大省，在全国矿业经济中占有重要地位。截至 2015 年底，已发现的矿种达 120 种，其中有探明资源储量的矿产 63 种。与全国同类矿产相比，资源储量居全国第一位的矿产有煤层气、铝土矿、耐火黏土、镁矿、冶金用白云岩 5 种。保有资源储量居全国前 10 位的主要矿产为煤、煤层气、铝土矿、铁矿、金红石等 32 种。其中，煤炭保有资源储量居全国第三位，煤层气剩余经济可采储量全国首屈一指，铝土矿资源保有储量居全国第一，铁矿保有资源储量居全国第八位，金红石保有资源储量居全国第二位。

一、山西省乘用车市场规律

1. 经济发展水平与汽车行业政策决定总体市场表现

山西省乘用车总需求呈“N”字形发展，且大多数年份需求增速慢于全国（见图 1）。2012 年及以前需求快速提升，总量接近 43 万辆；2013—2014 年需求增长减慢，年均增量不足 2.3 万辆；2015—2017 年山西省需求增长再次加速，2017 年达到 60.7 万辆，为历史最高值。2018 年起，需求规模不断下滑。2023 年随着疫情结束，需求再次回升至 47.1 万辆，占全国总需求的 2.17%，排名第 18 位。山西省乘用车保有量 752.4 万辆，占全国总保有量的 2.8%，排名全国第 13 位。

山西省乘用车市场发展受经济和政策影响较大。山西省作为我国能源大省，其经济发展受能源影响大。2012 年及以前能源价格高，山西省经济发展快，带

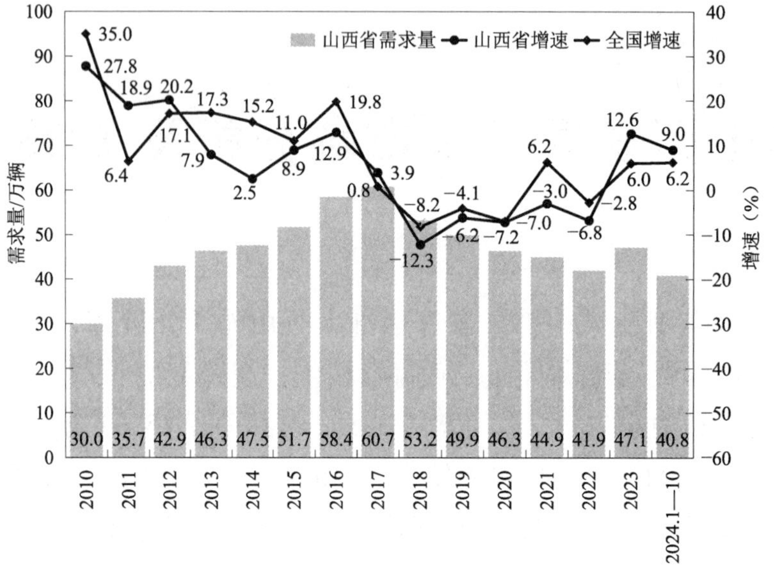

图1 2010—2024年乘用车需求及增速

（注：2010—2015年需求为注册口径，2016—2024年需求为保险数，均含进口车数据）

动车市快速提升；但2013年起随着能源价格调整和国家供给侧结构性改革措施深化，山西省经济增速减缓（见图2），对车市的支撑作用减弱；2020—2022年疫情期间山西省担负着能源保供任务，工业生产受影响小，但财政负担重，对消费支持能力小。2023年，疫情结束后，全省GDP总量达到25698亿元，占全国的2.05%，居第20位，GDP增速为5.0%，居全国第19位。从产业结构看，三产比例为5.4%∶51.9%∶42.7%，第二产业比重远高于全国平均水平，而第一产业、第三产业比重则远低于全国。工业行业中煤炭开采和洗选业、黑色金属冶炼和压延加工业、石油加工、炼焦和核燃料加工业、电力热力生产和供应业等能源产业仍是优势产业，占全省规模以上工业总产值的71.1%。2015年10月—2017年12月国家车辆购置税优惠政策的实施，刺激山西省乘用车需求集中释放，使其在经济增长缓慢的情况下，需求规模快速扩大。

2. 气温地形环境与收入水平决定细分市场表现

山西省用户对SUV偏好较高。SUV份额逐年大幅提升，于2020年取代轿车占据乘用车需求主体地位（见图3）。同时，山西省MPV份额逐年小幅提升。

山西省乘用车需求结构偏低，但升级趋势明显。2017年起B及以上级别车型份额逐年提升但仍低于全国平均水平；以家用为主的A级车虽占据市场主体地位，但份额波动下滑；而A0和A00级车型份额逐年下降（见图4）。

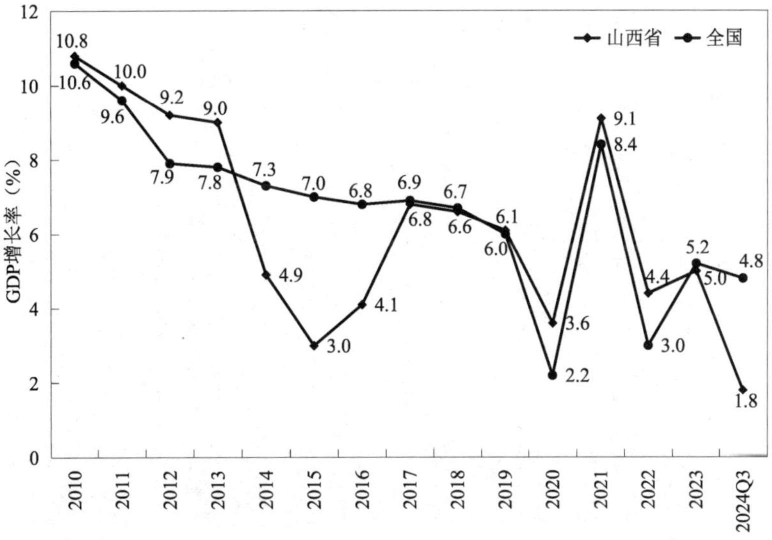

图 2　2010—2024 年 GDP 增长率

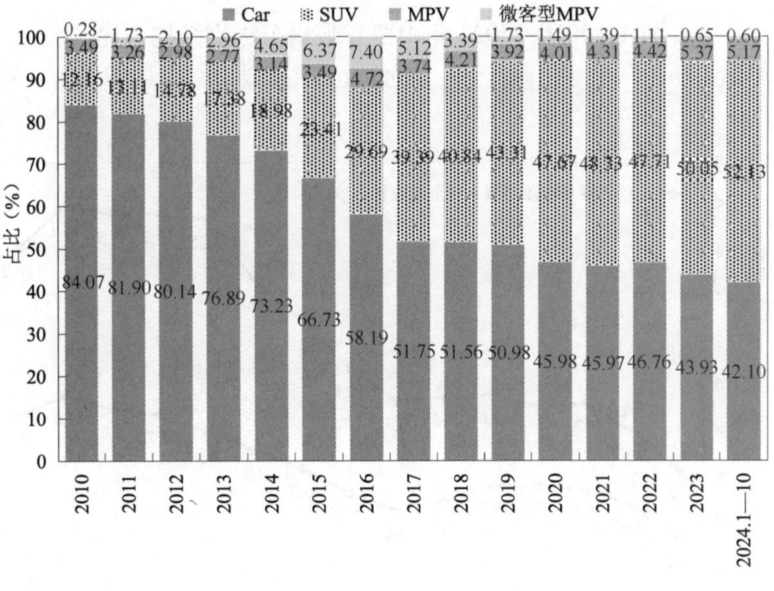

图 3　2010—2024 年山西省乘用车车型结构占比

（注：2010—2015 年需求为注册口径，2016—2024 年需求为保险数，均含进口车数据）

豪华车占比相对较低，2017—2020 年，豪华车渗透率明显提升，但与全国平均水平差距不断扩大；2021—2023 年，豪华车渗透率继续提升且与全国平均水平差距逐步缩小（见图 5）。

山西省自主品牌一直占据主体地位，占比高于全国平均水平。2015—2017 年自主品牌份额大幅提升，超过 45%；2018—2019 年回落至 41. 3%；2020 年起份额再次快速提升，2023 年突破 50%（见图 6）。

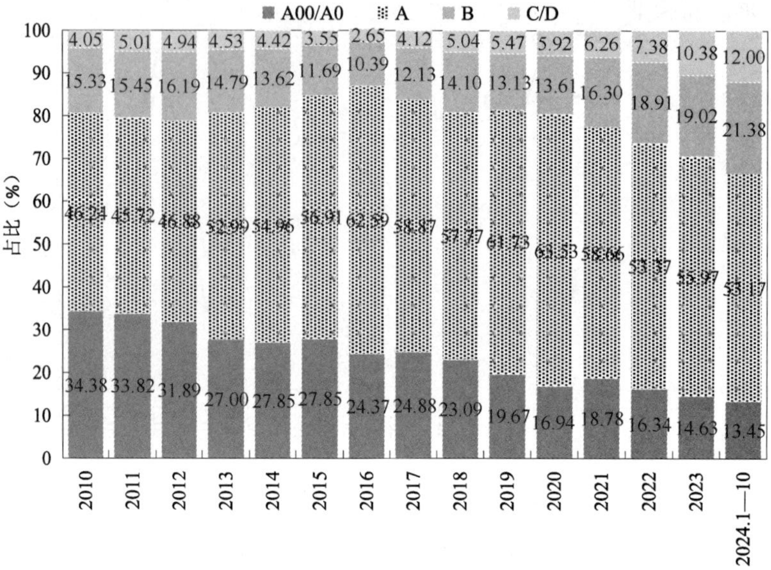

图 4　2010—2024 年山西省乘用车级别结构占比

（注：2010—2015 年需求为注册口径，2016—2024 年需求为保险数，均含进口车数据）

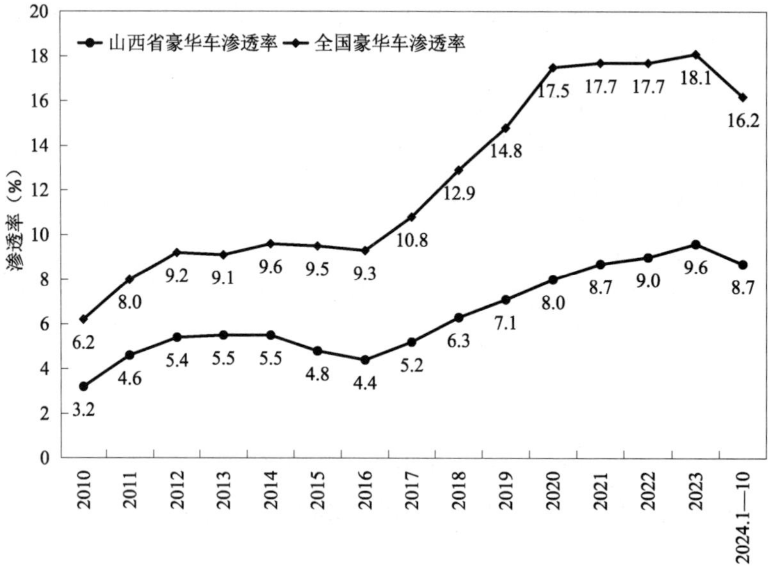

图 5　2010—2024 年山西省豪华车渗透率

（注：2010—2015 年需求为注册口径，2016—2024 年需求为保险数，均含进口车数据）

山西省新能源汽车需求自 2021 年起快速提升，呈追赶趋势，需求量由 2020 年的 3.1 万辆提升至 2023 年的 13.7 万辆，年均增速高达 64.6%；但由于充电

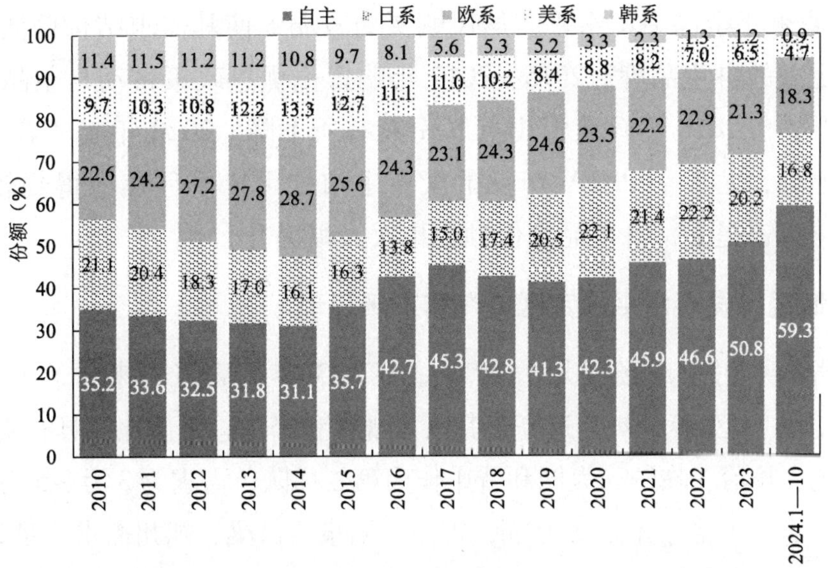

图6　2010—2024 年山西省乘用车车系份额

（注：2010—2015 年需求为注册口径，2016—2024 年需求为保险数，均含进口车数据）

基础设施、自然条件等因素制约，新能源汽车渗透率为 29.1%，仍低于全国平均水平（见图 7）。

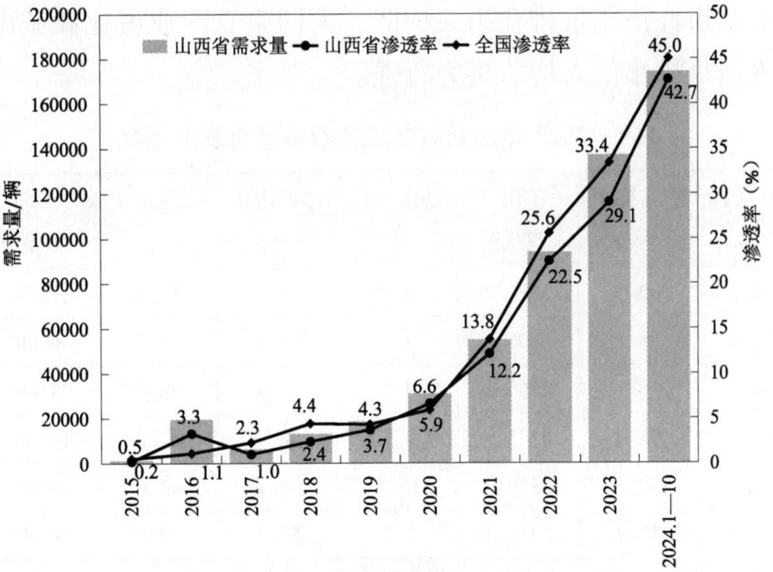

图7　山西省新能源车需求量及渗透率

（注：以上需求数据为保险数，含进口车保险数据）

山西省乘用车结构表现主要受自然条件、收入、政策和供给等因素影响。山西省地形地貌复杂，多山地、丘陵，造就了用户对 SUV 偏好较高。山西省人均 GDP 一直低于全国平均水平，居民购买力较弱，使其需求结构偏低，且有利于性价比更高的自主品牌。2015—2017 年购置税优惠政策带动自主品牌需求份额大幅提升，但 2018 年政策退出后其份额有所下降。2020 年起随着 BEV 产品续航里程增加，尤其是 PHEV 产品的大量上市，用户里程焦虑得到较大缓解，新能源需求快速提升，自主品牌份额也再次大幅提升。

3. 区域经济发展水平决定区域汽车市场表现

山西省内乘用车市场区域分化明显。2023 年，从需求来看，太原市需求 18. 4 万辆，占全区 39. 4%，远高于其人口规模和经济总量占比，具有明显的头部特征；运城、长治、临汾、大同和晋中作为第二梯队，需求为 3 万 ~5 万辆，共占全省 33. 8%；晋城需求不足 3 万辆，忻州、阳泉、吕梁、朔州需求不足 2 万辆。

山西省乘用车区域表现由各城市经济和人口水平决定（见表 1）。2023 年，省会城市太原经济总量、人口规模和城镇化率、人均购买力等均居全省第一，以第三产业为主，比重大幅领先于其他城市。长治、吕梁、晋城、运城、临汾、晋中等城市经济总量排在第二梯队；长治、吕梁、晋城等城市第二产业占比高，人均购买力较强；运城人口规模居全省第 2 位，第一产业占比高。大同、朔州、忻州、阳泉等城市经济总量排在第三梯队；大同第三产业占比和城市化率较高；朔州和阳泉人口规模小但人均购买力较强。

表 1　2023 年山西省各城市经济社会发展指标

城市	常住人口/万人	城市化率（%）	GDP/亿元	一产占比（%）	二产占比（%）	三产占比（%）	人均GDP/元	千人保有量/辆
太原	544. 5	89. 3	5573. 7	0. 8	42. 1	57. 1	102370	387
长治	312. 7	59. 1	2806. 2	3. 7	64. 6	31. 7	89536	206
吕梁	334. 7	56. 1	2366. 1	4. 6	67. 4	28. 0	70449	123
晋城	217. 2	65. 0	2333. 3	3. 5	64. 5	32. 0	107003	232
运城	470. 6	52. 5	2329. 9	15. 3	42. 1	42. 6	49445	188
临汾	388. 7	55. 9	2312. 5	7. 7	53. 3	39. 0	59342	190
晋中	337. 7	62. 5	2090. 9	7. 6	53. 5	38. 9	61760	182
大同	307. 9	74. 4	1871. 5	6. 1	42. 5	51. 4	60580	219
朔州	157. 9	64. 3	1539. 4	6. 4	49. 4	44. 2	97133	171
忻州	263. 5	56. 5	1443. 6	9. 1	50. 2	40. 7	54578	133
阳泉	129. 9	73. 0	1002. 7	1. 8	53. 3	44. 9	76830	201

二、2024 年山西省乘用车市场特征

1. 2024 年山西省乘用车市场表现好于全国

2024 年，山西省乘用车市场表现好于全国。2024 年 1—10 月，全省乘用车需求量 40.8 万辆，占全国市场的 2.24%，排名第 18 位；同比增速 8.92%，高于全国平均增速 2.9 个百分点，位居全国第 9 位。分月度来看（见图 8），2024 年 1—2 月，山西省乘用车市场增速慢于全国；2024 年 3—6 月，山西省需求降幅收缩，增速与全国持平；2024 年 7 月起，山西省车市需求呈现两位数增长，明显高于全国增速。从乘用车结构看，2024 年 1—10 月，SUV 占比达 52.1%，高于全国平均水平，居全国第 13 位。A00 和 A0 级别份额在 2024 年下半年回升，2024 年 1—6 月其合计占比为 10.9%，2024 年 7—10 月占比提升至 16.2%，月均销量环比增速达到 107.3%。自主品牌份额再次大幅提升至接近 60%，占据绝对主体地位，超过全国平均水平。新能源累计需求 17.4 万辆，增速高于全国达到 63.5%。豪华车渗透率下滑，仅为 8.7%，低于全国平均水平。

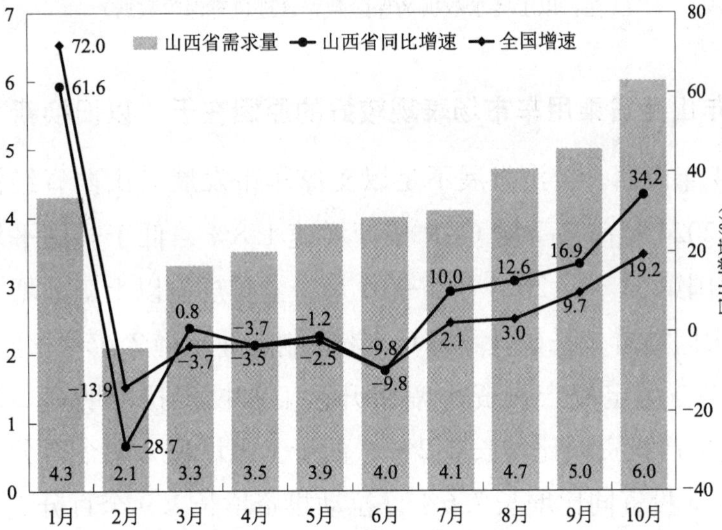

图 8　2024 年 1—10 月山西省乘用车月度需求量与增速

（注：以上需求数据为保险数，含进口车保险数据）

从城市来看，山西省内需求依旧梯次性分明。2024 年 1—10 月，太原市需求 16.5 万辆，占全省需求的 40.3%；运城、长治、大同和临汾需求超过 3 万辆，共占全省需求 34.4%；晋城和晋中需求超过 2 万辆，共占全省需求 12.7%；

阳泉、吕梁、朔州和忻州需求不足2万辆，共占全省需求12.6%（见图9）。太原、大同、晋城、阳泉、吕梁、朔州等城市增速远高于全省增速，晋中需求与2023年同期持平，忻州需求低于2023年同期。

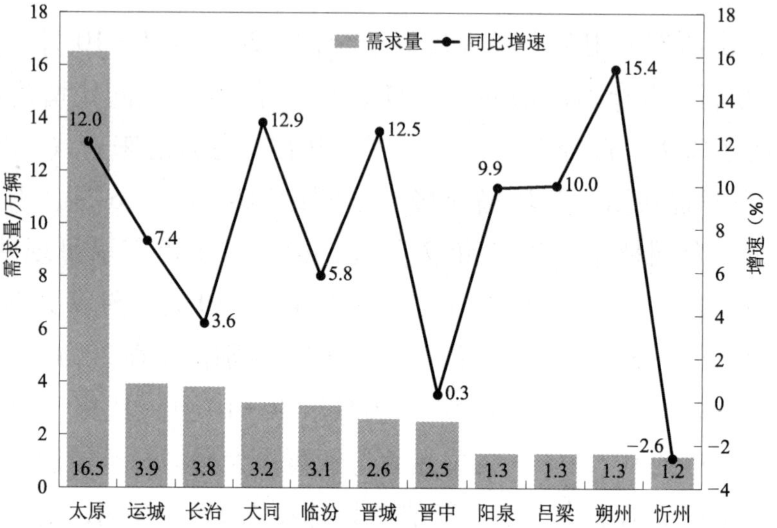

图9　2024年1—10月山西省各城市乘用车需求量与增速

（注：以上需求数据为保险数，含进口车保险数据）

2. 2024年山西省乘用车市场表现较好的原因在于“以旧换新”政策

（1）2024年山西省经济发展不足以支撑车市发展　山西省经济总体呈现缓慢恢复态势。2024年前三季度GDP累计增速1.8%，低于全国平均水平3.0个百分点，居全国第31位。2024年1—10月，全省规模以上工业增加值同比下降0.6%；从三大门类看，采矿业下降0.3%，制造业下降2.6%，电热气水生产供应业增长4.1%。固定资产投资小幅回升，工业投资拉动明显。2024年1—10月，全省固定资产投资同比增长2.2%，低于全国增速1.2个百分点，居全国第21位。全省工业投资同比增长7.6%，拉动投资增长2.9个百分点。但房地产拖累较重，全省新建商品房销售面积同比下降19.4%，新建商品房销售额下降17.3%。消费增速加快，2024年1—10月，社会消费品零售总额累计增长2.0%，低于全国平均水平1.5个百分点。消费新动能持续增强，旅游市场持续升温。2024年1—10月，全省重点监测景区的接待人数同比增长15.2%，门票收入增长14.7%，经营收入增长5.5%。外贸依存度低，波动较大。对东盟、中东、非洲、巴西等地区和国家出口增速高，电信及声音的录制及重放装置设备、钢铁、电力机械、器具及其电气零件等是主要出口品类。

（2）2024 年山西省乘用车市场表现主要受政策拉动 2024 年 5 月 24 日，山西省商务厅等 7 部门印发《全省汽车以旧换新补贴实施细则》，报废更新补贴标准与国家一致：报废一辆符合要求的旧车，购买新能源车补贴 1 万元，购买燃油车补贴 7000 元；此外，增加置换更新补贴：个人消费者通过省内已备案的二手车经销企业或二手车交易市场转出个人名下持有时间 1 年以上的乘用车，并在省内购买上户乘用车，给予 2000 元补贴。2024 年 8 月 30 日，山西省商务厅等 7 部门发布《关于进一步做好全省汽车以旧换新有关工作的通知》，提高报废更新补贴标准，购买新能源车补贴 2 万元，购买燃油车补贴 1.5 万元；同时，提高置换更新补贴标准：新能源车补贴 1.2 万元，燃油车补贴 1 万元。2024 年 9 月 26 日，山西省商务厅、山西省发展和改革委员会、山西省财政厅发布《关于汽车置换更新有关工作的补充通知》，再次提高置换更新补贴标准：新能源车补贴 1.5 万～1.8 万元，燃油车补贴 1.3 万～1.6 万元。此次“以旧换新”政策资金中央配套 90%，地方配套 10% 全部由省级财政负担。山西省用户购买力弱，需求结构偏低，更注重性价比。地方财政压力大，日常市县级促消费政策很少，随着补贴政策不断加码，山西省车市月度需求不断提升。此次单车补贴金额高，对小型、低价位车型拉动作用更大，因此 A0 和 A00 级小车 2024 年下半年份额回升、自主品牌和新能源车需求份额大幅提升。

三、2025 年山西省乘用车市场展望

结合乘用车发展阶段理论及省内经济发展状况，预计 2025 年山西省乘用车需求与 2024 年基本持平，总量维持在 53.9 万辆，增速慢于全国。

山西省乘用车需求增长潜力较小。根据乘用车发展阶段理论，千人保有量小于 150 辆时处于普及期，需求增速较快；在 150～200 辆/千人是普及后期，需求增速较 150 辆之前明显下台阶；千人 200 辆以上是复数保有期，车市需求平台进一步下滑。山西省乘用车千人保有水平一直高于全国，2023 年为 215.2 辆/千人，比全国平均水平高 21.4 辆/千人，排名全国第 10 位，需求潜在水平较全国平均水平更低。分城市来看，太原的千人保有量接近 390 辆/千人，晋城、大同、长治、阳泉等城市也已突破 200 辆/千人，需求增长潜力小。临汾、运城、晋中、朔州等城市已接近甚至超过全国平均水平，并已超过 150 辆/千人临界点，处于普及后期，未来市场需求潜力进一步下降。忻州和吕梁的千人保有量

低于全国和 150 辆/千人临界点，仍处于普及期，需求增速较快。

经济发展仍不足以支撑山西省乘用车市场的快速发展。2025 年，山西省经济将继续承压运行，但随着“两重”“两新”等政策效应逐渐显现，固定资产投资、房地产、制造业等领域将出现企稳回升局面。工业增长仍会在新动能上有所体现，在高技术制造业、装备制造业上有所增长。固定资产投资以及新兴产业投资的增势将有所提升。新能源汽车、家电、餐饮、旅游方面消费趋势良好，稳中有升。受下游用电疲软，进口煤冲击等多重因素影响，煤炭行业产能及产量增量空间有限，可能持平或微增，因此财政压力依然存在。预计山西省各市发展将继续保持三个梯队，太原总量仍然稳居第一位，临汾、晋城和大同是发展重点和亮点，其他地区变化趋势不大。

政策补贴仍是拉动山西省乘用车市场的重要力量。山西省地方财政压力大，“以旧换新”政策延续，对刺激乘用车需求释放拉动作用更明显。新能源购置税优惠政策将在 2026 年退坡，所以 2025 年会有部分新能源用户提前购买，带来增量，透支 2026 年需求。

（作者：贾炜）

2024年河南省乘用车市场回顾及2025年预测

2024年前三季度，河南省投资增势显现，新质生产力加速培育，经济增速略超全国平均，重回全国第五经济大省地位。展望2025年，河南省经济面临诸多挑战，将稳中求进，以进促稳，预测河南省乘用车市场保持不降，预计同比持平。

一、2024年河南省经济情况及乘用车市场回顾

1. 2024年河南省经济发展情况回顾

2024年，面对外部压力加大、内部困难增多的复杂严峻形势，“不慌”的河南省展现出很强的发展韧性。2024年前三季度，全省GDP同比增长5%，增速较上半年、一季度分别加快0.1个百分点、0.3个百分点，经济发展呈现逐月逐季向好的态势。

投资、消费、出口，从拉动经济的“三驾马车”看，河南省释放出不少积极信号。2024年前三季度，河南省高技术制造业投资、民间投资同比分别增长16.1%、9.5%，分别高于全国6.7个百分点、9.7个百分点；2024年前10个月，河南省社会消费品零售总额22393亿元，同比增长5.9%，高于全国2.4个百分点；2024年前11个月，河南省出口“新三样”产品101.5亿元，同比增长15.5%。其中，出口电动汽车71.4亿元，增长86.6%。管中窥豹，可见一斑，河南省经济和中国经济一样，具备强劲的内生动力，回旋余地广，长期向好的支撑条件和基本趋势不但没有削弱，反而得到加强。

总体来看，河南省委坚定扛稳经济大省挑大梁的责任，在稳增长、扩内需、强创新、调结构、惠民生、防风险上持续发力，经济运行持续向好，创新能力突破跃升，产业结构加快升级，改革开放纵深推进，民生福祉不断增进，风险防化有力有效，中国式现代化建设河南省实践迈出坚实步伐。

2. 2024年河南省乘用车市场回顾

（1）2024年河南省乘用车市场分析　从数据上来看，2024年河南省乘用车

上牌量 140 万辆，同比增长 3%（见图 1），增长幅度低于全国市场的增速。

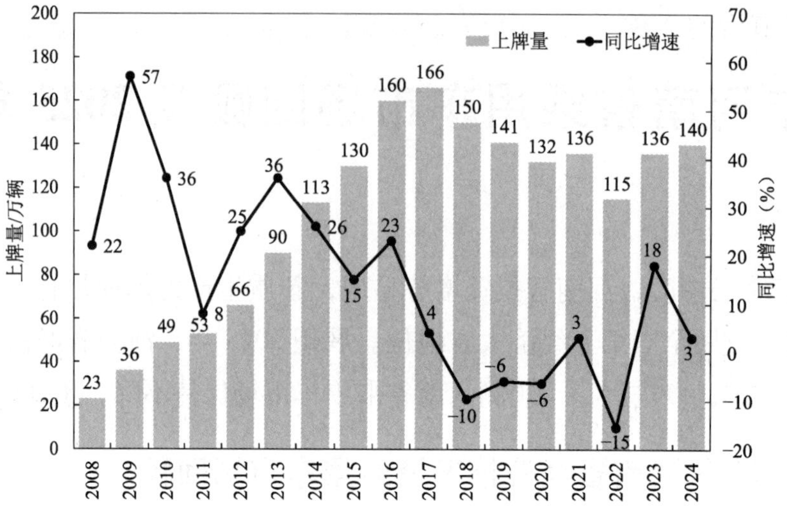

图 1　2008—2024 年河南省乘用车上牌量及增速

2024 年以来，伴随一系列汽车促消费政策持续发力，河南省正在加速释放经济发展新动能、新活力："用好催化剂"，在汽车消费上"以旧换新"政策上不断扩围加力，持续激发内需市场潜力。

2024 年河南省汽车消费市场整体呈现高开低走、尔后上扬的态势，走出了"V"形线（见图 2）。河南省汽车市场的增长，不得不承认是以旧换新和置换补贴的双重政策"立了大功"，不仅成功刺激了增换购的消费潜力，同时也让自主品牌在这一轮竞争中拿下了绝对竞争的优势，为后续省内的汽车市场走势奠定了良好的发展基调。

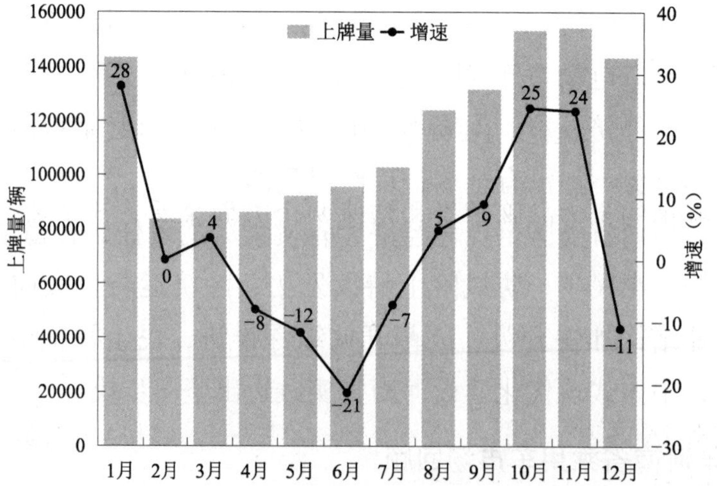

图 2　2024 年河南省乘用车月度上牌量及同比增速

2024 年初，汽车市场格局展现出前所未有的动荡，价格战提前打响且异常激烈。从春节后的 2 月开始，价格战持续蔓延至 4 月底。2024 年上半年，客户观望情绪浓厚，市场处于低迷状态。2024 年 8—12 月，市场稳步提升，再现销售旺季“金九银十”，四季度进入销售高峰期，汽车市场一方面受促销影响明显走强，另一方面面临着“以旧换新”补贴政策即将截止，消费者换车的意愿更加强烈，购车消费需求得到极大释放。

2024 年 1—11 月河南省累计销量 125 万辆，同比增长 5%。从细分城市来看，河南省销量最多的仍然是郑州市，遥遥领先，占河南省总销量的 35%；洛阳市排名第二，1—11 月累计销量 103812 辆，同比增长 15%，形成明显的断层；增幅最大的城市是新乡市，1—11 月累计销量 70907 辆，同比增长 20%；其次是濮阳、开封、焦作，同比增长在 10% 以上。漯河、鹤壁呈现同比下降，尤其是漯河，同比下降 9%（见图 3）。

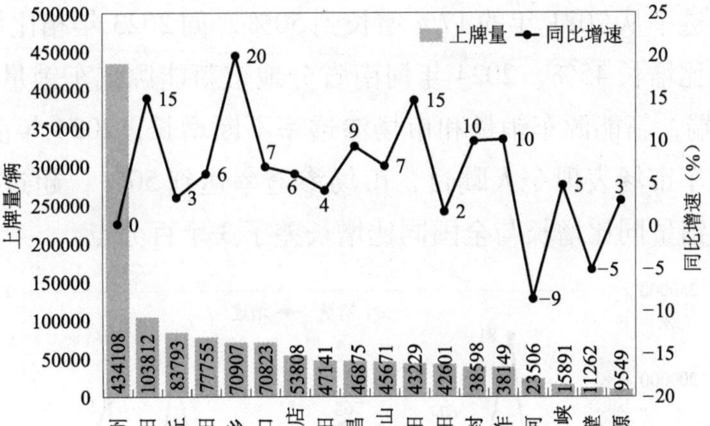

图 3　河南省 2024 年 1—11 月分城市乘用车上牌量与同比增速

从河南省畅销的十大品牌销量和增速两个方面来看，比亚迪是 2024 年河南省汽车销量畅销品牌中的佼佼者（见图 4）。其不仅销量位居榜首，而且增长率也高达 56%。五菱也表现出强劲的增长势头，销量和增长率都位居前列。一些传统大品牌如上汽大众、一汽大众、广汽丰田、东风本田、长安等则显示出增长势头较弱或有所下滑的趋势。这可能与市场竞争的加剧、消费者需求的变化以及品牌自身的战略调整等因素有关。

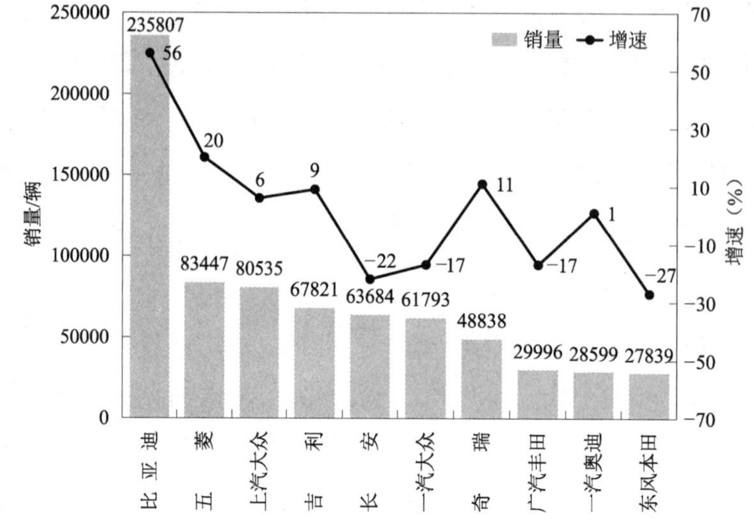

图 4　河南省 2024 年 1—11 月分品牌汽车销量与同比增速

（2）新能源汽车发展分析　2024 年，河南省新能源乘用车上牌量达到 62.8 万辆，市场渗透率从 2021 年的 17% 增长到 50%，同 2023 年相比提升了 19 个百分点，销量同比增长 45%。2024 年河南省分地市新能源汽车销量排名与增速见图 5。在消费端，新能源车销量和市场渗透率不断增长，2024 年前 11 个月，河南省新能源汽车市场表现令人瞩目，市场渗透率达到 50%，超过全国平均水平 45.7%，但是销量同比增长与全国同比增长差了 3 个百分点。

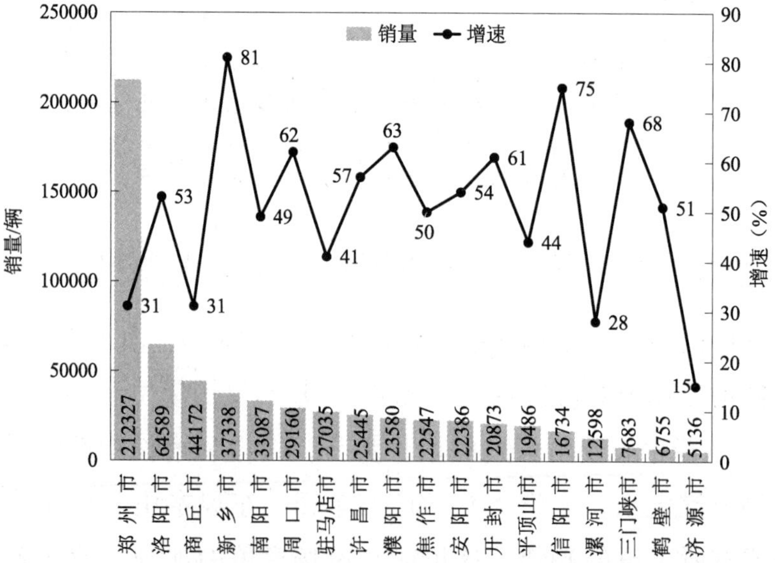

图 5　2024 年河南省分地市新能源汽车销量排名与增速

分地市增长速度来看，周口、新乡、信阳、濮阳、开封、三门峡等地市的同比增长速度均达到了60%以上，表现尤为抢眼。仅郑州、商丘、南阳、驻马店、平顶山、漯河等城市的同比增速在50%以下。分地市新能源渗透率来看，洛阳与鹤壁的新能源渗透率已达到60%以上，仅郑州、南阳、周口、安阳、平顶山、信阳、三门峡的新能源汽车市场渗透率低于50%，说明河南省消费者对新能源汽车的接受与认可度越来越高。

从新能源细分市场来看，比亚迪海鸥、五菱宏光MINI EV、长安Lumin销量依然名列前茅，且这些车型都呈现出小型、低价、新能源的共同特点。这些特点反映了河南省消费者对绿色出行和通勤需求的刚需特性。

2024年，郑州新能源汽车前9个月的产量，已超过2023年整年，预计全年将接近70万辆。河南省汽车行业协会的数据显示，2024年1—9月，全省新能源汽车产量40.1万辆，占全省汽车整车产量的47.7%，同比增长140.5%，大幅高于全国平均增速。

在郑州航空港区，新能源汽车完成组装、走下生产线；在开封，汽车零部件生产已成规模；在洛阳，堪称“汽车心脏”的动力电池产业正蓬勃发展……从引进奇瑞、上汽，再到比亚迪的进驻，行业龙头纷纷“落子”，宇通、智行盒子等河南省本土品牌不断发力，全省多地连片发展，一条新能源整车产业带在中原大地悄然隆起。目前，河南省有17家整车生产企业、600余家规模以上汽车零部件企业，基本形成了从原材料到核心零部件再到整车、配套设备、物联网的完整产业链。

河南省新能源汽车热销背后的原因，一方面是河南省的人口红利，另一方面是新能源汽车项目落地郑州以及相关配套的不断完善等多重因素共同推动的结果。

二、2025年河南省经济走势和乘用车市场预测

1. 2025年河南省经济走势预测

2025年，河南省将坚持稳中求进、以进促稳，守正创新、先立后破，系统集成、协同配合，把质的有效提升和量的合理增长统一于高质量发展的全过程。

（1）有利因素　2025年河南省政府加力落实财政政策，加快各项资金下达拨付，把更多资金用于惠民生、促消费、增后劲等关键领域；更大力度提振消费扩大内需。实施提振消费专项行动，丰富应用场景，培育新型消费，提升消

费能力、意愿和层级；突出企业创新主体地位，推动创新平台与企业开展嵌入式合作，努力突破一批关键核心技术；突出产业集群化发展，培育壮大先进制造业集群，推动7大重点产业集群成体系、成支柱、成支撑；突出未来产业培育发展，打造一批高成长性的新产业、新赛道，建设具有较强竞争力的产业生态；实施惠企政策直达快享专项行动，持续提升“万人助万企”服务质效，推动各类政策应享尽享、免申即享；高水平建设郑州—卢森堡“空中丝绸之路”，高质量建设中欧班列（郑州）集结中心，高标准建设河南省自贸试验区 2.0 版，更好利用两个市场、两种资源，更好融入高质量共建“一带一路”倡议；促进重点群体就业，推动房地产市场止跌回稳，切实做好基层“三保”工作，持续增强人民群众获得感、幸福感、安全感。

（2）不利因素　河南省地处我国中原地区，是工业和农业大省，人口规模排名全国第三，经济总量居于全国前列，但以资源和劳动密集型为主导的产业结构转型步伐较缓，新旧动能处于转换阶段以及房地产持续低迷，近年来经济增长乏力。

首先，2025 年宏观经济面临的主要问题仍将是需求不足，甚至可能出现内需外需同时“哑火”。其次，河南省在产业结构调整过程中面临一定压力。传统产业需要转型升级，而新兴产业的发展尚需时日。再次，河南省财政收支平衡压力仍然较大，主要受2024 年基数较高、减税政策翘尾减收及房地产市场持续低迷等因素影响，预计拖累整体基金收入水平。最后，2023 年以来，河南省地方政府债券发行量保持增长，政府债务规模继续快速扩张，增幅较 2023 年略有收窄，仍处于全国上游水平。

综上所述，2025 年河南省经济面临诸多有利因素，如政策环境优化、产业转型升级、市场需求扩大、科技创新驱动等。但同时也存在全球经济波动、产业结构调整压力、财政收支下滑以及债务增长等不利因素。因此，河南省需要继续保持定力、攻坚克难，扎实推进中国式现代化建设河南省实践，以实现经济的高质量发展。

2. 2025 年河南省乘用车市场预测

根据盖世汽车研究院的预测以及河南省的经济发展情况，2025 年河南省乘用车市场可能同比持平。随着消费者对汽车品质和服务要求的提升，以及政府对汽车产业政策的支持，刺激河南省乘用车市场保持不降。

随着新能源汽车技术的不断进步和消费者环保意识的增强，2025 年河南省新能源汽车销量有望持续增长。根据全国范围内新能源乘用车市场的发展趋势，河南省新能源汽车销量也将迎来历史性转折点，预计将全面超越传统燃油车销量，新能源乘用车市场份额将达到50%以上。这得益于政府对新能源汽车产业的支持政策、新能源汽车产品的不断丰富以及消费者对新能源汽车接受度的提高。

在河南省乘用车市场中，自主品牌和合资品牌将继续保持竞争态势。随着消费者对国产汽车品牌的认可度提高，自主品牌有望进一步扩大市场份额。同时，合资品牌也将通过不断推出新产品和提升服务质量来巩固市场地位。在新能源汽车市场中，自主品牌和新兴势力将占据重要地位。这些品牌通过技术创新和产品升级，不断提升新能源汽车的性能和品质，满足消费者的多样化需求。

河南省乘用车市场面临的主要挑战包括市场竞争加剧、消费者需求变化以及政策环境的不确定性等。这些因素将对汽车企业的市场策略和产品布局产生影响。同时，河南省乘用车市场也面临着诸多机遇。随着新能源汽车产业的快速发展和消费者对环保汽车的需求增加，新能源汽车市场将继续保持增长。

根据上述影响乘用车发展的各种因素以及河南省的经济发展情况，可以推测2025年河南省乘用车销量预计为140万辆，同比持平。

（作者：朱灿锋　王彦彦）

2024 年江苏省乘用车市场回顾及 2025 年预测

2024 年，汽车行业“内卷”成普遍现象。江苏省积极应对，实施汽车报废更新补贴政策，推行汽车置换更新补贴措施，指导各地开展了一系列多样化、富有成效的消费促进活动，政策的实施不仅显著提升了汽车市场的活力，也有效地激发了消费者的购车热情。江苏省汽车流通协会和各地各企业纷纷响应，多措并举开展系列促销活动，为消费者提供了更广泛的选择和优惠，进一步推动了乘用车销量的增长。

一、江苏省乘用车销量增长

据乘用车上险数据显示，2024 年 1—11 月，全国乘用车累计销量 2076.4 万辆，同比增长 8.6%。江苏省乘用车销售 172.38 万辆，同比增长 8.60%（见表 1），高于全国市场平均值。其中徐州、无锡二市增长率较高，镇江、南通、泰州三市负增长。

表 1　2024 年 1—11 月江苏省各地乘用车销量及增速

地区	南京	无锡	徐州	常州	苏州	南通	连云港
2024 年 1—11 月销量/万辆	24.52	25.00	14.00	13.69	40.22	13.23	5.41
2023 年 1—11 月销量/万辆	22.30	20.62	11.35	12.57	36.32	14.33	5.25
同比增速（%）	10.00	21.20	23.40	8.90	10.70	-7.60	3.10
地区	淮安	盐城	扬州	镇江	泰州	宿迁	全省
2024 年 1—11 月销量/万辆	6.98	6.33	7.65	3.78	5.71	5.84	172.38
2023 年 1—11 月销量/万辆	6.47	5.81	7.78	4.67	5.97	5.21	158.66
同比增速（%）	7.90	8.90	-1.70	-18.90	-4.30	12.00	8.60

1. 在国家消费促进政策刺激下，年中各地市汽车销售发力

2024 年初，江苏省各地市汽车销量同比呈下降趋势，汽车市场消费力不足，

汽车厂家频打价格战，内卷导致市场更加严峻。在国家报废补贴政策及江苏省置换补贴政策出台后，各地政府积极响应动员，经销商企业推出促销政策，带动整体汽车市场回暖。2024 年 1—11 月江苏省各地乘用车销量及环比增速见表 2。

表 2　2024 年 1—11 月江苏省各地乘用车销量及环比增速

时间	南京	无锡	徐州	常州	苏州	南通	连云港
1 月销量/辆	23126	27222	12256	12998	46433	12722	5483
环比（%）	-31.1	-7.3	-9	-24.2	-4.1	-28.4	-14.9
2 月销量/辆	10621	14976	8701	7607	21580	10457	4188
环比（%）	-54.1	-45	-29	-41.5	-53.5	-17.8	-23.6
3 月销量/辆	19251	20739	10355	12179	35701	10552	4606
环比（%）	81.3	38.5	19	60.1	65.4	0.9	10
4 月销量/辆	21053	17940	10066	11313	31988	10265	4719
环比（%）	9.4	-13.5	-2.8	-7.1	-10.4	-1.7	2.5
5 月销量/辆	21601	17577	10340	11507	38270	11281	4657
环比（%）	2.6	-2	2.7	1.7	19.6	9.9	-1.3
6 月销量/辆	24499	21678	15717	10485	34579	9414	3736
环比（%）	13.4	-23.3	52	-8.9	-9.6	-16.5	-19.8
7 月销量/辆	24787	20651	13692	11578	32381	11379	5421
环比（%）	1.2	-4.7	-12.9	10.4	-6.4	20.9	45.1
8 月销量/辆	25988	23388	14530	12986	36913	13040	5601
环比（%）	4.8	13.3	6.1	12.2	14	14.6	3.3
9 月销量/辆	23555	26934	12828	14847	40847	14019	4557
环比（%）	-9.4	15.2	-11.7	14.3	10.7	7.5	-18.6
10 月销量/辆	23431	31472	15849	15682	40849	13523	5737
环比（%）	-0.5	16.8	23.6	5.6	0	-3.5	25.9
11 月销量/辆	27333	27455	15648	15723	42695	15692	5403
环比（%）	16.7	-12.8	-1.3	0.3	4.5	16	-5.8
时间	淮安	盐城	扬州	镇江	泰州	宿迁	全省
1 月销量/辆	7879	6326	6900	4231	5898	6272	177746
环比（%）	-14.6	1.2	-22.2	-18.8	-14.9	1.1	-14.9
2 月销量/辆	4770	4469	3901	2196	3794	4604	101864
环比（%）	-39.5	-29.4	-43.5	-48.1	-35.7	-26.6	-42.7

（续）

时间	淮安	盐城	扬州	镇江	泰州	宿迁	全省
3 月销量/辆	5448	5423	5952	3389	4574	4402	142571
环比（%）	14.2	21.3	52.6	54.3	20.6	-4.4	40
4 月销量/辆	4739	5104	5677	2644	4790	4720	135018
环比（%）	-13	-5.9	-4.6	-22	4.7	7.2	-5.3
5 月销量/辆	5037	5593	6673	3431	5428	5167	146562
环比（%）	6.3	9.6	17.5	29.8	13.3	9.5	8.5
6 月销量/辆	6054	4912	8302	3168	4610	3797	150951
环比（%）	20.2	-12.2	24.4	7.7	-15.1	-26.5	3
7 月销量/辆	5651	5775	6054	3976	5126	5213	151684
环比（%）	-6.7	17.6	-41.5	25.5	24.7	37.3	0.5
8 月销量/辆	6337	6685	6926	3803	5280	5702	167179
环比（%）	12.1	15.8	14.4	-4.4	3	9.4	10.2
9 月销量/辆	9295	6558	9167	3573	5228	5258	176666
环比（%）	46.7	-1.9	32.4	-6	-1	-7.8	5.7
10 月销量/辆	7206	6153	7363	3343	5923	6366	182897
环比（%）	-22.5	-6.2	-19.7	-6.4	13.3	21.1	3.5
11 月销量/辆	7426	6288	9573	4086	6449	6880	190651
环比（%）	3.1	2.2	30	22.2	8.9	8.1	4.2

2. 自主品牌汽车市场占有率进一步扩大，合资品牌陷入困境

2024 年 1—11 月，江苏省乘用车销量 TOP20 品牌中，自主品牌数量有 10 个（比 2023 年增加 3 个），德系有 5 个，日系有 3 个（比 2023 年减少 2 个），美系有 2 个（见表 3）；TOP20 品牌合计销量占全省总销量的 71.7%，比 2023 年降低约 1 个百分点。

表 3 2024 年 1—11 月江苏省乘用车销量 TOP20 品牌

排名	品牌	1 月	2 月	3 月	4 月	5 月	6 月	7 月
1	比亚迪	17484	11388	21285	21079	22692	25028	26864
2	特斯拉	11260	8921	10307	5352	8652	6283	7313
3	上汽大众	11955	5783	6359	6414	6634	6338	7877
4	奔　驰	9261	4348	7516	7870	7497	7792	7653

（续）

排名	品牌	1月	2月	3月	4月	5月	6月	7月
5	宝　马	9978	5168	7802	7465	7932	9045	7036
6	一汽奥迪	9431	4885	6945	5865	6095	6781	6335
7	一汽大众	7125	4162	4012	4147	4936	5438	4235
8	吉　利	6191	3651	4277	4309	4639	4439	4129
9	上汽通用五菱	4761	4336	4702	3699	4342	3611	4274
10	广汽丰田	4167	2719	3628	3492	3849	4191	3891
11	别　克	5253	2834	4318	3608	3201	2865	3540
12	长安	5051	3034	3559	3434	3644	3718	2887
13	鸿蒙智行	3716	2350	3297	3011	3036	4386	4222
14	一汽丰田	4105	2016	2747	2961	3141	3236	3798
15	理想	2178	1425	2064	1976	2713	3476	4225
16	东风日产	4022	2506	2250	2282	2683	2221	2196
17	奇　瑞	3443	1695	1761	1984	2473	2481	2735
18	蔚来	1925	1364	2000	2832	2485	2070	3208
19	零跑	1474	855	1865	1842	2091	2092	2441
20	极氪	1782	1061	1607	2218	2140	2558	1790

排名	品牌	8月	9月	10月	11月	1—11月	1—11月同比增速（%）
1	比亚迪	31503	29145	31434	30151	268053	37.2
2	特斯拉	9084	10386	7356	9744	94658	29.8
3	上汽大众	9303	9340	9363	9805	89171	4.8
4	奔　驰	7645	8031	6945	7472	82030	-5.9
5	宝　马	4898	6695	6377	7450	79846	-14.7
6	一汽奥迪	6047	6969	6277	6515	72145	-2.4
7	一汽大众	5174	6203	6063	6204	57699	-11.3
8	吉　利	4927	5431	7502	7591	57086	7
9	上汽通用五菱	5641	5707	7756	7026	55855	44.7
10	广汽丰田	4259	4406	4586	4430	43618	-22.6
11	别　克	3940	4062	3934	5450	43005	-21.2
12	长安	3595	3411	4057	4052	40442	-17.5
13	鸿蒙智行	3226	3858	4064	3949	39115	403.2
14	一汽丰田	3912	4448	4102	4532	38998	-9.8

（续）

排名	品牌	8 月	9 月	10 月	11 月	1—11 月	1—11 月同比增速（%）
15	理想	3893	4087	3996	4342	34375	26.1
16	东风日产	2839	2979	3433	3177	30588	-2
17	奇　瑞	3063	3458	3543	3884	30520	33.6
18	蔚来	3110	3179	2895	2361	27429	23.3
19	零跑	3291	3478	3493	3865	26787	95.2
20	极氪	2063	2668	3103	3002	23992	86.8

比亚迪、特斯拉继续领跑新能源和整体市场，极氪、零跑首次进入江苏省乘用车销量 TOP20 名单，新能源车品牌市场份额比重逐步提升。鸿蒙智行年度增幅成绩优秀，2024 年 1—11 月同比增速达到 403.2%。除宝马、奔驰等部分豪华品牌，其他合资品牌销量均已不同程度下降，日系品牌销量下降尤为明显，东风本田、广汽本田已经跌出 TOP20。全省销量过万辆的车型有 40 个（比 2023 年增加 8 个），其中，新能源车型达 22 款之多（比 2023 年增加近一倍），且销量排名前十车型新能源车占大部分；SUV 车型增至 15 款（比 2023 年增加 5 款）。新能源和 SUV 车型得到更多消费者喜爱。

3. 全省新能源汽车销量占比快速提升

2024 年 1—11 月，江苏省新能源乘用车销量为 84.12 万辆，占全省乘用车总销量的 48.8%，比 2023 年增加 11 个百分点；占全国新能源乘用车销量的 8.9%。南京、无锡、常州、苏州、镇江苏南五市新能源乘用车销量占全省 64.1%，占有率比 2023 年上升 1 个百分点；徐州、连云港、淮安、盐城、宿迁苏北五市新能源乘用车销量占全省 22%，比 2023 年略有上升。全省新能源汽车市场呈发展态势，新能源乘用车渗透率快速提升，连续 6 个月超过 50%（见表 4）。

表 4　2024 年 1—11 月江苏省新能源乘用车渗透率提升

月份	1 月	2 月	3 月	4 月	5 月	6 月
乘用车总销量/辆	177746	101864	142571	135018	146562	150951
新能源车销量/辆	66047	42003	66794	62313	71366	75845
渗透率（%）	37.16	41.23	46.85	46.15	48.69	50.24
月份	7 月	8 月	9 月	10 月	11 月	—
乘用车总销量/辆	151684	167179	176666	182897	190651	—
新能源车销量/辆	79056	89866	91860	95895	100186	—
渗透率（%）	52.12	53.75	52.00	52.43	52.55	—

2024 年 1—11 月，江苏省新能源销量 TOP10 品牌占新能源乘用车销量的 68.19%，比 2023 年略有增长；销量 TOP10 车型占新能源乘用车销量的 35.43%，比重略微下降，新能源品牌车型增多，消费者选择性更多。比亚迪、特斯拉仍处于绝对领先地位，其次是鸿蒙智行、理想，小米汽车从上市至 11 月江苏省市场共计销售 1.26 万辆，虽未入江苏省新能源乘用车销量 TOP10，但追赶势头强劲。2024 年 1—11 月江苏省新能源乘用车 TOP10 品牌和 TOP10 车型见表 5。

表 5　2024 年 1—11 月江苏省新能源乘用车 TOP10 品牌和 TOP10 车型

排名	品牌	销量/万辆	排名	车型	销量/辆
1	比亚迪	26.81	1	特斯拉 Model Y	67381
2	特斯拉	9.47	2	比亚迪海鸥	40021
3	鸿蒙智行	3.91	3	比亚迪元 PLUS	33101
4	理想	3.44	4	比亚迪宋 PLUS	29459
5	蔚来	2.74	5	比亚迪秦 PLUS	28958
6	零跑	2.68	6	特斯拉 Model3	27081
7	极氪	2.4	7	比亚迪海豚	20173
8	埃安	2.1	8	比亚迪汉	18534
9	五菱	1.97	9	问界 M7	18255
10	长安	1.84	10	理想 L6	15079

二、2025 年江苏省乘用车市场预测

1. 政策引领是 2025 年汽车市场重要驱动力，乘用车销量预计增长 4%

政策引领将是 2025 年江苏省汽车市场发展的重要驱动力。中央和地方政府在 2025 年将继续推出多项政策以刺激汽车消费，例如以旧换新政策和地方补贴政策。这些政策不仅有助于提升汽车销量，还能促进新能源汽车的推广和应用。2024 年的以旧换新政策已经显著拉动了乘用车销量，预计 2025 年这些政策的持续实施，将进一步推动市场增长，考虑市场购买力的递减效应，2025 年江苏省乘用车销量预计增长 3% ~5%。

2. 新能源车品牌优胜劣汰，渗透率将再创新高

随着充电基础设施的不断完善和电池技术的持续进步，消费者的里程焦虑

和充电便利性问题将得到进一步解决，促进新能源汽车市场的扩张。此外，政府对于新能源汽车的支持力度也在不断加大，各项补贴中都有一定的倾斜，包括新能源汽车具有更好的智驾体验，将吸引更多消费者选择新能源汽车。预计2025 年，新能源车销量分化现象可能更加严重，部分品牌将面临破产重组。江苏省新能源汽车渗透率将超过 60%，成为推动汽车市场增长的重要力量。

3. 汽车价格趋于稳定

随着市场的竞争淘汰，弱势品牌将逐步退出市场，而主流品牌将通过提升产品力和服务来吸引消费者，保持市场份额。此外，消费者对汽车品质的要求日益提高，促使厂商在质量、安全、舒适性等方面进行持续改进。同时政府部门通过综合整治内卷式竞争，通过行业自律和政策引导，营造更为宽松的市场环境，促进市场的良性发展。消费者在购买汽车时，将更加注重产品的性价比和售后服务，而非单纯追求低价。在这些因素共同作用下，2025 年江苏省汽车市场价格将趋于稳定。

（作者：徐士刚　张冬伟）

2024年安徽省乘用车市场分析及2025年预测

一、2024年安徽省乘用车市场分析

1. 2024年安徽省经济发展回顾

2024年，安徽省经济在复杂多变的环境中展现出强劲韧性，实现稳中有进发展态势，其发展亮点如下：

一是工业生产强劲。2024年前三季度，全省规模以上工业增加值同比增长8.8%，其中工业机器人、新能源汽车、集成电路等产品的产量均有显著提升，体现了安徽省在推动制造业高质量发展和产业升级方面取得成果。

二是投资消费双轮驱动。2024年前三季度，安徽省固定资产投资同比增长4.2%，扣除房地产开发投资后，固定资产投资增长12%。社会消费品零售总额17963.7亿元，同比增长4.3%。这表明安徽省在基础设施建设和消费市场方面稳定增长。

三是对外贸易积极发展。2024年前三季度货物进出口总额6282.7亿元，同比增长6.3%。其中，出口总额为4205.2亿元，增长7.8%；进口总额为2077.5亿元，增长3.7%。表明安徽省积极扩展国际市场，推动内陆开放。

四是产业结构优化。安徽省产业结构优化取得积极进展，工业技改投资增速连续17个月超过20%，2024年前三季度达25.5%。战略性新兴产业产值增长10.8%，占全部规模以上工业产值比重由2023年同期的42%提高至43.7%。现代服务业快速增长，规上商务服务业、科技服务业营业收入均实现两位数增长。

综上，2024年安徽省经济发展在上述几个方面均取得了显著成绩，为安徽省经济的高质量发展奠定了坚实基础。

2. 2024 年安徽省汽车市场环境分析

安徽省将汽车产业确立为“首位产业”后，通过规划引导、区域协作等措施，推动整车、零部件、后市场一体化发展，形成“合肥－芜湖”双核联动、其他各市多点支撑的一体化发展格局。

除奇瑞、蔚来、大众安徽、比亚迪、江淮、长安、汉马科技 7 家整车企业外，省内初步形成多个汽车零部件特色产业集群，涵盖动力电池、电机电控、销售维保、回收利用等汽车全产业链，成为带动全省经济发展的最大引擎。

各市各区发挥自身优势，打造汽车产业特色，如安庆车灯产业、宣城上游原材料冶炼加工、池州镁基新材料、亳州零部件、马鞍山动力电池材料、铜陵铜基新材料、淮南的新能源汽车后市场、六安新型储能、滁州“新三样”、淮北陶铝新材料、蚌埠玻璃、阜阳装备制造、宿州云计算、黄山汽车电子，各扬所长，向新而行，纷纷“入链”。

安徽准确把握了汽车产业变革的趋势，数据显示，2024 年前三季度，安徽省汽车制造业同比增长 25. 1%；汽车产量同比增长 43. 4%，其中新能源汽车增长 82. 6%、充电桩增长 52. 1%；新能源汽车零售额同比增长 53. 7%，汽车出口增长 29. 5%，出口量居全国第一。

安徽省本土汽车品牌奇瑞汽车，2024 年 9 月单月出口量首次突破 8 万辆，2024 年前三季度出口量 83 万辆，出口规模继续保持行业第一。目前，在奇瑞汽车的 1500 万累计用户中，超过 420 万是海外用户。2024 年第三季度，奇瑞控股首次上榜世界 500 强，成为安徽省首家进入世界 500 强的本土汽车企业。

与产量“飙升”随之而来的是带动消费的强劲动力。9 月 29 日至 10 月 5 日举行的 2024 合肥国际新能源汽车展期间，汽车销售超 2 万辆，销售额达 37. 9 亿元。截至 2024 年 10 月 16 日，合肥市县两级累计发放汽车消费券约 4. 37 亿元，带动消费约 187 亿元。

3. 2024 年安徽省乘用车市场回顾

根据统计数据，2024 年 1—11 月安徽省乘用车销量累计约 79. 14 万辆，累计同比增长 15. 16%；其中新能源累计销量约 36. 68 万辆，累计同比增长 60. 94%；累计渗透率 46. 35%。

2024 年 1 月，安徽省乘用车市场销量基本实现预期中的开门红走势，1 月同比增长了 44. 66%。但受春节因素带来的节前消费时间差异，以及 1 月部分销量的透支，影响了2月春节前的销量，春节后的价格战迅速升温，形成较大的观望走势，2月虽然同比增长2.76%，但环比下滑39.97%。从3月之后，随着政府不断出台相关补贴政策，所有月份销量均高于2023年同期，9—11月整体销量趋势呈现增长，11月销量突破新高，乘用车销量达到9.1万辆，同比增长27.39%，环比增长2.39%（见图1）。其中新能源乘用车4.7万辆，同比增长63.40%，环比增长2.80%，渗透率达52.02%（见图2）。

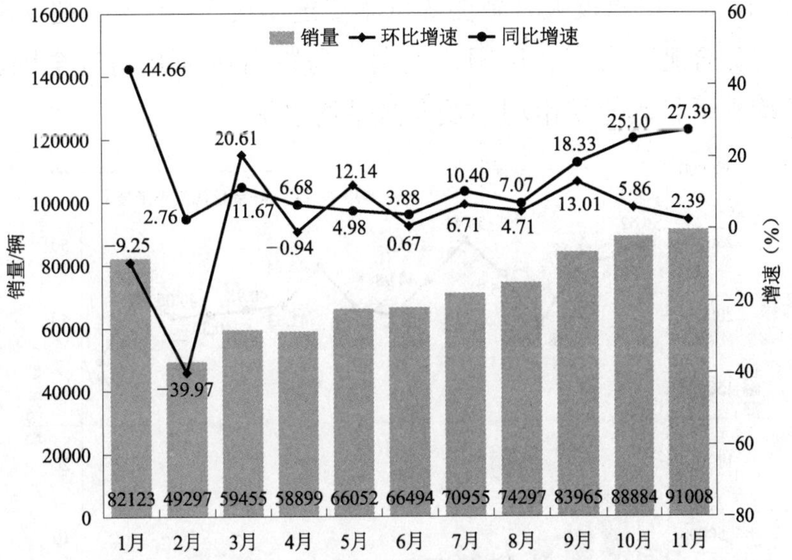

图1 2024年安徽省乘用车月度销量及同比、环比增速

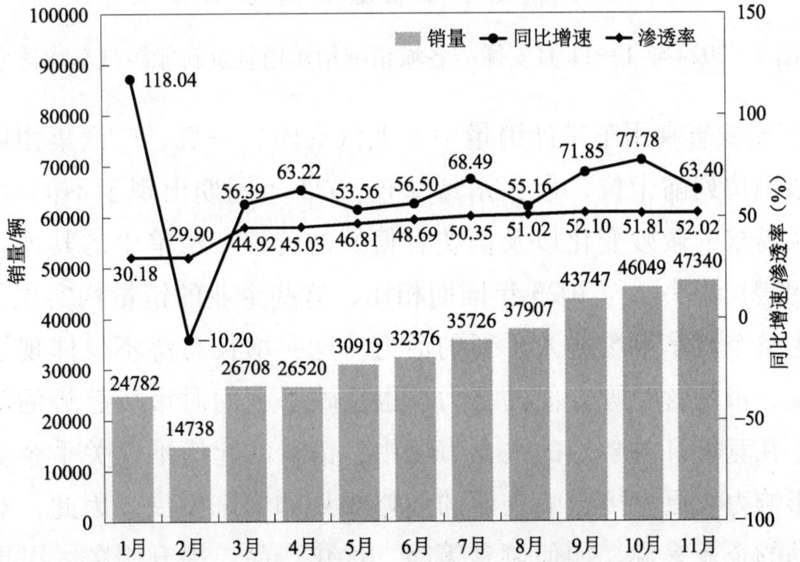

图2 2024年安徽省新能源汽车月度销量和同比增速及渗透率

从细分城市来看，安徽省销量最多的是合肥市（见图3），2024 年1—11 月累计销量28.19 万辆，同比增长14.68%，占安徽全省乘用车销量的35.61%，形成明显的断层。排名第二的阜阳市2024 年1—11 月累计销量7.8 万辆，占比达9.85%。其次是芜湖市，2024 年1—11 月累计销量6.26 万辆，占比达7.91%。在新能源乘用车渗透率方面，安徽省16 个地市新能源乘用车渗透率均在33%以上。其中，合肥市2024 年1—11 月新能源乘用车销量为14.24 万辆，同比增长55.18%，增幅较大，新能源汽车渗透率达50.52%，超安徽省4.17 个百分点。全省除合肥、安庆、阜阳、芜湖、马鞍山达到并超过全国新能源乘用车渗透率平均水平，其他城市均不及全国平均水平。

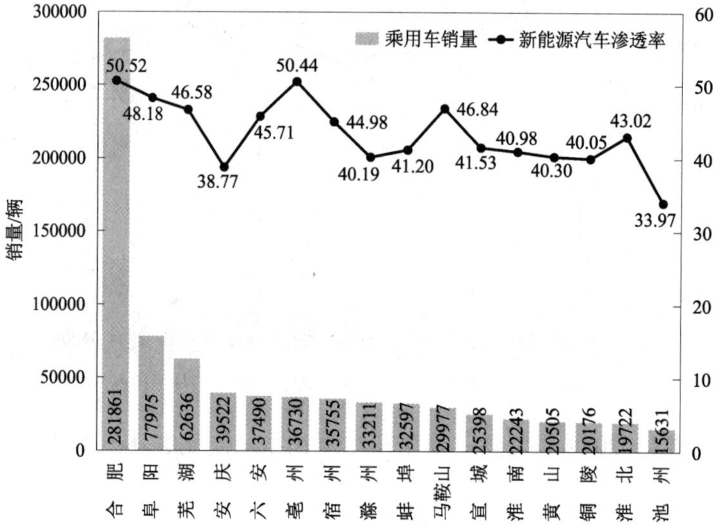

图3　2024 年1—11 月安徽省各城市乘用车销量及新能源汽车渗透率

2024 年安徽省乘用车累计销量中，上汽集团、一汽、广汽集团以及长城汽车，尽管依旧位列前十位，但其销量却较2023 年同期出现了不同程度的下滑，反映了市场需求的微妙变化以及消费者偏好的转移。榜单中的其他企业则展现出了强劲的增长势头。与2023 年同期相比，这些企业的销量均实现了不同程度的提升，为整个汽车市场注入了新的活力。这一增长态势不仅体现了这些企业在产品研发、市场营销等方面的努力，也反映了它们对市场趋势的敏锐洞察和灵活应对。在竞争日益激烈的汽车市场中，销量的起伏不仅关乎企业的市场份额和品牌影响力，更直接影响企业的战略规划和未来发展。因此，对于这些销量出现波动的企业来说，如何调整策略、优化产品、提升服务，以更好地满足消费者需求，将成为其未来发展的关键。

值得注意的是，尽管部分企业的销量有所下滑，安徽省汽车市场的整体销量仍在不断上升。随着消费者对汽车品质、性能、智能化等方面的要求日益提高，汽车企业面临的挑战也将更加复杂多变。因此，如何在激烈的市场竞争中保持领先地位，将是所有汽车企业需要深思的问题。

根据表1和表2来看，比亚迪以强劲的势头领跑市场，以近14万辆的销量超越了后两名销量总和9万辆，全年和单月销售均为第一，上汽大众以4.68万辆的销量紧随其后，其中新能源车占比12.16%，吉利以4.62万辆位列第三，新能源车占比14.66%。从合资阵营来看，整体表现不容乐观，但有所好转，广汽本田已经跌出前二十。而上汽大众之所以能够实现增长，还是因为降价，让消费者在南北大众“二选一”。上汽通用五菱提升，超越长安，在小型新能源汽

表1 2024年1—11月安徽省乘用车累计销量TOP20品牌

品牌	销量/辆
比亚迪	138209
上汽大众	46825
吉利汽车	46230
奇瑞汽车	43276
一汽大众	31378
上汽通用五菱	27565
长安汽车	27285
华晨宝马	24544
一汽奥迪	23806
北京奔驰	22295
捷途汽车	20183
上汽通用别克	16300
广汽丰田	15837
特斯拉	15103
红旗	12348
一汽丰田	11428
东风本田	11196
理想汽车	11134
领克	10747
吉利银河	10309

表 2　2024 年 1—11 月安徽省乘用车累计销量 TOP30 车型

车型	销量/辆
海鸥	27359
元 PLUS	13651
朗逸	12427
星越 L	11962
瑞虎 8	11667
Model Y	10861
帕萨特（国产）	10629
海豚	10527
星瑞	8857
速腾	8798
艾瑞泽 8	8689
五菱缤果	8094
长安 Lumin	7886
秦 PLUS	7835
途观 L	7657
奥迪 A6L	7250
宋 PLUS	7134
秦 PLUS	7107
迈腾（国产）	6853
秦 L	6741
奔驰 C 级	6676
元 UP	6600
宋 Pro	6545
奥迪 Q5L	6402
海豹 06	6397
汉	6326
宝马 3 系	6149
捷途 X70	5936
捷途旅行者	5924
红旗 H5	5668

车市场有较强的竞争力。别克、广汽丰田、一汽丰田、东风日产、广汽本田、均跌出前十，以上说明消费者开始将目光转向更加经济实惠的国产车上，日系品牌即使降价卖车也难以得到消费者的青睐。

在造车新势力阵营中特斯拉再次展现了其市场领导力。特斯拉较2023年同期增长约30%，这一成绩不仅巩固了特斯拉汽车的市场地位，也拉开了与其他竞争对手的差距。

在其他新势力品牌方面，理想汽车以1.1万辆的销量紧随其后，吉利银河、AITO问界、长安汽车、领跑汽车等品牌销量也在1万辆上下表现不俗。值得注意的是，问界、小鹏、小米汽车、极氪和蔚来等品牌销量均实现了上涨，而智界和乐道则创下了新的销量纪录。

在豪华车市场，宝马、奔驰和奥迪依然占据主导地位。宝马以2.45万辆的销量领跑，奥迪和奔驰分别以2.38万辆和2.23万辆紧随其后，展现了豪华车市场的强劲需求。

整体来看，安徽省汽车市场在2024年底保持了平稳的发展态势，新能源汽车市场继续扩大，新势力品牌和传统车企均展现出强劲的市场竞争力。

二、2025年安徽省乘用车市场预测

1. 2025年全国汽车市场环境分析

面对更多的新能源汽车进入市场，中国自主品牌抢占份额，以及合资外资品牌的卷土重来，众多汽车企业面临着年底的销量目标，也许会继续以价格下调作为战略挤占市场，价格战不会停止。

未来汽车市场不确定性加大，经销商要根据实际情况，理性预估实际市场需求。同时要加大对以旧换新和报废更新政策的宣传，通过强化服务提振消费信心，把降本增效放在首位，防范经营风险。

2. 2025年安徽省乘用车市场影响因素及总量预测

基于对中国汽车产业现状与发展趋势的深入分析，出海将成为未来十年中国车企的重要战略方向和增长点，这一观点反映了以下几个方面：

长三角经济一体化为安徽省带来发展机遇，促进了产业结构优化升级和创新能力提升。特别是在新能源、汽车、量子科技、人工智能等新兴领域，安徽省取得了突破性进展。

当前国内市场需求饱和，尽管中国已经是全球最大的汽车市场，但随着国内市场逐渐饱和，增速可能会放缓，安徽省企业需要寻求新的增量空间。安徽省企业有能力通过海外建厂、出口销售等方式实现全球化布局，以分散风险并获取更广阔的市场资源。

安徽省政府为了推动新能源汽车产业的发展，成立了省级新能源汽车产业链专班。围绕新能源汽车产业链进行补链、强链、延链的工作，专项推进产业需求，以打造具有国际竞争力的新能源汽车产业集群。

同时国际贸易环境的变化也为安徽省汽车产品出口创造了更多机会。安徽省汽车产业必须抓住全球化机遇，积极应对挑战，通过“出海”策略实现出口增长和产业升级，从而确保长期可持续发展。这一策略对于安徽省汽车行业的国际化进程和全球竞争力具有重大意义。未来，随着新能源汽车技术的不断进步和消费者接受度的提高，安徽省汽车市场有望迎来更加广阔的发展前景。预计 2025 年安徽省将实现乘用车销售 88.5 万辆，同比增长 1.5%。

（作者：韩震　江博雅）

2024 年重庆市汽车市场分析及 2025 年预测

2024 年，随着一系列促消费政策持续发力显效，消费市场保持稳定恢复态势。总体呈现燃油车销量下行压力加大、新能源汽车销量再创新高、二手车交易持续活跃、老旧机动车加速报废淘汰等市场特征。根据中国汽车工业协会数据，2024 年 1—11 月全国乘用车国内销售 1991.6 万辆，同比增长 1.9%；乘用车出口 452 万辆，同比增长 21.5%。传统燃料乘用车国内销量 1025.7 万辆，比 2023 年同期减少 243.6 万辆，同比下降 18.8%；其中新能源汽车国内销量 1012.1 万辆，同比增长 40.3%；新能源汽车出口 114.1 万辆，同比增长 4.5%。

一、2024 年重庆市汽车市场分析

1. 2024 年重庆市经济情况

2024 年以来，重庆市深入贯彻党中央、国务院决策部署，认真落实市委、市政府工作要求，完整、准确、全面贯彻新发展理念，突出稳进增效、除险固安、改革突破、惠民强企工作导向，重庆市经济运行总体平稳，稳中有进，趋稳向好态势得到增强。

根据地区生产总值统一核算结果，2024 年前三季度重庆市实现地区生产总值 23244.31 亿元，按不变价格计算，同比增长 6.0%。其中，第一产业实现增加值 1486.83 亿元，同比增长 2.9%；第二产业实现增加值 8991.33 亿元，同比增长 6.7%；第三产业实现增加值 12766.15 亿元，同比增长 5.8%。重庆市经济运行延续恢复向好发展态势，新动能发展优势持续扩大，经济转型升级稳步推进，现代产业体系加快构建，高质量发展取得新进展。

总体来看，2024 年 1—11 月，重庆市汽车产量 222.8 万辆，同比增长 7.4%，其中新能源汽车 81.3 万辆，增长 106.2%。2024 年前三季度，重庆市规模以上工业增加值同比增长 8.1%，比 2023 年同期提高 2.4 个百分点。从主要支柱产业看，汽车是全市规上工业较快增长的主要支撑产业，增长 25.9%，其

中增长核心仍然是以长安、赛力斯等为代表的新能源汽车。

随着中央和地方以旧换新政策协同发力，消费市场延续回升向好态势。2024 年前三季度，重庆市实现社会消费品零售总额 1. 17 万亿元，同比增长 3. 8%，高于全国水平 0. 5 个百分点。分季度看，2024 年一季度，全市社会消费品零售总额增长 5. 5%，比 2023 年同期提高 0. 8 个百分点，实现良好开局；2024 年二季度受汽车市场竞争加剧影响，社会消费品零售总额增速回落至 2. 2%；2024 年三季度在消费品以旧换新政策加码提振下，社会消费品零售总额增速恢复至 3. 7%，呈现出企稳回升态势。

随着加力支持消费品以旧换新、促进服务消费高质量发展等政策措施落实落地，进一步优化消费供给，创新消费场景，营造消费氛围，增强居民消费信心和意愿，消费市场持续稳定增长态势。2024 年 4 月底，重庆市迅速响应国家号召，印发《重庆市推动大规模设备更新和消费品以旧换新行动方案》；2024 年 5 月印发《“爱尚重庆”消费品以旧换新实施方案》；2024 年 8 月在全国率先“加码”推出落地政策措施；2024 年 11 月再次追加补贴资金，提高补贴标准。同时自 2024 年 6 月起，开展“爱尚重庆 渝悦消费”汽车惠民促销活动和新能源汽车下乡巡展活动，营造良好的促消费氛围，引导恢复消费信心，提振市场消费意愿。

2. 2024 年重庆市乘用车市场情况

据公安部统计，全国目前有 88 个城市的汽车保有量超过 100 万辆，同比增加 7 个城市，41 个城市汽车保有量超过 200 万辆，24 个城市汽车保有量超过 300 万辆。其中，北京、成都汽车保有量超过 600 万辆，重庆、上海、苏州汽车保有量超过 500 万辆。

2024 年 1—11 月，重庆市广义乘用车累计销量 39. 88 万辆，累计同比微增 0. 6%。其中新能源汽车市场累计销量 20. 28 万辆，累计同比增长 36. 2%，市场渗透率达 50. 9%。受以旧换新政策的影响，消费者前期观望情绪浓厚，市场总体呈现先降后升走势（见图 1）。

从燃料类型看，新能源汽车市场占有率已突破 50%，成为市场销售的主力军，相较 2023 年同期增加 13 个百分点。传统燃油车的销量占总销量的 46. 7%，仍然是市场上的一个重要组成部分，但市场份额相比新能源汽车有所下降。

从品牌车系来看，仅自主品牌和法系车辆实现同比增长，其余品牌车型均有不同程度的下滑（见图 2）。2024 年 1—11 月，重庆市自主品牌销量 27. 3 万辆，

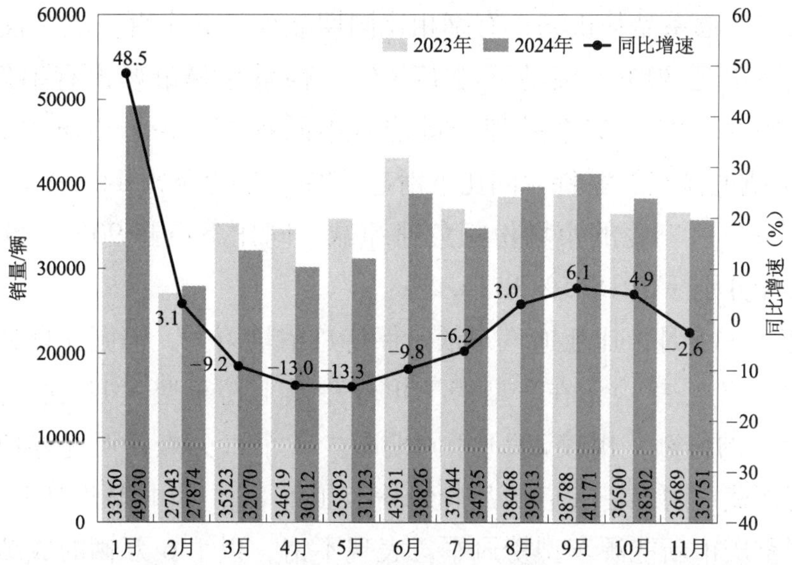

图1　2024 年 1 —11 月重庆市汽车月度销量走势及同比增速

（注：数据来源于重庆市汽车商业协会）

相较 2023 年同期增长 15. 8%，在总销量中的占比达到 68. 5%，较 2023 年的 59. 2%增长了 9. 3 个百分点。汽车产业变革改变了行业竞争格局，在能源革命和技术加持下，新能源汽车崛起，自主品牌市场份额飙涨，已超越合资品牌的整体份额，走上了“换道超车”的道路。美系、德系、韩系品牌同比下滑均超过 20%，主要还是由于燃油车市场压力仍较大，燃油车企总体销售都处于低位。

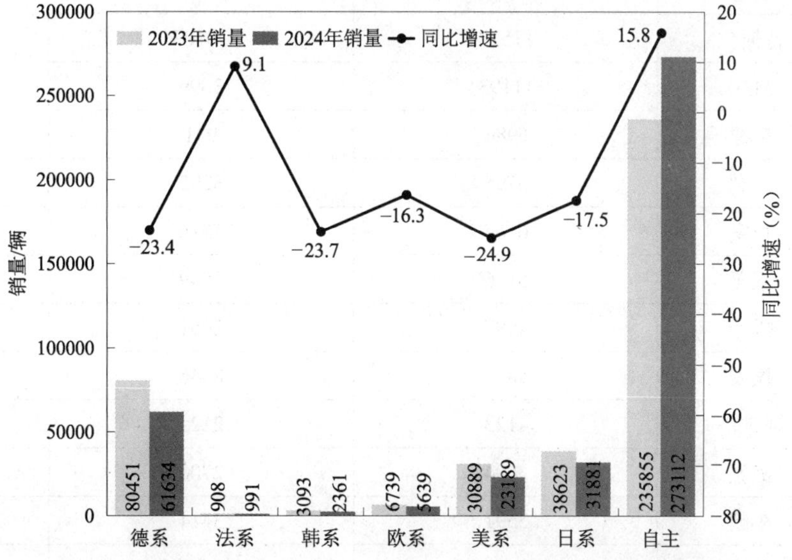

图2　2024 年 1—11 月重庆市汽车分车系销量及同比增速

（注：数据来源于重庆市汽车商业协会）

具体来看，德系品牌市场占有率相比同期减少了5个百分点，仅为15.5%，其中，大众下滑近30%，宝马下滑17.0%。韩系品牌市场占有率仅为0.6%，其中起亚下滑42.9%。美系品牌销量均有不同程度下滑，市场占有率缩减至5.8%，其中凯迪拉克、雪佛兰同比下滑超67%，别克下滑44.6%。日系品牌中本田下滑37.8%，三菱的市场份额急速缩减，同比下滑超90%。欧系品牌中，沃尔沃和路虎分别下滑15.5%和14.2%。

2024年1—11月，比亚迪汽车依旧保持总销量第一，但同比增速逐步放缓，增速达23.1%（见表1），在车型榜TOP20中其上榜车型达11款，占到新能源细分市场26%的份额，相较2023年同期减少3个百分点，但优势地位仍明显。长安汽车携深蓝、阿维塔、启源品牌纷纷入围前20，其中深蓝自上市以来，连续多月位列重庆市新能源车型榜冠军，表现不俗，以1.6万辆的成绩排名第二，市场份额占比达7.7%。在华为加持下，AITO销量快速提升，同比增长202.6%，市场份额占比达5.5%。五菱和零跑等5万~15万元品牌车型，在以旧换新政策的赋能下，增幅明显。

表1　2024年1—11月重庆市新能源汽车品牌销量TOP20

排名	新能源品牌	2024年1—11月销量/辆	2023年1—11月销量/辆	同比增速（%）
1	比亚迪	52807	42881	23.1
2	深蓝	15540	10117	53.6
3	理想	12017	11940	0.6
4	特斯拉	11527	10707	7.7
5	AITO	11193	3699	202.6
6	启源	6984	931	650.2
7	吉利	6795	3295	106.2
8	长安	6167	7516	-17.9
9	五菱	5126	2549	101.1
10	零跑	4987	2961	68.4
11	埃安	4862	8446	-42.4
12	阿维塔	4123	2125	94.0
13	极氪	3694	2700	36.8
14	小鹏	3591	3414	5.2
15	领克	2862	935	206.1
16	小米	2811	—	—

（续）

排名	新能源品牌	2024 年 1—11 月销量/辆	2023 年 1—11 月销量/辆	同比增速（%）
17	睿蓝	2605	1923	35.5
18	大众	2566	2268	13.1
19	极狐	2316	201	1052.2
20	宝马	2295	2368	-3.1

注：数据来源于重庆市汽车商业协会。

随着自主品牌新能源车型的不断壮大，合资品牌被全面“换道超车”，仅有大众、宝马上榜，且不及自主品牌新能源，排名靠后，合资品牌在新能源汽车领域的转型仍需加速。受中心城区出行市场饱和的影响，埃安销量明显下滑，同比增速下降42.4%。造车新势力以理想为代表，得益于细分市场主销车辆的优越表现，准确把握消费者需求，位列2024年1—11月新能源汽车品牌销量第三名，进一步与小鹏、蔚来拉开差距。

除此之外，从单款热销车型的销量排行情况来看（见表2），新能源市场竞争愈发激烈，重庆地区的消费者更偏好混合动力汽车。未来，随着电池技术革新，市场格局将迎来新的变化。

表2 2024年1—11月新能源车型销量TOP20

排名	新能源车型	2024 年 1—11 月销量/辆	2023 年 1—11 月销量/辆	同比增速（%）
1	MODEL Y	8422	7682	9.6
2	S07 REEV	7590	4659	62.9
3	问界 M7	6239	1987	214
4	秦 PLUS EV	4966	3505	41.7
5	宋 PLUS DM-i	4661	5571	-16.3
6	海鸥	4510	2413	86.9
7	理想 L6	4454	—	—
8	元 PLUS	3706	4171	-11.1
9	宋 Pro DM-i	3497	3244	7.8
10	秦 PLUS DM-i	3373	3989	-15.4
11	理想 L7	3326	4315	-22.9
12	问界 M9 REEV	3279	—	—

（续）

排名	新能源车型	2024 年 1—11 月销量/辆	2023 年 1—11 月销量/辆	同比增速（%）
13	MODEL 3	3075	2947	4. 3
14	SU7	2811	—	—
15	驱逐舰 05	2798	1294	116. 2
16	唐 DM - i	2792	2668	4. 6
17	秦 L DM - i	2763	—	—
18	宋 PLUS EV	2723	2014	35. 2
19	海豹 06 DM - i	2650	—	—
20	SL03 REEV	2421	3892	-37. 8

注：数据来源于重庆市汽车商业协会。

2024 年，重庆市汽车在出海方面展现了显著的增长势头和多方面的积极进展。重庆市人民政府办公厅印发了《重庆市“渝车出海”行动计划》，重点瞄准细分出口市场开发适销对路的传统汽车和新能源汽车产品，以政策支持企业开拓创新，旨在加快建设全国领先的智能网联新能源汽车出口基地，实现由产品出口向品牌及技术输出等价值链高端环节跃升。目标预计到 2027 年，全市整车年出口量占全国整车年出口量的比重达 10%；打造 1 ~2 家国内领先的智能网联新能源汽车出口企业和品牌，企业海外工厂布局不断完善；智能网联新能源汽车产业形成较强的国际辐射能力，年出口金额超过 1200 亿元。

借助中欧班列（渝新欧）、西部陆海新通道、渝黔桂新“南向通道”等铁海联运班列，公路物流基地跨境班车等常态化物流运输干线，重庆市进一步抢抓出口发展机遇，汽车整车出海和产业链出海势头强劲。2024 年 1—11 月，全市出口汽车 43. 5 万辆，同比增长 30. 1%，货值 393. 8 亿元，同比增长 32. 2%；其中新能源汽车出口 5. 2 万辆，同比增长 149. 7%；货值 72. 0 亿元，同比增长 150. 1%。出口市场将成为重庆市汽车行业发展的重要支撑。

二、2025 年重庆市汽车市场预测

1. 2024—2025 年重庆市市场环境发展趋势

2024 年重庆市的经济发展趋势继续保持稳中有进的良好态势。作为中国西部的重要经济中心，在国家战略的推动下，深入推进新型工业化，实施科技创

新和人才强市首位战略，推进重点产业链高质量发展行动，加快构建产业大脑，培育壮大优质企业，强化关键项目招引，促进产业高端化、智能化、绿色化发展。

重庆市锚定智能网联新能源汽车的主攻方向，坚持政企协同发力，以创新链协同、产业链集聚，培育汽车产业新生态，在中高端市场的占有率更大、自主品牌影响力更强、自主创新的科技含量更高、产业生态更优。自2022年起，重庆市提出建设世界级智能网联新能源汽车产业集群的目标，抛出“33618”的产业蓝图，智能网联新能源汽车成为重庆市重点打造的3大万亿级主导产业集群之一。重庆市围绕发展智能网联新能源汽车产业，加力构建产业生态，目前已齐聚了1200家规模以上汽车零部件企业，重点培育了300多家智能网联新能源汽车零部件企业，实现了智能网联新能源汽车三大系统、12大总成、56种部件的全覆盖。

2024年重庆市启动便捷超充行动计划，加快建设全域覆盖、全国一流的便捷超充城市，同时加快完善“超充+快充+便充”充电生态，从“供给、需求、服务”三方面强化引导，构建充电便捷、智能高效的新能源汽车补能服务体系。按照2024年3月印发的《重庆市新能源汽车便捷超充行动计划（2024—2025年）》，2025年重庆市中心城区公共快充站和新建站都将具备超充能力，同时现有充电站将逐步改造为超充站，形成“1公里超充圈”。到2025年底，全市建成超充站2000座，超充枪4000个，中心城区1340座，主城新区以及万州区430座，两群地区100座，高速公路服务区170座，并采取多种联动方式营造全社会广泛参与打造一流便捷超充生态的良好氛围。重庆市作为国家电动汽车换电模式试点、国家公共领域全面电动化试点、充电基础设施建设应用示范县和示范乡镇试点、县域充换电设施补短板试点等多个国家级先行先试城市，行业发展优势显著。同时，重庆市正积极申报国家级车网互动规模化应用试点城市，着力培育车网融合互动新型产业生态，支撑新型能源体系和新型电力系统构建。

在以旧换新政策支持下，重庆市汽车消费市场持续向好，自2024年8月底重庆市加力实施各项补贴政策以来，消费市场被快速点燃。在政策支持下，2024年8—11月重庆市汽车月均销量达38709辆，环比2024年4至7月增长14.9%，重庆市享受汽车以旧换新补贴13.9万名。同时，引导汽车生产厂家、重点经销企业、银行金融机构叠加资源，放大政策实施乘数效应。比如，汽车置换更新实行比例补贴、上限封顶，提高资金使用效益，政策撬动比达1:16。

2. 2025 年重庆市乘用车市场影响因素及总量预测

2024 年 1—11 月重庆市广义乘用车累计销量 39. 88 万辆，累计同比微增 0. 6%。占比全国市场份额 2. 0%，保持正常水平。年初多家汽车企业先后开启官降，部分促销政策得到延续，再叠加消费者春节集中购物的习惯，部分需求得到提前释放。2024 年 5 月起，“以旧换新” 政策出台，消费者观望政策落地，一定程度上产生了消费滞后。2024 年 8 月起，随着报废换新和置换更新的政策加力，部分购车需求得到有效释放，2024 年 10 月开始进入年底的市场加速期，未来预期汽车市场增长效果较好。预计 2024 年重庆市广义乘用车销量理想值为 46. 0 万辆（见表 3），较同期增长近 4 个百分点。

展望 2025 年，在不考虑地缘政治等因素下，重庆市乘用车市场消费力将进一步释放，目前全国促消费政策不明朗，2025 年预计增幅在 3. 5%。

表 3　2018—2025 年重庆市（狭义）乘用车销量及预测

（单位：万辆）

年份	2018 年	2019 年	2020 年	2021 年	2022 年	2023 年	2024 年 F	2025 年 F
乘用车销量及预测	48. 8	45. 9	43. 8	45. 4	40. 1	44. 3	46. 0	47. 6

（作者：陈学勤　叶玉屏）

2024 年我国进口车市场分析及 2025 年展望

在宏观经济周期性波动、国际贸易格局深度调整及国内汽车产业竞争白热化的多重压力下，国家精准实施稳定和扩大汽车消费政策“组合拳”，对拉动市场需求起到了积极作用。2024 年，我国汽车市场销量再创新高，达 3143.6 万辆，同比增长 4.5%。随着国产车的快速崛起和国际品牌本土化进程的加速，以燃油车为主的进口汽车市场规模持续收缩，至 65 万辆以下，市场呈现结构性调整。2025 年，伴随“双碳”战略纵深推进及智能网联技术加速迭代，进口车市场将迎来新能源高端化、服务增值化的发展新周期，产业格局面临深度重构。

一、2024 年我国进口车市场回顾

1. 供给情况

2024 年，乘用车累计进口 69.3 万辆，同比下滑 11.3%，创近十年来新低。自主品牌强势发展带动的国内汽车工业快速崛起，以及国际品牌加速推进本土化战略，进一步压缩了进口汽车的市场空间，进口量持续萎缩。图 1 所示为

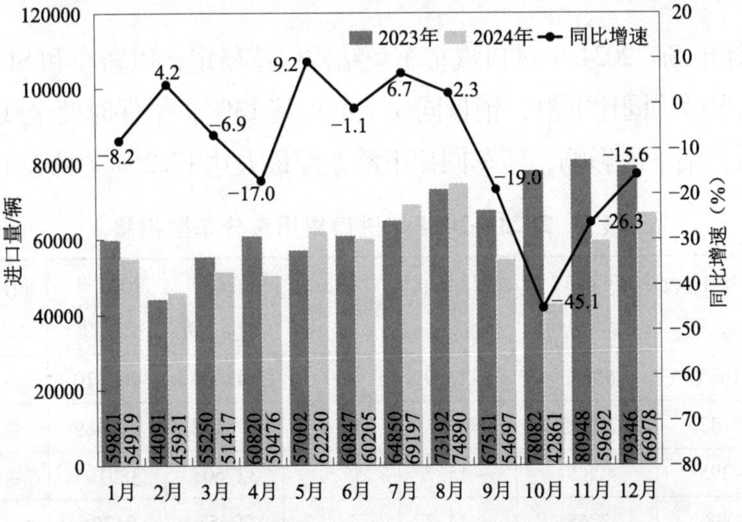

图 1　2023—2024 年乘用车进口量月度走势

（注：供给数据选用乘用车海关进口量数据，数据来源于海关总署）

2023—2024 年乘用车进口量月度走势。

2. 销售情况

2024 年，进口汽车累计销售 64. 4 万辆，同比下滑 16. 4%。随着国产新能源汽车在性价比、技术水平和市场认可度方面的持续提升，叠加以旧换新等政策的发力显效，进口燃油车的市场需求受到严重挤压，市场份额进一步萎缩。2023—2024 年进口汽车销量月度走势见图 2。

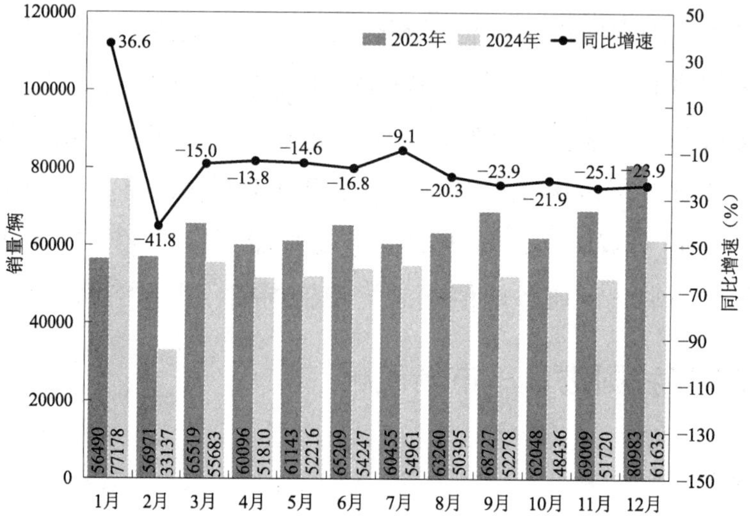

图 2 2023—2024 年进口汽车销量月度走势

（注：销售数据选用乘用车上险数据，数据来源于国机汽车中国进口汽车市场数据库）

3. 车型结构

（1）整体市场 2024 年进口汽车车型结构保持稳定，以轿车和 SUV 为主，占比 96. 7%，三大车型均同比下滑，销量同比下滑均超 13%，受保时捷全线车型、奔驰 S 级等车型销量大幅下滑影响，轿车同比下滑幅度最大达 17. 2%（见表 1）。

表 1 2023—2024 年进口乘用车分车型销量

车型	2024 年 12 月销量/辆	2023 年 12 月销量/辆	同比增长（%）	占比（%）	2024 年销量/辆	2023 年销量/辆	同比增长（%）	占比（%）
进口乘用车	61635	80983	-23. 9	100	643696	769910	-16. 4	100
轿车	25142	37395	-32. 8	40. 8	295138	356489	-17. 2	45. 8
SUV	34395	40820	-15. 7	55. 8	327603	389195	-15. 8	50. 9
MPV	2098	2768	-24. 2	3. 4	20955	24226	-13. 5	3. 3

注：数据来源于国机汽车中国进口汽车市场数据库。

（2）细分车型 2024 年 12 月，轿车销量前十车型均同比下滑，受竞争力下降、厂商减产等因素影响，奔驰 S 级同比降幅最大，达 45.1%（见表 2）。SUV 销量前十车型中仅两成实现增长，在新款 RX300 降价上市带动下，雷克萨斯 RX 销量同比增长 38.7%（见表 3）；奥迪 Q7 同比降幅最大，达 31.1%。

表 2 2024 年 12 月进口轿车分车型销量与同比增速

车型	2023 年 12 月销量/辆	2024 年 12 月销量/辆	同比增速（%）
宝马 6 系	1031	803	-22.1
奥迪 A8	1235	833	-32.6
宝马 2 系	1135	855	-24.7
奥迪 A5	1382	971	-29.7
奔驰 S 级	2042	1121	-45.1
奔驰迈巴赫 S 级	1429	1153	-19.3
宝马 7 系	1707	1223	-28.4
保时捷 Panamera	1802	1692	-6.1
宝马 4 系	2088	1885	-9.7
雷克萨斯 ES	14475	8434	-41.7

注：数据来源于国机汽车中国进口汽车市场数据库。

表 3 2024 年 12 月进口 SUV 分车型销量与同比增速

车型	2023 年 12 月销量/辆	2024 年 12 月销量/辆	同比增速（%）
保时捷 Macan	1480	1079	-27.1
奥迪 Q7	1945	1341	-31.1
奔驰 GLS 级	1942	1517	-21.9
路虎卫士	1902	1714	-9.9
沃尔沃 XC90	2167	1780	-17.9
雷克萨斯 NX	2616	2223	-15.0
路虎揽胜	2527	2258	-10.6
保时捷 Cayenne	2973	2984	0.4
奔驰 GLE 级	5087	4561	-10.3
雷克萨斯 RX	3467	4808	38.7

注：数据来源于国机汽车中国进口汽车市场数据库。

4. 级别结构

2024 年，中大型车仍占据市场主要份额，占比 57.3%（见图 3）。紧凑型份额与 2023 年基本持平；其他车型份额均小幅下滑。近六年，中大型车持续占据市场主要份额，于 2020 年首次突破 50% 大关后份额维稳，2024 年进一步逼近 60% 大关，份额累计增幅最大；中型车份额自 2019 年起累计下滑 7.7 个百分点，降幅最大。

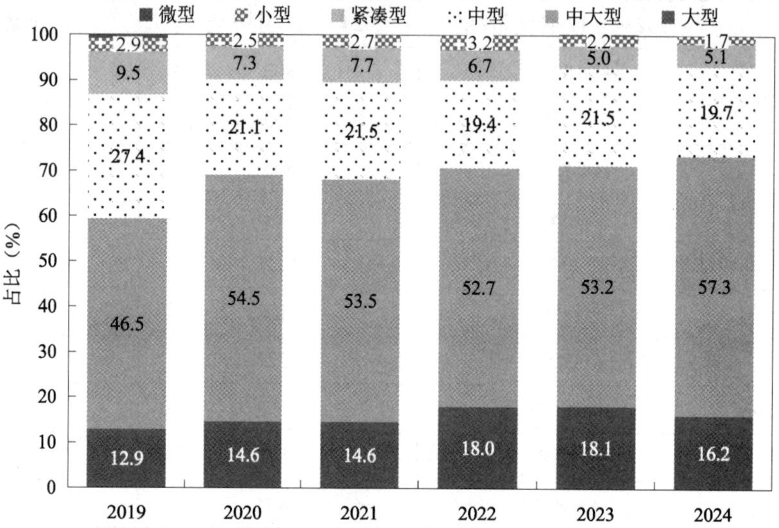

图 3　2019—2024 年进口乘用车销量级别结构

（注：数据来源于国机汽车中国进口汽车市场数据库）

5. 品牌结构

（1）整体市场　2024 年，豪华品牌仍是绝对销售主力，占销售总量的 90.8%（见表 4），销量同比下滑 15.6%。国产新能源车强势崛起，新势力与传统品牌齐推高端车型，供给侧驱动消费升级，同时也分流了进口豪华车的市场份额。

表 4　2023—2024 年进口乘用车分品牌性质销量结构

品牌性质	2024 年 12 月销量/辆	2023 年 12 月销量/辆	同比增速（%）	占比（%）	2024 年销量/辆	2023 年销量/辆	同比增速（%）	占比（%）
非豪华品牌	5356	7378	-27.4	8.7	54231	70417	-23.0	8.4
豪华品牌	55724	72842	-23.5	90.4	584263	691907	-15.6	90.8
超豪华品牌	555	763	-27.3	0.9	5202	7586	-31.4	0.8

注：豪华品牌包括阿尔法·罗密欧、奥迪、宝马、保时捷、奔驰、捷豹、凯迪拉克、雷克萨斯、路虎、玛莎拉蒂、MINI、讴歌、Smart、特斯拉、英菲尼迪等；超豪华品牌包括阿斯顿·马丁、法拉利、宾利、兰博基尼、劳斯莱斯、迈凯伦等。数据来源于国机汽车中国进口汽车市场数据库。

（2）细分品牌　2024 年，品牌格局保持稳定，雷克萨斯、奔驰及宝马仍位列前三（见图 4）；在国产新能源汽车竞争力持续提升，进口品牌国产化加速的推进下，前二十品牌中七成呈现年度同比下滑。

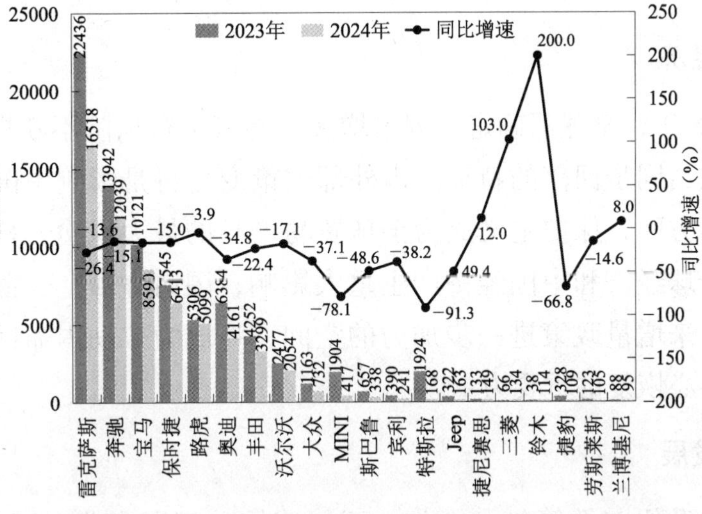

图 4　2024 年 12 月进口乘用车分品牌销量与同比增速

（注：数据来源于国机汽车中国进口汽车市场数据库）

6. 区域结构

2024 年，广东、江苏、浙江销量依然位列前三位，销量前十位省份均呈现同比下滑（见图 5）。其中，北京销量降幅最大，同比下滑 21.4%，主要源自奥

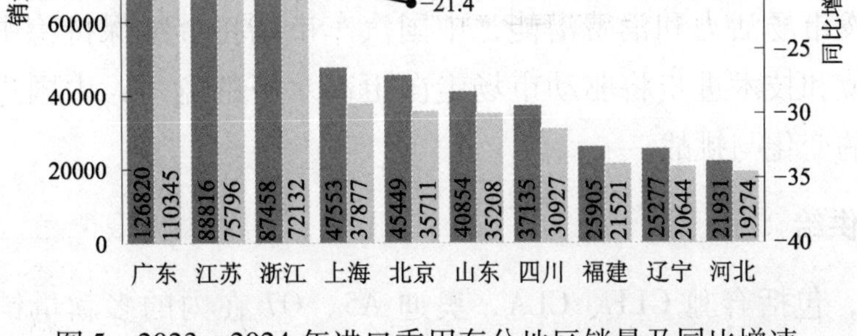

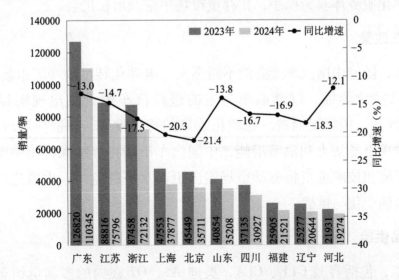

图 5　2023—2024 年进口乘用车分地区销量及同比增速

（注：数据来源于国机汽车中国进口汽车市场数据库）

迪 Q7、奔驰 S 级、路虎揽胜等车型销量下滑影响；得益于宝马 X2、路虎揽胜运动等车型销量增长贡献，河北同比下滑 12.1%，在前十位省份中降幅最小。

二、2025 年我国进口车市场展望

1. 宏观经济

展望 2025 年，全球不确定性因素增多，经济下行风险不断提高，可能呈现总需求、总供给同步回落的特征。内外部政策变化将是影响中国经济走势的最大变量，国际方面，保护主义成为全球贸易增长的最大风险，特别是加征关税政策，将对全球经济和中国经济产生重大影响；国内方面，一揽子稳经济政策的实施以及未来增量政策进一步加力的空间，将成为拉动内需回升、推进风险化解、促进信心恢复的重要力量。

2. 行业发展

国内消费升级与政策红利叠加，正加速推动汽车产业向高端化、电动化、智能化方向转型升级。在全球贸易环境的不确定性背景下，部分国家和地区可能会继续对中国汽车出口设置贸易壁垒，或间接影响我国进口汽车市场的供需关系。面对市场规模收缩与竞争格局重塑的双重挑战，进口汽车厂商的战略重心将向高利润市场聚焦。企业需通过技术创新、品牌溢价和服务升级，在新赛道中重塑竞争力，更好地满足消费者对高品质出行体验的需求，以差异化产品矩阵和个性化服务体验为抓手，在存量市场中挖掘增长机会。

3. 产业政策

近年来，随着中国汽车产业的不断强大，电动化转型改变了市场需求结构，燃油车需求持续萎缩，以燃油车为主的进口汽车销量也出现明显下滑（见图 6）。2025 年，国家促消费、稳增长政策的持续推进，以旧换新政策的延续，将进一步激发市场活力和消费潜能，中国汽车市场将继续保持稳中向好发展态势，政策环境和技术进步将驱动市场走向更高水平的竞争，中国进口汽车市场将面临更多的变化与挑战。

4. 产品供给

2025 年，包括奔驰 GLE、CLA，奥迪 A5、Q7 在内的多款量销车型即将国产，约占 13% 左右的进口汽车市场份额。同时，2025 年即将上市的进口新车和

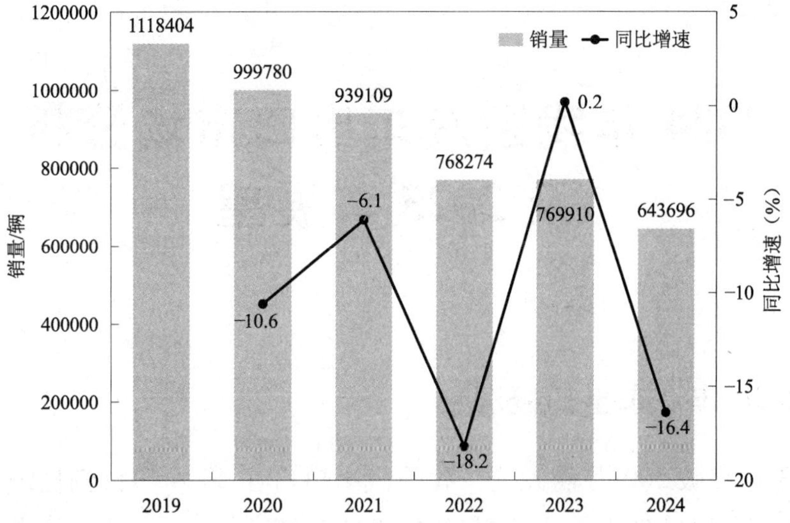

图 6　2019—2024 年进口汽车销量及同比增速

（注：数据来源于国机汽车中国进口汽车市场数据库）

换代车型包括宝马 M3 旅行版、奥迪 A5 旅行版、雪佛兰 TRAVERSE、沃尔沃 EX90、兰博基尼 Urus SE 等，车型以中大型 SUV、豪华及超豪华新能源汽车及个性化车型为主，预计量销车型有限。

综上，预计 2025 年，我国进口车市场将呈现高端稳固、电动提速、燃油收缩的发展格局。随着国产汽车的快速崛起和本土化生产进程的加速，进口汽车需应对价格战和技术战等多重压力，生存环境或将持续紧张。

（作者：国机汽车股份有限公司　黄露）

2024 年我国汽车出口市场分析及 2025 年展望

一、2024 年汽车出口概况

自 2023 年突破 500 万辆大关，我国汽车出口在 2024 年再创佳绩，前三季度累计出口额首次超过日本，占全球汽车贸易总额的 10%，列世界第二位。据中国海关统计，2024 年 1—10 月，整车（不含低值电动载人汽车，下同）出口 510.16 万辆，同比增长 26.1%，出口金额 980.49 亿美元，同比增长 18.6%。其中，乘用车出口 434.58 万辆，同比增长 27.7%，出口金额 733.21 亿美元，同比增长 19.7%；商用车出口 75.48 万辆，同比增长 17.6%，出口金额 247.27 亿美元，同比增长 15.4%。预计 2024 年全年整车出口可达 600.0 万辆规模，同比增长 20.1%（见图 1）。

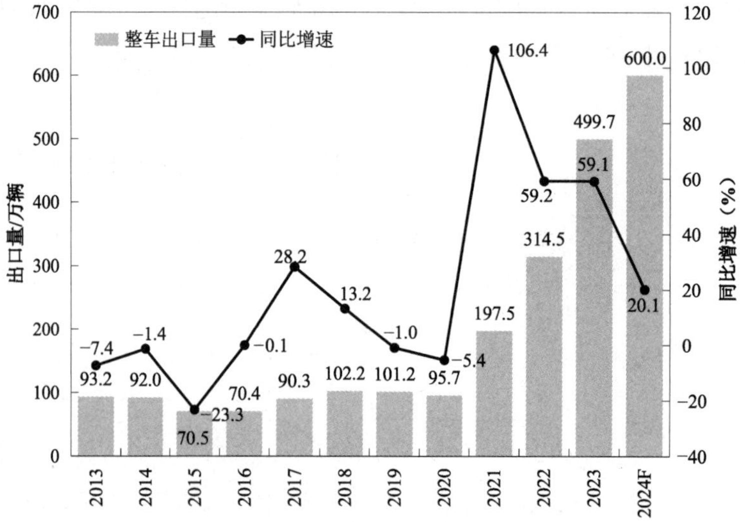

图 1　2013—2024 年我国汽车整车出口走势

（注：根据中国海关数据整理，下同）

从月度走势看，2024 年 1—10 月整车出口有所波动，出口量同比增速在出口额之上，8 月单月出口达 58. 90 万辆，9 月出口额攀升至 115. 28 亿美元，创历史新高（见图 2）。但 2024 年 10 月增速明显回落，预计 11 月、12 月出口稳中有升，但拉动作用乏力，全年出口量有望完成预期 600 万辆目标。

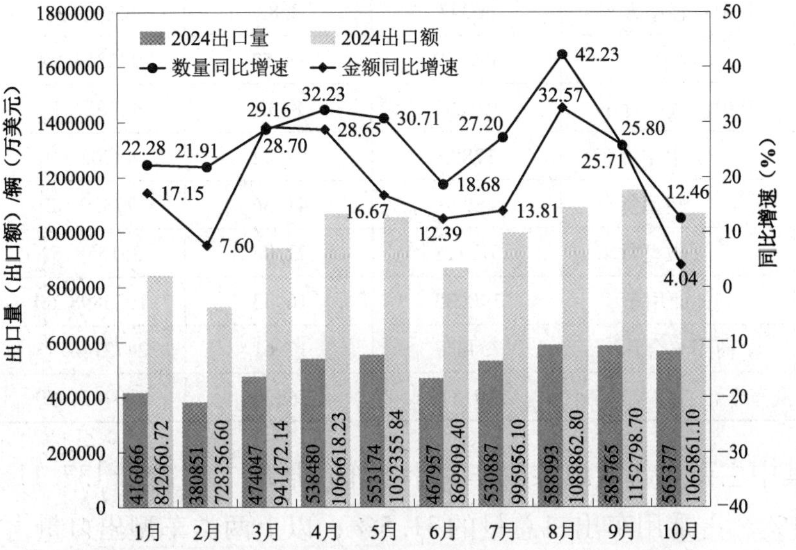

图 2　2024 年 1—10 月我国汽车整车出口月度走势

二、2024 年汽车出口主要特点

1. 乘用车巩固优势，商用车企稳回升

分车型看，2024 年 1—10 月，乘用车出口量仍然超过商用车，占整车出口总量的 85. 2%，与 2023 年同期相比，下降 3 个百分点。其他乘用车为第一大出口车型，出口 154. 20 万辆，同比增长 24. 50%（见表 1），占乘用车出口总量的

表 1　2024 年 1—10 月整车出口车型分布

车型		出口数量/辆	数量同比增速（%）	出口金额/百万美元	金额同比增速（%）
乘用车	小轿车	1371139	32. 64	1563798. 61	27. 68
	四驱 SUV	172361	72. 24	370078. 44	60. 35
	9 座及以下小客车	1261276	22. 25	1821487. 29	28. 54
	其他乘用车	1542004	24. 50	3576740. 46	9. 97
	乘用车合计	4346780	27. 69	7332104. 80	19. 70

（续）

车型		出口数量/辆	数量同比增速（%）	出口金额/百万美元	金额同比增速（%）
商用车	10 座及以上客车	65235	14.20	424033.50	20.42
	其中：轻型客车	30247	3.83	53985.28	17.25
	货车	499549	18.57	972814.84	13.84
	其中：重型货车	101697	8.33	447657.17	7.91
	中型货车	17889	87.42	48202.60	80.23
	轻型货车	48930	41.36	77339.92	44.06
	微型货车	312118	22.04	351558.52	21.52
	其他商用车	190033	16.33	1075898.60	15.00
	商用车合计	754817	17.61	2472746.93	15.43
汽车合计		5101597	26.09	9804851.70	18.60

35.5%，其中主要为新能源乘用车；小轿车位居第二，出口 137.11 万辆，同比增长 32.64%，占乘用车出口总量的 31.5%；以上两类车型出口量占整车出口总量的 67.0%。

2. 纯电动乘用车领跑新能源汽车出口

2024 年 1—10 月，我国新能源汽车出口 174.42 万辆，同比增长 34.37%，出口额 409.28 亿美元，同比增长 16.71%（见表 2）。其中，纯电动乘用车出口占比最大，为 124.30 万辆，占新能源汽车出口总量的 71.3%，出口额 281.81 亿美元，占新能源汽车出口总额的 68.9%。插电式混合动力乘用车位居第二，出口 25.66 万辆，出口额 67.18 亿美元，占新能源汽车出口总量的 14.7%，总额的 16.4%，同比翻番。

表 2　2024 年 1—10 月整车出口结构

商品名称	数量/辆	数量同比增速（%）	金额/百万美元	金额同比增速（%）	平均单价/万美元	单价同比增速（%）
汽油车	2774717	23.35	3586566.17	23.06	1.29	-0.23
汽油乘用车	2627003	22.96	3449909.98	22.54	1.31	-0.34
汽油货运车	147714	30.70	136656.19	37.90	0.93	5.51
柴油车	392054	20.45	1274461.19	19.67	3.25	-0.65
柴油乘用车	10107	86.51	21801.14	57.32	2.16	-15.65

（续）

商品名称	数量/辆	数量同比增速（%）	金额/百万美元	金额同比增速（%）	平均单价/万美元	单价同比增速（%）
柴油货运车	338305	16.26	931687.50	15.85	2.75	-0.35
新能源载人、载货及客车	1744214	34.37	4092844.88	16.71	2.35	-13.15
混合动力乘用车	204055	312.60	370058.30	278.15	1.81	-8.35
插电式混合动力乘用车	256595	150.96	671814.34	118.24	2.62	-13.04
纯电动乘用车（不含低值电动车）	1243037	12.21	2818064.61	-2.49	2.27	-13.10
其他类型发动机乘用车	5983	113.68	456.43	19.28	0.08	-44.18
混合动力货车	6550	3，822.16	19253.35	6728.81	2.94	74.11
纯电动货车	18430	-32.19	45906.44	-33.10	2.49	-1.35
其他能源货车	485	45.21	2150.19	64.65	4.43	13.39
大客车	65235	14.20	424033.50	20.42	6.50	5.44
柴油客车	43225	40.75	217356.95	39.59	5.03	-0.83
混动客车	460	878.72	5968.44	1119.64	12.97	24.62
纯电动客车	8619	6.50	159172.78	13.47	18.47	6.54
其他客车	12931	-29.22	41535.32	-25.35	3.21	5.47
牵引车	128422	7.75	564478.69	3.44	4.40	-4.00
底盘（商用车）	6034	27.95	27608.52	14.98	4.58	-10.14

3. 欧亚市场并驾齐驱，大洋洲承压下行

欧洲为我国整车出口最大的海外市场，出口量187.73万辆，出口额393.36亿美元，同比增速分别为15.35%和2.80%（见表3）；亚洲紧随其后，出口量168.97万辆，出口额321.33亿美元，占比均超过30%。对大洋洲出口下降主要受澳大利亚市场疲软拖累。

表3 2024年1—10月我国汽车整车出口大洲分布

洲别	数量/辆	占比（%）	数量同比（%）	金额/百万美元	占比（%）	金额同比（%）
全球	5101597	100.00	26.09	9804851.70	100.00	18.60
亚洲	1689674	33.12	38.14	3213320.07	32.77	35.24
非洲	283387	5.55	63.51	576404.32	5.88	43.25

（续）

洲别	数量/辆	占比（%）	数量同比（%）	金额/百万美元	占比（%）	金额同比（%）
欧洲	1877319	36.80	15.35	3933580.28	40.12	2.80
北美洲	128075	2.51	37.27	337193.48	3.44	17.91
拉丁美洲	960080	18.82	33.00	1405418.86	14.33	47.41
大洋洲	163062	3.20	-21.11	338934.72	3.46	-19.90

从出口数量看，2024 年 1—10 月，俄罗斯为我国整车第一大出口市场，出口 95.70 万辆，同比增长 30.02%（见表 4）；墨西哥位居第二，出口 38.64 万辆，同比增长 15.64%；阿联酋位居第三，出口 26.16 万辆，同比增长 114.37%。在出口额排序中，俄罗斯、比利时、墨西哥位列前三位。排名前 15 位国家中，阿联酋、巴西、吉尔吉斯斯坦增速明显。

表 4　2024 年 1—10 月我国汽车整车出口国别分布

排序	国别	出口额/百万美元	金额占比（%）	金额同比增速（%）	出口数量/辆	数量占比（%）	数量同比增速（%）
1	俄罗斯	1816052.27	18.52	16.28	957032	18.76	30.02
2	墨西哥	514604.98	5.25	30.68	386437	7.57	15.64
3	阿联酋	433576.06	4.42	104.39	261556	5.13	114.37
4	比利时	655373.43	6.68	22.14	246839	4.84	30.37
5	巴西	409912.24	4.18	165.23	217304	4.26	183.61
6	沙特阿拉伯	386619.40	3.94	34.47	216763	4.25	25.46
7	英国	433160.38	4.42	-14.29	166776	3.27	-4.56
8	澳大利亚	306261.08	3.12	-18.42	149633	2.93	-20.22
9	土耳其	148830.35	1.52	20.45	114467	2.24	21.12
10	泰国	139470.19	1.42	-40.57	103213	2.02	-27.60
11	白俄罗斯	154584.46	1.58	25.33	97583	1.91	29.84
12	哈萨克斯坦	200040.85	2.04	18.51	95558	1.87	25.69
13	西班牙	210448.45	2.15	-32.12	95359	1.87	-17.51
14	美国	201587.05	2.06	72.63	85614	1.68	75.04
15	吉尔吉斯斯坦	202183.74	2.06	64.99	77837	1.53	98.24

4. 自主品牌强化主体地位，合资车企徘徊调整

我国整车出口仍以自主品牌为主。根据中国汽车工业协会统计的整车企业出口数据，2024 年 1—10 月，排名前十位的出口企业分别为奇瑞（94. 10 万辆）、上汽（75. 71 万辆）、长安（46. 68 万辆）、吉利（45. 07 万辆）、长城（36. 87 万辆）、比亚迪（33. 22 万辆）、特斯拉（24. 34 万辆）、北汽（21. 76 万辆）、江淮（21. 57 万辆）、东风（20. 22 万辆）（见表 5），合计出口 419. 52 万辆，占出口总量的 86. 4%。

表 5　2024 年 1—10 月我国主要汽车企业出口情况

排序	企业名称	出口数量/辆	同比增速（%）
1	奇瑞控股集团有限公司	940988	26. 76
2	上海汽车集团股份有限公司	757059	-12. 11
3	重庆长安汽车股份有限公司	466820	60. 49
4	浙江吉利控股集团有限公司	450694	32. 62
5	长城汽车股份有限公司	368662	49. 23
6	比亚迪股份有限公司	332203	79. 57
7	特斯拉（上海）有限公司	243353	-21. 2
8	北京汽车集团有限公司	217605	63. 18
9	安徽江淮汽车集团有限公司	215659	55. 36
10	东风汽车集团有限公司	202188	12. 25
11	江苏悦达起亚汽车有限公司	136668	113. 34
12	中国第一汽车集团有限公司	107577	58. 41
13	中国重型汽车集团有限公司	107361	-7. 77
14	广州汽车工业集团有限公司	105021	86. 26
15	陕西汽车控股集团有限公司	52991	12. 58
16	合众新能源汽车股份有限公司	22850	118. 22
17	华晨宝马汽车有限公司	19114	-37. 69
18	鑫源汽车有限公司	18136	-21. 56
19	厦门金龙汽车集团股份有限公司	17546	14. 54
20	肇庆小鹏新能源投资有限公司	16797	—
21	郑州宇通集团有限公司	10134	29. 43
22	海马汽车股份有限公司	9627	-50. 17
23	河北中兴汽车制造有限公司	8592	80. 96
24	徐州徐工汽车制造有限公司	3895	20. 63
25	成都大运汽车集团有限公司	3751	-56. 67
26	山西成功汽车制造有限公司	3676	35. 5

（续）

排序	企业名称	出口数量/辆	同比增速（%）
27	零跑汽车有限公司	3476	—
28	江西江铃集团晶马汽车有限公司	3036	110.54
29	南京金龙客车制造有限公司	2347	-57.4
30	扬州亚星客车股份有限公司	2033	107.66

注：根据中国汽车工业协会数据整理。

5. 产业聚集地频频发力，首位之争仍待揭晓

2024 年 1—10 月，上海市、安徽省、河北省列整车出口省市前三位，出口额分别为 146.68 亿、110.24 亿和 74.70 亿美元（见表 6），从出口数量看，安徽省超过上海市排名首位。排名前十位的省市中，陕西省增幅最大，出口量和出口额同比增长 224.50% 和 111.25%。前十省份合计出口 400.00 万辆，出口额 724.42 亿美元，占整车出口总量的 75.6%，出口总额的 73.7%。

表 6　2024 年 1—10 月我国省/直辖市/自治区整车出口前十排名

排序	省/自治区/直辖市	出口金额/万美元	出口数量/辆	金额同比增速（%）	数量同比增速（%）
1	上海市	1466822.17	671936	-24.13	-15.66
2	安徽省	1102404.00	778822	33.66	30.12
3	河北省	746989.48	487514	71.55	63.83
4	浙江省	673011.93	412701	6.54	29.57
5	山东省	659349.00	240762	16.77	1.03
6	江苏省	622138.69	335510	93.54	69.35
7	广东省	619633.15	295366	52.75	57.23
8	重庆市	498136.91	389403	32.52	31.36
9	陕西省	491577.98	208697	111.25	224.50
10	河南省	364151.96	179244	21.24	-2.26

6. 市场规模持续增长，电动化大势已至

2024 年 1—10 月，全球新能源乘用车合计销量 1346.02 万辆（见表 7），占全球新车销量的 18%。销量排名前 20 位品牌中中国汽车企业占据 11 席，比 2023 年增加 3 席，合计占比为 43.7%，比 2023 年同期增长近 5 个百分点。比亚迪、上汽通用五菱、吉利、广汽、上汽均是连年上榜，理想、问界、零跑和极氪与2023年同期相比取得了不俗的成绩。2024年1—10月，中国新能源汽车销量约为975万辆，同比增长33.9%，位列全球第一，市场渗透率已达39.6%。

表7 2024年1—10月全球电动汽车品牌销量榜

品牌	2024年1—10月销量/辆	市场份额（%）
比亚迪	3092435	23.0
特斯拉	1413274	10.5
上汽通用五菱	448911	3.3
宝马	432285	3.2
理想	393255	2.9
吉利	370666	2.8
大众	361639	2.7
问界	324357	2.4
梅赛德斯	310894	2.3
广汽埃安	296416	2.2
沃尔沃	288880	2.1
起亚	225318	1.7
丰田	213951	1.6
零跑	211038	1.6
奥迪	208546	1.5
现代	205320	1.5
上汽	200695	1.5
奇瑞	193036	1.4
长安	184291	1.4
极氪	167922	1.2
TOP20合计	9543129	70.9
其他	3917040	29.1
共计	13460169	100

注：数据来源于Clean Technica。

三、2024 年汽车出口问题分析

1. 通货紧缩考验经济韧性，地区冲突引发不确定性

在 2024 年 10 月 22 日发布的《世界经济展望》中，国际货币基金组织（IMF）指出在通货紧缩过程中，全球经济保持了异常强劲的韧性，预计 2024 年和 2025 年全球经济增速为 3.2%。发达经济体 2024 年经济增长预测值为 1.8%，较 2024 年 7 月预测值上调 0.1 个百分点；新兴市场和发展中经济体将继续保持强劲增长，2024 年经济增长预测值为 4.2%，与 2024 年 7 月预测值保持一致。报告称，全球平均通胀率 2024 年预计为 5.8%，2025 年为 4.3%。虽然通胀方面数据向好，但下行风险仍在增加。

据中国社会科学院世界经济与政治研究所监测：2024 年 10 月，中国外部经济综合采购经理指数为 48.6，环比基本持平，仍处于荣枯线下方，显示出全球制造业仍然复苏乏力。发达国家相对较弱，美国、欧元区、日本、澳大利亚、韩国、英国处于枯荣线下方。在新兴市场中，东盟、印度、俄罗斯、南非、巴西处于荣枯线上方（见图 3）。

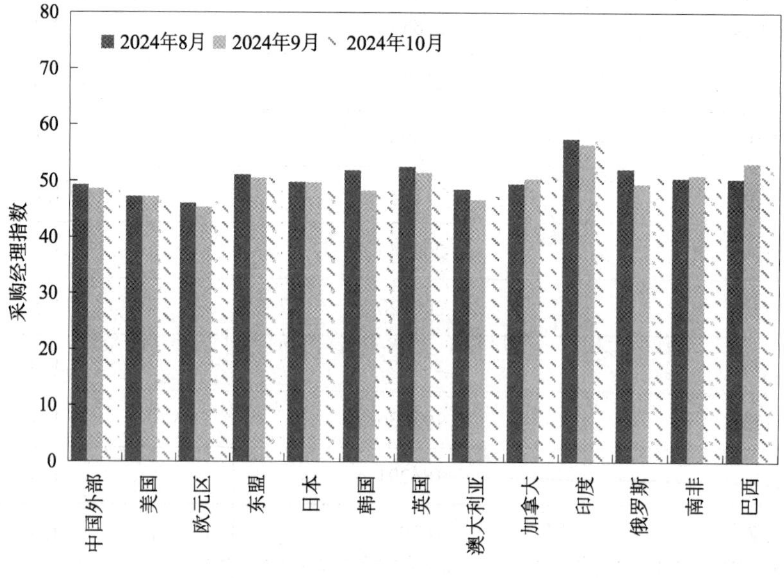

图 3　2024 年 8—10 月主要经济体外部经济综合指数

（注：数据来源于 CEIC 世界经济预测与政策模拟实验室）

中国外部需求，尤其是制造业需求仍较弱，美国或进一步收紧外贸政策、

提升关税，市场对美国经济增长、通胀和美元预期同步走高，国际资金有流入美国动力。在外需波动之际，促进内需和物价止跌更为重要，国内政策仍有较大的持续发力空间。

2. 欧美新车市场徘徊震荡，电动化转型道阻且长

在连续两个季度的下滑之后，2024 年 10 月，美国汽车市场有所回暖（见图 4）。美国商务部经济分析局发布的汽车销量数据显示，2024 年 10 月，美国国内汽车销量同比增长 9.8%，销量达 136.01 万辆；2024 年 1—10 月累计销量达到 1341.04 万辆，同比增长 1.4%。更高的激励措施、更广泛的车型选择以及额外的销售天数推动了 2024 年 10 月汽车销量的增长。美国电动汽车在 2024 年 10 月的销量为 106155 辆，环比增长 2.3%，同比增长 6.7%；2024 年 1—10 月电动汽车累计销量为 128.1 万辆，同比增长 7.0%。

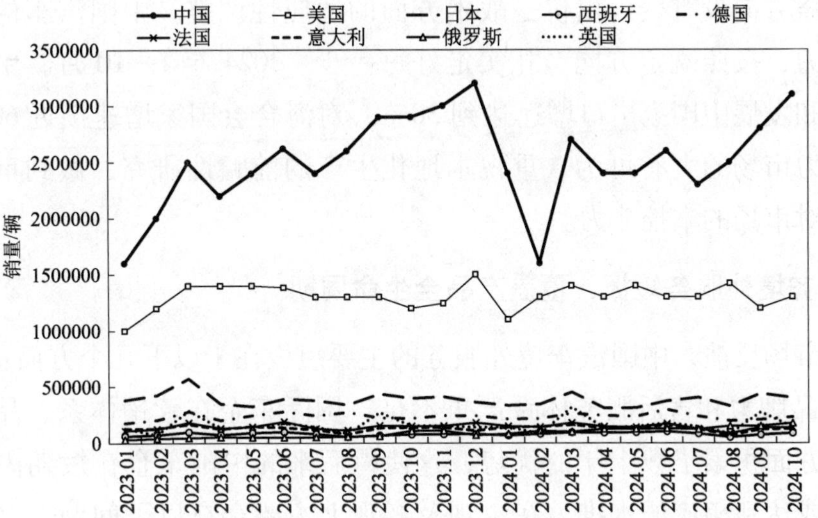

图 4 2023—2024 年全球主要市场轻型车销量情况

（注：数据来源于 Marklines）

根据欧洲汽车制造商协会（ACEA）公布的数据，2024 年 10 月欧元区新车销量 86.64 万辆，下降趋势扭转，同比增长 1.1%。欧元区汽车四大市场，西班牙以 7.2% 的强劲增长领先，德国在经历了三个月的下滑后，实现了 6% 的增长，而法国和意大利依旧分别下滑 11.1% 和 9.1%。2024 年 1—10 月，欧元区新车销量达到 890 万辆，同比实现 0.7% 的增长。其中西班牙和意大利的市场表现积极，分别上涨了 4.9% 和 0.9%，而法国和德国的市场分别下跌 2.7% 和 0.4%。

2024年10月欧元区纯电动汽车销量达到124907辆，环比下降10.6%，同比增长2.4%，市场份额为14.4%。2024年10月29日欧元区宣布对自中国进口电动汽车征收反补贴税。2024年1—10月欧元区纯电动汽车销量同比下滑4.9%，而市场份额也从2023年的14%降至13.2%。

3. 保护主义不得人心，逆势而为终被反噬

2024年，以美国、欧元区、加拿大和土耳其为代表，针对中国汽车行业的贸易保护主义措施频发。不论是通胀削减法案、301复审加税，还是欧元区对华电动汽车反补贴调查，这些正在发生的措施都充分反映出欧美汽车行业深陷转型的阵痛之中，焦虑的矛盾心态暴露无遗。但当今汽车产业的变革正在发生。

尽管面对错综复杂的国际环境，汽车作为全球化特征最为明显的产品，离不开全球的合作与技术创新。虽然新能源汽车在欧美的发展遇到一些阻力，但发展的战略方向没有变，仅仅是战术方面的适应性调整。中国汽车的国际化应该保持定力，按照既定方向，扎实走好每一步。2024年1—10月，中国汽车对新兴市场和发展中国家出口增速达到30%，对海合会国家增速接近60%。我们要看到潜力市场的大有可为，重视本地化生产的前瞻性研究，做到审慎稳妥推进，提升对市场的掌控能力。

4. 补齐境外服务短板，覆盖产品全生命周期

根据市场反馈，中国汽车境外服务的主要短板在于以下几个方面：

（1）品牌力和售后服务体系严重不足　国际车企在营销体系、品牌力和售后体系等方面积累了数十年的优势，这使得后来的中国车企在短期内难以缩小这些差距或达到相应的水准。在主观及客观上主要存在以下问题：对国际市场调研不够充分与战略偏颇，缺乏对现行国际服务标准认知，应对纠纷的能力与经验不足，营销战略上片面强调销量而忽视零配件供应体系与服务网络建设。

（2）协同合作不足　中国汽车企业数量众多，但经营管理分散，市场集中度较低。在出海过程中，汽车企业一般各自为战，导致目标市场、产品和模式高度同质化，甚至自相对标竞争，损害了产业整体利益。这种缺乏协同的情况使得中国汽车品牌在国际市场上难以形成合力。

（3）技术壁垒和核心零部件供应链安全风险　尽管中国车企在动力电池等核心技术方面有一定领先优势，但在传统零部件与基础系统技术方面仍有差距。平台化设计和制造能力有限，产业链尤其是核心零部件供应链安全风险凸显。

（4）海外金融支持力度严重不足　金融支持是汽车市场服务的重要组成部分，但是无论针对经销商还是终端消费者，中国海外汽车金融的支持力度远远不足，这与中国汽车走出较晚有关，也与走出去的模式有关。

5. 秉持长期主义，突破价格战困局

2024 年初以来，国内市场销量增幅有限，企业在存量市场竞争加剧，中国汽车产销的增长主要得益于海外市场的增量。部分企业缺乏国际化思维，“内卷”大有“外化”之势，从东盟到拉美与澳洲，降价抢市场的情况愈演愈烈。由于中国新能源汽车具备较强的产品技术优势，掌握价格主导权，因而海外新能源汽车价格战主要是中国车企之间的较量，其严重程度甚至引发了目的国主管部门的关注与消费者的严重不满，市场销量也受价格战的反噬而出现明显下滑。

主机厂处于产业链核心地位，承担着价值链的利益让渡和分配责任。无限“卷价格”不仅直接影响供应商营利能力，有损企业自身品牌形象，同时也波及友商，从而进一步影响中国汽车的整体形象。

2024 年 7 月 30 日，中共中央政治局召开会议分析研究当前经济形势和经济工作，审议《整治形式主义为基层减负若干规定》时，会议在“要培育壮大新兴产业和未来产业”内容中明确指出，“要强化行业自律，防止‘内卷式’恶性竞争”。2024 年 12 月，中央经济工作会议确定明年重点工作任务，提出“以科技创新引领新质生产力发展，建设现代化产业体系”内容中又明确，“综合整治‘内卷式’竞争，规范地方政府与企业行为”，再次抨击“内卷式竞争”。这说明“内卷”已严重影响经济社会发展内在运行效率、效益和质量，掣肘着正常规律下的产业进步与发展。

以新能源汽车价格战为代表的“外卷”，必须通过汽车出口竞争自律与强有力的社会舆论予以约束。行业倡导的良性竞争，是“卷价值”而绝非“卷价格”，是以对质量、技术和市场的尊重为前提，违背汽车产业的国际化规律，无序竞争只能是急功近利的短视行为。

四、2025 年汽车出口形势展望

1. 贸易限制措施推高成本，裂痕加深导致经济承压

经合组织（OECD）预测，2024 年全球经济增长 3.2%，2025 年和 2026 年增速均稳定在 3.3%。报告认为，目前全球通胀水平持续下降，就业压力缓解，贸易开始复苏，全球经济保持韧性。预计 2025—2026 年，亚洲新兴经济体将继续成为全球经济增长的主要贡献者，中国在全球贸易中的份额会进一步上升。

报告强调，全球经济仍面临贸易紧张和保护主义加剧、地缘政治冲突、公共财政挑战等下行风险。全球贸易政策不确定性急剧上升，加剧了对主要经济体不断增加进口限制措施的担忧。如果贸易限制持续增加，进口价格将被推高，增加企业生产成本，降低消费者生活水平。因此进一步加强国际合作势在必行，通过维护全球贸易体系规则来支持国际贸易。

2. 新能源汽车销量水涨船高，渗透率进入上行区间

自 2021 年开始，新能源汽车在全球市场所占份额逐步扩大，虽有波动，但增势不减（见图5）。从 2021 年的650 万辆攀升至2022 年的1065 万辆，2023 年新能源汽车的全球销量更是超过了 1465 万辆，电动化已成为汽车行业百年来的最大变革。

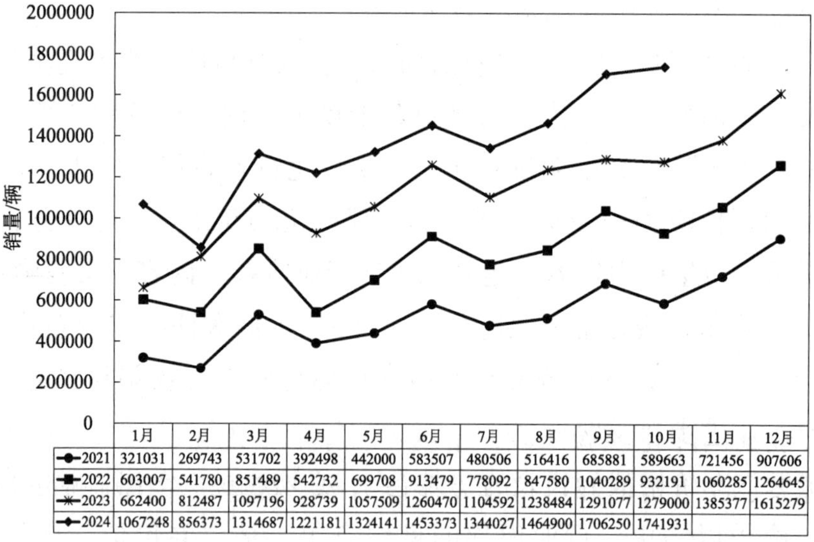

	1月	2月	3月	4月	5月	6月	7月	8月	9月	10月	11月	12月
2021	321031	269743	531702	392498	442000	583507	480506	516416	685881	589663	721456	907606
2022	603007	541780	851489	542732	699708	913479	778092	847580	1040289	932191	1060285	1264645
2023	662400	812487	1097196	928739	1057509	1260470	1104592	1238484	1291077	1279000	1385377	1615279
2024	1067248	856373	1314687	1221181	1324141	1453373	1344027	1464900	1706250	1741931		

图 5　2021—2024 年全球新能源汽车销量走势

2024 年 10 月，全球新能源车销量达到 174 万辆，环比增长 2.1%，同比增长 36%，创历史新高，市场渗透率达 26%。纯电动汽车销量超过 100 万辆，同比增长 23%，占比 16%；插电式混合动力汽车同比增长 65%，连续五个月创纪录。2024 年 1—10 月全球新能源汽车销量达 1346.02 万辆，市场份额升至 20%，其中纯电动汽车销量 850 万辆，占比 13%。中国新能源汽车市场继续领跑全球，

2024 年销量有望达到 1200 万辆，渗透率约为 40%。

3. 从国内大市场汲取灵感，筑牢汽车国际化之基

作为全球最大和竞争最为激烈的市场，在中国汽车市场中锻造和培育的制造商和供应商有着更强的韧性和创造力，集中体现在：以用户为中心和创新引领下的快速迭代。此外，中国汽车走到国际舞台的中央，离不开国内产业链的完备程度和整体竞争力。

新能源智能网联汽车作为新质生产力的代表，成为中国汽车走向国际市场的新名片，其最大的特征就是“新”和“智”。“新”主要指新能源汽车实现车辆的节能环保和可持续发展；“智”主要指智能网联实现更好的车辆安全和用户体验。新能源和智能网联化并不是孤立的，而是相辅相成，新能源可以更好地为车辆智能化提供平台支撑，智能化也会推动新能源技术在车辆上得到更广泛、更充分的应用。

2023 年底，具备组合辅助驾驶功能（L2 级水平）的乘用车国内销量为 995 万辆，市场渗透率达 47%。2024 年上半年，新能源乘用车 L2 级及以上的辅助驾驶功能装车率达到 66%。中国的新能源智能网联汽车从国内市场走向国际市场，为全球消费者提供更多的产品选择和更好的驾驶体验，为汽车产业注入创新活力，这个过程本身是相互成就的关系，而不是非此即彼的对立关系。

4. 探寻内在价值，回归造车初心

2024 年前三季度，我国汽车整车出口额 876 亿美元，首次超过日本，占世界汽车贸易份额的 10%，仅次于德国，成为中国汽车国际化 1.0 阶段的标志。但进入国际化 2.0 甚至 3.0 阶段，则不能单纯以出口额来考察产业发展情况。从传统汽车产业的国际化经验来看，市场占有率、本地化率、单车价格、售后和维修服务体系、品牌价值和可持续发展能力等，都是汽车国际化能力的重要组成部分。

从当前中国汽车产业的发展实际看，行业企业亟须完成三个转变：一是从仅看重销量向服务产品全生命周期转变；二是从提升产品性价比向打造品牌价值转变；三是从一般贸易向贸易与投资并举转变。这些转变的核心，是要回归汽车产品自身的属性，按产业发展阶段和市场分布规律办事。

5. 预计 2025 年整车出口增长 10%，达到 660 万辆规模

自 2021 年始，我国汽车走出去的步伐加快，出口从 100 万辆跃升至 500 万辆，2024 年将达到创纪录的 600 万辆。零部件和整车出口额合计突破 2000 亿美元，占机电产品出口总额的 10% 以上，为出口第一大类产品。同时，行业完成了从量到质的转变，新能源和智能网联的赋能，让中国汽车的差异化竞争能力凸显。

展望 2025 年，我国汽车将更加专注于自身，在平衡好国内国际两个市场的前提下，同步提升海外布局的速度和质量，加快属地适应性车型开发，以智能化优化单车价值，从而推动全年出口同比增长 10%，预计可达 660 万辆规模。

（作者：陈菁晶　孙晓红）

2024 年二手车市场分析及 2025 年预测

评价 2024 年的汽车市场，可以用“在艰难前行，有所突破”来概括。说艰难，来自于贯穿全年的价格战，让汽车流通业的上下游企业日子都不好过，就连价格坚挺的豪华品牌也被卷入，这在以前从未出现过的。大家都在说，赢了销量，输了利润。中国汽车流通协会的调查数据显示，截至 2024 年 8 月，经销商进销倒挂数据最高已达 -22.8%，较 2023 年同期进一步扩大了 10.7 个百分点。据中国汽车工业协会专家相关数据分析，2024 年 8 月，新车市场的整体折扣率为 17.4%，2024 年 1—8 月，价格战已致使新车市场整体零售累计损失 1380 亿元。中国汽车流通协会的调查数据显示截至 2024 年上半年，汽车经销商亏损面首次超过了 50%，金融机构普遍调高了经销商风险等级，压缩流动资金投放，导致经销商普遍出现了资金链紧张，也出现少数经销商破产现象。说突破是指新能源汽车渗透率快速提升，自 2024 年 7 月开始新能源乘用车零售量超过了燃油汽车，新能源汽车逐渐成为汽车市场中的主流品种。据中国汽车流通协会乘联分会发布的数据，2024 年 1—11 月，新能源乘用车零售 959.4 万辆，同比增长 41.2%，与传统燃油车 15% 的负增长形成鲜明对比。

政府制定汽车以旧换新政策，极大地拉动了汽车消费，不但带动了新车销售，同时也激活了二手车市场。据商务部发布的数据，截至 2024 年 12 月 13 日，以旧换新汽车报废更新补贴申请 251 万份，置换更新超 272 万份。从市场反馈的数据来看，2024 年 9 月开始，乘用车零售市场实现了由负转正，2024 年 10 月、11 月增长率一举突破了两位数，且呈现加速增长态势。

作为汽车流通市场的下游，二手车市场同样受产品结构变化、新车价格内卷的影响，出现了波动，但总体市场表现要明显好于前端市场。

一、二手车市场总体特征

据中国汽车流通协会的统计，2024 年，全国共交易二手车 1961 万辆，同比增长 6.4%；交易额累计 11652.4 亿元，同比增长 8.8%。据中国汽车流通协会乘联分会发布的乘用车零售数据看，2024年前11个月累计同比增长4.7%，比二手车交易量增长少了一个百分点；国家统计局发布的汽车消费2024年前11个月甚至出现了0.7%的负增长。可以说，二手车市场在大消费环境疲弱、新车价格剧烈波动的前提下实现5%以上的增长实属不易。图1所示为2011—2024年二手车交易量与增速。

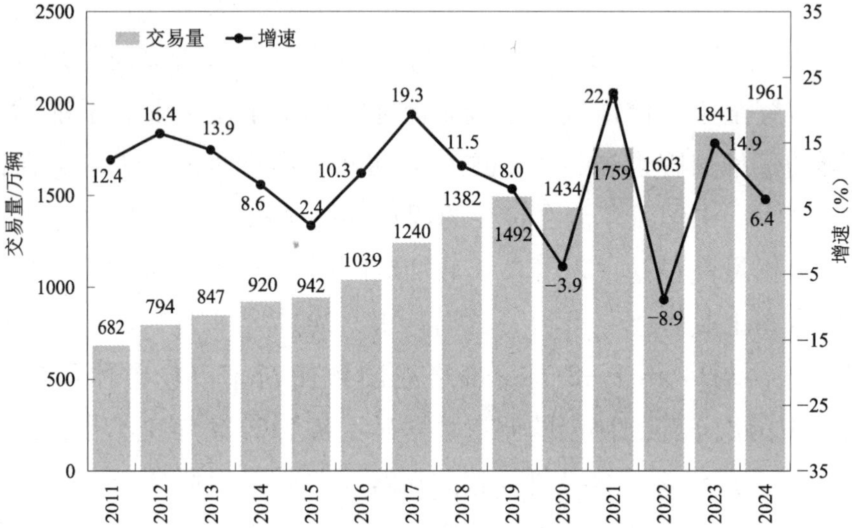

图1　2011—2024年二手车交易量与增速

1. 二手车市场虽有起伏 但总体平稳增长

2024年二手车交易数据，貌似出现了大涨大落，其实并不尽然。之所以在2024年初从1月的35.3%，回落到2月的17.6%的负增长（见图2），主要原因是春节假期与2023年度不同所致，如果把1—2月数据合起来分析相对比较客观。2024年前两个月累计交易量与2023年同期相比增长了6.8%，这个增长率与全年的增长基本吻合。除2024年6月市场出现了0.9%的负增长以外，其余各月均比2023年同期交易量要高。2024年6月的负增长主要是因为：一全国进入夏季，高温会使人们减少从事商业活动的频次，市场也进入淡季；二2024年6月新车市场价格战达到全年的最白热化阶段，几乎所有品牌全被卷入，就连市场价格一直保持坚挺的BBA，也加入了价格战行列，二手车经营者出现严重亏损，根据中国汽车流通协会做的调研数据显示，截至2024年6月，有84.8%的车商出现了亏损，6月也是二手车经营的至暗时刻。2024年6月的交易量也是2024年交易量最低的月份（2月春节因素除外）。从图2增长曲线还可以看到，

2024 年 9 月、10 月、11 月二手车交易量及同比增速出现了连续攀升的现象，这与国家实施的以旧换新政策拉动，新车需求增长，终端销售价格企稳，二手车经营风险降低有关。笔者与二手车从业人员交流时，得到的信息是进入 2024 年 9 月二手车经销商走出了亏损阴影，经营情况出现了明显好转，二手车市场回归了正常增长轨道。

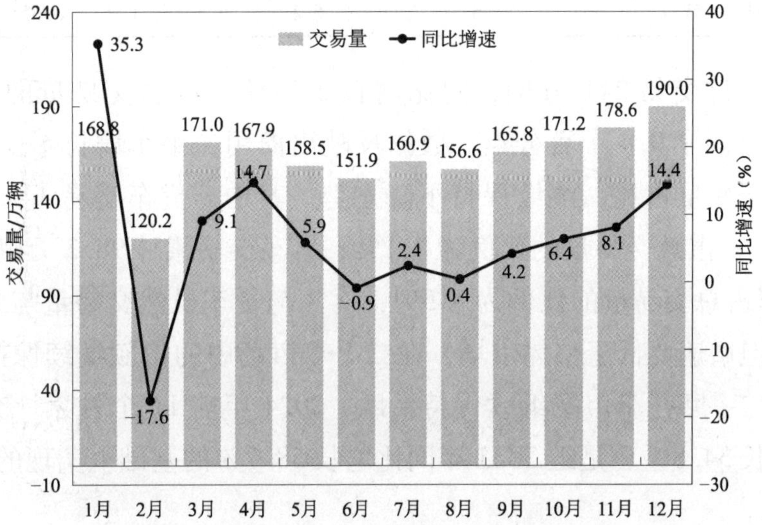

图 2 2024 年二手车月度交易量与同比增速

2. 各车型冷热不均

据统计，2024 年 1—11 月乘用车共交易 1415. 6 万辆，与 2023 年同期相比只增长了 71. 5 万辆，同比增长 5. 3%，低于整体市场增长率 0. 4 个百分点，乘用车占总交易量的 79. 9%，与 2023 年同期相比下降了 0. 3 个百分点；其中，基本型乘用车累计交易 1021. 7 万辆，与 2023 年相比只多交易了 29. 5 万辆，增长 2. 97%，远低于整体市场增速，轿车占比为 57. 7%，比 2023 年同期下降了 1. 5 个百分点；SUV 共交易 238. 6 万辆，比 2023 年多出了 22 万辆，增长 10. 47%，占总交易量的 13. 5%，比 2023 年同期增长了 0. 6 个百分点；MPV 共交易 112. 6 万辆，多出了 9. 2 万辆，增长 8. 91%，占总交易量的 6. 4%，比 2023 年同期增长了 0. 2 个百分点；微型客车共交易 42. 7 万辆，与 2023 年同期相比，多交易了 10. 2 万辆，同比增长 31. 45%，占总交易量的 2. 4%，比 2023 年同期提高了 0. 5 个百分点（见表 1）。微型客车交易量出现加速增长，市场份额也中止了一直下滑的态势出现了逆增长的情况。分析原因，可能与 2024 年我国实施的以旧换新政策，加速淘汰旧车以及置换更新补贴，加速了低附加值二手车流通等有关。

表 1 2023 年、2024 年 1—11 月各车型占总交易量的份额 （%）

车型分类	乘用车				商用车		其他车	农用车	挂车	摩托车
	轿车	MPV	SUV	微型客车	货车	客车				
2023 年	59.2	6.2	12.9	1.9	8.3	5.8	1.8	0.3	0.7	2.9
2024 年 1—11 月	57.7	6.4	13.5	2.4	8.1	5.5	1.7	0.35	0.75	3.6

商用车累计交易 241 万辆，同比增长 2.71%，占总交易量的 13.6%，比 2023 年同期下降了 0.4 个百分点。数据反映出商用二手车增长率要比总体市场低了很多，交易量占比，继续保持下降态势。其中，货车交易 142.8 万辆，同比增长 4.3%，占总交易量的比例为 8.1%；客车交易累计 98.3 万辆，同比增长 0.5%，客车占总交易量的比例为 5.5%。客车与货车虽然交易量与 2023 年同期有所增长，但增速要低于整体市场，在二手车市场中的份额继续保持下降态势。数据反映出二手摩托车市场继续保持活跃，2024 年前 11 个月累计交易 64.6 万辆，同比增长 34.8%，是继 2023 年同比增长 58.7% 的基础上实现的，摩托车热度仍然不减。

3. 部分省市下降，多数地区增长

统计数据显示，2024 年 1—11 月，全国共有 9 个区域二手车交易量出现了一定程度的下降，其余区域交易量出现增长，有的区域增长率超过 10%。如青海增长 88%，新疆增长 29.5%，吉林增长 29.1%，辽宁增长 23%，云南增长 22.3%，海南增长 20.9%。此外，宁夏、山东、湖南、甘肃、天津 5 个区域增长率均超过 10%。从增长率超过 10% 的区域看，大部分区域为经济相对落后的地区，之所以二手车交易量出现较高增长，与以旧换新政策有密不可分的联系。区域二手车交易量出现了下滑，其中河南、黑龙江、江西和上海的交易量下降幅度超过了 10%。

从二手车交易量排名前 10 名的地区来看，排名前 6 的区域均保持了一定幅度的增长，其中，排名第一的广东以 248.2 万辆继续领跑全国。排名第二至第五位的区域位次均没有变化，分别为山东、四川、浙江和江苏。河南由于出现了 11.5% 的负增长下滑至第七位，与河北的位置进行了互换，河北上升一位居第六。2023 年排名前十名的上海市，由于交易量出现了 12.6% 的负增长，退出了前十，取而代之的是湖北，以 51.2 万辆首次跻身前十，排名第十位；而云南则由于22.3%增长率的优异表现，上升一位排名第九（见图3）。另外，2024年1—11月交易量超百万的区域又增添了一家。这样交易量过百万的省就达到了5个。

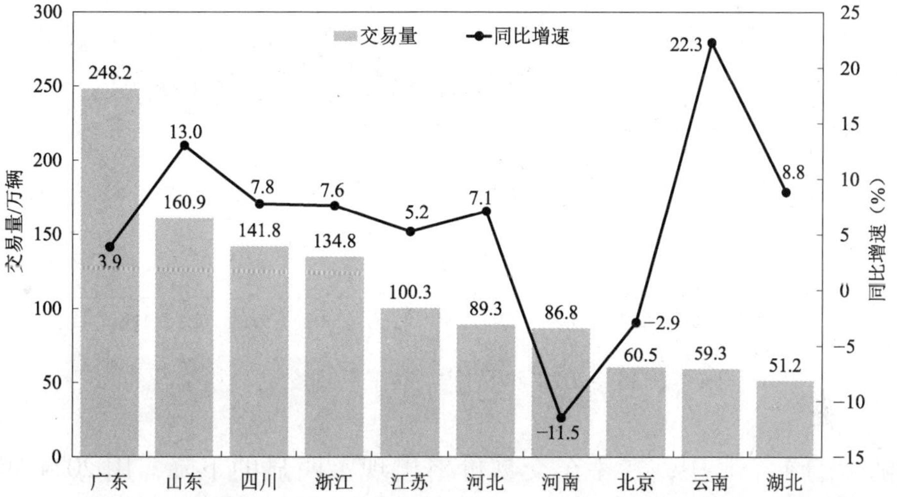

图3　2024年1—11月排名前10的地区交易量与同比增速

4. 二手车交易价格受新车价格下降影响出现波动

新车价格战在2024年打成了白热化，可以说价格战无死角，从入门级到豪华级，包括宾利、保时捷、BBA，再到新能源汽车。据相关媒体披露，截至2024年7月，十余个品牌降价幅度超过了40%。新车市场如此大的降价幅度，让很多二手车经营者出现严重亏损。毋庸置疑，新车都有那么大的降价幅度，二手车总不能比新车价格高吧。恰恰很多车商的收购价格就是比新车销售价格高。这倒不是说二手车商不懂得行情，是因为收购车辆前，新车还没有降价，而且看不透以后还会不会继续往下降。不收车吧，生意没法做；有了库存吧总是担心过两天新车还会降价。应该说2024年二手车经营者就是在这种极其复杂的市场环境和极其忐忑的心境下度过的。反映到二手车平均交易价格上，也反映出了2024年二手车价格的波动情况（见图4）。

从图4的二手车平均交易价格走势上看，与2023年相似，也是在开年的1月、2月平均价格出现了上升，其中，2024年1月比上月增长了1000元，2024年2月比2024年1月价格上涨的幅度最大，达到了3100元。平均交易价格的上升，意味着需求旺盛，应该说在这两个月中大多数经营者日子比较好过。虽然2024年3月二手车平均价格出现了小幅下降，下降幅度不是很大，但也给车商敲响了警

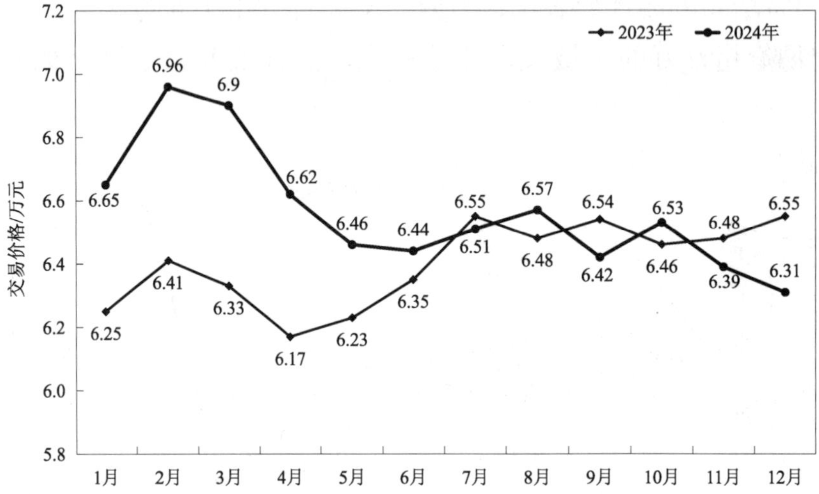

图 4　2023—2024 年月度二手车平均交易价格变化

钟，在随后的 4 个月中，二手车交易价格出现了明显的下降，用 2024 年 2 月与 2024 年 6 月的平均交易价格对比，下降了 5200 元，也就是说下降幅度达到了 8.4%。用经验数据讲，二手车经营的平均利润率也就是 4% 左右，8.4% 的价格降幅必然会让很多经营者出现亏损。好在 2024 年 7 月以后，新车价格持续下降的态势得到了缓解，反映在二手车平均交易价格上，则呈现相对比较平缓的波动状态。

5. 低价位车型比例升高，高价位车辆占比明显减少

从各价位车型的比例变化情况看，2024 年 1—11 月呈现出低价位车型比例升高，高价位车型比例下降的现象（见图 5）。价格在 15 万～30 万元的车型比

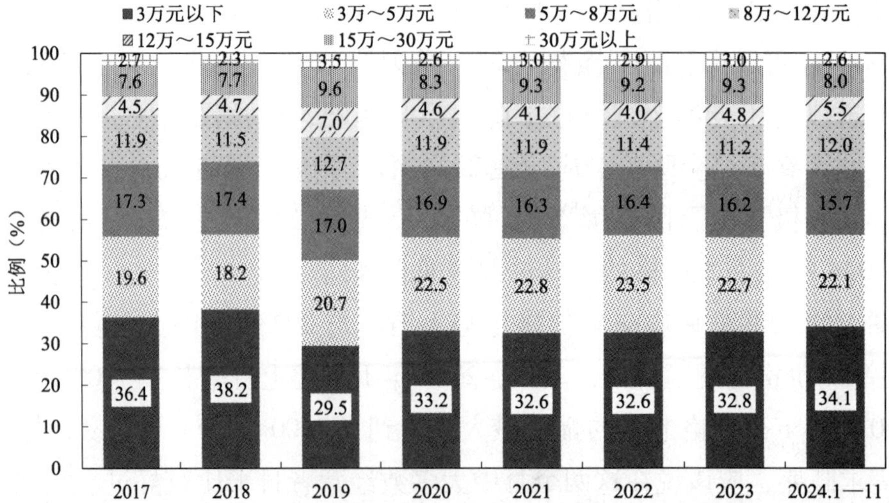

图 5　2017—2024 年二手车各价位段比例变化

例为8.0%，比2023年下降了1.3个百分点；30万元以上的车型占比为2.6%，比2023年下降了0.34个百分点；3万元以下的车型占比为34.1%，比2023年增加了1.3个百分点。从各价位车型占比变化上看，2024年的消费能力相比2023年有了明显的下降。

6. 高龄车增多，低龄车减少

统计数据显示，2024年低龄车比例有所减少，高龄车比例有所提升（见图6）。使用年限在3年以内的准新车占总交易量的26.4%，比2023年下降了1.6个百分点，比2022年下降了3.6个百分点；使用年限在3~7年的"中年"车龄的车辆占总交易量的47.4%，占比与2023年同期相比提高了3.9个百分点，仅比2016年低1.1个百分点，为近年次高点；7~10年车龄的车辆占总量的17.4%，占比下降了2.8个百分点，为近年最低点；10年以上的老旧车占总交易量的8.8%，比2023年同期上升了0.5个百分点。出现低龄车比例下降、高龄车比例提升的主要原因应该与我国2024年下半年实施的以旧换新政策有关。主要是受政策驱动，消费者加快了车辆更新速度，也有可能会有投机者钻政策空子，批量收购老旧车，申请以旧换新补贴。

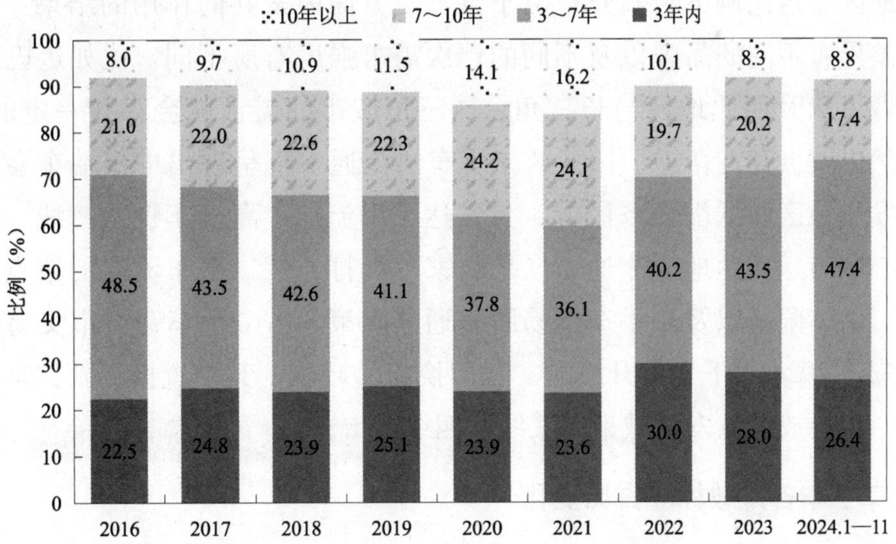

图6 2016—2024年各年龄段二手车的比例

7. 二手车跨区域流通再创新高

数据显示，2024年1—11月，二手车跨区域累计交易量为515.1万辆，比

2023 年同期多出了 61.9 万辆，增长了 13.7%。跨区域车辆占总交易量的 29.1%，比 2023 年同期提高了 2 个百分点。2024 年各月跨区域交易比例均高于 2023 年，多数月份跨地区交易的比例均在 29% 以上，且下半年各月呈现逐月升高的态势（见图 7）。

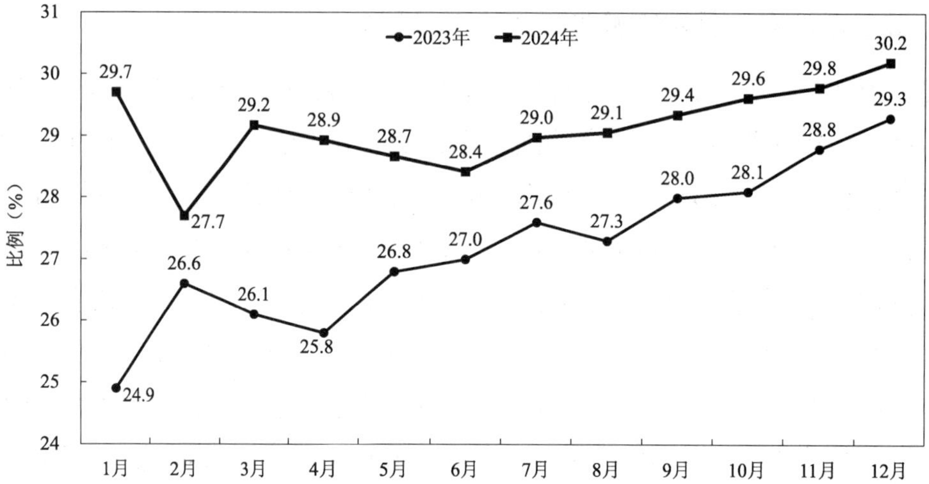

图 7　2023—2024 年跨区域交易比例

跨地区流通比例不断攀升是由于以下三方面因素共同作用的结果：一是地区偏好差异，不同的品牌以及不同的档次需求强度有所不同。比如迈巴赫在四线以下城市以及西北地区与长三角、珠三角城市的需求就会存在一定的差异，价格自然也就会存在落差。因此，二手车的流通一直呈现出中低端车会从中心城市、发达地区向低端县乡区域、欠发达城市流通；高端车也从三线、四线城市向中心城市、发达地区流通。二是国家政策打通了二手车流通的堵点，特别是取消二手车限迁以及二手车交易跨省通办政策，为二手车跨城市交易提供了便利。三是 2024 年下半年升级的“以旧换新”政策，其中置换更新拉动的二手车交易，将会放量从发达城市向三线、四线城市流通。

8. 二手车各排放标准占比变化

国Ⅵ排放标准是在 2019 年 7 月 1 日起实施的，近 5 年过去了，存量车中国Ⅵ排放标准的车辆比例越来越高，反映在二手车交易的车辆中，国Ⅵ排放标准的车辆比例也出现了明显提升。2024 年 1—11 月，全国二手车交易中国Ⅵ排放标准的车辆占到了 22.39%（见图 8），比 2023 年同期提高了 5.44 个百分点；2024 年 1—11 月，国Ⅵ与国Ⅴ合计达到了 55.75%，比 2023 年同期提高了 3.32

个百分点。取消国Ⅴ排放迁入限制，对于京津冀、长三角、珠三角地区的二手车交易活跃度起到了非常大的促进作用。

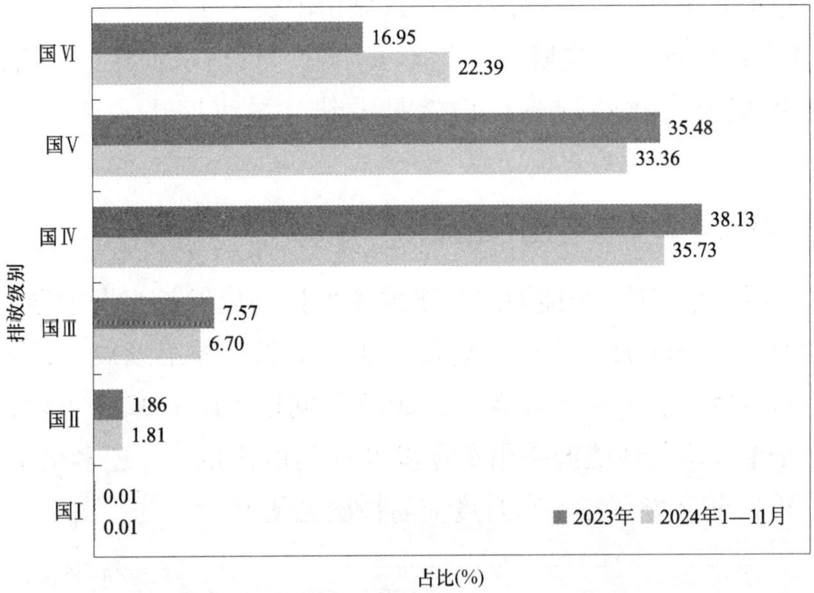

图 8 2023 年、2024 年 1—11 月各级别排放占比

9. 二手车交易量占比在高级别城市出现下降

2018—2024 年各级别城市二手车交易量占比如图 9 所示。从各级别城市全

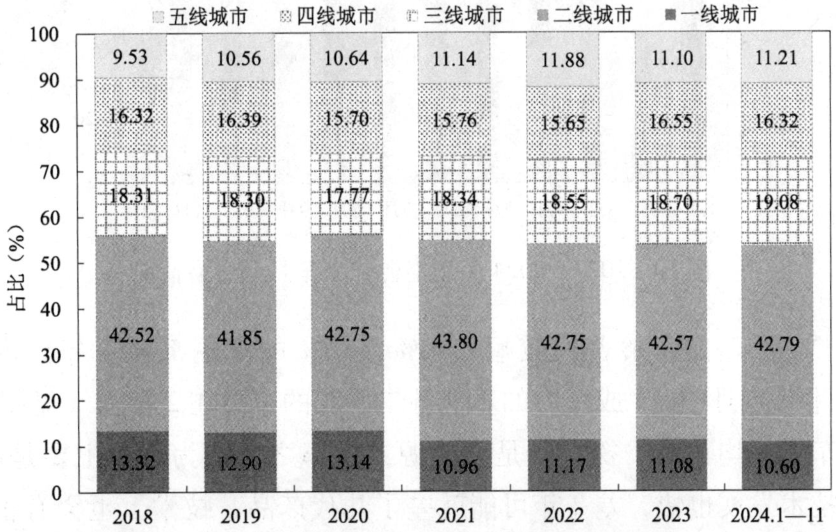

图 9 2018—2024 年各级别城市二手车交易量占比

（注：样本包含全国 338 个分级城市，其中一线城市 4 个，分别为北京、上海、广州、深圳，二线城市 45 个，三线城市 70 个，四线城市 90 个，五线城市 129 个）

国二手车交易总量占比情况看，2024 年一线、四线城市占比有所下降，二线、三线、五线城市占比有所提升。其中一线城市与2023 年相比下降了0.48 个百分点，二线城市增长了0.22 个百分点，三线城市增长了0.38 个百分点，四线城市下降了0.23 个百分点，五线城市变化不太明显，只出现了0.11 个百分点的增长。从各级别城市占比情况看，仍然是一线、二线城市占大头，占比达到了53.39%。

10. 新能源二手车交易规模不断放大

与2023 年同期相比，新能源二手车继续保持高位增长。据中国汽车流通协会统计，2024 年1—11 月，全国新能源二手车交易规模继续放大，累计交易量已经突破了百万辆，达100.5 万辆，比2023 年同期多出了32.9 万辆，同比增长48.7%。这个增长率与新能源乘用车零售38%的增长相比，还多出了10 个百分点。2023—2024 年新能源二手车月度交易情况见图10。

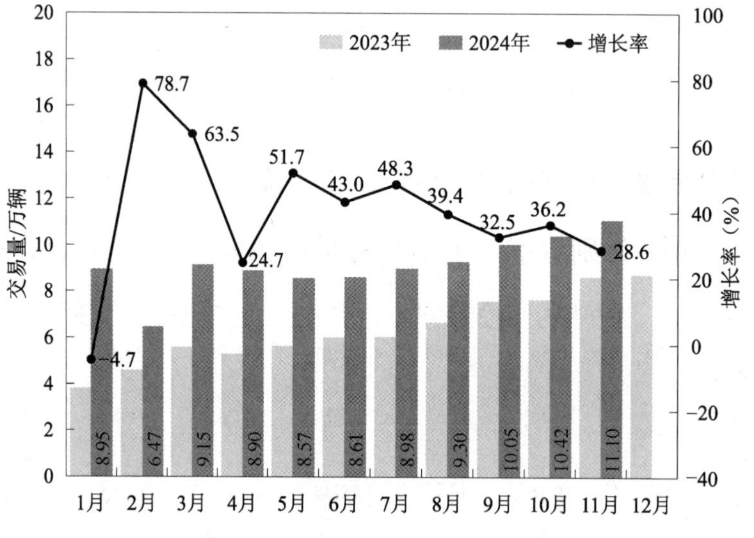

图10　2023—2024 年新能源二手车月度交易情况

新能源二手车的车龄普遍较短，70% ~80%的车辆都在4 年以内，其中，2024 年下半年各月中，4 成左右的新能源二手车的车龄在2 年内（见图11）。新能源二手车的平均车龄下探，一是新能源二手车之所能为新，主要是产品本身迭代快，技术发展也快，差2 年可能就差了几代产品，技术上也会有很大差异，致使消费更新也快；二是消费群体年轻，不断猎新是年轻消费者普遍的心态，新产品上市后，会促使消费者换车，以满足猎奇心理；三是产品品牌多，可供消费者选择余地大，特别是一些新智能制造企业的进入，更激起部分消费群体的换车欲望。

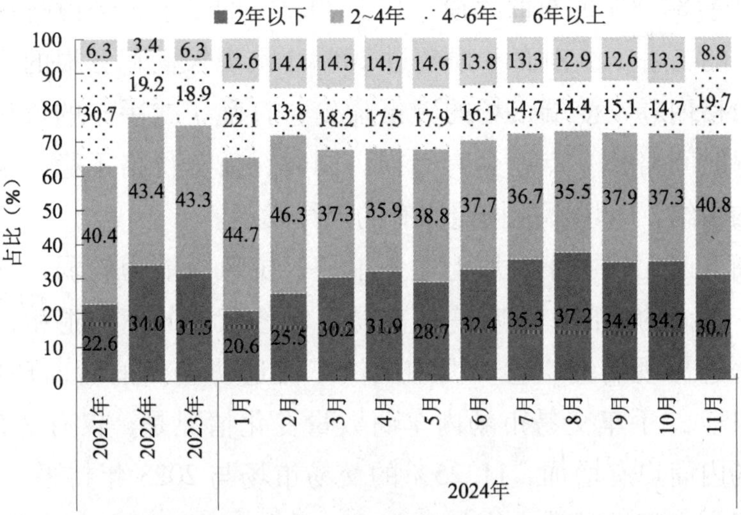

图 11 2021—2024 年新能源二手车年限占比

二、二手车流通业进入行业优化阶段

2024 年二手车新政策已经全面实施了两年，原来想象的随着新政策的实施将对传统二手车交易模式发生较大的改变，传统的有形市场聚集小微经纪、个体的经营方式开始出现变化，虽然市场中还存在大量的经纪以及以个人交易方式从事二手车经营的情况外，一二线等发达地区的经营者正在向经销企业转变，二手车经营主体“小、散、弱”的局面也将会随之得到改观。

1. 在新的市场形势下传统经营模式已经落后

笔者多次提到，在很长一个时期，我国的二手车市场主体结构为有形市场加小微型车商的组合体，两者相互依存。小微型车商一般为两三个人的个体户，百十平方米的经营场地，以及几辆、多则十几辆库存，他们只有依靠交易市场给他们带来集聚效应以及集客引流，才能低成本运营。当然，交易市场还能为他们的经营提供交易后的产权转移手续等便利。同时，交易市场由于有了众多小微型车商的经营，才可以有一定规模的交易发生，才能够吸引消费者到交易市场中交易车辆，交易市场可以从车商那里收取场地租赁费以及交易双方的交易服务费。

提到 2024 年，车商们都叫苦不迭，普遍存在经营亏损。据中国汽车流通协会做的营商环境调查报告显示，2024 年上半年，5% 的车商表示盈利，10.2% 的车商持平，其余 84.8% 的车商亏损。其中 70.3% 的二手车经销商亏损在 10% ~ 20%；14.5% 的二手车经销商亏损超过 20%。出现大面积亏损的主要原因应该来自于新车价格内卷，前端市场的频繁降价，打乱了二手车的价格体系，只要有库存，库存时间略长一点就会有亏损。同时，新车价格不稳，也加重了消费者持币观望的情绪，市场不能按照原有的规律发展。

由于车商普遍比较弱小，加上业务单一，抗风险能力较弱，部分车商选择了转行退出。车商的退出，意味着在交易市场经营中的商户退租，交易市场从一铺难求到普遍出现店铺空置。据中国汽车流通协会做的营商环境调查显示，2024 年上半年，二手车交易市场内车商数量变化情况是，仅有 2.5% 的二手车交易市场的场内商户有增加，11.25% 的交易市场与 2023 年持平，86.25% 的交易市场出现了商户数量下降，其中 60% 的二手车交易市场商户减少 10% ~20%，另有 26.25% 的市场商户退租率超过 20%。出现商户流失是交易市场们目前普遍遇到的问题。一方面是受大势影响，加之未及时转型的原因，部分车商选择了退出改行，由于二手车交易市场是众多小微型车商的聚集地，车商的退出就意味着退租；另一方面，一些小微型车商做大了以后，希望树立自己的形象和品牌，特别是一些新媒体做得好的车商，已经不再需要交易市场的自然引流，退出交易市场也属正常。

2. 大部分车商实现了向企业转型

随着政策变化以及市场的变化，个体户、夫妻店遇到了问题。从政策层面来看，政府二手车经营规模化、规范化和企业化，并对个人交易进行了 2 辆车的限制。虽然有些聪明的车商通过租借个人身份证的方法完成私人背户延续过去的经营方式，但这种方法一是经营风险大，但凡“背户人”起诉，自己就会吃个哑巴亏；同时，即便借来身份证也会有成本和数量的限制。因此，车商如果想长期在二手车市场经营，从个体向企业转型是必要条件。

根据中国汽车流通协会做的车商营商环境调查报告，反映出的车商企业性质结构显示，2022 年个体户占 55.4%，二手车经销公司占 33.6%，2023 年这两个数据变成了 33.6% 和 46.5%。也就是个体户占比下降了 21.8 个百分点，而经销公司占比上升了 12.9 个百分点。而 2024 年的调研结果显示，截至 2024 年 9 月 30 日，已经完成二手车经销备案的车商比例达到了 87.9%。另据中国汽车流通协会 2024 年度的车商百强排行榜数据显示，百强车商中经销公司数量为 94 家，只有一家是个体工商户。以上数据可以说明，全国大多数车商已经从个体工商户、经纪中介完成了向经销企业的转型。从北京的情况看，由于北京市小客车周转指标政策自 2023 年 9 月起，只对二手车经销企业开放，北京从事二手车收销业务的车商全部实现了向经销企业转型。

3. 二手车交易市场的转型

如前述，中国汽车流通协会的营商环境调研报告中披露的 86.25% 的交易市场出现了商户流失现象，其中流失的主要原因是经营不善转行退出；但其中有 27.5% 车商退租是因为交易市场服务功能不完善。在这份报告中还能找到亮点，那就是还有 2.5% 的交易市场出租率有所提升。虽然是少数，深究一下他们为何能够在逆境中还能够成长呢？

从二手车交易市场百强排行榜数据可以看出。一是进行数智化提升，在百强交易市场中 75% 的单位引入了数智化管理系统，在优化交易流程、提升信息透明度与共享、链路协同、精准营销与个性化服务、促进市场扩展与创新以及提高决策效率与科学性方面都有了明显提高；二是通过金融工具，为商户提供增值服务。在百强交易市场中 65% 的市场通过自营或者第三方合作开展金融服务，51% 的市场开展了库存融资贷款，55% 的市场开展了消费贷款服务；三是成立新媒体运营服务机构，帮助商户引流。在百强交易市场中，有 60 家通过自营或辅助车商开展了打造市场品牌的媒体运营服务，有 25% 的交易量是通过新媒体短视频、直播等方式达成销售。

笔者也对部分交易市场进行过实地走访，发现一些好的做法值得推广。第一个案例是浙江某地的交易市场通过金融的手段，把车商的业务与交易市场运营进行紧密连接。他们的做法是成立一个二手车经销公司，把车商的收销业务统一纳入销售公司平台运营。为了提高运营效率，这家交易市场建立了一个线上平台 APP，将金融配资产品上线，车商根据自身的业务需要使用配资收购车辆，完成销售后，在平台的结算中心进行结算，利润归车商，配资利息归销售平台。建立该平台的另一个好处是，驻场内车商的库存共享，A 车商可以销售 B 车商的车辆，极大地提升了交易效率，市场内的小车商由于实现了库存共享，销售规模被无形地提升。当然，通过集小众变大众的方式，市场内的商户也顺利实现了从个体、经纪向经销企业的转化。

第二个典型案例是湖北某二手车交易市场。他们同样遇到了驻场商户缩减车位、退租等令人头痛的问题。经过与车商座谈后发现，车商退租以及压缩车位的主要原因是生意不好做。其中交易市场的天然引流作用在下降，而多数商户没有开展新媒体营销的能力，要么不会做短视频、以及视频直播，尝试很长时间也没有多少粉丝，直播间观众寥寥无几；要么实现引流也不会转化。为此，该交易市场专门成立了新媒体团队，帮助驻场商户进行新媒体营销，做短视频、直播卖车，所有收入交易市场方分文不取，真正实现为车商赋能。笔者到交易过户大厅参观时，发现这家交易市场的人流不亚于三甲医院的挂号大厅。

还有的交易市场通过研发管理系统提高服务效率，通过硬件升级优化二手车交易环境。2023 年交易量排名第一的交易市场成都宏盟用一年多的时间，独立开发了一套管理系统，包括宏盟车盒的交易车辆数据采集系统，宏盟云 B. G 大系统/ERP +，市场内的车源动态，车源内部与外部共享，商户服务以及客诉问题等。也就是把线下的运营与线上进行了有机结合，应该说该企业在数字化转型方面做出了有益的尝试。

4. 经销商集团发力二手车业务

笔者观察，新车经销商大部分把着力点放在了二手车置换新车业务上，因为主机厂对 4S 店有置换考核，有的品牌还有置换补贴。但大多数 4S 店会将置换下来的二手车通过合作的二手车商或拍卖平台批售出去，留存下来做品牌认证零售的车辆也多是满足主机厂品牌认证的需要，很少有企业做自己的二手车服务品牌。据中国汽车流通协会 2023 年的抽样调研数据显示，限购城市的置换率为 12.5%，零售比只有 10.7%；非限购城市的置换率要低一些，只有 11.2%，零售比为 20%。数据反映各 4S 店都在开展置换与二手车认证零售业务，但规模并不是很大。但据笔者了解，有些经销商集团开始走出去到交易活跃的二手车交易市场参观学习，到有一定规模的二手车经销商那里去学习。这是一个好的开始，表明经销商集团开始关注二手车业务，自上而下研究二手车经营规律。

同时，一些领先的经销商集团逐步把二手车业务做得越来越扎实。比如山东远能集团、河北蓝池集团，立足于三线地级城市，发挥集团优势，把二手车业务做成了品牌置换与认证、二手车销售中心、二手车交易市场以及二手车整备、二手车售后服务等多种功能一体的综合二手车业务群，提高了集团盈利能力。

此外，根据上市公司年报的数据来看，中升集团 2023 年二手车销售收入达

139.85 亿元，同比增长 41%；2024 年上半年二手车销售收入为 81.4 亿元，同比增长 61.6%，二手车销售收入占主营业务收入的 10%，远高于行业平均 5% 左右的水平。永达集团 2023 年二手车销售额 52.8 亿元，同比增长 56.7%；2024 年上半年，虽然受汽车市场疲软、终端销售价格剧烈波动的影响，该集团二手车销售收入为 20.64 亿元，同期下降 15.8%，占总收入的 6.7%，也高于行业平均水平。

5. 新政策实施过程中仍然存在未解决的问题

在 2023 年的专文中提到了异地交易发票不互认的问题只解决了一半，也就是收车反向开票问题已经解决，无论是从本地个人手中还是从外地的个人那里收车，均可以办理单独签注。但是二手车跨区域交易时，也就是向甲地企业开具的发票在乙地不能办理单独签注或转让登记。据企业反映，异地发票不能互认的问题还非常普遍，按照相关部门要求需要在迁入地的企业，一般是交易市场开具二手车交易发票。这里存在一个问题，一般情况下二手车交易市场为中介行为和个人之间的直接交易开具二手车统一销售发票，且免收增值税，但根据各地不同情况收取一定额度的服务费；但如果卖出方是法人，按照《二手车流通管理办法》和《二手车交易规范》的有关规定，卖出方不但需要给交易市场交纳服务费，还需要按照资产处置对待，即按照交易额的 3% 减按 2% 交纳增值税，经销企业 0.5% 增值税政策失效，延长了交易链条，增加了交易成本。从法人机构购入车辆以及商用车不能反向开票，以及有的地方仍然对超过 130 万元的二手车加征 10% 的消费税。

三、2025 年二手车市场预测

据原市场参与者反映，2024 年日子的确不太好过。关于这一点已经在上部分的车商及交易市场的调研数据中有所反映，2024 年上半年的营商环境调查数据也进一步证明了在有调研数据以来车商亏损面达到了历史最高点；好在进入第三季度市场环境有所好转，车商亏损面大幅度收窄，而盈利比例则变成了自 2021 年来比较高的年份（见图 12）。概括来讲，虽然 2024 年上半年对于许多经营者来说比较艰辛，但情况在 2024 年第三季度出现了好转，2024 年第四季度市场回归到了正常状态。

1. 中央着力扩大内需提振消费

根据相关部门预计 2025 年 GDP 实际增速 5% 左右，总体稳定增长的大基调

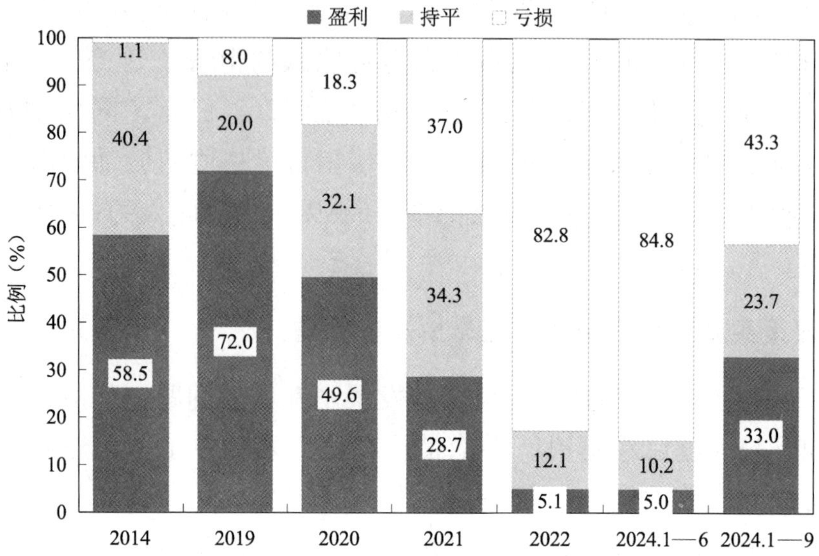

图 12　车商营商环境调查

没有变化，作为国民经济发展的重要支柱，汽车产业也必将处于正常的发展轨道，随着存量市场的到来，二手车市场也必将实现持续稳定增长。

2024 年 12 月中央经济工作会议指出，“当前外部环境变化带来的不利影响加深，我国经济运行仍面临不少困难和挑战，主要是国内需求不足，部分企业生产经营困难，群众就业增收面临压力，风险隐患仍然较多。同时必须看到，我国经济基础稳、优势多、韧性强、潜能大，长期向好的支撑条件和基本趋势没有变”。2025 年的经济工作将“大力提振消费、提高投资效益，全方位扩大国内需求”列为九大重点任务之首，其中，扩大内需的重要举措是在 2024 年实施“两新”政策取得明显成效的基础上“加力扩围实施‘两新’政策”，这将为 2025 年继续保持汽车消费市场活力提供了先决条件。

2. 四季度二手车市场进入景气区间

据中国汽车流通协会发布的二手车经理人指数显示，进入 2022 年以来，这个指数几乎全部都处于荣枯线以下，但从 2024 年 9 月开始回升，10 月起实现逆转，连续 3 个月均在 50 线以上，这也充分表明二手车市场已经走出了低谷（见图 13）。

3. 巨大的汽车保有量将支撑二手车市场中长期向好

根据 2023 年度国民经济统计公报数据显示，2023 年末，全国汽车保有量为

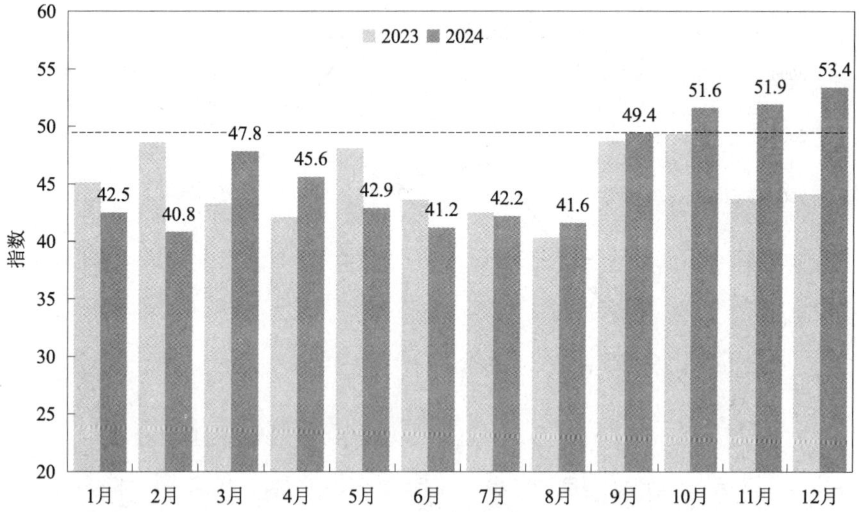

图 13　2023—2024 年二手车经理人指数

33618 万辆，扣除三轮汽车和低速货车 706 万辆，汽车保有量达到了 3.29 亿辆，比 2022 年新增保有 1714 万辆；据公安部发布的数据，2024 年上半年汽车保有量达到了 3.45 亿辆，这也表明我国汽车保有量还在以较高的增速在不断扩容，这都将为我国二手车市场持续增长提供先决条件。根据公安部发布的数据，2024 年上半年新能源汽车保有量达到了 2472 万辆，而新能源二手车的规律是平均持有时间要比燃油车短，4 年以内的车龄占新能源二手车交易的比例达到 70%甚至更高，也就是说，随着我国新能源汽车的快速发展，新能源二手车板块有可能成为拉动二手车增量的有生力量。

4. 从“旧新比”变化反映出二手车市场增长的大趋势

一般情况下，人们喜欢用二手车交易量与新车销量的比例来说事。过去常说中国的“旧新比”与发达国家相反，人家2:1、3:1，我们却是1:3。而这样的情况正在逐年发生变化，“旧新比”也逐年在不断提升，2024 年虽然未及 2021 年 66.9 的高位，但已经连续两年在提升中，2024 年 1—11 月“旧新比”达到了 63.4（见图 14）。从图 14 的“旧新比”变化中不难看出，这个数据的大趋势是斜线向上的，因此，我们有理由说，如果不出现大的问题，二手车增速高于新车将会在未来一个时期成为常态，二手车交易量超过新车销量只是时间问题。

5. 预计 2025 年二手车市场将实现较快增长

第一个因素是宏观经济因素。从中央经济工作会议精神我们可以得出这样

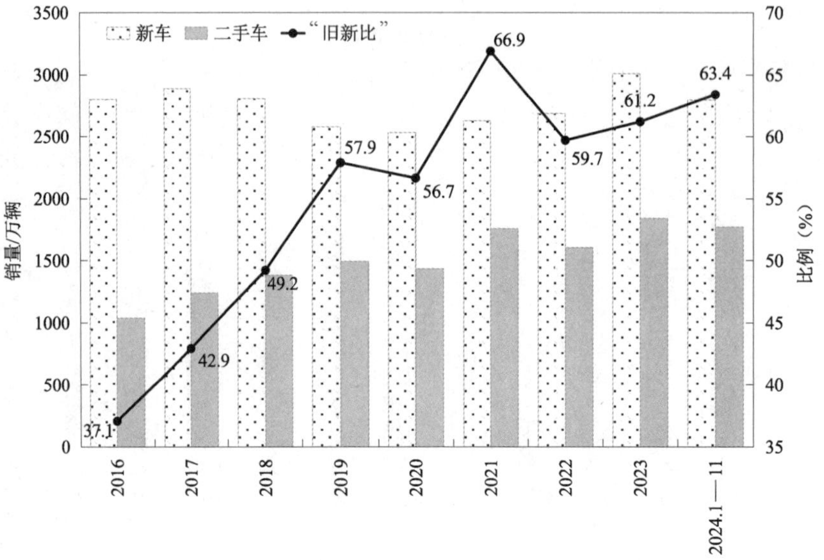

图 14　2016—2024 年二手车交易量与新车销量比例

的结论：一方面，2025 年我们将面临更加复杂的国际环境，我国的有效需求不足，产能相对过剩的矛盾依然突出；另一方面，我国长期向好的支撑条件和基本趋势没有变。中央经济工作会议提出“实施更加积极有为的宏观政策”“要实施更加积极的财政政策”“要实施适度宽松的货币政策”意味着国家将为经济发展注入更多的资金，在投资、消费、改善民生等领域加大消费刺激政策力度，保证国民经济稳定增长。

第二个因素是新车市场。虽然 2024 年新车市场在上半年出现了一定幅度的负增长，但在国家鼓励出口贸易、加大汽车以旧换新补贴力度的作用下，下半年车市价格内卷的势头得到了遏制，2024 年 1—11 月汽车批发量实现 2794 万辆，同比增长 3.7%；根据中国汽车流通协会乘联分会的数据，2024 年 1—11 月乘用车销售 2025.7 万辆，同比增长 4.7%，自 9 月起，连续出现正增长，10 月、11 月增长率更是超过了 10%。新车市场的稳定增长，特别是价格波动幅度降低，必将对二手车市场起到稳定与促进作用。

第三个因素是二手车经营主体向规模化、规范化方向发展的势头更加明晰。首先是以海尔为代表的大机构进军二手车零售业、加速了二手车经营主体规模化进程；以澳康达为代表的传统二手车经销商加快了全国布局，继 2023 年上海澳康达正式开业后，天津澳康达、成都澳康达也相继正式运营。相信类似二手车行业巨无霸式的企业在今后的一个时期还将会不断涌现。

第四个因素是二手车消费环境不断优化。客观上讲，几年前二手车电商的兴起，对二手车消费的教育还是起到了很大的作用，消费者开始建立知情权意识，二手车“蒙着卖”变得越来越没有市场，进一步催生了第三方鉴定评估机构的发展。当前，如果经营企业不提供二手车鉴定评估报告，可能就会无人问津。同时，为了让二手车消费环境变得更加放心，中国汽车流通协会在2024年二手车行业大会上推出了二手车信息服务平台，消费者以及经营者可以通过这个平台查询车辆的维修保养信息、二手车保险出险信息，以及二手车鉴定评估报告，对净化二手车消费环境起到了积极的作用。

其实，有很多机构都有市场预测的数学模型，但未来市场是受除了上述因素以外许多不可预见因素的影响。笔者认为，无论是从发达国家的经验，还是我国二手车市场自身的发展规律来看，我国二手车市场中长期保持较高增长的发展趋势没有变。因此，有理由相信2025年的二手车市场仍将保持一个较快的增速，当然2025年二手车交易量超过2000万辆毫无悬念，有望向两位数的增长突破。

（作者：罗磊）

市场调研篇

2024年上汽大众产品市场调研报告

一、2024年上汽大众市场总体表现

2024年上汽大众凭借着深厚的历史底蕴，在稳住了燃油车销量的同时，大幅提升了新能源车的销量（见图1）。在2024年1—11月累计实现销售1048891辆，其中新能源车销售129763辆。

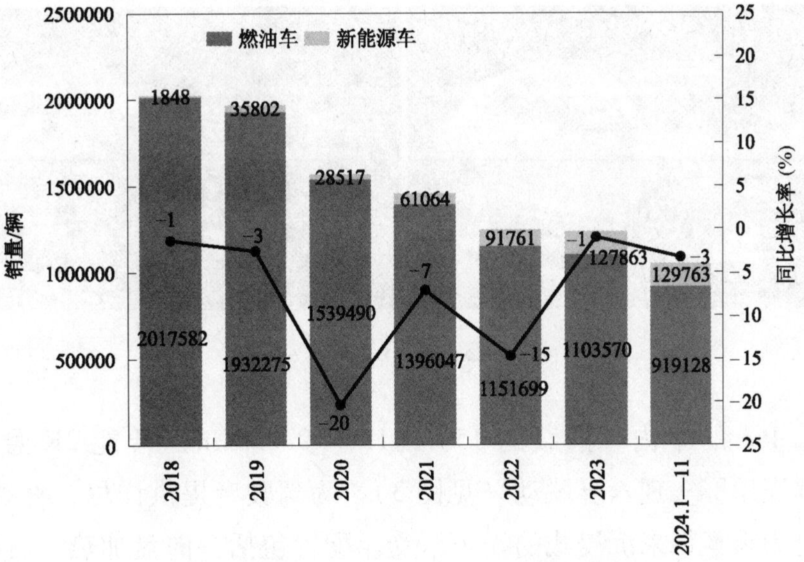

图1　2018—2024年11月上汽大众燃油车和新能源车销量及同比增长率

伴随着市场的复苏，2024年上汽大众ID品牌电动车销售有了很大的进步，尤其是ID.3的销售继续高歌猛进，实现销售85368辆，同比增长13%，成为紧凑级别纯电动车型中最热门的车型之一，ID.4 X销售也回暖，实现同比增长29%。同时在传统燃油车市场，途岳新锐成了新的爆款车型，月销售破万辆。全新车型途观L Pro和帕萨特Pro销量也逐步提升，成为燃油车高端智能化的代表。

二、途观 L Pro

途观 L Pro 于 2024 年 5 月 30 日上市，它是途观家族的全新换代升级版，也是上汽大众新一代车型的先行者。伴随着“油电同进、效率优先、品牌刷新”的十二字方针，途观 L Pro 车型的推出，可以说是标志着上汽大众正式迈入了“油电同智”的新时代。

在外观方面，途观 L Pro 采用了大尺寸的进气格栅设计，根据车型不同，有两种前脸设计样式（见图 2）。另外，新车车灯采用了 25600 像素高清矩阵大灯，这在 20 万 ~30 万元价位车型中比较少见。这个类型的大灯支持车道照明、窄路示宽、离回家迎宾动画灯效全天候大灯、流水转向、随动转向、动态灯光辅助等功能，对于提升夜间行车的安全性和便利性都有明显益处。

图 2　途观 L Pro 双脸外观

途观 L Pro 的车内，搭载的 15in（1in = 0.0254m）智能 2K 悬浮大屏与 11.6in 副驾娱乐屏实现六屏联动（见图 3），为驾驶者提供详尽、直观的驾驶信息，同时也为乘客带来沉浸式的娱乐享受。配置包括方向盘加热、后视摄像头、倒车影像、后驻车雷达、三区自动空调、IQ. Pilot 智能辅助驾驶功能。高配车型

图 3　途观 L Pro 内饰

包括360°全景摄像头、抬头显示、加热、通风和按摩座椅、手机无线充电、哈曼卡顿音响、香氛系统等。途观 L Pro 将智能数字化座舱赋予燃油车，开创了燃油车智能化的趋势，在燃油车市场引领潮流。

通过早期购买者研究报告发现，用户认为途观 L Pro 是一款现代的、大气的并且有安全感的车（见图4），这是用户对途观的一贯印象，同时“油电同智”的全新属性也赋予了它创新和年轻。

图4　途观 L Pro 词云分析——早期购买者研究报告

三、帕萨特 Pro

帕萨特 Pro 于2024年9月10日正式上市，新车共推出3款配置车型，指导价为19.99万~23.99万元，并与原版帕萨特组成新的帕萨特家族，Pro 系列是帕萨特的全新换代车型，作为帕萨特家族的高端产品。此次帕萨特 Pro 上市销售推出了“一口价”的销售模式，上市即伴随促销，做到价格透明，让客户不用再犹豫和等待，也消除了客户对于新车不断降价的担忧。随着 Pro 车型的加入，帕萨特家族一口价从15.99万元到22.39万元（见图5），并且全系配备380TSI 高功率发动机，可谓诚意满满。

图5　帕萨特380TSI 家族上市一口价

在外观方面，帕萨特 Pro 提供先锋版和星空版两套造型（见图 6），先锋版前脸格栅采用四横条幅式镀铬中网填充，两侧设有单独的“C”字形进气道，偏商务稳重；星空版的进气格栅采用黑色网格状中网进行填充，并和左右两侧的黑色进气道融为一体，还有熏黑风刃导风槽等细节作为点缀，更显运动气质。车头上方配有扁平格栅和贯穿式灯带，中央镶嵌大众车标 LOGO，两侧插入多边形大灯组，简洁的日行灯配合矩阵式 LED 大灯，有着不错的科技感和辨识度。

图 6　帕萨特 Pro 双脸外观及内饰

在内饰方面，采用了大众品牌最新的家族式设计，配备 15in 悬浮式中控大屏和 10.3in 液晶仪表盘，部分车型设有独立的副驾驶娱乐屏，在 8155 车规级芯片、12GB 运存 + 128 GB 内存、6G 通信模块等配置的加持下，为出色的智能表现提供硬件支持。作为中型车市场的常青树，帕萨特并没有在电动化浪潮中固步自封，这次的帕萨特 Pro 围绕设计、智能、舒适、品质等各个方面都有跃升，就算将它去和时下流行的新能源 B 级轿车去做对比，也有可圈可点的地方。

通过帕萨特 Pro 的早期购买者研究发现，除了其新车效应和大众品牌一贯优秀的口碑外，其内饰科技感和空间得到了用户的广泛认可（见图 7），并且双脸的外观造型也提供了用户更多的选择空间。

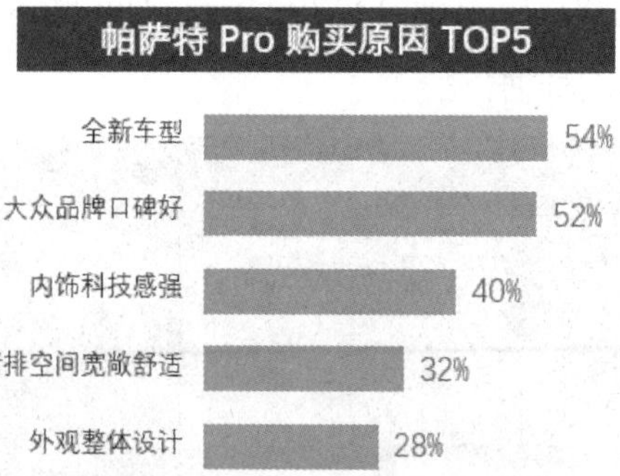

图 7　帕萨特 Pro 早期购买者研究报告发现

四、途岳新锐

途岳新锐是上汽大众2024年的一款爆款车型，它于2024年8月30日上市，并首次提出了“一口价”的销售策略，从7.99万元到10.69万元，动力总成终身质保。途岳新锐以超高的性价比，一上市就引爆了市场，成为入门SUV市场明星车型。

在外观上，新车采用了大众全新一代SUV的设计语言，车头是最新的设计，细节上换装了类似ID.家族的贯穿式日行灯，格栅为双镀铬的横向条辐设计，下包围采用了厚重的银色护板，有点跨界的感觉（见图8）。

图8　途岳新锐外观

在内饰上，新车以简单实用为核心，全液晶仪表盘的尺寸为10.25in，支持自带地图投屏。中控显示屏的尺寸为9.2in，内部支持在线地图和IQ.智慧车联，能实现智能语音、智享娱乐和出行、智慧控车等功能，并还支持无线HUAWEIHiCar、CarLife、CarPlay等手机互联功能。

结合途岳新锐7.99万元起的售价，配以不输行业任何本土竞品的装备配置，可谓性价比拉满，成为年轻人理想的第一台车。

五、总结与展望

2024年，汽车市场加速了“卷”模式，车辆降价风波持续不断，让市场竞争进一步变得激烈且残酷，不少弱势品牌因此而出局。许多车型为了加速上市，只关注堆料而忽视了车辆最根本的质量和性能，造成了真实用户的不断抱怨和事故频发。上汽大众始终保持造车高标准理念，以匠人精神，打造燃油车、新能源车并行的产品矩阵，为消费者提供更丰富的选择，以好的产品和品牌布局每一个细分市场，体现了雄厚的实力和底气。

在品牌优良的传承和延续之外，上汽大众也在不断突破创新。2024 年 11 月 7 日，新品牌 AUDI 问世，它是奥迪历史上的重要里程碑。与四环奥迪同名，AUDI 使用了全新的标志，它建立在超过百年的传承和高端体验之上，新品牌源于经典，却拥有全新的诠释，代表着令人期待的未来：电动化、智能化和万物互联。AUDI E Concept 作为新品牌的第一款概念车，据称与量产车型已经非常相似，外观非常前卫科技（见图 9），并且环状的氛围灯配以动态效果，延续了奥迪“灯厂”的实力，令人对 AUDI 旗下的产品浮想联翩，充满期待，首款车型将在 2025 年开始量产。

图 9　AUDI E Concept 外观

2024 年是上汽大众成立 40 周年，作为“不惑之年”的上汽大众，曾经的“燃油之王”没有选择躺在功勋簿上，而是用“不惑”的发展眼光，高瞻远瞩，预见未来，不断进取，与时俱进。2025 年开始，AUDI 品牌以及大众品牌新一代新能源产品将会相继问世，新能源用户也将更多地体验到上汽大众所带来的品牌底蕴，行而有序地推动汽车新能源产业的发展。

（作者：张曙）

2024年一汽－大众（大众品牌）产品调研报告

2024年我国经济运行总体平稳，但不同行业出现分化。出口表现突出，但房地产市场调整深化，终端需求疲弱。2024年初开始，在头部自主新能源车企的带领下，价格战快速展开。据统计，有超过40个汽车品牌参与价格战，优惠力度不断升级。在政策方面，国家和地方政府出台“以旧换新”、新能源下乡、新能源购置税减免等多项政策。总体来看，新能源及出口的优异表现带动了汽车市场的增长。2024年上半年，中国乘用车销量为1198万辆，同比增长6.3%。2024年下半年，“以旧换新”政策的升级带动了汽车市场持续的增长。2024年7月，国家“以旧换新”政策升级，换新能源汽车补贴由10000元增加至20000元，换新燃油车补贴由7000元增加至15000元。新政策发布后日均补贴申请量在1万份以上。2024年8月起，地方置换政策陆续发布，置换新能源车平均补贴1.5万元，置换燃油车平均补贴1万元。截至2024年12月13日，汽车以旧换新政策申请量超过520万辆，预计全年拉动150万辆销量。新能源汽车在政策的推动下蓬勃发展。2024年8月新能源汽车渗透率首次突破50%，并保持在这一水平，全年累计新能源汽车渗透率达46%。从新能源汽车内部来看，插混车型的份额持续提升，这得益于插混车型更能缓解里程焦虑，用车方式更加灵活。同时，新能源汽车企业持续优化产品布局，完善充电设施建设，继续提升新能源产品竞争力。预计未来，新能源汽车仍将保持增长态势，带动中国新能源汽车产业继续发展，在全球市场竞争中保持领先地位。

在新能源汽车市场持续扩张，燃油车市场不断萎缩的背景下，一汽－大众（大众品牌）全年完成零售销量964546辆，在激烈的市场竞争中保持领先地位。与此同时，一汽－大众（大众品牌）深刻洞察用户需求，进一步优化和补齐产品矩阵。2024年推出大众品牌B级轿车标杆产品——全新一代迈腾，同时推出“智潮小钢炮”——全新高尔夫家族，为用户提供更契合当下需求的产品，以持续焕新的姿态继续深耕乘用车市场。2024年1—12月一汽－大众（大众品牌）

分车型销量见图 1。

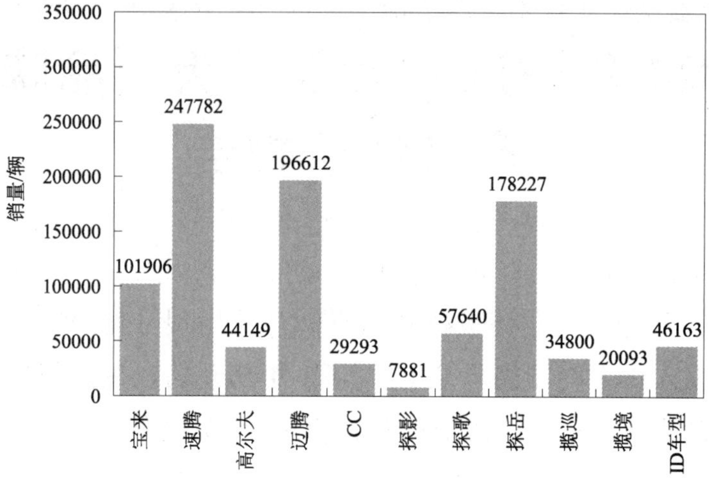

图 1　2024 年 1—12 月一汽 - 大众（大众品牌）分车型销量

一、再续传奇——高尔夫

一汽 - 大众全新高尔夫家族在 2024 年的震撼登场，无疑是汽车界的一次重大事件。作为全球最具标志性和影响力的两厢车之一，高尔夫自诞生以来便承载了无数人的梦想与情怀。2024 年 11 月 30 日，真会玩·超好玩——全新高尔夫粉丝嘉年华暨上市发布会盛大开启，这不仅是对这款经典车型的致敬，更是对未来出行方式的一种探索。

全新一代高尔夫以“智潮小钢炮”之姿焕新登场（见图 2），既承袭着高尔夫家族一贯的操控基因，又在智能化层面全新升级，为新老高尔夫玩家带来驾驶体验的全新探索。在外观设计方面，全新高尔夫以历代车型的经典元素为基调，融入数智化设计语言，呈现出既含蓄又锋锐的设计风格。动感十足的流线

图 2　全新高尔夫

型车身不仅降低了风阻系数，而且让车辆显得修长与灵动。全新矩阵大灯采用 IQ. LIGHT 智能安全灯光技术，轻松应对复杂多变的路况，视觉体验让人赞叹。尾灯采用 Surface LED 2.0 面光源技术，光影效果丰富多彩，并可实现三种独有的动画效果。侧面的 18in 战斧轮毂引人注目，丰富的侧面立体层次感完美展示了高尔夫家族的运动基因与魅力。

在智能化方面，全新高尔夫基于 Floating Design 数字座舱理念，将人性化体验与智能科技操控完美融合。驾驶舱采用 10.25in 全液晶仪表 + 12.9in 中控大屏 + W – Hud 抬头显示，组成“三屏联动”智慧空间，带来沉浸式的驾驶体验。全系标配车联网系统，将导航、控车、娱乐功能融为一体，并采用科大讯飞的 AI 语音系统，识别率高、响应快，智能交互体验全面升级。

在动力方面，全新高尔夫承袭优质操控基因，配置全新 1.5TEvo2 发动机，最大功率为 118kW，峰值力矩为 250N · m，动力性与经济性俱佳。全新高尔夫 GTI 搭载第三代 EA888 2.0T 发动机，最大功率达 162kW，峰值力矩为 350N · m，为驾驶者带来强劲的动力体验。全新高尔夫通过 IQ. DRIVE 技术，将驾驶、安全、泊车等驾驶辅助功能整合，实现 L2 + 级自动驾驶辅助。

在安全方面，全新高尔夫最高配置 9 个安全气囊，并且引入翻滚识别技术，车辆发生翻滚时头部气帘立即点爆，减少乘客头部撞击。车辆配置的紧急辅助 Emergency Assist 3.0 系统能在驾驶员长时间未接管方向盘时发出警告，并且车辆搭载 DWA 防盗报警系统确保车辆安全。全新高尔夫不仅延续了德系的高标准品质，多项安全功能的加持更让其成为安全、可靠的驾驶伙伴。

全新一代高尔夫不仅继承了高尔夫家族优秀的精神，更满足了新一代消费者个性、多元的驾驶需求。其经典的高尔夫基因、优秀的车辆品质，在智能科技与潮流设计的加持下必将为两厢车市场带来新的风潮，必将继续书写高尔夫品牌新的传奇。

二、家轿常青树——宝来

宝来自 2001 年在中国市场推出以来，一直深受消费者喜爱。作为一款专为中国市场定制开发的车型，宝来结合了德国精湛工艺与先进技术，同时充分考虑了中国消费者的使用习惯和需求。宝来的定位是为那些追求品质、注重性价比的家庭用户以及首次购车的年轻人提供了可靠的选择。它以宽敞舒适的内部空间、稳健的操控性能、燃油经济性以及丰富的配置赢得了市场的认可。

2024 年一汽 - 大众推出了包含 200TSI、280TSI、300TSI 三种动力形式的新款宝来车型，为消费者带来了丰富的选择。新款宝来车型采用大众品牌家族化设计语言，外观设计新潮、时尚。配以 1815mm 的车宽和 2688mm 的轴距，为车辆带来宽敞、舒适的车内空间与大气、优雅的外观风格（见图 3）。车内全新配备 10. 25in 全液晶仪表 + 12in 悬浮中控大屏，集成智能导航、语音交互、手机互联等多项功能，为驾驶者带来全新的智能出行体验。采用 1. 2T/1. 4T/1. 5T 发动机，动力性能更加强劲。同时配有 ECO 经济型换档程序、发动机启停及制动能量回收技术，兼顾燃油经济性，保障驾驶乐趣的同时降低用车成本。智慧车联与智驾管家齐备，享受智能便捷的出行体验。L2 级的驾驶辅助功能为行车安全保驾护航，乐享出行无忧。

图 3　宝来

三、A + 级三厢车标杆——速腾

速腾是深受中国市场欢迎的 A + 三厢轿车，因其出色的造型设计、技术品质与市场表现，被誉为 A + 级三厢车的标杆。速腾旨在为消费者提供更高级别的驾驶体验，适合追求高品质生活的年轻家庭、职场白领以及首次购车的消费者。

自 2022 年全新一代速腾上市以来，目前速腾拥有 1. 2T、1. 5T 两种动力，共六款车型。速腾的外形设计采用“浩瀚星际”的设计理念，将德国优秀的工业设计与极具科幻色彩的星际元素相结合，为车辆带来前卫的品质格调（见图 4）。车辆内饰精细雕琢，配有环绕式内饰氛围灯，灯带色彩 10 色可调，驾乘氛围唯美。速腾搭载的 1. 5TEvo2 发动机为中国区首次采用，强劲动力输出与燃油经济性兼顾。配备大众 IQ. Drive 智驾管家，能实现 L2 级别辅助驾驶功能。能够准确识别限速、禁止驶入等各类交通标志，提供精准预警。配有 Front Assist 预碰撞安全系统，可自动探测前方车辆或障碍物。全擎辅助使驾驶者安享驾驶乐趣。另外，速腾配有行李舱感应开启、手机无线充电等人性化科技，便捷乘客出行体验。

图4　速腾

四、B 级三厢车标杆——迈腾

2024 年 7 月 9 日，全新一代迈腾正式上市，共推出三款车型：300TSI 尊享版、380TSI 尊贵版、380TSI 至尊版，配备 1.5TEVO2 及 2.0T 高功率动力。迈腾产品进入中国 17 年来，收获了 251 万车主的认可。全新一代迈腾继续坚持传承与超越的设计准则，专为精英人士定制，必将继续成为精英人群的坚定选择。

全新一代迈腾采用“Timeless”设计理念，意为“超越今天，迈向明天”。在车辆设计上既承袭德系经典设计风格，又体现汽车设计的未来趋势（见图 5）。外饰方面采用前后整体的贯穿式 LED 灯带，配以智能矩阵大灯，具有自动调节远光灯、弯道随动转向功能。全新一代迈腾基于大众 MQB－B 平台打造，并专为中国用户进行调校。新车的噪声、振动大大减少，哈曼卡顿音响声音细腻、层次丰富，为乘客带来极致舒适体验。在人体工学设计上，二排座椅空间加大，并选用适合中国人身材的舒适座椅。座椅配有通风、加热、电动调节等多种功能。车内配备三区自动空调系统，为每一位乘客提供舒适的温度环境。

全新一代迈腾的智能化水平高，居燃油车第一梯队。在主驾上采用 10.25in 全液晶组合仪表，搭配 7.11inHUD 抬头显示；中控使用 15in2K 高分辨率大屏；副驾配有全贴合屏幕，多屏联动为乘客提供流畅的智驾体验与丰富的娱乐功能。在交互上，配有 Avatar 智能语音助手，导航、调整空调温度、娱乐等各类操作轻松掌握。并且搭载 L2＋级 IQ. Pilot 智能驾驶辅助系统，可在 0～130km/h 全速

图5 迈腾

域自动驾驶。作为旗舰车型，全新一代迈腾坚持一流的行业品质标准，车体采用笼式结构，外覆防腐镀锌钢板，历经多项高标准测试，达到CNCAP 2024五星、CIASI3.0 GOOD的“双一流”标准。

随着全新一代迈腾的下线，一汽-大众正式成为国内首个达到2800万辆汽车生产规模的品牌。一汽-大众在30年的造车生涯中创造了无数经典车型，而全新一代迈腾展示了在新形势汽车市场中一汽-大众对汽车发展趋势的深刻把握。全新一代迈腾必将引领一汽-大众迈入“油电共进”的新时代，助力一汽-大众坚守行业领导地位。

五、颜值革新——CC家族

作为一汽-大众最具代表性的车型之一，CC兼具豪华设计基因与动感驾驶体验，一直深受新锐精英的喜爱，并成为国内轿跑车市场的领航者。2020年上市的新CC与CC猎装车，延续了CC家族内外兼修的美感与品质。

被誉为“最美大众车”的新CC，采用前卫的造型风格，U形前脸极具动感，并将张力与精致完美融合。镀铬条装饰配以全LED大灯，给人舒感的视觉体验。内外饰采用大众全新的R-line设计元素，潮流与豪华兼备。精致的车内空间，采用碳纤维、镀铬、高亮黑等多种材质搭配。新CC配备Travel Assist一键式智能辅助驾驶系统，达到L2+级自动驾驶标准。可实现0~160km/h全速域驾驶辅助，让驾驶员轻松应对城市复杂路况，安享智能驾驶体验。并且配备IQ. 智慧车联，导航、语音、娱乐、远程操控等各类便捷功能一应俱全。

为满足消费者多样化的车辆需求，一汽-大众同步推出CC猎装车（见图6）。CC猎装车在新CC基础上打造，更具设计美感，并配有大空间尾箱，格调与实用兼具。车顶配以超大全景车窗，车内空间明亮舒适。驾驶时动力输出快速精细，具有德系轿车一贯的优雅驾驶质感。CC家族同时包含五门轿跑与猎装车，凭借独特的外观设计、高级的驾驶品质与一流的智能化体验为国内消费者带来了全新、个性的出行选择。

图6　CC

六、潮流驾趣——全新探歌

作为一款面向年轻受众的紧凑型 SUV，探歌（见图7）自 2018 年问世以来就凭借其年轻时尚的设计赢得了大量年轻消费者的认可。即使在如今面对国产新能源 SUV 的崛起，探歌依然能够保持月均 4000 + 的稳定输出。入市 6 年来，这款车在一贯延续大众全球品质及同步核心技术之余，更在多个方面做到了持续创新与突破，不断迎合年轻消费者的多元化用车需求。

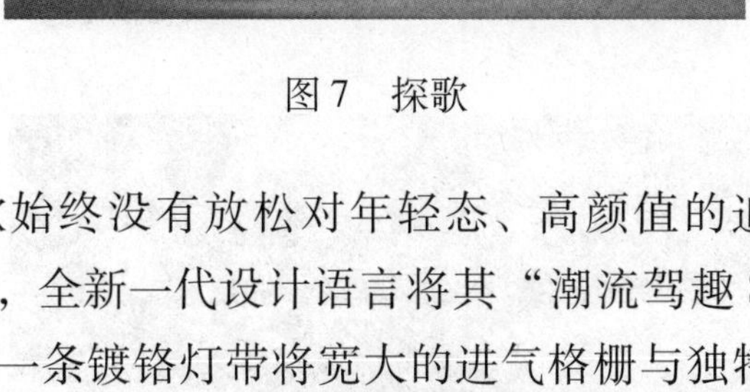

图7　探歌

在设计上，探歌始终没有放松对年轻态、高颜值的追求。在“纯正德系 SUV”气质的基础上，全新一代设计语言将其“潮流驾趣 SUV”定位下应有的态度展露无遗。前脸一条镀铬灯带将宽大的进气格栅与独特的 LED 大灯组融为一体，大众 IQ. Light 灵眸矩阵大灯点亮后效果非常惊艳。搭配标志性“X”形型面充分诠释了其运动型格与舒享品质。车尾则运用“战盔之眼”贯穿式尾灯与前脸呼应熏黑的处理手法与内部的多边形灯腔设计进一步满足了年轻用户对运动感和科技感的审美需求。

内饰造型的设计上探歌也着力为用户打造智趣兼顾的“第三空间”。10.3in全液晶仪表盘+9.2in悬浮式中控屏+双区空调触控面板的组合使其打破了人们对传统合资品牌的偏见站到了“入眼全是屏”的潮流前端。与此同时探歌还搭载了IQ. Drive智驾管家与IQ. 智慧车联功能，生态应用一应俱全。L2级别的智能辅助驾驶水平更能让热爱自驾的新手和女性用户找到一个省心、安心的出行“搭子”。

除了优秀的动力性能作保障，扎实的底盘系统也是决定操控好坏的关键。得益于奥迪同平台打造探歌实现了更好的操控性、安全性和车辆的行驶稳定性。前麦弗逊式后多连杆式独立悬架也能够在变道或高速过弯时提供更多的横向支撑点和更强的横向刚性。综合来看，从设计到驾控再到品质，探歌都像极了人们认知中“六边形战士”的形象，尤其是对“潮流驾趣”标签的强化，不止让产品的差异化更加明显，还极大地提升了其价值属性。这也是探歌可以稳坐年轻受众“喜爱车型”前排位置的关键。

综上，全新探歌将继续以精致、时尚领跑A级主流SUV设计潮流，为消费者不断地带来惊艳感受。

七、进阶高能智慧SUV——探岳家族

探岳家族自上市以来，便以其精湛的工艺、卓越的性能以及人性化的设计，为用户开启了非凡旅程，是当之无愧的德系SUV销量引领者。

在动力系统方面，探岳（见图8）搭载了2.0T高低功率发动机，最大力矩达到350N·m，百公里加速时间最快可达7.5s。WLTC综合油耗为7.96L/100km。底盘调校偏向运动风格，通过优化操控性和安全性，展现了大众对驾驶性能的不懈追求。

图8 现款探岳

在智能化配置方面，探岳搭载了先进的 IQ. Drive 辅助驾驶系统，包括全速自适应巡航和 L2 级自动驾驶功能。10. 25in 液晶仪表盘搭配 12in 中控屏的组合，不仅提供了出色的视觉体验，更带来了便捷的人机交互。前后驻车雷达、倒车影像、无线充电、自动防眩目内后视镜等实用配置的全面覆盖，体现了产品的诚意。

内饰设计彰显出浓厚的科技感，中控屏幕略微偏向驾驶位的设计充分考虑了驾驶者的使用便利性。整体布局遵循德系严谨的设计理念，每一处细节都经过精心打磨。外观设计同样展现出德系车型特有的硬朗线条，贯穿式尾灯与前大灯的呼应设计，营造出协调统一的视觉效果。

2024 年 11 月，大众品牌第 2000 万辆整车——全新探岳 L（见图 9）在一汽 - 大众天津工厂顺利下线。不仅继承了大众品牌一贯的可靠与耐用，更在细节之处进行了精心打磨，旨在为用户带来更加舒适、便捷的出行体验。在外观上，全新探岳 L 带来了全新的力量美学主张，外观造型更加动感、前卫。在内饰上全面升级，凭借尖端的硬件配置与全新的软件系统，深度响应了用户对智能互联与温馨体验的迫切需求，精心打造灵动、智趣的“第三空间”。此外，全新探岳 L 搭载了针对中国复杂路况开发的 L2 + 级驾驶辅助 IQ. Pilot，叠加 IQ. 360 全景可视影像、IPA 智能泊车辅助系统、主被动安全等多项同级少有的领先装备，让用户享受当前燃油车车型最强的智驾体验。

一汽 - 大众近年来以探岳家族为主力，在 SUV 市场上实施了全面的战略突击，并取得了显著的成功。公司始终坚持“从人性化需要入手，打造中国市场最需要的产品”的理念，紧密关注新中产生活所需，针对他们对品质和品味生活的追求，倾力打造他们的梦想之车。

图 9　全新探岳 L

八、家庭旗舰 SUV——揽境

揽境为一汽－大众首款中大型 SUV（见图 10），产品定位为主流 B 级六七座 SUV，它的目标客户群体是主流进步 SUV 需求者，即可以理解为满足多数想体现自己成就感的客户。揽境不但在造型的设计上采用全新大众型面设计语言，散发出刚毅与雅致调配的吸引力，同时在空间尺寸上也要远胜于对手，可以说在直观感受上带给消费者超出产品本身定位的体验。不仅如此，产品本身的科技感和舒适性，也极大地满足了用户的需求。

图 10 揽境

一汽－大众揽境在尺寸方面表现出色。作为大众品牌最大的 SUV，揽境车长 5152mm，轴距 2980mm，座舱空间十分宽绰。前排头部横向空间达 104mm，肩部空间 1523mm，肘部空间 1648mm，这些数据都优于同级车型，让一家人在乘坐揽境出行时，都能拥有足够舒适的乘坐空间，享受尊贵如头等舱般的出行体验。

揽境的“大”还体现在其灵活多变的布局上。揽境具备 6 座、7 座布局可供选择，其中 6 座版本，二排座椅之间 230mm 的中央通道使进出第三排更优雅从容。7 座版本格局多变，座椅组合宛如魔方般灵活变化，在保证后排空间舒适的同时，通过第二、三排座椅的随需放倒，即可获得进深超过 2m 的纯平家用“大床”地带，并扩展出高达 2451L 超大行李舱空间，甚至可以变成一张双人床，在五一长假等假期中，可以更好地满足大家庭出行对于灵活大空间的需求。

揽境的“大”也是豪华格调之大。揽境的二排座椅采用菱形绗缝的真皮打孔工艺和人体工学设计，体现高档次的同时，带来高端舒适的乘坐享受。座椅除配备电动调节、主动通风、加热等功能以外，还内置 3D 按摩气袋，可实现 3 种模式和 3 种强度的气动按摩功能，模拟真人按摩手法环绕揉捏，有效舒缓腰背疲劳。头部配备的航空睡眠头枕，支持高度调节及头枕侧向角度调节，提供充分的包裹性和支撑度。座椅全方位的豪华规格设计，打造出高端的家庭出行体验，让一大家人在长途出行的路上将舒适感拉满。

揽境不仅提供了宽敞舒适的内部空间，同时也拥有出色的驾驶性能，驾驶起来游刃有余。彻底打破“大车不好开”的固有认知，成为一款又大又好开的车，足以满足一家人户外探索的需求，让车不仅是一辆出行工具，更是全家人的移动大 house。动力上，揽境至高采用 2. 5TV6 发动机，配备以全球首采的 DQ501 变速箱和第六代博格华纳 - 瀚德四驱系统，动力输出更加强劲，车辆反应灵敏，输出平稳，黄金动力组合融合 7 种驾驶模式带来极致的驾控体验。无论是穿越崎岖的山路、跨越广阔的荒野还是行驶在高速公路上，揽境都能轻松胜任，为家人们带来安心的驾驶体验。

揽境采用 DCC 动态底盘控制系统，实现悬架软硬调节，轻松应对各种路况。DCC 动态底盘控制系统可实时采集车轮与车身的相对位置等信息，计算出当前行驶的工况，进而实现悬架软硬程度的实时调整变化，达到舒适与运动之间的平衡。

总之，揽境在各方面的表现都十分出彩。在大空间上把中国用户的需求了解得很透彻。科技感和舒适性再加上大排量发动机和四驱系统的加持，无论是公路还是越野，都能够从容应对。

九、硬核大五座 SUV——揽巡

揽巡定位大五座 SUV（见图 11），这款车型填补了一汽 - 大众中型高端 SUV 到大型 SUV 之间的市场空白，并凭借其硬朗有型的格调外观、精准稳健的驾驶控制感受以及最宽的极致空间，向其所在的细分领域发起进攻。

图 11　揽巡

一汽－大众揽巡在外观设计上采用了家族式的设计语言，在细节上进行了创新，展现出更加时尚动感的视觉特征。前脸造型如奔牛一般威猛，贯穿式前照灯组和进气格栅融合了横向元素，营造出双前脸的多层次视觉效果，突显车头的宽阔感。车身侧面线条简洁明了，力量感十足，尤其是从 A 柱延伸至 D 柱的曲棍球杆造型镀铬条，搭配黑色悬浮式车顶，使车身比例更显修长，具有极高的辨识度。车尾部分，一体贯穿式尾灯和后发光 LOGO 设计，不仅提高了整车的辨识度，还增添了几分科技感。

揽巡的内饰设计同样令人眼前一亮。它创新性地将 10.25in 全液晶数字仪表和 12in 中控大屏连为一体，超高清大屏科技不仅极具视觉震撼效果，还集成了车内所有功能，让操作更加便捷，信息呈现清晰直观。车内还保留了贯穿式银色金属镀版装饰和真皮包裹方向盘，彰显出卓越品质与格调。此外，空调设计方面进行了优化，标配双区温控系统，可选配三区空调，有效保证车厢内各部位的温度平衡，为乘客提供更加舒适的乘坐体验。

揽巡在动力方面也表现出色。它搭载了 2.0T 涡轮增压发动机，提供标准功率和高功率两种不同的动力组合供用户选择。其中，标准功率版本的最大功率为 137kW（186 马力），最大力矩为 320N·m；而高功率版本则更加强劲。与之匹配的是 DQ501 全新一代 7 速湿式双离合变速箱，换档平顺迅速，百公里加速时间最快可达 9.1s，为用户带来更加出色的动力性能和驾驶体验。无论是城市通勤还是高速行驶，揽巡都能提供稳定可靠的动力输出，满足用户的各种需求。

揽巡的驾驶感受同样令人印象深刻。它的方向盘灵活轻盈，没有沉重感，动力输出线性充沛，无论是加速还是超车都能轻松应对。悬挂系统调校得当，能够过滤掉大部分路面颠簸，为乘客提供舒适的乘坐体验。同时，揽巡的操控性能也非常出色，底盘调校得较为均衡，能够在保证舒适性的同时提供一定的操控乐趣。此外，它还配备了多项智能驾驶辅助系统，如自适应巡航、自动泊车等，进一步提升了驾驶的安全性和便利性。

十、质享新体验——ID.4 CROZZ & ID.6 CROZZ

自 2021 年以来，ID.4 CROZZ 和 ID.6 CROZZ 组成的纯电 SUV 双雄，凭借强大的口碑、卓越的产品力和精准的用户洞察，迅速成为合资电动车市场的一股强劲势力。一汽－大众也凭借两款 SUV 的出色表现成了首家新能源销量达 10 万辆 + 的合资品牌。2024 年，ID.CROZZ 家族（见图 12 和图 13）累计销量达到

4 万辆，位居合资纯电 SUV 销量榜第一。

图 12　ID. 4 CROZZ

图 13　ID. 6 CROZZ

2025 年 1 月，ID. 4 CROZZ 2025 款正式上市，新增了外观颜色，升级了软件系统，并对中高端车型的外观套件和科技配置进行大幅焕新，进一步提升内外饰视觉效果，为用户带来质享新体验。

2025 款 ID. 4 CROZZ 全系新增了全新“晨雾绿”外观，升级 12. 9in 中控屏，焕新了 ID. S 5. 0 系统，车联网功能得到大幅升级，全新 HMI、导航语音 &APP 控车，为用户带来全新体验。

造型、智舱、智驾的多重升级，使之更人性、更贴心，并进一步提升了驾控便利性和乘坐舒适性。伴随 2025 款产品的推出，一汽 - 大众 ID. CROZZ 家族必将为用户提供更安全、更可靠、更质享的纯电出行新体验，与用户开启更加美好的出行新世界。

十一、ID. 家族形象焕新之作——ID. 7 VIZZION

目前中国新能源汽车市场已经进入高质量发展阶段，消费者不只关注先锋的设计、智能化的体验，也越来越关注安全、操控等汽车的基本属性。一汽 - 大众 ID. 7 VIZZION 不仅实现了智能化升级，更坚守大众品牌一贯的德系品质，为消费者带来“务实向新”的新选择。

作为大众品牌首款 B 级三厢纯电轿车，ID. 7 VIZZION 是 ID. 品牌的形象焕新之作（见图 14）。ID. 7 VIZZION 的车型采用“自由之形”的设计理念，基于优秀的空气动力学设计打造出流畅的车身线条，配以悬浮式车顶及超大掀背设计，实现美学与实用的兼得。惊艳的外观之外，ID. 7 VIZZION 的细节设计同样引人瞩目。车辆采用超大尺寸 SkyView 智能感光天幕，既有超大的视野范围，又能隔绝绝大部分热量和紫外线。车辆配备第三代空气监测系统 Clean Air 3. 0，车内空气安全清新。此外，Harman Kardon 音响系统、ID. Light 智能交互灯带等均让乘客感受智能舒适的出行体验。

图 14 ID. 7 VIZZION

在智能化方面，ID. 7 VIZZION 首次搭载大众品牌多项先进技术。中控屏采用 15in 智能 2K 悬浮屏，配以全新的 ID. OS 2. 0 车机操作系统，UI 界面更美观，车机操作更流畅。内置 ID. Mate AI 智能管家，采用科大讯飞语音识别技术，实现“可见即可说”。语音识别的准确率更高，指令响应时间更快，彻底解放用户双手。驾驶位配备 ARHUD 智能导视，能将实景道路与导航信息叠加显示，驾驶员视野不受遮挡，导航信息更加清晰直观。

ID. 7 VIZZION 传承了大众品牌安全和高品质的基因，以超高标准建立了包括车身安全、驾驶安全、三电安全及隐私安全的全方位安全保障体系。在车身安全方面，ID. 7 VIZZION 采用高强度钢铝混合车身，其中高强度及超高强度钢占比达到 81%，车身扭转刚度超过 46100N · m/°。车辆通过 73 次整车碰撞试验，符合 C – NCAP 五星和 C – IASIGood 标准。在驾驶安全方面，ID. 7 VIZZION 搭载 TravelAssist 3. 0 智能辅助驾驶系统，拥有 21 项主动安全配置，覆盖旅程全场景。在三电安全方面，ID. 7 VIZZION 采用“铠甲电池”壳体结构，既能抵御外部撞击，又能隔绝电池内部起火。

ID. 7 VIZZION 是凝聚大众品牌前沿科技，专为用户打造的高品质、高安全、高实用性的智能化产品，上市一年以来赢得了大量消费者的青睐。ID. 7 VIZZION 与 ID. 4 CROZZ 和 ID. 6 CROZZ 共同作为一汽 – 大众在纯电市场的核心产品，将继续为大众品牌开拓新能源市场，为用户提供安全、智能的出行选择。

（作者：郭章勇）

2024 年上汽通用汽车产品市场调研报告

一、上汽通用汽车 2024 年总体市场表现

2024 年是实现“十四五”规划目标任务的关键一年。在国家层面，通过加大宏观调控力度、扩大国内需求、优化经济结构，经济运行保持总体平稳，稳中有进，新质生产力稳步发展，高质量发展扎实推进。2024 年前三季度 GDP 同比增长 4.8%。

在市场层面，乘用车销量涨势良好，销量逐月上涨。新能源汽车维持高速增长，渗透率连续 4 个月超过 50%。根据中汽中心发布的上险数据，2024 年 1—11 月乘用车总销量为 2059 万辆，同比上涨 7.5%。

在公司层面，2024 年是上汽通用汽车向电动化、智能网联化转型的关键一年，在推进新技术、新产品、新业务模式和新体系布局方面，取得了有目共睹的成绩。

在新能源领域，GL8 PHEV、雪佛兰探界者 Plus 两款插电式混合动力产品前后上市，搭载“最强合资插电式混合动力”——“满电馈电一条龙”的真龙插电式混合动力系统。预示着上汽通用新能源战略从纯电为主向纯电、插电式混合动力并重转型。

在智能座舱领域，全新一代 VCS 智能座舱系统拓展至主流燃油车，率先实现油电同智，为车主提供不输于新能源的智能化体验。智能化成为上汽通用燃油车的竞争优势。

经历半年市场调整后，在“一口价”的带动下，GL8 家族、昂科威 Plus 和全新一代 XT5 引领销量增长，公司销量逐月上涨。2024 年 1—11 月上汽通用汽车国内上险总量为 495546 辆（见图 1），11 月销量环比上涨 23%，总销量位列行业第 15（见图 2）。

二、别克品牌 2024 年各车型市场表现

2024 年是别克品牌新能源战略转型的重要一年。

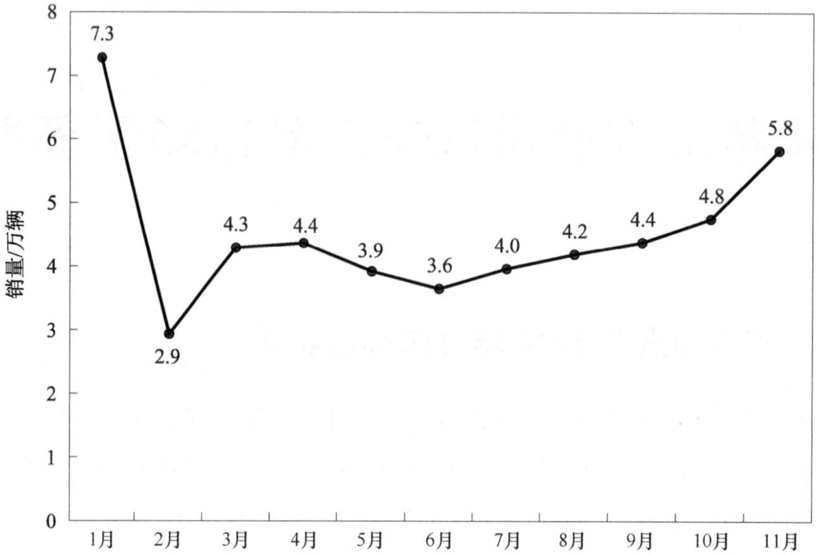

图 1　2024 年 1—11 月上汽通用汽车上险销量统计

（注：数据来源于中汽中心）

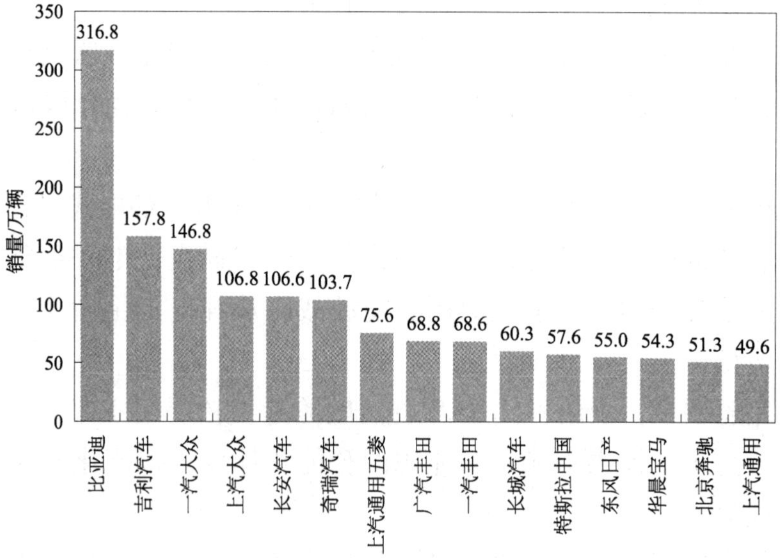

图 2　2024 年 1—11 月各厂商乘用车上险销量统计

（注：数据来源于中汽中心）

公司战略项目 GL8 陆尊 PHEV 荣耀上市。此外全新一代 GL8 陆尊、昂科威 Plus 等拳头产品载誉上市，在下半年掀起别克品牌的复苏浪潮。别克品牌在 2024 年 1—11 月总上险销量为 341830 辆。新能源汽车上险销量为 88759 辆，同比增长 87%，新能源汽车渗透率增至 26%。

1. 紧凑级轿车

紧凑级轿车市场是最大的细分市场，也是别克品牌的主力市场之一。

别克微蓝 6 一直以扎实可靠的续航表现受消费者青睐，2024 年焕新升级 450km 版车型，推出舒享 Plus 版和悦享 Plus 版两款车型，全名升级产品力，加量不加价，并享三电终身质保等权益。为用户带来高可靠、高安全、高品质的纯电出行选择。

作为十万级纯电品价比最优选，别克微蓝 6 凭借宽裕空间、扎实续航、安全可靠的产品优势深受消费者青睐。连续多月位列合资新能源车型销量榜首。

别克将进一步发力 10 万级纯电市场，以更完整的纯电产品梯度和价格布局，为用户带来高品牌、高价值的新能源出行选择。

2. 中高级轿车

别克“双君”通过运动与商务的不同定位，迎合不同消费者的需求，在中高级市场维持稳固的领导地位。2024 年 10 月底，新豪华智享座驾别克君越白金款上市，推出 28T 白金版和白金版艾维亚两款车型。君越白金款以时尚豪华的大气颜值、同级唯一四大天王座椅、同级最强双十佳动力系统、行业领先的智舱体验和五星级全方位安全防护，为用户带来高品质的越级驾乘体验。白金款上市后一车难求，2024 年 11 月同比增长 50.5%，环比增长 215%。作为别克轿车家族的旗舰车型，别克君越自 2006 年进入中国以来，历经四代产品进化，始终坚持以越级理念打造产品，树立细分市场产品力标杆，赢得超过 120 万用户的信赖与支持。

3. SUV 产品

近年来，SUV 产品广受消费者的喜爱，销量占比逐年上升。别克 SUV 家族目前已全面覆盖中大型、中型、紧凑型、小型 SUV 细分市场。2024 年是昂科威上市十周年，别克 SUV 重点发力昂科威家族。全新一代昂科威 Plus 和昂科威 S 兄弟联袂上市，开启油电同智时代。别克昂科威自 2014 年发布以来，历经三代产品革新进化，始终比同级选手全方位领先 10%。在中型 SUV 市场创造了辉煌历史。全新一代昂科威 Plus 以多 10% 的精神，满足用户对中大型 SUV 的需求，带来行业领先智能化体验的同时，实现在设计、舒适、安全、品质等全维度 129 项产品力迭代升级。满足新时代家庭对高品质 SUV 的全场景用车需求。践行

“入门即智能，标配即满配”，昂科威Plus在2024年下半年内卷车市逆势上扬，量价齐升，10月环比增长151%，同比增长52%。2024年11月在10月基础上进一步增长，同比增长110%，环比增长57%。刷新昂科威Plus上市以来销量纪录。全新一代昂科威S基于通用汽车中型豪华SUV平台打造，采用别克家族式PURE Design纯粹设计理念，搭载全新一代VCS智能座舱和领先多智联、智驾科技，实现116项产品力迭代升级，为用户带来好看、好开的SUV体验。

2024年10月，在东岳白金工厂隆重举行了昂科威家族十周年暨第170万辆整车下线仪式。全新一代昂科威Plus凭借多10%的越级产品力，将带领昂科威家族迈向下一个十年。

别克E5、E4印证了别克电动化转型的魄力和速度。凭借强大的体系实力和竞争优势，传承别克的安全基因，E5上市后累计行驶超5亿km零自燃，并以1年保值率63.81%被中国汽车流通协会评为合资中大型SUV保值率第一名。

4. MPV产品

别克常年领导中高端MPV市场，2024年全新GL8陆尊与GL8陆尊PHEV联袂上市，更有王者气象，上市后数月荣膺MPV销量榜榜首。秉持别克品牌24年高端MPV产品开发的深厚积淀，精准洞察市场趋势和消费者对新能源MPV的用车需求，别克推出搭载上汽通用全新一代PHEV智电插混系统——真龙插混的“最强豪华插混MPV”：别克GL8陆尊PHEV。作为上汽通用新能源转型的当家产品，真龙插混凭借“满电馈电性能如一，全工况表现一条龙”的卓越表现，荣获中国心2024年度十佳发动机及混动系统称号。以“真性能、超平顺、高安全”的技术优势，解决了当前插混产品馈电性能下降、驾驶品质不一致、电池安全有风险等用户痛点，树立插混MPV新标杆。

此外还获得中汽研颁发的2024年“五星健康车”称号，全方位保障用户健康。

别克世纪自上市以来，尽收用户青睐、行业褒奖与市场荣宠。2024年2025款世纪上市，带来众多行业首创科技，并将其与人文艺术、尊崇享受深度融合，全新升华驾享境界，为豪华MPV注入时代底蕴。别克世纪将带领别克品牌向更高端、更智能持续攀登，为品牌开创更大格局。

三、雪佛兰品牌2024年各车型市场表现

1911年路易·雪佛兰和威廉·杜兰特正式创立雪佛兰品牌，至今已有113

周年。自2006年启动至今，“雪佛兰·红粉笔教育计划”支教项目已组织超过1200名志愿者，奔赴29个省区市的142所学校，为39000多名乡村儿童带去了素质教育课程。2024年11月4日，为进一步推动消费品“以旧换新”，助力“中国国际消费中心城市精品消费月”活动，雪佛兰品牌以探界者Plus插混领衔，携手开拓者、探界者、科鲁泽等明星车型，推出“全民狂欢节，全系一口价”，特惠车型惊喜折扣低至5折。

在数字化浪潮的推动下，直播已成为连接品牌与消费者的新桥梁。2024年9月26日，雪佛兰紧跟时代步伐，在各级领导以及相关部门同事的关怀与支持下，经过两周多的精心筹备，直播中心的五大专卖店拉开帷幕、开张运营，标志着雪佛兰在数字化营销领域迈出了坚实的一步。雪佛兰品牌在2024年1—11月总销量为41696辆。

1. 新能源汽车产品

2024年8月30日，雪佛兰携首款智电插混SUV探界者Plus插混和雪佛兰开拓者共同亮相成都车展，展现雪佛兰在智电和燃油赛道始终如一的可靠品质和硬核实力。

2024年4月25日，雪佛兰首款智电插混SUV探界者Plus在北京车展正式上市，首次推出双外观，共4款车型，售价为14.99万~17.99万元。作为新一代都市智电插混SUV，探界者Plus率先搭载上汽通用汽车全新一代PHEV智电插混系统，百公里综合油耗仅0.72L，综合续航里程超过1000km，零百加速6.8s、匮电工况零百加速仅6.9s，真正做到无惧匮电，“全工况一条龙”。同时，新车采用全新内外饰设计，搭载智舱智驾科技，在舒享空间、安全装备、科技配置方面全面升级，以同级“最强插混SUV”实力，树立15万~20万元SUV市场价值新标杆。

2024年北京车展，雪佛兰以“双擎启航 触电新生”为主题，携两款全新车型——首款智电插混SUV探界者Plus和首款奥特能纯电SUV探界者EV重磅亮相。依托通用汽车全球领先的智电科技与近30年的电气化技术储备，以及上汽通用汽车强大的新能源技术全链路体系实力，雪佛兰将加速推进在新能源、智能化赛道上的产品布局，推动品牌的全面焕新。

2. 紧凑级轿车

新科鲁泽是雪佛兰在紧凑级轿车市场的重磅明星产品。新科鲁泽自2022年

9 月上市以来，凭借优异的品质成为国内消费者值得信赖的汽车伙伴，以令人心动的造型设计、更智能小雪 OS 智联系统、同级领先的科技配置以及高效节能的动力表现，进一步满足主流人群对高品质家轿的用车需求。

3. 中高级轿车

作为国内中高级运动轿跑的代表，“20 万内最速量产车”雪佛兰迈锐宝 XL 传承雪佛兰与生俱来的运动基因，拥有强劲的动力和极富运动性能的底盘调教，获得大量消费者的青睐。

4. SUV 产品

凭借在 SUV 领域近 90 年的制造经验，雪佛兰拥有庞大而丰富的 SUV 产品线。其中，明星车系探界者历经 20 年三代演变，已收获超过 470 万忠实拥趸，是全球最畅销的中型 SUV 之一。雪佛兰探界者 Plus 的到来，不仅扩大了雪佛兰 SUV 产品阵容，更凭借领先同级的硬核实力成为雪佛兰加速进击新能源、智能化赛道的重磅力量。未来，雪佛兰将不断整合通用汽车全球资源，依托上汽通用汽车强大的新能源技术体系实力，为用户带来更智能、更高效、更环保的智电出行体验。

四、凯迪拉克品牌 2024 年各车型市场表现

作为拥有 122 年历史的豪华汽车品牌，凯迪拉克始终以客户需求为导向，不断突破创新。作为汽车设计的开创者，凯迪拉克始终秉持 ART&SCIENCE 科技美学理念，并不断突破自我。2024 年 11 月，通用汽车宣布凯迪拉克车队将参加 2026 赛季世界一级方程式锦标赛，并计划在本十年内推出动力单元，这也使凯迪拉克成为一支能够自主研发 F1 赛车和动力系统能力的完全厂商车队。随着凯迪拉克 F1 车队的加入，其将成为自 2016 年以来加入 F1 赛事的第一支全新车队，并将成为赛道上的第十一支车队。开创豪华车一口价模式先河，上市即热销的凯迪拉克全新 XT5，与 XT4 和新 XT6 共同组成“新美式豪华 SUV”产品矩阵，“新美式豪华后驱轿车家族”凯迪拉克 CT5、CT6 以及凯迪拉克 IQ 傲歌、IQ 锐歌共同集结登场，为大家全面展示“油电互补，逐级进阶”的强大产品阵容，满足豪华车用户差异化的用车需求。2024 年 1—11 月凯迪拉克国内累计销量为 112087 辆（见图 3）。

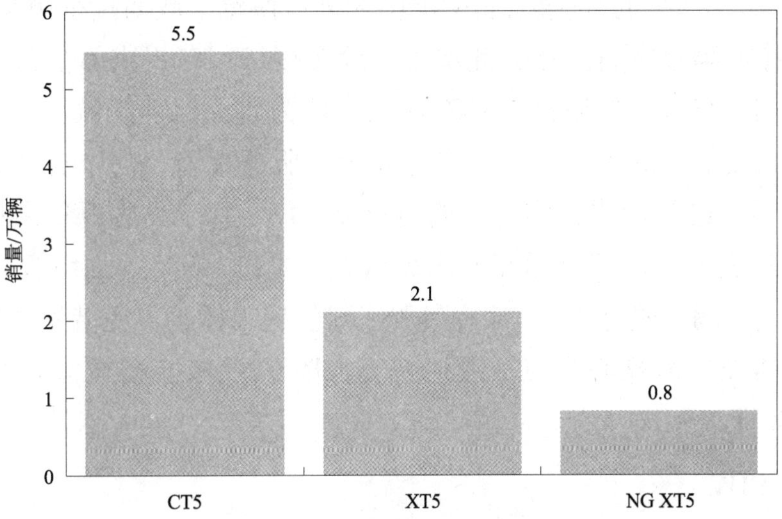

图3 2024 年 1—11 月凯迪拉克各车型上险销量

（注：数据来源于中汽中心）

1. 新能源产品

2024 年 4 月 25 日，凯迪拉克品牌宣布旗下豪华纯电中型 SUV——IQ 傲歌正式上市。新车提供 2 种续航里程选择，标准续航版售价为 239700 元，四驱长续航版为 269700 元，车主可享包括整车及三电系统终身质保、至高价值 10000 元的置换补贴等尊享福利。作为凯迪拉克第二款纯电车型，IQ 傲歌的上市也表明凯迪拉克加速布局豪华纯电市场的决心。

2024 年 3 月 26 日，举世瞩目的博鳌亚洲论坛 2024 年年会在海南博鳌拉开帷幕，凯迪拉克 IQ 锐歌为参会贵宾提供至臻安全的出行服务。其搭载“安全、寿命和能耗零焦虑”的奥特能智电平台，以安全、智能、豪华的纯电出行体验，为贵宾出行提供全方位的周到护航。

2. 豪华轿车

2024 年 1 月 24 日，凯迪拉克在北美正式发布 2025 款 CT5 - V 和 CT5 - V BLACKWING，这两款备受赞誉的高性能豪华车型带来了焕新升级的美式尖端工艺、先锋科技和极致性能。凝聚了凯迪拉克品牌设计、性能与技术之精髓，V 系列车型是最能代表凯迪拉克品牌精神的灵魂之作。伴随着 2025 款 CT5 - V 和 CT5 - V BLACKWING 的发布，凯迪拉克 V 系列车型也即将迎来创立 20 周年的重要时刻。2024 年 1—11 月 CT5 累计销量为 54761 辆。

2024 年 10 月 12 日，“第七届中国国际进口博览会政要接待用车交车仪式”在上海展览中心隆重举行。作为此次大会政要接待用车提供方上汽集团旗下企业，上汽通用汽车派出凯迪拉克 CT6 庞大车队为盛会保驾护航，以豪华高端的产品形象、便捷舒适的用车体验和专业高效的服务保障，向来自全球的政要嘉宾展示“中国智造”的强大实力。凯迪拉克 CT6，基于品牌百年豪华底蕴的旗舰后驱平台打造，不仅拥有标配的满级诚意，更以“985”顶级智舱和“211”智慧底盘打造车圈“高才生”，诠释旗舰座驾的越级体验。凭借先锋设计、智能豪华、顶级驾控三大核心卖点，凯迪拉克 CT6 以硬核实力树立了豪华车市场“新汽车”标杆。

3. 豪华 SUV

2024 年 9 月 28 日，凯迪拉克全新 XT5 上市，新车共推出豪华、尊贵、铂金 3 款蜂鸟四驱车型，限时一口价 26. 59 万 ~33. 59 万元，用户同时可享 3 大限时礼遇和 3 大购车礼遇。自 2016 年首次上市至此次全新上市，XT5 赢得了超过 42 万中国用户的青睐，成为豪华中型 SUV 市场的口碑之选。王者归来的全新 XT5 历经八年打磨，完成十大类 100 项升级，是 2024 年最值得期待的豪华油车。2024 年 1—11 月 XT5 累计销量为 29270 辆，全新 XT5 累计销量为 8209 辆。

2024 年 11 月 15 日，全路况豪华大六座 SUV 凯迪拉克新 XT6 正式在广州车展上市，共推出豪华行政经典版、尊贵行政黑标版、铂金行政黑标版三款车型。全系标配三排大六座电动座椅、二排独立行政座椅及蜂鸟底盘等配置，限时一口价 34. 99 万 ~40. 99 万元。值得一提的是，新 XT6 此次重磅推出置换普惠政策，所有品牌车主增购或换购新 XT6 限时可享 30000 元置换补贴，叠加国家以旧换新置换补贴 15000 元，可享总价值至高 45000 元的置换补贴。凭借入门即享豪华的产品力及诚意满满的购车权益，新 XT6 为心怀大梦想的“大家”和“小家”开启豪华满配、纵横山海的新旅程。

五、2024 年总结及 2025 年展望

2024 年是上汽通用汽车转型发展的破局之年，对于处在转型阵痛期的公司来说，也是比较难的一年。面对席卷全球的汽车产业变革，上汽通用汽车加速向“电动化、智能化、网联化”全面转型，吹响了品牌焕新、产品更新、科技创新、服务革新的“集结号”。

作为合资企业，上汽通用汽车能持续整合股东双方的优势资源，拥有自主

造血的能力。目前，公司拥有产品全链路的自主研发能力，特别是电动化与智能网联化两条新赛道上已设立专门的组织架构来推动转型发展，逐步布局好新能源和智能网联产品、技术的发展规划，并得到了股东双方的全力支持。

2024 年，别克加速向电动化、智能化、高端化转型，旗下产品密集更新换代。基于全新一代 PHEV 智电插混系统，上汽通用汽车推出了全新 GL8 陆尊 PHEV。同时，多款主力车型推出“限时一口价”，连同双十一钜惠活动等回馈举措，引发空前热烈的反响。加速焕新的车型、优势鲜明的产品力，叠加“稳准狠”的营销策略和不断升级的价值体系，带来持续向好的市场表现。未来，别克将不断丰富奥特能家族的产品谱系，强化在 MPV、SUV、轿车等主流新能源市场的布局，为用户带来更加多元的智能电动出行体验。别克将持续通过一年多次的 OTA 升级，让更多用户享受科技领先、安全惬意的智慧出行新生活。

2024 年，基于全新一代 PHEV 智电插混系统，上汽通用汽车推出了雪佛兰探界者 Plus，以“全工况一条龙”的卓越性能表现，为用户带来“真性能，超平顺，高安全”的技术体验。未来，雪佛兰将不断整合通用汽车全球资源，依托上汽通用汽车强大的新能源技术体系实力，为用户带来更智能、更高效、更环保的智电出行体验。IQ 傲歌（OPTIQ）联袂 IQ 锐歌（LYRIQ）以及此前已亮相的 VISTIQ、ESCALADE IQ，IQ 纯电“LOVE”家族充分诠释了凯迪拉克在新能源时代的先锋精神，满足用户多元化的豪华纯电需求。对于凯迪拉克而言，交付给用户的不仅是一台纯电车，更是凯迪拉克品牌，以及坚守百年造车的初心。未来，凯迪拉克品牌将秉承“科技制胜”的策略，以革新科技不断升级用户体验，加速电动化、智能网联化步伐，为用户带来前所未有的新美式豪华体验。

展望未来，结合上汽集团“新能源三年行动计划”，公司规划了多款插电式混动及纯电动车型，预计将于 2025 年前后陆续投产，为中长期新能源销量打下坚实基础。作为中国汽车行业领军合资企业之一，上汽通用汽车正不断构建面向未来的战略布局，加速企业转型发展，并以实际行动继续践行“诚信正直、造车育人、回报社会”的企业文化和价值观，努力实现人、车、社会的和谐发展，向着“引领智慧出行，成就美好生活”的企业愿景不断迈进。

（作者：符逸　霍媛）

2024 年广汽本田产品市场调研报告

一、2024 年广汽本田整体市场表现

2024 年上半年的整体车市，价格战延续 2023 年态势，呈现白热化发展，销量平稳波动；2024 年下半年终端价格战放缓，但销量大幅提升。根据中国汽车流通协会乘用车市场信息联席分会数据，2024 年 1—11 月，乘用车市场批发量创历史新高，达 2404.4 万量，同比增长 5.4%；终端销量仅次于 2016 年和 2017 年峰值，达 2025.6 万辆，同比增长 4.7%。

2024 年下半年乘用车市场的突飞猛进主要受两个因素影响：①“两新”政策的再次明确及加码对燃油车或新能源车市场均有较大的销售利好。尤其是纯电 A0 轿车级别和 B/C 级 SUV，在政策加持下销量可谓是一路高歌猛进。②多款强力新车上市并持续放量，MONA 03、吉利星愿、P7 +、SU7、宋 L 等均为细分市场乃至整体市场销量提升有着不可忽视的作用。

应对错综复杂的外部环境带来的激烈竞争，各大车企纷纷加快步伐，避免落日下乘。自主车企通过构建多样化合作，达到取长补短、整体强化的效果；合资车企抛出口号“在中国为中国”，加强本土供应链合作或推出现地化品牌/车型等。广汽本田同样在当下这个新的历史转折点，不断强化危机意识，上下一心真抓实干：在产品设计与企划方面，构筑现地化产品开发体质，聚焦电动化与智能化，由中国团队研发推出 e:NP2 极湃 2、烨 P7 等车型；在生产经营方面，则结合市场需求快速调整供需，强化市场及渠道维护，持续降本增效，助力公司事业于三年内实现转型升级、企稳回升。

2024 年 1—11 月，广汽本田聚焦优势车型，集中优势资源，借助千万用户基盘输出品牌口碑，针对主力车型持续打造话题，助力总批发量、销售量分别达成 39.1 万辆和 39.5 万辆（见表 1）。雅阁、皓影作为销量支柱，在新能源汽车渗透率快速增长的 B 级轿车及 A 级 SUV 市场稳定发挥，名列前茅，持续引领传统能源细分市场。雅阁 2024 年 1—11 月批发量达 13.4 万辆，终端销量达

13.5 万辆；皓影 2024 年 1—11 月批发量达 10.7 万辆，终端销量达 10.8 万辆（见表 2）。

表 1　2024 年 1—11 月广汽本田批发量和终端销量情况

年份	累计批发量/辆	累计批发量同比增长率（%）	累计终端销量/辆	累计终端销量同比增长率（%）
2024 年	390683	-30.1	394827	-27.8

表 2　2023—2024 年广汽本田分车型批发销量情况

车型	2023 年 1—11 月累计销量/辆	2024 年 1—11 月累计销量/辆	同比增长率（%）
雅阁	147808	134020	-9.3
皓影	114026	107346	-5.9
型格	112613	61524	-45.4
奥德赛	36722	39027	6.3
缤智	36486	11777	-67.7
致在	22236	11113	-50.0
冠道	30067	10511	-65.0
飞度	46494	10344	-77.8
极湃 2	—	3228	—
极湃 1	4161	914	-78.0
其他	8064	879	-89.1

在当下竞争激烈的中国汽车市场，广汽本田虽说面临严峻挑战，依旧坚持长期主义战略、始终倾听用户声音，在产品与服务上精益求精。2024 年，广汽本田同时夺得中国新车质量研究（IQS）、中国售后服务满意度研究（CSI）、中国销售服务满意度研究（SSI）主流品牌第一名的好成绩。其中 IQS 摘得五连冠，CSI、SSI 获四连冠，充分体现市场及用户对广汽本田产品、服务的认可、支持与信赖。

二、2024 年广汽本田在细分市场的产品表现

1. 雅阁（ACCORD）的市场表现

全球最先进的雅阁在中国。为应对国内激烈的智能化竞争，第十一代雅阁（见图 1）领先全球率先搭载 Honda CONNECT 4.0 智导互联系统及 Honda SENSING 360 +，不仅为用户带来更愉悦的座舱体验，同时实力挺进合资智驾第一梯

队。在25款雅阁锐·T动上，相关智驾功能再次升级，引入Honda CoPilot PRO智驾辅助系统高速领航辅助，在全速域驾驶上为用户提供合资同级别最多、最全的智驾辅助，带来更聪明、科技、安心的驾驶体验。

2024年，雅阁凭着过硬的产品实力，不负众望斩获多个荣誉。其中包括J. D. Power IQS五连冠、中保研C－IASI核心三项全优等。正是这样的雅阁，赢得了全球2500万用户信赖及国内超330万粉丝的支持。2024年1—11月，雅阁终端销量达13.5万辆，稳居级别市场第一梯队。

图1　2025款雅阁

2. 皓影（BREEZE）的市场表现

累计交付超60万辆的皓影（见图2），出道即赢得“本田最美SUV”之名，毫不意外地成为广汽本田的当红车型及销量支柱之一。作为广汽本田旗下首个涵盖燃油、混动、插混三大动力系统的车型品牌，皓影不惧路况、不惧远近、不惧冷热；同时凭借出色驾控、越级空间、豪华级舒享配置及NVH体验、全面智能等优质车辆素养，来满足用户更加多元化、个性化的用车需求，为用户带来探索世界、享受生活的全新视角。

2024年1—11月，皓影在强力新车层出不穷、传统竞争对手价格战如火如荼的冲击下，依旧立稳脚跟，终端累计销量达10.8万辆，保持与2023年一致的销量水平。

3. 型格（INTEGRA）的市场表现

作为专为新世代打造的运动型轿车，型格承载着Honda极致运动精神的追求，传承了INTEGRA的品牌精髓，见图3。

图2 皓影一车三动力

图3 型格周年特别限定版

拥有三厢轿车、五门轿跑两大车身结构，以及 CVT、MT、e:HEV 三大动力类型，凭借其动感的外观姿态、澎湃的动力及精准的驾控，型格打动众多追求驾驶乐趣的年轻用户，打造了 A + 级轿车市场的性能标杆，成为广汽本田当之无愧的战略型中级车。

面向追求实用、好用的 A 级轿车用户群，型格同样拥有强大的竞争力：同级突出的 10 安全气囊、优秀的燃油经济性、12 个扬声器的 BOSE 音响、氛围灯、支持语音控制/导航/音乐等的 HONDA CONNECT 智能互联系统，主动安全 HONDA SENSING 等配置，为驾乘安全保驾护航的同时，增添更多的舒适、便捷及趣味。

2024 年 1—11 月型格累计终端销量为 7.0 万辆，持续引领 A + 级性能轿车市场。

4. 新能源产品 e:NP2 极湃 2 及烨 P7 的市场表现

2024 年 4 月的北京车展上，广汽本田 Honda 品牌第二款纯电车型 e:NP2 极湃 2（见图 4）正式发售。e:NP2 极湃 2 作为广汽本田新千万时代首款力作，以用户需求为导向，仅有一个版本，配置直接拉满，在智能化、实用性、操控性等维度均实现显著提升。其不仅传承进化广汽本田一以贯之的安心感和驾驶感，更凭借机甲美感、灵活空间、舒适配置、电感驾趣以及可信赖的安全品质，重新定义纯电汽车的价值内涵，为用户带来“纯电真势力”的共感体验。

图4 e:NP2 极湃 2

2024 年 11 月的广州车展上，广汽本田正式发布全新一代智能高效纯电专属平台 Architecture W（以下简称：W 架构）。基于 W 架构打造的首款车型烨 P7 量产版同样在广州车展上进行全球首次亮相（见图 5）。烨 P7 提供单电机后驱及双电机四驱两大驱动形式，拥有 90°三元锂高性能大容量电池，200kW 后电机加 150kW 前电机实现强强组合，动力响应迅速；50:50 黄金重量配比加上前双叉臂/后五连杆全独立悬挂 + 大直径稳定杆车身悬架、21in 轮毂 265mm 胎宽的马牌轮胎、前副车架双重隔振、3D 陀螺仪控制减振、全新 ADS 自适应减振系统等，实现最优车身稳定，提供最充分的驾控感受；另外，烨 P7 还搭载 12. 8 + 10. 25in 的瀑布式中控屏、41. 9inHUD 抬头显示、9. 9in 液晶仪表等，实现多屏联动；头枕音响及四音区 AI 语音互动，让各个座位既互相独立又能保证互动性，在驾趣之上实现座舱体验的再升级。

图5 烨 P7

三、总结与展望

2024年7月，广汽本田在成立26周年之际，正式发布“蕴新智远”计划：以长期价值赋能企业全领域极限变革，驱动企业战略转型升级，旨在对内深挖效能、提质增效，对外灵活响应市场需求，为用户持续提供更丰富的智能电动化产品，致力于打造一个“更智能、更绿色、更高效”的广汽本田。

以用户需求为导向，回应智电时代的用户渴望，至2027年，广汽本田将全新推出6款纯电车型（含e:NP2极湃2），以更加丰富的纯电产品序列覆盖各细分市场；至2035年，将实现纯电动车型销售占比100%。在PHEV与HEV领域，广汽本田的布局同样提速，燃油经济性、动力性和系统逻辑全方位领先的第四代i-MMD技术不断扩大搭载于更多车型，将全面推进混动产品的迭代更新。

（作者：毛玉晶）

2024 年东风日产产品市场调研报告

一、2024 年乘用车市场回顾

2024 年 1—11 月乘用车市场零售销量为 2059 万辆（见图 1），高于过去四年同期销量，其中相较 2023 年同期增长 7.4%。其主要原因是：一是国家报废更新和置换更新政策的推动；二是中国乘用车市场新能源转型加速。

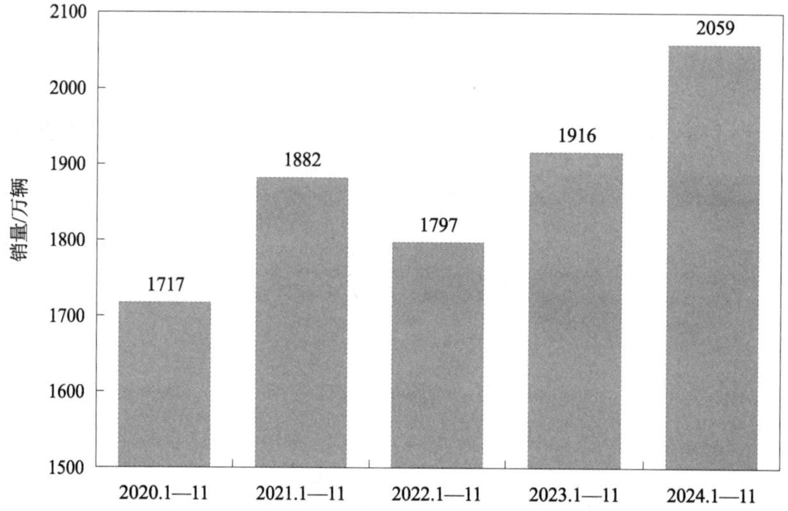

图 1　2020—2024 年（1—11 月）全国乘用车零售销量

（注：数据来源于全国乘用车市场信息联席会）

由图 2 可以看出，从 2024 年 4 月开始，国家及地区相继出台报废更新和以旧换新的政策补贴，在鼓励消费扩大内需、产品升级降价、新能源汽车快速发展等多重因素的共同作用下，月度销量稳健上升，在 7 月开始同比增长率回到正水平。特别从 9 月开始，更多地方政府升级补贴额度，放宽个人消费者的补贴申请条件。截至 2024 年 12 月 9 日，全国汽车以旧换新补贴申请量合计突破 500 万份，其中，报废更新超 244 万份，置换更新超 259 万份。

分动力总成来看，2024 年 1—11 月，新能源汽车销量增长较快，成为整体车市增长的主要驱动力，新能源汽车渗透率已达 46%。其中 PHEV/REEV 占比

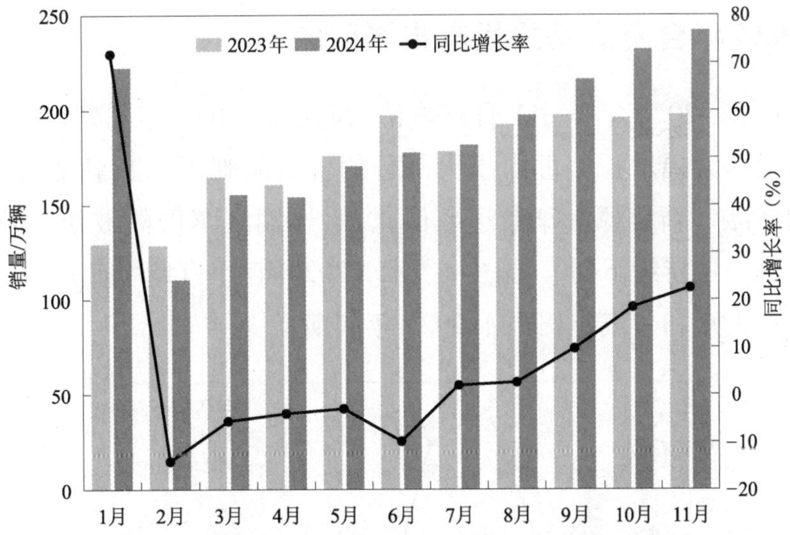

图2　2024 年 1—11 月乘用车市场月度零售销量

（注：数据来源于全国乘用车市场信息联席会）

19%，同比增速 73%；BEV 占比 27%，同比增速 17%（见图 3）。

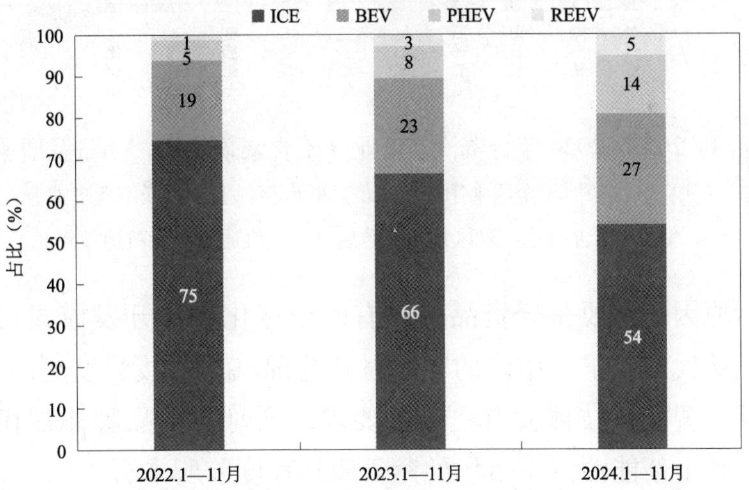

图3　2022—2024 年（1—11 月）乘用车分动力总成零售销量占比

（注：数据来源于全国乘用车市场信息联席会）

2024 年新能源汽车在自主的创新技术带来的插电混动较突出，自主厂家插混产品布局在未来持续增多，高端化、大型化增程插电混动产品强势进入市场，纯电动的市场逐步走强，三种动力总成共同分流燃油车市场。在加快发展方式绿色转型，发展新质生产力的方针指导下，未来中国乘用车市场新能源渗透率仍会稳健上升。

二、2024 年合资品牌乘用车市场回顾

如前文所述，2024 年 1—11 月整体销量略好于 2023 年同期，主要受益于新能源汽车销量的大幅增长。但由于大部分的合资品牌尚未在新能源汽车领域上市强有力的产品（新能源汽车渗透率低），且燃油汽车份额被新能源汽车抢占，所以合资品牌销量持续下滑。如图 4 所示，2024 年 1—11 月前 10 名合资企业的销量仅有上汽大众和一汽丰田高于 2023 年同期。

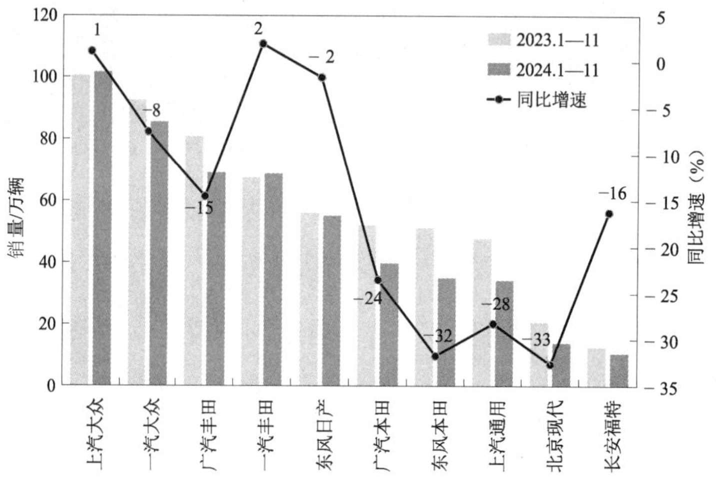

图 4　2023—2024 年合资汽车企业（不含豪华品牌）销量及增速

（注：数据来源于全国乘用车市场信息联席会。上汽大众不含奥迪、一汽大众不含捷达、东风日产不含启辰、上汽通用不含凯迪拉克）

究其背后原因，主要是合资品牌原有的全球化产品开发模式已经无法满足中国客户快速迭代的要求。中国的客户对新能源汽车的接受度更高、更年轻化，对车辆的外观、智能科技体验有更高的要求，同时自主品牌非常积极地投放强有力的产品，整个新能源汽车市场的竞争激烈程度前所未有。

如何扭转目前的竞争态势，各家合资品牌纷纷开始进行战略调整，加大转型力度，扩大中国合作方的话语权，或与中国本土企业战略合作，在电动化和智能化领域全面活用本土资源，力求稳住市场份额。

三、2024 年东风日产市场表现

1. 东风日产的新能源转型

（1）新能源概念车发布及首款纯电动轿车亮相　东风日产以品牌焕新为起

点，发布全新的新能源战略及4款日产品牌新能源概念车。

新能源概念车首秀：在2024年北京车展上，东风日产展示了4款新能源概念车（见图5），计划在未来3年内推出5款日产品牌新能源车型，涵盖轿车和SUV，动力包括纯电和混合动力。

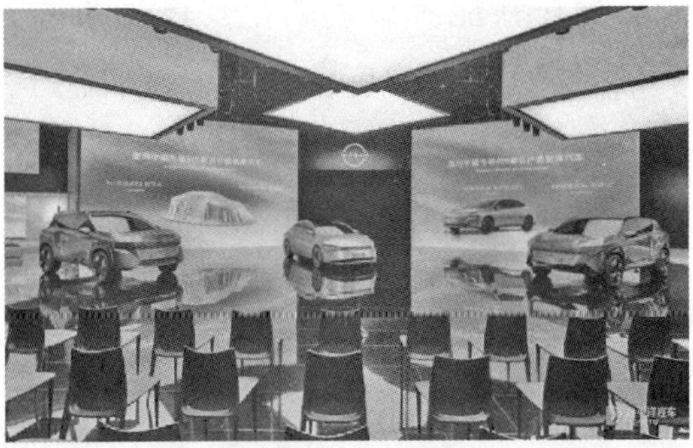

图5　东风日产新能源概念车

“GLOCAL”模式：以日产全球技术和制造品质为根基，进一步整合中国本土新能源研发优势，传承东风日产的舒适基因，实现智能和驾趣的再进化。以智舒适、广延展、多动力和超安全的优势技术，用“新舒适”款待家人。融合Global与Local的经验和优势，东风日产带来源自中国、面向世界的“GLOCAL新模式”。

（2）东风日产新能源架构下的首款纯电轿车　在2024年广州车展上，东风日产N7亮相（见图6），这也是“GLOCAL”模式下最新的智能技术成果，N7定位为中国主流家庭用户的新能源轿车，拥有大尺寸和高级别的配置。东风日产N7采用悬浮式中控屏+矩形全液晶仪表组合，搭载高通骁龙8295P芯片支持的车机系统，与Momenta合作的高阶智驾系统，集成高速领航NOA、城市记忆领航NOA及全场景智能泊车等功能。在造型上，N7集成了日产全球设计理念和中国设计元素，呈现出“极简至美·明智于内”的风格。同时，N7还注重舒适

图6　东风日产首款纯电轿车N7

性，搭载了 AI 零压云毯座椅，采用行业首创凝脂材质，通过 49 个传感器精准感知体压变化，提供极致的乘坐体验，实现全方位舒适支撑，堪称“日产大沙发”再次进阶。

（3）全新启辰 VX6 大平层焕新上市　启辰 VX6 是基于全新纯电平台打造的一款纯电 SUV，是启辰品牌在新能源市场的重要产品布局。2024 年 10 月 15 日，中文命名为“大平层”的全新启辰 VX6 焕新上市（见图 7）。新车在进一步夯实大空间属性的同时，对智能化体验进行升级，配备 8155 芯片和灯塔 OS 2.0 智能车机操作系统。在安全方面，启辰 VX6 采用了三端融合 + 五维防护的鲁班电池，拥有高达 67% 的高强度钢结构；车内甲醛含量低至国标限值的 1/5，并且低于家庭甲醛含量，真真正正做到车内“零甲醛”。

图 7　启辰 VX6 大平层纯电动汽车外观与电池

2. 东风日产的智能化转型

（1）携手 Momenta 联合打造高阶智驾方案　东风日产官宣携手全球领先的自动驾驶公司 Momenta（见图 8），联合打造基于端到端智驾大模型的行业领先高阶智驾方案。东风日产与 Momenta 的合作，是东风日产智能化转型的关键一步，标志其正式步入智能驾驶第一梯队，比肩各大新势力品牌。

图 8　东风有限副总裁、东风日产中方总经理周锋在广州车展介绍

双方联合打造的基于端到端智驾大模型的高阶智驾方案，除行泊功能外还将进一步推动“城市记忆领航 NOA”高阶智驾功能的量产与普及。基于 Momenta 智驾大模型的端到端深度学习算法能力，可在复杂城市道路场景下，仅需一次学习，即可实现点到点领航辅助驾驶功能，让更多用户在复杂的驾驶条件下也能享受更高的安全性和便利性。东风日产也因此成为首个搭载“城市记忆领航 NOA”的主流中外合资车企。未来，东风日产与 Momenta 将继续深化合作，共同推动高阶智能驾驶技术的研发与应用，助力汽车产业智能化发展，为消费者打造更安全、更便捷、更高效的智能出行体验。

（2）与鸿蒙座舱达成合作，联合打造智能座舱　作为合资车企的领军企业，东风日产在燃油车市场以卓越的品质和舒适的体验赢得了消费者的认可。现在，面对市场的巨变，东风日产率先进行转型，以满足新的市场环境和消费者需求。在汽车行业的智能化浪潮中，东风日产将与鸿蒙座舱达成战略合作，成为首个全面合作引入鸿蒙座舱的合资品牌。这一举动标志着东风日产在智能化转型中的关键突破，也体现了传统合资品牌在面临智能化挑战时的觉醒。通过整合鸿蒙的智能座舱和智能驾驶技术，东风日产的产品将展现出更强的竞争力和吸引力，在新能源汽车市场中实现更大的突破。

3. 东风日产的燃油车基盘

在新能源汽车转型的同时，东风日产通过车型焕新来稳固原有的燃油车优势，通过 6 座大家庭旗舰 SUV 探陆上市，轩逸/逍客/超混电驱奇骏黑金版，天籁真心版，逍客 - 荣誉上市来巩固燃油车型在细分区隔的领先地位。

（1）探陆上市　2024 年 3 月 6 日，东风日产全新中大型 SUV 探陆上市（见图 9），新车提供 5 款不同配置的车型，满足 6 座或 7 座的不同需求。

图 9　全新中大型 SUV 探陆上市

宽敞舒适的空间设计：探陆拥有超越同级别车型的车身尺寸，车长 5130mm

和轴距2900mm，提供了宽敞的乘坐空间和灵活的座椅布局，满足家庭出行的多样化需求。

先进的动力与安全配置：搭载高性能的2.0T可变压缩比涡轮增压发动机和9AT自动变速箱，确保了强劲动力和平顺驾驶体验。同时，配备了丰富的智能安全科技，为驾乘者提供全方位的安全保障。

（2）轩逸/逍客/超混电驱奇骏黑金版全新升级　在当今竞争日益激烈的汽车市场，外观设计也在汽车领域中越来越受重视，只有好的外观设计才能获得客户的青睐。东风日产想客户之所想，在2024年8月20日，轩逸、逍客、奇骏的黑金版车型正式上市（见图10），在外观颜值、内饰格调、舒享座舱方面进行了全新升级。

图10　轩逸黑金版

1）外观颜值：黑金版在延续日产最新的V－Motion家族设计语言的基础上对整车进行了熏黑处理，前保险杠和后尾标变为金色。低调炫酷的同时，彰显时尚品位。

2）内饰格调：素黑典雅内饰，在方向盘、中控、座椅、内门饰板辅以金色线条元素装饰，尽显精致质感。

3）舒享座舱：主驾座椅新增加了通风加热功能，为驾驶员带来越级驾驶乘坐体验。

（3）天籁真心版上市　天籁一直以舒适性和高性价比获得客户的青睐，在市场中拥有良好的口碑。2024年9月13日，天籁真心版正式上市（见图11），新车在现款车型纯享版的基础上，进行了外观、舒适、智能以及安全层面的全新升级，以丰富的配置、实惠的价格，重新定义了主流B级轿车市场的入门价值标准。

1）舒适性配置：天籁真心版配备了Multi－Layer人体工学座椅，这种座椅

图 11　天籁真心版

设计能够提供良好的身体支撑和舒适体验，不愧为“日产大沙发”。此外，新车还增加了主驾驶座椅 8 向电动调节及 2 向电动腰托功能，进一步提升了驾驶舒适性。

2）智能科技配置：搭载 12.3in 中控屏和 Nissan Connect 超智联 2.0 Plus 车机系统，支持语音控制、远程控制车辆、实时监测、在线服务和导航等功能，提供了丰富的智能化体验。

3）高性价比：天籁真心版在价格上具有明显优势，限时优惠后的价格为 12.78 万元，相比同级别其他车型，它提供了更多的配置和更好的舒适性体验，同时保持了较低的售价，使得整车的性价比非常高。

（4）逍客荣誉　逍客作为东风日产旗下最畅销的 SUV 车型之一，凭借其品牌影响力和产品优势，一直为客户所青睐，销量始终保持在较高水平。2024 年 10 月 20 日，逍客荣誉正式上市（见图 12）。

图 12　逍客荣誉外观与内饰

时尚外观与精致内饰：逍客荣誉采用了日产最新的家族式设计风格，具有无边界式中网和分体式大灯，以及回旋镖式尾灯，提升了车辆的精致感和辨识度。在内饰方面，采用 12.3in 悬浮式中控屏和大量软性材质包裹，提供了舒适且具有科技感的驾乘环境。

1）科技配置：逍客荣誉在智能化配置上提供了丰富的科技配置，如车联网、4G 网络、OTA 升级等，提供了便捷的智能交互功能，为驾乘者带来了更舒适、便捷的体验。

2）高性价比：逍客荣誉在价格、配置等方面做出合理的定位，与第三代逍客、逍客经典，共同形成高、中、低的定位，以吸引更多消费者的关注和购买。

四、2025 年展望

笔者认为，2025—2027 年中国乘用车市场将面临多方面的变化和挑战，但总体上，新能源汽车的增长和市场消费分化及升级将是主要趋势。

预计 2025 年乘用车需求总量仍会保持微增长。其中燃油车市场持续下降，新能源车继续保持高增长，市场渗透率将超过 50%。乘用车海外出口也将持续保持增长态势，但受各地法规、关税壁垒、地缘冲突等影响，增速会逐渐趋缓。

第一，在宏观方面，经济稳增长压力加大，消费信心仍未恢复，处于低位，导致整体需求不足，抑制了市场的整体增长。Gini 系数在短期维持高位，中国家庭复数保有率和换购比例将继续提升，利好高价位人群和市场。但在 2024 年，国家出台以旧换新、置换补贴等刺激消费的政策，短期内有效刺激内需，2025 年此趋势仍期望延续。第二，新能源车持续渗透，自主/合资/豪华新能源化战略转型步伐加快。在新能源汽车技术的不断进步和政策的持续推动下，燃油车逐渐失去了一定的市场竞争力。尽管新能源汽车仍有续航里程短、充电时间长、配套设施不完善与消费者需求直接挂钩的问题，但在未来电池技术性能提升、电池成本下降等助推纯电车增长，和插电混动车因其可油可电的产品特性，同时政策利好延续，OEM 产品布局增多等利好因素，都会使新能源汽车持续渗透。

为了应对汽车行业变革期的挑战，加速新能源转型和智能化发展，以适应市场需求和提升竞争力，东风日产在 2024 年 6 月 16 日发布了“新奋斗 100”行动计划。目标是到 2026 年底重回百万阵营，同时实现初步出口 10 万辆整车，主要战略举措包括：第一，在产品方面，到 2026 年底前，投放 7 款全新的新能源产品，以满足市场对新能源车型的需求。第二，在品牌方面，将成立品牌委员，以提升品牌形象和影响力。第三，在研发方面，未来三年研发投入将超过 100 亿元，中长期目标是将研发团队的人员规模提升到 4000 人以上，以完全实现新能源转型和智能化发展。第四，在流程变革方面，立足“GLOCAL”新模式，整合日产全球技术和中国本土新能源研发优势，构建更加开发、融合、敏捷的研发机制，深度融合全价值链的力量，打造“卖好车”牵引“造好车”的全新流程，加快新能源转型落地，超越客户期待。

面对中国新能源汽车市场的快速发展，合资企业也面临一定的挑战。东风有限副总裁、东风日产中方总经理周锋认为，新能源转型关键在于认知的改变和战略的创新，东风日产已经找到了新的发展模式：东风日产将继续加大在新能源领域的投入，不仅关注技术变革，更注重客户变革，将坚定以客户为中心，提供超越客户期待的解决方案。

面向未来，东风日产将始终坚持以创新为驱动，以用户为中心，站在1600万整车产销的新起点上，全面加速电动化、智能化转型，以技术创新为抓手，以全价值链体系力为武器，以主动求变的新姿态，赢取新能源变革的最终胜利。

（作者：杜睿）

2024 年神龙汽车市场调研报告

2024 年，在国家加力实施扩内需、促消费的政策背景下，1—10 月乘用车市场累计销售（上险口径）实现了 6.8% 的增长。分结构看，市场增长主要依靠新能源车，燃油车整体下降了 13.5%，神龙汽车所在的合资非豪华燃油车市场同比下降了 16.6%（见图 1），且市场份额逐月下滑，到 2024 年 10 月，市场份额仅有 24.1%（见图 2），留给神龙的空间越来越小。

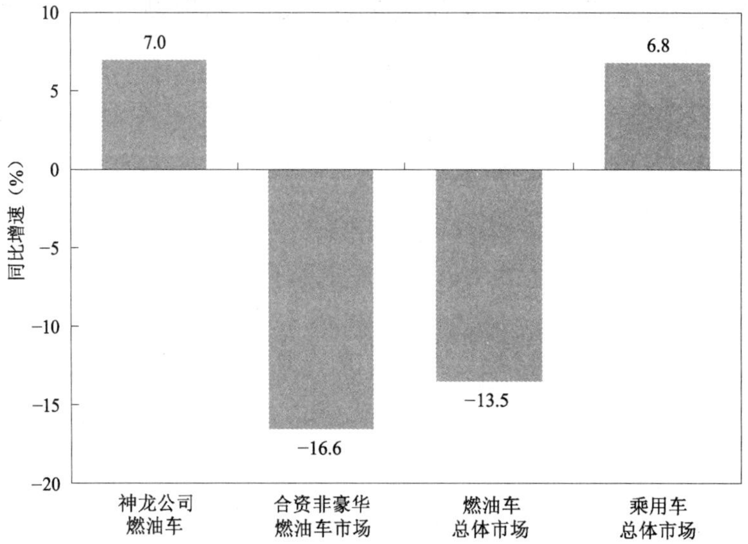

图 1　2024 年 1—10 月分类别上险数同比增速

在燃油车基盘急剧萎缩、行业价格战空前激烈的情况下，神龙内部也面临着部分车型老化、缺少新能源产品的困境。但神龙经受住了市场考验，数据显示，剔除 2023 年 3 月湖北政策影响，2024 年 1—10 月神龙燃油车逆势上涨了 7%，合资非豪华燃油车市场占有率达到 1%，较 2023 年提升了约 0.1 个百分点。

面对各种困境，神龙人始终把命运掌握在自己手上，凭借狼性、韧性和血性，在合资非豪华燃油车这一日渐衰落的阵地，占据了属于自己的一片天地，探索出一条神龙特色的生存之道。

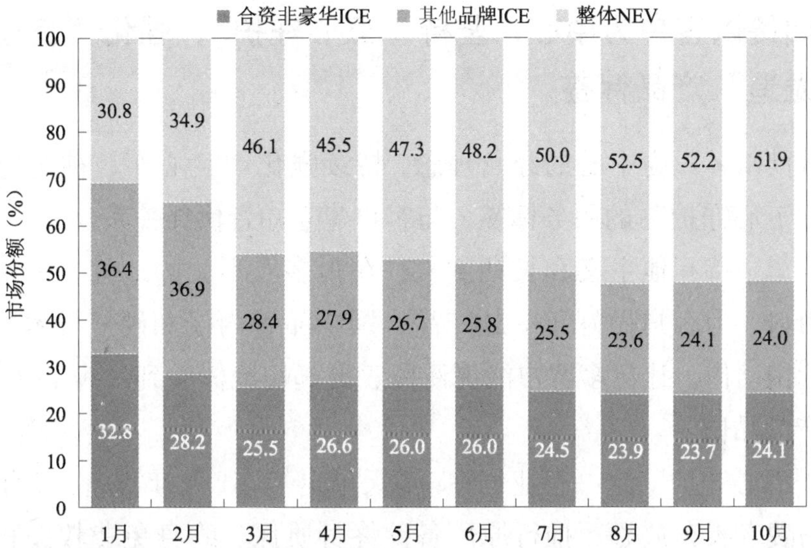

图 2　2024 年 1—10 月乘用车分类别市场份额

一、坚持个性化、小众品牌定位，维系和扩大法系忠粉

燃油车份额虽持续下滑，但下滑的速率在减缓。神龙人判断也坚信，燃油车一定有它固有的生存空间，这样的判断主要基于以下几个因素：一是驾驶习惯，部分传统客户偏爱油车的驾驶感，既追求速度与激情，也看重技术的成熟性，这种用车偏好将长期存在；二是品牌偏爱，部分个性、小众品牌始终拥有自己的忠粉；三是补能忧虑，部分客户对补能便利性要求较高，对当前的补能状况还有忧虑；四是经济因素，燃油车购置税补贴红利以及电动车贬值过快。

正是基于这种判断，神龙汽车更加坚定了做好燃油车的信心，立足标致雪铁龙这一小众品牌，不再把销量作为唯一的目标，而是放慢速度，走近用户，拥抱用户，给用户提供更多贴心服务，为标致雪铁龙品牌自己的忠粉找到归属、找到“知音”，进一步丰富他们的用车生活，让他们成为法式生活的践行者和传播者。优秀的产品再加上贴心的服务，也就有了“一人法系，终身法系”这样愿意与法系车共同成长的用户群体。同时通过打造系列长线 IP，成功让法系车品牌走进更多年轻圈层，与更多年轻人共创共享，让更多中国用户充分感受个性、时尚、优雅的法式魅力，为品牌个性化、年轻化的发展形成丰富的品牌积淀。

二、始终以客户为中心，坚持“五心守护”，强化“良心车，神龙造”产品标签

始终贯彻以客户为中心的经营理念，持续强化“良心车，神龙造”的产品标签以及“五心守护”的服务标签，与客户建立知音伙伴关系。

神龙汽车坚持利他主义和长期主义，在很多看不见的地方，采用了毫不妥协的良心用料，为客户做好每一款产品，围绕品牌内涵和硬核技术，精准、持续地实施营销动作，让更多客户能更便捷、更真切地体验到“良心车、放心车、安全车”产品品质。

坚持“五心守护”这一行业创举：7 天可退换车、1 年保价、5 年无忧守护权益，让消费者买车放心；推行原厂备件终身质保、终身免费救援和 7 折保养政策，让消费者用车安心；提供跑腿服务、咨询服务、管家服务，让用户充分体会到神龙汽车服务的贴心。

多年来，神龙公司积累了 640 余万客户基盘，并持续向他们提供了燃油车产品与售后服务。近年来，随着燃油车市场占有率的下降，客户出现了对神龙售后业务的担心，这是可以理解的。但是神龙始终坚持以客户为中心的经营理念，不断强化五心守护行动来让客户用车无忧，并斥资千万成立客户关爱基金，充分表明了始终遵循对客户提供贴心服务的承诺。2024 年，神龙公司召回 71 万辆世嘉就是铁证，借助此次召回事件，再次传递神龙汽车秉承“以客户为中心”的理念，通过卷良心、卷服务、卷体验，传播良心车、良心企业的形象，探索可持续经营发展的道路，展现央企担当。经销商通过客户回店，切实做好客户分级管理，关注客户服务的细节，让客户看到五心守护带来的价值，为客户提供全生命周期的关爱，用实际行动温暖客户、打动客户。

三、从“价格营销 ”向“价值营销”回归

2024 年汽车行业价格战空前激烈，厂家既是价格战的参与者，也是受害者，但基于对市场规模和行业位势的考虑，各厂家都不愿意自己主动回收价格，造成价格战愈演愈烈，厂家利润率和现金流蒙受损失。

在此背景下，神龙也深受其害，甚至举步维艰。于是，自 2024 年 7 月起，神龙主动大幅回收促销，率先从“价格营销”向“价值营销”回归，制定“价格红线”，严禁跨区销售，督促经销商健康良性经营。同时，强化品牌和产品价

值传播，大力开拓新零售，推动新媒体和客户运营向纵深发展。

具体来说，就是以客户为中心，围绕“知音”客户品牌价值和神龙强大的保客基盘，聚焦3大标签（良心品质、五心服务、品味生活），利用3大触点（品牌私域阵地、垂直媒体、社交短视频平台），夯实6大矩阵（官方号、直营中心、员工、经销商新媒体、客户、法系合伙人），强化内容营销，在数量和质量上迈上一个新台阶。

系列举措不仅稳住了价格，也提升了销量。数据显示，2024年7月以后，神龙月度销量呈现逐月攀升的态势。与此同时，新零售取得了突破性进展，2024年1—10月，新零售线索贡献度达54%，销量（上险口径）贡献度达28%，分别较2023年全年提升了18个百分点和6个百分点。

四、顺应新形势、新需求，大力推进营销数字化转型

消费增长时代，成熟品牌通过媒介投放、线索采买以及传统的线索跟进方式，实现订单转化。进入存量竞争时代，消费者决策周期变长，需要精细化的营销维持用户黏性，与客户快速互动和多次触达来实现订单转化。

传统的线索管理模式缺乏质量筛选机制，灌水严重，导致下发线索中低质量线索占比高；缺乏线索跟进管理工具，无法准确评估网点的跟进过程和效果；缺乏体系化保客增换购线索挖掘机制，无法充分挖掘老客户潜力，影响业务增长；线索培育过程和分级规则不科学，导致转化困难，效果不佳；缺乏便捷客户沟通工具及素材库，导致线索跟进不力、转化率低。

为此，2024年神龙汽车搭建了营销数字化平台，创建了知音龙管家（含销售助手、服务助手），形成了线索中心、试乘试驾中心、订单中心、素材中心、任务中心、销售顾问360评价体系、客户信息中心、销售指标看板、服务业务看板等12个能力中心。实现了线索清洗、企微运营、线索抢单池、线索指标体系、内容应用、战败再激活、保客增换购线索挖掘、保客管理八大业务场景。营销数字化平台实现了线索获取－跟进－转化的全过程一体化管理。营销数据自动获取并形成指标看板减少手工统计工作量的同时，提高了数据的真实性。营销动作全过程可跟踪、可检核、可量化、可追溯，将终端精细化过程管控从口号变为现实，极大地提高了管理效率，真正实现数据驱动业务增长。

构建和完善数据中台，让数据资源实现价值增值。数据中台是定位于数据后台与业务前台之间的核心系统，承载着数据统计、数据建模、数据处理、数

据分析和数据赋能，助力客户全旅程的数字化营销场景应用落地。

通过私域数据分析，可实现品牌及车型的客户画像。客户画像数据来源从单一的市场调研逐步扩展到以私域数据为主、传统调研为辅的立体信息输入状态，改变过去主要依赖传统市场调研手段获取用户信息造成的投入大、频次低、数据可信度差等问题，通过完善超 A 阵地和数据中台标签治理，大幅提升画像输出频次、数据完整性和数据质量的同时，降低了费用投入。通过分析客户性别、地域分布、兴趣爱好、购车偏好、热力图等关键信息，析出车型营销策略和产品改进建议，在业务领域得到广泛应用，让数据资源实现了价值增值。

总部端，通过对企业微信进行埋点和数据收集，实现了企业微信使用行为分析，帮助销售部更有效对销售活动和网点进行过程跟踪和管理。通过超 A 私域埋点行为数据分析，识别并定期输出具有购车意向用户信息便于客户运营线索匹配和下发，从而提高下发线索有效性。通过私域行为追踪和分析，实现了“法式星期三”等客户运营活动数据跟踪，为活动复盘提供精准数据支持。

网点端，数据中台实现了企微销售助手和服务助手端客户基础信息、兴趣偏好、购车意向、用车状况等标签打标，帮助网点更精准地识别高意向客户，针对不同类型用户采用有针对性的沟通话术，更加精准地识别客户需求，促进客户成交和回厂管理，提升客户满意度和售后产值。

2024 年，股东双方进一步明确了神龙公司新的发展战略，由此开启了合资车企转型发展的新模式。新战略指引新征程，神龙公司面向国内、国际两个市场，将充分利用股东双方的资源和品牌影响力，抓住东风集团新能源转型的重大战略机遇，发挥自身制造、质量、成本优势，以“神龙造 全球销”为依托，积极推进“稳定国内基盘、深耕出口市场、融入东风大自主新能源事业”等三大战略行动，确保高质量、可持续发展，构建新格局、打造新神龙！

（作者：李锦泉）

2024 年奇瑞品牌主销产品市场调研报告

一、奇瑞品牌整体表现

2024 年是实现“十四五”规划目标任务的关键一年。我国加大宏观调控力度，着力深化改革开放、扩大国内需求、优化经济结构，经济运行总体平稳、稳中有进，高质量发展扎实推进。2024 年前三季度，我国国内生产总值同比增长 4.8%，为实现全年 5% 左右的增长目标打下了坚实的基础。汽车是消费的重要支柱，截至 2024 年 11 月，国内狭义乘用车市场累计销量为 2025 万辆，同比 2023 年 1—11 月增长 4.7%。其中燃油车为 1065 万辆，同比下滑 15.1%，新能源车为 960 万辆，同比增长 41.2%，新能源车中 PHEV 增速更高，达到 306 万辆，同比增长 69.3%（来源于乘用车联席会国内狭义乘用车零售数据，奇瑞口径）。从整体来看，2024 年汽车市场前期波动且有下降，后期发力回升。年初价格战启动早、力度大，部分新能源热销车型价格降幅近 20%，从 2024 年 2 月春节后延续到 4 月底，时间跨度长，叠加偏弱的消费预期引发消费者观望，抑制汽车市场启动；随着国家以旧换新政策执行细则的出台（2024 年 4 月商务部等七部门联合印发《汽车以旧换新补贴实施细则》，2024 年 7 月底商务部以及相关主管部门发布了《关于进一步做好汽车以旧换新有关工作的通知》），地方新能源车补贴政策的持续偕行，社会积蓄的消费购买力持续释放；在政策刺激下，2024 年后半程展现出积极向好态势，推动汽车市场行情走强。从结构来看，燃油车销量下滑，新能源车持续高速增长，2024 年 7 月起整体市场新能源车渗透率首次超过 50%，其中自主品牌新能源车渗透率超过 70%。在存量竞争态势愈发明显，竞争趋于白热化的市场形势下，奇瑞汽车关注客户价值主张、践行客户价值体验、紧跟用户需求，与用户共创产品和生态、优化产品结构，不断提升产品竞争力，持续打造爆款产品。2024 年内推出 2025 款瑞虎 9/瑞虎 9 C－DM、瑞虎 8L、全新瑞虎 8PLUS/瑞虎 8PLUS C－DM、2025 款瑞虎 7PLUS/瑞虎 7 高能版/瑞虎 7 C－DM、2024 款艾瑞泽 8 等新车及改款车型；同时 2024 年奇瑞在新能源赛道上“不客气”，打造风云品牌全新重磅产品风云 A8、风云 T9、风云 T10。2024 年 1—11 月共销售 144.3 万辆新车，同比增长 31.2%（见图 1），增速远超行业整体水平。

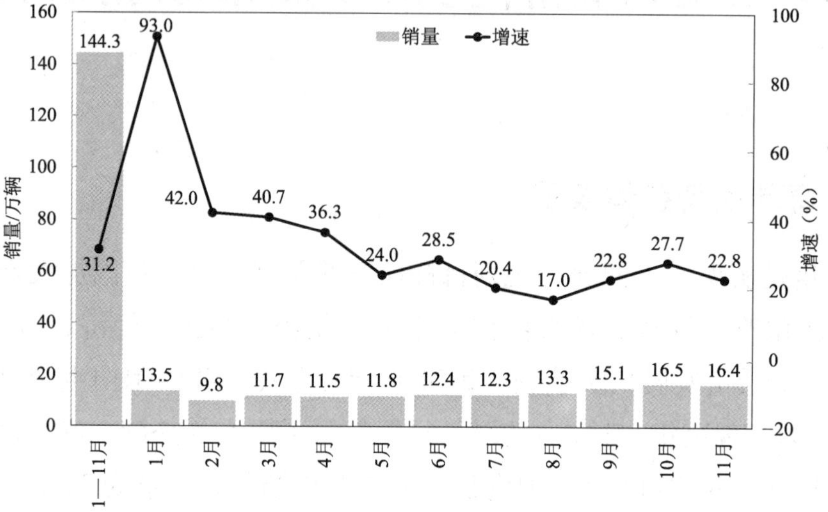

图 1　2024 年奇瑞品牌销量及增速

（注：数据来源于全国乘用车市场信息联席会批发数，含出口）

二、重点新产品介绍

1. 2025 款瑞虎 9/瑞虎 9C－DM

2025 款瑞虎 9 于 2024 年 9 月 25 日全球上市，新车定位中国超舒适旗舰 SUV，同步推出燃油版及 C－DM 混动版（见图 2），市场指导价区间分别为 15.29 万～20.39 万元和 16.59 万～17.59 万元，满足不同用户的多样需求。新

图 2　2025 款瑞虎 9/瑞虎 9 C－DM

车兼具美学旗舰、动力旗舰、舒适旗舰、安全旗舰四大标杆实力，重新定义20万级自主旗舰价值标杆。

美学旗舰，自然美学与科技的碰撞。2025款瑞虎9从大自然中汲取设计灵感，打造出独特的“自然美学”，虎踞式前脸采用仿生设计，虎瞳大灯再现猛虎之眼的锐利与威严。内饰部分，环抱式宽体悬浮座舱进一步延续自然与科技的结合。宽体超悬浮仪表板、TOM木纹装饰件和仿磨绒皮软材包覆，营造出豪华与未来感并存的座舱体验，高达66.9%的“得房率”让车内空间更为宽敞舒适。此外，新车还新增了20in驰风轮毂、月白云深双拼车色等设计，带来全新的整体视觉体验。

动力旗舰，油电皆出众。2025款瑞虎9燃油版搭载中国“心”鲲鹏2.0T发动机与8AT/7DCT变速箱，最大力矩达400N·m。全场景智控四驱系统具备7种驾驶模式，用户可根据不同路况自如切换，确保稳定的行驶感受与驾驭乐趣。

瑞虎9 C-DM搭载鲲鹏超能混动C-DM技术，配备1.5T混动专用发动机，最高热效率达到44.5%，实测亏电油耗低至4L级。同时，瑞虎9 C-DM还拥有全时域智电管理系统，CLTC工况下的纯电续航达106km，实测综合续航更是突破2000km。此外，新车还支持外放电功能，作为移动电站最高输出功率可达6.6kW。

舒适旗舰，开启舒适体验新境界。为给用户带来头等舱般的卓越体验，新车在越级超大静谧空间的基础上，配置540°立体超感空调系统、SONY 14扬环绕音响、C-PURE奇瑞净立方绿色座舱及高档智能香氛系统，打造出仿若移动头等舱般的车内环境。再加上0重力女王副驾、主驾按摩，以及私享越级二排，足以让每位家人都舒心愉悦。

在8155高算力芯片、24.6in极智丝滑曲面屏及50in AR-HUD等硬件加持下，新车还具备优异的视听体验及AI智慧交互功能。50W手机无线快充还可让用户随时快速补能，半小时充满50%。另外，2025款瑞虎9燃油版搭载超舒适磁悬浮底盘，其配备CDC“磁悬浮悬架”系统与发动机双液压悬置，可显著减少车身振动与噪声，进一步提升舒适驾乘体验。

安全旗舰，周密护航每一程。2025款瑞虎9采用磐石车身设计，高强度钢占比85%，搭配B柱抗拉强度高达1500MPa的结构设计。双防撞梁、6吸能盒、3条传递路径，能够有效分散冲击力，全面提升车辆的抗撞性。新车还具备360°环抱式10气囊防护，包含同级少有的前排中置气囊，并可实现6s超长保压。

2025 款瑞虎 9 还具备 L2.5 级智驾辅助系统，包含 21 项智驾功能，配合 IPB 智能线控制动技术，实现 0.15s 的快速制动响应，制动距离缩短 1m。

针对瑞虎 9 C－DM 的电池安全，守护者电池安全系统以全球标准安全电芯为基础设计，配备 5 层防护，出色的抗撞性能可有效应对各种复杂路况和突发情况。同时，其防水等级达 IP68，为国标的 48 倍，电池 NP 无热扩散技术则确保车辆实现碰撞后 2ms 级高压断电，进一步提升车辆电池安全。

中国旗舰，中国力量。瑞虎 9 油电双车以硬核实力，重新定义 20 万级自主旗舰价值标杆，不仅回应了新一代消费者的多元化需求，也再次彰显了奇瑞深厚的技术底蕴和创新能力。上市后取得不错的市场表现，销量快速提升（见图 3）。

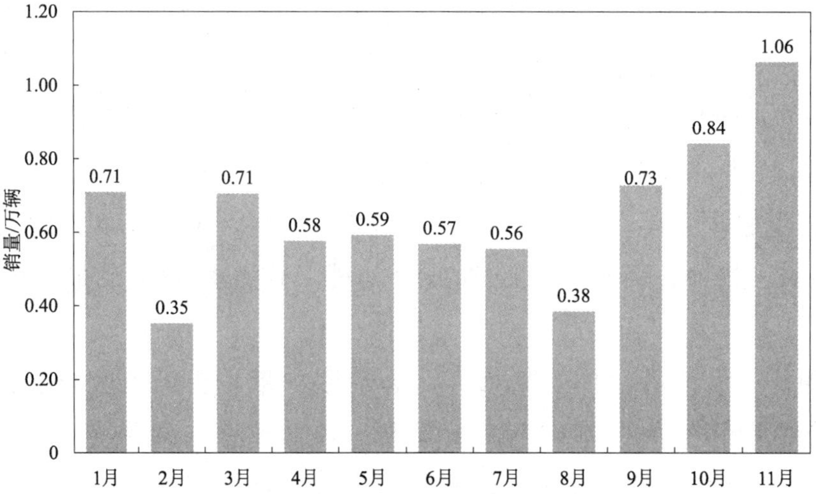

图 3　2024 年瑞虎 9 系列销量表现

（注：数据来源于全国乘用车市场信息联席会批发数，含出口）

2. 瑞虎 8L

2024 年 8 月 8 日，奇瑞全自研旗舰 SUV 瑞虎 8L 正式上市（见图 4），官方指导价为 12.99 万～17.49 万元。新车以自然力量美学生动诠释王者风范，更兼具性能王者、安全王者、空间王者等全维优势，是一款能够满足全家人多元化使用需求的全场景之车。

（1）性能王者——十佳性能征服全场景　瑞虎 8L 搭载全栈自研的双十佳黄金动力组合，带来同级最强动力表现。其中，2.0TGDI 鲲鹏动力十获“中国心”十佳发动机称号，最大功率为 187kW，峰值力矩为 390N·m，兼具高效热管理

图4 瑞虎8L

系统、二代高效燃烧系统、低阻运动系统、高响应增压系统四大优势。鲲鹏8AT变速器不仅拥有超平顺、高性能的特点，更经历全球化开发及验证，实现全球品质，与2.0TGDI鲲鹏动力形成完美结合，赋予瑞虎8L无与伦比的动力与操控体验，助力用户轻松驾驭家庭用车全场景。全栈自研的全场景智控四驱系统囊括可自由切换的7种不同驾驶模式，覆盖雪地、泥泞、沙地等多达17种以上的地形路况，让用户在尽享速度与激情的同时拥有极致的稳定操控，从容征服每一段旅程。

（2）安全王者——全维守护无懈可击　家庭用车，安全是最大的豪华。瑞虎8L采用同级最高的高强度钢占比达85%的磐石车身设计，辅以同级独有的双防撞梁和超大铝合金上防撞梁，为用户提供坚如磐石的车身防护。博世智能IPB制动为新车赋予响应快、刹得稳的卓越制动性能，关键时刻更靠得住。同时，瑞虎8L具备同级领先的7气囊配置，涵盖同级独有远端气囊、2060mm帘式气囊以及超长6S保压优势。在主动安全方面，瑞虎8L搭载L2.5级智能辅助，ACC全速域自适应巡航、SCF车速辅助控制、LDW车道偏离预警、AEB自动紧急制动、IHC自动远近光灯切换等19项全维智能辅助驾驶系统，覆盖跟车、行驶、并道、夜行等全维用车场景，在强大被动安全的基础上为家人安全再添坚实屏障。

（3）王者风范——生动诠释自然力量美学　颜值出众，瞬间心动。瑞虎8L基于“Art in motion”设计理念打造，从自然万物的“形”“色”“音”中汲取设计灵感，将全新自然力量美学融入汽车的每一个细节之中。虎啸前脸基于仿生外观设计，如猛虎咆哮、张力十足。锋齿点阵格栅则如同老虎张大的獠牙，锋锐尖利，颇具威严感。灵动锐目灯语、凌眸LED大灯及虎斑回纹示廓灯等设计与之相得益彰，进一步营造出充满力量感的强大自然生命力，尽显一路向上的王者姿态，为用户带来眼前一亮的视觉美学体验。

（4）空间王者——开启智享家居新体验　瑞虎 8L 为家庭用户量身打造而来，基于 4795mm×1930mm×1729mm 的越级尺寸及 2770mm 超长轴距，在空间布局上充分考虑了家庭出行的多样化需求，实现同级空间更大、布局更灵活、乘坐更舒适的超凡体验。新车采用 5+2 座布局，“得房率”高达 70.04%，将二、三排座椅放倒，即可实现同级最大 2065L 行李箱容积，足够容纳 30 个行李箱，可在户外露营时秒变“大床房”。38 处便捷储物空间同样为同级最多，让家庭出游的各种零碎物品各得其所，实现收纳自由。

在智享座舱灵活与舒适的同时，瑞虎 8L 用户还可享受 AI 技术加持下的极致智能。新车搭载高通 8155 智能芯片，基于同级唯一 AI 大模型赋能，用户可与智能语音助手进行流畅自然的语音交互，并支持全时免唤醒、方言免切换，家人也可随心交互。此外，15.6in 窄边 2.5K 高清屏、10in 仪表、高清 W-HUD、二排空调屏等配置还支持智能多屏联动，让导航、娱乐体验更优越。

（5）全自研旗舰 SUV——助力家庭用户奔赴品质新生活　以全自研实力，铸就家用王者旗舰。瑞虎 8L 集绝美颜值、舒适空间、十佳性能及全维安全于一身，为家庭用户带来与众不同的卓越出行体验，堪称家用 SUV 的典范之作。12.99 万元起的价格，更是带来绝无仅有的极致性价比，彰显奇瑞以用户为中心的造车理念。未来，奇瑞将继续发力，以更高品质的产品回应消费者期待，共创更加美好的出行生活。

3. 全新瑞虎 8PLUS/瑞虎 8PLUS C-DM

全新瑞虎 8 PLUS/瑞虎 8 PLUS C-DM 于 2024 年 9 月 10 日上市（见图 5），新车燃油搭载 1.6TGDI/2.0TGDI 两种动力 5 款车型，尺寸为 4715mm×1860mm×1745mm，轴距为 2710mm，售价区间为 10.99 万～15.99 万元。混动搭载

图 5　全新瑞虎 8PLUS/瑞虎 8PLUS C-DM

1.5TGDI一种动力3款车型，尺寸为4715mm×1860mm×1747mm，轴距为2710mm，售价区间为12.99万~15.59万元，支持五座、七座两种座椅布局。新车定位“5+2座型动质感SUV”，颜值、性能、舒适、安全四大进阶，年轻、动感、时尚的造型风格，搭配世界级的动力体验，三套动力组合，满足用户多样的用车需求。

颜值进阶：打造年轻、动感、时尚的造型风格。采用豹力美学设计语言，借鉴猎豹奔跑的姿态，赋予灵动腰线；灵犀LED日行灯，年轻、动感、时尚；齿刃点阵格栅，精致、高级。内饰设计了两款颜色：经典的黑色、豪华的棕色；内饰材质使用了丝绒麂皮质感的磨砂皮革，达到同级最好的内饰材质水平，给人豪华品牌车的质感。

性能进阶：世界级的动力，油电协同，全域动力。2.0T+8AT，最高功率为187kW，峰值力矩为390N·m，变速箱最高传动效率为96%；1.5T+1DHT，发动机最高热效率为44.5%，最大功率为115kW，最大力矩为220N·m，无级DHT最高机械效率为98.5%，综合续航1200+km，快充能力19min从30%到80%，1万公里保养一次，三电终身质保。底盘8处升级，前底盘控制臂液压衬套，世界知名公司伊迪亚达调校，行驶颠簸感更少；双液压悬置系统，振动频率更低；前环抱式铸铝转向节+三代轮毂轴承+低拖滞卡钳升级，运动+操控兼备，通过性更好；副车架与车身衬套软连接设计，乘车更加舒适。

舒适进阶：灵活5+2座布局，三排空间，全家出游装得下。①视觉上，1930L大空间，秒变1.85m^2大床；二排座椅46分割，鱼竿、帐篷随心放置；二排放倒，打开三排座椅，可打造成懒人沙发模式；全车32处人性化储物空间，载人载物双满足。②触觉上，内饰软包78.9%覆盖率，主驾10向电动调节，坐姿更贴合；10层座椅结构，增加舒适性海绵，回弹承托性更好，附带座椅通风、加热功能，乘坐更舒适；座椅迎宾，开门座椅自动后移，上下车更方便；10点式按摩女王副驾，包含5种按摩模式，3种按摩力度，充分放松，缓解疲劳，电动一键调节腿拖，0~82°无级可调，缓解腿部疲劳。③听觉上，同级领先索尼12扬，金耳朵团队专属调音，全方位12扬，可一键调节音效。搭载的头枕音响，可独立输出导航、音乐等。④座舱上，空调一键舒享模式，从桑拿房到空调房，只需5min，急速降温、采暖功能，快速带来舒适的体感享受。⑤科技上，搭载的高通骁龙8155芯片，车机2s启动，极速开机。15.6in 2.5K中控大屏，6.4mm极窄黑边。智能语音控制，可30s内连续识别指令；全时免唤醒，方言免切换；智慧闲聊，跨业务多轮对话。⑥智能上，支持红绿灯读秒，手车互联，组队模式，Face ID。丰富 5 +1 情景模式、小憩模式（疲劳休息）、宝宝模式、AQS 模式、影院模式，支持功能自定义，多重联动一键即得。

安全进阶：安全才是最大的豪华。目字形横梁结构，84% 车身横向覆盖率铝合金防撞梁，2.8mm 料厚，170mm 超宽前吸能盒。10 气囊全方位保护，其中远端气囊可有效降低主/副驾人员头部二次碰撞伤害。搭载 18 项 L2 级智能驾驶辅助功能及 540°全景影像，从点火到停车涵盖方方面面，不一定是最高级的，但一定是最实用的。油电同携，满级装备，再进阶。瑞虎 8 系列以冠军之姿打造单品系列销量王者，2024 年销量持续突破（见图 6）。

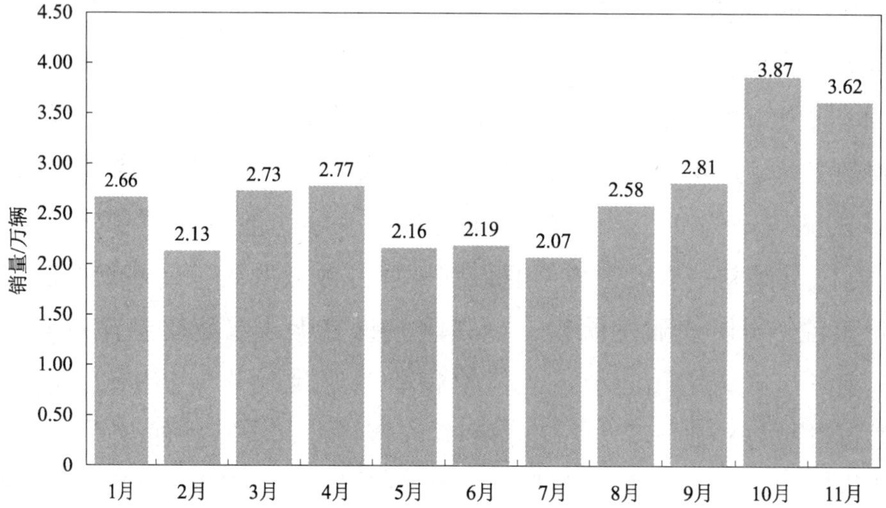

图 6　2024 年瑞虎 8 系列销量表现

（注：数据来源于全国乘用车市场信息联席会批发数，含出口）

4. 2025 款瑞虎 7PLUS

2024 年 11 月 1 日，2025 款瑞虎 7PLUS 正式上市（见图 7），共 4 款车型，售价区间为 9.99 ~ 12.99 万元。新车定位“全球销冠 A 级 SUV 价值标杆”，尺寸为 4530mm × 1862mm × 1695mm，轴距为 2670mm，与老款车型相比不仅造型焕新，在动力、智能上也全面进阶，以“加量不加价”、入门即享的标杆级品价比，实现动力、智能、潮流、安全四大标杆级体验，助力用户出行“升舱”。

在外观方面，由原捷豹路虎顶级设计师 Peter Martkin 设计，采用自然力量美学，源于自然，归于质感，整体设计兼具了时尚优雅和动感大气。

在动力方面，全系标配 1.6TGDI 鲲鹏动力发动机，最大功率为 145kW，峰

图 7　2025 款瑞虎 7PLUS

值力矩为 290N · m；同时搭载麦格纳 7 速湿式双离合变速箱及奇瑞自研的 8AT 手自一体变速箱，兼具超平顺与高性能优势，机械效率高达 96% ~97%，配合自主开发的软件系统，能够实时精准控制力矩，智能适配通勤、出游等各类不同驾驶场景。

在智能方面，采用 24.6in 曲面双联屏，同时还搭载骁龙 8155 智慧芯片、LION 5.0 车联网、SONY 定制豪华音响、1.1m^2 全景天窗、一体式能量运动座椅，以及四门车窗一键升降等智能与舒适性配置，还有 PM0.3 级空调滤芯、双温区自动空调和欧盟级环保工艺用料，共同打造科技智慧座舱，可谓是智能标杆。

在安全方面，2025 款瑞虎 7PLUS 是国内同级唯一获得过澳大利亚 ANCAP 五星安全碰撞新标准认证的车型，搭载一体式笼式车身，高强度钢占比 60% 以上，最大能达到 1500MPa，最大限度地保障乘客生命安全。同时瑞虎 7PLUS 不仅在被动安全上进行了充分的设计，更在主动安全上下足了功夫，新车配备 540°全景影像、L2 级驾驶辅助等功能，让用车更轻松、更便捷、更安全，不愧是安全标杆。

瑞虎 7 系列作为连续三年中国品牌 A 级 SUV 出口冠军，致力于让每一位客户买到符合全球标准的好车。全新升级的 2025 款瑞虎 7PLUS 凭借动力、智能、潮流、安全这四大标杆，一经上市就广受好评，将助力更多用户轻松开启美好的有车生活。

5. 瑞虎 7 高能版/瑞虎 7C – DM

全新瑞虎 7 高能版/瑞虎 7C – DM 于 2024 年 11 月 1 日上市（见图 8），新车燃油搭载 1.6T + 7DCT 动力，共推出 4 款车型，尺寸为 4545mm × 1898mm × 1670mm，轴距为 2672mm，售价区间为 10.79 万 ~ 13.99 万元，混动搭载 1.5TGDI 动力，推出 3 款车型，售价区间为 11.99 万 ~ 14.29 万元，该车型为五座座椅布局。

图8　瑞虎7高能版/瑞虎7C－DM

世界级动力：可油可电、体验卓绝，奠定全球车实力。

全新瑞虎7高能版配备同级罕有全场景自研智控四驱，7种驾驶模式轻松应对各种路况，带来强大、安全、省油的驾驶体验。全新瑞虎7C－DM以鲲鹏C－DM超能混动为核心，配合1.5TGDI高效混动专用发动机，极限实测综合油耗2.6L，续航超1840km，实现长续航、高节能。

超高颜值：延续自然力量美学，动感与科技交融。

全新瑞虎7高能版/C－DM由前路虎首席设计师Peter John Matkin操刀设计，延续瑞虎系列“自然力量美学”设计理念，以其颇具风范的设计风格为驾乘者带来卓越视觉体验。

全球安全：叠加全球标准，全方位安全冗余。

瑞虎7高能版配备6安全气囊，碰撞后气囊6s保压，拥有出色的翻滚保护能力。磐石车身采用笼式吸能太空舱设计，80%高强度钢车身、大尺寸防撞梁、双侧双吸能盒等多重设计共同打造坚固安全屏障。L2＋级智能驾驶辅助系统全面护航，包括ACC自适应巡航、AEB自动紧急制动、FCW前向碰撞预警等19项功能，助力用户轻松应对各种路况。另外，针对全新瑞虎7C－DM的新能源安全，奇瑞以超越法规标准，实现96倍防水冗余及航空级防撞标准，配合24h热失控巡视，确保车辆无论处于启动或休眠状态，电池始终安全无虞。

越级品质：遵循全球统一标准，品质始终如一。

瑞虎7高能版/C－DM油电双车采用基于豪车级车漆工艺，形成2K清漆8层防护，大幅提升车身光泽感与耐用性，使车辆常用如新。此外，配备了全体感舒适座椅，9层材质包裹堪比豪华大沙发，精细车缝工艺将缝隙控制在3.5mm内，乘坐体验舒适加倍。

全新瑞虎 7 高能版/C－DM 凭借全球设计、全球安全、世界级动力、越级品质等多维优势，为用户带来别具一格的驾乘体验，重新定义 10 万级 A 级 SUV 价值新标杆。

瑞虎 7 系列新品一经上市就广受好评，并获得优秀的销量表现（见图 9）。

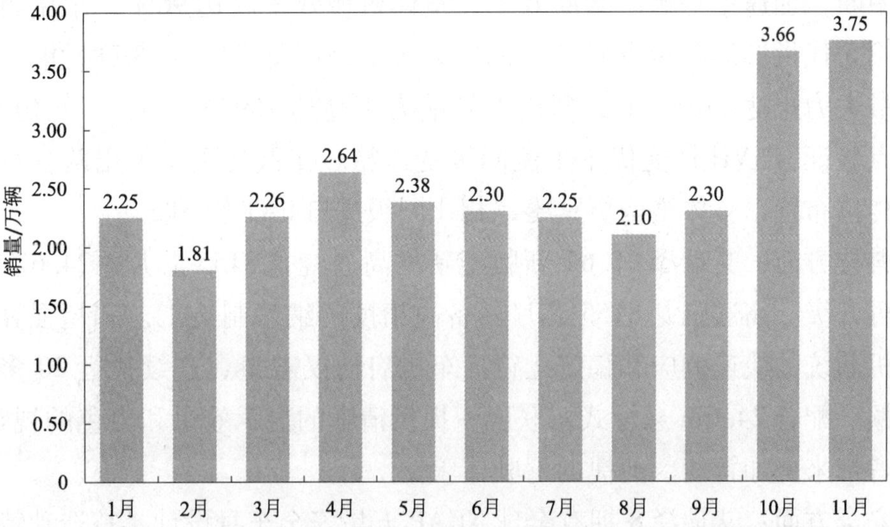

图 9　2024 年瑞虎 7 系列销量表现

（注：数据来源于全国乘用车市场信息联席会批发数，含出口）

6. 2024 款艾瑞泽 8

2024 款艾瑞泽 8 于 2024 年 6 月 16 日上市（见图 10），推出新版型，以“8 芯 8 速”实力领跑 10 万～15 万元家轿市场。其中艾瑞泽 8 高能版加推“御＋”版型，官方指导价为 14.89 万元，新增 2.0T＋8AT 动力总成，性能再进阶；艾瑞泽 8 1.6T 加推“智”“睿”双版型，官方指导价分别为 12.29 万元和 12.89 万元，新增 8155 芯片＋24.6in 双联屏等智能配置，科技再进阶。

图 10　2024 款艾瑞泽 8

在性能方面：奇瑞自研孚祯8AT，国内首款从硬件到软件全新正向开发，拥有完整知识产权，打破了外资品牌的技术垄断，弥补了自主品牌在高阶变速箱领域内的空白。这款8AT具备高平顺、高效率、高性能、低自重四大技术亮点：①高平顺，拥有8个档位，速比范围宽达7.8，起步冲击小，切换更自然，动力不中断，加速更平顺。②高效率，整体机械效率高达96%，采用新一代摩擦片及第5代齿形油泵转子设计，拖拽力矩最高降低70%。③高性能，变速箱输入轴最大力矩达440N·m，理论上轮端力矩高达7690N·m，多轮仿真优化/啮合斑点验证，NVH性能优于主流同级变速箱。④低自重，仅用两套行星排完成8个档位布置，整体结构更紧凑，相比同级进口8AT轻5kg。

在科技方面：艾瑞泽81.6T新版型新增高通骁龙8155芯片、24.6in双联屏竞争力再升级。高通骁龙8155芯片具备高精度的纳米制造工艺和超强算力，确保了车机系统的快速响应和稳定运行。车机启动仅需2s，连续执行20多个指令也不卡顿。配合24.6in悬浮式双联屏，提供清晰的显示效果和出色的视觉感受，为驾驶者带来更加智能、便捷的驾驶体验。

在安全方面：艾瑞泽8拥有全球NCAP五星安全车身设计，打造独特的笼式车身结构，采用80%以上高强度钢，三条碰撞吸能路径设计以及双吸能盒设计。配备同级独有10安全气囊，拥有车辆翻滚保护功能，碰撞翻滚状态下侧气帘点爆后6s仍然能保持内压，有效降低二次事故发生率，时刻保护驾乘人员的安全。在主动安全配置方面，艾瑞泽8搭载L2.5级智能驾驶辅助功能，囊括FCW前方碰撞预警、ACC全速域自适应巡航、LDW车道偏离预警、LDP车道偏离辅助、540透明底盘等，为驾乘人员提供全方位的安全保障。在此前发生的“时速140km/h碰撞大铲车”和“空中翻转两周半”等交通事故案例中，车内人员安然无恙，充分证明其卓越的安全性能。

性能、算力全面升维，2024款艾瑞泽8上市就是要满足消费者既要、又要、还要的需求，上市后月度销量持续破万（见图11）。相信艾瑞泽8将以极致的产品力和性价比，成为A+级家轿市场的领跑者。

7. 风云A8

超能混动新家轿——风云A8于2024年1月3日正式上市（见图12），作为风云品牌首款车型，新车搭载1.5T-DHT，有高节能、高性能、高安全、高智能四大产品亮点，尺寸为4780mm×1843mm×1487mm，轴距为2790mm，其中标准型12.99万元，舒适型13.99万元，豪华型14.99万元。

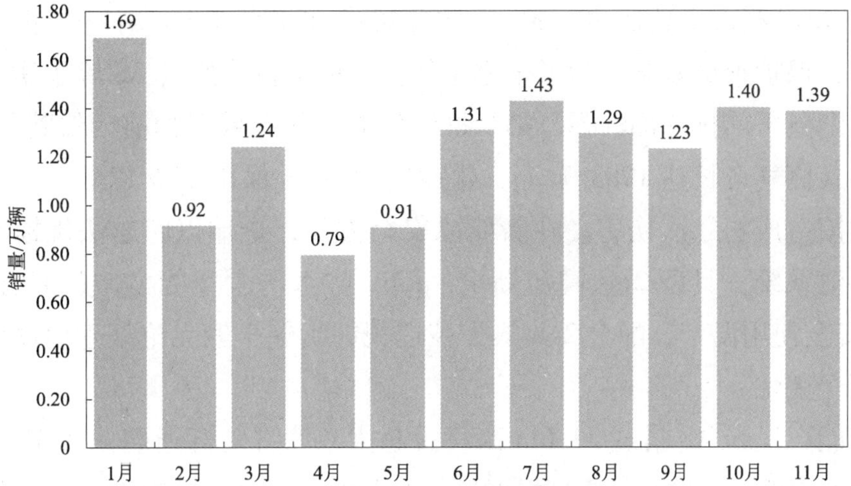

图 11　2024 年艾瑞泽 8 系列销量表现

（注：数据来源于全国乘用车市场信息联席会批发数，含出口）

图 12　风云 A8

高节能：风云 A8 怎么开都节能，采用鲲鹏超能混动 C－DM 系统，搭载的第五代 ACTECO 1. 5TGDI 高效混动专用发动机拥有 44. 5% 的超高热效率，带来 WLTC 百公里油耗 4. 2L 超低油耗，变速箱方面搭载无级超级电混 DHT，行驶平顺无顿挫。车辆纯电续航 106km，并在实际长测达到 1935. 4km 综合续航。

高性能：风云 A8 节能同时不失性能，动力系统综合功率为 265kW，综合力矩为 530N · m，性能比肩 3. 0T 发动机，0 ~ 100km/h 加速达到 7s，并在 180km/h 的时速下出色完成了连续环跑 1h 的魔鬼挑战。除了优秀的动力性能，风云 A8 还有强大的充放电能力，30% ~80% 电量只需 19min，搭载的大容量动力电池支持长时间放电，配合驻车发电功能 24h 不断电。

高安全：风云 A8 把安全当成最大的豪华，基于全球五星标准开发，车身高强度钢占比高达 80%、热成形钢占比达 20.6%；铝合金前防撞梁长度为

1440mm，横向覆盖率高达 78.13%，防撞梁搭载 4 吸能盒，在碰撞情况下吸收大量能量，保护乘员安全。为了全方位保护车内乘员，风云 A8 除了常见的 6 大气囊，还配备了前排膝部气囊与第二排侧气囊，能有效保护前后驾驶员与乘客，其中贯穿式侧气帘长达 1983.7mm，碰撞发生下 6s 保压 65% 以上，大幅度减少事故后碰撞造成的二次伤害。在新能源安全方面，奇瑞以超越法规标准打造了守护者电池系统，具备 2ms 高压断电、IP68 防水防尘等能力，并拥有 -35°~60°超宽安全使用温带，配合 24h 热失控巡视，确保车辆无论处于启动或休眠状态电池安全无忧。

高智能：风云 A8 搭载 24.6in 高科技超大双联屏与高通骁龙 8155 芯片，芯片算力高达 105K，开机 2s 内即可倾听用户指令，可在 30s 内连续执行 20+语音指令，驾驶中也能控制车机解放双手。C-PURE 净立方座舱能够主动识别车内空气质量，自动开启空气净化系统，实现座舱自清洁，让全家随时随地都能呼吸到纯净新鲜的空气。

风云 A8 作为风云品牌首款车型，集成鲲鹏超能混动 C-DM 系统高节能、高性能、高安全、高智能的特点，为客户提供安全、节能、智能的用车体验，同时为奇瑞在新能源时代开拓市场。上市后销量持续向上（见图 13）。

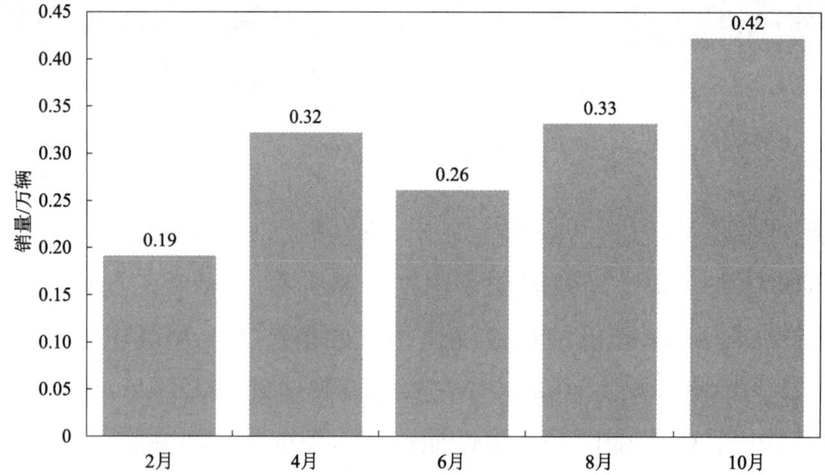

图 13　2024 年风云 A8 系列销量表现

（注：数据来源于全国乘用车市场信息联席会批发数，含出口）

8. 风云 T9

风云 T9 于 2024 年 5 月 21 日全球上市（见图 14），售价区间为 12.99 万~

16.99 万元，满足用户高品质出行需求的同时，带领中国家庭迈入“豪华体验全民共享”新时代。

图 14　风云 T9

诗情画意的东方美，才是新豪华产品。风云 T9 汲取东方美学的意境与美感，书写出中式豪华的优雅与浪漫。前脸“听风吟”律动格栅，车侧“飞檐”腰线，尾部贯穿式“廊桥”尾灯，以及 20in 星云轮毂，均演绎出东方古韵与现代科技的豪华气质。在“浮光白、静影灰、烟凝绿、暮山蓝、星夜黑”车色基础之上，还新增“墨岩灰”专属配色，以 8 大漆面工艺赋予其水墨纹理质感，同时实现漆面耐刮擦、耐腐蚀等豪华品质。

一车容下百种生活方式，才是新豪华产品。风云 T9 豪华舒享空间，在 4795mm×1930mm×1738mm 越级车身尺寸基础上实现 70.04% 高“得房率”，女排队员 1.3m 大长腿前后排皆能轻松舒展，搭配 5+2 座灵活空间布局，全场景都有豪华舒享体验。六口之家日常用车，二排座椅一键 EZE 从容进出第三排。三口之家幸福出游，二三排一键放倒可容纳 30 个行李箱，更是 2.1m^2 露营大床。两口之家甜蜜出行，主驾 SPA 级舒享座椅拥有 10 点气袋按摩、3 档通风/加热、女王副驾腿托、靠背大开启角度还可实现一键舒趟。

既有澎湃动力亦可从容远行，才是新豪华产品。得益于鲲鹏超能混动 C-DM 系统的技术优势，风云 T9 第五代 1.5T 混动专用发动机最高热效率高达 44.5%，最大功率为 115kW，最大力矩为 220N·m；无级电混 DHT EV 最高效率也高达 98.5%，电机功率为 150kW，赋予风云 T9 不止超越 V6 的性能，更有 V6 未及的节能表现，0~100km/h 轻松跻身 7s 俱乐部，而 WLTC 百公里亏电油耗仅需 5.2L，让驾驭随心的豪华出行体验也能“毫”无压力。

全球标准叠加的安全，才是新豪华产品。风云 T9 基于全球五星标准开发，车身高强度钢占比高达 85%、热成形钢占比达 21%，且具备超越豪车的双铝合金前防撞梁，横向覆盖率高达 85%，同时搭载 6 吸能盒，构筑坚如磐石的硬核安全防护系统。为避免事故后主驾与副驾碰撞造成的二次伤害，新车标配同级罕有的远端气囊，能够避免前排乘客相互碰撞带来的安全风险。同时，其贯穿式侧气帘长达2060mm，具备6s保压能力，以豪华的安全配置周全守护出行安全。

生而全球的品质保障，才是新豪华产品。风云 T9 配备 C－PURE 静立方健康座舱，拥有主动 AQS、座舱自清洁、PM0. 3 空气滤芯，能有效隔绝外部尘埃与杂质，让每一次呼吸都纯净如初。车辆内饰采用3Dmesh 麂皮绒包覆，触感柔软更出色。更有 Sony 殿堂级 14 扬环绕音响和私享头枕音响，帮助用户轻松“解锁”音乐厅般的震撼听感，让每一次旅途都可享受豪华的听觉盛宴。在行驶品质方面，新车还搭载 CDC“磁悬浮”悬架及整车底盘调校，路见不平也能舒享豪华。

类人 AI 的智能交互，才是新豪华产品。风云 T9 搭载 8155 高算力芯片和 15. 6in 2. 5K 高清大屏，界面响应迅速，操作流畅，信息获取与车内娱乐都十分方便快捷。此外，AI 智慧交互系统拥有人脸识别和全时免唤醒功能，人车交互便捷无感。车辆提供 10 种场景模式，包括恒温、影院、小憩、迎宾、醒神等，每一模式都精准捕捉到了不同驾乘需求，从细微之处体现对家人无微不至的关怀，以豪华智能呵护全家。

风云 T9 为让大多数人享受豪车体验而来，将以性能与环保的兼顾、享受与实用的并存、质价比与价值感的进阶，带领中国用户率先迈入“豪华平权”时代，让源自东方的新豪华闪耀全球！新车上市后销量迅速破万（见图 15）。

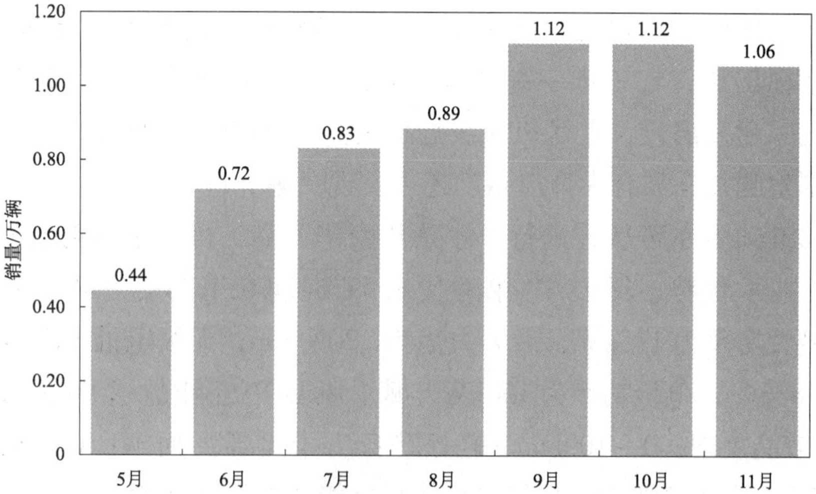

图 15　2024 年风云 T9 系列销量表现

（注：数据来源于全国乘用车市场信息联席会批发数，含出口）

9. 风云 T10

超长续航旗舰电混 SUV——风云 T10 于 2024 年 7 月 25 日全球上市（见图 16）。基于全球标准及全球验证体系打造的风云 T10，凭借旗舰级的性能、安全、空间三大产品价值，树立了新能源时代的新标杆。新车共推出 3 款车型，售价区间为 18.99 万～22.99 万元。

图 16 风云 T10

东方设计美学定义旗舰之美。风云 T10 前脸的听风吟律动格栅呈现着摇曳的律动之美，由鲲鹏翼飞檐腰线勾勒的车身呈现出鲲鹏展翅的一字状，星河转超大轮毂更为车辆平添了几分动感。同时还提供天河银、浮光白、星夜黑、苍山绿、青山远黛五大富有东方韵味的外观配色，以及典雅暮光紫、格调山岚绿两种内饰配色。

性能超标，节能超纲。在鲲鹏超能混动 C－DM 系统的赋能下，风云 T10 第五代 1.5T 混动专用发动机最高热效率高达 44.5%，实测百公里油耗 4L＋。同时，风云 T10 搭载的 3DHT 混动变速箱还获得了国家科技部认证，换档逻辑更清晰，低速更平顺、高速更有劲。此外，得益于宁德 M3P 34.46° 152W·h/kg 高能量密度电池，风云 T10 低电量时动力强劲，且电池电量受低温环境影响小。经吉尼斯反复核算，风云 T10 以 2169.641km、全程 0 补能的成绩，创造了吉尼斯最长续航世界纪录。

性能方面，风云 T10 系统最大功率为 455kW，峰值力矩为 920N·m，可确保 208km/h 连续高速行驶不失速，极速可达 240km/h，四驱车型百公里加速跻身 4s 级。同时，风云 T10 搭载的全场景智能电四驱系统支持两驱、四驱模式智能切换。

满分强度，十分安全。基于全球五星安全标准开发的风云 T10 拥有超高强度的车身结构，整车实现 85% 高强度钢覆盖，热成形钢占比达 21%，B 柱抗拉强度也达到 1500MPa，并配备了高强度铝合金双防撞梁加 6 吸能盒。同时，360°

环抱式 10 气囊防护还支持 6s 超长保压，并可通过远端气囊有效降低头部碰撞的二次伤害。在电池安全方面，风云 T10 通过四重安全防护技术，实现了更强的抗压能力，并能在碰撞 2ms 内高压断电，确保电池安全，且整车涉水能力更是高达 600mm。不仅如此，风云 T10 还搭载了 L2. 5 级智能驾驶辅助系统，支持多项预警监测功能，540°全景影像还能让用户轻松掌握车辆周围的情况。

旗舰空间打造愉悦生活。风云 T10 拥有 4850mm × 1930mm × 1712mm 的车身尺寸与 2820mm 超长轴距，且行李舱还可容纳折叠帐篷、烧烤架、露营车等户外装备，若是放倒后排座椅还能秒变“大平层”。凭借 34. 46°大电池，风云 T10 还支持 6. 6kW 对外放电，可同时连接 15 个以上的用电设备。此外，风云 T10 还应用了 C - PURE 净立方健康座舱，座舱采用母婴级材质打造，AQS 空气质量管理系统还可智能过滤 PM0. 3 级的微尘等有害物，结合高档智能香氛系统，达到了气味 3. 0 标准。

旗舰之上，10 力超群，伴随超长续航旗舰电混 SUV——风云 T10 的到来，风云 T10 在为全球用户带来超越期待出行生活的同时，更将成为全新销量增长点，引领奇瑞在新能源时代中一路向远。

三、结语

2025 年是“十四五”规划收官之年，也是我国加快转型升级、推进高质量发展的关键之年，中国经济值得期待，预计 2025 年 GDP 增速为 5%，但外部环境依然存在较大不确定因素。近期全国财政工作会议明确 2025 年要实施更加积极的财政政策和适度宽松的货币政策，全方位扩大国内需求，财政扩张力度或将在 2025 年达到历史新高，并带动居民消费稳步回升，对汽车市场消费有一定牵引作用。2025 年汽车市场总体展望乐观，预计以旧换新政策将延续，但同时价格战将进入“2. 0 阶段”——价格平权 + 智驾平权，卷价格的同时也将卷智驾。2025 年是充满挑战与希望的一年，奇瑞汽车将进一步拓圈小车、猎装、MPV 等细分机会市场，加码新能源新赛道，发挥奇瑞大基盘用户置换优势，满足用户多元化购车需求。2025 年奇瑞将推出全新重磅车型风云 A9 与风云 T11 在内的 11 款新能源车型，同时燃油车也将持续迭代上新，期待奇瑞汽车取得更好的市场表现，迈向更高的台阶。

（作者：张翔）

2024 年广汽传祺产品市场调研报告

一、汽车行业概况

2024 年，行业市场整体复苏，1—11 月国产狭义乘用车终端累计销量增速超 8%，全年有望突破 2017 年销量历史高点。分月度看，2024 年市场呈前低后高走势，2—6 月价格战重启，行业销量同比下行，7 月开始，随着国家促经济措施密集出台，中央和地方以旧换新政策加码，并叠加年末旺季，汽车市场强势复苏，销量同比快速提升，截至四季度，部分月份同比增速超过 30%。商务部数据显示，截至 2024 年 12 月 9 日，全国汽车以旧换新合计突破 500 万辆，其中，报废更新超 244 万辆，置换更新超 259 万辆，政策措施效果明显。

汽车市场快速提升的同时也出现了明显分化，2024 年细分市场继续呈现新能源化、高级化、低价化、换购化、个性化的趋势。首先，新能源份额持续快涨，2024 年末部分月份新能源份额已超 50%；其次，随着价格战升级，A 级和 B 级车型“混战”，不同车体、不同级别、不同能源的车型进入同一价格区间，竞争烈度大幅提升；此外，换购比例持续提升，本轮中央和地方以旧换新政策进一步促进了这一趋势；最后，市场开始涌现大量“MPV”“硬派越野车”“跑车”等个性化车型，开辟独特的蓝海赛道。

从分能源细分市场看，2024 年，行业新能源化、智能化持续加深，依据国家信息中心乘用车中长期预测，2024 年新能源份额预计达到 48.6%，较 2023 年增长 13.4 个百分点，为历史最大单年涨幅。从趋势上看，后续新能源份额增长的后劲仍较强。2024 年 8 月新能源份额历史性突破 50%，成为最大能源细分，成为汽车市场的里程碑。新能源汽车在中国的发展正式进入晚期大众的阶段（即相比于早期大众，客户会在产品已经成熟，获得一定市场规模的时候才会随大流的加入），预计 2025 年新能源的份额将稳超 50% 并继续上扬，成为绝对主流。在市场结构剧变下，中国品牌都在快速推进新能源转型，当前每年上市的全新车型中，新能源的比例已连续数年占据绝对比重。

二、广汽传祺总体表现

在新能源汽车市场持续高速增长、传统燃油汽车市场大幅度下降的行业环境下，广汽传祺加速转型。传祺的新能源产品逐步导入，新能源比重持续提升，实现较快增长，而传统能源板块则受市场冲击较大，同比下降。

2024 年 11 月 15 日，第 22 届广州车展盛大开幕，广汽集团总经理冯兴亚在发布会上表示："广汽集团新的转型变革已经迈出了坚实的步伐，我们将砥砺前行、不负众望，未来三年为大家呈现一个全新的广汽!"

汽车行业的产品结构和竞争主体都发生了根本变化，新能源汽车也进入了智能化的下半场，汽车企业站上了新的起跑线。面对挑战，广汽集团在本次车展正式发布三年"番禺行动"，希望在保持品质、安全、用户满意度行业领先地位的基础上，通过品牌引领、产品为王、科技领先、国际市场拓展四大改革举措，再造一个充满干劲的"新广汽"。

在汽车产业的品牌、产品越来越趋于同质化的当下，广汽将在保持自主品牌"高品质"共性的前提下，重塑自主品牌的品牌特色，把广汽传祺打造成主流、大气、高品质的首选。

2024 年以来，消费者需求更加多元，插电式混合动力、增程在内的新能源车高速增长，新能源汽车市场迎来新的结构变化。广汽传祺将与华为深入合作，推出全新的中高级 SUV、MPV 和轿车三大系列车型，全部搭载华为的高阶智驾技术；埃安、昊铂的主力车型将全系搭载广汽增程技术，纯电续航、综合能耗都将达到行业领先水平。广汽将以第三代星灵电子电气架构 EEA3.0 为基石，快速推出基于生成式 AI 的端到端智能驾驶技术和行业领先的端云一体大模型多模态交互系统。2025 年，广汽将保持产品智驾体验和智驾技术国内领先；2027 年，进入全球智驾第一阵营，让世界汽车产业见证中国力量。

三、广汽传祺产品策略

2024 年，广汽传祺持续向新能源科技企业高质量转型。广汽传祺与华为的合作进一步深化，双方共同开启传祺华为联合创"新"计划，重点围绕智能底盘、智能人机交互等多领域进行深度合作研发。广汽传祺也成为首个在轿车、SUV、MPV 全领域均将搭载乾崑智驾、鸿蒙座舱等新一代华为智能技术的品牌，首款车型将于 2025 年第一季度上市交付。

传祺在2024年推出了多款新车，重点布局MPV市场，稳固传祺MPV专家地位。2024年1—11月，传祺B级MPV终端销量接近11万辆，同比增长23%，跃居细分市场冠军。

1. 传祺E9焕新

得益于20年积累的世界级造车底蕴，广汽传祺基于独有的多能源发展路径，在2024年北京车展上发布了全周期、全场景的无忧解决方案"EV+"。承接"EV+"解决方案，2024款传祺新能源E9上市，在原有版本之上，新增尊享版和国宾定制版。

图1　传祺E9超级快充版

2024年11月12日，传祺E9超级快充版正式上市，广汽传祺携手华为超充，共创超充新纪元。传祺E9超级快充版（见图1）成为全球首款4C超级快充插混MPV，充电8min，极速回电至80%。具备超级头等舱巅峰体验，及超级奢享、超感智慧、超群安全、超强动力等核心卖点。

2. 传祺M6 MAX

全能家用头号MPV——传祺M6 MAX也在北京车展同台亮相（见图2）。新车全系标配HiCar智能互联系统，实现了手机与车机的无缝连接，为用户提供了更加便捷且智能的驾乘体验。M6 MAX定位为全能家用头号MPV，具备锐动大气外观，怡宁精致内饰，越级宽享空间，智能舒适畅行，动控安全守护等卖点。采用HUAWEI HiCar智能互联，具备同级少有的全系无感连接，一次认证，终身自动连接，扫除"有线烦恼"。

图2　传祺M6 MAX

传祺M6 MAX持续丰富了M6产品体系，稳固10万级A-MPV细分市场头部地位，持续为客户提供优质、升级的产品。M6 MAX 是为多人口家庭打造的全能家用 MPV，是客户日常生活的得力帮手，具备全能“四好”优势：好装——大行李舱、电动尾门；好开——矩浪动力性能加持；好用——一体式液晶大屏、华为智能互联；好停——360°倒车影像等，能够充分满足客户多场景使用需求。

3. 传祺 E8 荣耀系列

2024 年 7 月 16 日，中国家用车最优选——传祺新能源 E8 荣耀系列上市家年华在郑州方特欢乐世界盛大举行，众多E8 车主携家人齐聚一堂，共同见证E8 荣耀系列的幸福上市。E8 荣耀系列搭载全球领先的广汽星灵电子电气架构，整车智能化配置比传统 MPV 领先 20 + 项，实现了超越传统 MPV 的高阶智能。对于家庭出行，乘坐舒适是不可或缺的要素。基于 SUV 用户日常用车可能面临的不舒服、上下车不便等痛点，E8 荣耀系列全车舒适配置比 SUV 多20 + 项，实现了比 SUV 更享受的出行体验，是家用车的理想选择；比传统轿车多 15 + 项空间配置，7 座满员也不用担心储物空间不够。荣耀系列还搭载了“中国最牛混合动力”——i - GTEC 2. 0 超级混合动力系统，采用目前市面上同排量最高热效率的 2. 0 ATK 混合动力专用发动机，实现与家用轿车和 SUV 一样的低油耗、长续航的领先优势。

4. 传祺 E8 +

2024 年 9 月 10 日，传祺 E8 + 正式上市（见图 3）。定位舒享大平层，聪明的家。主打更懂中国家庭的温馨格调，比传统 MPV 更满足中国家庭的智电体验，比 SUV 更满足中国家庭的舒适体验，比轿车更满足中国家庭的灵活大空间。E8 + 是又一款践行“新能源时代用户全周期全场景的无忧解决方案”理念的产品。

图 3　传祺 E8 +

5. 传祺 M8 宗师超级混动版

2024 年 11 月 9 日，传祺 M8 宗师超级混动版正式上市（见图 4），形成 M8 宗师 + 大师合力的组合拳，全面升级，拓展高端 MPV 市场份额。

图 4　传祺 M8 宗师超级混动版

传祺 M8 宗师混动重点升级了动力系统，实现唯一带 T 动力的主流混动系统，首创串并联两档双电机。此外，也标配了前排座椅靠背折叠式小桌板和二排侧窗手动遮阳帘，满足客户的需求。作为传祺 MPV 体系中的明星产品，M8 宗师超级混动版搭载了广汽传祺全栈自研、高销量、高保值、高品质的混合动力发动机技术。传祺行业首创串并联两档双电机混动技术，为 100% 掌握的自主核心技术，拥有 400 + 项核心专利，并获得国家工程师奖项。能够兼顾动力需求与经济需求，原地起步 0 ~ 50km/h 仅需 4. 1s，市区高架 60 ~ 100km/s 加速仅需 4. 6s；百公里油耗仅 6. 15L，一箱油续航 1057km，省油且续航无焦虑。

传祺 M8 宗师超级混动，让日常用车更加舒心愉快，帮助用户实现期待的出行生活方式：更开心的“过节回家”，更舒适的“外出旅行”，更省心的“城市用车”，更贴心的“家人关怀”。超级混动所涵盖的多种模式组合（纯电、串联、并联、直驱）等，精准匹配不同场景的多样化需求。

6. 其他车型

传祺在 2024 年还推出了全新 GS4 MAX、GS8 五座版、影速“一份紫”版、2024 款影豹等车型，焕新、丰富了产品矩阵。

（作者：简飚）

2024 年吉利汽车产品调研报告

一、受以旧换新政策影响，2024 年乘用车市场销量将再创新高

随着2024 年7 月 24 日汽车以旧换新政策的加码，乘用车市场终端销量一改连续 5 个月同比下滑态势，7 月终端销量同比转正，并持续火爆，乘用车市场稳步增长。全年乘用车批发销量为 2741. 0 万辆，同比增长 6. 1%。

2024 年乘用车市场主要有以下特征：第一，新能源汽车市场热度不减。随着国家对新能源汽车产业的扶持力度不减，消费者对新能源汽车的接受度不断提高，新能源汽车市场持续火爆。2024 年，新能源汽车销量达 1224. 2 万辆，同比增长 37. 7%，继续保持高速增长。新能源汽车渗透率达 44. 7%，同比增长 10. 3%，快速提升。第二，自主品牌市场份额继续提升。随着新能源汽车的继续增长，自主份额继续快步向上。2024 年自主品牌销量为 1792. 8 万辆，同比增长 22. 2%，市场份额继续提升，达 65. 4%，较同期增长 8. 6%。自主品牌在燃油车和新能源车双双发力。自主燃油车销量为 730. 4 万辆，同比增长 -0. 9%，自主燃油车表现远好于合资品牌车。自主新能源车销量为 1062. 4 万辆，同比增长 45. 6%，是拉动市场和自主品牌增长的主要动力。第三，市场竞争格局剧烈变化。2024 年，乘用车市场中销量前五的汽车企业，自主品牌占据前四位，而十年前的 2014 年，销量前五的汽车企业，合资品牌占据四席。十年，市场发生了巨大的变化，自主品牌与合资品牌的地位发生了反转。以前是自主品牌企业主动找国外品牌进行合作，学习国外先进技术。如今，外资品牌纷纷寻求与自主品牌合资，学习自主品牌的技术与经验，如大众与小鹏合作，斯坦尼斯与零跑合作等。第四，乘用车价格战依旧激烈。据统计，2024 年国内乘用车市场平均价格从年初的 18. 8 万元下降到 11 月的 16. 4 万元，下降幅度达到 12. 8%，下降金额达到 2. 4 万元。从年初的比亚迪全系降价 2 万元开始，市场上的价格战就没有停止。价格战不仅让主机厂利润大幅下滑，也让经销商经历煎熬，更是传导至二手车商。

二、2024年吉利汽车表现好于整体市场

2024年，吉利汽车销量合计217.7万辆，同比增长32.0%（见图1），超额完成全年目标，2024年销量也创造了吉利汽车历史最好成绩。

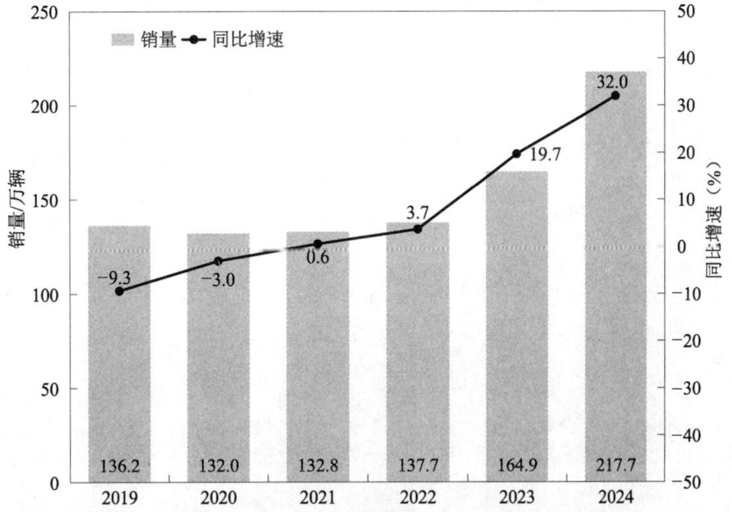

图1　2019—2024年吉利汽车销量及同比增速

吉利汽车2024年表现较好的原因如下：

第一，吉利机车燃油产品表现稳健。在如星越L、星瑞、博越、帝豪、缤越、领克06、领克03等燃油产品的带动下，吉利汽车燃油销量稳定（见图2）。其中星越L连续多周的终端销量位列燃油A级SUV的第一名，领先一众合资品牌SUV车型。

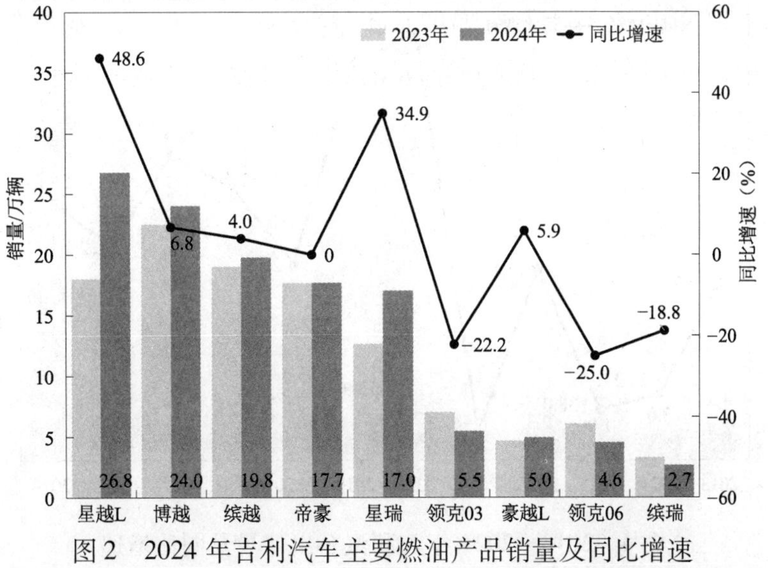

图2　2024年吉利汽车主要燃油产品销量及同比增速

第二，吉利汽车全新产品表现不俗。2024 年吉利推出了众多新品，全部为新能源产品，主要有银河 E5、星愿、领克 07、极氪 7X 等产品均有不错表现（见图 3），给吉利整体带来可观的净增量。吉利银河星舰 7 于 2024 年 12 月 7 日正式上市，至 12 月 20 日，销量突破 10000 辆。

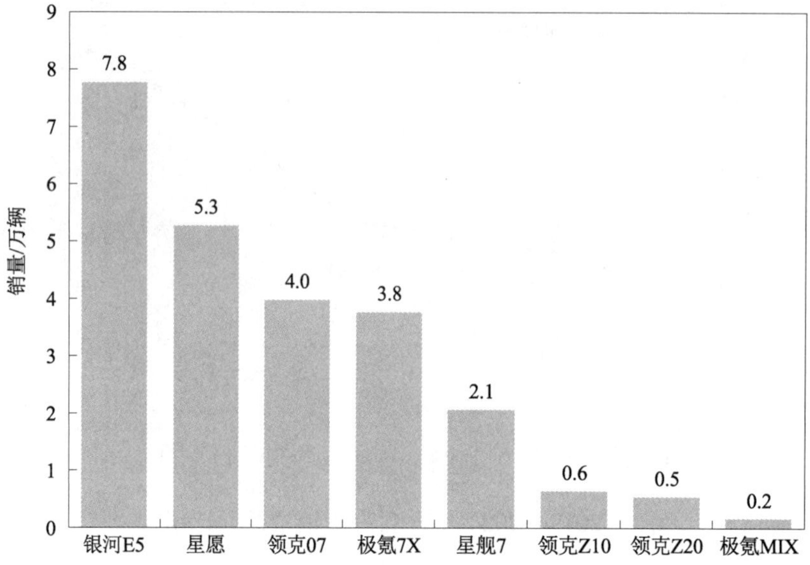

图 3　2024 年吉利汽车新品销量

第三，吉利汽车出口继续高歌猛进。2024 年，吉利出口量达到 40.3 万辆，同比增长 53.1%（见图 4）。吉利汽车在俄罗斯、东南亚、中东等国家和地区均有上佳表现，为吉利汽车整体销量增长提供了助力。

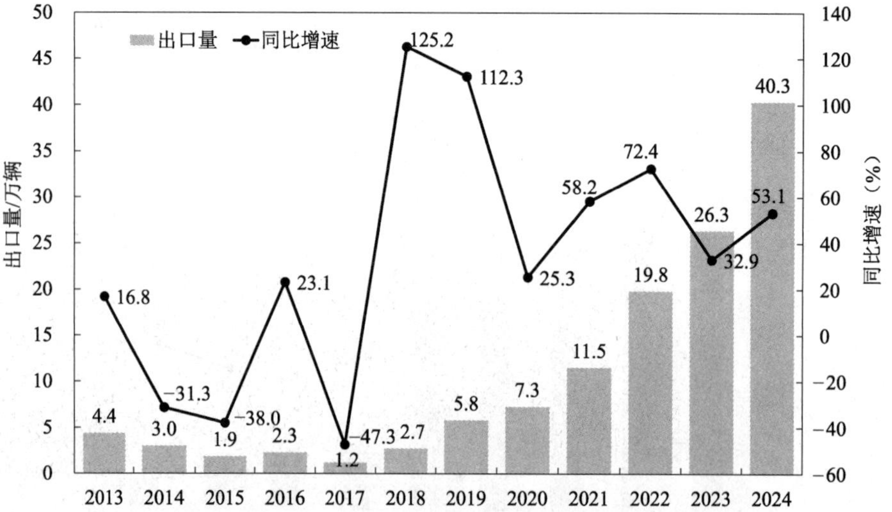

图 4　2013—2024 年吉利汽车出口量及同比增速

三、2024吉利新能源产品跑步入市

1. 吉利银河E5

2024年5月23日，吉利银河E5完成首秀（见图5），这款定位“全球智享纯电SUV”的吉利银河系列新成员，将以“好看、好开、好智能”的“三好”价值，对主流A级纯电SUV市场发起强力冲击。

吉利银河系列产品历来以高度原创的中国审美设计著称。吉利银河E5的造型设计同样融汇中华审美元素，其从中国瓷器汲取设计灵感，运用极简、冷静、平衡、克制的设计手法，使其4615mm×1901mm×1670mm的宽大车身，更显明快简练、浑然一体。

吉利银河E5的“好开”来自GEA全球智能新能源架构的赋能。GEA架构作为全球第一个“硬件、系统、生态、AI”四位一体的AI智能架构，能实现空间设计、智能能源、全域安全、AI智能、驾控性能五大不设限，集CTB电池车身一体化、银河11合1智能电驱、神盾短刀电池、GEEA 3.0电子电气架构等领先智能新能源科技，并且传承吉利“架构世家”带来的全球开发标准、全球一流品质和全球安全标准，为吉利银河E5带来世界级安全基因和驾控基因，保障消费者得到丝滑、顺畅、安全的驾控体验。

得益于GEA架构对空间的优化设计，吉利银河E5以A级车的尺寸实现B级车的空间体验（见图6）。其二排空间宽绰，腿部、头部空间同级领先，靠背支持两档调节；提供更加实用且更具有丰富度的共33处专属储物空间。另外，吉利银河E5前排座椅配备三档加热通风、8点按摩等豪华配置，电动腿托也能带给副驾满满的尊享体验。棉花糖系列座椅采用6层设计，再结合拥有高独立

图5 吉利银河E5外观

图6 吉利银河E5内饰

功放的16个扬声器所组成的音响系统、同级唯一头枕扬声器，兼顾“大空间”与“沉浸感”。

在吉利的产品序列中，前一款被誉为“三好”的产品是吉利博越，8年180万口碑的积淀，印证着“三好”价值名副其实。同样被冠以“三好”称号的吉利银河E5，无疑是10万~15万元区间最值得期待的纯电A级SUV。

2. 吉利星愿

吉利星愿于2024年10月9日正式上市，作为吉利银河系列首款A0级纯电小车，吉利星愿不仅在尺寸与空间有更好的表现，同时还首次搭载吉利无界空间，为用户带来更前卫的数字体验。

创新设计，更有质感是吉利星愿的独特之处。和很多A0级小车一眼“廉价”的感官不同，吉利星愿有着“都市时尚”的气质。吉利星愿采用了“美好生活，智感满配”的设计理念，前脸设计灵感来源于“微笑”，前备箱轮廓弧线勾勒出独特的“微笑前脸”，具有较高的辨识度（见图7）。车身线条流畅，采用了双色车身设计，营造出悬浮式车顶的视觉效果。

图7 吉利星愿外观

吉利星愿颠覆了传统A0级小车的认知。它基于GEA架构打造，将乘坐空间、储物能力、空间便利三大诉求完美结合，实现了同级最大的准B级乘坐空间。吉利星愿的车身尺寸为4135mm×1805mm×1570mm，轴距为2650mm。座舱“得房率”高达85%，真五座的空间布局让全家出行不再是难题。多达36个储物空间，特别是20万以内电车最大的70L前备箱，更是让用户惊喜连连。无论是存放行李还是临时充当梳妆台，吉利星愿都能轻松应对。

车机系统真智能，开启“小车智能时代”。搭载了吉利自研的银河Flyme Auto和行业首发的无界空间，实现了车端、云端、手机端的无缝互联。用户可以通过手机模拟手柄，在车内享受沉浸式的游戏体验；也可以利用内置的AI功能进行个性化创作，随时随地开启灵感之旅。值得一提的是，吉利星愿搭载的中控14.6in高清大屏分辨率高达1920×1080px，刷新率达到60Hz，画面清晰细腻（见图8）。放在10万元以内的车型中，吉利星愿必然是在科技感方面遥遥领先。

安全可靠，树立A0级安全新标准。目前，A0级车更多的是满足代步需求，安全可谓最大短板。“安全”是吉利造车的第一优先级。在主动安全上，吉利星愿搭载ACC自适应巡航、TSI交通标志识别、LDW车道偏离预警、AEB自动紧急制动等功能，此外，高配车型还配备了L2级智能驾驶辅助。在被动安全上，吉利星愿以星甲笼式车身、井字形后副车架、三叶卓泄力防护结构来保障整车结构安全，提升被动安全性能。

图8　吉利星愿高清大屏

同时，吉利星愿搭载吉利银河专属的神盾电池安全系统，为电池包提供了全方位的安全防护。电芯来自于宁德时代，从30%充电至80%仅需21min。值得一提的是，吉利星愿的三电拥有领先同级的可靠性、耐久性，其中11合1电驱历经超百万公里、3700多项整车道路可靠性耐久性验证，荣获中汽研颁发的“高可靠电驱证书”，电池包经历1000次循环验证健康度仍在90%以上。

操控灵动，颠覆式驾控乐趣。A0级小车虽然操控灵动，但受限车身重量、尺寸等原因，高速行驶或变道时，难免会信心不足，很多A0级车型在设计之初的驾控极限就非常低，而吉利星愿为了打破这一难题，采用了11合1电驱+后驱+多连杆独悬+AI虚拟调校的核心技术路线，让小车也能拥有高质感的驾控体验。

吉利星愿的上市不仅丰富了吉利银河系列的产品矩阵，更以“高质优价”的策略引领了纯电小车市场的新风尚。它以颠覆性的设计和创新的技术挑战了行业的固有认知，让A0级小车也能拥有B级车的用车体验。相信随着市场口碑的沉淀发酵，吉利星愿会成为这个级别的标杆性产品。

3. 吉利银河星舰7

上市仅7天交付超6500辆的吉利银河全新A级电混SUV——“新一代国民精品SUV”吉利银河星舰7 EM-i（简称吉利银河星舰7）就是一款现象级畅销单品（见图9）。

吉利银河星舰7从用户需求出发，基于GEA原生架构正向研发优势，拥有4740mm×1905mm×1685mm的标准A级SUV车身尺寸，高大挺阔的整车姿态，大气耐看，实现了同级第一的84.3%超高长度“得房率”，以及同级最大3.3m^2透光面积。

图9 吉利银河星舰7外观

吉利银河星舰7搭载的神盾短刀电池，在电池包结构保护、防爆泄压技术等方面都做到同级最优，神盾电池安全体系还通过了100+项全场景极限工况测试，8针同刺不燃，24h水泡不漏，2m跌落不炸以及700℃高温火烧不着等严苛试验。同时，吉利银河星舰7采用全球领先的动力超额设计，在行业首次实现P1电机、P3电机、发动机互为冗余备份，神盾短刀电池5级冗余算法，避免电池极度欠压，确保车辆任何情况都不发生动力丢失，拒绝“EV受限”。

吉利银河星舰7首搭全新一代雷神EM-i超级电混，拥有目前全球量产最高热效率46.5%的雷神EM-i超级电混专用发动机平台，采用超高集成的E-DHT智能无级11合1混动电驱，以及AI智慧能量管理系统，实现同级最低3.75L/100km油耗，综合续航达1420km，让电混SUV亏电油耗迈入3L时代。吉利银河星舰7在极致节能的同时不失动力性能。电混发动机最大功率为82kW，最大力矩为136N·m，电机功率为160kW，最大力矩为262N·m，实现零百加速仅需7.5s。

吉利银河星舰7在电混车型首发搭载Flyme Auto智能座舱，车端主流高频应用全配齐，Flyme Desgin设计风格超自然，壁纸桌面随心换，更有音乐小窗模式，SmartBar快速切换后台应用，操作像手机一样好用。搭配14.6in窄边中控屏+10.2in全液晶仪表盘+13.8in超清W-HUD抬头显示，带来超享受的三屏联动（见图10）。手机端支持Flyme Link、Carlink、HiCar等链接方式多品牌手机无感互联，上车即用，带风冷的50W无线超快充，具备手机遗忘提醒功能，让手机端也时刻满血在线。AI银河精灵可实现远程控车、大模型智慧问答和情感聊天等AI交

图10 吉利银河星舰7内饰

互，让人车交互进入“next level”。

面对竞争激烈的汽车市场与行业变革，吉利银河的销量持续上扬。随着吉利银河星舰 7 的上市，将进一步补强吉利银河在主流 A 级电混 SUV 市场的竞争力。吉利银河星舰 7 正式入列哈尔滨 2025 年第九届亚冬会，成为亚冬会的官方指定用车，以先进的技术和可靠的品质，为冰雪赛事保驾护航。

4. 领克 07

2024 年北京车展，领克 07 正式发布，它是领克品牌首款 B 级轿车，这也是多年领克粉丝一直呼唤的定位车型，该车的尺寸为 4827mm × 1900mm × 1480mm，轴距为 2843mm，和领克 08 一样，两款车都没有盲目地追求更长的尺寸和轴距，尽可能在保证内部乘坐舒适性的同时，兼顾产品驾驶体验的精髓。

而在设计方面，领克 07 也延续了领克家族 2.0 的设计语言风格，相较于领克 08，领克 07 更加扁平化，从前脸的视觉观感来看，削弱了原本的厚重感，加上贯穿式灯组，更具未来科技感（见图 11）。

图 11　领克 07 外观

领克 07 同样基于 CMA Evo 架构打造，也是吉利品牌专为新能源产品重新研制的架构，在动力系统中，领克 07 和领克 08 的两驱版动力相同，采用 1.5T 专用混动四缸发动机，最大功率为 120kW，加上最大功率 160kW 的驱动电机，系统综合功率为 280kW，系统综合力矩为 615N · m，匹配的仍旧是吉利目前最核心的 3 档 DHT Pro 变速箱，这套动力系统，也是目前笔者在整个混合动力市场中，认为综合表现最优之一的存在。

在城市代步中，以纯电优先为主，在馈电状态下，低速尽量避开档位切换，所以更多时间处于串联发电状态，而在高速和急加速时，因为有 3 档的优势在，无论是高速的能耗还是高速的动力，都有着非常充沛的保障，所以领克 07 可以做到 190km/h 的极速，并且搭载了 18.99kW · h 的电池，可以讲纯电续航做到在 CLTC 工况下达到 126km 的水平，所以无论是城市通勤代步，还是高速长途出行，用车成本和动力体验，可以做到非常完美的兼顾，这也是领克 08 和领克 07 共同的优势所在。

在内部智能化方面，领克07也同样采用了Flyme auto操作系统，目前在智能座舱系统行业中成为佼佼者，不过与手机互联的体验中，只有和魅族手机可以将体验拉满，但同样为了更多品牌的拓展，目前已接入小米、vivo、OPPO三个安卓品牌的互联体验。同时，后续领克07、领克08将接入苹果手机的carplay互联系统，真正将互联体验拉满。领克07还推出了领克独有的Co Pad硬件，可以拓展两个Pad在后排座椅中，相较于很多品牌的拓展屏幕，Co Pad拥有更丰富的独立系统和互联功能，真正实现了与前排的车机屏幕进行互联打通，这也是Flyme auto在底层逻辑上赋予Co Pad最大的便利性，避免了和前排驾驶者的沟通成本，增加便利性和智能化体验感。

领克07这款产品的硬实力处于佼佼者，在领克08已经取得了不错业绩后，领克07的登场，形成了领克2.0的SUV+轿车双战略布局。

5. 领克Z10

2024年9月5日，新豪华智享C级轿车领克Z10在杭州正式上市，上市限时价19.68万元起，提供5款版型，以满足不同用户的多元需求。领克Z10采用The Next Day家族式前脸设计，独特且极具辨识度，纯粹线条彰显明日格调（见图12）。日行灯设计与The Next Day概念车一脉相承，凸显凌厉感和扁平化；法雷奥双模组大灯，纤薄设计呈现极致科技美感。基于空气张力学理念，领克Z10还设计了主动升降隐藏式尾翼，车速超过70km/h时自动展开，提升行驶稳定性，车速小于30km/h时自动收起。这一设计结合全车多处风阻优化设计，为整车实现了0.198Cd的风阻系数，兼具功能性。领克Z10的黑钻棱切穹顶，无横梁设计的整片式1.96m^{2}超大天幕。天幕玻璃采用深绿玻璃和低辐射涂层组合的多层隔热工艺，紫外线阻隔率达99%，红外线阻隔率达95%。

图12 领克Z10外观

作为一款C级轿车，领克Z10为用户带来大而舒适的座舱空间。宽境大尺寸车身5028mm×1966mm×1468mm，兼具3005mm超长轴距，实现整车套内面积4.8m^2，四口之家人均1.2m^{2}宽适空间，从容舒展；616L行李舱空间，轻松承载全家外出行李。大之外，更有舒适触感体验。领克Z10搭载Nappa真皮云感零压座椅，13 层结构带来柔软触感，同时完美承托身体；前排主副驾配备云感超大腿托，能匹配不同坐姿和身高，让用户得到充分放松。后排座椅发泡厚度增加 32%，提升了座椅柔软性、支撑性和吸振功能。后排同享加热、通风、按摩等功能。沉浸式的座舱氛围，离不开高级的音乐享受。领克 Z10 搭载哈曼卡顿 23 扬豪华音响，总功率为 1600W，拥有 7.1.4 声道和 3D 环绕立体声技术，哈曼团队深度定制开发，历时 11 个月反复打磨。同时，加入了 WANOS“天空音”，可真实感受到高空飞鸟悦耳的鸣叫声。

领克 Z10 基于最新一代浩瀚架构打造，搭载行业领先的 800V 双碳化硅高性能电驱系统，配合双电机四驱，提供 810N · m 峰值力矩，零百加速 3.5s，最高车速超 250km/h。领克 Z10 搭载大陆四活塞固定式卡钳和布雷博高碳制动盘，配合 21in 米其林高性能轮胎，实现 34.31m 超短制动距离，且连续 10 次极限制动性能不衰减，让驾驶者更有信心和安全感。得益于 R－EPS 转向系统和 dTCS 分布式牵引力控制系统，领克 Z10 转弯半径仅 5.7m，在狭窄街巷操控也十分轻松。领克 Z10 配备智能双腔空气悬架，可灵活调节高低及软硬，有效控制车身姿态，兼顾舒适和操控。配合 CCD 连续可变阻尼电控减振系统，让驾乘者在颠簸路面也能如履平地。

极致的性能，还需要安全的保障，而纯电用户最为关注的，就是电池安全。领克 Z10 搭载高安全标准的金砖系列电池，8 大无热蔓延、不起火安全防护技术，三项超纲安全测试——超压针刺测试、外部火烧试验、6 项极限工况魔鬼串行测试，全面刷新高压电池的安全上限。

智能化是新能源汽车的下半场比赛，用户对汽车座舱的智能需求和期待值也在不断提升。领克 Z10 打造全球领先算力车机，为用户带来几年都不会过时的智能座舱体验。领克 Z10 基于同级鲜有的高性能桌面级架构，使用了性能强悍的亿咖通 · 马卡鲁计算平台，同时全球首搭 AMD V2000A 桌面级系统芯片，CPU 算力是目前业内主流旗舰芯片的 1.8 倍。领克 Z10 全车至高配备 30 颗高性能感知硬件，感知范围约 4.4 万 m^2，相当于 6 个标准足球场，为出行全方位护航。采用路特斯机器人提供的定制高阶智能驾驶方案——LYNK LHP，已在全世界 30 个国家进行了场景验证，为用户提供安全、高效、舒适的高端智驾体验。同时，领克 Z10 至高可实现 33 项驾驶辅助功能，安全功能同级领先。在更为高阶的 NOA 智能辅助驾驶方面，基本覆盖了用户日常出行的全场景。

从设计、空间、智能到性能和安全，领克 Z10 真正做到“面面俱到”。领克

Z10 诠释了对造好车的理解，实现了对轿车阵容的全场景覆盖。未来，领克将坚持燃油、插混、纯电三线并进，持续打造超越用户期待的高端出行体验。

6. 极氪 7X

2024 年 9 月 20 日，极氪智能科技旗下豪华大五座 SUV 极氪 7X 正式上市（见图 13）。极氪 7X 从预售到正式上市，20 天订单突破 5.8 万单，印证了极氪 7X 成为主流市场标杆的实力。打造新能源时代最好的 SUV，极氪 7X 从中国用户的实际需求出发，不跟随市场已有的惯性思维，不做脱离用户需求的创新，做追求极致安全的偏执狂。在设计上，回归 SUV 最经典造型，不溜背，把 SUV 该有的大空间还给用户；在三电性能上，极氪独有的“三个 800 全生态解决方案”，全面引领 800V 时代；在操控上，打破纯电 SUV“身高”的限制，可城可野，脱困能力更是媲美百万级豪华越野 SUV；在豪华上，极氪 7X 采用了效果最好的物理防晒解决方案，保留了实体按键的设计，并带来了许多之前百万级豪华才有的豪华配置；在安全上，极氪 7X 一次性带来了四项全球首发的汽车安全新功能，让极氪式安全再度进阶。

图 13　极氪 7X 外观

安全是检验豪华的第一标准。氪式安全从不满足于应试工况，而是在实战中造就“公路坦氪”。基于吉利强大的汽车安全数据库，极氪从 5 万多起真实事故案例中，总结风险最大，难度最高的工况，做定制化的安全开发，为极氪 7X 带来 4 项全球首发安全功能。为给予儿童最安全的出行保护，极氪联合全球儿童安全领域顶级合作伙伴，打造全球首款儿童安全气囊智能座椅，并开发专属气囊弹开算法，能将碰撞发生时的颈部弯曲度降低 50% 以上。不仅如此，这把座椅还自带通风功能，通过智能接口与车辆座舱数据打通，实现对儿童状态的智能监测与主动服务。为了更极致的电磁安全，极氪 7X 制定了行业最严格的电磁辐射安全开发验证标准，并通过了权威机构对于乘员电磁防护和车辆电磁防护的双重认证，分别是 NESTA 中汽中心的《乘员电磁防护安全》和《整车电磁抗扰安全》认证。

极氪7X搭载第二代金砖电池，续航里程超600km，最大充电倍率5.5C，仅需10.5min电量可从10%充到80%，20min就可以满电出发；搭载100度超快充麒麟电池的版本，续航里程最高780km，充电15min，最大可增加546km。极氪7X全系标配与001 FR相同架构的高性能碳化硅电驱系统，后驱版本最大峰值功率310kW，零百加速最快5.7s；四驱版本最大峰值功率475kW，马力超过645匹，零百加速最快只需3.8s。新车标配Brembo制动盘，可搭载Akebono固定卡钳，百公里制动距离最短34.9m，全系标配dTCS智能防滑系统，响应速度提升90%以上，冰雪湿滑路况也能稳稳拿捏。

新车同时标配前双叉臂、后五连杆独立悬架，全系标配液压衬套。不仅如此，7X还可搭载由感知系统与CCD电磁减振和空气悬架组成的“智能魔毯”，当感知前方路面不平时，毫秒级调整悬架状态，进一步提升车辆通过时的舒适与平稳。得益于浩瀚架构的空间布置优势，极氪7X的“得房率”超过83%。在二排腿部空间等关键数据上，极氪7X的表现，可以比肩5m以上的大型豪华SUV，满足用户最高频的空间需求，可以装得下全家人的露营装备。

极氪7X全系标配了同级尺寸最大的物理防晒电动遮阳帘，从前到后覆盖车内全部乘客；在后排侧窗上，带来了同级唯一的可电动升降的双侧隐私遮阳帘，既能100%防晒，又不影响手机信号。作为家用SUV，极氪7X带来了全面升级的“冰箱、彩电、大沙发”。极氪7X搭载了全球首款16in车规级量子点膜Mini-LED中控屏，色彩更丰富，画面更清晰；中央扶手箱，可以升级为8L车载冰箱，温控范围为-15~50℃，护肤面膜、婴儿食品和常备药品，皆可放心保存。为响应用户对于二排豪华配置的需求，极氪7X提供了后排座椅套装和后排屏幕套装，用百万级的电动沙发体验，为SUV实现“豪华升舱”。在后排座椅套装内，极氪7X的后排座椅采用了与极氪009相同的NAPPA全粒面头层真皮，拥有同级唯一的电动滑轨，215mm前后滑动距离，连体式腿托，联动拥有15°~134°同级最大调节范围的靠背，带来最舒展的躺平角度，还拥有6向电动调节，通风、加热一应俱全，6种SPA级按摩模式，让身心得到极致放松。

7. 极氪MIX

2024年10月23日，极氪智能科技旗下家庭全场景大五座极氪MIX正式上市（见图14）。基于浩瀚-M架构打造的首款家用出行产品极氪MIX，以全球首创并全系标配的“隐藏式双B柱”电动对开门、超低无门槛“全面平”地板、三组 2m 超长电动滑轨、主副驾 270°电动无级旋转座椅等黑科技，将汽车工业的诸多想象变为现实，让车成为满足全场景美好出行生活，面向未来的真正的家。

图 14　极氪 MIX 外观

极氪以不可能的方式，实现空间的极致利用，在 MIX 上开启空间革命。凭借浩瀚 - M 架构的空间布置能力，极氪 MIX 通过全球首创的斜置防火墙技术，在保障安全的前提下，将仪表台和空调前推，采用短前后悬设计，全面释放前排空间；车尾采用更紧凑的同轴电机，将后地板第二横梁后移，把空间还给二排座舱。极氪 MIX 打破之前大多数品牌，通过更长车身达成更长轴距的方式，仅以近 4.7m 的车长，实现了超 3m 的轴距，车内有效乘坐空间可达 93%，是全球第一辆突破 90% 的量产乘用车。

极氪 MIX 借鉴飞机的外摆式车门设计，将更大开启角度留给用户。彻底取消传统汽车的固定式 B 柱，并通过电动对开方式，让极氪 MIX 车门最大进出空间接近 1.5m。制造成本是普通车门的 5 倍、研发成本超 4 亿元，极氪 MIX 外摆门还解决了没有固定转轴所带来的安全挑战，更系统性地满足防水、防尘、密封、降噪、耐久等车规级标准。极氪 MIX 打造全球首创的超低无门槛“全面平”地板，整车地板无任何凸起，既没有门槛，也没有台阶，同时通过对地板和车身、车顶的结构优化，实现 SUV 通过性和 MPV 便利性的兼容。极氪 MIX 最大 165mm 的离地间隙，390mm 的离地高度，1350mm 的车内净高。幼儿园小朋友基本一步上下，还可在车内完全站立，是名副其实的“宝宝巴士”。

安全，是检验豪华的第一标准。在全行业第一个车身侧碰加压顶的极限叠加测试中，极氪 MIX 先是顶住了 1.7t 避障车以 60km/h 时速发起的侧碰，后再扛住了 2.2t 集装箱从 4m 高空自由落体，其侧碰瞬间冲击力近国标 3 倍，压顶冲击力是国标 2 倍以上。而极氪 MIX 车内空间完好，假人安然无恙，以标准的“公路坦氪”式答案，回应了极氪 MIX 亮相后，大家对于“取消了传统 B 柱，能保证安全吗?”的疑问。极氪 MIX 采用全球首创的隐藏式双 B 柱设计，在每侧车门内，都安装有两根直径约 70mm 的一体成形热气胀钢柱，两侧合计安装 4

根。每根钢柱均采用潜艇级的2000MPa热成形钢，并采用全球首发的3.5mm壁厚热气胀工艺，厚度为普通热成形钢的2倍，整体强度提升33%，长度达1300mm，纵贯整个车门。

极氪MIX是全球唯一一款，拥有主副驾电动旋转座椅的量产车型。通过电机的无级旋转，可实现270°电动无级悬停，并且座椅解锁、旋转功能由双电机分别控制，操作更可靠。极氪MIX也是目前唯一一款将座椅旋转加入座舱原子化能力的车型，可为用户提供全行业最多的九大空间场景模式，只需要车机或语音就能够实现一键布局，丝滑转身。用户还可通过场景工坊无限拓展，实现自定义调节，座椅一键布局，打造真正的“全屋智能”。

极氪MIX搭载的高性能碳化硅后电驱，最大功率可达310kW，堪比3.0T发动机，零百加速仅需6.8s。搭载76度第二代金砖电池，CLTC续航里程达550km，峰值充电倍率可达5.5C，让极氪MIX 10.5min可从10%充至80%；搭载102度麒麟电池，最大续航里程超过700km，充电15min，续航可增加500km。不仅如此，极氪还拥有强大的充电网络。其800V极充站，2024年年底将覆盖全国150个以上的城市，让用户真正实现800V自由。

极氪MIX全系标配的激光雷达和双Orin-X芯片，全系搭载极氪自研的浩瀚智驾2.0，将为用户带来更高效的智驾体验。目前，无论是智能泊车，还是智能驾驶、功能体验、OTA进度，全面优化提速。凭借行业最强的端到端泊车大模型，极氪MIX彻底改变过往的泊车体验，真正实现“先下客，再停车”。

极氪MIX让出行没有焦虑更有效率。作为一辆从未来走进现实的智能汽车，极氪MIX以投入巨大的创新，为每一个用户，创造极致体验，让车成了真正的家。每个版本都是大满配，三电、安全、智能、豪华体验130多项配置，为中国家庭用户带来超越期待的未来出行体验。

四、2025年乘用车市场稳中向好

2025年作为“十四五”收官之年，GDP增速目标仍会维持在5%左右。其挑战主要在于，外部经贸环境不确定性增强，且海外需求增长面临瓶颈，出口可能面临总量和份额的双重挑战。考虑美国对中国加征关税的潜在影响，预计2025年中国出口同比回落，对实际GDP从强劲支撑转为小幅拖累。面对“外循环”的严峻挑战，预计宏观政策将积极应对，化解地方政府隐性债务的同时，在促进居民消费回升、助力房地产市场止跌回稳两个方向积极发力，推动经济继续回升向好。

预计 2024 年汽车终端销量为 2400 万辆，同比增长约 4.1%。主要原因如下：一是汽车以旧换新政策继续刺激市场销量。二是新能源购置税全免在 2025 年底到期，势必导致年底销量出现透支性上涨。传统燃油的市场份额将进一步降低，预计会下滑至 50% 以内。新能源汽车销量则继续上扬，年度份额将首次超过传统燃油车。

2025 年的汽车市场不会一帆风顺，隐藏着机遇和风险。第一，自主份额将再创历史新高，预计将达到 70%。合资生存空间被进一步压缩，可能会有更多的外国品牌暂时退出中国市场。第二，价格战仍然会持续。淘汰和出清弱势品牌及产品将在 2025 年表现得更为激烈。主机厂、供应商和经销商也将继续面对成本和利润被极限压缩的状况。第三，智能化加速普及。目前市场智能化配置正在加速普及，以前高高在上的 NOA 功能，目前 10 多万的 A 级车型都能装配。现在燃油车，特别是合资燃油车也在强化宣传其智能化配置。油电同智是目前的发展方向。第四，出口市场虽然拉动销量增长，但是出口压力与日俱增。随着中国汽车的质量、品质和智能化取得长足进步，自主各品牌的出海销量也是年年大涨，目前稳居汽车出口第一大国。但是随着贸易保护主义的抬头，美国、欧盟等国家对我们汽车产业的制裁，自主企业出海的内卷式竞争，都为我们出海前景蒙上一层阴影。汽车出海之路道阻且艰，需要我们共同努力打造。

虽然未来中国汽车发展道路充满荆棘，但是中国汽车人充满信心，要让中国汽车充满世界并为之奋斗。

（作者：李瑞林）

2024 年荣威飞凡及 MG 产品市场调研报告

一、2024 年乘用车市场概况

2024 年，宏观经济运行压力增大。投资和消费的意愿下降，部分行业面临供需结构失衡，经济主体更倾向于还债、降杠杆，消费信心依然偏弱。宏观经济影响传导到汽车市场，上半年乘用车市场表现明显偏弱，刨除 1 月春节影响，2—6 月乘用车市场连续五个月同比下滑。为应对宏观经济需求不足，7 月以旧换新政策加码，对汽车市场起到了明显的刺激效果。第三季度开始乘用车市场总量同比增速回正，且逐月快速增长，10 月 232 万辆为历史最高。2024 年，我国乘用车市场总量预计 2350 万辆，同比增速达 8.4%，为 2018 年以来总量、同比最高的年份。

2024 年汽车市场具备以下几点突出特征：一是新能源化继续加速，8 月新能源汽车市场占有率首次突破 50%。其中，PHEV 车型具备全场景覆盖、无里程焦虑的特征，具备全方位替代燃油车型的能力；凭借新上市的自主品牌强力新品，在主流市场快速挤压合资燃油市场份额；BEV 市场中，由于对公出行市场接近瓶颈，增速明显放缓。二是以旧换新补贴政策对低价车型产生了明显的刺激效果，下半年纯电代步小车市场大幅增长，Low - med 燃油轿车市场也暂时扭转了长期下降的趋势。三是价格竞争延续，2024 年初开始，价格战依然由头部厂家发起，逐层传导至整体市场；经销商生存状态普遍恶化，行业整体营利性进一步下降。强大的经营压力下，部分经销商已经被迫退出。四是智能化即将迎来应用拐点，部分头部厂家已推送消费级全国无图城区智驾，智驾技术正快速实用化。五是汽车出口市场加速崛起，多家自主厂商快速扩展海外销售渠道，出口销量快速增长。当前国内汽车工业具备技术与成本优势，汽车出口产业具备较大的成长空间。

二、2024 年上汽乘用车市场表现

2024 年 1—11 月，上汽乘用车累计销量 20.4 万辆，其中新能源汽车销量

7.1万辆（见表1）。2020—2024年上汽乘用车分品牌销量走势见图1。

表1 2023—2024年（1—11月）上汽乘用车整体及新能源销量

（单位：万辆）

乘用车	2023年1—11月销量	2024年1—11月销量
上汽乘用车	24.4	20.4
上汽乘用车新能源	6.9	7.1
荣威	14.1	12.1
飞凡	1.3	0.9
MG	9.0	7.4

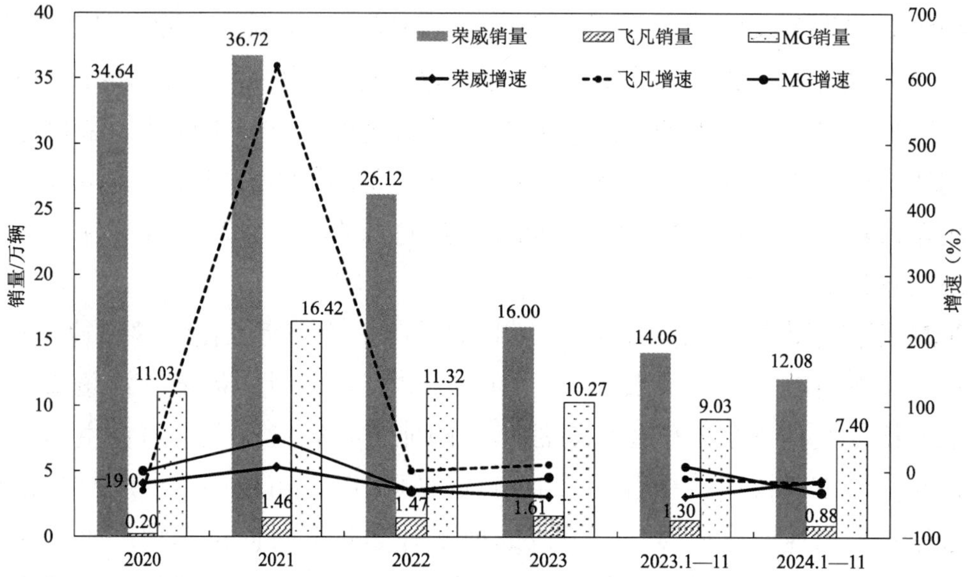

图1 2020—2024年上汽乘用车分品牌销量走势

分品牌来看，荣威品牌2024年1—11月累计销量为12.08万辆。荣威品牌持续深耕新能源品类，2024年7月4日，上汽荣威、MG品牌发布“超级安芯承诺”，提供“零燃保障”和“三电终身质保”，超越行业3万km质保标准，树立新标杆。上汽“零燃魔方电池”获国家科技进步二等奖，展现新能源技术自信。荣威D7 DMH在续航挑战中跑出2160km，与D5X DMH组合以3908km成绩领先，超日系近400km。2024年11月8日，荣威iMAX8 DMH新陆尊正式上市，售价为19.99万~24.99万元，标志着荣威D家族实现了从轿车、SUV到MPV的全品类覆盖。

飞凡于2024年10月正式回归上汽乘用车，结束独立运营阶段。随着荣威、飞凡品牌融合的逐步深入，研发、营销及客户服务等多个维度正加速协同。荣威与飞凡的融合，始终以服务用户为核心，提供长期且优质的服务。未来荣威、飞凡将不断增加服务网点，坚持长期主义，致力于将品牌下的每款车型做得更好，让每一位荣威与飞凡的用户都能享受到实实在在的利益。

MG 品牌 2024 年 1—11 月累计销量为 7.40 万辆。2024 年 3 月 13 日，MG 宣布成为 2024 年古德伍德速度节的主赞助商，并将在活动中庆祝品牌百年诞辰。这标志着“跑车定义者”MG 将重返世界顶级汽车盛典的舞台。2024 年 4 月，MG Cyberster 全球首款敞篷电动跑车，荣获了 2024 年红点产品设计奖，并且已经包揽了世界三大最权威的设计奖项，包括德国红点产品设计奖、德国 iF 设计大奖以及日本 G - Mark 优良设计奖。这一成就开创了中国汽车行业的新纪录，标志着中国汽车设计在国际舞台上的卓越表现和认可。2024 年 11 月 6 日，MG 推出全新 A + 级纯电 SUV——MG ES5，以“不如自在过生活”为主题发布。这款车的面世不仅标志着 MG 对 A + 级市场的全面进军，也在激烈的竞争环境中为消费者提供了新的选择。

此外，MG 作为上汽乘用车海外出口的品牌担当，2024 年 1—11 月销量再次创下新高，累计出口批发量 48.7 万辆，同比增长 -18.6%（见图 2）。2024 年 7 月 4 日，欧盟委员会宣布对从中国进口的电动汽车（BEV）征收临时性关税，MG 品牌对这有悖公平竞争和自由贸易原则的行为表示强烈反对。2024 年 1—6 月，MG 品牌在欧洲市场终端交付量超过 12 万辆，已连续十二年蝉联中国汽车品牌欧洲销量冠军。

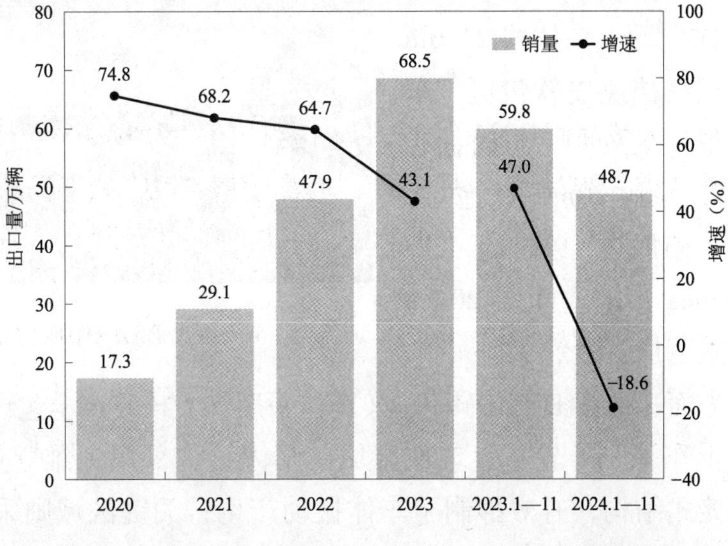

图 2　2020—2024 年上汽乘用车 MG 出口销量及增速

三、重点车型介绍

1. 荣威 D5X DMH

2024 年 5 月 20 日，“长续航新主流混动 SUV”上汽荣威 D5X DMH 正式上市，定位紧凑型 SUV，其搭载的 1.5T DMH 超级混动系统，是 DMH 超级混动技术在“D 家族”车型上的首次扩展应用。该系统由超混专用 1.5T 发动机、超混专用变速箱、超混专用长续航电池组成，CLTC 纯电续航里程达到 135km，CLTC 综合续航里程达 1300km，针对 SUV 多元化用车场景进行技术升级，将满足中国主流家庭用户全家出行、全场景使用的需求。

在外观方面，荣威 D5X DMH 采用优雅力量美学的设计理念，纯粹、优雅，中正稳健且蕴含进取动势（见图 3）。前脸采用封闭设计，配备贯穿式 LED 灯带，两侧为分段式灯组，机顶盖镶嵌荣威狮标。侧面配备了隐藏式门把手，同时加以镀铬饰条修饰，在门窗周围以及后视镜下方。车尾配备了贯穿式尾灯，同时也修饰了镀铬饰条，整体看起来有质感显高级。

图 3　荣威 D5X DMH 外观造型

走进车内，荣威 D5X DMH 采用一马平川的横向主题，一体式 24.6in 双连屏，大面积高档麂皮软包覆，车内更加智能豪华（见图 4）。同时拥有舒缓云宿座椅，采用 20mm 软泡层，配备前排座椅 3 档加热，976mm 二排腿部空间，965mm 头部空间，120mm 膝部空间，驾乘更加宽敞舒适。

图 4　荣威 D5X DMH 内饰造型

在静音性方面，荣威 D5X DMH 车架车体采用 5 大核心声学包设计，包括前舱、下车体、上车体、外轮罩、玻璃区域；车体结构采用三维立体交叉设计，形成了强阻隔笼式结构，有效抑制了车体振动产生；关键区域则采用了静音钢板及增强阻尼垫高效设计，大幅度降低了整车振动和噪声。此外，D5X DMH 还采用了声学隔断，针对前舱声学包、下车体声学包、车身空腔等 21 处关键部位采用声学隔断，前围内隔音垫采用多层减振、隔音设计的“三明治结构”，双层墙效应有效隔绝发动机舱内噪声；整车 42 处采用大面积高倍率吸音棉与隔音垫；整车配置静音玻璃，打造电车级静音体验。

在动力方面，荣威 D5X DMH 搭载全新 1.5T 混动专用发动机，采用 VGT 可变截面涡轮增压技术、EGR 废气再循环技术、深度米勒循环技术等，超宽域热效率达 42%，发动机 80% 运行时间工作在最省油的高效域区间。此外，采用了主流 P1 + P3 双电机、2 档混动构型。其中，P1 拥有行业首发 X - pin 绕组技术，高槽满率 74%，短绕组，110kW/120N · m（同级最大），最高效率 97%，功率大、补电快；P3 拥有超大功率力矩，为用户带来超强性能体验，Hair - pin 8 层扁线绕组技术，峰值功率 145kW，峰值力矩 350N · m。百公里加速仅 6.9s，最高时速 200km/h，起步动力响应快，综合电驱动力强。

2. 荣威 iMAX8 DMH 新陆尊

2024 年 11 月 8 日，荣威 iMAX8 DMH 新陆尊正式上市，新车为插电混动车型。新车共推出 3 款车型，售价为 19.99 万 ~ 24.99 万元。新款车型在外观设计上延续经典造型，中网同样以黑色为主，面积硕大，内部采用了“荣麟”元素饰条，效果如同阳光下的鳞片，波光粼粼，与车标搭配更显格调。除此之外，前保险杠两侧也运用了比较年轻运动的设计方式，使得车头的立体感更强，稳重但不沉闷，十分符合“宜商宜家”产品定位（见图 5）。

图 5 荣威 iMAX8 DMH 新陆尊外观造型

内饰上，整体呈现环抱式座舱的设计，从色彩和材质看来，车内有大量的软性材质和木纹饰板的使用，营造出较强的居家氛围与档次感。12.3in 全液晶中控屏采用了全新 16:9 宽体屏，同时使用了 Venes2.1 的车机系统，可实现一键智能找桩、长途充电自动规划、智能预约充放电、电耗图表显示等智能实用功能（见图 6）。

座椅部分，采用来自德国 BADER 的头层小牛皮打空真皮座椅，弹性适中，支撑和包裹感都不错。尤其是 MPV 最核心的第二排，新增了航空座椅（见

图 7)，3 档座椅加热、通风功能和 8 点按摩一个不少，零重力腿托、电动腰托与航空头枕紧跟主流趋势。第二排座椅扶手处可以通过触摸屏进行座椅的各项功能控制。此外，iMAX8 DMH 新陆尊更是配备了同级唯一“三排座椅”可移动的车型，第三排座椅可实现前后 20cm 的移动距离，使第三排与行李舱得以更加灵活的应用。

图 6　荣威 iMAX8 DMH 新陆尊内饰造型

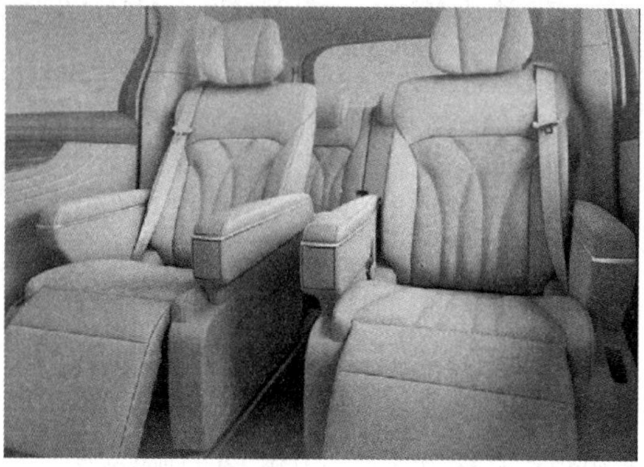

图 7　荣威 iMAX8 DMH 新陆尊二排座椅

在续航能力上，荣威 iMAX8 DMH 新陆尊在满电状态下拥有 CLTC 综合续航里程 1536km，超长续航，CLTC 亏电油耗 4.71L/100km，实现“全球最长续航、最低油耗 MPV”的目标。以 92 号油 7.52 元/L 来算，一公里花费近 3 毛钱，用中大型 MPV 的空间，带来了比 A0 级小车更低的油耗。

在安全性能上，荣威 iMAX8 DMH 新陆尊“高强度钢结构”笼式车身，高强度钢比例达 81%，同级最高，坚如堡垒。最高安全等级，守护全家出行。C-NCAP 五星安全标准，中保研最高等级安全认证。在所有测试项目中，iMAX8 以“零缺陷”的满分成绩，获得全优 MPV 安全认证。

荣威 iMAX8 DMH 新陆尊以其卓越的产品价值和亲民的价格体系，为新时代的家庭用户提供了全新的出行选择。它不仅仅是一款汽车，更是作为混动技术第一梯队的一种实力体现。

3. MG ES5

2024 年 11 月 6 日，上汽 MG 名爵举办了一场以“不如自在过生活”为主题的发布会，全球高标准纯电后驱 SUV MG ES5 正式迎来上市，新车提供 425km、515km、525km 3 种续航里程，共 5 款车型配置，售价 11.69 万～14.69 万元，限时一口价 10.39 万～13.39 万元，增换购惊喜价 9.99 万元起。(见图 8)。

图 8　MG ES5 上市权益图

超大空间，MG ES5 容纳得下全家人。尺寸为 4476mm × 1849mm × 1621mm，轴距长达 2730mm，凭借 61%的同级最大轴长比及同级最大综合“得房率”，其车内使用面积高达 4.32m^2，以 A 级车的尺寸带来 B 级车的空间（见图 9）。全车拥有多达 40 处储物空间，即便满载，也能轻松收纳所有乘客的随身物品。尾厢常规容积达到 381L，能够容纳两个 24in 和两个 20in 行李箱；当后排座椅放倒后，尾厢可形成纯平地台，空间将拓展至 1423L，承载一家人的“大大的幸福”。

超稳底盘，MG ES5 摆脱晕车困扰，得益于上汽星云高端纯电架构，MG ES5 从质心高度、质量分布、悬架设定以及转向标定四个维度进行了精心布置和调校。质心高度低至 540mm，前后轴荷比接近 50∶50，MG ES5 打造了 20 万内最高素质的底盘（见图 10）。同时，采用五连杆独立后悬架，配备 DP－EPS 转向机、XDS 弯道动态控制系统，能让车辆在弯道中更好地保持动态平衡。

图 9　MG ES5 内饰空间表现

图 10　MG ES5 接近 50:50 前后轴荷比

在“姿态超稳”的基础上，为了彻底解决电车晕车问题，MG ES5 还搭载了上汽行业首创的“晕车舒缓系统”，有效减轻 30%晕动感，成为同级领先的“绝不晕车的电车”。

在安全方面，作为 MG 品牌又一款全球车型，MG ES5 依照严苛的欧洲五星开发标准，白车身高强度钢占比 77%，超高强度钢占比 47%，守护用户出行安全的每一道防线。新车搭载基于地平线征程® 3 芯片的 MG Pilot 方案，集成智能巡航辅助、车道保持辅助等八大功能，覆盖车道变化分流通行、长距离/错位路口通行（跟车）等多种复杂驾驶场景，提供便捷安全驾驶体验，完全达到了最严格的 E－NCAP 测试的五星级标准。

MG ES5 破解了空间、性能、安全的不可能三角，将会是每一个 YOUNG family 的 Dream Car。

4. 新一代 MG5

2024 年 8 月 30 日，2024 成都国际汽车展览会正式开幕，上汽 MG 名爵新一代 MG5 正式亮相。作为上汽 MG 名爵备受期待的明星车型，新一代 MG5 在承袭品牌百年赛道运动基因之上，凭借全面焕新内外饰设计及同级领先的操控性能，使用户尽享驾驶的无限乐趣，将再度刷新“A 级轿跑天花板”。

新一代 MG5 在外观呈现上，坚持感性力美学的设计理念，并引入上汽 MG 名爵家族特色的“猎瞳”设计语言，动感凌厉（见图 11）。百万级豪车同款的大尺寸直瀑式进气格栅，气吞山河、张力十足，“猎瞳”大灯与车头两侧导流槽呼应，豹跃肩线尽显力量感。新车承袭 MG 经典 Fastback 溜背造型，修长流畅的外轮廓一直延伸至车尾，微微上翘的鸭尾闪现灵动的气息，传达出低阻、动感的视觉效果，配合 1842mm 同级最宽车身，17in 星耀刀锋轮毂加持，超高颜值令人怦然心动。

新车内饰以“轻运动”为主题，黑红拼色动感座椅搭配 D 型多功能运动方向盘，营造年轻运动氛围（见图 12）。新一代 MG5 的内饰采用大面积软包材质，覆盖范围同级最大，不仅在视觉上给人以美的享受，更提供了家一般的温馨，带来 15 万级别的车内氛围感。此外，新一代 MG5 还拥有多达 20 处的车内储物空间，在出行时，能够使每位乘员都能方便放置随身物品。

图 11　新一代 MG5 外观造型

图 12　新一代 MG5 内饰造型

上汽作为智能车机领域的行业开创者，新一代 MG5 所搭载的双 12.3in 交互大屏显示清晰细腻、效果同级领先。斑马维纳斯智能车机系统，支持车机、车窗等语音控制，可实现 90s 连续语音对话，语音识别率达到 95%，并且车机还支持苹果 CarPlay、华为 HiCar、百度 CarLife、CarLink 等主流智能手机互联，让驾驶更加便捷和安全。新一代 MG5 还搭载了 540°高清全景影像系统，即使面对狭窄路况也能从容应对；内置的行车记录仪，让出行安全省心无忧。

在动力方面，新一代 MG5 搭载的“双十佳”动力总成。其中上汽蓝芯 MEGA Tech1.5T 涡轮增压发动机最大功率为 133kW、峰值力矩为 285N·m；7 速湿式双离合器变速箱，兼顾平顺性、响应性、经济性、耐用性，并且传动效率高达 97%。得益于这套出色的动力总成，新一代 MG5 零百加速仅需 6.9s，使之成为当之无愧的“10 万内性能最强的车”。此外，新一代 MG5 还配备了同级唯一的 XDS 弯道动态控制系统，通过对内侧驱动轮进行主动制动、形成指向弯心的横摆力矩，提升车辆的过弯能力改善转向跟随感，配合 EPS-PRO 智能可调转向系统，在为用户带来如臂使指的灵动驾控体验的同时让每一次出行更加安心。

看得到的格调、买得起的运动、用得上的科技、摸得到的品质。新一代 MG5 的到来将刷新“A 级轿跑天花板”。

四、2025 年展望

2025 年，宏观经济面临的主要问题仍将是需求不足，甚至可能出现内需外需同时走弱，对汽车市场的负向影响还将扩大。宏观经济仍难摆脱房地产市场下滑及其连锁反应的拖累，人民币汇率与人民币资产面临下行压力。2025 年，预计汽车市场将延续较强的刺激政策，以应对经济下行导致的整体需求收缩。

2025 年，汽车市场也将面临快速的格局变化。一方面，当前的新能源技术更迭趋势将进一步发展，由新能源产业变革引起的一系列产品竞争、品牌竞争、渠道变革都将在 2025 年进一步发展。在主流 PHEV 的拉动下，中低线级城市的渗透率正在快速提升；A 级纯电车型对私崛起，面向私人需求的 A 级家用车型需求潜力逐步显现；品牌竞争加剧，对头部品牌的围攻加剧，价格依旧为重要的竞争手段；燃油车型快速被替代，在较强的生存压力下，燃油车型进一步的以价换量不可避免。

另一方面，部分新技术有望在 2025 年逐步开始应用，带来细分市场新增长点。固态电池技术有望在 2025 年开始逐步普及，提升纯电产品的续航及整体竞争力；智能化的快速发展正在促进产品的快速迭代，成为市场竞争的新亮点。

2025 年，人群更迭、行业发展也将面临新的趋势及挑战。随着报废比例的增加和再购比例的提升，3 ~ 5 年后有望成为市场的主力增长点；小家庭趋势、晚婚趋势、性价比消费等人群特征变化，也为汽车市场带来新的挑战。当前，中国汽车市场正在经历深刻的变革，荣威、飞凡、MG 也将积极迎接挑战，把握机遇，在技术创新、品牌建设、国际化等多方面努力，以适应和引领市场的变化。

（作者：刘尔田　陈文艳）

2024年长安汽车产品市场调研报告

汽车产业作为国民经济的重要支柱，长期以来在经济社会发展中占据举足轻重的地位。2024年，我国汽车市场再次创下多项历史性纪录，不仅在产销规模上实现了新的突破，更在技术创新、品牌影响力以及国际市场竞争力等方面取得了显著进展。然而，在这些辉煌成就的背后，整个产业正经历着一场深刻而复杂的新质生产力动能转换。

一、2024年我国汽车市场回顾

1. 政策支持，汽车产销创历史新高

2024年国家层面政策加码进一步释放存量市场的换购需求，11月中国汽车产销343.7万辆和331.6万辆，月度产销量创历史新高。2024年1—11月销量2794.0万辆，增长3.7%，相对2023年同期增速开始放缓。

2. 乘用车市场表现强劲，商用车市场表现低迷

2024年1—11月乘用车销量2443.5万辆，增长5%，其中11月乘用车单月产销首次突破300万辆。2024年1—11月商用车销量350.5万辆，同比下降4.4%。尽管商用车表现不佳，但新能源车成为亮点，1—11月新能源商用车国内销量46.2万辆，同比增长31.1%，占商用车国内销量17.2%。

3. 新能源汽车快速增长

新能源汽车在2024年继续保持强劲的增长势头，1—11月新能源汽车销量1126.2万辆，增长35.6%，其中出口452万辆，同比增长21.5%。

4. 市场竞争加剧

一方面，供给侧新品大量投放（新能源车占国内新品总量80%），平均单车规模下降，价格战升级进一步恶化了单车利润空间，导致绝大多数品牌仍然不盈利；另一方面，小米等生态新势力企业，通过流量、生态协同等非传统竞

争手段，加速涌入新能源汽车市场，对成熟车企形成较大的冲击。

5. 汽车出口持续增长，但贸易壁垒开始显现

国内汽车企业的国际竞争力日益增强，2024 年 1—11 月中国汽车累计出口 470 万辆，同比增长 26.6%。但海外市场壁垒加大，特别是欧美国家正在通过贸易壁垒、关税壁垒和绿色贸易壁垒限制中国新能源汽车的进入，新能源汽车出口明显降速。

二、长安汽车 2024 年发展之路的挑战

长安汽车在 2024 年继续转型发展面临的挑战影响了经营业绩，前三季度营业收入增长但利润有所下滑。长安汽车面临的这些挑战也是整个汽车行业转型发展的痛点，主要包括新能源赛道的竞争压力、价格战的负面影响、传统燃油车业务的下行压力、智能化转型的压力、海外市场拓展的挑战、成本控制与盈利能力的平衡等多方面因素。

1. 新能源赛道的竞争压力

长安汽车在新能源赛道与头部企业相比仍有较大差距，尤其是其新能源品牌长安深蓝和阿维塔的销量尚未上规模，仍处于亏损状态。尽管长安汽车在产品、组织和销售方式上做出了积极转型，但在销量和盈利能力上仍面临挑战。未来，深蓝和阿维塔将推出多款新品，有望带动销售改善，但仍需时间来缩小与头部企业的差距。

2. 价格战的负面影响

2024 年第一季度，头部企业发布了新车型开始新一轮价格战。长安汽车启源品牌和深蓝品牌迅速跟进，但销量规模与头部企业相比仍有较大差距，同时价格战对企业盈利能力产生负面影响。企业层面已开始全方位降低成本、控制费用，积极应对，但影响仍然存在。

3. 传统燃油车业务的下行压力

长安汽车的传统燃油车业务面临较大的下行压力，尤其是在新能源车市场快速扩张的背景下，燃油车的销量和盈利能力受到了挑战。尽管长安汽车的引力序列（如 CS75Plus 等）在燃油车市场表现优于整体市场，但随着新能源车转型的加速，传统燃油车业务的盈利能力继续承压。

4. 智能化转型的压力

长安汽车在智能化赛道上也面临一定的挑战。虽然与华为在智能化解决方案方面进行了合作，推出了多款搭载华为智能驾驶系统的车型，但智能化技术的推广和市场接受度仍然需要时间来验证。

5. 海外市场拓展的挑战

长安汽车 2024 年启动“海纳百川”战略，加速了海外市场的拓展，计划进军东南亚和欧洲市场。尽管 2023 年长安自主品牌出口表现亮眼，同比增长 39.23%，但 2024 年海外市场的拓展仍然面临较大的挑战，尤其品牌还处于打造认知阶段和国际贸易政策不确定性等方面。

6. 成本控制与盈利能力的平衡

尽管长安汽车在 2023 年通过销量规模的增加和经营质量的改善实现净利润的增长，但在 2024 年仍需在成本控制和盈利能力之间找到平衡。尤其是在新能源车转型的过程中，需要在产品研发、品牌推广、渠道打造等方面进行大量投入，这些投入对短期盈利能力产生压力。

三、2024 年长安汽车的行动和亮点

尽管面临诸多挑战，2024 年长安汽车在电动化、智能化、全球化等方面采取了多项重要行动，通过深化与华为的合作、产业联盟、新能源品牌矩阵的完善、加速全球化布局等举措，展现了在转型过程中的亮点和潜力。

1. 销量增速好于行业水平

长安汽车预计全年销量 268.3 万辆，同比增长 5.1%，预计高于行业 0.4 个百分点，连续 7 年回升；其中，自主品牌预计销量 202.9 万辆，同比增长 5.6%，预计高于行业 0.9 个百分点；新能源汽车预计销量 73.3 万辆，同比增长 52.4%，预计高于行业 16.5 个百分点，全年汽车海外销量预计 53 万辆，同比增长 47.9%。

2. 新能源车品牌矩阵的完善

长安汽车通过“香格里拉”计划，形成了较为完善的新能源车品牌矩阵。2024 年长安启源、深蓝和阿维塔三大品牌持续发力，其中启源品牌与深蓝品牌

作为中国新能源汽车新生力量，其品牌认知度不断提升。长安启源通过高性价比的产品定位、新颖的设计、快速的市场布局在2024年迅速提升了其在主流家用市场的认知度，其中长安启源发布业界首款可变车型E07，采用了可变形态设计，能够在SUV、轿车、货车之间实现切换，吸引到了许多追求多功能车型的消费者，并且凭借极具创新性的设计理念，一举摘得了2024年度德国“iF设计奖”；深蓝品牌凭借其快速增长的销量、多款新车的推出以及华为智驾方案加持，迅速提升市场认知度，尤其是在海外市场的突破和智能化技术的应用，使得深蓝品牌在新能源汽车领域中的地位更加稳固。

3. 智能化转型的积极推进

长安汽车通过“北斗天枢”计划，积极推进从传统汽车制造企业向智能出行科技公司的转型。长安汽车制定了“4+1”行动计划，包括知音计划、合作共创行动、智能体验行动、智能联盟行动和千人千亿计划。长安汽车还组建了强大的“北斗天枢”产业联盟，联手科技企业、互联网及供应商资源，构建智能驾驶、智能网联、立体交通三大产业生态联盟。

4. 与华为的紧密合作

长安汽车与华为的合作继续深化，尤其是在智能化领域。2024年6月4日，工信部确定长安汽车为首批获得L3级智能网联汽车准入和上路通行试点的车企之一，长安汽车已在重庆科学城智能网联汽车示范区内投放了68辆Robotaxi。长安汽车还在推进L2、L3、L4各级别智能驾驶产品的规模化道路测试及商业化运营探索，有望在无人驾驶出租车市场中受益。

5. 自主品牌业务的复苏与合资公司的改善

尽管市场竞争激烈，长安汽车自主品牌营业收入实现增长，合资公司的利润也从2023年Q4的大幅亏损转为赢利，主要得益于新能源汽车品牌亏损的收窄以及长安福特盈利能力的改善，长安汽车在传统燃油车业务上的盈利韧性也有助于缓解新能源汽车业务中短期内的盈利不足。

6. 海外市场的扩展

长安汽车在2024年加速了全球化布局，尤其是在东南亚和欧洲市场，并逐步在未来3~5年内使其成为海外销量的重要贡献区域。长安汽车的泰国制造基地进展顺利，预计2025年投产，初期产能10万辆/年，远期产能将达到20万辆/年，主要覆盖东南亚、澳洲、南非和英国等全球右舵车市场。

四、2025 年汽车市场预判

2025 年我国汽车市场预计将继续保持韧性，尽管整体增速可能放缓，尤其是内销市场，但新能源汽车将继续主导市场，并有望在政策支持和技术创新的推动下实现较高的渗透率和销量增长。同时出口市场可能受全球贸易政策的影响，增速有所下降。

1. 我国汽车销量整体保持稳中向好

预计 2025 年行业总量 3200 万辆，同比增长 3.2%，出口 680 万辆，同比增长 13%，出口由于受全球贸易政策的影响，其增速回落仍然好于内需，内需总量与 2024 年持平。

2. 新能源汽车和自主品牌继续主导中国市场

新能源汽车市场的渗透率将继续上升，预计 2025 年乘用车新能源占比达到 60% 甚至更高。2025 年自主品牌在乘用车市场的整体份额有可能突破 75%，并在两年内接近 80%。

3. 政策支持的延续性和市场节奏

2025 年汽车消费支持政策延续性可能性较高，特别是以旧换新政策的支持力度，可能至 2025 年第一季度才会有所明朗，这可能导致 2025 年第一季度需求后置。

4. 车企竞争与行业整合

2025 年汽车行业继续竞争加剧，尤其是在新能源车领域。随着新能源车在大部分城市、价格带和产品品类上成为主流，车企之间的产品和营销创新将逐渐减少，落后的车企将越来越难以通过差异化竞争实现盈利，预计 2025 年将会出现新一轮的行业整合。

5. 技术趋势的影响

中国汽车工程学会指出，2025 年汽车行业将面临两大类技术创新趋势：一类是通过持续创新获得更大市场份额的线性创新方向；另一类是通过颠覆性创新开辟新市场的非线性创新方向。这些技术创新将继续推动汽车行业的增长，特别是在新能源和智能化领域。

五、长安汽车未来的探索

在 2017 年，长安汽车开启第三次创业——创新创业计划，向智能低碳出行科技公司转型。深入推进新能源“香格里拉”、智能化“北斗天枢”、全球化“海纳百川”三大计划和“新汽车新生态”战略，推进全球化布局，积极应对未来全球竞争，打造长安启源、深蓝、阿维塔三大新能源数智化品牌。未来长安汽车在数智化汽车的主要行动有：

1. 数“智”引领：坚持研发数智技术不动摇

持续提升“六国十地”全球协同研发体系能力。在国家企业技术中心评价中研发能力名列前茅。坚持打造面向用户全场景服务的智能汽车超级数智化平台——SDA 架构，并在业内率先将整车解构为六层架构，掌握新能源、智能化等关重技术 2200 余项。主要表现：

1）机械层：集成打造长安天衡智能底盘和分布式电驱，为新汽车提供坚强有力的心脏和健壮灵活的四肢。当前已突破液压悬架、后轮转向、线控转向等 70 余项先进技术，还包括“兆瓦坦克级动力、三向五域融合控制”等行业首发技术。实现将转向和制动系统与机械结构进行解耦，实现车辆运动向多自由度进化，为用户带来敏捷过弯、轨迹规划、失控预防、原地掉头等 45 项强大功能。

2）能源层：长安汽车在三电领域取得 400 余项核心技术突破。打造领先电池系统“金钟罩”，应用新一代高能量密度磷酸铁锂电池；使用新型隔热材料，隔热性能较行业提升 30%；全球首创脉冲加热技术，－30℃低温充电时间缩短 40%；量产 5C 高压快充技术，实现电量 30% 到 80% 补能时间小于 10min。优化 iBC 数字电池管家，确保“零起火”，带给用户“长寿命、真安全、超高效、快补能”的极致体验。迭代智慧新蓝鲸 3.0，行业首创插电、增程一体化技术，智慧选择。打造新蓝鲸发动机及增程电驱，最高热效率 44.39%，储备技术热效率突破 47.03%，行业领先。

3）电子电气架构层：长安汽车掌握了超脑中央计算平台、以太环网通信等 74 项关键技术。统筹“智驾、智舱、车身、动力、底盘”五大智能汽车领域海量数据计算，拥有超 1000＋Tops 的整车 AI 算力，真正意义上实现了行业领先的舱行泊一体化中央计算。

4）操作系统层：构建长安天域 OS 操作系统和智慧座舱，为用户提供更加智慧的驾乘体验。开发整车广义车规级操作系统 TOP. OS，拥有国内首个量产全车全域统一 DDS 协议栈，全域 DDS 通信时延小于 1.5ms，故障保护切换时间小于 50ms，满足新汽车大带宽、低时延、高可靠的应用需求。

5）整车智能应用层：累计掌握 133 项关键核心技术。应用长安天枢大模型，构建长安 SDA 天枢架构，如同新汽车的中枢神经，统领协调各功能模块。打造全场景多模态 AI 座舱，可对语音、手势、车内外环境信号进行全面解读。行业首发语音编排功能，只需简单描述，小安会非常人性化的给到超预期的场景氛围。打造高阶自动驾驶辅助系统，高阶智驾 C2M + 方案及 C2L 方案均实现上车搭载，APA7.0 代客泊车推送上线，打造冗余安全设计的硬件架构和冗余安全策略的软件算法，长安坚持智能安全是最大的豪华。

6）云端大数据层：率先开启数智汽车生态开放时代。打造整车数据服务平台，和行业领先的一站式生态开放平台。

2. 品“质”之选：坚持打造数智汽车产品不动摇

面向客户，打造长安启源 E07、深蓝 S05、阿维塔 07 等 9 款数智产品。基于“新汽车新生态”理念，与合作伙伴们一起共创新汽车。

长安汽车认为，未来汽车正演变为具有多功能属性的可进化智能汽车机器人，成为用户的工作帮手、生活助手、挣钱能手和情感智能伴侣。未来新汽车至少包括以下三方面具象化的特点：

一是形态可变。未来人们的用车场景将更加丰富和多样化，新汽车应该集城市通勤、长途旅行等需求于一体。二是功能可变。汽车将成为家和办公室以外的第三个智能空间，新汽车还应为用户提供娱乐、学习等功能，成为游戏厅、会议室。三是软件可变。新汽车必须是一台高兼容、可进化的智能终端，越来越聪明，让用户越来越省心。

3. 诚“挚”合作：坚持打造数智新生态不动摇

长安汽车始终保持开放包容的态度，与华为投资引望，与腾讯合资梧桐车联。与中国联通、中软、中兴等全球 30 余家 ICT 企业深化全方位战略合作，共同推动智能化产业创新发展。目前已有超过 500 万辆长安车使用联网及流量服务。

4. “制”胜之道：我们坚持进化数智制造能力不动摇

长安全新的数智工厂是以“全制造流程数字化”为目标，广泛应用 5G、AI、数字孪生等 40 余项先进技术。具有“智能、低碳、高效”三大特征。在“黑科技”加持下，数智工厂的制造效率综合提升 20%、能耗降低 19%，平均每 60s 就有一辆新汽车从这里下线。

新能源汽车只是序章，数智汽车才是真正的未来。未来 5 年长安汽车将累计投入 2500 亿元，新增 1 万人的科技创新团队。到 2030 年，实现集团销售 500 万辆，其中长安品牌 400 万辆，新能源销售占比 60% 以上，海外销售占比 30%，总销量进入全球前十，成为世界级中国品牌。

展望未来，我国汽车产业在新质生产力的驱动下，将继续朝着智能化、数字化、绿色化的方向发展。长安汽车将继续秉持创新驱动发展的理念，积极应对市场变化，不断提升自身竞争力，为推动我国汽车产业的转型升级贡献力量。

（作者：金凌志　陈磊）

2024 年长安马自达产品市场调研报告

2024 年，随着存量政策加快落实以及一揽子增量政策加力推出，国民经济运行稳中有进，主要经济指标明显回升，积极因素累积增多。同时也要看到，外部环境更趋复杂严峻，国内有效需求偏弱，经济持续回升基础仍待巩固。在加力推进一揽子增量政策落地落实，巩固和增强经济回升向好态势中，预计全年 GDP 增长 5%。

2024 年汽车产业的发展受多种因素的影响，包括宏观经济环境、产业政策、新技术发展等，其中宏观经济对汽车产业的发展起重要的推动作用。2024 年前三季度经济运行总体平稳，好的方面是中央持续刺激汽车消费，通过各种财政补贴政策拉动汽车消费增长。在新能源汽车行业迅猛发展的当下，市场竞争加剧，中国已经成为全球最大的汽车市场，电动化、智能化加速带来供给与需求变化，国内、国际市场双循环产生新的机会与挑战。

在竞争日益激烈，价格战愈演愈烈的新能源汽车市场环境中，产品同质化和需求多元化满足度不足的问题依旧存在。

2024 年，受宏观环境及国家政策措施密集出台刺激，乘用车市场呈前低后高走势，上半年市场疲软，消费行业内卷压力导致汽车价格战盛行，各汽车企业纷纷参与价格战内卷，因此形成消费者暂时对价格的极度观望，加之消费者的消费预期偏弱，暂时抑制了上半年购车消费的欲望。下半年随着国家以旧换新政策执行细则的出台，地方新能源补贴政策的持续以及头部企业的重磅产品发布带动，全国乘用车市场进入止跌回升相对较好的发展阶段。随着报废及以旧换新政策刺激，报废旧车并购买新能源汽车，提供高达 2 万元的补贴，利好新能源车市场，前期市场观望群体的消费热情被激发，下半年新能源车渗透率首次一举超越燃油车，新能源汽车成为中国汽车产业增长的主要驱动力，其中纯电动汽车和插电式混合动力汽车销量保持高速增长。

2024 年狭义乘用车整体销量预计达到 2250 万辆，同比增长约 7%，新能源汽车销量预计达到 1090 万辆，增幅超过 40%，市场渗透率突破 45%。自主品牌市场占有率在 2024 年有望达到 70% 以上。

尽管 2024 年汽车市场面临一些挑战，如价格战和整体销量增长缓慢，但新能源汽车的快速增长、技术创新和智能化水平的提升，以及自主品牌市场占有率的突破，都显示出汽车行业的积极发展趋势。同时，出口的增长和自动驾驶技术的快速发展也为行业带来了新的增长动力。

一、2024 年长安马自达市场总体表现

2024 年长安马自达加速电动化转型，长安马自达充分利用马自达、长安两家百年企业的优势，夯实全新的合作模式，加强内部业务协同，提升资源共享水平，在新能源领域持续创造新的价值，实现可持续高质量发展。

二、MAZDA EZ－6 产品特征

2024 年 10 月 26 日，长安马自达首款新能源转型之作 MAZDA EZ－6 正式上市。该车型由长安汽车和马自达汽车联合开发，充分发挥了双方母公司资源优势。新车共推出超级纯电、无极增程双动力选择共 7 款车型，售价为 13.98 万～17.98 万元。从持续进化的“魂动”设计，到传承不变的“人马一体”驾乘愉悦，从全球领先的电动化和智能化实力，到全球顶级的主被动安全性能，EZ－6 全面树立合资新能源 B 级轿车的“四好”价值新标准，展现“新合资时代第一车”的卓越风采（见图 1）。

图 1　MAZDA EZ－6 外观

EZ－6 拥有马自达对设计与驾乘愉悦不断追求的 DNA，同时融合了长安汽车的先进电动化和智能化技术，是一款挑战全新价值创造的车型。EZ－6 在传承“魂动”美学经典元素的同时，充分融入了马自达对电动化和智能化的思考。“光之翼”的前脸设计通过灯光与灯语的变化展现出强劲的生命活力（见图 2）。

前排主副驾驶席均可选装云感悬浮零重力座椅，造型宽大，包裹性强。内

图2　MAZDA EZ－6“光之翼”的前脸设计

饰采用 NAPPA 真皮和可再生麂皮绒的高级面料组合，彰显出 B 级旗舰应有的大气豪华感。全车搭载 14 个 SONY 高品质豪华扬声器，包括 2 个头枕音响，营造前所未有的沉浸式聆听体验。电感驾舱配备 14.6in 防眩高清触控液晶大屏，拥有毫秒级的触控响应和丝滑流畅的画面显示。64 色氛围灯带采用柔然投射式光效，增加行车安全性。

EZ－6 的内饰设计在遵循马自达“以人为本”开发理念的同时，又加入了电动车应有的现代豪华感，全面树立合资新能源轿车的内饰审美标准（见图3）。

图3　MAZDA EZ－6 内饰

EZ－6 提供第三代骁龙数字座舱支持 3D 全息人脸无感识别登录，“Hi MAZDA”四音区智能语音识别，一次可执行多条指令，响应快、识别准、全场景可见即可说。在智能驾驶和智能泊车领域，EZ－6 搭载了 5 个百万像素高清摄像头、5 个毫米波雷达和 12 个超声波雷达，全面协助用户接管都市通勤场景和停车场景。同级领先的 50in AR－HUD 全息增强显示系统，实现了全车道 AR 实景融合功能，驾驶者无须低头，即可掌握多种行车信息。

三、MAZDA CX－50 产品特征

2023 年 5 月 25 日，长安马自达旗下全新 CX－50 行也正式上市，新车定位紧凑型 SUV，共推出 7 款车型，指导价区间为 15.98 万～20.68 万元。2023 年 11 月长安马自达首款混合动力 CX－50 行也 HEV 正式上市，新车共推出 4 款车

型，指导价区间为 19.58 万～23.98 万元。马自达 CX－50 行也 HEV 基于长安马自达全新开发的油电平台打造，动力搭载 2.5L 自然吸气发动机与电机组成的混动系统，CX－50 HEV 上市是长安马自达迈向新能源实现电气化转型的重要一步（见图 4）。

图 4　MAZDA CX－50 行也外观

在内饰方面，新车同样与海外版车型保持高度一致，采用了机械搭配液晶显示屏的仪表组合，中控屏采用悬浮式设计，车机采用第三代马自达悦联系统，搭载联发科 MTK 8666 芯片，拥有 8 核 CPU，支持 Carplay 和 Carlife 以及 OTA 升级（见图 5）。

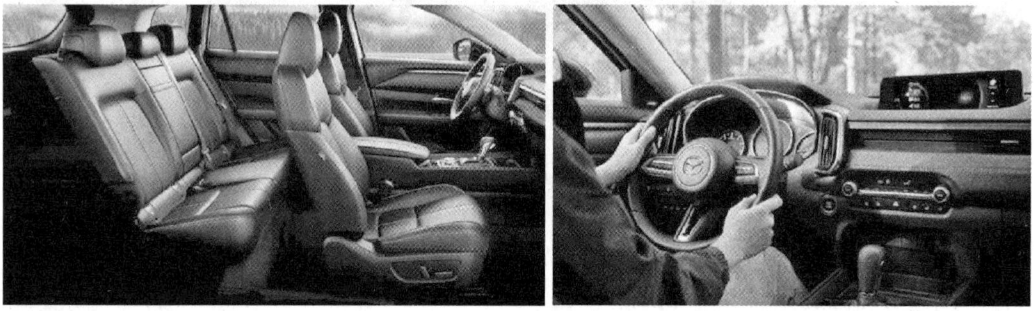

图 5　MAZDA CX－50 内饰

在动力方面，CX－50 行也搭载 2.0L 和 2.5L 两款发动机。2.0L 发动机最大功率为 155 马力，峰值力矩为 200N·m；2.5L 发动机的最大功率为 188 马力，峰值力矩为 250N·m。值得一提的是，2.5L 发动机搭载智能变缸技术，该技术能够在车辆匀速行驶时让 4 个气缸中的外侧 2 个气缸停止工作，从而降低油耗，两个动力版本的 WLTC 油耗在 7.2～7.4L/100km 之间。变速箱采用的是 6 档手自一体变速箱。

CX－50行也HEV搭载2.5L自然吸气发动机与电机组成的混动系统，其中发动机最大功率为131kW。CX－50行也HEV还引入了e－AWD电子四驱系统，前后双电机设计，在提升车辆行驶稳定性的同时，配合混合动力系统高效、强劲的动力输出，能够轻松应对雪地、砂石等多种户外地形。

四、次世代MAZDA3昂克赛拉产品特征

有颜值更有驾值，2023款次世代MAZDA3昂克赛拉共推出8款车型，售价区间为8.99万~14.19万元。新车拥有1.5L、2.0L两套“创驰蓝天”高压缩比发动机动力组合，同时提供5种外观颜色供消费者选择。

作为马自达全新世代产品群的首发车型，次世代MAZDA3昂克赛拉再度革新了马自达人马一体的造车理念。全新世代SKYACTIV－VEHICLE ARCHITECTURE创驰蓝天车辆构造技术平台，配合SEB蝶形仿生后悬结构，以全新视角重新审视车辆架构的整体连携性能，让驾乘全员在车辆行驶过程中，重现步行姿态中的人体平衡机能，尽享更高次元的“人马一体EFFORTLESS JOYFUL DRIVING”无压力愉悦驾乘。升级版SKYACTIV－G创驰蓝天高压缩比汽油直喷发动机，通过全新凹顶活塞设计、燃料精混三段式高压直喷技术等多项技术革新，实现更加顺畅的加速性能、优异的油耗表现和出色的环保性能。

次世代MAZDA3昂克赛拉的设计从推出第一代车型起就以大胆前卫、精细而充满跃动感的造型美赢得全球市场的高度评价。在“打破常规”创新精神引领下，次世代MAZDA3昂克赛拉依靠不断进化的“魂动”设计美学，创造出造型艺术与功能性的完美统一（见图6）。

图6 次世代MAZDA3昂克赛拉

在内饰方面，新车遵循“减法美学”设计理念，配备7in TFT全彩数码仪表＋跑车化三环运动仪表＋四向调节多功能方向盘，采用i－DM人马一体驾驶评价系统，可通过对驾驶员驾驶习惯进行学习打分，最终以具象化、可视化的数据

来指导、修整驾驶者操作（见图7）。

图7 次世代 MAZDA3 昂克赛拉内饰

新车搭载自然吸气缸内直喷水冷直列4缸发动机，最大功率116kW，最大力矩202N·m，100km，综合工况油耗5.8L。

五、MAZDA CX-5 产品特征

超级享受，超乎所想。2024款 MAZDA CX-5 指导价区间为12.58万~19.78万元，共有7款2.0L车型和2.5L车型供选择。

在外观方面，MAZDA CX-5 采用家族式设计，前格栅与两侧狭长大灯组形成一体式，搭配镀铬装饰条，前包围简洁且有贯穿式散热开口和粗壮前唇，运动属性明显。这种设计风格使车辆在视觉上更具时尚感和攻击性，符合当下消费者对于SUV车型的需求。

MAZDA CX-5 从车身侧面看，一条贯穿头尾方方向的犀利线条充分表现出车辆轻快加速前行的速度感。强烈的前行感和伫立姿态的车身，通过精雕细琢的深邃线条，在光影变幻中呈现出富有光泽且精悍的外观（见图8）。

图8 MAZDA CX-5 外观

在车身侧面方面，MAZDA CX-5 采用了多线条的设计，让车身更具动感，2700mm的轴距使车身比例协调。

在内饰设计方面，根据不同配置提供4.6in或7in彩色仪表，中控标配

10.25in 多媒体显示屏，这种搭配在视觉上较为协调，大尺寸中控屏提升了车内的科技感和操作便利性（见图9）。

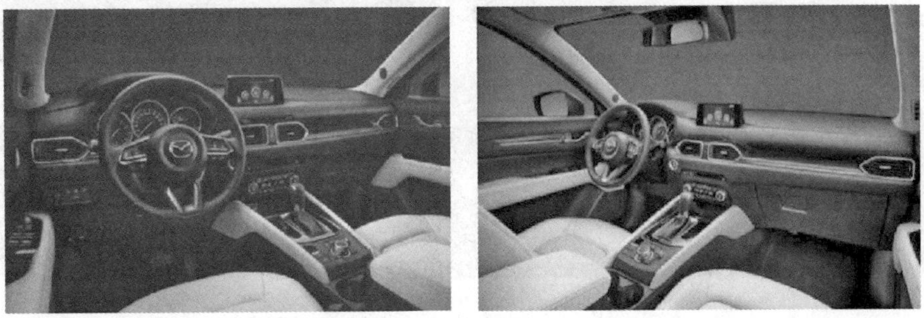

图9 MAZDA CX－5 内饰

六、MAZDA CX－30 产品特征

长安马自达 CX－30 定位小型 SUV，指导价区间为9.99 万～13.99 万元。具备轿跑的身材和马自达魂动 2.0 设计语言，匹配6 速手动及6 速自动变速箱。

在外观方面，车的前脸采用的是多边形进气格栅，内部则辅以点阵式的熏黑中网，结合犀利的灯组，让其整体看来很是酷炫吸睛。车身侧面比例协调，流畅的腰线为其勾勒出了动感且富有肌肉的车身轮廓，搭配大尺寸轮毂，尽显其年轻运动（见图10）。

图10 MAZDA CX－30 外观

在内饰方面，MAZDA CX－30 的内饰主打简约前卫的风格。内嵌的液晶屏尺寸虽没那么夸张，但是该有的功能都有配备。另外，该车还提供了 360 全景影像驻车辅助系统、FCTA 前方横向来车预警系统、SBS－R 智能倒车刹车辅助系统等。

在动力方面，搭载的是 2.0L 自然吸气四缸发动机，最大功率为 158 马力，最大力矩为 202N·m，传动系统匹配6 速手动与6 速手自一体变速箱。这款发动机的优点是动力输出平顺，油门线性易操作，初始动力响应快，在城市道路等日常驾驶场景中能够满足基本的动力需求（见图 11）。

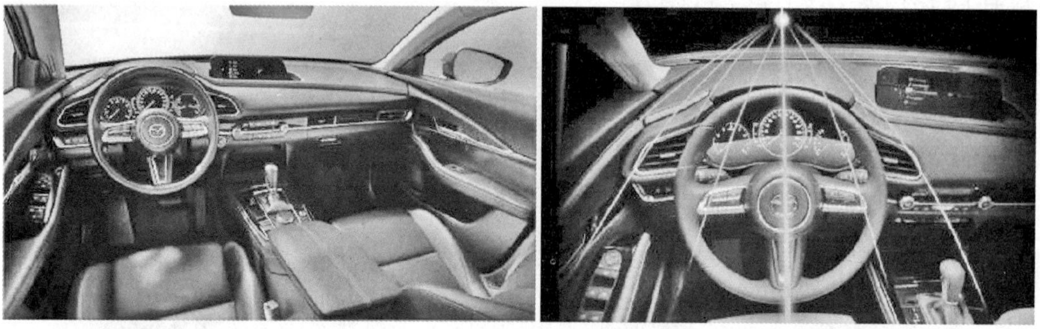

图 11 MAZDA CX－30 内饰

在性价比方面，指导价 9.99 万元起，使得 MAZDA CX－30 在价格上更具竞争力。与同级别其他车型相比，在配置和动力相当的情况下，CX－30 能够为消费者提供更实惠的选择。

七、2025 年展望

面向 2025 年，长安马自达将持续导入、焕新产品谱系，坚定扎根中国市场，拥抱中国用户。基于中国市场的电动化和智能化创新成果，坚定推进长安马自达新能源转型，深度融合马自达核心 DNA，构建品牌在电动化时代的核心竞争力，以全球品质要求，为中国乃至全球用户打造独一无二的智电驾乘愉悦新体验。

（作者：曾庆健）

专　题　篇

2024 年汽车数字化市场进程与 2025 年展望

2024 年中国汽车总销量达到 3143.6 万辆，同比增长 4.5%，继续保持全球领先地位，我国汽车市场在电动化与智能化的道路上持续前行。汽车数字化是一个涉及面广、内涵丰富的大课题，本文将聚焦整车市场，重点围绕智能驾驶（简称智驾）与智能座舱探讨 2024 年汽车数字化市场进程与 2025 年趋势展望。

一、2024 年汽车数字化市场进程

在中国汽车流通协会乘用车市场信息联席分会（简称乘联会）与上海安路勤企业管理咨询有限公司联合发布的新四化指数中，智能化指数和网联化指数用以衡量符合智能化、网联化条件的车型销量在乘用车总体市场中所占的份额。其中，智能化车型须同时具备高速导航辅助驾驶（高速 NOA）功能、搭载骁龙 8155 及以上性能座舱芯片、提供小憩模式功能三项条件；网联化车型须至少具备远程召唤、哨兵模式与代客泊车三项功能中的一项。2024 年 10 月的智能化指数为 4.5，相比 2023 年末的 3.1 提升了 45%；网联化指数为 26.7，相比 2023 年末的 11.6 提升了 130%。根据乘联会公布的数据：2024 年 10 月，国内乘用车市场销量达到 226 万辆，其中智能化车型为 10 万辆，网联化车型为 26 万辆。智能化指数与网联化指数在 2024 年的大幅提升表明数字化汽车正在加速进入消费级市场。

1. 辅助智驾市场，进入城市 NOA 市场元年，L2 级成为市场主流

在国家标准《汽车驾驶自动化分级》（GB/T 40429—2021）中，L2 级被定义为组合驾驶辅助。L2 级及以上包括 L2 级、L2 + 级、L2 + + 级、L2.9 级。在 L2 级的基础上，L2 + 级需要具备自动变道辅助（ALC）或高精度地图，L2 + + 级需要具备高速 NOA 功能，L2.9 级需要具备城市 NOA 功能。智驾等级按标配 + 硬件预埋最高等级界定，也就是说 L2.9 级是具备了城市 NOA 的硬件预埋条件，开通功能还需要依靠空中下载技术（OTA）升级与开放城市数量。城市 NOA 是一种导航辅助驾驶功能，旨在帮助驾驶员在复杂的城市场景中实现点到

点的自动驾驶功能，包括自动变道、超车、智能跟车、自动泊车等操作，适应城市避障、路口通行、特殊路段等场景。城市 NOA 作为 L2 级智能驾驶的顶级功能，代表当前量产智能驾驶的最高水平。

根据对国内乘用车终端销量的统计，2024 年 9 月装备 L1 级及以上的智驾功能车型为63.9%，相比2023 年末提升了4.4 个百分点。其中，L2 级及以上的市场渗透率为57.6%，相比2023 年末的51.5%大幅提升了6.1 个百分点；这一数据意味着月均200 万辆的国内乘用车市场，装备 L2 级及以上的车型在每月 100 万辆以上。2024 年9 月智驾的市场渗透率分别为 L2 级 41.6%、L2 + 级 2.2%、L2 ++ 级 3.9%、L2.9 级 9.9%。在这四个细分级别中，相比 2023 年末提升最大的是 L2.9 级，提升了4.5 个百分点，按每月 200 万辆的国内乘用车交付量计算，具备 L2.9 级硬件的已经高达20 万辆级，2024 年真正成为城市 NOA 的元年。随着车道保持辅助、全速自适应巡航等功能的性能不断提升与相关硬件成本降低，辅助驾驶功能得到充分下移，10 万 ~20 万元这一乘用车价格段已经成为 L2 级辅助驾驶的主力市场。目前，搭载着 NOA 功能的车型，主要集中在30 万元以上价格区间。2024 年城市 NOA 交付量排名靠前的品牌有特斯拉、问界、理想、蔚来、小米、极氪、小鹏、智己、阿维塔和智界。小鹏汽车在 2024 年第一天宣布，其 XNGP 城市智能辅助驾驶系统已经覆盖了 243 个城市，这是公开宣布开城数量最多的品牌。问界汽车从 2024 年 2 月起向所有订阅 ADS 2.0 高阶功能包的 M5/M7 智驾版车主推送无图城市智驾领航辅助（NCA）。小米计划 2024 年开放城市 NOA 的数量为 100 座。

2024 年，汽车行业价格战竞争激烈，上下游产业链都在以价换量，究其原因是车企们进入了同质化竞争状态。即使大家都有了 L2 级产品，但是产品、服务、后市场服务等方面在短期内拉不开绝对差距。如今高级智驾尤其是城市 NOA 作为高阶无人驾驶 L3 级的前沿台阶，可以让赛道上的车企们转入技术战，也就是说当前的 L2 ++ 级和 L2.9 级智驾暂时处于蓝海市场，所以城市 NOA 成为乘用车厂商的必争之地，中高价位市场暂时从价格战转入城市 NOA 商业化落地竞争。新能源汽车竞争的上半场是电动化，下半场是智能化，谁先实现了城市 NOA，谁就可以在下半场抢占先机。供应商们顺应车企们需求，持续降本增效。以城市 NOA 的重要部件激光雷达为例，其单颗价格从2021 年的1 万元，降到了当前的3000 元以下。技术路线的变化带来了落地加速的效果；相比于高精地图方案，无论是以“摄像头 + 算法”的纯视觉方案还是以“摄像头 + 激光雷达”

的无图方案，智驾硬件成本都实现了大幅降低，进而推动高阶智驾功能的价位下移与销量提升。

2. 高阶智驾市场，L3 级及以上加速商业测试进程

目前在全球范围内，高阶智能驾驶（L3 级及以上）汽车可以合法上路的只有两个国家：德国和美国，而中国处于允许上路测试阶段。有机构预测 2024 年全球 L3 级及以上的市场渗透率为 0.1%，意味着高阶智驾还处于市场起步早期。智能驾驶应用场景可以分为乘用场景和商用场景两类。乘用场景除了用户自购自用外主要是自动驾驶出租车（Robotaxi）和无人驾驶公交（Robobus）。

2024 年 6 月，百度的萝卜快跑开始在武汉提供全无人驾驶叫车服务，这一事件让萝卜快跑“火出了圈”，同时带火的还有武汉这座城市，武汉现已成为全球最大的无人驾驶运营服务区。在全球 Robotaxi 商业化探索方面，中美两国处于全球领先地位。在中国市场，萝卜快跑已于全国 11 个城市开放载人测试运营服务，实现北上广深一线城市全覆盖；截至 2024 年 7 月，萝卜快跑在全国累计提供超 700 万次的乘车服务；2024 年第二季度，萝卜快跑提供约 89.9 万次乘车服务，同比增长 26%。2024 年在美国市场上，5 月 Cruise 宣布在亚利桑那州重新启动有安全员的 Robotaxi 业务运营；8 月谷歌旗下的 Waymo 宣布在美国每周无人车付费出行次数突破 10 万次；10 月特斯拉无人驾驶出租车 CyberCab 正式发布，马斯克在发布会上称 CyberCab 的车辆成本预计将低于 3 万美元，将于 2026 年投入生产，目前运营成本约为 1 美元/mile（1mile = 1609.344m），未来将降至 20 美分/mile 左右；特斯拉还发布了 RoboVan（无人驾驶厢式车），可承载 20 人或者完全用于运货，出行成本可降到 10～15 美分/mile。

我国真正实现高阶智驾的商业化运营需要立法与技术两端发力。2023 年 11 月，工业和信息化部等联合发布《四部委关于开展智能网联汽车准入和上路通行试点工作的通知》，对 L3/L4 自动驾驶的准入规范明确了具体要求，高阶自动驾驶上路有了明确的政策支撑和责任界定。2024 年 6 月，四部委发布我国首批确定由 9 个汽车生产企业和 9 个使用主体组成的联合体，将在北京、上海、广州等 7 个城市开展智能网联汽车准入和上路通行试点，涵盖乘用车、客车以及货车三大类。乘用车企业包括长安、比亚迪、广汽、上汽、北汽、一汽和蔚来，客车企业为宇通，货车企业为上汽红岩。通过开展准入和上路通行试点，有利于加快智能网联汽车产品的量产应用，带动相关基础设施建设，探索实践自动驾驶、车路协同、共享出行等商业模式落地。2024 年推进的落地政策有 7 月 1

日《五部门关于公布智能网联汽车“车路云一体化”应用试点城市名单的通知》，包括北京、上海、重庆、鄂尔多斯、苏州、无锡、成都、广州、深圳等20个城市。在地方层面的政策包括《杭州市智能网联车辆测试与应用促进条例》《武汉市智能网联汽车发展促进条例》《北京市自动驾驶汽车条例》和《广州市智能网联汽车创新发展条例》。

各地政府积极推进自动驾驶的道路测试，2024 年已建成 17 个国家级测试示范区、7 个车联网先导区、16 个“双智”（智慧城市基础设施与智能网联汽车协同发展）试点城市，自动驾驶汽车测试牌照发放数量达 1. 6 万张，60 多家企业获得自动驾驶测试牌照，开放智能网联汽车测试道路 3. 2 万公里，测试里程超过 1. 2 亿公里。

在技术层面上，实现高阶自动驾驶有单车智能和车路协同两种方式。单车智能方面，多国实现 L3 级自动驾驶功能的前装产品应用，并积极推进 L4 级示范应用，自动驾驶的出租车、公交车、物流配送等示范项目陆续开展。但是，单车智能路线有一定局限性，并不能适应城市大规模自动驾驶需求。我国在单车智能的芯片、自动驾驶算法等领域，与先进发达国家还有一定差距。我国确立了车路云一体化发展战略，在 5G 网络、高速公路、智慧城市等领域加大投资，截至2024 年上半年，各地智能化路侧单元（RSU）部署超过8700 套，多地开展云控基础平台建设，为车路云一体化所必需的高速、低延迟通信网络及智能道路设施奠定基础。中美两国在自动驾驶研发方面，中国起步相对要晚，但在相关产业配套以及政策的扶持方面具有优势。

3. 智能座舱市场，L1 级成为主流，L2 级加速渗透

智能座舱是指通过搭载先进的软硬件系统，具备人机交互、网联服务和多场景应用能力的汽车内部空间。目前，国内比较认可的分级是在 2023 年发布的《汽车智能座舱分级与综合评价白皮书》中，汽车智能座舱被分为 L0 ~ L4 五个级别，分别为功能座舱、感知智能座舱、部分认知智能座舱、高阶认知智能座舱和全面认知智能座舱。在人机交互和场景拓展方面，L0 级为被动交互与舱内部分场景，驾乘人员可以在车内使用导航、音乐、电话等功能；L1 级为授权交互和舱内部分场景，具备 OTA 功能；L2 级为部分主动交互和舱内、外部分场景，部分车型具备舱内监测功能、驾驶员监测、车联网技术（V2X）；L3 级为部分主动交互并拓展舱内全场景和舱外部分场景，全部具备舱内监测功能、驾驶员监测及 V2X；L4 级为主动交互与舱内、外全场景，具备健康监测、AR、VR

等元宇宙应用功能。根据对国内乘用车智能座舱的装配率监测，2024 年上半年，符合智能座舱定义的车型［前装搭载 10in（1in = 0.0254m）以上中控屏］市场占比为 84%，上险数量达到 807 万辆，其中具备 L0、L1、L2、L3 级别的分别为 3%、66%、14%、1%。L2 级的装配率在 2024 年 6 月达到了 17%，相比 2023 年末提升了 3 个百分点。L2 级装配量最高的品牌为理想、问界、蔚来、极氪、长安、特斯拉等。

在技术方面，智能座舱主要依靠交互、显示、底层通信与 AI 大模型等技术支持。根据技术成熟度曲线，在 2024 年处于实质生产的高峰期的技术有 OTA、语音交互、平视显示器、抬头显示（HUD）、液晶显示器（LCD）、V2X 车联网技术、触控交互；处于稳步爬升的光明期的有计算机视觉、次毫米发光二极管（Mini LED）、有机发光二极管（OLED）、机器学习、VR、AR；处于泡沫化的低谷期的有眼动跟踪、手势交互；处于过高期望的峰值期的有生成式 AI 大模型、3D 车模；处于科技诞生的促动期的有全息空中显示、数字虚拟人。2024 年，AI 大模型纷纷上车，主要结合语音交互技术，生成车载智能语音助手。触控交互技术结合显示技术，推动智能座舱“多屏化”成为主流，车内无线通信促进多终端、多屏互联，并且 OTA 技术的成熟助力座舱内系统、应用的实时更新。

4. 商用车智能化市场，政策支持物流智能化，供给侧持续发力

虽然中国乘用车市场已经在智能化浪潮下出现高市场渗透率的智能驾驶与智能座舱产品，但是商用车的智能化市场渗透率仍然极低。商用车的智能驾驶与智能座舱与乘用车不同之处在于：乘用车是为了“人”更好的出行体验，而商用车是为了“货”物流高效。2024 年 11 月 12 日，交通运输部、国家发展改革委“关于印发《交通物流降本提质增效行动计划》的通知”中提出，加快推进交通运输智慧物流创新发展。加快智慧公路、智慧航道、智慧港口、智慧枢纽等建设，推进交通基础设施数字化转型升级。加快开展智能网联（自动驾驶）汽车准入和通行试点。统筹加强交通运输智慧物流标准协同衔接。有序推动自动驾驶、无人车在长三角、粤港澳大湾区等重点区域示范应用。该行动计划展现出在政策层面推进物流体系智能化是为了“降本提质增效”。

2024 年 10 月，中国汽车工程研究院股份有限公司发布《IVISTA 中国商用车智能专项测评》，健全和完善商用车标准法规与测试评价体系，针对轻型商用车（LCV）与重型商用车（HGV 车）开展测评体系研究，从驾驶安全、辅助安

全、被动安全、应急安全及全生命周期经济性（TCO）五个维度共 11 个方面开展测评研究，推动商用车智能安全技术提升。在智能驾驶方面，主流商用车以辅助驾驶作为顺应法规要求的研发方向，同时增强产品价值卖点。

在国家交通运输部发布的 JT/T 1178.1—2018《营运货车安全技术条件 第 1 部分：载货汽车》第 1 号修改单（征求意见稿）中提出：载货汽车应安装电子稳定性控制系统（ESC）、自动紧急制动系统（AEBS），以及应具备车道偏离报警功能。在执行时间上，虽然还没有确定，但其中明确提出：该修改单自发布之日起 6 个月后实施，已经列入《道路运输车辆达标车型表》的车型自发布之日起 12 个月后开始实施。AEBS 和车道偏离报警功能都属于 L2 级别的驾驶辅助功能，这意味着载货汽车将进入 L2 级智驾标配时代。2024 年，部分商用车已经开始搭载主动安全系统，包括自动紧急制动、盲区监测、疲劳监测等，借助自动驾驶辅助系统，降低驾驶员的操作强度与事故发生的概率，提高行驶安全性。

在无人驾驶方面，率先测试应用的场景在商用车谱系的“两端”展开，一端是重型货车，另一端是无人配送车（“MINI 卡”）。在重型货车应用中，封闭和半封闭路段的矿山、港口以及高速干线物流场景成为无人驾驶重型货车的示范应用场景。无人驾驶的矿用卡车、环卫车、牵引物流车在 2024 年继续进行商用测试。领先的新能源重型货车企业加速布局协同式感知、障碍物行为预测、智能驾驶控制策略等关键技术，加速高等级自动驾驶技术在商用车领域的示范应用。在无人配送车方面，2024 年加快落地应用步伐，高校、贸易市场、物流园、开发区等特定路段成为无人驾驶的邮政、快递、外卖用车测试场景。2024 年 9 月郑州市 250 辆无人驾驶公交、清扫车、轻型货车开启试点上路，意图打造智能汽车创新领先城市。

二、2025 年汽车数字化市场展望

2025 年是“十四五”规划的最后一年，也是《新能源汽车产业发展规划（2021—2035 年）》的重要节点年。该规划中明确提出到 2025 年，高度自动驾驶汽车实现限定区域和特定场景商业化应用；预计 2025 年，高阶辅助驾驶将重点在需求侧发力，无人驾驶将重点在供给侧发力，中国汽车市场将迈入汽车数字化的更高阶段。

1. 智能驾驶市场，L2 级将继续下移，L3 级以上有望实现商业化运行

2025 年是新能源汽车购置税全免的最后一年，2026 年将转为征收一半。此

项政策将促进2025年新能源汽车的消费前置，同时会带动智能驾驶市场渗透率的提升。预计L2级及以上的辅助驾驶功能将下移到更低价位。L2级基础功能将逐步渗透到10万元以下价位，L2+级将进入10万~15万元价位，L2++级的高速NOA功能将进入15万~20万元价位，同时L2.9级的城市NOA下移到20万~25万元价位。车企将加大城市NOA的开城力度，城市NOA将成为乘用车企业在2025年角逐的关键赛道，促进更多的消费者体验高级辅助智驾功能。预计2025年L2~L2.9级的市场渗透率将达到65%以上。

2025年，L3~L5级将仍处于发展初期，但技术进步将进入快车道，主流车企加大智驾投入，高阶智驾有望真正迎来飞跃式进步，软件算法、硬件芯片、传感器、实时数据处理等将持续升级迭代。“车路云一体化”协同路线将有助于提升社会交通安全水平和交通通行效率，推动汽车与新能源、人工智能、信息通信等产业融合。在政策法规方面，中国面向L3及以上的高阶智能驾驶政策与标准将逐步明确与完善，主要城市会将智能网联汽车的产业链作为城市产业竞争的新赛道，促进Robotaxi扩大测试与商业化试运行区域。预计2025年中国市场渗透率L3级有望达到3%，L4级有望实现1%的突破；预计到2030年，中国市场渗透率L3级将超过30%，L4级达到10%。

2. 智能座舱市场，智能生态将带动L2级和L3级实现更大突破

预计2025年L0级及以上的智能座舱市场渗透率将达到90%，L2级部分认知智能座舱实现大规模市场化普及，市场渗透率有望突破20%。HUD的前装市场渗透率将从2024年的10%跃升到2025年的20%。

智能生态竞争是高维度竞争，车内“第三空间”将万物互联从理念带入现实，从手机与家电连接进化到人、车、家全生活场景闭环互联。在智能生态建设方面，由信息与通信技术（ICT）企业和互联网公司发展而来的新势力车企，利用“软”能力优势掌控“软件定义汽车”时代，实现对智能生态的主导权。华为主导的鸿蒙智能座舱是以鸿蒙OS系统为核心，升级车机操作系统，实现多人多音区，多设备可联动，提升影音娱乐体验。小米“人车家全生态”链接手机、智能设备与汽车，实现“人车家全生态”全面闭环。

L3级应用将推动融入开放网联云服务，实现互联互通，丰富在线资源，初步实现智能座舱虚拟空间和物理空间融合发展。L3级高阶认知智能座舱预计将在2025年开始实现市场导入，市场渗透率预计将突破5%。L4级是一条长期赛道，有望在2030年后实现大规模市场化量产，但相关的AR、VR、全息空中显示、健康监测等技术将在重大车展与科技展亮相。L4 级全面认知智能座舱逐步具备舱内、舱外全场景下的座舱主动感知和座舱主动执行能力，将与自动驾驶系统实现感知、决策、规划、控制全面融合；同时进一步融入“车路云一体化”云控平台以及元宇宙相关技术平台。

3. 商用车市场，智能驾驶与智能座舱的市场渗透率有望大幅提升

2025 年，将成为商用车的高级辅助驾驶市场元年，商用车产业将进入全新发展阶段。智能化内涵与外延不断丰富扩展，从传统链式演变成产业链上下游多个主体共同参与，商用车企业将在竞争中积极探索在电动化、智能化方面的转型，带给商用车用户更加舒适、科技、体面的智能驾驶与智能座舱体验。在轻型货车、轻型客车和重型货车等车型中，L2 级的市场渗透率将获得突破性提升，更多的“智驾版”将成为新能源商用车竞争赛道的新标志。

在无人配送车方面，更多的地方政策将引导邮政快递企业将数字化和智能化触角渗入收、转、运、派的各个环节，同时加强寄递网络智能化、数字化技术在农村寄递物流体系建设中的应用，提升邮政快递行业服务经济社会高质量发展水平。预计 2025 年也将是重卡智能驾驶规模商业化的元年，国内一些城市已经开放自动驾驶线路，相关的智能化应用将在 2025 年进一步解锁拓展。

（作者：穆天宇）

全固态电池产业化现状与未来前景展望

经过大约15年发展，液态锂离子动力电池能量密度已经愈发临近350W·h/kg的瓶颈水平，倒逼企业纷纷提速新一代材料研发，全固态电池的量产之约进入更为广泛的市场视野。本文将梳理主要国家代表性企业的最新产业化情况，并判断未来全固态电池产业化的发展前景。

一、主要国家代表性企业的最新产业化情况

在全球范围内，全固态电池的技术研发呈现中日韩领先的格局，美国和欧洲科研强，但是产业布局少。因此，本文将以宁德时代新能源科技股份有限公司（简称宁德时代）、丰田汽车公司（简称丰田）、LG新能源三家公司作为代表，介绍主要企业当前在全固态电池领域的专利布局、技术路线、产业化规划等情况。

1. 宁德时代

在专利布局方面，宁德时代于2013年开始布局全固态电池专利，经过十一年的持续积累，截至2024年6月已授权专利的总量达到79项，在国内企业中处于领先位置（见图1）。

在技术路线方面，由于硫化物固态电解质具有离子电导率高、加工性好的优势，硫化物路线是宁德时代目前的主攻方向（见图2）。

在产业化方面，当前宁德时代处于10A·h原型电池试制阶段，通过探索不同的设计方法与材料组合，测试并验证产品性能是否能够达到市场要求。按照宁德时代自己的评价，如果用数字1~9来分别评估技术成熟度（technology readiness level，TRL）和制造成熟度（manufacturing readiness level，MRL），1级代表入门，9级代表成熟，那么宁德时代目前处于4级，其目标是在2027年提高到7~8级，即实现全固态电池的小批量生产。但受成本等因素制约，大规模生产尚不能实现（见图3）。

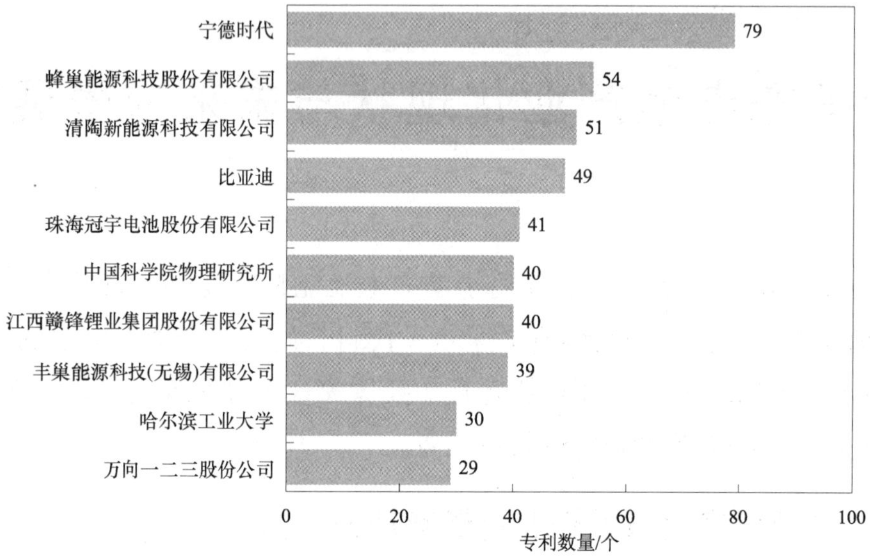

图1　中国前10企业全固态电池已授权专利数量

（注：数据来源于2024年6月中国科学院物理研究所吴凡教授在中国全固态电池产学研协同创新平台（CASIP）与中国汽车工程学会联合主办的全固态电池技术路线图研讨会上的公开演讲资料。）

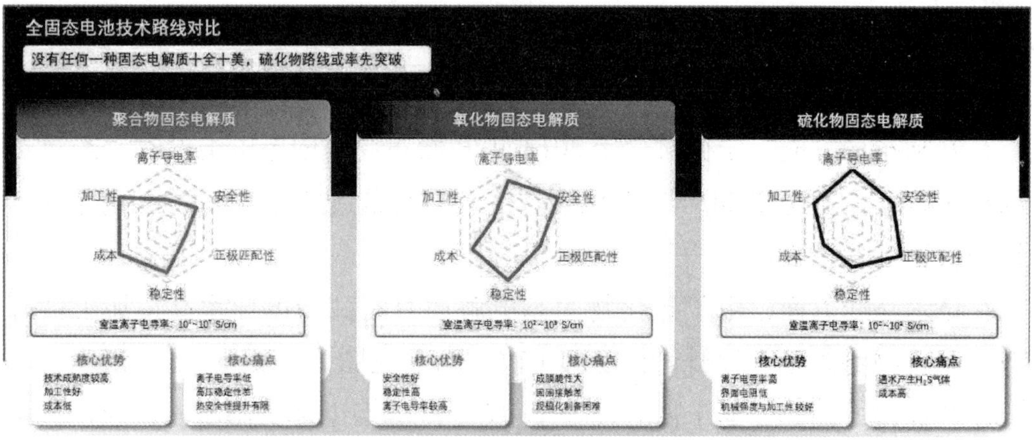

图2　宁德时代的全固态电池技术路线选择

（注：信息来源于2024年4月宁德时代首席科学家吴凯在第十六届国际电池技术交流会上的公开演讲资料。）

2. 丰田

在专利布局与技术路线方面，丰田早在2006年就开始研发固态电池，一直

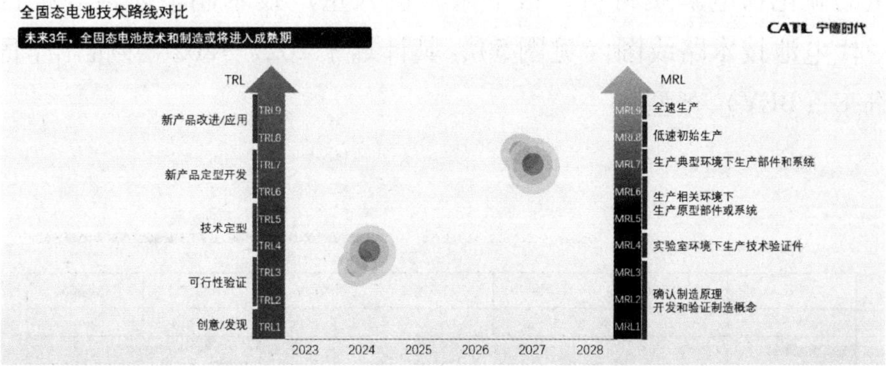

图 3 宁德时代的全固态电池产业化时点规划

（注：信息来源于 2024 年 4 月宁德时代首席科学家吴凯在第十六届国际电池技术交流会上的公开演讲资料。）

坚持硫化物路线。截至 2024 年 6 月，丰田已授权的全固态电池专利累计达到 1168 项（见图 4），数量远超其他企业，处于绝对优势地位。

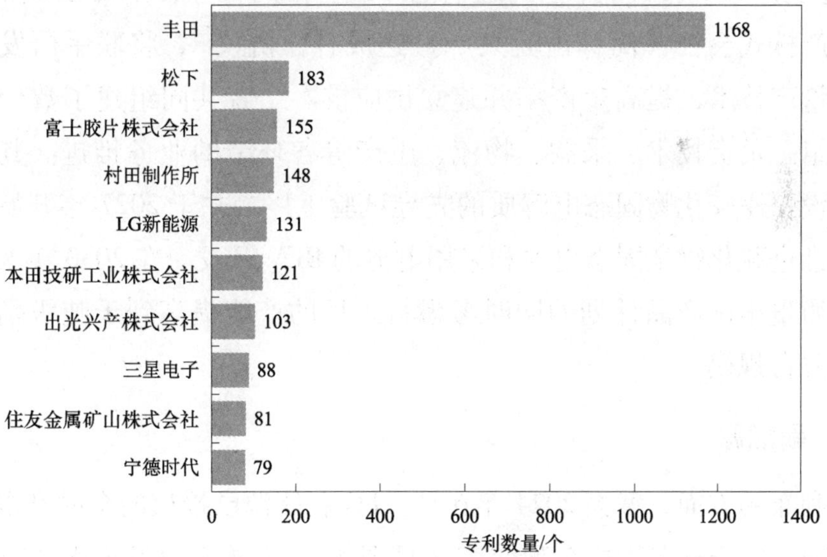

图 4 全球前 10 企业全固态电池已授权专利数量

（注：数据来源于 2024 年 6 月中国科学院物理所吴凡教授在中国全固态电池产学研协同创新平台（CASIP）与中国汽车工程学会联合主办的全固态电池技术路线图研讨会上的公开演讲资料。）

在产业化方面，丰田曾在 2020 年推出过搭载全固态电池的试验车，并在测试路线上进行了行驶试验。在 2023 年 6 月举办的“Toyota Tecnical Workshop 2023”（2023 丰田技术说明会）上，丰田宣布已经研发出一种密合性高、抑制间隙产生的硫化物电解质材料，接下来将进入量产技术制造阶段。根据丰田发布的新一代电池技术路线图（见图5），其计划于2027—2028年推出全固态电池纯电动汽车（BEV）车型。

丰田新一代电池技术路线图

	当前	下一代		远期发展		
时间	2023	2026	2026-2027	2027-2028	2027-2028	待定
电池版本	bZ4X电池	性能版	普及版	高性能版	1代固态	2代固态
电池结构	单极		双极		N/A	N/A
电解质类型	液态				固态	
化学类型	锂离子		磷酸铁锂	锂离子		
续航里程(WLTP)/km	500	>800	>600	>1000	>1000	>1200
成本	—	−20% (对比 bZ4X)	−40% (对比 bZ4X)	−10% (对比性能版)	待定	待定
快充时间[SoC(充电状态)=10%~80%]/min	~30	~20	~30	~20	~10	待定

注：续航里程包括空气动力学和车辆质量的改进

图5　丰田的全固态电池产业化时间规划

（注：信息来源于2023年6月丰田汽车技术说明会上的公开演讲资料。）

为了实现2027—2028年全固态电池产品上市的目标，丰田在2023年10月与出光兴产株式会社（简称出光兴产）达成合作协议[㊀]，将联手研发硫化物固态电解质量产技术，提高生产率并建立供应链。二者共同组建了数十人规模的特别工作组，负责技术、采购、物流、生产等各环节的业务推进。其中，出光兴产将建设一座硫化物固态电解质的先导试验工厂，并于2027年开始运转；而丰田则将推进硫化物全固态电池和采用电池的BEV开发。在2030年及以后两家公司将在衡量丰田产品计划的同时考虑将工厂的产能提高到千吨级别，对应车辆数量达万台规模。

3. LG新能源

在专利布局方面，截至2024年6月，LG新能源已授权的全固态电池专利数量为131项，在全球范围内名列前茅（见图4），在技术研发方面具有较深厚的积累。

在技术路线方面，LG新能源采取聚合物与硫化物并行路线。在产业化方面，公司计划在2028年推出聚合物全固态电池、完成硫化物全固态电池的开发，并在2030年推出硫化物全固态电池（见图6）。

㊀ 信息来源：丰田中国官网报道：(http://www.toyota.com.cn/toyotatimes/tinfo/index.php?t_id=559&lmid=0)。

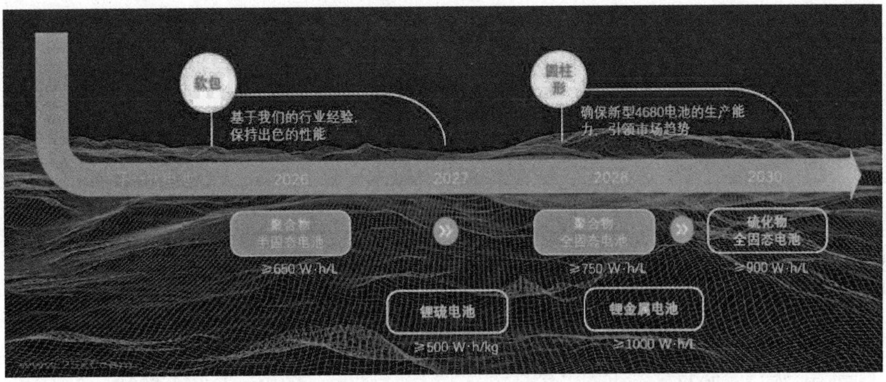

图 6　LG 新能源的全固态电池产业化时点规划

（注：信息来源于 2023 年 6 月世界动力电池大会 LG 新能源副总裁孙权男《LG 新能源新一代电池发展战略》的公开演讲资料。）

二、未来全固态电池产业化的发展前景

全固态电池的核心产品优势在于能够大大提高电池的安全边界，从而能够采用更为激进的正负极材料体系、打开锂电池的能量密度天花板。而当前全固态电池产业化面临的最大阻力是固固界面问题，即固体电解质与电极材料之间难以长久保持紧密接触，一旦脱触后锂离子无法在界面之间实现有效传输，会导致电池充放电效率降低和循环性能下降。下文将对全固态电池的产业化时间节点以及潜在应用领域做出预判。

1. 对全固态电池的产业化时间节点的预判

根据全球主要企业和政府锚定的产业化目标以及上游产业链的产能跟进情况，预计全固态电池将在 2030 年左右实现突破、开启量产。

1）在全球主要企业的全固态电池产品规划中，2027—2028 年是实现量产的目标时间（见表 1）。但是基于惯例，企业目标多为乐观说法，预计实际达成可能晚于这个时间。

表 1　全球主要企业的全固态电池产品规划

企业	国别	目标时间	目标任务	目标性能
比亚迪	中国	2027	小批量生产	400W · h/kg，循环寿命 1k 次，高温下实现快充
		2030	正式量产	400W · h/kg，循环寿命 1.5k 次，室温下实现快充
宁德时代	中国	2027	小批量生产	—

（续）

企业	国别	目标时间	目标任务	目标性能
吉利	中国	2026—2028	小批量生产	400W·h/kg
一汽	中国	2027	小批量生产	—
丰田	日本	2027—2028	正式量产	WLTP续航>1000km，10%~80%SOC≈10min
LG新能源	韩国	2028	正式量产	750W·h/L
		2030	正式量产	900W·h/L
三星SDI	韩国	2027	正式量产	450W·h/kg，900W·h/L
Solid Power	美国	2026	正式量产	390W·h/kg，930W·h/L，循环寿命1k+次，10%~90%SOC<15min，3C+室温
		2028	正式量产	440W·h/kg，930W·h/L，循环寿命1k+次，10%~90%SOC<20min，2C+室温

注：信息来源于十家企业公开演讲资料，SIC整理。

2）根据日韩先导国家政府制定的行业发展规划，全固态电池在汽车领域的商业化应用目标时间为2030年左右（见图7和图8）。

图7 日本政府的全固态电池产业化时间规划

（注：数息来源于2023年4月日本新能源产业的技术综合开发委员会《绿色创新基金项目/开发下一代蓄电池和电动机研发项目—2023年度报告资料》。）

3）产业上游固态电解质材料供应商也在加快推进试生产工作，预计2026年起相关产能建设与投产速度将有所加快（见表2），这将为全固态电池的产业化提供有力保障。

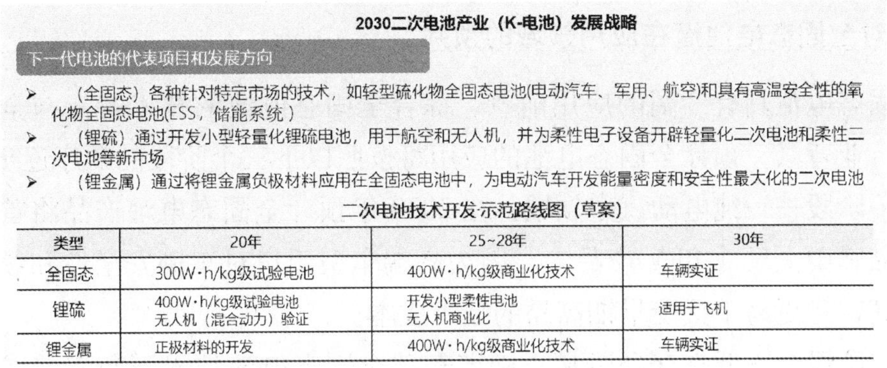

2030二次电池产业（K-电池）发展战略

下一代电池的代表项目和发展方向

- ➢ （全固态）各种针对特定市场的技术，如轻型硫化物全固态电池(电动汽车、军用、航空)和具有高温安全性的氧化物全固态电池(ESS，储能系统）
- ➢ （锂硫）通过开发小型轻量化锂硫电池，用于航空和无人机，并为柔性电子设备开辟轻量化二次电池和柔性二次电池等新市场
- ➢ （锂金属）通过将锂金属负极材料应用在全固态电池中，为电动汽车开发能量密度和安全性最大化的二次电池

二次电池技术开发·示范路线图（草案）

类型	20年	25~28年	30年
全固态	300W·h/kg级试验电池	400W·h/kg级商业化技术	车辆实证
锂硫	400W·h/kg级试验电池 无人机（混合动力）验证	开发小型柔性电池 无人机商业化	适用于飞机
锂金属	正极材料的开发	400W·h/kg级商业化技术	车辆实证

图 8　韩国政府的全固态电池产业化时点规划

（注：信息来源于 2021 年 8 月韩国政府《2030 二次电池产业（K－电池）发展战略》。）

表 2　硫化物全固态电解质产能规划情况

国家	企业	2023 年	2024 年	2025 年	2026 年	2027 年	2028 年之后
韩国	乐天能源材料公司	—	年产 70t		年产能 1200t	—	—
	三星电子	—	—	提供样品	年产能 1200t	—	—
	Solid Ionics	—	—	—	—	年产能 1200t	—
	Solivis	—	年产能 36t	—	—	—	
中国	瑞固（衢州）新材料科技有限公司	—	—	年产百吨级	—	—	年产能 6×10^3t
	溧阳中科固能新能源科技有限公司	签约建厂	—	—	一期工厂满产		二期工厂建成
	广东马车动力科技有限公司	—	年产能 10t	—	—	—	—
	上海屹锂新能源科技有限公司	年产能 2. 5t	—	—	—	—	—
	四川新能源汽车创新中心	—	—	—	年产能百吨级	年产能千吨级	—
日本	出光兴产	—	—	—	—	年产能数百吨	年产能数千吨
	三井金属	年产能 20t	年产能 30t	—	—	—	—

注：信息来源于各企业官方公开资料，SIC 整理。

2. 对全固态电池潜在应用领域的预判

全固态电池具有广阔的应用前景，综合全固态电池的技术特点与全球主要企业的行业背景，预计全固态电池的应用将按照以下三个阶段的顺序逐步扩散。

第一阶段——纯电动汽车领域：在 2030 年预计全固态电池产品将首先搭载在豪华品牌中大尺寸 BEV 产品上。因为高端车型用户对车辆安全性和续航里程要求更高，且更易于接受早期高昂的技术成本。

第二阶段——低空交通领域：随着车载全固态电池技术不断完善成熟，全固态电池产品将开始应用于无人机、飞行汽车（eVOLT）等低空交通领域。因为低空交通对电池性能的要求极高，包括≥400W・h/kg 的能量密度、3～6C 的高倍率放电，远比电动汽车更加苛刻。因此只有在技术持续迭代、电池性能明显提升后，全固态电池才会在该领域普及。

第三阶段——高端 3C 消费品：高能量密度的全固态电池能为智能手机、笔记本式计算机、可穿戴设备等提供更持久的电力。但是消费电子产品对设备轻薄化要求很高，难以通过外部加压等方式改善固固界面问题，只有在固固界面问题充分解决以后，全固态电池才能在 3C 消费品市场得到推广应用。

（作者：王波阳子）

面向下一代产品的创新体验研究方法探索

在电动智能化的引领下，中国新一轮产业革命正在加速推进，汽车行业的研发、生产、销售各环节以及上下游产业链都在重构。从产业发展规律来看，创新是永恒且持续的，大变局时代不但为企业成长提供了肥沃土壤和强大驱动力，也对创新提出了更高要求，车企生存和发展的质量取决于下一代产品甚至在未来十年能否持续引领和突破。

从供给端来看，竞争日趋白热化，行业集中度快速提高，超大型企业凭借规模优势掌握定价权，构筑难以逾越的壁垒。同时，产品同质化不但功能体验相似、设计也愈发趋同。而产品体验也更加完善，随着近几年新势力企业的陆续加入，推动产品定义从工程思维向用户思维转变，极大改善痛点，配合 OTA 迅速提升用户的体验水平，使产品满意度维持高位，在激烈的价格战和成本制约下，产品改善的空间也越来越小。

从需求端来看，随着保有量提升、再购比例的快速提高，汽车消费越来越成熟，在电动和智能化加持下，用户不再满足于常规体验。此外，年轻世代也陆续迈入购车门槛，他们的成长伴随着经济高速增长、物质极大丰富、数字时化快速发展，对品质以及全新体验的要求很高。这些因素使得中国正在分区域、阶梯式地进入新的消费时代，用户对产品要求变得更挑剔。

面对这样的供需环境，有些企业继续采用对标思维、跟随策略，行动完全被竞争对手牵引，非常被动。有些企业虽然也尝试贯彻用户思维，但依然是基于用户现实痛点的改良式发展，要么对用户当前需求和体验进行简单外推，零百加速 5s 不满意就做 4.9s，对续航里程 700km 不满意就做 750km，对用 8155 芯片不满意就用 8295 芯片；要么过分强调小场景的价值，希望通过满足一些小众化、无关痛痒的长尾需求使产品在竞争中胜出，比如车能跳舞、车能监测心率、车上健身等，其结果是即便体验做得再好也收效甚微、无法影响用户决策，最后还是会卷入到价格战的漩涡中。而一流企业，始终着眼于未来3~5 年、5~10 年的中长期发展，积极储备正向创新的种子，不断开辟新赛道并最终破圈，这样的例子已经非常普遍，如理想抓住了家庭用户的舒适性需求，引领了“冰箱、彩电、大沙发”的体验；小米抓住了年轻、女性用户的个性需求，深化了驾驶、人车交互的体验；华为抓住了用户对科技的追求，引领了智能化体验；蔚来抓住了中产对身份感、归属感的追求，深化了服务和情感体验等。

企业该如何持续捕捉面向中长期的创新机会呢？要解答这个问题，首先要理解什么是创新。个人认为，创新就是在技术加持下，用更有效的方式满足用户的本质需求，因此创新的关键无外乎发展技术、洞察需求这两个方面。对于前者，要求企业紧跟技术的发展动态、推动技术进步，一方面选准方向、加大自研力度，另一方面用资本与创新型公司建立连接并适时为自身发展赋能。而对于后者，则依赖于对规律、对趋势的深刻理解和把握。抛开技术不谈，聚焦到对用户需求的规律和趋势研究上，我认为企业要想准确把握中长期的创新机会必须做好以下方面：一方面要准确判断中长期社会和消费环境的变化趋势，另一方面要研究目标用户最本质的需求意向，并将二者有机结合，在未来视角下审视用户的需求意向，进而产出创新的种子，完成面向下一代产品的创新。下面就这几个方面，我结合自己从业经验谈一些不成熟的思考和体会。

一、持续开展未来 10 年消费环境的研究与预判

世界的发展和运行是在规律基础上叠加扰动的结果，中长期政治、经济、技术和社会的发展是有迹可循的，也是可预判的。比如社会属性中的人口、性别、年龄、地域等指标，都可以在掌握历史、现状及规律的基础上进行有逻辑的推演，进而在此基础上分析它们所带来的生活方式、用户价值和消费特征追求的变化。例如未来 10 年，零五后（2005—2009 年出生）和阿尔法世代（2010—2019 年出生）将成为首购群体中的主要组成部分，他们伴随着科技爆炸成长起来，智能设备已经融入生活，对沉浸式、数字化的感官体验有更高的要求，同时他们知识面更广、多才多艺，有更高的审美情趣和情感追求，面向未来，汽车制造商就要做相应的准备。这类宏观研究，涉及的范围广、专业性强，需要在该领域里持续深耕才能更好地预判未来发展，最好的研究方式是与相关领域的专家保续深度合作，借助专业的力量来快速建立起有体系的认知，达成事半功倍的效果。

二、研究未来典型用户的本质需求意向及外在表现，寻找关键需求线索

深度理解用户是创新的基础。首先要确定待研究的人，他们应符合以下特征：一是受未来环境变化影响大，如阶层结构上，未来 10 年中产阶级群体将明显分化，掌握知识和技能的精英中产将保持稳定，而享受时代红利的资源型中产阶级将逐渐跌落，所以知识型中产阶级的需求意向和消费态度就值得研究；二是在生活方式和消费上具有引领性，他们应该有特定价值观、特定职业类型、对话题具有更强响应能力；三是覆盖更多典型品类，如跑车、越野车、旅行车、多用途汽车（MPV）等，他们的需求应更为极致，在某个需求意向上就会更加突出，这样捕捉到的需求线索也会更清晰。

研究对象明确后，需进一步确定洞察边界，即具体要掌握用户的哪些特征和行为？与普通消费品不同，汽车承载了一个人较多的生活和情感，需要进行更为全面的研究才能真正理解用户。一般情况下，从以下三个方面切入是必要且有效的：

第一，了解他们的生活世界，包括：①外在特征，如言谈举止、衣食住行娱这些用眼睛就可以直接观察到的部分，形成第一印象；②角色身份，包括工作角色和家庭角色，了解一个人接受社会规训的程度；③资源掌控，如学历、财富、社会关系，这些决定了他当前和未来的境遇。生活世界的构建让我们脑中建立起对人物的基本认知，就好像生活在我们身边的某个他或她。

第二，了解他们的精神世界，包括：①人生观和价值观，前者是对人生意义的理解，后者是对价值的取向和评价标准；②自我认知，包括自我的能力认知和自我的价值认知，即“我认为自己的能力边界是……”，以及“我认为自己的价值是……”。这些认知都是触发用户情绪和行动的开关，是深层了解一个人的关键所在。除此之外，我们还应该通过观察和交流挖掘用户精神世界的形成过程以追本溯源，所以也要对其家庭教育、人生经历、成长环境等方面做扩展性的了解。只有深入到精神世界，才能深刻理解并预判一个人的行为和偏好。

第三，了解用户的人车世界。包括用户的用车情况、购买过程、使用特征、未被满足的需求、下一辆车的设想和期待。此外，还可以测试用户对于一些前瞻体验的态度，围绕”多大程度上需要”“什么场景下用”“有多大的购买意愿”这三点开展。这就需要持续追踪本领域或跨领域产品创新性、概念性的应

用，除了汽车外，家居家电、电子产品、奢侈品等也应是重点关注的领域。

洞察用户的效果并不取决于访谈数量，应重在与每个被访者建立友好和坦诚的关系，通过日志、家庭作业、家访观察等方式，力求客观地捕捉到被访者最自然的状态，避免其行为、表达、判断等受外界影响而变形。在访谈过程中以及访谈结束后，研究人员要努力辨析用户情感、认知、行为和反应背后可能的意向或意义，从而梳理出其中最能触动用户的部分作为创新的潜在线索。一个比较好的思路是从提升用户幸福感的角度出发寻找创新方向，美国心理学家马丁·塞利格曼（Martin E. P. Seligman）提出的“幸福五要素”模型为我们提供了基本框架：①寻找用户积极情绪及来源，即生活中的美好感受及其相关事物；②寻找用户的心流体验，即可以专注到忘我的情境和活动；③寻找用户积极、高质量的人际关系，即能给他们带来支持和满足感的情感纽带；④寻找用户的人生意义和追求，即他们所认为的超越自我的东西；⑤寻找用户高光时刻，即为之努力且已经达成或有望达成的成就。从根本上来说，这五个方面是用户生活世界、精神世界和人车世界的缩影。当我们获得了相关结论后，可以与被访者再次交流确认，验证对其本质需求的洞察结果，进一步提高研究的准确性。

用户洞察的整个过程，对研究者的知识体系、执行经验、交流技巧和深度思考能力等各方面都提出了很高要求，虽然有一些原则可以参考，但其结果的有效性和质量更依赖研究者本身。

三、完成需求线索的未来趋势判断并向用车场景和体验投射

首先要结合未来10年生活方式、消费趋势的判断，对所捕捉到的用户需求线索进行合理外推和预判，包括用户追求的意向是否会变、会强化还是弱化，变到什么程度，以及用户需求意向背后可能发生的行为和生活的变化。其次，研究未来的意向和线索会如何投射到用车场景及体验上，这一目标的产出效果重点考验两个方面：一是必须找到具有创新思维的人来完成相关研讨，重点涉及四类人员的深度参与，他们分别是①用车经验丰富的潮流先锋、科技达人、趣味玩家及实用主义者，他们能从用户视角产出对场景和体验的创新性思考；②社会学、用户体验方面的高校老师或行业专家，他们能充分结合宏观变化及先导人群的洞察结果，基于研究者视角产出可能的愿景设想；③跨领域专家如空间设计、儿童老人护理、环保健康、车辆布置与改装等（具体领域需要根据前两部分研究的开展进行选择），他们能依靠自身的专业背景产出更广泛和深化

的创新点；④企业负责前沿开发的专家，结合企业战略、资源禀赋、行业理解，对所有发现和创意进行实操层面的审视，以确认最有价值的、最重要的方向。二是必须对研究开展的方式进行科学设计，形式上采用共创会的效果最好，一方面通过丰富的物料充分传达研讨主题和背景，为思考和认知建立扎实的基础，另一方面在形式上采用分组讨论和分享的方式相互启发、充分碰撞，以及利用好各种研讨工具如白纸、卡片、便签等。最后，对于研讨结果所形成的若干创新功能和体验点，应该寻求获得更广泛的用户态度，从而再次审视和反思结果，即通过专业的定量调查和定性研究，识别其中的伪需求同时找到更有价值的部分。为了获得最真实的用户反馈，可以将创新点做成最小可行性单元即最小原型加以测试，而在资源有限的情况下，也可以通过专业设计师将创新点绘制成草图，便于被访者加深理解，进而做出准确判断。

进行到这里，研究者就已经找到了创新的种子，企业可以稳步推进相关技术的布局，同时定期复盘，根据变化修正相关策略。

综上，我国汽车市场充分竞争、快速变化的趋势不可阻挡，头部企业将凭借愈发领先的规模、技术、资源优势不断抢占市场份额。在这样的环境下，对标式、渐进式和改良式的产品打造思路已无法改变生存空间被蚕食的命运，而大企业也要对中长期必然到来的“行业突变”时刻保持警惕，避免当颠覆式创新引发行业巨变时成为那个“难以转身的大象”。要解决好这个难题，就必须积极把握未来宏观变化并与用户本质需求深入结合，打开视野、扩展思路，更有前瞻性地预判需求演变并完成针对性的创新体验布局。以上基于笔者研究经验和对前瞻性问题的思考，希望能给相关从业者带来一些启发。

（作者：张桐山）

2024 年用车场景和需求的特征及趋势

电动智能时代，随着大量互联网背景的企业进入，产品研究打破了原有价值体系，愈发强调用户思维，其内涵是洞察用户需求产生的原因、关注用户应用场景和行为，发现体验痛点和期待。相比于燃油时代对标的思维模式，基于用户思维的场景及需求研究更有利于企业获得先发优势、发现潜在需求，从而在红海市场的竞争中领先。

笔者长期对用车场景、用户需求进行跟踪分析。综合来看，2024 年以来场景发展呈现出“三分类”，需求呈现出“三变化”的特征。

从用车场景看，2024 年以来随着新产品丰富及用车体验的深化，部分用车场景焕发出新的生机，部分用车场景快速发展，部分用车场景逐步萎缩，具体可以分为以下三类：

一、历久弥新类

这类场景一直都是用户最关注、最重要、最能影响购车决策的场景，但随着智能化功能的丰富，其边界在不断拓展及深化，从普适基础场景向长尾小众场景延伸，主要是与安全及舒适相关。

安全类场景中，各价位用户最关心的均是基础安全相关的场景。如对行人及车辆的躲避、即将碰撞时的紧急避险，高速路上使用辅助驾驶功能等，其高重要的比例均在 80% 以上[㊀]。企业需对主动安全相关的基础功能不断完善，不仅能用更要好用，只有超越用户的心理预期，才能在同质化的竞争中打动消费者。虽然 2024 年以来，供给端众多新产品推出了 L2 + 级功能，希望以此作为吸引用户关注、带来声量的卖点。但从场景需求看，优先把 L2 级以下的基础体验做好更容易带来持续的良性口碑。

随着用车时长增长及用车环境的不断复杂化，消费者越来越重视极端天气、

㊀ 调查中，场景重要度分为五个等级，最低是“非常不重要”，最高是“非常重要”，高重要的比例是指“比较重要”与“非常重要”的比例之和。

复杂环境、特殊路况等场景下的安全。2024 年以来极端雨、雪等天气频发，在这类天气下驾驶车辆并保障安全，用户高重要的比例从 69.4% 上升到 83.5%。这类场景下用户更需要的是视野清晰、驾驶稳定、风险及时提醒等，以避免在恶劣环境下手忙脚乱。各价位用户都愿意为更先进的传感器以及更强大的感知能力买单，20 万元以上价位用户表现得更为明显。

随着户外自驾频次的提升，夜晚尤其郊外基础设施不完善时用户出行的高频比例从 3.8% 上升到 4.5%[⊖]，高重要比例从 77.1% 上升到 83.7%，这类场景下用户需要车辆提供更高级的观察及感知功能，如红外线夜视等，尤其是 25 万元以上价位及偏户外定位的运动型多用途汽车（SUV）用户，更重视这类场景下的安全性。

针对上述两类场景，供给端也在积极探索对应的解决方案，典型就是各类“雨夜模式”（见图 1），其主要通过视野补盲、显示界面色彩分级等方式来增强显示效果，用户对这类功能表达了较高的关注。

图 1 智己 LS6 雨夜模式

舒适类场景中，2024 年的显著趋势是用户从关注日常通勤时的乘坐舒适转向身心放松、休息、缓解疲劳等场景下的综合舒适感。其中，长时间驾驶感到腰酸背疼需要放松的场景，高重要度从 58.2% 提升到 77.1%，下班后在车内放松休息的高重要度从 51.9% 提升到 74.9%，在车内午休的高重要度从 63.7% 上升到 65.6%。这些场景中，用户的关注点也从基础的座椅乘坐舒适转向对功能丰富度的追求，用户不仅需要座椅的包裹感，更需要丰富且有效的按摩、通风、交互仪式感、一键到位的操作感，同时对环境噪声隔绝、光线的遮蔽等也提出了更高要求，20 万元以上价位用户更是对主动悬架等功能提出要求。

供给端来看，作为座舱基础的“大沙发”概念已成为新产品的共识，15 万元以上价位车型上快速普及女王座驾、零重力座椅等功能（见图 2），而传统豪车搭载的主动空气悬挂也在 25 万元价位产品上得到应用（见图 3）。

⊖ 调查中，场景频次分为五个等级，最低是“从未发生”，最高是“总是发生”，其中高频比例是“一直发生”与“经常发生”的比例之和，较高频比例是“一直发生”“经常发生”和“有时发生”的比例之和。

图 2　深蓝 L07 搭载了双零重力座椅

图 3　极氪 7X 可选装空气悬挂

二、快速发展类

随着消费电子的快速迭代，车辆也已经从移动的代步工具成了集交互、娱乐、办公等为一体的智能座舱。而与此相关的场景也在快速发展，并开始影响用户的购车决策，需要关注这类场景的发展趋势。

智能时代，良好的车机交互已成为基础要求，是各价位都需要做好的入门场景。如通过语音操控车辆功能的场景，高频比例为 28.9%，高重要度比例为 75.7%，通过车机进行导航的场景，高频比例为 43.1%，高重要度比例为 89.4%。这类场景下，用户核心需求是车辆交互的反应速度、识别准确率、执行流畅度等基础功能。目前，自主品牌、新势力推出的新车针对上述场景已经满足了用户的需求，且各产品之间体验差距很小，而合资品牌处于落后状态，需要尽快弥补短板。在体验高度相似的情况下，领先企业已经在大模型上车、AI 应用等技术上进行布局，让用户在使用中实现更便捷的查询、更易用省心的行程规划、更拟人化的交流（见图 4）。

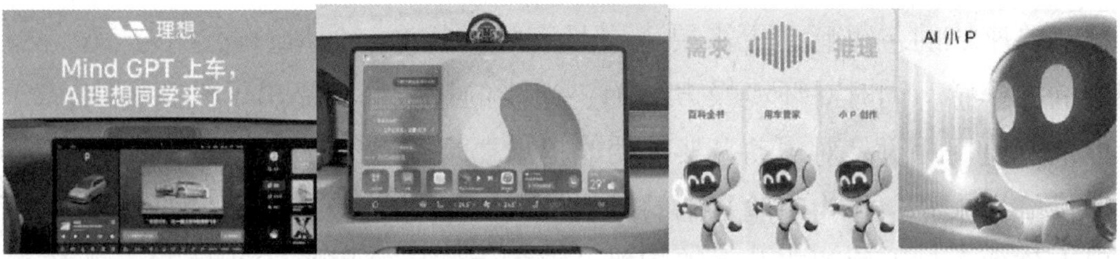

图 4　理想、华为、小鹏等头部新势力已经应用大模型交互

车内观影、唱歌、游戏、多人互动、情感交互等场景是近几年座舱应用的方向。虽然整体使用频率不高，重要度上也属于锦上添花，但随着“00 后”用户开始购车以及泛娱乐化的普及，这类场景将逐步成为购车的关注点。比如多

人同行时，乘客之间的娱乐、游戏、唱歌高重要度从59.9%上升到63.9%，长时间等人或充电时在车内观影的高重要度从55.4%上升到56.7%，上车时有仪式感的交互场景在女性、高价位车型中需求度高。

三、需求降低类

这类场景与生活方式、用户群体的变化高度相关，其中最明显的是户外露营、越野等场景。疫情期间受用户活动范围的限制，选择就近露营、户外自驾的需求大幅上涨，伴随而来的就是与驾车露营相关场景的爆发式增长，如在车边做饭、车边娱乐、车内过夜休息等。但随着疫情的放开、露营基地等设施的完善，需要通过车辆来完成相关场景的需求下滑，综合来看，车辆户外休闲场景的较高频次比例从31.7%降到了18.5%。因此这类场景属于吸引用户关注但支付意愿低的场景，企业在产品开发时需要相对慎重地考虑。

图5　深蓝G318的无麦嗨歌

供给端来看，很多新车也都针对户外场景进行了创新功能的开发，比如投影灯、外放音响、车边做饭、车载冰箱等，带来让人耳目一新的感觉（见图5、图6）。但目前来看，这类功能选择的比例还比较低，更适合以户外定位为主的泛越野SUV车型搭载，且企业应提供低价选装或积分兑换的方案，让用户产生黏性，避免成为华而不实的选择。

图6　Smart 5的车载户外投影仪及可移动音响

2024年以来，上述场景在频次、重要度上呈现出三种不同的路径，但各场景下的用户体验却呈现出了极致化、自主化、隐私化三大共性特征。

极致化包含两方面的含义，一方面是用户体验往往集中在最核心的几项，另一方面是对于特定体验点，要做到超越用户预期。如对私密性要求中，就希望在车内休息时，车窗有自动的遮光帘，尤其是前风窗玻璃可以完全遮光。又如对高速行驶时的辅助驾驶，用户不仅希望能准确应对各类突发风险，如经过隧道、路障时及时避障保证安全，更希望整个避障过程中能保持车辆稳定、获得与司机相似的驾驶体验。

自主化是指用户希望能在不增加学习成本及降低便利性的前提下，获得更高的自主权。

智能时代下车辆功能不断丰富，各企业在新品开发中会提供多种场景及情境模式，帮助用户进行更便捷的功能设置，对于新手及传统的燃油用户很有价值。但随着用户体验的不断加深，他们更希望车辆的设置掌握在自己的手中，现有固化的场景模式无法与用户需求完美契合，如在部分休息的场景模式中，用户无法自行选择音乐播放的内容；又如车机导航，用户希望可自由选择不同的导航软件（APP）。供给端来看，部分车型提供的全开放的场景模式设置，一定程度上可以满足用户完全自定义的需求（见图 7）。但同时也应注意，过于复杂的设置过程也会降低用户的好感度及黏性，企业可以在固化的场景模式中进行更详细的介绍，而借助大模型帮助用户直接搭建场景模式也正在产品中得到应用。

图 7　理想汽车任务大师

2024 年，用户对隐私的需求上升到了更显性的位置，尤其是高价位用户更在意隐私防护带来的心理安全感。隐私防护既包括与外界的隐私隔离，也包括车内人员之间的社交距离与边界感。与外界的隐私隔离方面，用户希望车内摄像头、麦克风、定位等权限可以被自主关闭，尤其是在车内休息、接待重要客人时，需要实现一键隐私的防护。而多人同行时即使是家人出行，不同乘员之间也需要有独立的私人空间，如果是朋友出行的场景，空间上保持社交距离、乘员之间进行声音隔绝就更有必要。供给端来看，汽车企业在高端车型上也提供了对应的创新解决方案，如通过隐私声盾隔绝前后排声音、提供全车电动遮阳帘等（见图 8、图 9），未来这类功能也将向低价位车型普及。

综上，2024 年以来用车场景及体验呈现“三类”“三化”的特征，其背后原因是智能化的高速迭代及消费者用车体验的快速深化，我们只有把握住其特

图 8　隐私声盾

图 9　全车电动遮阳帘

征及趋势，才能准确地定义出满足用户需求的产品。未来可以预见，在汽车开发过程中，以场景为视角的用户需求洞察将持续发挥作用，我们也将持续追踪用车场景和需求的变化，结合宏观环境、消费趋势、生活方式、技术的迭代和演变，获得更前瞻的场景及更深刻的体验，为行业打造引领用户需求的产品贡献自己的力量。

（作者：王山　张晓聪　张桐山）

人工智能时代汽车经销商集团转型发展之路

世界经济正在驶入人工智能新时代，作为世界经济最重要一个组成部分的汽车企业，不论是否愿意接受，毫无疑问，也将进入这样一个新时代。了解不同时代企业的特点，认清新时代对企业的新要求，及时采取新的应对策略，是当前汽车经销商集团走出困境、破茧重生的必经之路。

一、世界经济发展的四个时代及企业特征

两千多年以来，世界经济已经历了四个时代，每个时代的企业类型都不一样。

第一个是铁器时代，那时社会生产能力有限，人们大多过着自给自足的生活，生产的东西主要供自己消费，多出的一点东西拿出去与别人交换，于是产生了小商小贩，大一点的商家会在更大的范围去交易，于是有了“走西口”“茶马古道”“丝绸之路”，这个时代的企业类型主要是贸易型企业，它的特点是“诚信”。

第二个是蒸汽机、电气化时代，这时出现了像福特 T 型车那样的流水线，生产能力大幅度提升，产能远大于自身需求，从而要为产品在更广泛的区域寻找市场，于是有了服务，这个时代的企业类型主要是服务型企业，它的特点是“精益”。我们设想一下，产品总是供不应求，企业怎么会主动提供细致入微的服务呢？这是不可能的。

第三个是互联网时代。人与人、物与物、人与物之间的连接更为直接，中间环节大幅缩减，人们获得的信息更为丰富，而且几乎免费。这个时候买卖双方之间开始互联互动，这个时代的企业类型主要是用户型企业，它的特点是“平等”。在国内汽车行业，最早提出“用户型企业”这个标签的是蔚来。

第四个是人工智能时代。在这个时代，企业的生产能力呈倍数提升，人们获取的信息量也呈几何数量级增长，由于这两者的不对称，用户开始获得市场上的主导权，同时用户产生的数据也开始要有所回报，于是“生态型企业”这

种企业类型应运而生，这一类企业的特点是“一体”，买卖双方之间的角色更加模糊，用户通过参与生态的构建而受益。

我们国家一些企业赶上了第三个时代的后半场，其典型的特点是“复制”：美国有谷歌，我们有百度；美国有亚马逊，我们有淘宝；美国有优步（Uber），我们有滴滴……，现在进入第四个时代，我们一批创新型企业开始与美国同步，如字节跳动（信息服务）、阿那亚（文旅地产）、华为（信息技术）、小米（智能制造）……。当然，汽车行业有几家企业在这方面也有了一些雏形，它将使自主品牌站在更高的层面上，与仍处在第二、第三时代的跨国汽车公司展开竞争，最终必将成功超越这些企业，跨入世界汽车行业前列。

最近几年，各行各业都喊“卷”，汽车流通行业更是如此。大家之所以喊“卷”，是绝大多数企业领导的思维还局限在第二、第三时代，还在拼全力在这两个频道里增加产能，你说不“卷”才怪。现在世界经济已进入新的人工智能时代，我们必须换思维、换频道、换打法。

二、新时代汽车经销商集团应构建新的核心竞争力

在这个新时代，汽车经销商集团应该如何构建企业的核心竞争力呢？总的来看，必须全力打造“三大利器”。

一是流量为王。未来，流量将是企业排在第一位的核心竞争力。可以说，没有流量，就没有客户；没有客户，企业就没法生存。对主机厂来说，在人工智能时代，由于信息可以充分共享，企业产品技术上的差异化将会快速缩小；另外，如前所述，智能化会大幅提升生产能力，全世界各行各业都会面临产能严重过剩的问题。所以，只要你有客户，生产不会是什么大问题，很容易组织生产，甚至还会有不少企业抢着为你“代工”。

对汽车经销商集团来说，更是如此，你卖的是同一个厂家一样的产品，同质化更严重，如果没有流量，就没人上门，就会直接面对生存问题。

既然流量如此重要，那么汽车经销商集团如何才能获得大的流量呢？

关于这一点，我们首先要看大的流量从哪里来。简单地讲，它主要来自三个方面：首先是产品。好的产品一定会带来大的流量，比如苹果手机每次换代，都会有人彻夜排队买。现在尽管汽车行业都喊“卷”，但华为、小米、小鹏、阿维塔等企业，还在为自己的“爆品”一时生产不出来、供不上货而发愁，这样的“爆品”一定会带来很大的流量。上面说的是主机厂，对于汽车经销商来说，

主要提供的是服务类产品，所以应将精心设计属于自己的服务类产品提上重要议事日程。

其次是领导。有魅力的领导也会带来很大的流量，如小米的雷军、华为的余承东、蔚来的李斌等都是公认的“大网红”；长安汽车的朱华荣、奇瑞的尹同跃也已成为新晋的“大网红”。汽车经销商集团，特别是专卖店的总经理，也可以将自己打造成“小网红”，但非常遗憾的是，现在汽车经销商集团总经理已将自己“成功转型”为投资人，专卖店总经理将自己转型为高级管理人员，不在一线工作了，不直接面向客户了，这样的状态想成为网红是不可能的。此外，也可以将销售或技术骨干打造成“小网红”，比如多年以前一汽大众北京一家专卖店有一位张姓维修技师，在电话听一下声音就能知道捷达车毛病出在什么地方，被用户亲切地称为“张捷达”，他就是那个时代的“网红”，他的出现为该店带来了可观的销量和维修收入。

还有就是用户。用户的体验分享是流量一个非常重要的来源，这既包括其用车体验，也包括其日常生活的体验。这种流量可信度极高，很容易获得人们的共鸣，远胜于一般的汽车自媒体，汽车企业应该在此深入挖掘。

这三个方面，都是需要汽车经销商集团以自己为主来运作的，需要企业自己构建新媒体矩阵。但是，现状是大多数汽车经销商集团还在以借助第三方获得流量为主，这可能是长期的习惯使然，也可能是负责营销的相关人员“老同志遇到了新问题”，不知道如何“玩”新媒体。

二是产品为本。在新的时代，产品当然也很重要，好的产品是企业成功的根本。未来什么是好的产品呢？它至少应具备两大特征：一个是既能满足用户现在能描述出来的痛点，又能满足用户未感知的痛点，就是他自己内心挺想要这个功能或服务，但是又说不出来，就像智能手机问世之前人们对手机新功能的渴望，希望通过它可以看电视、听音乐、视频通话等，也像消费者在胖东来、阿那亚享受过的体验，远远超出自己的期待。另一个是性价比极高，“高品质、高价格”的时代一去不复返了，产品必须做到“质优价廉”，因为如前面所说，人工智能时代就是一个总体上产能过剩的时代，企业想赚钱，必须从多个维度想办法，单从产品差价上获利已经不现实了。

三是用户运营。用户运营能力是相当重要的，它是未来企业参与竞争最重要的利器之一。近几年，有不少汽车经销商在用户运营方面也做了一些事，也有一些亮点，但还仅局限于拿出一部分营销费用，搞个自驾游、采摘、答谢家宴等活动，仅此而已。而真正的用户运营，是指用户能在汽车经销商集团构建的大生态圈里、大平台上，通过自己的付出获得持续不断的收益，比如成为汽车经销商的“编外销售员”（获得佣金）、出租自己的车辆（获得租金）、出售自己的产品（厂家可以抽成）等，只有形成这样一个共创共享的生态圈，汽车经销商集团才能破“卷”，才能将自己打造成“生态型企业”，从而跨上一个新台阶，真正成为与人工智能时代发展相适应的新企业。

（作者：孙勇）

不同阶层对品质需求的内涵分析

改革开放以来，我国经济持续了30多年的高速增长，在将自己转变为世界第二大经济体的同时，也步入了中等收入国家行列。党的十九大报告指出：我国社会主要矛盾已转化为人民日益增长的美好生活需要和不平衡不充分的发展之间的矛盾。人们对生活品质、消费品质的追求日益增加。在近些年的汽车消费者调研中，不同价位的车主也都在追求汽车的品质。因此，究竟如何定义和衡量品质？品质生活、品质消费、品质汽车又分别具备哪些特征？在不同阶层群体中品质的内涵是否有差别？也就是说，当我们谈论“品质”的时候，我们到底在说些什么？

本文旨在对“品质”的概念和衡量标准进行探讨，并对不同阶层品质需求的内涵进行分析。

一、品质生活：民生层面和个人层面之下的获得感、安全感、幸福感

对“品质生活”这一概念进行分析，常常会涉及收入水平、幸福指数等一系列相关概念，而且受到文化、教育、区域发展水平差异等多种要素影响。纵观国内外相关理论，主要包括主观感受和客观指标两大方面。两者兼顾才能够真实反映品质生活的概念。

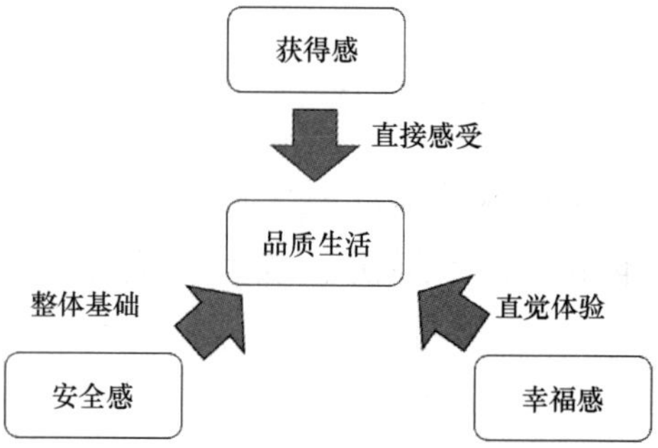

图1　品质生活主观感受指标及三者之间的联系

主观感受主要涉及获得感、安全感、幸福感三大指标（见图1）。美国社会心理学家唐纳德·坎贝尔等通过测量个人对幸福的感知情况，进而观测其生活质量状况。国内学者石凤珍等将高品质生活定义为让人民群众的获得感、幸福感、安全感不断提升并持续下去的生活，即物质生活得到极大满足，精神生活更为充盈的生活。

1. 获得感

获得感（sense of gain）与“相对剥夺感”“失去感”“参与感”等概念存在联系。这种概念所追求的内容大多以获得实实在在的物质利益、经济利益为基础。但也包括个人价值实现以及民主权利等精神层面上的获得。因此，想要满足获得感，不仅需要“硬指标”的提高，更要从社会各类人群的精神需求出发，给予其具有真实性和实效性的“精神获得”。

2. 幸福感

北京大学段建华认为，幸福感是指个体对自己生活质量的整体评价，它依赖于评价者本人的标准。衡量主观幸福感（SWB）的指标是综合性的评价，包括积极情感、消极情感和生活满意度三个维度。

3. 安全感

安全感是人们对社会安全与否的认识的整体反映，“大”能包括更为宏观的国家安全，“小”亦能包括隐私安全、治安安全。这些不同层次的安全需求紧密联系在一起，共同构成人们心中的“安全感”。在当代中国，“大写意”的宏观安全逐渐淡出人们视野，取而代之的是食品安全、隐私安全等“工笔画”的安全。

相比主观感受，客观指标拥有更好量化的特性。虽然全球对于高品质生活衡量的具体内容有所不同，但其根本理念别无二致。主要集中在社会民生层面以及个人生活层面。

1. 社会民生层面

五大领域指标。中国共产党第十八次全国代表大会提出了“五位一体”的总体布局，由经济、政治、文化、社会、生态文明五大领域组成。国务院发展研究中心的“中国民生水平指数”涵盖居民生活、公共服务、公共安全、生态文明四个方面（见表1）的客观指标，用来衡量民生的质量和满意程度。

表1 中国民生指数客观指标体系

一级指标	二级指标
居民生活	收入分配
	消费水平
	就业状况
	居住状况

（续）

一级指标	二级指标
公共服务	文化教育
	医疗卫生
	社会保障
	社会服务
	交通状况
公共安全	公共安全
	生产安全
	卫生安全
	质量安全
生态文明	空气质量
	垃圾处理
	水质达标
	绿化水平
	农村环境

2. 个人层面：打造幸福生活指标

在宏观的社会民生之下，是个人层面对品质生活的追求与衡量。经济合作与发展组织（OECD）使用包括生活质量和物质条件两大领域的指标，打造了品质生活的衡量体系。该体系使用各种可量化的次级指标，对于一级指标进行评估（见表2）。

表 2　OECD 幸福生活指标体系

领域	一级指标	二级指标
生活质量	健康状况	自我判断的健康状况
		寿命期望
	工作生活平衡	长时间工作的雇员占雇员总数的比例
		投入休闲与个人保健护理的时间
	教育与能力	最高学历
		学习能力
		受教育年数
	社会联结	支持性网络的质量

（续）

领域	一级指标	二级指标
生活质量	公共参与及治理	规则制定过程中政府和百姓的咨商程度
		大选投票率
	环境质量	空气污染状况
		水质
	个人安全	侵入犯罪率
		杀人犯罪率
	主观幸福感	主观幸福感
物质条件	收入与财富	经过调整的家庭可支配收入
		家庭财产性收入
	工作与报酬	就业率
		就业岗位安全性
		长期失业率
		个人所得
	住房	缺乏基本设施的住房占全部住房的比例
		住房花销占总花销的比例
		人均房间数

有研究发现，受教育水平高的人群、职业地位高的人群（单位负责人、部门负责人、一般管理人员和专业技术人员）、非企业人员（机关事业单位、社会团体工作人员）、收入高的人群对生活的满意度总体较高。对新车购买者的追踪调研发现，这些群体恰恰与新车购买的潜力人群相吻合。定性访谈也发现，阶层越高，对生活质量的评价越高，对汽车的要求也越高。

二、品质消费：更高质量、更多功能和更优服务；从功能到体验，从物质到服务

品质生活带来品质消费。“买得安心，用得放心”的安全感，加上购买高质量消费品和消费水平的提高带来的获得感，才能最终提高大众的幸福感。随着全社会生活品质的提升和消费能力的增强，消费追求从“有没有”向“好不好”转变。

目前，国内学者对品质消费的内涵给出了不同的界定。中国社会科学院依绍华提出，品质消费是指更高质量、更多功能和更优服务等多维度的消费需求，

是消费需求升级的表现之一。品质消费就是在可支配收入给定的前提下，消费者在购买产品或服务时，更加看重技术功能、品质保障等因素决定的质量水平和整体层次，有意愿且有能力为此支付更高的价格。

1）品质消费：从功能到体验，从物质到服务。中等以下阶层追求功能品质、中层追求体验和服务、高阶层追求品牌和档次。

不同阶层的汽车消费者对品质消费有不同的追求。对中等以下阶层来说，品质消费意味着实用性和性价比。对中层来说意味着品质和服务；而对高阶层则意味着品牌、品质、档次感（见表3）。

表3 不同阶层在消费过程中的重视因素（多选） （%）

中等以下阶层		中层	高阶层	
基层	中下层	中层	中上层	上层
实用性（58.8，+14）	实用性（49.6，+4.9）	品质（50.6，+0.8）	品牌（35.4，+1.9）	品牌（44.2，+10.7）
性价比（57.2，+15）	性价比（49，+6.9）	服务（30.8，+0.6）	品质（51，+1.2）	品质（56.8，+6.9）
—	—	—	档次感（28.5，+4.6）	档次感（36.2，+12.3）
$N=938$	$N=4802$	$N=8404$	$N=6028$	$N=2486$

注：1. 数据来源于国家信息中心调研。社会阶层的划分包括政治资源、经济资源、教育资源等三大类指标。本文将基层和中下层定义为中等以下阶层，将中上层和上层定义为高阶层，中层的概念直接引用。

2. “+”后面的数字代表高出总体的比例。

在一对一深度访谈调研中，每类人群都对自己的消费理念给出了解释。

中等以下阶层贺先生：品质消费是为了满足家庭的需求、提高生活质量。因此要讲究理性实用，按需消费，在意口碑和性价比。近几年的国产品牌非常能满足需求。

中层周先生：消费看重体验和品质，比较认可贵有贵的好，肯定是要买好一点的，中上价位。同时也要有良好的服务，能满足自己的体验感和愉悦感。

高阶层杨先生：追求享受、时尚、潮流，对物质有追求，喜欢奢侈品。愿意为了品牌、科技而付费。买过很多高价格、大牌物品，对融入自己的事业圈层有帮助。

2）消费结构升级：从生存型消费到发展型消费和娱乐型消费。

在众多学者的研究结论中，品质消费与消费结构升级密切相关。西北大学辛伟和南京大学任保平将高品质消费界定为追求美好生活所驱动的消费需求升级现象，包括从生存型消费到发展型、享受型消费，从实物消费到服务消费，从物质消费到精神消费等三个层次的消费重心渐进转换。中国社会科学院张颖熙和夏杰长提出，消费结构升级涉及消费需求由生存型向发展型、享受型转变，而消费结构升级的最终导向是服务消费占主要地位。

当前用于消费者个人及家庭其他成员为维持劳动力的生产和再生产而发生的基本消费称为生存型消费，比如家庭饮食、衣着、水电、住房、医疗、赡养及红白喜事等；为追求更高生活质量和未来发展机会而发生的消费称为发展型消费，比如教育、旅游、娱乐、家电、通信、交通等。针对不同阶层的新车购买者调研显示，不同阶层的消费构成不同、发展型消费在不同阶层的占比也不同。显然，中等以下阶层的生存型消费占比相较高阶层而言更大（见图2），而高阶层的娱乐型和发展型消费占比明显高于中层和中等以下阶层（见图3）。

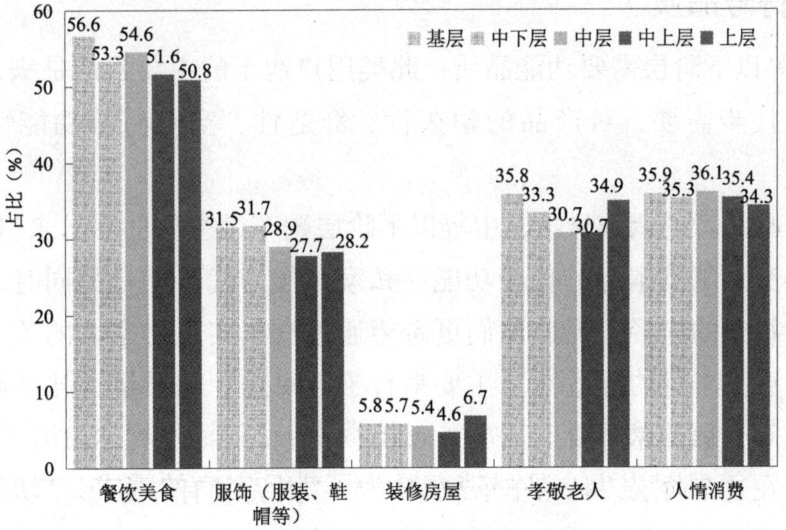

图2　不同阶层生存型消费占比

中等以下阶层需要安稳、保险，追求使用价值、追求“量”的拥有，属于模仿型排浪式消费。而高阶层需要特殊的服务类商品，比如高端服务业、文化产品；消费具有特例化、多样化、档次化、商品与服务的定制化。但随着信息技术在消费领域的应用程度加深，数字化和智能化为品质消费注入了新的内涵，这个趋势值得关注。

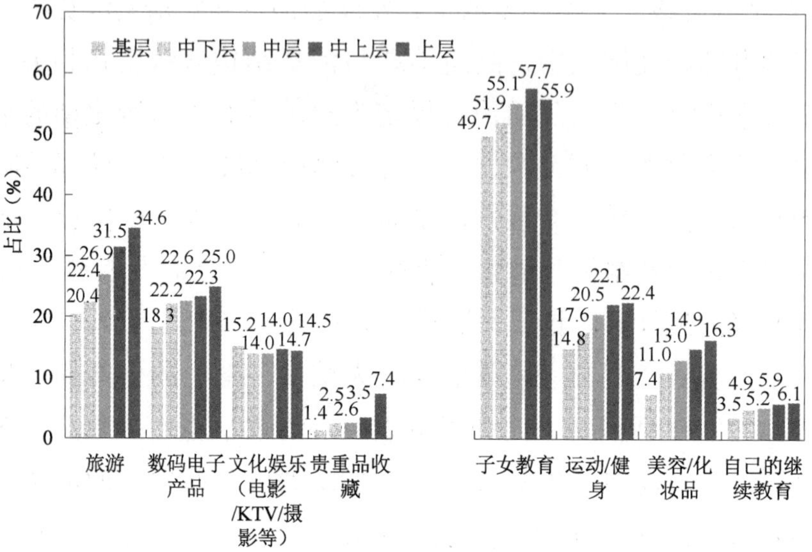

图3 不同阶层娱乐型和发展型消费占比

三、品质汽车：从实用性的功能品质到关注感受的体验品质、满足精神的符号品质

1）中等以下阶层需要功能品质：此类用户购车的主要目的是满足集体性消费中的家庭代步需要，对产品的耐久性、舒适性、空间感等功能性指标重视度高。

对新车购买者的调查显示，中等以下阶层购车最主要的需求来自于上下班、接送家人等交通工具本身的代步功能。私家车作为代步工具的同时，也是一种提高生活幸福感的途径，因此他们更希望通过汽车实现对家人的关爱。在这种诉求之下，产品本身的舒适性（主要来自于空间感）和质量（比如耐久性、故障率、工艺等）就非常重要。

此外，在这个阶层，私家车承载着一定“人无我有”的彰显功能，因此汽车的外观（是否有面子）也是消费者的关注点之一。但是，由于这个阶层的购买力相对受限，购车价格、使用费用（含油耗、电耗、维修保养等）也会被消费者重点关注。在以上几点均满足用户要求后，其他配置和功能便是多多益善。

总而言之，这个阶层需要的品质汽车就是结实耐用、乘坐舒适、空间大、高性价比的汽车（见图4）。

2）中层需要体验品质（见图5）：购车兼顾家庭需要和个人感受，重视驾驶体验和娱乐体验，对车的理解更深刻，车本身的动力操控要好，同时也要有

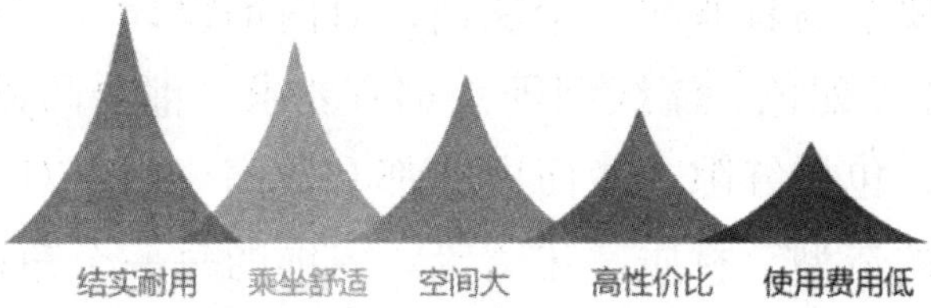

图4 功能品质特征

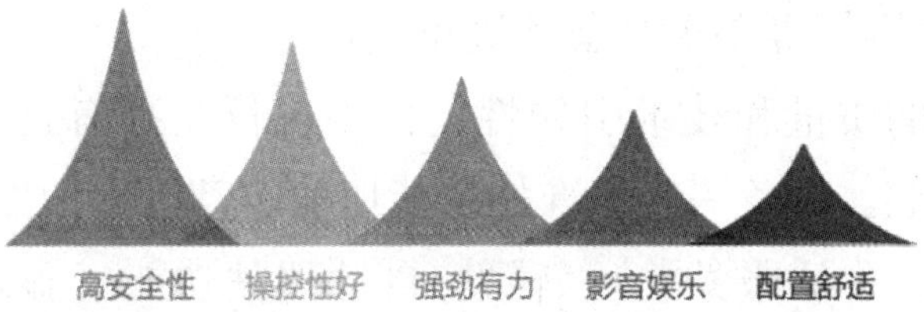

图5 体验品质特征

新鲜点和亮点。

他们购车更多是为了获得驾控体验和娱乐体验。他们渴望通过车辆的驾驶释放心中的压力、满足对速度的渴望。但在享受驾驶体验的同时，他们不希望自己的安全受到威胁。因此，车辆操控性（含换挡、转弯、越野、加速踏板、离地间隙等）和安全性（含车身安全、安全配置、制动性能、驾驶视野等）同样受到这类人群的重视。并且，这类人群也追求车辆作为影音娱乐空间的第二属性，满足听觉和视觉的高品质体验。而借助新技术实现的一些新奇有趣的功能，也能得到他们的认可。

不同于相对较低阶层“全车大即舒适”的观点，这类人群更加关注自己的感受。对他们来说，品质舒适更多体现在前排的空间、前排座椅的舒适功能（如加热、按摩、通风等）、外观设计的品质感（配色、流线型等）。对他们来说配置不是越多越好，而是要精确地触及其心中对生活品质提高的需要，例如健康关怀类配置/功能等。

3）高阶层需要符号品质：他们购车更多是为了满足精神上的需要，重视品牌、档次感、科技感。除了把传统的豪华感做到极致，新科技加持的豪华同样能打动他们。

高阶层购车主要是为了符号品质（见图6）。有一定的“人有我优”，展示社会地位和自我期望的潜在诉求，彰显身份、地位和成功。因此他们极其重视品牌，对品牌的知名度和档次要求高。与此同时，他们更希望彰显自己的个性、品位、独特性，希望自己的汽车与众不同，具备一定的稀缺性和专属性。

他们对设计的要求高且兼顾各个层面，对内饰设计（配色、氛围灯、按键布局等）、外观设计（配色、流线型等）都有要求，都要凸显豪华感和设计感。对外观材质与工艺，包括缝隙、漆面质感都有较高要求；对内饰的要求则更进一步，细化到内饰的造型、材质、味道等。内饰的每一个角落的材质与制造工艺都将受到考察，包括中控台、仪表板、缝线、按键阻尼等。他们对车内环境舒适感的要求也很高，空调的效果、车内静音、音响/音质效果都要达到专业级水准，车内灯光/氛围灯等要求具备顶级审美。

他们重视配置的质量和技术引领性，而不仅仅是拥有这个配置。新的科技也非常能够打动他们。具备一定水准的智能座舱/车联网（比如语音或手机交互等控制类、安全类、生活服务类）、辅助/自动驾驶功能（显示盲区影像或自动完成巡航、制动、泊车、变道）他们都愿意花大价钱尝试。

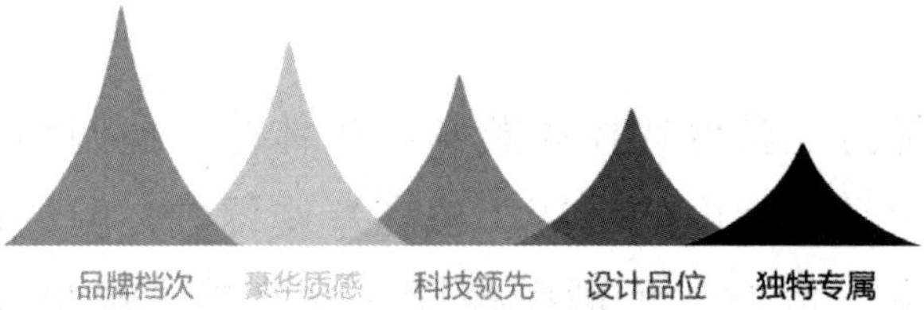

图6 符号品质特征

（注：数据来源于国家信息中心调研）

参考文献

[1] 雷晓康，张琇岩．高品质生活的理论意涵，指标体系及省际测度研究［J］．西安财经大学学报，2023，36（2）：89-102.

[2] 吴明霞．30年来西方关于主观幸福感的理论发展［J］．心理学动态，2000，8（4）：23-28.

（作者：张文评）

附　　录

附录 A　与汽车行业相关的统计数据

本附录各表中全国性的数据均未包括香港、澳门特别行政区及台湾省的数据。

表 A-1　主要宏观经济指标（绝对额）

指标	2016 年	2017 年	2018 年	2019 年	2020 年	2021 年	2022 年	2023 年
现价国内生产总值（GDP）/亿元	746395.1	832035.9	919281.1	986515.2	1013567.0	1149237.0	1210207.2	1260582.1
全社会固定资产投资/亿元	372021	394926	418215	439541	451155	473003	495966	509708
社会消费品零售总额/亿元	332316.3	366261.6	380986.9	408017.2	391980.6	440823.2	439732.5	471495.2
出口总额/亿美元	20976.3	22633.4	24867.0	24994.8	25899.5	33160.2	33544.3	33790.4
进口总额/亿美元	15879.3	18437.9	21357.5	20784.1	20659.6	26794.1	27065.1	25569.4
财政收入/亿元	159605.0	172592.8	183359.8	190390.1	182913.9	202554.6	203649.3	216795.43
财政支出/亿元	187755.2	203085.5	220904.1	238858.4	245679.0	245673.0	260552.1	274622.94
城镇家庭人均可支配收入/元	33616.2	36396.2	39250.8	42358.8	43833.8	47411.9	49282.9	51821
农村家庭人均可支配收入/元	12363.4	13432.4	14617.0	16020.7	17131.5	18930.9	20132.8	21691
全国零售物价总指数（上年＝100）	100.7	101.1	101.9	102.0	101.4	101.6	102.7	—
居民消费价格指数（上年＝100）	102.0	101.6	102.1	102.9	102.5	100.9	102.0	100.2

注：数据来源于 2024 年的《中国统计年鉴》。

表 A-2　主要宏观经济指标（增长率）

指标	2016 年	2017 年	2018 年	2019 年	2020 年	2021 年	2022 年	2023 年
国内生产总值（GDP）增长率（不变价）（%）	8.4	11.5	10.5	7.3	2.7	13.4	4.8	4.6

（续）

指标	2016 年	2017 年	2018 年	2019 年	2020 年	2021 年	2022 年	2023 年
全社会固定资产投资增长率（%）	7.0	6.2	5.9	5.1	2.6	4.8	4.9	2.8
社会消费品零售总额增长率（%）	10.4	10.2	4.0	7.1	-3.9	12.5	-0.2	7.2
出口总额增长率（%）	-7.7	7.9	9.9	0.5	3.6	28.0	7.4	0.7
进口总额增长率（%）	-5.5	16.1	15.8	-2.7	-0.6	29.7	1.1	-5.5
财政收入增长率（%）	4.8	8.1	6.2	3.8	-3.9	10.7	0.5	6.5
财政支出增长率（%）	6.8	8.2	8.8	8.1	2.9	0.0	6.1	5.4
城镇家庭人均可支配收入（现价）增长率（%）	7.8	8.3	7.8	7.9	3.5	8.2	3.9	5.1
农村家庭人均年纯收入（现价）增长率（%）	8.2	8.6	8.8	9.6	6.9	10.5	6.3	7.7
全国零售物价总指数（上年=100）增长率（%）	0.6	0.4	0.8	0.1	-0.6	0.2	1.1	—
居民消费价格指数（上年=100）增长率（%）	0.6	-0.4	0.5	0.8	-0.4	-1.6	1.1	-1.8

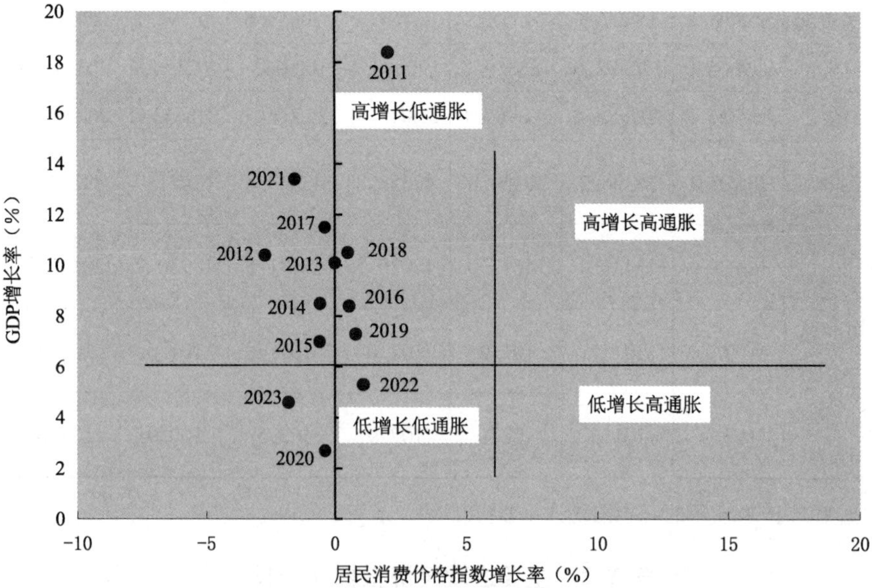

图 A-1 2011—2023 年宏观经济变化形势

（注：通货膨胀简称通胀。）

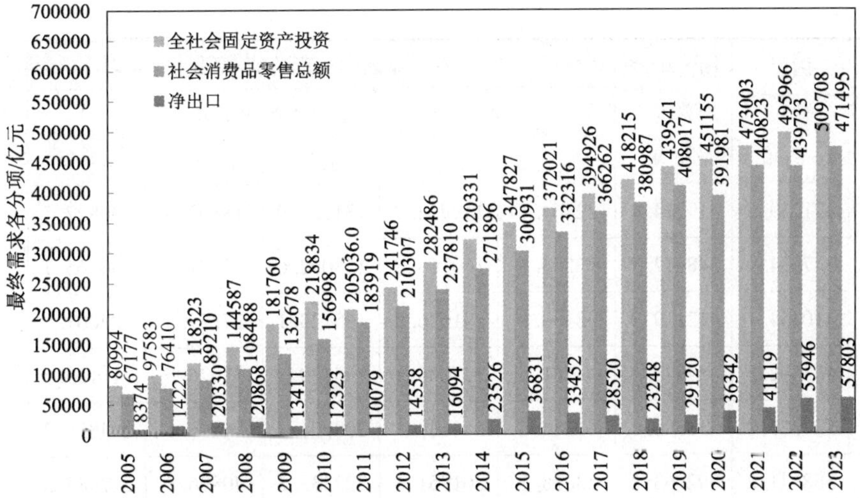

图 A-2　2005—2023 年社会消费品最终需求变动情况

表 A-3　现价国内生产总值

年份	国民总收入/亿元	国内生产总值/亿元	各产业国内生产总值/亿元					人均国内生产总值/元
			第一产业	第二产业	第二产业细分		第三产业	
					工业	建筑业		
1993	35599.2	35673.2	6887.6	16472.7	14248.4	2269.9	12313.0	3027
1994	48548.2	48637.5	9471.8	22452.5	19546.3	2968.8	16713.1	4081
1995	60356.6	61339.9	12020.5	28676.7	25023.2	3733.7	20642.7	5091
1996	70779.6	71813.6	13878.3	33827.3	29528.9	4393.0	24108.0	5898
1997	78802.9	79715.0	14265.2	37545.0	33022.6	4628.3	27904.8	6481
1998	83817.6	85195.5	14618.7	39017.5	34133.9	4993.0	31559.3	6860
1999	89366.5	90564.4	14549.0	41079.9	36014.4	5180.9	34935.5	7229
2000	99066.1	100280.1	14717.4	45663.7	40258.5	5534.0	39899.1	7942
2001	109276.2	110863.1	15502.5	49659.4	43854.3	5945.5	45701.2	8717
2002	120480.4	121717.4	16190.2	54104.1	47774.9	6482.1	51423.1	9506
2003	136576.3	137422.0	16970.2	62695.8	55362.2	7510.8	57756.0	10666
2004	161415.4	161840.2	20904.3	74285.0	65774.9	8720.5	66650.9	12487
2005	185998.9	187318.9	21806.7	88082.2	77958.3	10400.5	77430.0	14368
2006	219028.5	219438.5	23317.0	104359.2	92235.8	12450.1	91762.2	16738
2007	270704.0	270092.3	27674.1	126630.5	111690.8	15348.0	115787.7	20494

（续）

年份	国民总收入/亿元	国内生产总值/亿元	各产业国内生产总值/亿元					人均国内生产总值/元
			第一产业	第二产业	第二产业细分		第三产业	
					工业	建筑业		
2008	321229.5	319244.6	32464.1	149952.9	131724.0	18807.6	136827.5	24100
2009	347934.9	348517.7	33583.8	160168.8	138092.6	22681.5	154765.1	26180
2010	410354.1	412119.3	38430.8	191626.5	165123.1	27259.3	182061.9	30808
2011	483392.8	487940.2	44781.5	227035.1	195139.1	32926.5	216123.6	36277
2012	537329.0	538580.0	49084.6	244639.1	208901.4	36896.1	244856.2	39771
2013	588141.2	592963.2	53028.1	261951.6	222333.2	40896.8	277983.5	43497
2014	644380.2	643563.1	55626.3	277282.8	233197.4	45401.7	310654.0	46912
2015	685571.2	688858.2	57774.6	281338.9	234968.9	47761.3	349744.7	49922
2016	742694.1	746395.1	60139.2	295427.8	245406.4	51498.9	390828.1	53783
2017	830945.7	832035.9	62099.5	331580.5	275119.3	57905.6	438355.9	59592
2018	915243.5	919281.1	64745.2	364835.2	301089.3	65493.0	489700.8	65534
2019	983751.2	986515.2	70473.6	380670.6	311858.7	70648.1	535371.0	70078
2020	1005451.3	1013567.0	78030.9	383562.4	312902.9	72444.7	551973.7	71828
2021	1141230.8	1149237.0	83216.5	451544.1	374545.6	78741.2	614476.4	81370
2022	1194401.4	1210207.2	88207	473789.9	395043.7	80766	642727.1	85310
2023	1249990.6	1260582.1	89755.2	482588.5	399103.1	85691.1	688238.4	89358

注：本表中 GDP 总量、构成等数据中，有的不等于各产业（行业）之和是由于数值修约误差所致，未作机械调整。

表 A-4　国内生产总值增长率（不变价）

年份	国内生产总值增长率（绝对额）（%）	各产业国内生产总值增长率（%）					人均 GDP 增长率（%）
		第一产业	第二产业	第二产业细分		第三产业	
				工业	建筑业		
2006	17.1	4.8	13.5	12.9	17.2	14.1	12.1
2007	23.1	3.5	15.1	14.9	16.2	16.1	13.6
2008	18.2	5.2	9.8	10.0	9.5	10.5	9.1
2009	9.2	4.0	10.3	9.1	18.9	9.6	8.9

（续）

年份	国内生产总值增长率（绝对额）（%）	各产业国内生产总值增长率（%）					人均 GDP 增长率（%）
		第一产业	第二产业	第二产业细分		第三产业	
				工业	建筑业		
2010	18.2	4.3	12.7	12.6	13.8	9.7	10.1
2011	18.4	4.2	10.7	10.9	9.7	9.5	9.0
2012	10.4	4.5	8.4	8.1	9.8	8.0	7.1
2013	10.1	3.8	8.0	7.7	9.7	8.3	7.1
2014	8.5	4.1	7.2	6.7	9.6	8.3	6.8
2015	7.0	3.9	5.9	5.7	7.3	8.8	6.4
2016	8.4	3.3	6.0	5.7	7.7	8.1	6.2
2017	11.5	4.0	5.9	6.2	3.9	8.3	6.3
2018	10.5	3.5	5.8	6.1	4.8	8.0	6.3
2019	7.3	3.1	4.9	4.8	5.2	7.2	5.6
2020	2.7	3.1	2.5	2.4	2.7	1.9	2.0
2021	13.4	7.1	8.7	10.4	1.1	8.5	8.4
2022	4.8	4.2	2.6	2.7	2.9	3.0	3.0
2023	4.6	4.1	4.7	4.2	7.1	5.8	5.4

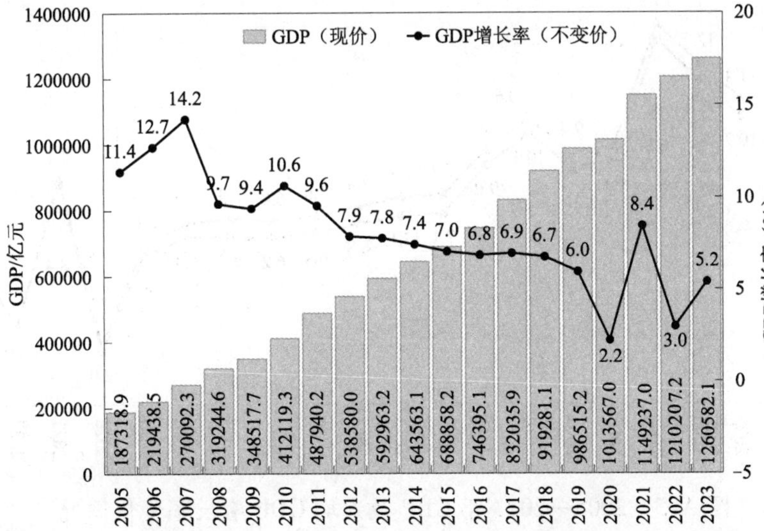

图 A-3　2005—2023 年 GDP 增长情况

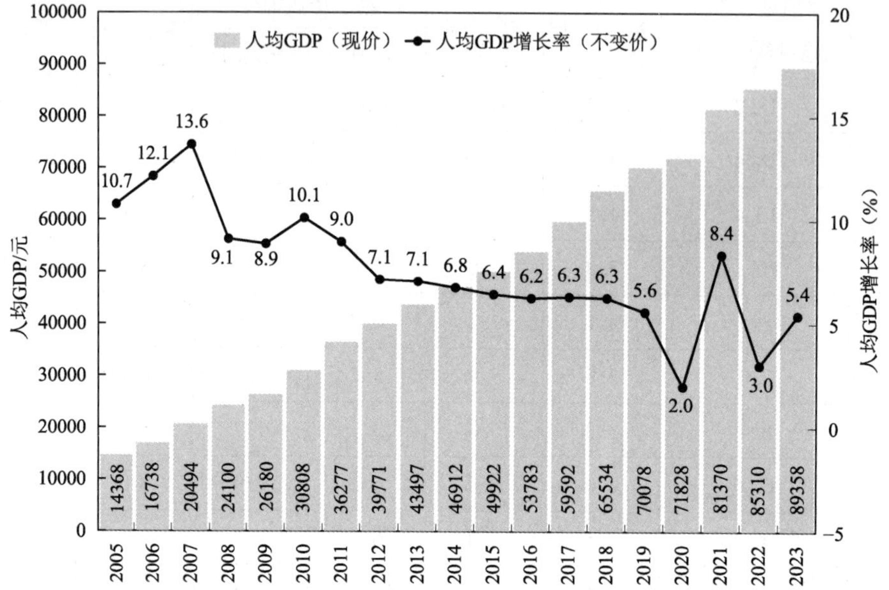

图 A-4　2005—2023 年人均 GDP 变化情况

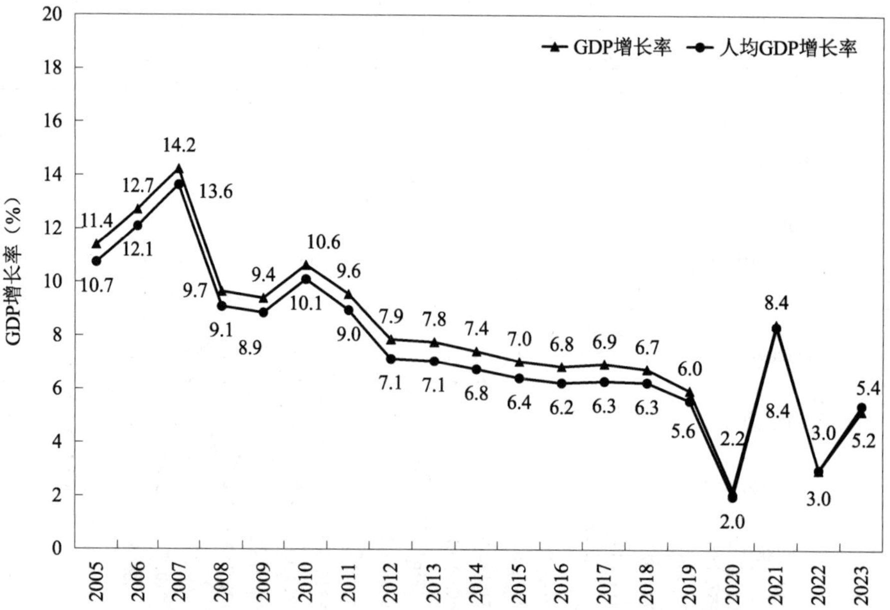

图 A-5　2005—2023 年 GDP 及人均 GDP 增长率变化情况

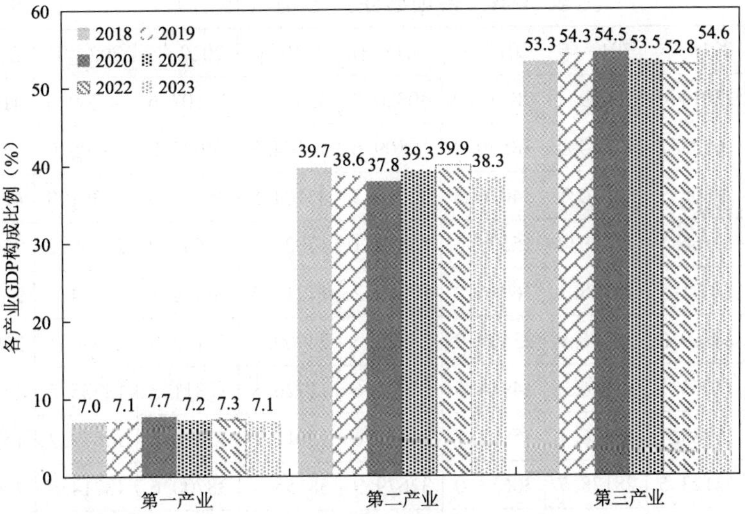

图 A-6　2018—2023 年全国 GDP 构成对比

表 A-5　现价国内生产总值构成

年份	国内生产总值占比（%）	各产业国内生产总值占比（%）				
		第一产业	第二产业	第二产业细分		第三产业
				工业	建筑业	
2005	100.0	11.6	47.0	41.6	5.6	41.3
2006	100.0	10.6	47.6	42.0	5.7	41.8
2007	100.0	10.2	46.9	41.4	5.7	42.9
2008	100.0	10.2	47.0	41.3	5.9	42.9
2009	100.0	9.6	46.0	39.6	6.5	44.4
2010	100.0	9.3	46.5	40.1	6.6	44.2
2011	100.0	9.2	46.5	40.0	6.7	44.3
2012	100.0	9.1	45.4	38.8	6.9	45.5
2013	100.0	8.9	44.2	37.5	6.9	46.9
2014	100.0	8.6	43.1	36.2	7.1	48.3
2015	100.0	8.4	40.8	34.1	6.9	50.8
2016	100.0	8.1	39.6	32.9	6.9	52.4
2017	100.0	7.5	39.9	33.1	7.0	52.7
2018	100.0	7.0	39.7	32.8	7.1	53.3
2019	100.0	7.1	38.6	31.6	7.2	54.3
2020	100.0	7.7	37.8	30.9	7.1	54.5
2021	100.0	7.2	39.3	32.6	6.9	53.5
2022	100.0	7.3	39.3	32.8	6.7	53.4
2023	100.0	7.1	38.3	31.7	6.8	54.6

表 A-6 各地区生产总值（现价） （单位：亿元）

地区	2014年	2015年	2016年	2017年	2018年	2019年	2020年	2021年	2022年	2023年
北京	21330.8	23014.6	25669.1	28014.9	30320.0	35371.3	36102.6	40269.6	41610.9	43760.7
天津	15726.9	16538.2	17885.4	18549.2	18809.6	14104.3	14083.7	15695.0	16311.3	16737.3
河北	29421.2	29806.1	32070.5	34016.3	36010.3	35104.5	36206.9	40391.3	42370.4	43944.1
山西	12761.5	12766.5	13050.4	15528.4	16818.1	17026.7	17651.9	22590.2	25642.6	25698.2
内蒙古	17770.2	17831.5	18128.1	16096.2	17289.2	17212.5	17359.8	20514.2	23158.6	24627.0
辽宁	28626.6	28669.0	22246.9	23409.2	25315.4	24909.5	25115.0	27584.1	28975.1	30209.4
吉林	13803.1	14063.1	14776.8	14944.5	15074.6	11726.8	12311.3	13235.5	13070.2	13531.2
黑龙江	15039.4	15083.7	15386.1	15902.7	16361.6	13612.7	13698.5	14879.2	15901.0	15883.9
上海	23567.7	25123.5	28178.7	30633.0	32679.9	38155.3	38700.6	43214.9	44652.8	47218.7
江苏	65088.3	70116.4	77388.3	85869.8	92595.4	99631.5	102719.0	116364.2	122875.6	128222.2
浙江	40173.0	42886.5	47251.4	51768.3	56197.2	62351.7	64613.3	73515.8	77715.4	82553.2
安徽	20848.8	22005.6	24407.6	27018.0	30006.8	37114.0	38680.6	42959.2	45045.0	47050.6
福建	24055.8	25979.8	28810.6	32182.1	35804.0	42395.0	43903.9	48810.4	53109.9	54355.1
江西	15714.6	16723.8	18499.0	20006.3	21984.8	24757.5	25691.5	29619.7	32074.7	32200.1
山东	59426.6	63002.3	68024.5	72634.2	76469.7	71067.5	73129.0	83095.9	87435.1	92068.7
河南	34938.2	37002.2	40471.8	44552.8	48055.9	54259.2	54997.1	58887.4	61345.1	59132.4
湖北	27379.2	29550.2	32665.4	35478.1	39366.6	45828.3	43443.5	50012.9	53734.9	55803.6
湖南	27037.3	28902.2	31551.4	33903.0	36425.8	39752.1	41781.5	46063.1	48670.4	50012.9
广东	67809.9	72812.6	80854.9	89705.2	97277.8	107671.1	110760.9	124369.7	129118.6	135673.2
广西	15672.9	16803.1	18317.6	18523.3	20352.5	21237.1	22156.7	24740.9	26300.9	27202.4
海南	3500.7	3702.8	4053.2	4462.5	4832.1	5308.9	5532.4	6475.2	6818.2	7551.2
重庆	14262.6	15717.3	17740.6	19424.7	20363.2	23605.8	25002.8	27894.0	29129.0	30145.8
四川	28536.7	30053.1	32934.5	36980.2	40678.1	46615.8	48598.8	53850.8	56749.8	60132.9
贵州	9266.4	10502.6	11776.7	13540.8	14806.5	16769.3	17826.6	19586.4	20164.6	20913.3
云南	12814.6	13619.2	14788.4	16376.3	17881.1	23223.8	24521.9	27146.8	28954.2	30021.1
西藏	920.8	1026.4	1151.4	1310.9	1477.6	1697.8	1902.7	2080.2	2132.6	2392.7
陕西	17689.9	18021.9	19399.6	21898.8	24438.3	25793.2	26181.9	29801.0	32772.7	33786.1
甘肃	6836.8	6790.3	7200.4	7459.9	8246.1	8718.3	9016.7	10243.3	11201.6	11863.8
青海	2303.3	2417.1	2572.5	2624.8	2865.2	2966.0	3005.9	3346.6	3610.1	3799.1
宁夏	2752.1	2911.8	3168.6	3443.6	3705.2	3748.5	3920.6	4522.3	5069.6	5315.0
新疆	9273.5	9324.8	9649.7	10882.0	12199.1	13597.1	13797.6	15983.6	17741.3	19125.9

表 A-7　各地区生产总值占全国比例　　（%）

地　区	2014 年	2015 年	2016 年	2017 年	2018 年	2019 年	2020 年	2021 年	2022 年	2023 年
北　京	3. 12	3. 36	3. 29	3. 31	3. 31	3. 59	3. 57	3. 54	3. 46	3. 50
天　津	2. 30	2. 41	2. 29	2. 19	2. 06	1. 43	1. 39	1. 38	1. 36	1. 34
河　北	4. 30	4. 35	4. 11	4. 02	3. 94	3. 56	3. 58	3. 55	3. 52	3. 51
山　西	1. 86	1. 86	1. 67	1. 83	1. 84	1. 73	1. 74	1. 99	2. 13	2. 05
内蒙古	2. 60	2. 60	2. 32	1. 90	1. 89	1. 75	1. 71	1. 80	1. 92	1. 97
辽　宁	4. 18	4. 18	2. 85	2. 76	2. 77	2. 53	2. 48	2. 42	2. 41	2. 41
吉　林	2. 02	2. 05	1. 89	1. 76	1. 65	1. 19	1. 22	1. 16	1. 09	1. 08
黑龙江	2. 20	2. 20	1. 97	1. 88	1. 79	1. 38	1. 35	1. 31	1. 32	1. 27
上　海	3. 44	3. 66	3. 61	3. 62	3. 57	3. 87	3. 82	3. 80	3. 71	3. 77
江　苏	9. 51	10. 23	9. 92	10. 14	10. 12	10. 11	10. 15	10. 23	10. 21	10. 25
浙　江	5. 87	6. 26	6. 06	6. 11	6. 14	6. 33	6. 38	6. 46	6. 46	6. 60
安　徽	3. 05	3. 21	3. 13	3. 19	3. 28	3. 77	3. 82	3. 78	3. 74	3. 76
福　建	3. 52	3. 79	3. 69	3. 80	3. 91	4. 30	4. 34	4. 29	4. 41	4. 35
江　西	2. 30	2. 44	2. 37	2. 36	2. 40	2. 51	2. 54	2. 60	2. 67	2. 57
山　东	8. 68	9. 19	8. 72	8. 57	8. 36	7. 21	7. 22	7. 30	7. 27	7. 36
河　南	5. 11	5. 40	5. 19	5. 26	5. 25	5. 51	5. 43	5. 18	5. 10	4. 73
湖　北	4. 00	4. 31	4. 19	4. 19	4. 30	4. 65	4. 29	4. 40	4. 47	4. 46
湖　南	3. 95	4. 22	4. 04	4. 00	3. 98	4. 03	4. 13	4. 05	4. 04	4. 00
广　东	9. 91	10. 62	10. 37	10. 59	10. 63	10. 93	10. 94	10. 93	10. 73	10. 85
广　西	2. 29	2. 45	2. 35	2. 19	2. 23	2. 16	2. 19	2. 17	2. 19	2. 17
海　南	0. 51	0. 54	0. 52	0. 53	0. 53	0. 54	0. 55	0. 57	0. 57	0. 60
重　庆	2. 08	2. 29	2. 27	2. 29	2. 23	2. 40	2. 47	2. 45	2. 42	2. 41
四　川	4. 17	4. 38	4. 22	4. 37	4. 45	4. 73	4. 80	4. 73	4. 72	4. 81
贵　州	1. 35	1. 53	1. 51	1. 60	1. 62	1. 70	1. 76	1. 72	1. 68	1. 67
云　南	1. 87	1. 99	1. 90	1. 93	1. 95	2. 36	2. 42	2. 39	2. 41	2. 40
西　藏	0. 13	0. 15	0. 15	0. 15	0. 16	0. 17	0. 19	0. 18	0. 18	0. 19
陕　西	2. 58	2. 63	2. 49	2. 59	2. 67	2. 62	2. 59	2. 62	2. 72	2. 70
甘　肃	1. 00	0. 99	0. 92	0. 88	0. 90	0. 88	0. 89	0. 90	0. 93	0. 95
青　海	0. 34	0. 35	0. 33	0. 31	0. 31	0. 30	0. 30	0. 29	0. 30	0. 30
宁　夏	0. 40	0. 42	0. 41	0. 41	0. 41	0. 38	0. 39	0. 40	0. 42	0. 42
新　疆	1. 36	1. 36	1. 24	1. 28	1. 33	1. 38	1. 36	1. 40	1. 47	1. 53
合　计	100	100	100	100	100	100	100	100	100	100

表 A-8 各地区生产总值增长率 (%)

地 区	2014 年	2015 年	2016 年	2017 年	2018 年	2019 年	2020 年	2021 年	2022 年	2023 年
北 京	12.6	7.9	11.5	9.1	8.2	16.7	1.2	8.5	0.7	5.2
天 津	16.4	5.2	8.1	3.7	1.4	-25.0	1.5	6.6	1.0	4.3
河 北	10.6	1.3	7.6	6.1	5.9	-2.5	3.9	6.5	3.8	5.5
山 西	11.1	0.0	2.2	19.0	8.3	1.2	3.6	9.1	4.4	5.0
内蒙古	15.1	0.3	1.7	-11.2	7.4	-0.4	0.2	6.3	4.2	7.3
辽 宁	13.5	0.1	-22.4	5.2	8.1	-1.6	0.6	5.8	2.1	5.3
吉 林	13.7	1.9	5.1	1.1	0.9	-22.2	2.4	6.6	-1.9	6.3
黑龙江	10.6	0.3	2.0	3.4	2.9	-16.8	1.0	6.1	2.7	2.6
上 海	9.5	6.6	12.2	8.7	6.7	16.8	1.7	8.1	-0.2	5.0
江 苏	13.7	7.7	10.4	11.0	7.8	7.6	3.7	8.6	2.8	5.8
浙 江	11.1	6.8	10.2	9.6	8.6	11.0	3.6	8.5	3.1	6.0
安 徽	15.4	5.5	10.9	10.7	11.1	23.7	3.9	8.3	3.5	5.8
福 建	14.3	8.0	10.9	11.7	11.3	18.4	3.3	8.0	4.7	4.5
江 西	16.1	6.4	10.6	8.1	9.9	12.6	3.8	8.8	4.7	4.1
山 东	11.5	6.0	8.0	6.8	5.3	-7.1	3.6	8.3	3.9	6.0
河 南	11.4	5.9	9.4	10.1	7.9	12.9	1.3	6.3	3.1	4.1
湖 北	16.0	7.9	10.5	8.6	11.0	16.4	-5.0	12.9	4.3	6.0
湖 南	16.0	6.9	9.2	7.5	7.4	9.1	3.8	7.7	4.5	4.6
广 东	11.3	7.4	11.0	10.9	8.4	10.7	2.3	8.0	1.9	4.8
广 西	14.1	7.2	9.0	1.1	9.9	4.3	3.7	7.5	2.9	4.1
海 南	15.8	5.8	9.5	10.1	8.3	9.9	3.5	11.2	0.2	9.2
重 庆	18.9	10.2	12.9	9.5	4.8	15.9	3.9	8.3	2.6	6.1
四 川	14.9	5.3	9.6	12.3	10.0	14.6	3.8	8.2	2.9	6.0
贵 州	18.6	13.3	12.1	15.0	9.3	13.3	4.5	8.1	1.2	4.9
云 南	14.6	6.3	8.6	10.7	9.2	29.9	4.0	7.3	4.3	4.4
西 藏	15.1	11.5	12.2	13.9	12.7	14.9	7.8	6.7	1.1	9.5
陕 西	17.3	1.9	7.6	12.9	11.6	5.5	2.2	6.5	4.3	4.3
甘 肃	13.8	-0.7	6.0	3.6	10.5	5.7	3.9	6.9	4.5	6.4
青 海	15.8	4.9	6.4	2.0	9.2	3.5	1.5	5.7	2.3	5.3
宁 夏	16.8	5.8	8.8	8.7	7.6	1.2	3.9	6.7	4.0	6.6
新 疆	14.4	0.6	3.5	12.8	12.1	11.5	3.4	7.0	3.2	6.8

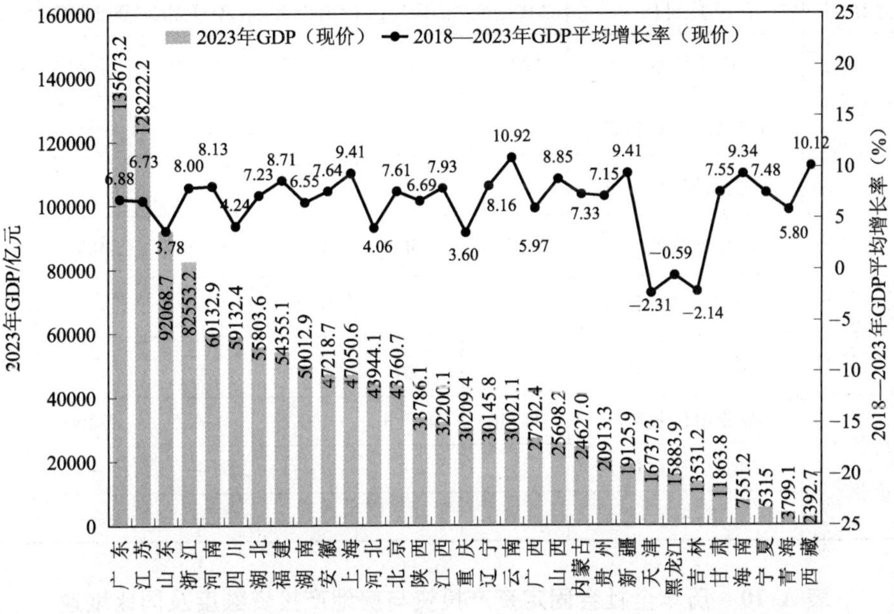

图 A-7　2023 年分地区 GDP 总值及 2018—2023 年 GDP 平均增长率

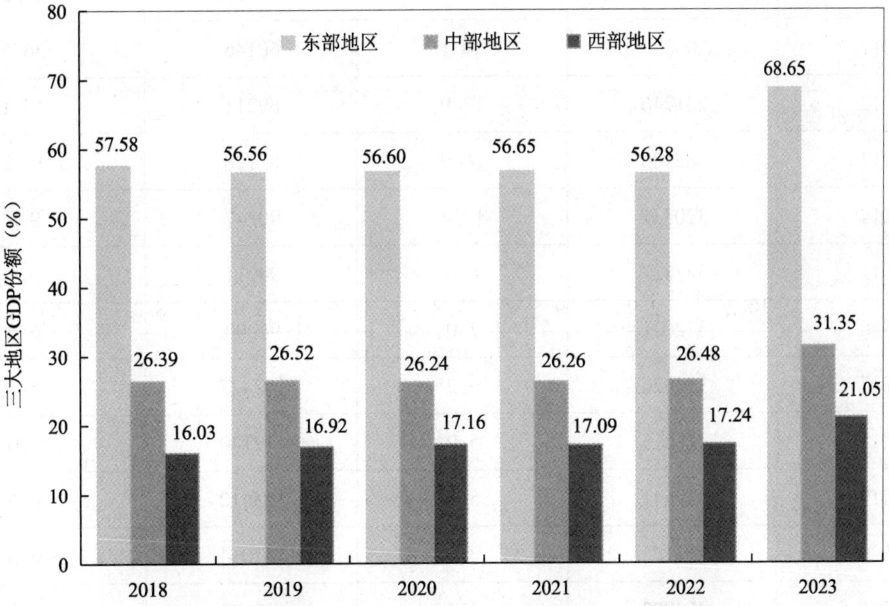

图 A-8　2018—2023 年三大地区 GDP 份额对比

表 A-9 全部国有及规模以上非国有工业企业总产值（当年价）

企业分类	项 目	2018 年	2019 年	2020 年	2021 年	2022 年	2023 年
国有及国有控股工业企业	企业单位数/个	19250	20683	22072	25180	27065	28688
	工业总产值/亿元	—	—	—	—	—	—
	工业增加值/亿元	—	—	—	—	—	—
私营工业企业	企业单位数/个	235424	243640	286430	325752	349269	368946
	工业总产值/亿元	—	—	—	—	—	—
	工业增加值/亿元	—	—	—	—	—	—
“三资”工业企业	企业单位数/个	47736	43588	43026	43455	43260	41488
	工业总产值/亿元	—	—	—	—	—	—
	工业增加值/亿元	—	—	—	—	—	—

表 A-10 历年全社会固定资产投资与房地产投资额度及同比增速

年份	全社会固定资产投资		房地产开发投资	
	额度/亿元	同比增速（%）	额度/亿元	同比增速（%）
2010	218834	20.4	47562	31.2
2011	205036	20.1	60146	26.5
2012	241746	17.9	69211	15.1
2013	282486	16.9	82198	18.8
2014	320331	13.4	90247	9.8
2015	347827	8.6	90911	0.7
2016	372021	7.0	96900	6.6
2017	394926	6.2	103427	6.7
2018	418215	5.9	112740	9.0
2019	439541	5.1	123610	9.6
2020	451155	2.6	132014	6.8
2021	473003	4.8	137633	4.3
2022	495966	4.9	123848	−10.0
2023	509708	2.8	112142	−9.5

表 A-11　2014—2023 年各地区工业产值占地区生产总值的比例　　（%）

地 区	2014 年	2015 年	2016 年	2017 年	2019 年	2020 年	2021 年	2022 年	2023 年
全 国	36.2	34.1	32.9	33.1	31.6	30.9	32.6	33.2	11.4
北 京	17.6	16.1	15.7	15.3	12.0	11.7	14.1	12.1	32.0
天 津	45.0	42.2	38.0	37.0	31.2	29.7	33.3	33.1	31.8
河 北	45.3	42.4	41.7	40.4	32.8	31.9	34.9	34.6	47.7
山 西	42.9	34.1	31.8	37.2	38.6	38.1	45.0	49.8	40.2
内蒙古	44.5	43.4	39.9	31.7	32.0	32.0	38.6	41.9	33.8
辽 宁	44.2	39.3	30.6	31.2	32.8	31.6	33.9	35.3	27.4
吉 林	46.5	43.5	41.1	40.5	28.5	28.4	29.0	28.6	25.0
黑龙江	31.8	26.9	23.7	21.0	24.2	23.0	24.6	26.8	23.0
上 海	31.2	28.5	26.8	27.4	25.3	25.0	24.8	24.2	38.4
江 苏	41.4	39.9	39.4	39.6	38.0	36.7	38.4	39.5	35.6
浙 江	41.7	40.1	39.5	37.6	36.6	35.1	36.7	37.2	29.8
安 徽	45.4	42.1	41.3	40.4	30.9	30.1	30.5	30.6	34.1
福 建	43.3	41.6	40.6	39.4	38.1	35.9	36.4	37.0	34.7
江 西	43.6	41.4	39.0	38.9	36.2	34.8	36.4	36.7	31.7
山 东	42.6	41.1	40.6	39.5	32.3	31.6	32.8	32.9	28.6
河 南	45.2	42.8	42.1	41.4	33.9	32.3	31.9	31.9	29.3
湖 北	40.2	39.0	38.4	36.8	35.1	32.8	31.4	32.7	29.1
湖 南	39.8	37.9	35.9	35.0	29.3	29.6	30.7	30.9	35.9
广 东	43.0	41.6	40.4	39.3	36.6	35.1	36.3	37.0	25.4
广 西	38.7	37.8	37.2	31.4	24.9	23.6	24.6	25.8	11.4
海 南	14.7	13.1	11.9	11.8	11.1	9.7	10.6	11.3	27.6
重 庆	36.3	35.4	34.9	33.9	28.2	28.0	28.3	28.4	27.8
四 川	41.5	36.7	33.6	31.3	28.7	27.6	28.6	28.9	27.2
贵 州	33.9	31.6	31.6	31.5	27.1	25.8	27.3	27.2	24.0
云 南	30.4	28.3	26.3	25.0	22.8	22.3	24.1	24.9	10.5
西 藏	7.2	6.8	7.5	7.8	7.8	7.6	9.1	9.4	39.2
陕 西	45.2	40.8	39.2	39.7	37.3	33.8	37.8	40.2	28.6
甘 肃	33.1	26.2	24.4	23.6	26.6	25.4	27.8	29.4	33.5
青 海	41.4	37.0	35.1	29.6	27.6	26.1	28.5	34.0	40.1
宁 夏	35.4	33.6	33.3	31.8	33.9	32.7	37.1	41.3	33.6
新 疆	34.3	29.4	27.7	29.9	28.4	26.3	29.4	33.9	11.4

注：2018 年未公布工业产值数据。

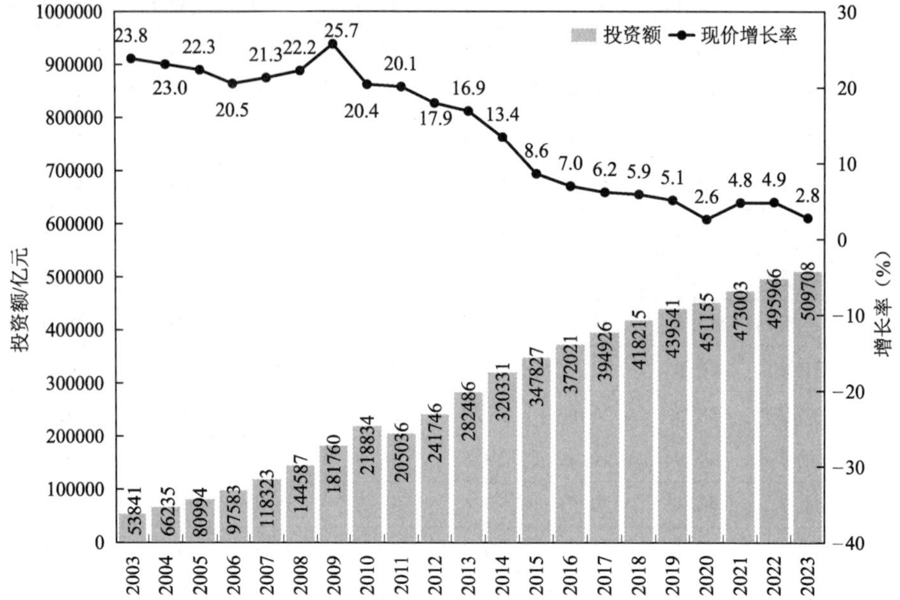

图 A-9　2003—2023 年固定资产投资完成情况

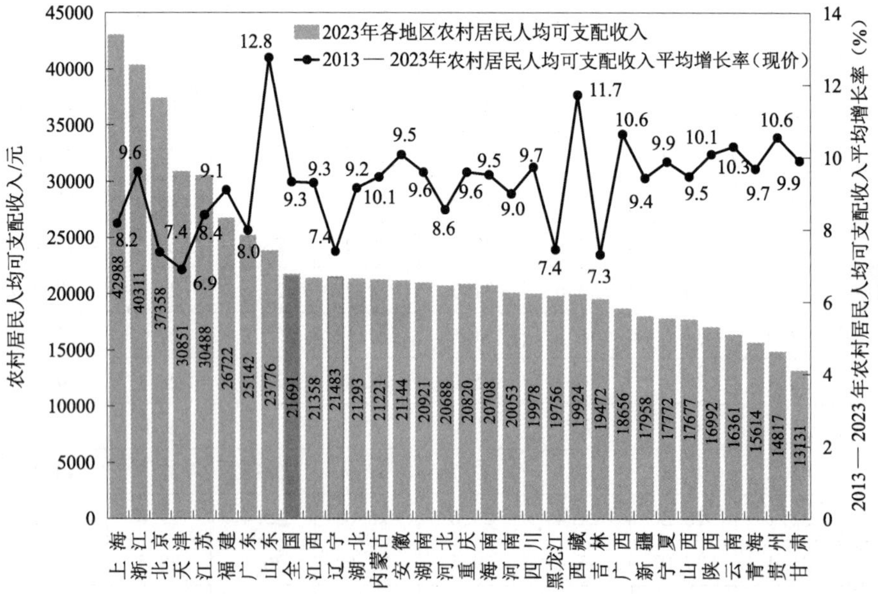

图 A-10　2023 年各地区农村居民人均可支配收入及 2013—2023 年
农村居民人均可支配收入平均增长率

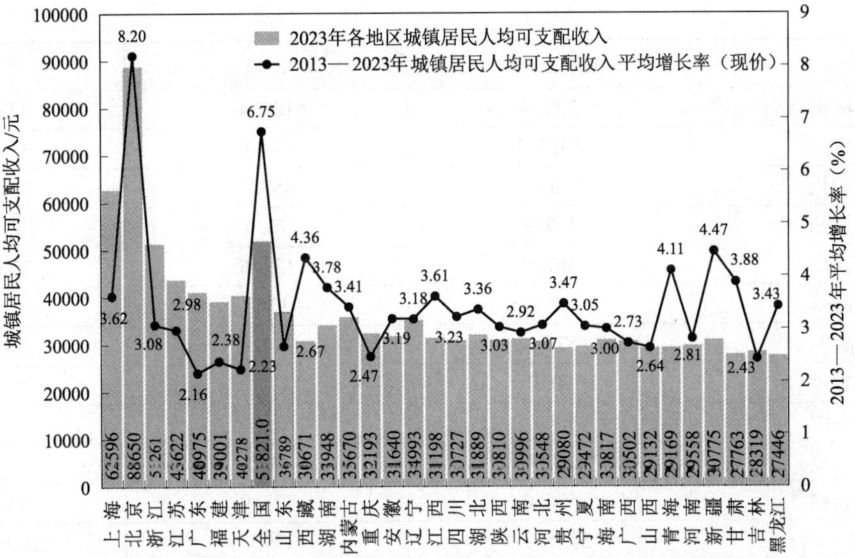

图 A-11　2023 年各地区城镇居民人均可支配收入

表 A-12　2023 年分地区货物进出口总额（按收发货人所在地分）

（单位：亿美元）

地　区	进出口	出口	进口
北京	5184. 8	852. 6	4332. 2
天津	1138. 9	516. 8	622. 1
河北	827. 9	497. 9	330. 0
山西	240. 0	149. 0	91. 0
内蒙古	278. 3	110. 8	167. 5
辽宁	1090. 6	502. 7	587. 9
吉林	238. 0	88. 9	149. 1
黑龙江	423. 8	107. 9	315. 9
上海	5992. 3	2470. 4	3521. 9
江苏	7461. 5	4793. 9	2667. 6
浙江	6967. 7	5072. 6	1895. 1
安徽	1144. 1	743. 4	400. 7
福建	2807. 6	1672. 5	1135. 1
江西	810. 8	561. 0	249. 8
山东	4643. 8	2761. 6	1882. 2
河南	1151. 7	750. 1	401. 6
湖北	915. 3	614. 8	300. 5
湖南	879. 8	572. 1	307. 7
广东	11799. 2	7729. 3	4069. 9
广西	981. 8	513. 9	467. 9

（续）

地　区	进出口	出口	进口
海南	329.3	105.4	223.9
重庆	1014.3	679.4	334.9
四川	1358.8	857.7	501.1
贵州	107.8	73.9	33.9
云南	367.8	131.5	236.3
西藏	15.4	13.8	1.6
陕西	575.4	374.4	200.9
甘肃	70.0	17.6	52.4
青海	69.0	4.2	2.7
宁夏	29.3	21.4	7.9
新疆	506.8	428.9	77.9
合　计	59359.8	33790.4	25569.4

表 A-13　2014—2024 年各季度各层次货币供应量

年份	季　度	广义货币供应量 M2		狭义货币供应量 M1		流通中的现金 M0	
		季末余额/亿元	同比增长率（%）	季末余额/亿元	同比增长率（%）	季末余额/亿元	同比增长率（%）
2014	第 1 季度	1160687.38	12.05	327683.74	5.40	58329.3	5.17
	第 2 季度	1209587.20	14.72	341487.45	8.93	56951.05	5.34
	第 3 季度	1202051.41	11.57	327220.21	4.77	58844.99	4.16
	第 4 季度	1228374.81	11.01	348056.41	3.19	60259.53	2.88
2015	第 1 季度	1275332.78	9.88	337210.52	2.91	61949.81	6.21
	第 2 季度	1333375.36	10.23	356082.86	4.27	58604.26	2.90
	第 3 季度	1359824.06	13.13	364416.90	11.37	61022.97	3.70
	第 4 季度	1392278.11	13.34	400953.44	15.20	63216.58	4.91
2016	第 1 季度	1275332.78	0.00	411581.31	22.05	64651.21	4.36
	第 2 季度	1490491.83	11.78	443634.70	24.59	62818.89	7.19
	第 3 季度	1516360.50	11.51	454340.25	24.68	65068.62	6.63
	第 4 季度	1550066.67	11.33	486557.24	21.35	68303.87	8.05
2017	第 1 季度	1599609.57	25.43	488770.09	18.75	68605.05	6.12
	第 2 季度	1631282.53	9.45	510228.17	15.01	66977.68	6.62
	第 3 季度	1655662.07	9.19	517863.04	13.98	69748.54	7.19
	第 4 季度	1676768.54	8.17	543790.15	11.76	70645.60	3.43

（续）

年份	季　度	广义货币供应量 M2		狭义货币供应量 M1		流通中的现金 M0	
		季末余额/亿元	同比增长率（%）	季末余额/亿元	同比增长率（%）	季末余额/亿元	同比增长率（%）
2018	第 1 季度	1739859.48	8.77	523540.07	7.11	72692.63	5.96
	第 2 季度	1770178.37	8.51	543944.71	6.61	69589.33	3.90
	第 3 季度	1801665.58	8.82	538574.08	4.00	71254.26	2.16
	第 4 季度	1826744.22	8.94	551685.91	1.45	73208.40	3.63
2019	第 1 季度	1889412.14	8.60	547575.54	4.59	74941.58	3.09
	第 2 季度	1921360.19	8.54	567696.18	4.37	72580.96	4.30
	第 3 季度	1952250.49	8.36	557137.95	3.45	74129.75	4.04
	第 4 季度	1986488.82	8.74	576009.15	4.41	77189.47	5.44
2020	第 1 季度	2080923.41	10.14	575050.29	5.02	83022.21	10.78
	第 2 季度	2134948.66	11.12	604317.97	6.45	79459.41	9.48
	第 3 季度	2164084.80	10.85	602312.12	8.11	82370.87	11.12
	第 4 季度	2186795.89	10.08	625580.99	8.61	84314.53	9.23
2021	第 1 季度	2276488.45	9.40	616113.17	7.14	86543.64	4.24
	第 2 季度	2317788.36	8.56	637479.36	5.49	84346.97	6.15
	第 3 季度	2342829.70	8.26	624645.68	3.71	86867.09	5.46
	第 4 季度	2382899.56	8.97	647443.35	3.49	90825.15	7.72
2022	第 1 季度	2497688.34	9.72	645063.80	4.70	95141.92	9.94
	第 2 季度	2581451.20	11.38	674374.81	5.79	96011.17	13.83
	第 3 季度	2626600.92	12.11	664535.17	6.39	98672.06	13.59
	第 4 季度	2664320.84	11.81	671674.76	3.74	104706.03	15.28
2023	第 1 季度	2814566.31	12.69	678059.63	5.12	105591.30	10.98
	第 2 季度	2873023.83	11.29	695595.48	3.15	105419.20	9.80
	第 3 季度	2896659.11	10.28	678443.65	2.09	109253.22	10.72
	第 4 季度	2922713.33	9.70	680542.52	1.32	113444.64	8.35
2024	第 1 季度	3047952.16	8.29	685808.90	1.14	117210.50	11.00
	第 2 季度	3050161.54	6.17	660610.52	-5.03	117736.77	11.68
	第 3 季度	3094798.24	6.84	628236.54	-7.40	121830.00	11.51
	第 4 季度	3135322.30	7.27	670959.41	-1.41	128194.16	13.00

注：1. 自 2011 年 10 月起，货币供应量包括住房公积金中心存款和非存款类金融机构在存款类金融机构的存款。

2. 自 2022 年 12 月起，“流通中的现金 M0” 包含流通中数字人民币。

3. 数据来源于中国人民银行调查统计司网站。

表 A-14 各地区农村居民家庭人均可支配收入 （单位：元）

地区	2014 年	2015 年	2016 年	2017 年	2018 年	2019 年	2020 年	2021 年	2022 年	2023 年
全国平均	10488.9	11421.7	12363.4	13432.4	14617.0	16020.7	17131.5	18930.9	20132.8	21691.0
北京	18867.3	20568.7	22309.5	24240.5	26490.3	28928.4	30125.7	33302.7	34753.8	37358.0
天津	17014.2	18481.6	20075.6	21753.7	23065.2	24804.1	25690.6	27954.5	29017.8	30851.0
河北	10186.1	11050.5	11919.4	12880.9	14030.9	15373.1	16467.0	18178.9	19364.2	20688.0
山西	8809.4	9453.9	10082.5	10787.5	11750.0	12902.4	13878.0	15308.3	16322.7	176776.0
内蒙古	9976.3	10775.9	11609.0	12584.3	13802.6	15282.8	16566.9	18336.8	19640.9	21221.0
辽宁	11191.5	12056.9	12880.7	13746.8	14656.3	16108.3	17450.3	19216.6	19908.0	21483.0
吉林	10780.1	11326.2	12122.9	12950.4	13748.2	14936.0	16067.0	17641.7	18134.5	19472.0
黑龙江	10453.2	11095.2	11831.9	12664.8	13803.7	14982.1	16168.4	17889.3	18577.4	19756.0
上海	21191.6	23205.2	25520.4	27825.0	30374.7	33195.2	34911.3	38520.7	39729.4	42988.0
江苏	14958.4	16256.7	17605.6	19158.0	20845.1	22675.4	24198.5	26790.8	28486.5	30488.0
浙江	19373.3	21125.0	22866.1	24955.8	27302.4	29875.8	31930.5	35247.4	37565.0	40311.0
安徽	9916.4	10820.7	11720.5	12758.2	13996.0	15416.0	16620.2	18371.7	19574.9	21144.0
福建	12650.2	13792.7	14999.2	16334.8	17821.2	19568.4	20880.3	23228.9	24986.6	26722.0
江西	10116.6	11139.1	12137.7	13241.8	14459.9	15796.3	16980.8	18684.2	19936.0	21358.0
山东	11882.3	12930.4	13954.1	15117.5	16297.0	17775.5	18753.2	20793.9	22109.9	23776.0
河南	9966.1	10852.9	11696.7	12719.2	13830.7	15163.7	16107.9	17533.3	18697.3	20053.0
湖北	10849.1	11843.9	12725.0	13812.1	14977.8	16390.9	16305.9	18259.0	19709.5	21293.0
湖南	10060.2	10992.5	11930.4	12935.8	14092.5	15394.8	16584.6	18295.2	19546.3	20921.0
广东	12245.6	13360.4	14512.2	15779.7	17167.7	18818.4	20143.4	22306.0	23597.8	25142.0
广西	8683.2	9466.6	10359.5	11325.5	12434.8	13675.7	14814.9	16362.9	17432.7	18656.0
海南	9912.6	10857.6	11842.9	12901.8	13988.9	15113.1	16278.8	18076.3	19117.4	20708.0
重庆	9489.8	10504.7	11548.8	12637.9	13781.2	15133.3	16361.4	18099.6	19312.7	20820.0
四川	9347.7	10247.4	11203.1	12226.9	13331.4	14670.1	15929.1	17575.3	18672.4	19978.0
贵州	6671.2	7386.9	8090.3	8869.1	9716.1	10756.3	11642.3	12856.1	13706.7	14817.0
云南	7456.1	8242.1	9019.8	9862.2	10767.9	11902.4	12841.9	14197.3	15146.9	16361.0
西藏	7359.2	8243.7	9093.8	10330.2	11449.8	12951.0	14598.4	16932.3	18209.5	19924.0
陕西	7932.2	8688.9	9396.4	10264.5	11212.8	12325.7	13316.5	14744.8	15704.3	16992.0
甘肃	6276.6	6936.2	7456.9	8076.1	8804.1	9628.9	10344.3	11432.8	12165.2	13131.0
青海	7282.7	7933.4	8664.4	9462.3	10393.3	11499.4	12342.5	13604.2	14456.2	15614.0
宁夏	8410.0	9118.7	9851.6	10737.9	11707.6	12858.4	13889.4	15336.6	16430.3	17772.0
新疆	8723.8	9425.1	10183.2	11045.3	11974.5	13121.7	14056.1	15575.3	16549.9	17948.0

表 A-15　各地区城镇居民家庭人均可支配收入　（单位：元）

地　区	2014 年	2015 年	2016 年	2017 年	2018 年	2019 年	2020 年	2021 年	2022 年	2023 年
全国平均	28843.9	31194.8	33616.2	36396.2	39250.8	42358.8	43833.8	47411.9	49282.9	51821.0
北　京	48531.8	52859.2	57275.3	62406.3	67989.9	73848.5	75601.5	81517.5	84023.1	88650.0
天　津	31506.0	34101.3	37109.6	40277.5	42976.3	46118.9	47658.5	51485.7	53003.2	55355.0
河　北	24141.3	26152.2	28249.4	30547.8	32977.2	35737.7	37285.7	39791.0	41277.7	43631.0
山　西	24069.4	25827.7	27352.3	29131.8	31034.8	33262.4	34792.7	37433.1	39532.0	41327.0
内蒙古	28349.6	30594.1	32974.9	35670.0	38304.7	40782.5	41353.1	44376.9	46295.4	48676.0
辽　宁	29081.7	31125.7	32876.1	34993.4	37341.9	39777.2	40375.9	43050.8	44002.6	45896.0
吉　林	23217.8	24900.9	26530.4	28318.7	30171.9	32299.2	33395.7	35645.8	35470.9	37503.0
黑龙江	22609.0	24202.6	25736.4	27446.0	29191.3	30944.6	31114.7	33646.1	35042.1	36492.0
上　海	48841.4	52961.9	57691.7	62595.7	68033.6	73615.3	76437.3	82428.9	84034.0	89477.0
江　苏	34346.3	37173.5	40151.6	43621.8	47200.0	51056.1	53101.7	57743.5	60178.1	63211.0
浙　江	40392.7	43714.5	47237.2	51260.7	55574.3	60182.3	62699.3	68486.8	71267.9	74997.0
安　徽	24838.5	26935.8	29156.0	31640.3	34393.1	37540.0	39442.1	43008.7	45133.2	47446.0
福　建	30722.4	33275.3	36014.3	39001.4	42121.3	45620.5	47160.3	51140.5	53817.1	56153.0
江　西	24309.2	26500.1	28673.3	31198.1	33819.4	36545.9	38555.8	41684.4	43696.5	45554.0
山　东	29221.9	31545.3	34012.1	36789.4	39549.4	42329.2	43726.3	47066.4	49049.7	51571.0
河　南	23672.1	25575.6	27232.9	29557.9	31874.2	34201.0	34750.3	37094.8	38483.7	40234.0
湖　北	24852.3	27051.5	29385.8	31889.4	34454.6	37601.4	36705.7	40277.8	42625.8	44990.0
湖　南	26570.2	28838.1	31283.9	33947.9	36698.3	39841.9	41697.5	44866.1	47301.2	49243.0
广　东	32148.1	34757.2	37684.3	40975.1	44341.0	48117.6	50257.0	54853.6	56905.3	59307.0
广　西	24669.0	26415.9	28324.4	30502.1	32436.1	34744.9	35859.3	38529.9	39703.0	41287.0
海　南	24486.5	26356.4	28453.5	30817.4	33348.7	36016.7	37097.0	40213.2	40117.5	42661.0
重　庆	25147.2	27238.8	29610.0	32193.2	34889.3	37938.6	40006.2	43502.5	45508.9	47435.0
四　川	24234.4	26205.3	28335.3	30726.9	33215.9	36153.7	38253.1	41443.8	43233.3	45227.0
贵　州	22548.2	24579.6	26742.6	29079.8	31591.9	34404.2	36096.2	39211.2	41085.7	42772.0
云　南	24299.0	26373.2	28610.6	30995.9	33487.9	36237.7	37499.5	40904.9	42167.9	43563.0
西　藏	22015.8	25456.6	27802.4	30671.1	33797.4	37410.0	41156.4	46503.3	48752.9	51900.0
陕　西	24365.8	26420.2	28440.1	30810.3	33319.3	36098.2	37868.2	40713.1	42431.3	44713.0
甘　肃	21803.9	23767.1	25693.5	27763.4	29957.0	32323.4	33821.8	36187.3	37572.4	39833.0
青　海	22306.6	24542.3	26757.4	29168.9	31514.5	33830.3	35505.8	37745.3	38735.8	40408.0
宁　夏	23284.6	25186.0	27153.0	29472.3	31895.2	34328.5	35719.6	38290.7	40193.7	42395.0
新　疆	23214.0	26274.7	28463.4	30774.8	32763.5	34663.7	34838.4	37642.4	38410.2	40578.0

表 A-16 2023 年底各地区分等级公路里程 （单位：km）

地 区	公路里程	等级公路	其中			等外公路
			高速	一级	二级	
北 京	22433	22433	1211	1458	4020	—
天 津	15221	15221	1358	1432	1993	—
河 北	211107	211107	8408	8083	22380	—
山 西	146545	146115	6188	3147	15824	430
内蒙古	219407	216120	7863	9213	22458	3287
辽 宁	132371	129772	4409	4328	19021	2599
吉 林	110465	107881	4644	2271	10072	2584
黑龙江	169273	147940	5037	3494	12739	21333
上 海	12989	12989	881	466	3923	—
江 苏	158734	158734	5128	16543	24005	—
浙 江	121408	121408	5510	9349	11159	—
安 徽	239129	239106	5804	7098	14153	23
福 建	115645	105713	5964	1667	11969	9932
江 西	209560	205380	6742	3221	12556	4180
山 东	293411	293411	8433	12993	27029	—
河 南	281101	279937	8321	5227	31979	1164
湖 北	307566	305336	7849	8591	25053	2231
湖 南	242769	232205	7530	3254	16976	10564
广 东	223391	223383	11481	13710	18066	8
广 西	183618	179629	9067	2074	17265	3989
海 南	41817	41737	1399	507	2346	80
重 庆	186598	177545	4142	1310	9677	9054
四 川	418254	409359	9806	5278	18778	88951
贵 州	219839	204918	8784	1565	11337	14920
云 南	329344	315819	10466	1780	13315	13525
西 藏	122712	106416	407	587	1112	16296
陕 西	187831	180259	6735	2408	10484	7572
甘 肃	158219	155294	6181	17721	11187	2925
青 海	89416	79421	4022	987	9235	9995
宁 夏	38739	38739	2122	2019	4385	—
新 疆	227934	206728	7757	4001	24251	21205
合 计	5436845	5270055	183645	155782	438746	246847

表 A-17　历年货运量及货物周转量

年　份	货运量/万 t		公路比例（%）	货物周转量/亿 t · km		公路比例（%）
	全社会	公路		全社会	公路	
2006	2037060	1466347	71.98	88840	9754.2	10.98
2007	2275822	1639432	72.04	101419	11354.7	11.20
2008	2585937	1916759	74.12	110300	32868.2	29.80
2009	2825222	2127834	75.32	122133	37188.8	30.45
2010	3241807	2448052	75.52	141837	43389.7	30.59
2011	3696961	2820100	76.28	159324	51374.7	32.25
2012	4100436	3188475	77.76	173804	59534.9	34.25
2013	4098900	3076648	75.06	168014	55738.1	33.17
2014	4167296	3113334	74.71	181668	56846.9	31.29
2015	4175886	3150019	75.43	178356	57955.7	32.49
2016	4386763	3341259	76.17	186629	61080.1	32.73
2017	4804850	3686858	76.73	197373	66771.5	33.83
2018	5152732	3956871	76.79	204686	71249.2	34.81
2019	4713624	3435480	72.88	199394	59636.4	29.91
2020	4725862	3426413	72.50	201946	60171.8	29.80
2021	5298499	3913889	73.87	223600	69087.7	30.90
2022	5152571	3711928	72.04	231783	68958.0	29.75
2023	5570636	4033681	72.41	247745	73950.2	29.85

注：数据来源于 2024 年的《中国统计年鉴》。

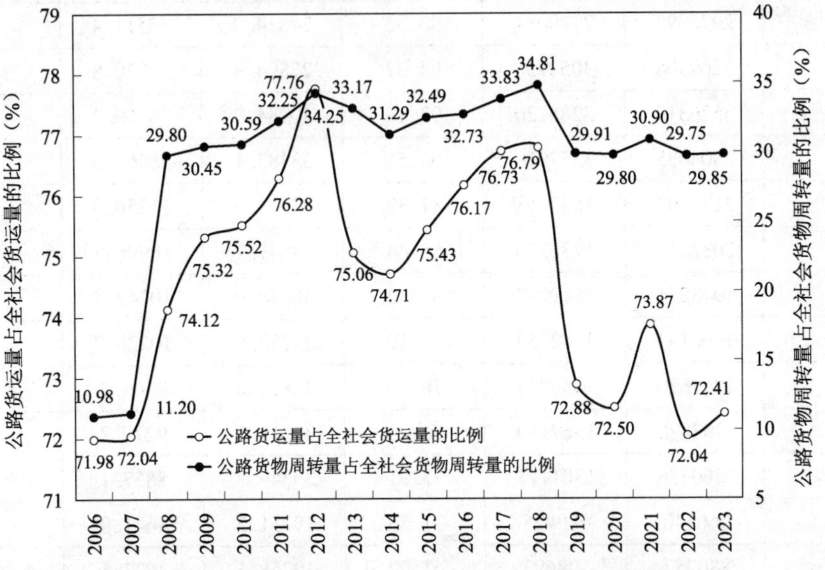

图 A-12　2006—2023 年公路货运地位变化曲线图

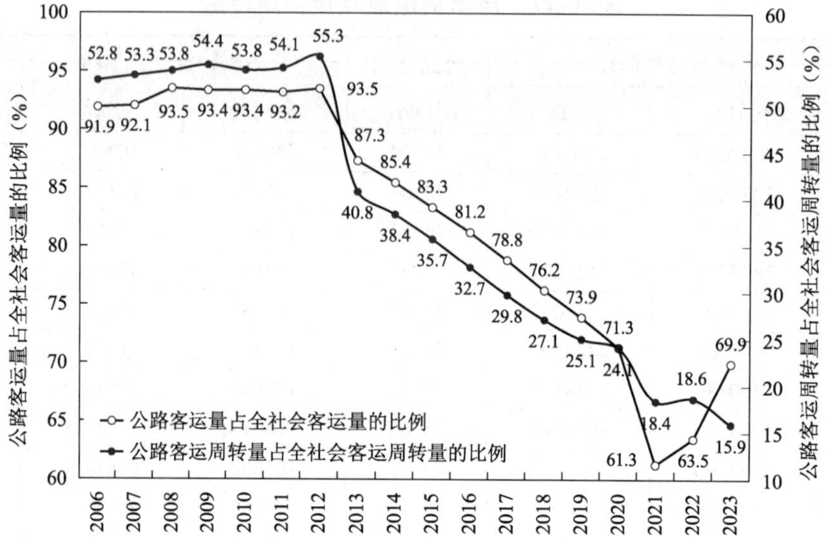

图 A-13　2006—2023 年公路客运地位变化曲线图

表 A-18　历年客运量及客运周转量

年份	客运量/万人		公路比例（%）	客运周转量/亿人·km		公路比例（%）
	全社会	公路		全社会	公路	
2006	2024158	1860487	91.91	19197.2	10130.8	52.77
2007	2227761	2050680	92.05	21592.6	11506.8	53.29
2008	2867892	2682114	93.52	23196.7	12476.1	53.78
2009	2976898	2779081	93.35	24834.9	13511.4	54.40
2010	3269508	3052738	93.37	27894.3	15020.8	53.85
2011	3526319	3286220	93.19	30984.0	16760.2	54.09
2012	3804035	3557010	93.51	33383.1	18467.5	55.32
2013	2122992	1853463	87.30	27571.7	11250.9	40.81
2014	2032218	1736270	85.44	28647.1	10996.8	38.39
2015	1943271	1619097	83.32	30058.9	10742.7	35.74
2016	1900194	1542759	81.19	31258.5	10228.7	32.72
2017	1848620	1456784	78.80	32812.8	9765.2	29.76
2018	1793820	1367170	76.22	34218.2	9279.7	27.12
2019	1760436	1301173	73.91	35349.2	8857.1	25.06
2020	966540	689425	71.33	19251.5	4641.0	24.11
2021	830257	508693	61.27	19758.1	3627.5	18.36
2022	558738	354643	63.47	12921.5	2407.5	18.63
2023	1574331	1101153	69.94	29832.2	4740	15.89

表 A-19　各地区公路货运量　（单位：万 t）

地　区	2014 年	2015 年	2016 年	2017 年	2018 年	2019 年	2020 年	2021 年	2022 年	2023 年
北　京	25416	19044	19972	19374	20278	22325	21789	23075	18549	19399
天　津	31130	30551	32841	34720	34711	31250	32261	34527	30382	33742
河　北	185286	175637	189822	207340	226334	211461	211942	227203	196727	217492
山　西	88491	91240	102200	114880	126214	100847	98206	114698	107024	121751
内蒙古	126704	119500	130613	147483	160018	110874	109002	132847	126709	146372
辽　宁	189174	172140	177371	184273	189737	144556	138569	152596	139403	153305
吉　林	41830	38708	40777	44728	46520	37217	38274	47675	40813	49034
黑龙江	47173	44200	42897	44127	42943	37623	35521	42086	38616	41619
上　海	42848	40627	39055	39743	39595	50656	46051	52899	44846	50436
江　苏	114449	113351	117166	128915	139251	164578	174624	186708	159936	183485
浙　江	117070	122547	133999	151920	166533	177683	189582	213653	205935	222803
安　徽	315223	230649	244526	280471	283817	235269	243529	259044	245982	260939
福　建	82573	79802	85770	95599	96576	87317	91137	110777	106939	110497
江　西	137782	115436	122872	138074	157646	135554	141899	181024	178366	188006
山　东	230018	227934	249752	288052	312807	266124	267230	291196	276906	285567
河　南	179680	172431	184255	207066	235183	190883	193632	226447	230055	251333
湖　北	116279	115801	122656	147711	163145	143549	114346	161310	144979	173045
湖　南	172613	172248	178968	198806	204389	165096	176442	198423	186123	200674
广　东	257136	255995	272826	288904	304743	239744	231170	267489	242474	252809
广　西	134330	119194	128247	139602	153389	142751	145323	169019	163219	172005
海　南	11015	11279	10879	11223	12052	6770	6853	7608	6844	7774
重　庆	81206	86931	89390	95019	107064	89965	99679	121185	111915	117584
四　川	142132	138622	146046	158190	173324	162668	157598	171377	172329	185814
贵　州	78017	77341	82237	89298	95354	76205	79412	89154	87870	95909
云　南	103161	101993	109487	124064	135321	117145	115620	129090	139217	137540
西　藏	1871	2077	1906	2148	2363	3969	4039	4502	3934	4954
陕　西	119343	107731	113363	123721	130823	109801	116057	122716	121188	134102
甘　肃	50781	52281	54761	60117	64271	58228	61272	69665	64084	69902
青　海	11030	13233	14047	14871	15685	11722	10835	14083	14874	17983
宁　夏	34318	36995	37421	31659	31757	34360	34216	37506	38463	45061
新　疆	64758	64505	65139	74760	85029	69290	40305	54309	67225	82742
合 计	3332838	3150023	3341261	3686858	3956872	3435480	3426415	3913891	3711926	4033678

注：各年数据分别来源于 2014—2024 年的《中国统计年鉴》。

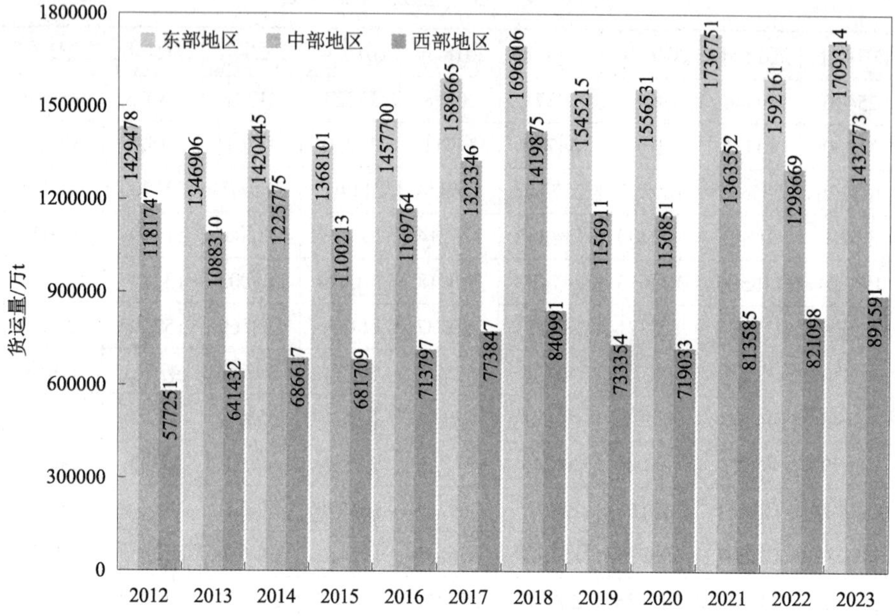

图 A-14　2012—2023 年三大地区公路货运量变化曲线图

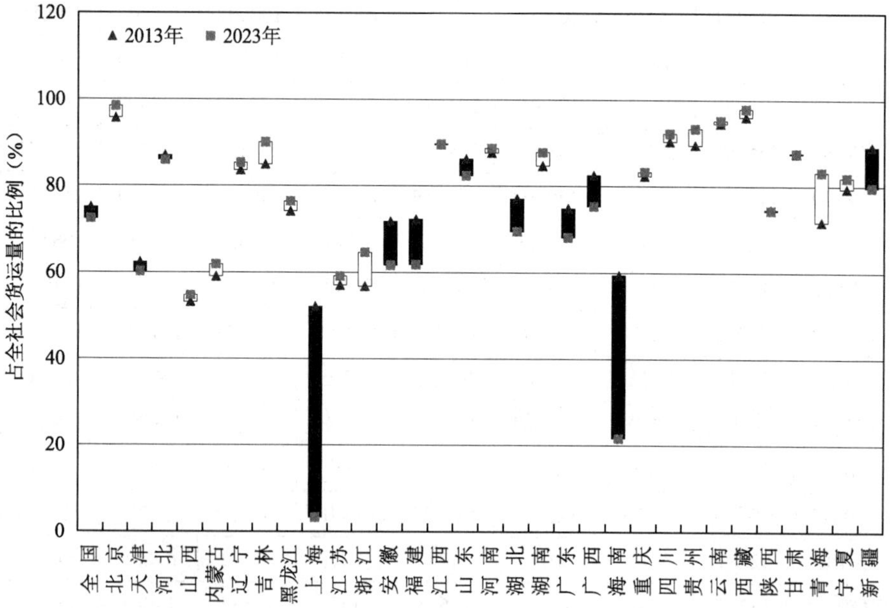

图 A-15　2013 年和 2023 年公路货运量占本地区全社会货运量的比例变化情况

表 A-20　各地区公路货运量占本地区全社会货运量的比例　（%）

地区	2014 年	2015 年	2016 年	2017 年	2018 年	2019 年	2020 年	2021 年	2022 年	2023 年
全国平均	75.97	75.43	76.17	76.73	76.79	72.88	72.45	73.87	72.00	72.40
北京	95.73	94.85	96.32	96.34	97.15	97.88	98.14	98.51	98.10	98.40
天津	62.57	62.63	65.02	67.03	66.47	62.38	61.43	61.18	57.40	60.20
河北	88.25	88.69	90.14	90.60	90.78	87.22	85.69	86.98	84.70	85.90
山西	53.66	56.4	61.17	60.62	59.68	52.47	51.62	52.70	50.60	54.70
内蒙古	66.04	68.24	69.95	69.14	68.82	58.83	61.21	61.51	59.90	61.90
辽宁	85.16	85.21	85.66	85.26	84.95	81.10	82.81	85.14	83.80	85.30
吉林	86.58	89.33	90.50	89.63	89.19	86.16	85.34	88.97	87.80	90.10
黑龙江	78.34	81.13	80.08	78.24	77.81	74.54	72.99	76.36	74.10	76.40
上海	47.62	44.70	44.22	41.04	37.01	41.82	33.17	34.17	31.80	3.30
江苏	58.35	56.96	57.98	58.46	59.72	62.64	63.12	63.36	57.30	59.10
浙江	60.27	60.90	62.16	62.65	61.89	61.48	63.14	65.13	64.00	64.60
安徽	72.58	66.71	67.07	69.52	69.77	63.89	65.03	64.53	62.40	61.70
福建	73.89	71.87	71.27	72.30	70.52	64.96	64.77	66.69	63.20	61.80
江西	90.72	88.56	88.96	89.40	90.45	89.80	90.30	91.11	90.60	89.80
山东	86.98	87.05	87.51	88.09	88.36	85.98	84.29	84.96	82.90	82.40
河南	89.48	89.41	89.41	89.98	90.50	87.15	88.04	88.61	88.50	88.80
湖北	77.13	75.24	75.5	78.52	79.85	76.30	71.28	75.11	69.20	69.50
湖南	85.01	86.25	86.66	88.14	88.88	87.01	87.84	88.40	87.30	87.80
广东	74.86	75.46	74.37	73.63	73.19	66.89	67.09	69.20	68.90	68.10
广西	82.40	79.61	79.78	79.94	80.45	77.99	77.53	78.19	76.50	75.30
海南	46.61	50.61	49.94	52.56	54.68	36.69	33.15	27.18	22.80	21.60
重庆	83.39	83.72	82.79	82.24	83.32	79.64	81.91	83.81	82.60	83.30
四川	89.37	89.67	90.73	91.48	92.50	91.76	91.68	92.98	92.40	92.30
贵州	91.06	91.48	91.86	92.78	93.00	91.37	91.86	91.92	92.50	93.40
云南	95.04	94.78	94.79	95.95	96.20	95.45	95.51	95.62	95.40	95.20
西藏	97.74	97.74	96.71	97.50	97.12	98.62	98.73	98.23	97.70	97.90
陕西	76.01	76.46	76.06	75.87	75.51	70.95	70.23	76.37	73.60	74.40
甘肃	88.72	89.75	90.27	90.81	91.31	91.54	91.13	91.53	87.90	87.60
青海	75.35	82.90	83.21	82.97	82.97	77.85	74.84	79.04	80.50	83.20
宁夏	83.08	86.79	86.50	82.91	81.60	80.83	79.85	79.92	79.10	81.90
新疆	89.73	91.27	90.52	88.58	87.21	82.07	69.72	73.88	76.10	79.70

表 A-21 各地区公路货物周转量 （单位：亿 t · km）

地区	2014 年	2015 年	2016 年	2017 年	2018 年	2019 年	2020 年	2021 年	2022 年	2023 年
北京	165.2	156.4	161.3	159.2	167.4	275.7	265.7	274.4	225.4	256.9
天津	349.0	345.2	372.5	398.0	404.1	599.4	640.1	672.7	604.9	690.0
河北	7019.6	6821.5	7294.6	7899.3	8550.2	8027.2	8103.3	8650.1	7890.3	8472.2
山西	1363.2	1374.8	1452.1	1758.7	1907.8	2691.6	2785.0	3225.7	3164.3	3383.2
内蒙古	2103.5	2240.0	2423.6	2764.5	2985.6	1954.5	1888.8	2218.5	2141.0	2360.4
辽宁	3074.9	2850.7	2936.8	3058.6	3152.3	2662.5	2548.3	2719.5	2777.5	2869.1
吉林	1190.8	1051.2	1084.8	1151.6	1189.2	1262.8	1294.8	1523.8	1276.7	1440.8
黑龙江	1008.5	929.3	904.8	913.5	810.7	795.2	694.0	815.8	846.1	891.4
上海	300.8	289.6	282.0	297.9	299.3	839.2	684.6	1037.3	844.4	895.4
江苏	1978.5	2073.0	2140.3	2377.9	2544.4	3234.8	3524.5	3687.8	3207.6	3459.5
浙江	1419.4	1513.9	1626.8	1821.2	1964.1	2082.1	2210.0	2637.0	2650.4	3142.2
安徽	7392.4	4721.9	4915.7	5179.7	5451.6	3267.6	3412.2	3727.9	3696.0	3792.7
福建	974.8	1020.3	1094.7	1214.1	1289.5	962.5	1021.7	1233.2	1260.6	1319.1
江西	3073.3	3022.7	3147.5	3433.0	3759.9	3040.3	3247.1	3960.1	4086.4	4256.8
山东	5711.4	5877.0	6071.4	6650.2	6859.7	6746.2	6784.4	7517.6	7912.6	7999.4
河南	4822.4	4542.7	4838.5	5341.7	5893.9	5299.8	5572.6	7026.3	7716.2	8183.2
湖北	2340.6	2380.6	2506.9	2741.9	2955.5	2268.1	1639.9	2196.2	2058.8	2424.3
湖南	2578.9	2553.5	2686.6	2990.6	3114.9	1316.7	1350.6	1461.2	1465.0	1574.4
广东	3113.8	3108.8	3381.9	3636.9	3890.3	2564.0	2524.2	2980.5	2710.3	2850.5
广西	2068.5	2122.6	2248.5	2456.7	2683.1	1470.9	1486.9	1873.4	1885.6	2000.4
海南	81.5	78.7	76.1	78.6	84.6	40.8	41.3	44.7	39.5	45.3
重庆	797.8	851.2	935.4	1069.0	1152.8	952.6	1055.5	1155.8	1063.3	1126.6
四川	1510.5	1480.6	1565.3	1676.8	1815.0	1527.6	1617.7	1789.8	1858.0	1983.9
贵州	776.9	782.5	873.2	1008.6	1146.5	548.5	609.8	726.3	722.9	783.9
云南	1002.3	1077.9	1173.1	1360.4	1489.2	1015.2	1101.5	1377.6	1463.4	1538.6
西藏	86.0	96.1	94.5	105.8	116.8	114.5	116.7	118.9	102.8	125.5
陕西	1917.5	1826.8	1925.8	2118.2	2301.4	1731.4	1831.1	1818.7	1871.0	1930.1
甘肃	992.6	912.1	949.6	1048.9	1119.0	979.6	1020.3	1197.4	1690.3	2090.5
青海	234.4	222.1	236.0	253.4	275.7	126.3	124.6	160.5	175.3	209.5
宁夏	530.5	571.8	577.6	500.2	398.2	437.4	483.7	577.7	597.8	665.3
新疆	1037.3	1060.5	1102.2	1306.7	1476.7	801.8	491.1	681.3	953.6	1189.1
合计	61016.8	57956.0	61080.1	66771.8	71249.4	59636.8	60172.0	69087.7	68958.0	73950.2

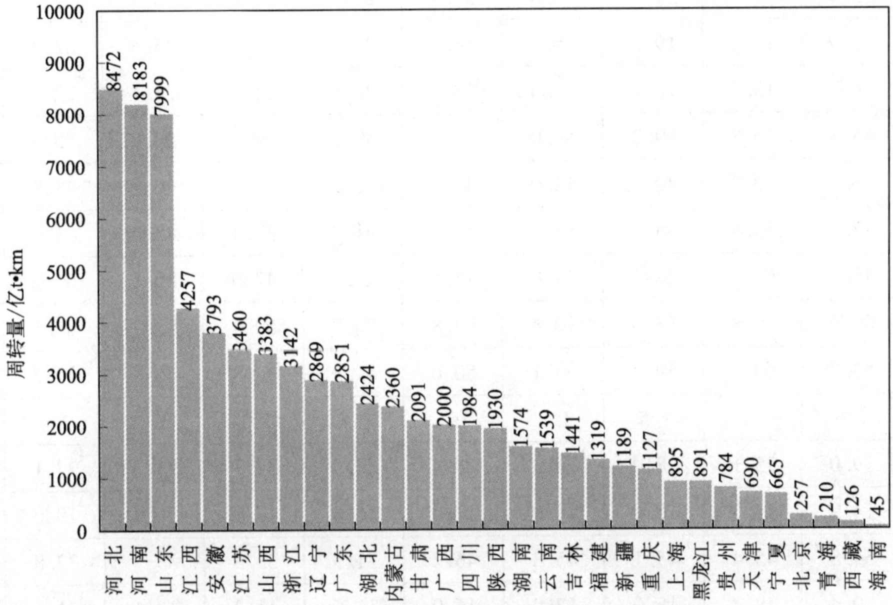

图 A-16　2023 年各地区公路货物周转量

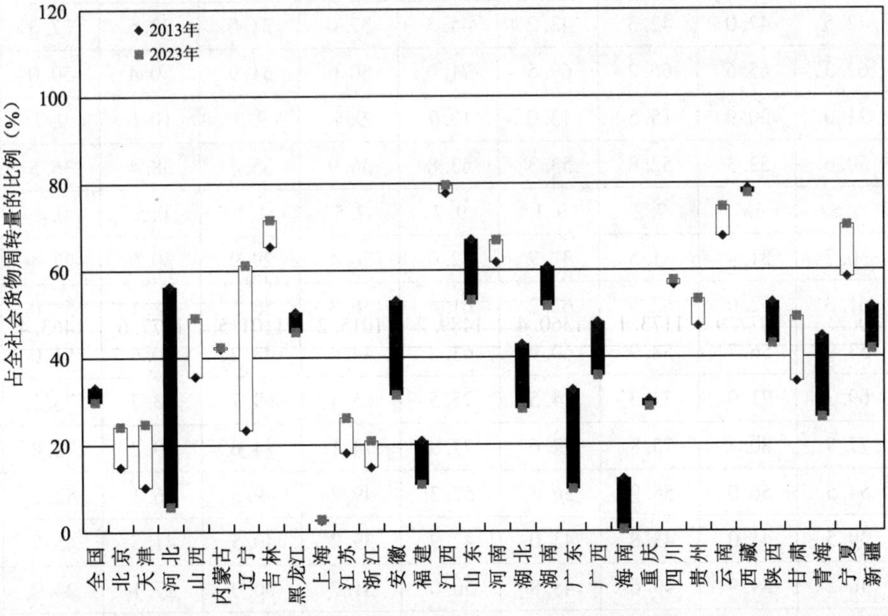

图 A-17　2013 年和 2023 年公路货物周转量占全社会货物周转量的比例变化情况

表 A-22 公路货物周转量占全社会货物周转量的比例（分地区） （%）

地 区	2014年	2015年	2016年	2017年	2018年	2019年	2020年	2021年	2022年	2023年
全国平均	32.8	32.5	32.7	33.8	34.8	29.9	29.8	30.9	29.8	29.8
北 京	15.9	17.4	19.5	16.6	16.2	25.3	25.7	25.5	22.2	24.2
天 津	9.7	13.7	16.2	18.3	18.0	22.5	24.6	25.1	22.7	24.8
河 北	55.3	56.8	59.2	59.0	61.6	59.2	59.0	58.6	55.4	5.7
山 西	36.7	40.0	40.7	42.0	42.5	49.2	48.8	50.1	48.9	49.2
内蒙古	47.1	53.5	55.8	53.7	53.4	41.7	41.4	45.0	41.0	42.5
辽 宁	25.1	24.3	24.2	24.0	29.6	29.8	47.0	60.1	60.2	61.2
吉 林	69.9	73.8	73.4	70.4	69.8	70.0	69.4	73.7	68.1	71.6
黑龙江	55.7	60.1	59.0	55.1	50.6	49.2	43.8	46.8	45.7	45.9
上 海	1.6	1.5	1.5	1.2	1.1	2.8	2.1	3.0	2.6	2.7
江 苏	19.0	25.1	28.0	26.3	28.4	32.5	32.3	31.3	27.1	26.1
浙 江	14.9	15.3	16.6	18.0	17.0	16.8	17.9	20.4	19.6	20.9
安 徽	54.8	45.4	45.1	45.3	46.2	31.9	33.3	33.7	32.8	31.4
福 建	20.4	18.7	18.0	17.9	16.9	11.6	11.3	12.1	11.1	10.8
江 西	80.3	80.5	80.8	81.4	83.0	78.8	81.0	81.1	79.8	79.6
山 东	69.2	69.8	68.3	68.4	68.2	66.4	65.4	62.4	55.4	53.2
河 南	65.2	65.4	65.5	64.9	65.6	61.2	63.1	65.8	65.7	66.9
湖 北	42.5	42.0	42.3	43.2	44.3	37.0	31.0	32.6	27.3	28.2
湖 南	62.3	65.6	66.2	69.5	71.0	50.0	51.9	50.4	50.0	51.8
广 东	21.0	20.9	15.5	13.0	13.7	9.4	9.3	10.6	9.7	9.7
广 西	50.6	52.3	52.8	53.3	53.8	36.9	35.7	38.4	36.5	35.8
海 南	5.5	6.7	7.2	9.1	9.7	2.5	1.1	0.5	0.4	0.4
重 庆	30.7	31.4	31.5	31.7	32.0	26.4	29.9	30.0	27.4	28.7
四 川	61.3	62.0	62.5	62.2	61.6	56.3	56.5	58.1	58.0	57.8
贵 州	53.9	56.7	58.9	60.9	63.8	44.4	48.2	50.6	51.0	53.4
云 南	69.3	71.9	73.3	74.5	75.5	65.4	69.7	73.7	73.2	74.6
西 藏	77.9	80.3	75.8	77.6	77.9	74.1	74.6	79.2	78.8	77.7
陕 西	54.5	56.0	55.9	56.3	57.2	49.7	49.5	46.1	42.8	43.1
甘 肃	39.5	41.0	43.8	43.0	42.9	39.2	40.5	41.5	45.9	49.2
青 海	46.2	49.9	49.6	48.8	50.0	31.7	30.0	27.1	24.9	26.1
宁 夏	63.4	70.0	70.4	66.4	63.4	67.2	69.3	71.1	68.4	70.3
新 疆	55.2	59.8	61.1	60.0	59.5	41.2	28.7	34.1	38.1	41.8

表 A-23 2012—2023 年底全国民用汽车保有量 （单位：万辆）

年份	全社会民用汽车保有量①			营运汽车保有量②			私人汽车保有量①		
	合计	载客汽车	载货汽车③	合计	载客汽车	载货汽车③	合计	载客汽车	普通载货汽车
2012	10837.76	8943.01	1894.75	1339.90	86.71	1253.19	8813.50	7637.87	1175.63
2013	12572.40	10561.78	2010.62	1504.74	85.26	1419.48	10473.72	9198.23	1275.49
2014	14452.16	12326.70	2125.46	1537.94	84.58	1453.36	12298.17	10945.39	1352.78
2015	16161.50	14095.88	2065.62	1473.12	83.93	1389.19	14067.88	12737.23	1330.65
2016	18450.13	16278.24	2171.89	1435.77	84.00	1351.77	16297.43	14896.27	1401.16
2017	20808.39	18469.54	2338.85	1450.23	81.61	1368.62	18479.91	17001.51	1478.40
2018	23123.22	20555.40	2567.82	1435.48	79.66	1355.82	20535.39	18930.29	1605.10
2019	25257.11	22474.27	2782.84	1165.49	77.67	1087.82	22464.24	20710.58	1753.66
2020	27208.82	24166.18	3042.64	1171.54	61.26	1110.28	24241.09	22333.81	1907.28
2021	29274.31	26015.84	3258.47	1231.96	58.70	1173.26	26096.53	24074.19	2022.34
2022	31033.20	27715.55	3317.65	1222.08	55.42	1166.66	27734.47	25662.21	2072.26
2023	32754.53	29395.59	3358.94	1226.21	55.24	1170.97	29297.74	27195.00	2102.74

注：小轿车包括在载客汽车中。

① 汽车保有量分为载客汽车、载货汽车及其他汽车，此表中其他汽车省略。

② 在 2000—2004 年为全国运输汽车（含营运和非营运汽车），自 2005 年起为全国营运汽车保有量（不含非营运汽车）。公路部门营运汽车总计中含公路部门直属企业营运汽车。

③ 从 2013 年起，公路营运载货汽车包括货车、牵引车和挂车，统计口径发生变化。

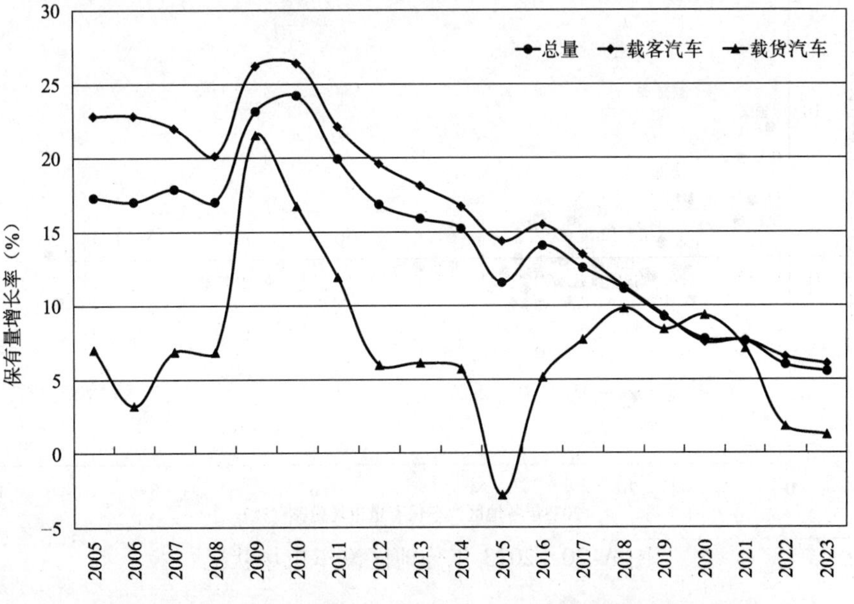

图 A-18 2005—2023 年全社会民用汽车保有量增长情况

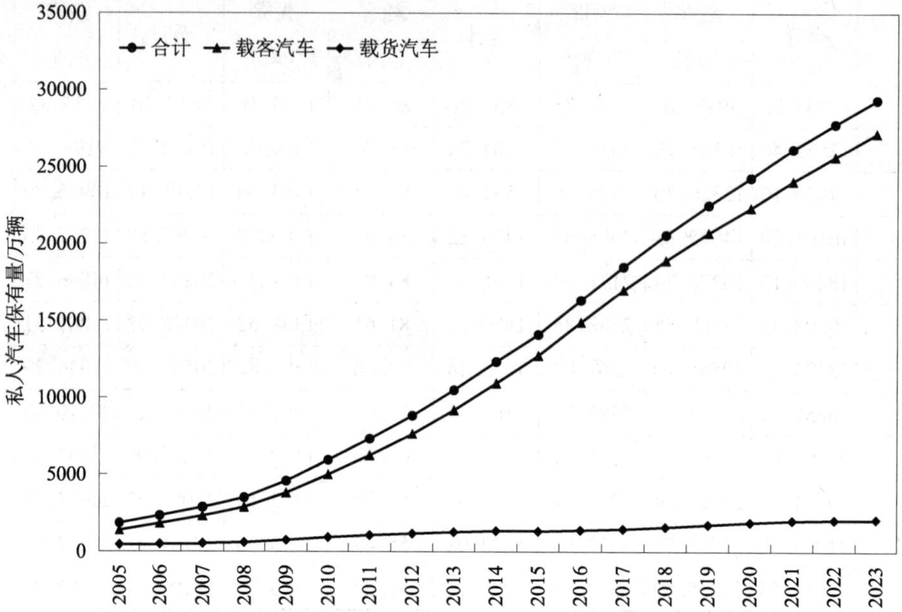

图 A-19 2005—2023 年私人汽车保有量变化情况

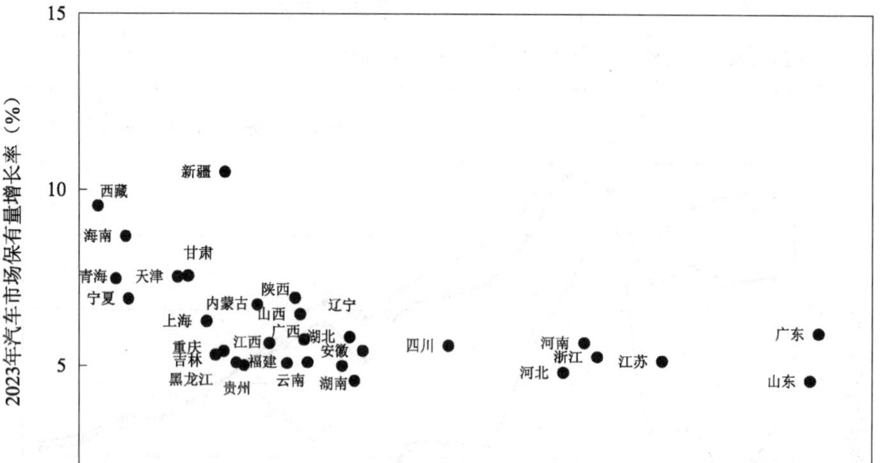

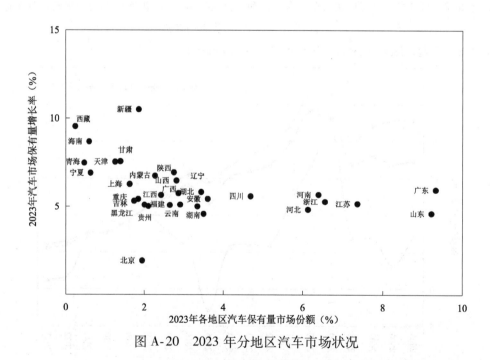

图 A-20 2023 年分地区汽车市场状况

表 A-24 各地区历年民用汽车保有量 （单位：万辆）

地区	2014 年	2015 年	2016 年	2017 年	2018 年	2019 年	2020 年	2021 年	2022 年	2023 年
北 京	530.8	533.8	547.4	563.1	574.0	590.3	599.3	616.7	627.9	640.0
天 津	274.1	273.6	273.7	287.7	298.7	308.9	329.4	360.1	389.3	418.6
河 北	930.1	1075.0	1245.9	1387.2	1530.0	1647.9	1747.3	1843.4	1925.0	2017.9
山 西	424.4	469.0	526.4	592.0	652.1	710.5	764.7	820.1	869.7	925.9
内蒙古	342.1	373.6	418.5	480.2	531.9	576.7	616.9	661.9	701.8	749.1
辽 宁	520.0	582.5	659.4	727.1	796.4	861.1	931.6	1001.0	1049.3	1101.8
吉 林	284.6	313.7	352.9	387.2	421.9	451.1	482.2	515.5	542.9	571.8
黑龙江	322.8	351.8	394.2	435.3	477.4	516.1	555.3	592.3	627.6	659.6
上 海	255.0	282.2	322.9	361.0	393.4	413.8	442.3	465.5	504.2	535.8
江 苏	1095.5	1240.9	1427.9	1612.8	1776.6	1912.7	2038.0	2176.5	2304.0	2422.7
浙 江	1012.1	1120.6	1257.4	1395.8	1533.0	1661.3	1773.4	1923.6	2048.7	2156.8
安 徽	422.5	498.7	600.8	708.9	814.2	907.8	986.5	1062.7	1127.5	1188.8
福 建	386.6	435.4	493.6	557.0	622.8	680.3	730.5	781.0	829.5	871.6
江 西	287.7	338.9	399.3	465.9	537.6	601.2	656.0	712.7	756.5	799.2
山 东	1350.3	1510.8	1723.3	1929.6	2128.3	2333.7	2537.1	2740.1	2900.0	3033.5
河 南	969.3	952.0	1104.5	1274.5	1449.7	1612.1	1751.6	1884.3	1990.5	2103.5
湖 北	422.2	498.6	588.7	679.8	772.4	861.1	932.0	1006.3	1071.4	1133.8
湖 南	434.5	507.9	595.8	683.2	781.0	870.6	952.2	1031.6	1103.7	1154.2
广 东	1331.8	1471.4	1674.6	1894.2	2116.3	2326.4	2500.4	2702.2	2895.9	3068.2
广 西	316.5	363.8	424.9	502.1	588.4	673.9	750.4	831.1	890.8	942.0
海 南	75.1	83.3	96.3	113.2	126.9	137.2	149.1	168.7	182.3	198.1
重 庆	237.0	278.6	327.5	370.5	419.1	461.6	503.8	544.5	575.6	606.8
四 川	666.9	767.1	880.8	990.3	1098.2	1196.9	1289.9	1382.1	1460.6	1542.2
贵 州	244.7	292.6	348.7	414.0	479.0	532.1	578.3	621.5	659.8	692.9
云 南	429.7	484.2	552.1	622.7	677.5	742.1	802.1	860.8	909.7	956.2
西 藏	29.5	33.2	37.5	40.9	51.4	55.9	61.5	67.3	71.5	78.4
陕 西	384.9	438.1	491.2	549.5	616.8	676.0	734.7	797.1	846.3	905.0
甘 肃	185.3	239.4	277.3	287.5	315.1	343.3	374.8	406.3	428.4	460.7
青 海	68.8	78.2	88.7	99.6	109.9	119.6	129.1	138.5	144.2	154.9
宁 夏	91.1	100.9	115.3	130.9	144.8	157.9	171.0	185.0	196.8	210.4
新 疆	272.2	294.5	327.1	363.2	396.7	436.1	469.4	518.2	553.3	611.4
合 计	14598.1	16284.3	18574.6	20906.9	23231.5	25376.2	27340.8	29418.6	31184.7	32911.5

表 A-25 各地区民用货车保有量 （单位：万辆）

地 区	2014 年	2015 年	2016 年	2017 年	2018 年	2019 年	2020 年	2021 年	2022 年	2023 年
北 京	28.91	30.59	33.01	36.67	39.99	47.59	51.60	56.84	58.41	59.69
天 津	27.09	27.63	29.47	31.94	33.56	35.66	37.32	39.25	39.52	39.63
河 北	143.54	146.64	163.32	174.34	193.37	211.00	227.35	241.22	243.75	248.40
山 西	59.11	57.18	59.51	63.94	70.25	76.40	83.37	90.88	94.86	99.06
内蒙古	51.17	49.23	51.42	55.97	61.00	66.47	72.61	80.02	85.08	87.76
辽 宁	80.04	82.66	87.12	90.19	94.12	99.20	108.36	114.69	114.51	113.57
吉 林	42.22	41.00	41.91	41.29	44.57	46.92	50.63	54.00	55.25	55.46
黑龙江	61.77	60.31	61.37	61.07	64.74	68.39	74.07	79.34	82.44	82.15
上 海	19.56	19.49	21.86	30.81	32.87	33.07	31.79	33.58	34.76	35.14
江 苏	97.17	90.39	94.17	105.65	116.24	126.02	140.00	152.49	152.88	154.42
浙 江	111.56	104.00	112.87	124.53	136.78	147.47	161.41	172.66	173.42	173.68
安 徽	86.15	87.56	91.86	99.79	111.87	121.52	132.64	140.16	138.19	139.50
福 建	66.48	65.50	64.43	68.35	74.77	79.32	85.47	90.22	91.71	92.65
江 西	58.40	59.96	60.33	65.13	73.19	79.42	85.38	91.64	89.02	88.01
山 东	175.39	165.06	186.74	210.72	236.85	263.04	295.58	318.13	327.04	331.11
河 南	165.63	129.72	132.91	144.63	162.22	176.85	190.05	193.19	196.73	197.41
湖 北	72.73	70.16	69.71	74.32	84.35	93.48	101.19	107.22	108.54	109.16
湖 南	66.40	67.40	68.37	66.92	74.67	81.77	89.53	95.39	96.81	95.46
广 东	181.81	174.90	183.02	196.00	217.91	237.50	259.49	281.75	285.05	284.88
广 西	57.22	58.71	62.12	68.45	75.88	83.21	93.31	101.56	102.61	104.53
海 南	13.02	12.66	13.35	14.32	15.67	16.95	18.62	20.27	20.98	21.42
重 庆	36.94	37.42	38.86	40.26	44.29	43.33	50.56	53.56	54.76	54.72
四 川	91.02	89.57	91.86	95.97	105.21	114.25	126.23	136.21	140.01	143.44
贵 州	47.77	50.33	52.40	56.49	62.13	66.06	71.63	74.76	76.10	76.53
云 南	80.94	81.72	86.63	94.43	94.63	105.52	117.40	125.47	129.83	132.48
西 藏	10.96	12.05	13.18	13.98	16.33	18.48	19.84	21.04	21.68	22.55
陕 西	49.86	51.42	51.87	56.04	62.61	63.33	69.34	77.21	80.44	83.70
甘 肃	43.79	45.39	48.65	51.86	55.54	59.21	64.52	69.17	70.22	72.50
青 海	13.82	14.24	14.94	16.17	17.54	19.04	21.15	23.00	23.90	25.47
宁 夏	24.45	24.11	26.09	28.39	30.62	33.34	36.61	39.62	41.14	41.72
新 疆	60.55	58.64	58.55	60.24	64.05	69.02	75.58	83.93	87.99	92.73
合 计	2125.47	2065.64	2171.90	2338.86	2567.82	2782.83	3042.63	3258.47	3317.63	3358.93

表 A-26　各地区民用客车保有量　（单位：万辆）

地区	2014 年	2015 年	2016 年	2017 年	2018 年	2019 年	2020 年	2021 年	2022 年	2023 年
北京	496.92	498.13	509.39	520.83	527.96	536.66	541.16	554.71	563.84	573.77
天津	245.40	244.22	242.50	253.99	263.27	271.27	289.94	318.54	347.45	376.61
河北	780.56	923.33	1077.06	1207.34	1330.39	1429.81	1511.94	1593.30	1672.08	1759.85
山西	362.84	409.41	464.57	525.67	579.32	631.24	678.02	725.43	770.70	822.40
内蒙古	288.62	322.04	364.68	421.72	468.21	507.31	541.00	578.34	612.94	657.28
辽宁	436.52	496.09	568.46	633.15	698.36	757.81	818.90	881.69	930.03	983.31
吉林	240.74	271.03	309.27	344.06	375.39	402.10	429.29	459.00	485.05	513.63
黑龙江	258.34	288.69	330.13	371.57	409.87	444.77	478.15	509.66	541.73	573.87
上海	228.58	256.26	293.85	328.17	358.37	378.50	408.14	429.39	466.83	497.99
江苏	991.13	1143.57	1326.73	1499.72	1652.10	1777.89	1887.90	2012.75	2139.39	2256.53
浙江	895.99	1012.46	1140.31	1266.84	1391.32	1508.30	1605.96	1744.44	1868.42	1976.09
安徽	333.37	408.16	505.88	605.79	698.45	781.86	848.95	916.98	983.42	1043.04
福建	318.06	367.79	427.11	486.46	545.63	598.34	642.07	687.55	734.41	775.48
江西	227.02	276.48	336.39	398.10	461.45	518.60	567.14	617.17	663.45	707.09
山东	1168.25	1339.12	1529.79	1711.66	1883.47	2061.35	2230.50	2409.10	2559.09	2687.67
河南	750.08	817.06	966.58	1124.70	1281.65	1428.48	1553.96	1682.88	1785.10	1897.36
湖北	345.84	424.70	515.17	601.48	683.57	762.34	824.93	892.75	956.11	1017.64
湖南	365.66	437.81	524.72	613.37	703.07	785.14	858.48	931.63	1002.08	1053.84
广东	1144.18	1290.57	1485.65	1691.96	1891.30	2080.96	2231.96	2410.46	2600.56	2772.92
广西	256.99	302.56	360.24	431.16	509.85	587.41	653.60	725.92	784.50	833.78
海南	61.52	70.07	82.34	98.22	110.54	119.56	130.43	147.58	160.40	175.75
重庆	198.38	239.43	286.85	328.42	372.88	416.17	450.98	488.48	518.33	549.51
四川	572.33	673.91	785.30	890.61	988.77	1077.97	1158.40	1239.90	1314.27	1392.21
贵州	195.17	240.35	294.26	355.32	414.49	463.59	504.02	544.04	580.97	613.66
云南	346.66	400.17	462.96	525.58	580.12	633.44	681.18	731.34	775.81	819.54
西藏	18.30	20.88	24.03	26.60	34.31	36.90	41.15	45.73	49.25	55.16
陕西	331.64	383.03	435.70	489.63	549.94	608.01	660.34	714.28	760.03	815.2
甘肃	139.91	167.55	202.09	233.73	257.52	281.89	307.80	334.50	355.32	385.23
青海	54.26	63.16	72.90	82.56	91.42	99.58	106.85	114.28	119.06	128.22
宁夏	65.55	75.77	88.21	101.50	113.07	123.40	133.07	143.93	154.13	167.02
新疆	207.89	232.10	265.10	299.62	329.34	363.61	389.99	430.08	460.82	513.94
合计	12326.70	14095.90	16278.22	18469.53	20555.40	22474.26	24166.20	26015.83	27715.57	29395.59

表 A-27 2023 年各地区私人汽车保有量 （单位：万辆）

地 区	汽车总计	载客汽车	载货汽车	其他汽车
北 京	545.53	510.09	32.51	2.94
天 津	368.07	345.56	21.75	0.77
河 北	1840.09	1661.39	174.68	4.01
山 西	825.48	769.75	53.91	1.82
内蒙古	688.29	620.76	65.70	1.84
辽 宁	984.02	913.25	68.80	1.97
吉 林	512.57	474.55	37.04	0.98
黑龙江	601.20	540.79	59.28	1.13
上 海	421.85	420.87	0.70	0.29
江 苏	2072.13	1997.03	71.41	3.69
浙 江	1911.97	1807.93	102.35	1.69
安 徽	1059.82	981.38	76.12	2.32
福 建	761.28	704.59	55.82	0.86
江 西	726.66	673.98	51.39	1.29
山 东	2689.96	2480.42	202.17	7.38
河 南	1941.05	1811.51	125.59	3.95
湖 北	1022.98	950.52	70.07	2.39
湖 南	1074.41	998.41	73.94	2.06
广 东	2705.70	2559.41	143.28	3.02
广 西	873.43	796.68	75.05	1.71
海 南	174.79	160.35	14.16	0.28
重 庆	539.43	507.23	31.35	0.85
四 川	1362.52	1274.39	85.84	2.29
贵 州	642.60	577.61	63.73	1.26
云 南	885.95	771.13	112.91	1.91
西 藏	67.79	49.00	18.59	0.20
陕 西	818.06	756.56	59.41	2.09
甘 肃	397.06	345.66	50.19	1.21
青 海	131.78	113.04	18.17	0.57
宁 夏	190.93	156.76	33.32	0.86
新 疆	519.50	464.42	53.53	1.55
合 计	29356.90	27195.02	2102.76	59.18

表 A-28　历年汽车产量　　（单位：辆）

年份	汽车产量合计	其中					
		载货汽车	越野汽车	其中：轻型越野汽车	客车	轿车	汽车底盘
1990	509242	269098	44719	44348	23148	42409	90574
1991	708820	361310	54018	53371	42756	81055	122873
1992	1061721	460274	63373	61747	84551	162725	199162
1993	1296778	623184	59257	57057	142774	229697	171769
1994	1353368	613152	72111	70317	193006	250333	169106
1995	1452697	571751	91766	89765	247430	325461	162713
1996	1474905	537673	77587	73233	267236	391099	167651
1997	1582628	465098	59328	56547	317948	487695	178644
1998	1629182	573766	43608	38423	431947	507861	206325
1999	1831596	581990	36944	33602	418272	566105	229113
2000	2068186	668831	41624	35508	671831	607455	252063
2001	2341528	803076	41260	33247	834927	703525	317946
2002	3253655	1092546	43543	34232	1068347	1092762	425601
2003	4443522	1228181	86089	78622	1177476	2037865	381116
2004	5070452	1514869	79600	72245	1243022	2312561	398351
2005	5707688	1509893	—	—	1430073	2767722	381183
2006	7279726	1752973	—	—	1657259	3869494	442201
2007	8883122	2157335	—	—	1927433	4797688	558673
2008	9345101	2270207	—	—	2037540	5037334	530271
2009	13790994	3049170	—	—	3270630	7471194	596657
2010	18264667	3920363	—	—	4768414	9575890	791635
2011	18418876	2898046	—	—	4746156	10137517	637157
2012	19271808	2802110	—	—	2691613	13257833	520252
2013	22116825	3468501	—	—	6547552	12100772	581944
2014	23722890	3195901	—	—	8045937	12481052	553563
2015	24503326	2491337	—	—	9968838	11630895	412256
2016	28118800	2405300	—	—	491700	12111300	—
2017	29015434	2587741	—	—	479664	11937820	—
2018	27809196	2794127	—	—	453963	11465782	—
2019	25750650	2724763	—	—	442207	10214669	—
2020	25225242	3164576	—	—	434653	9789120	—
2021	26121712	2930776	—	—	491771	9924917	—
2022	27020615	2228391	—	—	397012	11184827	—
2023	30160966	2771627	—	—	489736	11507243	—

注：本表不含改装车产量；轿车产量已包含切诺基 BJ2021。

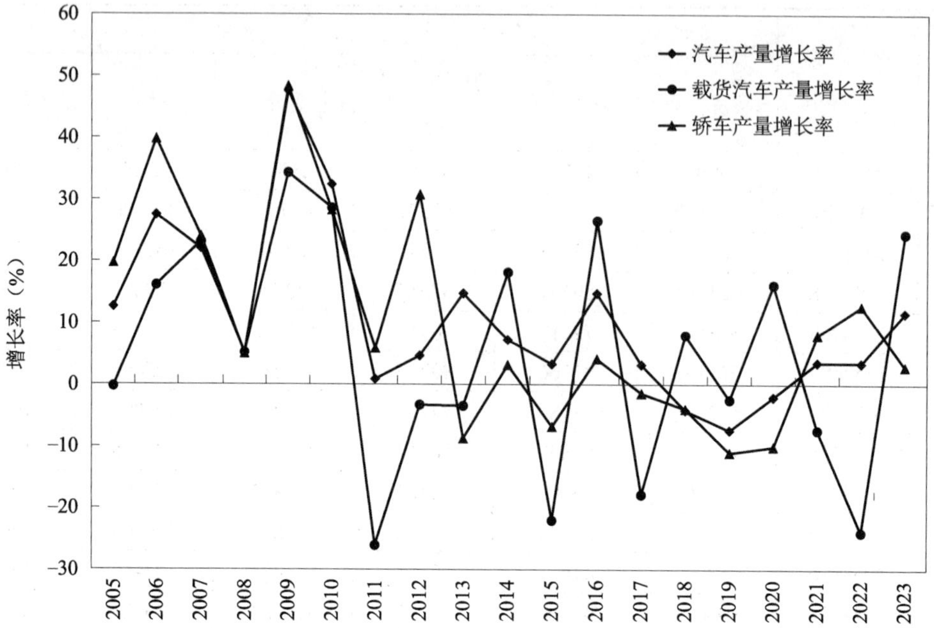

图 A-21 2005—2023 年汽车产量变化情况

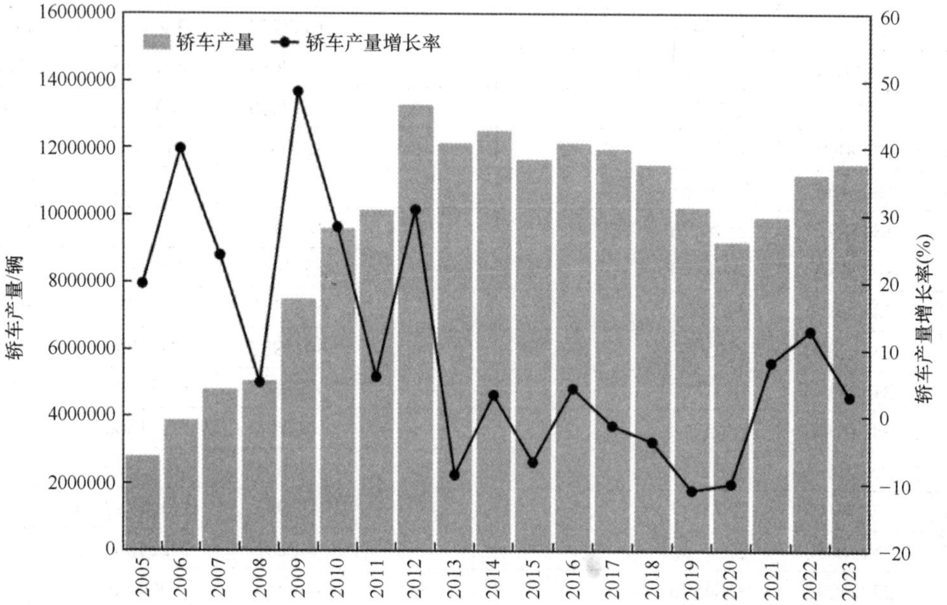

图 A-22 2005—2023 年轿车生产情况

表 A-29 2023 年全国汽车产销分类构成

车型		产量			销量		
		2023 年/辆	2022 年/辆	同比增速（%）	2023 年/辆	2022 年/辆	同比增速（%）
国内制造汽车总计		30159810	27018490	11.6	30091648	26862455	12.0
乘用车合计		26122601	23833958	9.6	26060774	23561997	10.6
其中 1	基本型乘用车（轿车）	11507243	11184827	2.9	11488086	11114689	3.4
	多用途乘用车（MPV）	1111508	951487	16.8	1102452	937072	17.6
	运动型多功能乘用车（SUV）	13241777	11381010	16.3	13205537	11187184	18.0
	交叉型乘用车	262073	316634	-17.2	264699	323052	-18.1
其中 2	排量≤1.0L	22124	53193	-58.4	26312	55668	-52.7
	1.0L<排量≤1.6L	12783676	11678328	9.5	12604653	11493302	9.7
	1.6L<排量≤2.0L	6396779	6256651	2.2	6498028	6270644	3.6
	2.0L<排量≤2.5L	457912	531745	-13.9	465524	521430	-10.7
	2.5L<排量≤3.0L	201051	180183	11.6	205712	187303	9.8
	3.0L<排量≤4.0L	215	2197	-90.2	2479	170	1358.2
	排量>4.0L	0	-1	-100.0	0	0	—
	纯电动	6260844	5131662	22.0	6258066	5033480	24.3
其中 3	手动挡	2004402	2251223	-11.0	1995515	2283726	-12.6
	自动挡	23232536	20392793	13.9	23178528	20099766	15.3
	其他挡	885663	1189942	-25.6	886731	1178505	-24.8
其中 4	柴油汽车	139446	101881	36.9	140065	101969	37.4
	汽油汽车	16061794	16165817	-0.6	16064006	16091188	-0.2
	其他燃料汽车	9921361	7566260	31.1	9856703	7368840	33.8
商用车合计		4037209	3184532	26.8	4030874	3300458	22.1
其中 1	柴油汽车	2069769	1832335	13.0	2095425	1927187	8.7
	汽油汽车	1290666	995134	29.7	1287240	1017499	26.5
	其他燃料汽车	676774	357063	89.5	648209	355772	82.2
其中 2	客车	489736	397012	23.4	483223	398052	21.4
	货车	2771627	2228391	24.4	2786038	2324005	19.9
	半挂牵引车	513646	275609	86.4	504457	298640	68.9
	客车非完整车辆	8471	9812	-13.7	8410	9788	-14.1
	货车非完整车辆	253729	273708	-7.3	248746	269973	-7.9

表 A-30 历年低速货车产销情况 （单位：辆）

年份	产销量	低速货车合计	低速货车	三轮汽车
2016	产量	2991734	373202	2618532
	销量	2990730	373587	2617143
2017	产量	—	—	2383588
	销量	—	—	2383697
2018	产量	—	—	1778502
	销量	—	—	1778502
2019	产量	—	—	1264488
	销量	—	—	1261029
2020	产量	—	—	1344713
	销量	—	—	1338647
2021	产量	—	—	1247500
	销量	—	—	1242802
2022	产量	—	—	1064916
	销量	—	—	1067892
2023	产量	—	—	1108141
	销量	—	—	1107714

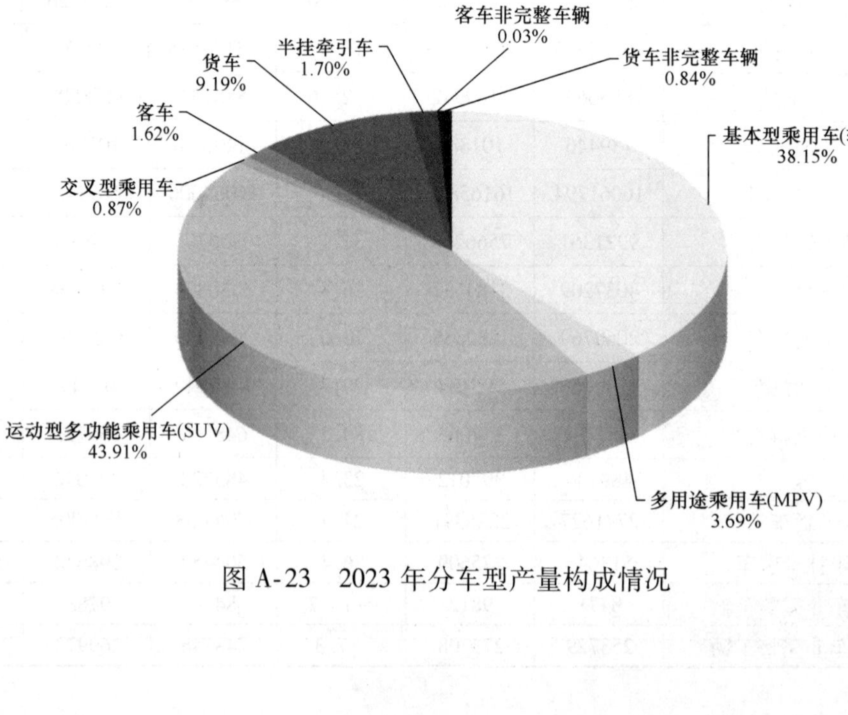

图 A-23 2023 年分车型产量构成情况

表 A-31　主要国家历年汽车产量及品种构成

国别	年份	总产量/万辆	乘用车		商用车	
			产量/万辆	占总产量（%）	产量/万辆	占总产量（%）
美国	2023	1061.1	670.5	63.2	390.7	36.8
	2022	1002	704.3	70.3	297.7	29.7
	2021	915.4	631.1	68.9	284.4	31.1
	2020	880.2	613.4	69.7	266.8	30.3
	2019	1088.5	746	68.5	342.5	31.5
	2018	1218	802.6	65.9	415.4	34.1
	2017	1119	803.4	71.8	315.6	28.2
日本	2023	899.9	776.7	86.3	123.1	13.7
	2022	783.6	656.6	83.8	126.9	16.2
	2021	784.7	661.9	84.4	122.8	15.6
	2020	806.8	696	86.3	110.8	13.7
	2019	968.4	832.9	86.0	135.5	14.0
	2018	920.4	835.8	90.8	84.6	9.2
	2017	969.4	834.8	86.1	134.6	13.9
德国	2023	410.9	410.9	100.0	—	—
	2022	389.1	348	89.5	41	10.5
	2021	349	309.6	88.7	39.3	11.3
	2020	390.6	351.5	90.0	39.1	10
	2019	515.2	466.4	90.5	48.8	9.5
	2018	574.7	512	89.1	62.7	10.9
	2017	564.6	564.6	100.0	—	—
英国	2023	102.3	90.5	88.5	11.8	11.5
	2022	87.4	77.4	88.6	10	11.4
	2021	93.1	86	92.4	7.2	7.7
	2020	98.6	92.1	93.4	6.5	6.6
	2019	137.9	130.3	94.5	7.6	5.5
	2018	181.7	151.9	83.6	29.8	16.4
	2017	174.9	167.1	95.5	7.8	4.5

（续）

国别	年份	总产量/万辆	乘用车		商 用 车	
			产量/万辆	占总产量（%）	产量/万辆	占总产量（%）
法国	2023	154.5	102.7	66.5	51.8	33.5
	2022	141.1	101	71.6	40.1	28.4
	2021	140	94	67.1	46.1	32.9
	2020	133.9	92.8	69.3	41.2	30.8
	2019	217.7	159.6	73.3	58.1	26.7
	2018	209	176.3	84.4	32.7	15.6
	2017	222.7	174.8	78.5	47.9	21.5
意大利	2023	88	54.2	61.6	33.8	38.4
	2022	79.6	47.3	59.4	32.3	40.6
	2021	79.7	44.4	55.7	35.3	44.3
	2020	77.7	45.2	58.2	32.5	41.8
	2019	91.5	54.2	59.2	37.3	40.8
	2018	106	67.1	63.3	38.9	36.7
	2017	114.2	74.3	65.1	39.9	34.9
加拿大	2023	155.3	139.4	89.8	15.8	10.2
	2022	122.9	111.9	91.0	11	9.0
	2021	111.6	109.9	98.5	1.7	1.5
	2020	137.7	136.2	98.9	1.5	1.1
	2019	192.2	180.5	93.9	11.7	6.1
	2018	202.6	193.2	95.4	9.4	4.6
	2017	219.4	217.6	99.2	1.8	0.8

注：1. 资料来源于《FOURIN世界汽车统计年鉴》，与世界汽车组织（OICA）相关统计数据有所不同，仅供参考。

2. 加拿大未发布2017年和2020年轻型商用车数据，参考中大型商用车数据。美国、加拿大含基于乘用车平台的SUV和MPV。日本的轻型商用车仅指宽1.7m以下、高2.0m以下、长4.7m以下的商用车和客车。

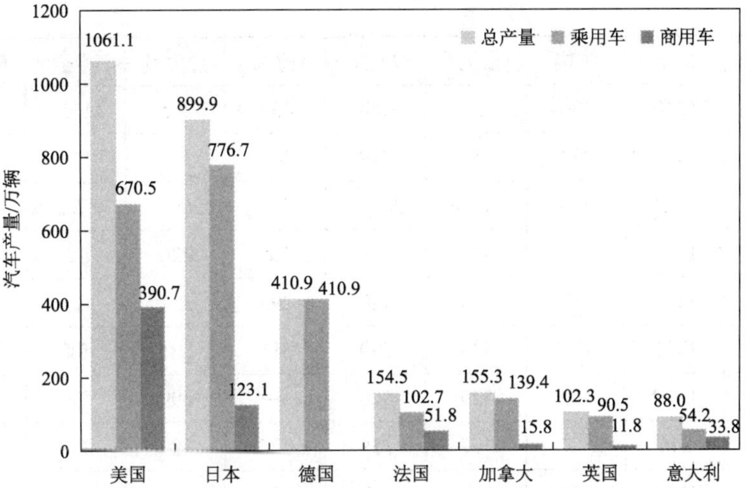

图 A-24　2023 年国外主要国家汽车产量及品种构成情况

表 A-32　1992—2023 年国外主要国家商用车产量　（单位：千辆）

年份	美国	日本	法国	西班牙	巴西	德国	意大利	英国	俄罗斯	瑞典
1992	4119	3069	438	331	276	330	209	248	518	63
1993	4917	2734	319	262	291	237	150	193	650	58
1994	5649	2753	383	321	334	262	194	228	254	82
1995	5635	2585	424	375	333	307	245	233	192	102
1996	5749	2482	443	471	346	303	227	238	179	96
1997	6196	2484	479	552	392	345	254	238	—	115
1998	6452	1994	351	609	329	379	290	227	188	133
1999	5648	2585	424	375	333	307	245	233	192	—
2000	7235	1781	418	667	322	395	316	185	—	—
2001	6293	1053	395	614	215	248	265	181	170	113
2002	7227	948	367	585	194	346	303	191	—	35
2003	7535	1747	365	166	275	361	292	189	—	117
2004	7759	1792	439	609	454	378	309	209	275	140
2005	7606	1783	401	654	506	407	313	206	286	145
2006	6843	1728	446	699	519	421	319	206	325	134
2007	6857	1651	465	694	548	504	373	215	376	162
2008	4929	1648	423	599	659	514	315	203	321	—
2009	3495	1072	239	358	584	245	182	91	125	87
2010	4985	1319	272	474	792	355	262	123	196	147

（续）

年份	美国	日本	法国	西班牙	巴西	德国	意大利	英国	俄罗斯	瑞典
2011	5661	1240	330	533	868	439	305	115	251	154
2012	6245	1411	239	454	719	261	275	112	263	—
2013	2707	1440	280	443.6	908.1	278.4	269.8	87.2	256.1	—
2014	2965	1380	—	500	823	305	220	72	174	—
2015	2802	1447	417	530	410	294	351	101	161	—
2016	3042	1331	456	505	299	316	301	94	117	—
2017	3156	1346	479	529	326	—	399	78	123	—
2018	4154	846	327	497	359	627	389	298	132	—
2019	3385	1355	581	603	503	488	373	76	197	168
2020	2668	1108	412	470	413	391	325	65	175	132
2021	2844	1228	461	461	548	393	353	72	214	161
2022	2977	1269	401	434	555	410	323	100	160	165
2023	3907	1231	518	531	557	—	338	118	205	175

注：资料来源于《FOURIN 世界汽车统计年鉴》，与世界汽车组织（OICA）相关统计数据有所不同，仅供参考。2020 年瑞典数据仅为中大型商用车数值。

附录 B　国家信息中心汽车研究与咨询业务简介

国家信息中心（SIC）于 1986 年开始从事汽车市场研究与咨询工作，至今已有近 40 年的历史，目前这项工作由国家信息中心信息化和产业发展部负责。

一、主体业务

国家信息中心汽车研究与咨询业务主要分为三大板块。

1. 产业研究板块

围绕汽车产业整体和汽车产业电动化、智能化、国际化开展研究。

（1）汽车产业研究　聚焦汽车产业发展、汽车产业管理、汽车产业组织和汽车产业格局四方面研究，其中汽车产业发展研究包括行业、市场、技术、产品、基础设施发展趋势研究以及汽车社会研究；汽车产业管理包括汽车产业政策研究评估、汽车产业规划制定评估；汽车产业组织包括汽车产业链、供应链、价值链和生态圈的研究，涵盖汽车全生命周期；汽车格局包括产业结构、产业布局以及产业竞争力研究。针对汽车产业出现的重大问题开展研究，如汽车产业兼并重组研究、合资企业可持续发展研究、汽车研发和技术创新机制体制研究、中国汽车产业竞争力评估等。

（2）新能源汽车研究　自 2009 年起，SIC 全面系统地开展了对新能源汽车的研究，包括 BEV、PHEV、REEV、燃料电池汽车（FCEV），全方位洞察新能源汽车产业发展与变革。其中，重点对新能源汽车市场情况、政策环境、产品技术、企业动态、竞争格局、补能体系、上下游产业链发展、用户特征与需求动向等进行持续跟踪研究，洞察新能源汽车产业演变特点、研判未来发展趋势，帮助企业发现市场机会，并为企业相关战略决策提供坚实支撑。

（3）智能汽车研究　定位于智能座舱与自动驾驶两大业务领域，对智能座舱和自动驾驶相关的最新政策法规、技术进展、功能配置搭载现状、功能趋势预测、成本走势、消费者需求偏好、收费策略及商业模式等开展持续深入研究，形成了智能座舱及自动驾驶分功能和分级别的普及率数据库、自动驾驶硬件搭载方案及激活率数据库、智能汽车政策法规数据库等动态更新的系列数据库。同时，构建了智能产品评价体系，每年对重点产品进行静动态测评及竞争力评价。对企业把握智能座舱及自动驾驶的发展趋势，开发具有竞争力的智能座舱及自动驾驶功能，制定合理的收费策略等提供个性化建议。

（4）出口及海外市场研究　研究主要国家市场需求变化趋势、中国汽车产品在这些国家的市场机会、中国汽车国际化的路径和发展模式，以及金融、物流、零部件、政府政策助力中国汽车国际化的措施。

2. 市场预测研究板块

市场预测研究是 SIC 最具代表性的业务，起步早，影响力大，主要包含六大业务模块。

（1）乘用车中长期市场研究　从 1999 年开始 SIC 每年都要对乘用车市场进行中长期预测，2000 年与美国通用汽车公司合作引入系统动力学模型进行中长期预测，并启动了以大样本的全国消费者需求动向调查为模型提供输入变量。这项工作持续至今。为了做好、做准中长期预测，SIC 还做了大量的国际比较研究，通过总结先导国家汽车市场发展规律来指导中国汽车市场的预测工作。其中 R 值理论、两个高速期理论、市场饱和点研究等在业内产生了巨大的影响。此外，对细分市场的预测、二手车对新车市场的影响、汽车报废规律、新能源汽车的渗透规律等方向也展开了持久而深入的研究。

（2）乘用车短期市场研究　自 2003 年开始，SIC 成立了专门的研究小组对乘用车市场进行短期预测。该小组目前为多家企业提供服务，通过持续跟踪产品与市场动态，以及每月持续对 700 多家经销商的调查，了解当期市场的发展变化情况，发现乘用车市场运行的新特点和新变化，探求导致市场变化的原因，评价各企业、各车型在市场中的表现，并对未来各月的乘用车市场走势做出预测。

（3）商用车市场研究　主要研究商用车整体市场、细分市场（重型、中型、轻型、微型货车、皮卡（客货两用汽车）和大型、中型、轻型、微型客车九大车型）和专用车市场，分析跟踪影响这些市场发展的关键因素，研究这些因素对商用车市场的传导机制和规律，并对未来市场走势做各种时间维度的预测，研究商用车电动化趋势和路径。

（4）豪华车与进口车市场研究　对超豪华车、豪华车和进口车的整体市场进行月度跟踪分析与中长期预测分析，并对这些车分级别、分车型、分豪华程度、分产地等细分市场进行分析和预测。近年来，强化了高收入人群、汽车电动化、智能化对豪华车市场影响的研究，以及品牌建设对车辆销量和溢价的影响研究。

（5）区域市场研究　区域市场包括大区、省、地级市等多个层次。该项研究主要帮助企业解决三方面问题：一是制定销售网络发展规划；二是年度销售任务分配；三是制定区域营销策略。目前，区域市场研究的车型范围包括乘用车和商用车，研究的内容包括地区市场分级、地区市场特征研究、地区市场的短期与中长期预测、地区市场营销方式研究、地区市场专题研究等。

（6）经济与政策研究　经济与政策仍是影响市场的关键因素。该项研究不仅支撑所有预测业务，也面向客户提供每月宏观经济、相关政策及重大社会事件的跟踪分析，研究它们对汽车市场的影响，研究各种政策出台的背景、目的、作用对象，并对政策效果进行评价。

3. 消费者研究板块

消费者研究板块的主要研究对象聚焦在消费者、产品和品牌三个方面，研究消费者的特征、消费者分类及未来变化趋势、消费特征与趋势、消费者对产品的认知与需求偏好、消费者对品牌的认知与评价等。重点实现两个目的，一是大量积累消费者数据，把握消费者动态。通过每年持续进行全面、大样本、广覆盖的消费者调研，积累基础数据，洞悉消费者人群变化趋势，筛选企业的目标用户，为企业的战略规划、前瞻设计服务。二是对应企业产品开发的全流程——产品战略规划、概念设计、产品开发、生产上市准备、上市前验证、上市后验证，为企业产品设计开发提供定制化服务。

（1）消费者研究　通过一年一度的新车购买者调查（NCBS）和需求动向调查进行常规的消费者信息收集，了解各类消费者汽车保有和购买情况、购买和使用行为、消费者需求偏好、用户人群特征等。基于这些基础调查数据，可以进行各种人群各种维度的挖掘和分析。为更好地服务于企业产品开发的需要，SIC 于 2013 年完成了乘用车用户的人群分类研究，这几年持续改进迭代，并进一步对十类人群进行再细分，该成果被许多企业广泛应用在车型开发、用户定位上。SIC 对于年轻消费者和低线市场消费者也持续关注，每两年进行一次年轻消费者调查，帮助企业把握年轻化的方向。持续进行三线市场、县域市场和农村市场消费者研究，研究这些市场消费者的购车意愿、潜力和需求特征。此外，从宏观层面还研究了中国未来消费趋势和消费者生活方式，以把握消费大势和深入洞察消费者需求背后的动机。

（2）产品研究　SIC 开发了一整套服务于企业产品规划与研发的基础性调研体系，包括产品特征目录体系研究、产品设计和审美偏好研究、产品配置需求研究等，通过该体系能比较完整地提供产品企划阶段关于产品信息的基本输入。SIC 通过联合研究的方式持续开展产品特征目录、产品设计和审美偏好、产品配置需求调研，逐年积累了大量的消费者对产品特征认知及变化的数据，对需求偏好、配置需求及变化的数据，可以为企业新产品开发设计提供输入。针对企业个案需求，在产品市场机会研究、产品概念设计、商品定义、产品上市前后验证、产品生命周期管理、品牌诊断等方面进行研究，为企业开发、改进产品，提升品牌价值提供输入。

（3）品牌研究　包括品牌监测诊断、品牌定位和品牌支撑体系研究。品牌监测诊断是通过调查了解消费者对品牌的认知度、喜爱度、购买意向等，客观中立地衡量各品牌的品牌绩效、形象健康度和品牌溢价，最终为企业找出品牌建设中存在的差距和问题提供帮助，为企业提升品牌价值提供支持。品牌定位研究是在消费者细分的基础上，考虑各细分人群的成长性、规模和市场竞争强度选择目标人群，根据目标人群的价值观、内心诉求、生活方式等来确定品牌的功能形象和个性形象。品牌支撑体系研究是从消费者的角度出发，构建消费者的品牌意识体系，研究品牌对消费者产品购买决策的影响机制及影响程度。

（4）商用车调查研究　立足货运产业链，围绕竞争力和需求两大视角展开调查，输出分货运产业链的产品及营销解决方案。SIC 有 300 余家物流系统核心资源，可以支撑各类商用车的深度调研。

SIC 每年执行约 8 万个定量样本，执行 400 余场用户座谈会和 1000 余位用户的深访或家访。大量鲜活的一手信息对我们理解用户、理解市场具有极大的帮助。SIC 在全国 340 个城市有长期合作的调查代理，涵盖 1 ~ 6 级城市，他们有丰富的汽车市场调查经验和很强的执行力。

二、汽车市场研究的支撑体系

1. 模型方法

自开展汽车研究和咨询业务以来，SIC 非常重视研究手段的建设，通过合作和自主研发等方式研发了一批汽车市场研究与预测模型。

在预测板块，各研究模块分别针对自己的研究需要开发了各自的预测模型，如乘用车中长期市场研究组的“中国汽车工业发展模型”是与美国通用汽车公司合作研制的，已经运行20多年。乘用车年度预测TSC模型、分收入段家庭乘用车需求预测模型、细分市场中长期预测模型、乘用车饱和点预测模型、二手车总量与细分市场预测模型等都是自主研发的。乘用车短期市场研究组开发了TSCI模型、乘用车市场先行指数预测模型等。区域市场研究组开发了用于区域市场中长期预测的S曲线模型、用于短期预测的TSCI模型、用于细分市场预测的固定效应模型和限购限行城市预判模型等。商用车市场研究组开发了商用车市场景气指数预测模型、基于货运分担率的轻型商用车预测模型、中重货车运能缺口模型等。豪华车市场研究组开发了豪华车市场总量与细分市场预测模型、超豪华市场预测模型、进口车市场预测模型等。

消费者研究板块开发了人群细分模型、产品意识研究体系、产品偏好研究体系、产品满意度模型、配置与客户价值分析模型、基于欲望和资源的消费研究体系、企业产品表现评估模型、品牌意识体系、品牌健康度模型、品牌形象评估模型、产品生命周期管理模型等。

产业研究板块开发了合资企业内部股权控制RBS（资源、谈判力和股比）模型、国家产业竞争力分析－双钻石模型、技术创新扩散模型、基于场景的新能源汽车预测模型、“车－桩循环”充电桩规模预测模型、智能座舱细分需求模型、智能汽车预测模型、居民移动出行预测模型等。

SIC一直积极鼓励员工创新，从2011年开始每年举办一次创新大赛，每年征集到各个研究领域的新方法、分析框架和模型等20余项。这些方法大都和日常业务、项目研究紧密联系，部分方法在国内相关领域都处于领先水平。这些方法不仅提升了我们的研究水平，同时为拓展汽车行业研究新业务、不断满足客户新需求提供了可靠的保障。

2. 数据库系统

为了支撑SIC汽车市场研究的需要，满足部分汽车厂商的数据需求，SIC的汽车行业相关数据库建设也逐步完善，形成了汽车市场数据库、汽车产品数据库、汽车企业数据库、汽车相关政策数据库、汽车用户数据库、汽车基础设施数据库、宏观环境数据库、国际汽车数据库八大类数据库系统。近年来还不断开发大数据资源，构建了产品和品牌口碑大数据分析系统，这一系统与产品数据库、用户数据库、市场数据库实现贯通，极大地提升了数据价值，有效地支撑了各类研究的需要。

3. 资源系统

SIC 建立了 12 大资源系统，分别是政府关系系统、专家关系系统、经销商关系系统、跨国公司关系系统、横向关系系统、国内厂商关系系统、大用户系统、零部件厂商关系系统、汽车整车厂商关系系统、媒体关系系统、新业态关系系统，以及后产业链关系系统，这些系统能随时帮助 SIC 获取第一手信息，让 SIC 及时了解市场的动态情况，帮助 SIC 深入挖掘事件背后的原因。SIC 针对各资源系统定期组织了如下活动。

（1）每月定期做经销商调查　针对乘用车和商用车的经销商做调查，了解当月的市场情况及变化原因，为 SIC 的月度市场评估分析与预测服务。

（2）定期召集汽车市场研讨会　从 1992 年起，国家信息中心每年在年中和年底召集两次国内汽车厂家及行业市场分析专家参加的“宏观经济与汽车市场形势分析会”，目前这个会议已经成为汽车界了解汽车市场发展趋势，互换对市场的看法，进行各种信息交流的平台。

（3）定期组织跨国公司交流平台的活动　国家信息中心从 2006 年起开始搭建乘用车跨国公司交流平台，2008 年又成立了商用车跨国公司交流平台。全球主要的汽车跨国公司均加入了交流平台。两个平台每个季度分别开展一次活动，研讨当前的宏观经济形势和汽车市场形势。

（4）每月邀请专家讲座　通过“请进来”和“走出去”的方式每月与多名专家进行交流，借助外脑及时跟踪了解经济、政策、市场动态及专家对形势的判断。

（5）参加政府组织的各种会议　参加国家发展和改革委员会、工业和信息化部、商务部等汽车主管部门组织的有关规范和促进中国汽车市场发展的研讨会、政策分析会、五年规划会等，为政府制定政策出谋划策。

三、汽车市场研究团队

SIC 的汽车市场研究团队带头人是国家信息中心徐长明副主任，他自 1986 年开始从事汽车市场研究，见证了中国汽车行业的整个发展过程，对中国汽车市场有着深刻的认识和理解，是目前国内知名的汽车市场研究专家之一。

SIC 汽车市场研究团队是一支 120 人的高素质团队，96% 的员工拥有硕士以上学历，且 90% 以上毕业于国内外知名大学，如清华大学、北京大学、中国人民大学、南开大学、北京师范大学、香港大学、英国帝国理工大学、美国哥伦比亚大学、伦敦政治经济学院、英国林肯大学、日本东北大学、德国明斯特大学等。他们不仅具有经济、计量经济、管理、数学、心理学、统计学、社会学、汽车、法律等专业知识，83%的人更具备五年以上的汽车市场研究经验。正是这支专业与经验相结合的团队才使我们能够持续保持较强的研究能力、学习能力和创新能力。

四、机构特色与服务模式

SIC 是国家发展和改革委员会下属的事业单位，背靠政府是 SIC 的一大特色。SIC 作为国家经济智囊之一，经常参与国家经济政策的研究与制定，对政府目标和政策意图有更深的理解。特色二是事业单位本身的性质为 SIC 开展研究工作、开展各类机构的调研提供了便利条件。特色三是注重培养研究人员的国际视野。每年通过“走出去”的方式考察国际市场、参观国外先进的工厂约 40 人次，每年通过“请进来”的方式邀请国外研究机构、汽车企业的专家约 100 人次进行专题交流。特色四是市场预测研究、产业研究和消费者研究三个板块可以相互支撑融合，共同解决企业的综合性研究需求。

SIC 的汽车咨询业务面向政府和企业两类客户，服务模式有两种，一是一对一的咨询服务，SIC 根据客户的研究需求定制研究方案，为客户解决所关心的问题。二是采取联合研究的方式，每年由 SIC 确定十几个研究课题，征集感兴趣的企业开展共同研究。

SIC 始终坚持客观、公正、实事求是的态度，以专业、敬业的精神服务于客户，助力客户成功，做客户忠实的事业伙伴。

国家信息中心通信地址和联系电话

地址：北京市西城区三里河路 58 号　国家信息中心大楼 A 座 704 房间

邮编：100045　传真：010-68557465

电话：010-68558704　010-68558531　E-mail：panzhu@ sic. gov. cn